Norbert Ohler
Die Kathedrale

Norbert Ohler

Die Kathedrale

Religion, Politik, Architektur

Patmos

Bibliographische Information der Deutschen Nationalbibliothek

Die Deutsche Nationalbibliothek verzeichnet diese Publikation
in der Deutschen Nationalbibliographie; detaillierte bibliographische Daten
sind im Internet über http://dnb.d-nb.de abrufbar.

Durchgesehene, überarbeitete ppb-Ausgabe

Umschlaggestaltung: butenschoendesign.de
Umschlagmotiv: Blick in das Mittelschiff der Kathedrale von Soissons,
Bild: © Elio Ciol (corbis)
Printed in Germany
ISBN 978-3-491-69432-3
www.patmos.de

Inhalt

Vorwort

Auch dieses Buch hat seine Geschichte. Bei Besuchen des Münsters in unserer Wahlheimat Freiburg wie auch bei Reisen der Familie erwiesen sich unsere vier Kinder als unersättlich in ihrem Wissensdurst; die Aufmerksamkeit nahm zu, wenn es uns gelang, anschaulich und konkret von den Menschen zu erzählen, die an den Portalen oder auf den Glasfenstern der Kathedralen abgebildet waren: Heilige Männer und Frauen, Könige und Bischöfe, Helden der Sage, Ritter und Pilger, Handwerker und Bauern, nicht zuletzt Stifter und Wohltäter, die in bedrängten Zeiten Kirchen gebaut und gepflegt hatten. Hakten die Kinder nach, mußte ich nicht selten passen – für mich eine Anregung, den vielen Fragen, die sich beim Besuch einer Kathedrale aufdrängten, intensiv nachzuspüren. Vieles habe ich erst gelernt, als die Kinder längst die Universität besuchten. Es sollte mich freuen, wenn unsere Enkelkinder in diesem Buch Antwort auf die eine oder andere Frage finden, die sie vielleicht schon bald stellen werden; Matthias, Hanna, Philipp und Michael ist dieses Buch gewidmet.

Wiederholt habe ich erlebt, daß an Geschichte und an Geschicken der Kirche Interessierte nur wenig von dem Hintergrundwissen mitbringen, das zum Verständnis wünschenswert ist. Erzählte meine Frau unseren Kindern vor Mosaiken oder Skulpturen Geschichten aus der Bibel, bildete sich bald eine Traube Erwachsener um uns. Ähnlich erging es mir, wenn ich Tagungsteilnehmern das Urteil Salomos auf einem der eindrucksvollen Fenster im Straßburger Münster erläuterte.

Eine Führung hat sich mir eingeprägt. In einer Übung ›Das Freiburger Münster als Quelle für den Historiker‹, die sich über etwa zwölf Doppelstunden erstrecken sollte, hatte ich in der ersten ›Sitzung‹ den Studierenden Teile des Münsters vorgestellt. Als wir mit dem Rundgang fast fertig waren, fragte eine Studentin: »Wir haben doch alles gesehen. Was sollen wir den Rest des Semesters denn noch machen?« Von der zweiten ›Sitzung‹ an führten uns Studierende einzelne Bereiche vor, in die sie sich eingearbeitet hatten. Wir lernten das Münster wie ein aufgeschlagenes Buch kennen, in dem man lesen kann, in dem man in dem Maße fündig wird, wie man sich durch Betrachten, die Lektüre von Quellen, durch Gespräche mit Fachleuten, Kennern und Liebhabern in Zusammenhänge einarbeitet. Am vorletzten Nachmittag meinte die Studentin, sie begreife langsam, was wir bei Semesterende alles *nicht* gelernt haben würden.

Aus solchen Erfahrungen ist dieses Sachbuch entstanden. Vom Verlangen nach solider Information zeugen Millionen von Menschen, die Jahr um Jahr in Kathedralen strömen, die Ausstellungen besuchen, die den Ornamenta Ecclesiae, den Ottonen, den Saliern, den Parlern, Heinrich und Kunigunde in Bamberg ... gewidmet sind. Von einem ungebrochenen Interesse am Mittelalter künden ferner Bücher und Filme, selbst wenn oder vielleicht gerade weil diese Zeit oft als schauerlich oder aber romantisch verklärt vorgestellt wird. Man denke an Romane und deren Verfilmungen: Victor Hugos ›Notre-Dame de Paris‹ (1831), Umberto Ecos ›Der Name der Rose‹ (1980). Hervorgehoben sei auch ein ganz anderer Bestseller: ›Sie bauten eine Kathedrale‹ (1973, deutsch 1974); der Autor Macaulay weckt nüchtern und mit Liebe zum Detail Freude am Mittelalter und dessen großen Kirchen; sein Buch zeigt, daß gute Kinderbücher auch für Erwachsene lesenswert sind.

Der Zuwendung zum Mittelalter entspricht die weitverbreitete Aufgeschlossenheit für Kirchenbauten. Möglicherweise steigt das Interesse am kirchlichen Bereich sogar in dem Maße, wie Grundkenntnisse verlorengehen. Ich möchte gern an Bekanntes anknüpfen. Aber was darf man als bekannt voraussetzen? Auch Hochschulabsolventen verbinden mit Begriffen wie Altar, Apostel, Märtyrer, Tabernakel oft bestenfalls vage Vorstellungen. Und wie sieht es mit Texten zur Liturgie aus? Gelegentlich der konzertanten Aufführung einer Messe mag der Hörer sich in die Lage von Menschen versetzen, die vor tausend Jahren in *Kyrie, Gloria, Credo, Sanctus, Agnus Dei* das Gespräch mit Gott gesucht haben – und derer, die noch heute diese Gebete lieben. Kirchen machen die Ungleichzeitigkeit des Gleichzeitigen erlebbar; der areligiöse Kunstliebhaber und der fromme Beter können gleichzeitig die Kirche betreten, und nicht selten mag der Beter, weil er mit dem Gebäude lebt, der genauere Kenner sein. So hätten, weit öfter als geschehen, Verben in der Gegenwarts- statt in der Vergangenheitsform erscheinen müssen; denn Vieles gilt noch heute, was schon vor langen Jahrhunderten geübt wurde.

Als ich an diesem Buch arbeitete, standen mir beide als Leser vor Augen, der Beter und der Kunstliebhaber. Ihnen möchte ich einige Seiten aus dem Leben großer Kirchen vorstellen, denen andere Autoren weniger Aufmerksamkeit widmen konnten. Das religiöse und kirchliche Umfeld der Kathedrale, gesellschaftliche, wirtschaftliche und rechtliche Rahmenbedingungen, Fragen der Bautechnik sollen mit ihren Widersprüchlichkeiten quellennah zur Geltung kommen.

Im Mittelpunkt dieses Buches stehen Kathedralen, die im Mittelalter gebaut wurden. Rückblenden in die Zeit des frühen Christentums, Ausblicke bis in die Gegenwart und Vergleiche mit Kultbauten nichtchristlicher Religionen sollen für Tiefenschärfe sorgen. Da Kathedralen sich in vieler Hinsicht nicht von Kloster- und Pfarrkirchen unterscheiden, wird die Untersuchung auf viele Gotteshäuser ausgedehnt, die zu keiner Zeit Bischofskirchen waren.

Um Nachsicht bitte ich, daß ich nicht ständig auch die weibliche Form der Nomina nenne, wie das weitverbreiteter Brauch ist.

Gern habe ich einmal mehr mit dem Lektorat des Verlages ARTEMIS & WINKLER zusammengearbeitet. Es sollte mich freuen, wenn sich mit Leserinnen und Lesern (einmal sei die Differenzierung erlaubt) ein weiterführendes Gespräch ergäbe.

Horben bei Freiburg, im Juli 2002 — Norbert Ohler

ERSTER TEIL

Grundgegebenheiten

I. WIDERSPRÜCHE

»Wunderbares wurde hier ins Werk gesetzt: Die Kirche ist groß, geräumig, hell. Die Dimensionen stimmen: Breite, Länge und Höhe passen zueinander. Der Bau ist ein unsagbar schönes Werk; mit seinem Obergeschoß erinnert er an eine königliche Pfalz. Sollte jemand traurigen Sinnes zur Empore aufsteigen, so wird er – wenn er oben durch die Schiffe schreitet – fröhlich, freudig erregt beim Anblick dieses ungemein schönen Gotteshauses«. Begeistert spricht der unbekannte Autor einer Schrift aus dem 12. Jahrhundert, die unter der Bezeichnung ›Pilgerführer‹ in den letzten Jahrzehnten bekannt geworden ist, von der Basilika des hl. Jakobus in Santiago[1].

Auch heute ist mancher ergriffen, wenn er eine Kirche auf sich wirken läßt; man denke an Notre-Dame in Chartres, St. Michael in Hildesheim, St. Peter in Rom, Sainte-Madeleine in Vézelay oder – der Sprung ins 20. Jahrhundert sei erlaubt – die Wallfahrtskirche Notre-Dame du Haut im ostfranzösischen Ronchamp. Erst recht waren die Zeitgenossen jenes ›Pilgerführers‹ beeindruckt, die in ihrer überwiegenden Mehrzahl in ärmlichen Behausungen lebten. Jubelnder Überschwang angesichts einer großen, aus Stein gefügten, schönen Kirche ist da verständlich.

Es gab aber auch ganz andere Stimmen. Nur eine sei hier zitiert. »Die Armen Christi sind der Tempel Christi. Scheint es euch nun richtig, in euren Schränken Gold und Silber aufzubewahren und die Tempel aus Marmor zu schmücken und dabei die lebendigen Tempel Gottes vor Hunger sterben zu lassen, und daß die armen Mädchen in ihrer Not zur Unzucht getrieben werden und darüber hinaus noch vieles andere Böse tun? Man wird sicherlich nirgendwo lesen können, daß Christus geboten habe, Kelche und Meßgewänder aus Gold anzufertigen und herrliche Kirchen zu bauen, wohl aber, daß wir den Armen helfen sollen.« Der hier so eindringlich mahnt, ist Hieronymus Savonarola (1452–1498), Dominikanermönch, als Ketzer ver-

Die Fassade des Straßburger Münsters, gesehen von der Rue Mercière (Krämergasse).

brannt und von seinen Anhängern um so mehr als Heiliger verehrt. Mit apokalyptischer Wucht hat er jahrelang in der Renaissancestadt Florenz gepredigt. Das Zitat ist dem ›Buch von der Einfachheit christlichen Lebens‹ (1496) entnommen, das er geschrieben hatte, um seine Predigten vor Verfälschung zu bewahren[2].

Savonarola rief seinen Zuhörern in Erinnerung, was niemand bestritt, viele aber verdrängten, hatte Paulus doch gepredigt: »Der Herr des Himmels und der Erde wohnt nicht in Tempeln, die von Menschenhand erbaut sind« (Apg 17, 24); vorwurfsvoll hatte der Apostel gefragt: »Wißt ihr nicht, daß ihr Gottes Tempel seid und der Geist Gottes in euch wohnt? ... der Tempel Gottes ist heilig, und der seid ihr« (1 Kor 3, 16 f.)[3].

Wie viele Christen vor ihm und nach ihm, lenkt Savonarola den Blick auf Spannungen: In Florenz hatte man Kirchen gebaut, die noch heute beeindrucken. Ist es vertretbar, prächtige Dome zu bauen, wenn gleichzeitig die Armut Mädchen in die Prostitution treibt? Savonarola setzt sich dafür ein, kostbare Kelche zu zerschlagen, den Erlös den Armen zu geben und nur zu behalten, was zur Feier der Messe gebraucht werde; gegebenenfalls reichten Kelche aus Holz! Solche Forderungen sind nicht toter Buchstabe geblieben. In Zeiten großer Not hat man wiederholt liturgisches Gerät eingeschmolzen, um mit dem Erlös Hungrige zu speisen[4]; die Regel war das indessen nicht – zum Glück für uns, die wir nun Kunstwerke der Vorfahren bewundern können?

Jede Generation steht von neuem vor Fragen wie: Darf man Millionen für die Restaurierung eines Domes aufwenden, wenn gleichzeitig Menschen verhungern? Eine Frage auch an Stadt und Staat; wie die Kirche, haben sie sowohl sozialen Verpflichtungen nachzukommen als auch der kulturellen Aufgabe, Denkmäler zu pflegen. Seit dem 13. Jahrhundert veranschaulichen sechs in Glas gemalte Szenen im nördlichen Querhaus des Freiburger Münsters diese Spannung. Dargestellt sind die Werke der Barmherzigkeit; nach einer Rede Jesu vom Weltgericht sollen sie über Seligkeit bzw. Verdammnis entscheiden: »Denn ich war hungrig, und ihr ...; durstig, und ihr ...; obdachlos, und ihr ...; nackt, und ihr ...; krank, und ihr ...; im Gefängnis, und ihr ... Was ihr für einen meiner geringsten Brüder getan habt, das habt ihr für mich getan« (Mt 25, 31–46).

Die Bibel und Menschen, die sie ihren Zeitgenossen in Erinnerung gerufen haben – Savonarola ist nur einer von vielen –, machen darauf aufmerksam, daß es nicht *das* Bild von der Kirche gibt, auch nicht von deren Bau, Finanzierung und Deutung; vielmehr müssen wir mit tiefreichenden, durch die Jahrhunderte sich hinziehenden Widersprüchen rechnen, weit mehr, als dieses Buch deutlich machen kann.

Spätestens im 4. Jahrhundert begannen Christen, ›Kirchen‹ zu errichten, Gebäude, die eigens für ihre Gottesdienste bestimmt waren. Dabei konnten Bauherren auf Erfahrungen zurückgreifen, die man andernorts gesammelt hatte. Denn Christen waren viel unterwegs. Missionare wirkten unter den Heiden, Pilger suchten Stätten auf, die Jesus durch sein Leben, Leiden und Sterben geheiligt hatte, bald auch die Gräber der Märtyrer, vor allem in Rom. Neben anderen Einzelheiten verdanken wir solchen Pilgern auch Beschreibungen von Kirchen im Heiligen Land, nicht zuletzt der Heilig-Grab-Kirche in Jerusalem, mit dazugehörigen Zeichnungen[5]. Bischöfe reisten zu Synoden, um über Fragen des Glaubens und kirchlicher Disziplin zu beraten; unterwegs und im Gespräch mit anderen Amtsträgern konnten sie Anregungen gewinnen und Erfahrungen austauschen, auch zu Bau und Aussehen von Kirchen. Seit der Zeit des Paulus, der mit weiten Fahrten die Völkermission begann, ist vielfältiges Reisen ein Kennzeichen der Christenheit geblieben.

Von Anfang an wollten Christen sich nicht absondern. Sie wuchsen in die griechisch-römische Welt hinein, nahmen wie selbstverständlich auch deren handwerkliches Können auf. Missionare gingen bewußt auf Fremdes zu, suchten Andersartiges zu verstehen. Offiziell galt Neugier wohl als Untugend; viele Christen ließen sich aber nicht davon abhalten, offenen Auges und mit Freude am Experiment Neues wahrzunehmen. Zumal im 13. Jahrhundert, einer der hohen Zeiten mittelalterlichen Kirchenbaus, war der Mut zu ›Versuch und Irrtum‹ geradezu Treibsatz der Entwicklung – nicht nur beim Bau kühner Kathedralen. Philosophen erprobten neue Denkwege; einem von ihnen, Abaelard, werden wir noch begegnen.

Leser und Interpreten der heiligen Schriften waren es gewohnt, biblischen Worten mehrere Deutungen zu unterlegen. Einen Vers wie »Prüft alles und behaltet das Gute« (1 Thess 5, 21) bezog man zunächst auf das Leben in der Gemeinde. Aber was sprach dagegen, auch an Materialien, Arbeitsweisen und Techniken zu denken, die in den Dienst eines Hauses gestellt werden sollten, mit und in dem man Gott ehren wollte?

In der Lebensbeschreibung des Erzbischofs Brun (Bruno) von Köln († 965) heißt es, dieser habe nichts, was der Verehrung Gottes dienen könnte, »unversucht« gelassen[6]. Der Biograph denkt dabei an gottgefällige Lebensweisen, vom Einsiedler bis zum Abt. Doch spricht vieles dafür, daß Brun auch praktische Tätigkeiten als Gottesdienst verstanden hat. Das gilt gewiß

Christus am Kreuz. Relief der Bernwardstür des Hildesheimer Doms (um 1015).

für Bernward (Bischof von Hildesheim; †1022), einen Mann mit vielfältigen Interessen und weitem Horizont. Nicht nur die freien Künste habe er beherrscht, bemerkt sein Biograph, sondern sich auch eifrig dem Studium der mechanischen Künste gewidmet. Im Schreiben, in der Malerei und im Anfertigen von Mosaiken, in der Metallverarbeitung und Bildhauerei habe Bernward »nichts unversucht gelassen«, wenn er es hier auch nicht zur Meisterschaft gebracht habe.

Der Biograph rühmt Bernward als Bauherrn und Verwalter, zum Bischof erhoben auch als Seelsorger und Hirten, als Vater der Armen und Mühseligen, als Schützer der Seinen gegen Einfälle äußerer Feinde – und eben als Kenner vieler Gewerbe. Täglich sei er durch die Werkstätten gegangen, in denen Metalle verarbeitet wurden, habe die Werkstücke der einzelnen Arbeiter in Augenschein genommen (*singulorum opera librabat*). Als dem König einmal ungemein wertvolle Geschenke überreicht wurden, habe er sich bemüht, das Seltene und Außergewöhnliche dieser aus Irland oder Schottland stammenden Gefäße zu ergründen. An sich selbst habe er hohe Ansprüche gestellt, aber auch die von ihm Abhängigen bis über ihre Kräfte angetrieben (*ultra vires impellebat*). Auf längeren Reisen habe er aufgeweckte, hoch begabte junge Männer in seiner Umgebung gehabt und sie angehalten, aufmerksam zur Kenntnis zu nehmen, was ihnen unterwegs in Kunst oder Handwerk auffiel (*quicquid dignius in ulla arte occurebat, ad exercitium impellebat*). Thangmar charakterisiert den von ihm verehrten Bernward als einen Mann, der keinen Augenblick untätig gewesen sei; als treuer Verwalter der Familie des Herrn habe er verläßlich für seine Mitknechte gesorgt und nach bestem Wissen und Können Kaiser Otto III. gedient[7].

Die Aussagen des Biographen können überprüft werden, da von Bernward zahlreiche Werke erhalten sind: die ehemalige Klosterkirche St. Michael, die er selber gegründet und gebaut hat, der Dom, den er restauriert, vergrößert und verschönert hat, zahlreiche Arbeiten in Bergkristall und Metall, vor allem die Bernwardssäule und die Bernwardstüren – was künstlerische Gestaltung und technische Durchführung angeht, sollten sie jahrhundertelang ihresgleichen suchen. Eindrucksvolle Einblicke in seine vielseitige Arbeit bot im Jahre 1993 eine große Ausstellung in Hildesheim.

Bernward war eine außergewöhnliche Gestalt, weit davon entfernt, Typus *des* Bischofs zu sein, aber er war nicht der einzige Bischof, der durch aktive Förderung von kirchlichen Kunstwerken in der Erinnerung lebendig blieb: Bereits Bischof Eligius von Noyon († 660) tat sich als Goldschmied und Münzmeister der Merowingerkönige hervor und wurde als Patron der Schmiede und anderer Metallhandwerker im ganzen Mittelalter hoch verehrt. Ein Zeitgenosse Bernwards, Erzbischof Egbert von Trier († 993), der mit Kaiserin Theophanu in Verbindung stand, gründete in seiner Bischofsstadt eine berühmte Werkstatt, in der Tragaltäre, Buchdeckel und illuminierte Handschriften von erlesener Schönheit geschaffen wurden. Bischöfe wie Eligius, Bernward und Egbert haben mit ihrem vielfältigen Wirken Maßstäbe gesetzt, denen andere nacheifern konnten, entsprechend ihren Fähigkeiten.

Gemeinsamkeiten der Stile, die wir vereinfachend mit ›Romanik‹, ›Gotik‹, ›Renaissance‹, ›Barock‹ usw. bezeichnen und die in Kirchenbauten von Norwegen bis Sizilien, von Irland bis Polen begegnen, erklären sich ja auch mit der großen Mobilität von Auftraggebern und Auftragnehmern, Bischöfen und Mönchen[8]. So versammelten sich die Äbte der Zisterzienserklöster jahrhundertelang jährlich zum Generalkapitel im burgundischen Cîteaux; ergänzend visitierte das jeweilige ›Mutterkloster‹ die oft weit entfernten ›Tochterklöster‹[9]. Solche Abhängigkeiten führten zu einer regen Reisetätigkeit und zum Austausch von Erfahrungen und Fachleuten. Dazu kam, daß seit dem 13. Jahrhundert, einer ›Hochzeit‹ des Kathedralbaus in Frankreich, deutsche Studenten gern französische Universitäten besuchten. Einer von ihnen war der spätere Erzbischof Albrecht II. von Magdeburg. Als im Jahre 1207 ein Brand seine Kathedrale schwer geschädigt hatte, ließ er sie seit 1209 im neuen, modernen Stil aufbauen – die erste gotische Kathedrale auf deutschem Boden.

III. MIT EURER HÄNDE ARBEIT

Eine der wichtigsten Voraussetzungen für die Entstehung großer Kirchenbauten, ihren Ausbau und ihre Pflege über Jahrhunderte war ein ausgeprägtes Arbeitsethos, das Christen aus dem Judentum übernommen und weitergetragen hatten – solche Wertschätzung der Arbeit war der griechisch-römischen Welt unbekannt geblieben. In Erwartung des nahen Weltendes hatten Christen in Saloniki gemeint, ihre Arbeit vernachlässigen zu dürfen – und sich damit einen Tadel des Apostels Paulus eingehandelt: »Setzt eure Ehre darein, mit euren eigenen Händen zu arbeiten« (1 Thess 4, 11). Auf solche Mahnungen griff Benedikt von Nursia († um 560) zurück. Als ›Vater‹ des abendländischen Mönchtums und Gründer des Klosters Monte Cassino hat er seine ›Söhne‹ zu einem Leben der Askese, des Gebetes und der Arbeit verpflichtet. In seiner – wohl in den Jahren 530 bis 560 aufgezeichneten – ›Regel‹ heißt es (Kap. 48): »Der Müßiggang ist Feind der Seele; deshalb sollen die Brüder zu gewissen Zeiten mit der Arbeit der Hände beschäftigt werden, zu anderen Stunden hingegen mit der Lesung von Gottes Wort«.

Die Regel Benedikts ist die älteste Verfassung Europas, an der seit mehr als anderthalb Jahrtausenden Männer und Frauen ihr Leben ausrichten. Die Verpflichtung zu körperlicher Arbeit war geradezu revolutionär, widersprach sie doch der bis dahin in der römischen Welt immer noch üblichen Vorstellung von Rechten und Pflichten des freien Mannes, nach denen körperliche Arbeit in erster Linie als Sache des Sklaven, des Unfreien galt. Der Wechsel von Handarbeit, Lektüre und Meditation, wie Benedikt ihn fordert, steigerte die Effizienz im Alltagsbereich und bei der Verwirklichung langfristiger Vorhaben.

In Zeiten eines von Begeisterung getragenen Neubeginns – man denke an die Anfänge Clunys und der ihm unterstellten Klöster, der Zisterzienser und Prämonstratenser, der Franziskaner und Dominikaner[10] – haben Mönche erstaunliche Leistungen vollbracht. In Anlehnung an die Apostelgeschichte (4, 32–35) hat Abt Berno von Cluny († 927) seine Mönche beschworen, die Einmütigkeit (*unanimitas*) zu bewahren, hinsichtlich Gesang, Stillschweigen, Nahrung und Kleidung bei den bewährten Gewohnheiten zu verharren und vor allem persönliches Eigentum zu verachten[11]. Die Worte klingen beschwörend, wußte Berno doch nicht nur aus der Apostelgeschichte, wie gefährdet hohe Ideale sind. Und doch: Wenn sich eine Gruppe meist junger Menschen, wie sie für Reformbewegungen typisch sind, einige Jahrzehnte lang daran hielt, konnten imponierende Werke entstehen – sichtbar auch in Kirchenbauten.

Die Mönche haben ihr Arbeitsethos zunächst an die von ihnen abhängigen Bauern weitergegeben. Seit dem 10. Jahrhundert unterwarfen sich ihm auch Angehörige der führenden Schicht. Ulrich, Bischof von Augsburg (923–973), dem wir noch mehrfach begegnen werden, blieb nach dem Zeugnis seines Biographen niemals untätig, *numquam … otiosus*[12] – eine Verbeugung vor dem Apostel Paulus und dem Mönchsvater Benedikt. Auf Visitationsreisen durch seine Diözese habe er selber zugepackt, wenn an Kirchen, Klöstern oder anderen Gebäuden etwas auszubessern gewesen sei; dazu habe man ihm das Werkzeug schon vorher bereitstellen müssen. Dabei ging es gewiß auch um die ›Schau‹; aber selbstverständlich war es nicht, daß ein Mann aus hohem Adel und mit geweihten Händen einmal selber zur Kelle griff.

Charakterisierungen wie ›niemals müßig‹, ›immer von heilsamem Arbeitseifer beseelt‹ begegnen in den Lebensbeschreibungen vieler Bischöfe. Man ist geneigt, solche Bemerkungen als Topoi, Gemeinplätze, abzutun. Nur: Sie finden sich längst nicht in allen Bischofsviten. Zudem verweisen sogar Topoi auf gesellschaftliche Wirklichkeit. Bischofsviten lassen sich auch als Spiegel verstehen: Dem Leser und anderen Bischöfen, vielleicht gar dem gerade amtierenden, sollte vor Augen geführt werden, wie ein ›echter‹ Bischof sich verhält. Ferner erzählen ganz unterschiedliche Quellen, daß viele Bischöfe vor und nach der Berufung in ihr hohes Amt von Unrast beseelt waren: Sie reisten, und zwar nicht nur in ihrer Diözese zur Weihe von Altären und Kirchen, sondern weit durch Europa und darüber hinaus, etwa wenn sie ins Heilige Land pilgerten. Dem entsprach ein Tatendrang, wie er häufig bei Menschen zu beobachten ist, denen leibliche Erben versagt sind. Nicht wenige Bischöfe hatten kein Verständnis für Abhängige, die es sachte angehen lassen wollten. Benno, Bischof von Osnabrück (1068–1088), ist einer von ihnen; sein Biograph schreibt, »sehr oft« (*plerumque*) habe Benno die Bauern mit Prügeln zur Arbeit angetrieben[13]. Nicht selten mögen Unrast und Tatendrang auch dem Bau von Kirchen zugute gekommen sein.

Das von Paulus und Benedikt vorgelebte Arbeitsethos prägte auch die Bewohner der Städte, die seit dem 11. Jahrhundert im Süden und Westen Europas wiederauflebten und nördlich der Alpen in rascher Folge entstanden. Schließlich öffneten sich auch manche – in der Welt lebende – Adlige der Erkenntnis, daß den Willen Gottes erfüllen kann, wer zu disziplinierter, harter, sogar körperlicher Arbeit bereit ist. Dabei ist unbestritten, daß Arbeit oft gedeutet wurde als Strafe für die Sünde, etwa im Anschluß an das Wort, alle Tage seines Lebens solle der Mensch sich mühsam vom Ackerboden ernähren (Gen 3, 17).

Über Umwege und durch Neubesinnung auf die Anfänge der christlichen Gemeinden erreichte das Ethos der Einheit von Gebet und Arbeit seit dem 16. Jahrhundert die Reformierten (Calvinisten); in säkularisierter Form sollte es das gesellschaftliche und wirtschaftliche Leben im neuzeitlichen Europa und – wohl noch ausgeprägter – in Nordamerika bestimmen.

IV. VIELE NAMEN FÜR DAS HAUS DES HERRN

Keine der uns geläufigen Bezeichnungen für das Kirchengebäude ist germanischer Herkunft – ein Hinweis darauf, daß erst das Christentum die Bewohner germanischsprachiger Länder mit solchen Bauten bekannt gemacht hat. Andererseits gehören Wörter wie Dom, Kapelle, Kirche, Münster seit Generationen zu unserem Sprachschatz, und niemand würde sie als Fremdwörter einschätzen; anders verhält es sich mit ›Basilika‹ und ›Kathedrale‹.

Das Kirchenrecht unterscheidet zwischen Bischofs- und Pfarrkirche, Filial- und Eigenkirche sowie Kapelle (Taufkirche, Friedhofs-, Grab-, Spitalkapelle); der Kunsthistoriker achtet eher auf den Bautypus: Holz- und Steinkirche, Lang- und Zentralbau, Hallenkirche, Burg- und Pfalzkapelle[14].

So klar lassen sich die gebräuchlichen Worte für Kirchenbauten in ihrem Bedeutungsumfang nicht gegeneinander abgrenzen. Bemerkenswert ist, daß sie fast alle dem profanen Bereich entstammen – ein Zeichen, wie wenig selbstverständlich es ist, daß das Christentum überhaupt besondere ›heilige Räume‹ ausgebildet hat. Das Neue Testament nennt die Gemeinschaft der Gläubigen das lebendige »Haus Gottes« (1 Tim 3, 15).

In den beiden ersten Jahrhunderten haben Christen – nicht anders als Juden zur Feier des Paschamahles und ebenso wie Jesus beim letzten Abendmahl (Mk 14, 14 f.) – sich in geeigneten Privathäusern versammelt. Zur Feier ihres Gottesdienstes brauchten die Christen nicht mehr als einen Raum, der so groß war, daß die Gemeinde darin Platz fand.

Dom und Münster

›Dom‹ geht zwar auf lateinisch *domus*, Haus, zurück (vgl. italienisch *duomo*), hat aber im deutschen Sprachraum eine ganz andere Bedeutung als frühchristliche ›Hauskirchen‹. Ein Dom ist eine Großkirche, oft eine Bischofskirche, z. B. in Köln, Halberstadt, Regensburg. Doch werden auch andere Kirchen so bezeichnet, vor allem wenn sie einer Gemeinschaft von Klerikern bzw. adligen Damen (Stift) oder Mönchen zum Gebet gedient haben: Altenberg im Bergischen Land (ehemaliges Zisterzienserkloster), Braunschweig, Erfurt, Frankfurt am Main (›Kaiserdom‹), Goslar, Limburg/Lahn (Stiftskirche St. Georg, seit 1827 Bischofskirche[15]), Soest (St. Patrokli), Xanten. Man denke ferner an den Felsendom, der das Bild der Altstadt von Jerusalem prägt und auf den wir noch mehrfach zurückkommen werden.

›Münster‹ ist ebenfalls lateinischen Ursprungs: *monasterium* meint ursprünglich die Einsiedelei, die Zelle, in der ein einzelner Mönch lebt, dann eine Gemeinschaft von Mönchen mit abgeschlossenem Bereich und eigener Gebetsstätte[16]; in einem engeren Sinne ist unter *monasterium* oft die Klosterkirche zu verstehen, gegebenenfalls auch eine Bischofskirche[17]. Im deutschsprachigen Gebiet werden größere Kirchen gern als Münster bezeichnet, zumal solche, die ehedem der einzigen oder wichtigsten städtischen Pfarrei als Bürgerkirche dienten: Im Westen sind Aachen, Bonn und Essen, im Südwesten Bern, Colmar, Freiburg, Thann, Überlingen, Ulm stolz auf ihr ›Münster‹; Bischofskirche ist das Straßburger Münster seit dem Frühmittelalter, das Freiburger erst seit den 1820er Jahren.

Basilika und Kathedrale

›Basilika‹, ein Wort aus dem Griechischen, meinte ursprünglich die Halle des Königs (*stoá basiliké*), dann die Markthalle und überhaupt die große, dem Gericht und anderen öffentlichen Belangen dienende, durch Säulenreihen in ›Schiffe‹ geteilte Halle[18]. Das Mittelschiff überragt die beiden Seitenschiffe, was der Beleuchtung und der Entlüftung zugute kommt. Basilika erinnert an die Zeit, in der christliche Gemeinden in den Städten der griechisch-römischen Welt öffentlich anerkannte Institutionen geworden waren und entsprechend repräsentative Gebäude nutzen konnten.

›Kathedrale‹ erinnert ebenfalls an das griechische Erbe im Christentum. Ursprünglich bedeutet griechisch *kathedra* einfach ›Sitz‹, gelegentlich auch ›Lehrstuhl‹, im oströmisch-spätantiken Reich aber den Thron des Kaisers. In der Kirchensprache bezeichnet *cathedra* bis heute den bischöflichen Thron, der die Autorität des Lehr- und Hirtenamtes versinnbildlicht. Als Inhaber eines eigenen Thrones sahen Bischöfe sich in die Traditionen von Herrschern, Gesetzgebern und Richtern gestellt. Erlesene Elfenbeinschnitzereien schmücken den Thronsessel des Bischofs Maximianus in Ravenna (Mitte 6. Jh.), aus Marmor ist der Thron in der Kirche S. Nicola/Bari gearbeitet (12. Jh.)[19]. Die *cathedra* konnte auch einfach gearbeitet sein, aus Holz oder Stein, sollte aber fest und erhöht stehen; denn der Bischof sollte das Volk belehren[20], und dazu mußten die Menschen ihn sehen können. In der frühchristlichen Basilika hatte die *cathedra* ihren Platz in der zentralen Achse der Apsis; im Mittelalter äußern Liturgiker sich nicht zu ihrem genauen Platz.

Die Kathedrale kann ein sehr einfacher Raum sein, muß aber auf Dauer dem Gottesdienst vorbehalten sein. Zur Ausstattung gehören außer der *cathedra* unbedingt der Altar-Tisch zur Feier der Eucharistie und Gefäße für die Opfergaben Brot, Wein und Wasser. Dazu kommen Bücher, denn während des Gottesdienstes werden Psalmen gesungen, Lesungen und Gebete gesprochen. Man brauchte also auch ein Lesepult und Lichter.

Der Bischof kann die Eucharistie unter freiem Himmel feiern, auf einem Platz oder in einem Sportstadion; aber diese Stätte wird dadurch nicht zu einer Kathedrale, auch dann nicht, wenn er während der Feier zeitweise auf einem besonderen Sitz Platz nimmt.

Kapelle und Kirche

›Kapelle‹ ist die Verkleinerungsform zu *cappa*, der Umhang. Damit ist auf ein Kleidungsstück verwiesen: Der Legende nach hat der hl. Martin († 397) bei großer Kälte die Hälfte seines Umhangs einem frierenden Bettler geschenkt; daraufhin sei Christus, bekleidet mit diesem Teil, dem Martin in einer nächtlichen Vision erschienen. Die eine Hälfte der *cappa* wurde von den Franken in Ehren gehalten und in einem eigenen Raum aufbewahrt, der daraufhin Kapelle genannt wurde. Die mit der Sorge um die kostbare Reliquie betrauten Kleriker hießen Kap(el)lane. Die Bezeichnung Kapelle gewann in der Folgezeit vielfältige Bedeutungen: Die Hüter der kostbaren Reliquie waren gleichzeitig Vertraute und Berater des Königs; sie bildeten die sogenannte Hofkapelle, unabhängig davon, ob sie ein besonderes Heiligtum in ihrer Obhut hatten. Als Kapelle wurde sodann der Seitenraum einer größeren Kirche bezeichnet, später auch die Gruppe der hier Singenden oder Musizierenden (die Musik›kapelle‹). Schließlich bezeichnete man als Kapelle auch die alleinstehende Kirche sowie einen besonderen Raum (etwa in einem Krankenhaus), in dem gelegentlich Gottesdienst gefeiert wird; doch sollten in einer solchen Kapelle nicht Handlungen vorgenommen werden, die nach dem Kirchenrecht in die Pfarrkirche gehören (z. B. Taufe und Einsegnung der Ehe)[21].

Die Größe des Gebäudes war unerheblich für seinen Rang: Es gab und gibt große Kapellen und kleine Pfarr-, auch kleine Bischofskirchen; umgekehrt sind viele Pfarrkirchen – etwa S. Maria del Mar in Barcelona, die Georgskirche in Nördlingen, die Marienkirche in Lübeck, die Liebfrauenkirche in Brügge – reicher ausgestattet und größer als manche Kathedrale. Erst später wurden ehemalige Kapellen (Aachener Marienmünster, Markusdom in Venedig[22]), Bürgerkirchen (Freiburg i. Br., Prag, Wien), Klosterkirchen (Fulda, St. Gallen) und Stiftskirchen (Limburg/Lahn, Mecheln) in den Rang einer Kathedrale erhoben.

›Kirche‹ (englisch *church*, niederländisch *kerke*), das geläufigste Wort, ist als einziges spezifisch christlichen Ursprungs. Es stammt aus dem Griechischen und meint ursprünglich ›zum Herrn (*kyrios*) gehöriges Haus‹[23]; *kyrios* ist einer der frühesten Titel Christi. Die romanischen Sprachen brauchen im gleichen Sinn ein anderes Wort, das ursprünglich profane Bedeutung hat. *Église* (franz.; ital. *chiesa*, span. *iglesia*) ist über das lateinische *ecclesia* dem Griechischen entlehnt, wo es zunächst die ›bürgerliche Gemeinde‹ meint. Paulus hat dieses Wort gewählt, um seine Gemeinden – gelegentlich auch die ganze Christenheit – als eine Gemeinschaft zu bezeichnen, die im Sinne Jesu ihr Miteinanderleben selber ordnet. So meint ›Kirche‹, *ecclesia*, bis heute zuerst die Gemeinschaft derer, die sich zum christlichen Glauben bekennen. Erst in zweiter Linie ist ›Kirche‹ auch das Gebäude, in dem die christliche Gemeinde sich versammelt. In diesen Gebäuden erinnert vieles daran, daß die ›streitende‹ – das heißt auf Erden lebende, gegen Sünde und Versuchung kämpfende Gemeinschaft der Christen – eine Einheit bildet mit der ›leidenden‹ Kirche, das heißt mit den Verstorbenen, die zur Seligkeit berufen sind, nach dem Tod aber noch für ihre Verfehlungen büßen müssen; die ›triumphierende‹ oder ›verherrlichte‹ Kirche meint schließlich die Toten, die schon zum Kreis der Seligen gehören. Gebete – nicht zuletzt im Gottesdienst – führ(t)en die drei Gruppen zusammen.

Lange Jahrhunderte bezeichnete man mit ›Kirche‹ auch die Gesamtheit kirchlicher Einrichtungen innerhalb einer Diözese, d. h. des kirchlichen Verwaltungsbezirkes, also Kirchen, Kapellen, Klöster sowie deren Besitz. Schließlich meint ›Kirche‹ oft auch nur die ›Amtskirche‹, das Kollegium der Amts- und Würdenträger, in der katholischen Kirche Bischöfe, Papst und den hinter diesen stehenden Verwaltungsapparat.

Eines jedenfalls ist Kirchengebäuden und der ›Kirche‹ als der Gemeinschaft der Gläubigen gemeinsam: Selbst wenn sie gerade erst von Grund auf wieder in Form gebracht sind (*reformata*), haben sie erneut eine Reform nötig (*reformanda*).

›Tempel‹ und Oratorium

Die Konnotation des ›fremdartigen‹ heiligen Baus hat auch französisch *temple*; bis heute spricht man in Frankreich vom *Temple protestant* der reformierten Gemeinde, auch wenn dieser sich äußerlich nicht von einer katholischen Kirche unterscheidet. Lateinisch *templum* meinte ursprünglich nicht ein Gebäude, sondern einen umgrenzten heiligen Bezirk, von dem aus Zeichen in einem Himmelsabschnitt beobachtet wurden, der zu ihm in Beziehung stand und der ebenfalls *templum* hieß; später wurde in solch heiligem Bezirk ein Haus gebaut, welches das Kultbild der Gottheit aufnahm[24].

Die lateinische Bibelübersetzung braucht das Wort für den ›Tempel‹ von Jerusalem, in dem auch Jesus lehrte; Paulus überträgt es auf die christlichen Gemeinden: sie sind ›Tempel‹ des Heiligen Geistes (griech. *naos*, lat. *templum*; 1 Kor 3, 16). So hatte ›Tempel‹ nicht das Odium der heidnischen Kultstätte (hier und im Folgenden wird ›heidnisch‹ wertneutral verwendet). Sobald es größere Kirchenbauten gab, das heißt seit Mitte des 4. Jahrhunderts, konnten sie *templum* heißen. Im Mittelalter begegnet uns *templum* nicht selten im Sinne von Bischofskirche[25].

Aus der großen Zahl weiterer Bezeichnungen seien noch zwei genannt, die in scheinbar gegensätzlicher Weise auf die Funktion von Kirchenbauten hinweisen: Lateinische Quellen sprechen nicht selten von *oratorium*, Gebetsstätte. Dabei klingt eine biblische Deutung des Tempels von Jerusalem an; nach dem großen Tempelweihgebet Salomos (1 Kön 8) ist er nicht für Gott, sondern für Menschen gebaut, die einen rechten Ort brauchen, um Gott anzurufen. ›Gotteshaus‹, *casa Dei*, kann im gleichen Sinn verstanden werden, als Ort, der für die Verehrung Gottes reserviert ist, »den die Himmel der Himmel nicht fassen, wieviel weniger dieses Haus« (1 Kön 8, 27). Bischofskirchen werden in mittelalterlichen Quellen bezeichnet als *casa Dei*, *domus*, *maior* bzw. *principalis ecclesia* oder einfach als *ecclesia*, Haus Gottes, Haus, größere oder Hauptkirche, Kirche[26].

Kathedrale der Arbeit

Großkirchen erfreuten sich jahrhundertelang eines besonderen Nimbus. Davon zeugen noch Bezeichnungen wie ›Kathedrale der Arbeit‹ (für Fabrikhallen um die Wende vom 19. zum 20. Jahrhundert[27]), Lichtdom (mit dem die Nationalsozialisten auf ihrem Nürnberger Reichsparteitag die deutsche Öffentlichkeit und ausländische Besucher blendeten[28]), schließlich, im Jahre 2000, der *Millenium Dome* in London. Derartige ›Dome‹ haben gemeinsam, daß sie Abertausende von Menschen zusammenführten, deren Arbeit nun so streng geregelt war wie der Gottesdienst, für die ein hohles Lichtpathos bzw. ein Medienspektakel inszeniert wurden; unübersehbar ist schließlich, daß christlicher Brauch wie ein Steinbruch genutzt wurde, um Feste zu gestalten.

V. TEMPEL, KIRCHE, MOSCHEE, SYNAGOGE – HEILIGTÜMER IM VERGLEICH

Heiliger Hain und heiliges Haus

Es ist alles andere als selbstverständlich, daß Heiligtümer Gebäude sind; an ehrfurchtgebietenden Orten, ausgezeichnet durch Baum, Hain, Quelle, Stein, Höhle, durch Lage auf einem Berg oder im Tal ... erlebte man Gegenwart Gottes. Ein bis heute hochverehrtes Heiligtum unter freiem Himmel ist der heilige Stein der Kaaba in Mekka. Heilige Orte sind weltlicher Nutzung entzogen. Wie sehr sich Gläubige die Welt von ihren heiligen Orten aus deuten, verrät das Wort ›profan‹, wörtlich ›vor dem Heiligtum‹.

›Heilige‹ Gebäude, Tempel, entstanden wohl zuerst dort, wo Gegenwart göttlicher Macht in einem Kultbild erfahren wurde. Dem Kultbild baute man eine Wohnung, menschlichen Wohnungen nachgebildet, mit Wänden, Dach, Tür(en) und Fenstern.

Zum innersten, heiligsten Bereich – der *cella*, wo das Kultbild stand – hatten nur Priester Zutritt, oft sogar nur bestimmte Priester zu bestimmten Zeiten. Die *cella* mußte nicht groß sein; sie konnte mehrteilig sein; so enthielt der Capitolstempel in Köln drei schmale, etwa 15 Meter tiefe Räume für die Standbilder der drei kapitolinischen Götter Roms: Jupiter, Juno und Minerva[29].

Tempel sind regelmäßig umgeben von einem heiligen Bezirk, in dem der Altar steht, auf dem Opfer verbrannt werden können. Im Laufe der Zeit kamen weitere Anlagen und Einrichtungen hinzu; es entstand ein ganzer Komplex von Gebäuden, zu dem Unterrichtsräume wie die Halle Salomos beim Jerusalemer Tempel gehören konnten, wo sich nach der Apostelgeschichte (3, 11) die frühen Christen versammelten.

Juden, Christen und Muslime bekennen sich zu dem einen »Gott Abrahams, Isaaks und Jakobs« (Ex 3, 6; Mk 12, 26 und öfter). Aus ihrem gemeinsamem Ursprung im alttestamentlich-jüdischen Denken haben die drei monotheistischen Religionen bis heute die Vorstellung von dem *einen* Volk festgehalten, das in *einem* Heiligtum den *einen* Gott verehrt. Entwickelt hatte sich diese Vorstellung vom einen wahren Heiligtum in der Zeit des sogenannten Zweiten Tempels von Jerusalem.

Im 10. Jahrhundert v. Chr. war der erste Jerusalemer Tempel von König Salomo errichtet worden – nach heidnischen Vorbildern und von einem heidnischen Baumeister (1 Kön 6–9). Er war zunächst nur das bedeutendste unter vielen Heiligtümern Israels. 587 v. Chr. wurde er zerstört, 525 wieder aufgebaut; er stand dann mehr als 500 Jahre bis zur endgültigen Zerstörung durch die Römer 70 n. Chr. In dieser Zeit war er das einzige Heiligtum, das ›Zentralheiligtum‹, für die unter vielen Völkern verstreuten jüdischen Gläubigen. Nur hier durfte legitimer Kult vollzogen werden. Die Sehnsucht danach lebt bis heute in einem Ruf weiter, den Juden beim Paschafest anstimmen: ›Nächstes Jahr in Jerusalem!‹

Das Christentum, hervorgegangen aus dem Judentum, ist in diese Situation hineingewachsen: Das eine Heiligtum war für die meisten sehr fern und schließlich – nach der Zerstörung von 70 n. Chr. – unzugänglich. Der Gedanke des *einen* Heiligtums lebte unter Christen weiter als Sehnsucht nach dem Himmlischen Jerusalem, das in Kirchenbauten in aller Welt repräsentiert ist. Christen haben es darum leicht, heidnische Vorläufer ihrer auf Erden errichteten und darum nur vorläufigen Kirchen offen zu benennen. An die *kapitolinischen* Götter erinnert eine der ältesten Kirchen Kölns: St. Marien im *Kapitol*.

Konkrete Wirklichkeit ist das Zentralheiligtum heute nur noch im Islam. Bei der Kaaba erleben sich zerstrittene muslimische Konfessionen als die eine *umma*, das heißt Volk und Verwandtschaft. Selbst dieses Symbol des Monotheismus ist heidnischen Ursprungs. Die Kaaba ist älter als der Islam. Muslime können das nicht akzeptieren; für sie ist die Kaaba der einzige Ort legitimen Kultes für den einen Gott von den Zeiten Abrahams bis heute.

Entsprechend heidnischen Vorbildern gab es auch im Salomotempel Bezirke abgestufter Heiligkeit. Der innerste Raum des Gebäudekomplexes war zur Zeit des Zweiten Tempels nur dem Hohenpriester und nur einmal im Jahr zugänglich. In heidnischen Tempeln stand dort das Gottesbild; im jüdischen Tempel war der Ort der dichtesten Gegenwart Gottes ein leerer Raum. Mit der Zeit kamen weitere Abstufungen vom Heiligen zum Profanen hinzu, vom Priesterhof mit dem Brandopferaltar über den Männer-, den Frauenvorhof zum Vorhof der Heiden hin[30]. Abgestufte Heiligkeit gibt es auch im Raum von Mekka; so müssen die Wallfahrer die Kleider wechseln, wenn sie sich der Kaaba nähern.

Rekonstruktionsversuch des Salomonischen Tempels: Schnitt und Grundriß nach R. de Vaux OP, Hauptraum nach Chipiez.

Kultorte in der griechisch-römischen Welt hatten lokale Bedeutung. Es versammelten sich dort Bewohner einer Region oder einer Stadt *(polis)*. Man kannte zwar Wallfahrtsheiligtümer mit weitem Einzugsgebiet, aber vom delphischen Apoll erwartete man, um ein Beispiel zu nennen, eine Art von Hilfe, die sich von der an anderen Heiligtümern des Apoll unterschied. Gänzlich neu war die im Judentum entstandene Vorstellung, daß in Synagogen an vielen Orten der antiken Welt das *eine* Volk versammelt sei. Christentum und Islam übernahmen diesen Gedanken. Darum sind Synagoge, Kirche, Moschee, in denen Juden, Christen, Muslime Gottesdienst feiern, nicht zurückzuführen auf Tempel, sondern auf Räume der Versammlung und Beratung[31].

Am Anfang steht eine Sonderentwicklung im Diasporajudentum. Die seit dem Untergang ihrer Staaten Israel und Juda (722 bzw. 587 v. Chr.) in vielen Völkern verstreut lebenden Juden erfuhren sich als das eine Volk nicht nur bei der Wallfahrt zum Zentralheiligtum, sondern auch dort, wo sie zu Hause waren in ihren Synagogen. Erzählungen der Apostelgeschichte veranschaulichen, wie schnell ein Jude in der Fremde Angehörige seines Volkes finden konnte. So wartet Paulus in der römischen Kolonie Philippi, seinem ersten Ort in Europa, den Sabbat ab, geht vor die Stadt an den Fluß, findet dort Frauen auf dem Weg zur Synagoge und kann mit der Mission beginnen (Apg 16).

In Palästina dienten Synagogen, solange der Tempel stand, vor allem der Beratung der Gemeinde. Insofern waren sie vergleichbar dem Theater (vgl. Apg 19, 29 ff.) und dem Marktplatz *(agora)*; dort erreichten Gemeindeversammlungen allerdings ganz andere Dimensionen. So bot das Theater von Epidauros in 55 Reihen etwa 14.000 Personen Platz[32]. Die Synagoge hat jedoch die gleichen Funktionen; Synagoge meint zunächst die Versammlung, und erst in zweiter Linie die Versammlungsstätte. In Palästina war die Synagoge weniger Gebets- als Lehrhaus, in dem bei Bedarf Pilger übernachten konnten. Zu Gebet und Psalmengesang ging man in den Tempel, nicht in die Synagoge.

Fern vom Tempel aber dienten Synagogen dem Gottesdienst und wurden oft auch entsprechend bezeichnet als *proseuché*, Gebetsort. In der griechisch-römischen Welt empfand man es als revolutionäre Neuerung, daß die Juden einen opferlosen Gottesdienst kannten, in der sie zu Gebet, Hymnen, Lesung und Auslegung der heiligen Schriften zusammenkamen[33]. Christen und Muslime haben diese Form des Gottesdienstes weiterentwickelt. Synagogen waren auch Nichtjuden zugänglich, den sogenannten Gottesfürchtigen; diese waren beeindruckt vom Monotheismus und der Form des Gottesdienstes, wollten aber nicht das ganze jüdische Gesetz annehmen. Christen knüpften daran an; so erzählt die Apostelgeschichte, daß Christen – wegen ihrer offeneren Einstellung zu Nichtjuden – aus den Synagogen verdrängt, Aufnahme in Privathäusern fanden (Apg 18, 7 f.). Dort konnten auch Nichtchristen an den Feiern teilnehmen. Paulus mahnt die Korinther, sie sollten so feiern, daß Ungläubige Gebet, Gesang und Lehre verstehen könnten (1 Kor 14, 23 ff.).

Raum des Gebets

Grundsätzlich sind auch Moscheen Versammlungsorte, u. a. zu politischen Gesprächen. Doch zu Zeiten Mohammeds hatten sich in Christentum und Judentum längst andere Vorstellungen von Gottesdiensträumen entwickelt; sie galten im 7. Jahrhundert als heilige Räume. So stammt das Wort Moschee vom arabischen *masdschid*, ›Ort, an dem man sich zur Anbetung Gottes niederwirft‹. Da jeder Platz sich zur Verehrung Gottes und zum Hören der Predigt eignet, ist die Form des Gebäudes unerheblich[34]. Daß die Moschee für den Gläubigen weit mehr als Versammlungsraum ist, geht auch daraus hervor, daß sie in islamischen Ländern oft nur Muslimen zugänglich ist; ›Ungläubige‹, die die heiligen Stätten in Medina und Mekka betreten, haben ihr Leben verwirkt.

Zweierlei trug dazu bei, daß Orte des Gebetes mehr und mehr als ›heilige Orte‹ verstanden wurden. Christen feierten darin nicht nur mit Gesang, Gebet und Predigt, sondern auch mit dem Mahl, in dem Christus geheimnisvoll gegenwärtig ist. Aus diesem zentralen Teil des Gottesdienstes wurden lange Zeit Katechumenen – Anwärter auf die Taufe, Menschen also, die Christen werden wollten – nach einem ersten Teil des Gottesdienstes hinausgewiesen[35]. Heute erheben Christen im allgemeinen keine Einwände, wenn Menschen anderer Konfession oder Religion ihre Kirche besuchen oder an ihrem Gottesdienst teilnehmen wollen; man erwartet nur, daß die Fremden sich der ›Würde des Ortes angemessen‹ verhalten.

Der zweite Grund: Es ist wohl ein menschliches Verlangen, dem Heiligen konkret begegnen und Orte des Gottesdienstes als sakralen Raum erleben zu können. Solches Verlangen meldete sich, als Großbauten entstanden. Ein gewichtiger Unterschied zu heidnischen Tempeln, aber auch zum Tempel in Jerusalem, blieb dabei in Synagogen, Kirchen und Moscheen erhalten. Das gläubige Volk hat seinen Platz *im Inneren* des Gebäudes; es gilt selber als das eigentliche Heiligtum. Dieses Denken wurzelt im Alten Testament; ein feierliches Gotteswort nennt das am Sinai versammelte Volk Israel »ein Königtum von Priestern, ein heiliges Volk« (Ex 19, 6).

Haus des Gottesvolks

Im Schmuck des Raumes soll sichtbar werden, daß hier das heilige Volk zusammenkommt. Auch der Übergang von Draußen nach Drinnen ist besonders gestaltet; Wasser spielt als Zeichen der Reinigung eine Rolle. Vor Moscheen gibt es oft Brunnen, am Eingang katholischer Kirchen Weihwasserbecken. Ein weiteres Zeichen der Heiligkeit ist die Ausrichtung der Gebäude. Wer in einer Synagoge beten will, wendet sich nicht selten in Richtung Jerusalem. Die Nische in der Moschee, zu der hin die Gläubigen sich verneigen, liegt in Richtung Mekka[36]. Viele Kirchen sind ›orientiert‹, der im Osten (lat. *oriens*) aufgehenden Sonne entgegen; denn auf Christus übertrug Kaiser Konstantin I. den Kult des *sol invictus*, des unbesiegten Sonnengottes. Anhaltspunkte dazu bot auch die Bibel, u. a. im Wort vom »aufstrahlenden Licht aus der Höhe« (Lk 1, 78). Für Christen handelt es sich bei der Orientierung von Kirchen nicht um ein strenges Gesetz, wie die Gebetsrichtung der Muslime es ist. Von den älteren Kirchen in Rom sind nur 43 nach Osten ausgerichtet, 45 nach Süden, und 52 nach Westen; zu den ›gewesteten‹ gehören die Lateranbasilika, S. Maria Maggiore und der Petersdom[37].

In Synagogen gibt es nur *ein* Zeichen, dem die Gläubigen sich zuwenden: den Toraschrein, der die heiligen Schriften enthält[38]. In Moscheen entspricht dem die Gebetsnische, die nach Mekka weist. In Kirchen gibt es zwei gewichtige Zeichen: den Altar, den Tisch, auf dem die Erinnerung an das letzte Abendmahl gefeiert wird, und den Platz, von dem aus das Wort verkündet wird, Lesepult (Ambo) oder Kanzel. Damit der Vorleser verstanden wurde, erhöhte man den Platz des Ambo bzw. der Kanzel. Beiden Orten wird unterschiedliches Gewicht zugewiesen. Meist ist die Kirche auf den Altar ausgerichtet; es gibt aber auch reformierte Kirchen, in denen die Kanzel diesen Platz einnimmt.

Beim Kirchenbau nahm man schließlich auch Vorstellungen auf, wie sie in heidnischen Tempeln und im Tempel von Jerusalem verwirklicht waren.

Aus dem besonders heiligen Bereich wurden ›normale‹ Gläubige ausgeschlossen. Die meisten Kirchen sind ausgerichtet auf den Chor, den Raum, in dem die heiligen Geheimnisse gefeiert werden. Nachgeahmt wurde damit die Ausrichtung römisch-kaiserlicher Repräsentationsräume auf die Apsis, in welcher der Thron des als Gott verehrten Kaisers stand; in alten Kirchen ist nicht selten ein überlebensgroßes Christusbild oberhalb des Platzes zu sehen, der einst dem Kaiser vorbehalten war. Seit dem Hochmittelalter trennte jahrhundertelang vielerorts der Lettner den Chor mit dem Altar vom Hauptschiff; hier versammelten sich die Laien, dort Kleriker und Mönche, die eine besondere Weihe empfangen hatten. In der Ostkirche scheidet eine Bilderwand, die Ikonostase, Priester und Gemeinde.

Wieder hineingetragen in die Vorstellungen vom *einen* heiligen Gottesvolk wurden im Laufe der Zeit auch Ideen von liturgischer Unreinheit, wie sie im Männer- und Frauenvorhof des Tempels von Jerusalem sichtbar gewesen waren. Nicht anders als in Synagoge und Moschee blieben im christlichen Gottesdienst die Geschlechter die längste Zeit getrennt[39]; in manchen Kirchen sind sie es – wohl aus alter Gewohnheit – bis heute. Noch in der Mitte des 20. Jahrhunderts sollte die als ›unrein‹ geltende Wöchnerin erst ›ausgesegnet‹ werden, bevor sie wieder an der Feier der Messe teilnehmen durfte.

Heiliger Rechtsbezirk

Heilige Bezirke bildeten wohl immer auch besondere Rechtsräume. Zur Zeit Jesu war der innere Bezirk des Tempels durch eine Inschrift in griechischer Sprache geschützt; sie drohte Nichtjuden die Todesstrafe an, wenn sie den Bezirk betreten sollten, der gläubigen Juden vorbehalten war[40]. Eine vermeintliche Entweihung des heiligen Ortes durch Paulus und einen Griechen führte zur Verhaftung des Apostels, aus der er nicht mehr freikommen sollte (Apg 21, 28–31; 24, 6). Aber auch ganz Jerusalem galt als Heilige Stadt; zur Zeit des Pilatus wollten die Juden lieber sterben als tatenlos zusehen, wie römische Standarten mit heidnischen Symbolen in die Stadt getragen wurden[41].

In Zeiten religiöser Umbrüche wurden Heiligtümer besonders hartnäckig auch als Rechtsraum beansprucht. Ein Beispiel aus der Geschichte der Christianisierung Sachsens durch Karl den Großen beleuchtet die Begleiterscheinungen gewaltsamer Mission: Eine fränkische Reichsversammlung schärfte den Sachsen im Jahre 782 (?) ein, daß die in ihrem Land neugebauten Kirchen »nicht geringere, sondern höhere und ausgezeichnetere Ehren genießen« sollten als die »eitlen Heiligtümer« ihrer Götter. Es folgen zahlreiche Einzelbestimmungen; wer sie verletzte, riskierte eine Vermögens- oder Freiheitsstrafe, wenn nicht Schlimmeres: »Wer gewaltsam in eine Kirche eindringt und aus ihr gewaltsam etwas wegnimmt oder stiehlt, oder wer die Kirche in Brand steckt, der sterbe des Todes«[42].

Solche Fragen regelt heute das Strafrecht. In Deutschland gilt Folgendes: Wer an einem Ort, der dem Gottesdienst einer im Inland bestehenden Kirche oder anderen Religionsgesellschaft gewidmet ist, »beschimpfenden Unfug verübt«, hat bis zu drei Jahre Freiheits- oder eine Geldstrafe zu gewärtigen (§ 167 StGB). Wer »aus einer Kirche oder einem anderen der Religionsausübung dienenden Gebäude oder Raum eine Sache stiehlt, die dem Gottesdienst gewidmet ist oder der religiösen Verehrung dient«, begeht einen besonders schweren Fall des Diebstahls, der mit Freiheitsstrafe von drei Monaten bis zu zehn Jahren bestraft wird (§ 243 StGB)[43].

Kultstätten sind nicht nur selber durch das Recht geschützt, sondern bieten auch Menschen einen Raum des Friedens. Manche Psalmen sind ursprünglich Gebete Asylsuchender, die in den Tempel geflüchtet waren, um von dort aus ihre Verteidigung vorzubereiten (etwa Ps 4). Auch Kirchen kennen solche Friedensräume, oft gekennzeichnet durch Zaun oder Mauer; im Inneren des Gebäudes soll ein Beschuldigter in Erwartung eines fairen Gerichtsverfahrens wenigstens eine Zeitlang Zuflucht finden; und am Altar sollte er unverletzlich, unantastbar sein (das ist die Bedeutung von griech. *asylos*)[44]. Wer Schutzsuchende am Altar meuchelte oder von hier fortriß, beging eine kaum zu sühnende Tat. Trotzdem kam es wiederholt zu solchen Verbrechen. Rebellische Sachsen klagten in der Zeit des Investiturstreites (nach 1070) die Krieger König Heinrichs IV. ruchloser Frevel an: »Die Frauen schändeten sie noch in den Kirchen, selbst wenn sie sich zum Altar geflüchtet hatten, und wenn sie nach Barbarenweise ihre Lust befriedigt hatten, verbrannten sie die Frauen mit den Kirchen«[45].

Gemeinsamkeiten der Bauweise

Übereinstimmungen ergaben sich fast zwangsläufig, wenn verschiedene Religionsgemeinschaften im selben Kulturraum nebeneinander lebten. Beim Bau von Synagoge, Kirche, Moschee haben Juden, Christen und Muslime viel von dem übernommen, was sie in ihrer Umwelt vorfanden; das gilt für Materialien ebenso wie für Formen und Traditionen des Bauens; was den eigenen Vorstellungen nicht entsprach, wurde angepaßt oder ausgeschieden.

Die um 1175 erbaute Wormser Synagoge besaß das gleiche spätromanische Dekor wie der staufische Dom am Ort[46] – wahrscheinlich eine Folge davon, daß an beiden Bauten dieselben Steinmetzen gearbeitet hatten. Bei manchem Bau des 19. Jahrhunderts muß man genau hinschauen, wenn man wissen will, welche Religionsgemeinschaft hier ihren Gottesdienst feiert. Wie sollte es anders sein, wenn ein Architekt wie Friedrich Weinbrenner, Oberbaudirektor des Großherzogtums Baden († 1826), allein in Karlsruhe die katholische und eine evangelische Kirche sowie die Synagoge hat bauen lassen[47]? Zudem dürften Architekten christlichen und jüdischen Glaubens von denselben Lehrern in ihre Kunst eingeführt worden sein.

VI. KONTINUITÄTEN UND GEWALTSAME BRÜCHE

Selbst verfeindete Religionen weisen bemerkenswerte Gemeinsamkeiten auf. Das zeigt schon der nicht seltene Vorgang, daß die jeweils siegreiche Religion sich nach Auseinandersetzungen Kultstätten der Unterlegenen ganz oder teilweise aneignet. So lassen sich seit der Durchsetzung des Christentums gegen die heidnischen Glaubensformen der Spätantike mehrere Handlungsmodelle unterscheiden.

Zerstörte Heidentempel

In einer ersten Phase der Christianisierung wurden heidnische Kultstätten zerstört. Damit führten die Eiferer für den neuen Glauben allen – vor allem den noch Schwankenden, den noch nicht von der Richtigkeit der neuen Religion Überzeugten – drastisch vor Augen, daß der Gott, dem der Tempel geweiht war, ohnmächtig dem zerstörerischen Treiben zuschauen mußte, der ›alte‹ Glaube also nicht viel wert sein könne. Oft wurde nicht einmal die Existenz der Gottheit bestritten, sondern nur deren Macht und Güte; als Teufel hatte sie weiterhin ihren Platz im Welt- und Heilsbild der christlichen Religion. Dämonen wurden in Gestalt von Wasserspeiern in den Dienst der Kirche gestellt: Sie sorgen dafür, daß vom Dach fließendes Wasser nicht in das

Mauerwerk sickert oder Fenster schädigt, sondern in weitem Bogen auf die Erde gespien wird. Darüber hinaus versprach man sich von ihnen eine apotropäische, Schaden abwendende Wirkung. Schließlich spiegeln viele Wasserspeier ebenso wie manche Reliefs und Kapitellplastiken die Lust am Fabulieren.

Überzeugend wirkt die Widerlegung ›alter‹ religiöser Vorstellungen nur zusammen mit der glaubwürdigen Verkündigung der ›neuen‹ Religion. So haben Martin von Tours († 397) und Bonifatius († 754) nicht nur heidnische Heiligtümer zerstört, sondern in ihrem persönlichen Leben strenge Anforderungen der neuen Religion verwirklicht; infolgedessen waren sie glaubwürdig und konnten den Mühseligen und Beladenen die Frohe Botschaft predigen.

Die Zerstörung heidnischer Heiligtümer hielten Christen noch lange für geboten; zwei Beispiele aus dem 10. Jahrhundert seien genannt. In einem knappen Nachruf auf Kaiser Otto I. († 973) läßt ein Chronist das Volk den Verstorbenen besonders deshalb loben, weil er »die Götzentempel bei den benachbarten Völkern zerstört, Kirchen und geistliche Stände eingerichtet« habe[48]. Bischof Wigbert von Merseburg (1004–1009) suchte durch eifrige Predigt die ihm anvertrauten slawischen Heiden von ihrem »nichtigen Irrglauben« abzubringen. Den Hain Schkeitbar (*swiety bór*, heiliger Hain; bei Lützen), den die Umwohner wie einen Gott verehrten und der seit Urzeiten niemals geschändet (*violatum*) worden sei, ließ er samt der Wurzeln vernichten (*radicitus eruens*) und an seiner Stelle dem hl. Märtyrer Romanus eine Kirche bauen[49].

Die Religiosität von Männern wie Martin und Bonifatius, Otto und Wigbert hatte recht handfeste Züge; in Anpassung an Denken und Erwartungen ihrer Zeitgenossen legten sie es auf ein Gottesurteil an: Jedermann sollte sich davon überzeugen können, daß der Gott der Christen allen anderen Göttern an Stärke überlegen sei. Wer noch zweifelte, wollte den mächtigeren Gott als Helfer und Verbündeten gewinnen.

Es war nur folgerichtig, daß heidnische Reaktionen ähnlich verliefen. Thietmar, Bischof von Merseburg (1009–1018), berichtet vom Aufstand slawischer Liutizen östlich der Elbe, auch aufgrund von Erzählungen seines Vaters, der in die Kämpfe verwickelt war: Die Ruchlosigkeit habe am 29. Juni 983 begonnen, dem Fest der Heiligen Petrus und Paulus, einem hohen Feiertag also. Die Besatzung von Havelberg wurde niedergemacht und die dortige Bischofskirche zerstört. »Drei Tage später überfiel beim Läuten der Prim ein Haufe slawischer Empörer das 30 Jahre vor Magdeburg errichtete Bistum

Brandenburg; sein dritter Bischof Folkmar hatte zuvor fliehen können ... Die dortigen Priester wurden gefangen, Dodilo, der zweite Bischof des Ortes, der von den Seinen erdrosselt (*a suis strangulatus*) nun schon drei Jahre im Grabe lag, aus seiner Gruft gerissen; seine Leiche und sein Bischofsornat waren noch unversehrt; die habgierigen Hunde plünderten sie aus und warfen sie dann achtlos zurück. Alle Kostbarkeiten der Kirche wurden geraubt und das Blut Vieler elendiglich vergossen. An Stelle Christi und seines Fischers, des hochwürdigsten Petrus, wurden fortan verschiedene Kulte teuflischen Aberglaubens gefeiert; und nicht nur Heiden, sondern auch Christen lobten diese traurige Wendung!«[50]

Thietmar räumt freimütig Schuld des Sachsenherzogs Dietrich an dem Verhängnis ein, gibt im Laufe seiner realistischen Schilderung aber auch Einblick in antislawische Ressentiments. Bedauerlicherweise äußert er sich nicht dazu, warum selbst Christen den Umschwung begrüßten.

Die Zerstörung einer Kultstätte lief auf einen Bruch hinaus. Doch zeugt sogar der Bericht Thietmars von Kontinuitäten: Oft hatte das Heiligtum an einem exponierten Ort gestanden, der dem dafür Empfindlichen einen heiligen Schauer einflößen mochte; man denke an den Mont-Saint-Michel in der Normandie oder an den Heiligenberg bei Heidelberg: An der Stelle eines heidnischen Heiligtums auf der Kuppe des Berges gründete um 870 der Lorscher Abt Thiedroch zu Ehren des Erzengels Michael eine Kirche, deren Grundmauern noch erhalten sind[51]. Andere Heiligtümer waren an verkehrsgünstigen Orten errichtet worden; Menschen aus einem weiten Umkreis hatten sich hier zu Kult, Beratung, vielleicht auch zu einem Markt versammelt. Es war naheliegend, an solchen Stellen nun ein christliches Gotteshaus zu bauen, zumal die neue Religion die regelmäßige Teilnahme am Gottesdienst allen Gläubigen zur Pflicht machte. Bruch mit dem Kult konnte sich also sehr wohl mit der Kontinuität eines ›heiligen‹ Ortes vertragen.

Tempel zu Kathedralen

Einen Schritt weiter ging, wer mit Materialien des zerstörten Heiligtums eine Kirche oder Kapelle baute. Was vorher einer heidnischen Gottheit gedient hatte, wurde nun verwendet, um den wahren christlichen Gott zu ehren. Beim Bau der Kathedrale von Vaison-la-Romaine in der Provence wurden, wie man heute noch sieht, für das Fundament Kapitelle und Säulentrommeln genutzt, die aller Wahrscheinlichkeit nach von einem heidnischen

Tempel stammten[52]. Bonifatius soll veranlaßt haben, daß aus dem Holz der den Germanen heiligen Donareiche in Geismar die Peterskirche im benachbarten Fritzlar gebaut wurde[53]. Das Ergebnis – christliche Kirche auf heidnischer Grundlage bzw. aus heidnischem Material – hatte einen brisanten Symbolgehalt; doch wer war sich dessen schon bewußt? Immerhin trägt die bedeutendste gotische Kirche Roms noch heute den Namen ihrer Vorgängerin: *Santa Maria sopra Minerva*, die heilige Maria oberhalb der Minerva. Deren Existenz wurde grundsätzlich nicht bestritten; nur: Maria war mächtiger, stand sie doch über der Göttin der Handwerker, Künstler und Ärzte[54]. Teile antiker Tempel ließen sich auch auf ganz unspektakuläre Weise für den Bau einer Kirche verwenden; zu Kalk gebrannte Marmorfiguren haben keine Spuren hinterlassen.

Hatte das Christentum sich durchgesetzt, konnte man noch einen Schritt weiter gehen: Im 5., verstärkt im 6. und vor allem im 7. Jahrhundert wurden heidnische Kultstätten als ganze übernommen und als Kirchen genutzt. Im Jahre 601 traf Gregor der Große eine grundsätzliche Entscheidung zur Weiterverwendung von Kultstätten aus vorchristlicher Zeit. Mit dem Blick auf England, wo zu dieser Zeit romorientierte Missionare wirkten, riet der Papst zu pragmatischem Vorgehen: Nach reiflicher Überlegung sei er zu dem Schluß gekommen, man solle die Tempel der Götzen auf gar keinen Fall zerstören. »Die Götzenbilder sollen zerstört werden, aber die Tempel selber sollen mit Weihwasser besprengt, Altäre in ihnen aufgerichtet und Reliquien [in diese] eingelassen werden« (*reliquiae ponantur*). Denn wenn diese Tempel gut gebaut seien, müßten sie den Dämonen entrissen und in den Dienst des wahren Gottes gestellt werden.

Sehe das Volk, daß seine Tempel erhalten blieben, werde es »von seinem Irrtum ablassen, den wahren Gott erkennen und anbeten, und bei den ihm vertrauten Orten zusammenkommen. Und da sie viele Ochsen den Dämonen zu opfern pflegen, laß eine andere Feierlichkeit an die Stelle dieses Brauches treten: Am Tag der Kirchweihe (*die dedicationis*) oder des Festes heiliger Märtyrer, deren Reliquien dort ruhen, mögen sie Hütten rings um die Kirchen bauen, die einst Tempel waren, und mit sittsamen Gastmählern (*religiosis conviviis*) sollen sie das Fest feiern. Nicht länger sollen sie Tiere dem Teufel opfern; sie mögen sie indessen verzehren zum Lobe Gottes, und sie sollen dem Spender aller Gaben dafür danken, daß sie sich haben gütlich tun können«.

Gönne man den Menschen gewisse äußere Freuden, dürfe man damit rechnen, daß sie bereitwilliger nach inneren Freuden verlangen. Denn es sei unmöglich, auf einen Streich alle Irrtümer aus widerborstigen Köpfen (*duris mentibus*) herauszuschneiden, und wer einen Gipfel besteigen wolle, komme stufen- oder schrittweise zum Ziel, nicht aber mit Sprüngen. So habe es ja Gott gehalten, als er dem Volk Israel erlaubt habe, weiterhin Tiere zu opfern – aber nicht mehr den Götzen, sondern dem einen Gott. Damit habe sich der Charakter des Opfers geändert. Der Papst bittet die Verantwortlichen, abzuwägen und dann sinnvoll zu entscheiden[55].

Der Brief steht in besten Traditionen einfühlsamer Pastoralpädagogik. Unterscheidung zwischen Wesentlichem und weniger Wichtigem; Schonung von Brauch und Herkommen; Anknüpfen an Bestehendes, Kontinuität heiliger Stätten; Verzicht auf Forderungen, welche die Fassungskraft der Menschen übersteigen mochten. Ein gewisser Synkretismus – das Nebeneinander von heidnischen und christlichen Elementen – wird in Kauf genommen. Der Papst denkt sogar an Fest und Schmaus; mit solchen Worten ließ sich der folkloristische Teil von Kirchweih- bzw. Kirmesfesten rechtfertigen. Schließlich war es weise, den Missionaren einen weiten Ermessensspielraum einzuräumen – auch angesichts langer Botenwege.

Wenige Jahre später (608) bat Papst Bonifaz IV., dritter Papst nach Gregor dem Großen, Kaiser Phokas, ihm den Pantheon-Tempel zu überlassen, der sich in schlechtem baulichen Zustand befinde. Das einstige Heiligtum aller Götter wurde daraufhin feierlich gereinigt und als Kirche der heiligen Gottesmutter und allen christlichen Märtyrern geweiht (609). Es ist kein Zufall, daß Beda auch dieses Ereignis in seine Kirchengeschichte des englischen Volkes aufgenommen hat und abschließend festhält: »Als erst einmal die Menge der Dämonen ausgesperrt war, hatte dort die Menge der Heiligen eine Erinnerungsstätte« (*exclusa multitudo daemonum, multitudo ibi sanctorum memoriam haberet*)[56].

Mancher antike Tempel ist nur deshalb so erstaunlich gut erhalten, weil er lange Jahrhunderte als Kirche gedient hat; man denke an die *Maison Carrée* in Nîmes[57] (heute Museum), an den Parthenon in Athen (Marienkirche von 1204–?) oder an den Concordia-Tempel in Agrigent/Sizilien (heute geschütztes Denkmal). In Syrakus (ebenfalls Sizilien) sieht man der Kathedrale an, wie sie für den christlichen Kult umgebaut worden ist: Die Räume zwischen den äußeren – zum Teil noch sichtbaren – Säulen wurden zugemauert und die Längsmauern der *cella* so aufgebrochen, daß ein großer Raum mit breitem Mittelschiff und zwei schmalen Seitenschiffen entstand[58]. Möglicherweise steht der Altar an der Stelle, an der in vorchristlicher Zeit das Götterbild seinen Platz hatte. Stellvertretend für viele andere Gebäude sei noch die

Palastanlage erwähnt, die Kaiser Diokletian (306–316) sich nahe dem dalmatinischen Salona (heute Split) hatte bauen lassen; zwei Teile wurden folgendermaßen weiterverwendet: Der sogenannte Jupitertempel wurde zu einer Taufkirche, das Mausoleum des Kaisers, eines der großen Christenverfolger, zur Kathedrale umgewidmet[59]. Aus der Konstanz des heiligen Ortes bei aufeinanderfolgenden Religionen hat man geradezu ein »Gesetz der Erbfolge der Kultstätten« abgeleitet[60].

Die Christen übernahmen außer Kultstätten auch andere Gebäude sowie Materialien, sofern sie sich für ihre gottesdienstlichen Räume eigneten. Zu Palästen und Villen römischer Würdenträger gehörten Repräsentationsräume; sie wurden weiterverwendet oder bei Kirchenbauten nachgeahmt. In der ›Basilika‹ in Trier – ein mächtiger, einschiffiger, langrechteckiger, von einer halbrunden Apsis abgeschlossener Raum – hatte der Kaiser sich huldigen lassen; hier hatte er Hof gehalten, hier die Großen seines Reiches und fremde Gesandte empfangen[61]. Um in einem solchen Raum die Liturgie zu feiern, brauchte man ›nur‹ einen Altar in die Apsis zu stellen; der Kaiserthron in deren Scheitelpunkt diente nun dem Bischof als *cathedra*, wenn er die Feier leitete. Was hier als naheliegend geschildert wird, lief auf eine revolutionäre Umgestaltung hinaus, die den Menschen langsam vermittelt werden mußte. Aus Trier sei ein weiterer, weniger problematischer Bau genannt: Die Porta Nigra ist wohl nur deshalb fast vollständig erhalten, weil Erzbischof Poppo im Jahr 1037 in sie die Doppelkirche St. Simeon eingefügt hat, die bis in die Zeit Napoleons genutzt wurde[62].

Beim Bau von Klöstern griff man ebenfalls gern auf Baumaterial zurück, das aus der Antike stammte: Luxeuil, am Westhang der Vogesen, wurde an einem Ort gegründet, an dem es einst ein stark befestigtes römisches Lager gegeben hatte. Die Benediktinerabtei Deutz wurde in ein ehemaliges römisches Kastell hineingebaut[63]. Hier ist sogar eine Kontinuität im militärischen Bereich zu sehen: So wie das Kastell einst die Rheinbrücke bei Köln gedeckt hatte, sollte das Kloster als Brückenkopf Jahrhunderte später den wichtigen Stromübergang schützen.

Auch im Mittelalter hat der jeweilige Sieger Kultstätten umgewidmet. Hatten Muslime eine Stadt erstürmt, galt das Recht des Siegers: Die bedeutendste oder schönste Kirche wurde häufig der christlichen Gemeinde entzogen und in eine Moschee umgewandelt[64]. So verfuhren Mehmed II. und seine Krieger nach der Eroberung von Konstantinopel (1453) mit der ehrwürdigsten und größten Kirche des Byzantinischen Reiches, der Hagia Sophia[65]; aus der Kirche ›Maria Weggeleiterin‹ (Theotokos Hodegetria) und dem gleichnamigen Kloster machten die Sieger einen Serail[66]. Die am Ort verbleibenden Christen behielten bis 1463 die Apostelkirche[67].

Hatte sich die Stadt ergeben, ließ man den Christen im allgemeinen ihre Kirchen (so lange sie als solche gebraucht wurden). Die Heilig-Grab-Kirche blieb den Christen nach der Einnahme Jerusalems durch die Muslime (638). Als eine Art Trutz-Grabkirche läßt sich der Felsendom wegen seines ebenfalls achteckigen Grundrisses und wegen einer großen Inschrift verstehen, die sich gegen den Glauben an den dreifaltigen Gott wendet: »Ihr Leute der Schrift! Treibt es in eurer Religion nicht zu weit und sagt gegen Gott nichts aus, als die Wahrheit! Christus Jesus, der Sohn der Maria, ist nur der Gesandte Gottes und sein Wort, das er der Maria entboten hat, und Geist von ihm. Darum glaubt an Gott und seine Gesandten und sagt nicht (von Gott, daß er in einem) drei (sei)! Hört auf (so etwas zu sagen)! Das ist besser für euch. Gott ist nur ein einziger Gott. Gepriesen sei er! (Er ist darüber erhaben) ein Kind zu haben. … Christus wird es nicht verschmähen, ein (bloßer) Diener Gottes zu sein«[68].

In Damaskus, das sich ebenfalls den muslimischen Kriegern ergeben hatte, wurde die große Johanneskirche nach 670 konfisziert, der Christengemeinde aber eine Entschädigung gezahlt; an der Stelle der Kirche wurde die etwa 120 x 80 Meter große Omajjaden-Moschee aufgeführt; wenn sie nach nur sechs Jahren Bauzeit 705 fertiggestellt gewesen sein soll, so wohl auch deshalb, weil man Säulen des Vorgängerbaues nutzte[69].

Moscheen zu Kathedralen

Umgekehrt haben die Kreuzfahrer nach der Eroberung von Jerusalem (1099) den Felsendom in die Hauptkirche (*templum Domini*), die al-Aksa-Moschee (*templum Salomonis*) in den Verwaltungssitz der Johanniter umgewandelt. Im Zuge der *Reconquista*, der Wiedereroberung, verfuhren die Spanier nicht anders: Die auf rund tausend Säulen ruhende *Mezquita* von Córdoba und die Moschee von Sevilla wurden 1236 bzw. 1248 zu Kathedralen mit Marienpatrozinium umgewidmet[70]. Vieles spricht dafür, daß an den entsprechenden Plätzen vor der islamischen Eroberung Kirchen, noch früher heidnische Tempel gestanden haben. Kirchturm *und* Minarett flankieren heute die Nikolauskirche in Chania/Kandia – eine einmalige (?) Kombination; auf jeden Fall erinnert das Minarett daran, daß Kreta bis 1913/23 teilweise muslimisch geprägt war.

Innenraum einer der beiden erhaltenen Synagogen von Toledo (aus dem 13. Jahrhundert), nach der Reconquista in eine Kirche (Santa María la Blanca) umgewandelt.

Synagogen zu Kirchen

König Philipp II. August von Frankreich (1180–1223) ließ im Jahre 1182 die Juden vertreiben, ihr Vermögen konfiszieren, die Synagogen zerstören oder in Kirchen umbauen, oft zu Ehren Mariens. In Paris entstand an der Stelle der ehemaligen Synagoge die Marie-Madeleine-Kirche[71]. Andernorts verfuhren die Christen ähnlich. Die fünfschiffige Synagoge in Toledo, eine der größten und schönsten Europas[72], diente nach Vertreibung der Juden als Kirche *Santa Maria la Blanca.* Im Jahre 1348 sollen in Nürnberg 562 Juden umgebracht worden sein; das Judenviertel mit Synagoge und Judenschule auf der Sebalder Seite wurde abgebrochen; an deren Stelle legte man 1349–1351 (?) den Hauptmarkt an und baute die von Karl IV. gestiftete Liebfrauenkirche[73]. In der Schenkungsurkunde schreibt der Kaiser, er habe »die neue Kirche oder Kapelle errichtet, gegründet und geschaffen zu Lob und Ruhm seines Kaisertums, zu Ehren der glorreichen Jungfrau Maria, der Mutter Gottes, zu seinem und seiner Vorfahren Seelenheil, in seiner kaiserlichen Stadt Nürnberg«[74].

Es gab sogar ein eigenes Meßformular für die Einweihung einer vormaligen Synagoge (*pro dedicatione*). Die darin vorgesehenen Gebete entsprechen der zitierten Verlautbarung Karls IV. Gott möge, so lesen wir hier, auf diese seinem Namen geweihte Kirche blicken, auf daß nach Austreibung des alten jüdischen Irrtums der Heilige Geist die Wahrheit auf diesen Ort der neuen Kirche übertrage[75].

Tempel des Staates

Die Geschichte der »Umwidmung« von Kultstätten durch den Sieger findet vielfältige Fortsetzungen in der Neuzeit. Der Staat veranlaßte schwerwiegende Eingriffe nach der Revolution in Frankreich (1789)[76] und Rußland (1917), nach der Machtübergabe an die Nationalsozialisten in Deutschland (1933) und im Gefolge der Sowjetisierung Ost- und Südosteuropas (seit 1944/45). So machten die französischen Revolutionäre Ende des 18. Jahrhunderts aus *Notre-Dame* in Paris einen *Temple de la Raison*, einen Tempel der ›Vernunftreligion‹ des Deismus. Eine pikante Ergänzung: Die im Stil eines antiken Tempels 1857–1860 in Genf gebaute Freimaurerloge wurde 1873 von der katholischen Gemeinde übernommen und als Herz-Jesu-Kirche *(Église du Sacré-Coeur)* geweiht – zu einer Zeit also, da Kirche und Freimaurerei sich wie unversöhnbare Feinde gegenüberstanden.[76a] Die Nationalsozialisten bauten den Dom in Braunschweig zu einer ›Weihestätte der Nation‹ um[77]. Auch andere sakrale Monumente, in denen sich nach nationalsozialistischer Ideologie historische Kräfte des Germanen- und Deutschtums verkörperten, machten sie rücksichtslos ihrer Propaganda dienstbar.

Das Konkordat zwischen der jungen Französischen Republik und dem Hl. Stuhl (1801) bestimmte, daß es in jedem Departement nur noch eine Bischofskirche gebe. Das Gebäude blieb Eigentum des Staates, der die Baulast trägt[78]; die Gemeinde darf die Kirche für Gottesdienste nutzen. Kathedralen, die 1801 ihren Rang verloren, dienen seitdem im allgemeinen als Pfarrkirchen. – Seit dem Zusammenbruch der kommunistischen Regime in den 1990er Jahren wurden profanierte Kirchen christlichen Gemeinden zurückgegeben.

ZWEITER TEIL

Die Kathedrale – Raum des geistlichen und weltlichen Geschehens

I. DIE WICHTIGSTEN FUNKTIONEN

Kathedralen haben im Laufe der Zeit vielen Aufgaben gedient, in erster Linie aber waren und sind sie Stätten des Gebets. Der Belehrung und Erbauung dienen Lesungen aus Altem und Neuem Testament, den Gläubigen verkündet als Gottes Wort. Predigt, Lieder, zeitweise auch Berichte aus dem Leben von Heiligen, geistliche Spiele kommen hinzu. In Kirchen ehren die Menschen Gott, in feierlichen Bittgängen flehen sie ihn um Gnade an; mit einem stillen Gebet suchen sie Hilfe in alltäglichen Nöten und Trost in großen Unglücksfällen[79]. Schon von weitem sind viele Kirchen zu erkennen als sichtbare Zeichen des Glaubens, doch ebenso als Bekundungen von Selbstbewußtsein und Macht. Wie alte Quellen berichten, waren Kirchen Versammlungsorte der kirchlichen, oft auch der weltlichen Gemeinde, zudem Grablege und Stätte des Gedächtnisses für den Stifter oder Wohltäter.

Die alltäglich-übliche Nutzung der Kirche hat in den Quellen wenig Spuren hinterlassen. Priester lasen an Altären mehr oder weniger andächtig Messen, oft zur Erinnerung an Verstorbene, deren Jahrtag begangen wurde. In Klosterkirchen versammelte sich der Konvent zu den vorgesehenen Gebetszeiten und zur Tagesmesse. Gläubige suchten die Kirche auf, um eine Messe zu hören, um zu beten, sich ihren Gedanken zu überlassen, sich auszuruhen oder nur der Mittagshitze zu entfliehen.

Mehr erfährt man über Feste und besondere Ereignisse, vor allem aus Kathedralen. Die Kathedrale ist die Hauptkirche des Bischofs; sie bildet den Mittelpunkt der Diözese, des Gebietes, in dem der Bischof sein Hirten-, Lehr- und Priesteramt ausübt. In der Kathedrale kommt der Bischof zu Gebet und Meßfeier mit dem Domkapitel[80] zusammen. Außer den regelmäßigen Gottesdiensten finden in Kathedralen, oft auch in anderen angesehenen Kirchen, außergewöhnliche Feiern statt: Priester- und Bischofsweihe sowie – noch deutlicher von politischem Gewicht – die Weihe von König und Kaiser, die Absetzung und Degradierung kirchlicher sowie weltlicher Würdenträger.

Von Bedeutung für das öffentliche Leben war die Kathedrale auch als Mittelpunkt der Domfreiheit oder Domimmunität, eines mehr oder weniger eng begrenzten Bezirks; hier galt ein erhöhter Friedensschutz, das Asylrecht und die Vogtfreiheit, das heißt die Herausnahme aus der in der Stadt herrschenden Gerichtsbarkeit[81].

II. ORT DER EUCHARISTIEFEIER

Kathedralraum und Liturgie

Der Sinn von Raumaufteilung und -ausrichtung, Ausstattung und Schmuck von Kirchen erhellt sich von der Liturgie her, die darin gefeiert wird. Deshalb seien wenigstens ihre Grundelemente vorgestellt. Die liturgischen Formen wechselten in den zwei Jahrtausenden der Geschichte des Christentums; sie wurden reich ausgestaltet, wiederholt aber auch in Liturgiereformen auf wesentliche Elemente zurückgeführt.

Mitte der christlichen Liturgie (griech., Danksagung) ist die Feier, die ihren Namen von den Lobsprüchen hat, die Jesus nach jüdischer Sitte beim Abendmahl vor seinem Tod über Brot und Wein gesprochen hat. Die Erinnerung daran haben Christen von Anfang an in Mahlfeiern gepflegt. Der älteste Bericht, ein Vierteljahrhundert nach dem Tod Jesu aufgezeichnet, weist auf diese Tradition hin, um Mißbräuchen zu wehren, die bereits eingerissen waren. Paulus schreibt: »Ich gebe weiter, was auch ich empfangen habe«[82]:

»Jesus, der Herr, nahm in der Nacht, in der er ausgeliefert wurde, Brot, sagte Dank, brach es und sprach: Das ist mein Leib, der für euch hingegeben wird. Das tut zum Gedenken an mich. Ebenso nahm er nach dem Mahl den Kelch und sprach: Dieser Kelch ist der Neue Bund in meinem Blut. Das tut, sooft ihr daraus trinkt, zum Gedenken an mich. Denn sooft ihr von diesem Brot eßt und aus dem Kelch trinkt, verkündet ihr den Tod des Herrn, bis er kommt«.

Die Erzählung vom letzten Mahl Jesu ist Kern der christlichen Liturgie. Deshalb sei sie auch in der Fassung gebracht, in der sie in der römisch-katholischen Kirche heute gebetet wird:

»Am Abend vor seinem Leiden nahm er das Brot in seine heiligen und ehrwürdigen Hände, erhob die Augen zum Himmel, zu dir, seinem Vater, dem allmächtigen Gott, sagte dir Lob und Dank, brach das Brot, reichte es seinen Jüngern und sprach: Nehmt und esset alle davon: Das ist mein Leib, der für euch hingegeben wird. Ebenso nahm er nach dem Mahl diesen erhabenen Kelch in seine heiligen und ehrwürdigen Hände, sagte dir Lob und Dank, reichte den Kelch seinen Jüngern und sprach: Nehmet und trinket alle daraus: Das ist der Kelch des neuen und ewigen Bundes, mein Blut, das für euch und für alle vergossen wird zur Vergebung der Sünden. Tut dies zu meinem Gedächtnis«.

Das letzte Wort könnte auch Titel dieses Buches sein. Das Christentum ist wesentlich eine Religion der *memoria*, des Gedächtnisses. Um den Auftrag Jesu zu erfüllen, feiern Christen Liturgie, bauen sie Kirchen. Wie Jesus in der Gedächtnisfeier gegenwärtig ist, sind es auch die, für die er nach christlicher Überzeugung gelebt hat, gestorben und auferstanden ist, das heißt alle Menschen, die ganze Welt, aber auch jeder Einzelne. So ist der Abendmahlbericht, das Zentrum der Eucharistiefeier, umrahmt von Gebeten, in denen bestimmte Personen, Lebende und Verstorbene, mit Namen genannt werden.

Memento, Domine…, »Gedenke, Herr, Deiner Diener und Dienerinnen NN und aller hier Versammelten«.

Für ebenfalls namentlich aufgerufene Verstorbene wird gebetet:

Memento etiam…, »Gedenke auch, Herr, Deiner Diener und Dienerinnen, die uns vorangegangen sind mit dem Zeichen des Glaubens und die im Frieden schlafen«.

Das liturgische ›Gedächtnis‹ ist eine Bewegung in doppelter Richtung: Menschen erinnern sich des Sterbens und der Auferstehung Jesu, und sie fordern Gott auf, sich an alle zu erinnern, die zu seiner Welt gehören. Summarisch wurden und werden an dieser Stelle deshalb oft bestimmte Gemeinschaften genannt, damit indirekt auch deren Mitglieder. Das Gebet mit der Aufforderung an Gott, sich zu erinnern, kann universalen Charakter haben.

Gedächtnis und Jenseitshoffnung

Viele Kirchen sind – wie noch zu zeigen ist – Gedächtnisstätte in besonderem Sinn, gebaut, weil der Stifter wünschte, daß für sein und seiner Familie Seelenheil an diesem Ort bis ans Ende der Welt gebetet werde[83]. Noch in der Gegenwart kommt der Messe für einen Verstorbenen besondere Bedeutung zu.

Bis in die 1970er Jahre begann diese Feier mit dem Gesang *Requiem aeternam dona ei, domine,* »Die ewige Ruhe gib ihm/ihr, Herr«[84]. Nach dem einleitenden Wort nannte man die erste Messe für einen Verstorbenen *Requiem.*

Mit einem kühnen Ausblick in das erhoffte Jenseits beginnt der Kanon, das heißt die Reihe der Gebete, die den zentralen kanonischen Abendmahlsbericht umrahmen. Die Gemeinde stimmt das *Sanctus* an, das dreimalige ›Heilig‹; nach biblischer Vorstellung (Jes 6) ist es der Gesang der Engel, der himmlischen Kräfte, die ohne Ende Gott loben. *Pleni sunt coeli et terra gloria tua,* »Voll sind Himmel und Erde von deiner Herrlichkeit«.

Im *Sanctus* weitet sich die Liturgie zur Feier eines Himmel und Erde umfassenden Gotteslobes. Komponisten haben das *Sanctus* oft zum Höhepunkt der Messe ausgestaltet – wie J. S. Bach in der h moll-Messe und Beethoven in der *Missa solemnis.*

Lange dachte man, die Himmelsnähe noch steigern zu können, wenn an mehreren Altären gleichzeitig Messe gefeiert werde. So wurden 1732 im Wiener Stephansdom 407 Pontifikalämter und etwa 54 000 Messen gefeiert, fast 150 pro Tag[85]. Erst die Liturgiereform der 1970er Jahre setzte diesem weit zurückreichenden Brauch ein Ende. Seit dem Frühmittelalter hatten sich in Klerus und Frömmigkeit der abendländischen Christen Veränderungen angebahnt, die im Spätmittelalter unübersehbar wurden: Eine immer größere Zahl von Priestern (von Priestermönchen im Kloster) wollte eine Messe feiern – wenn schon nicht täglich, so doch häufiger. Diese Entwicklung kam Christen entgegen, die Gott und seine Heiligen für sich gewinnen wollten. Sie stifteten Pfründen, d. h. Vermögensteile (oft regelmäßige Einnahmen aus Immobilienbesitz); der Priester, der eine Pfründe nutzen durfte, war verpflichtet, an gewissen Tagen für persönliche Anliegen des Wohltäters zu beten oder an einem bestimmten Altar eine Messe zu feiern. Zünfte und Bruderschaften versammelten sich regelmäßig und aus besonderem Anlaß – vor allem beim Gedächtnis verstorbener Mitglieder – zu Gottesdiensten in ›ihrer‹ Kapelle, in der sie vielleicht auch die Fahne ihrer Gemeinschaft aufbewahrten. Dem Bauherrn konnte es nur recht sein, wenn solche Gemeinschaften eine Kapelle oder eins der Fenster finanzierten.

Gotteslob ohne Unterlaß

Es entstanden Kapellenkränze, wie sie spätromanische und gotische Kirchen zieren, Altäre vor Säulen, Pfeilern[86] und in Nischen. Hier wurde dann zeitweise ununterbrochen Messe gefeiert *(continua missarum celebratio)*. Manche Menschen legten es darauf an, einen Altar nach dem anderen so aufzusuchen, daß sie hier gerade die Worte Jesu über Brot und Wein hörten. Sie galten als die entscheidenden ›Wandlungsworte‹, durch die der himmlische Christus in Brot und Wein gegenwärtig wird. Diese Worte zu hören, hieß für viele, Augenblicke erleben, in denen der Himmel zur Erde kommt und Ewigkeit zugänglich ist.

Solchem magischen Denken widersprach jedoch auch in der Zeit der ›vielen Messen‹ eine Liturgie, die nicht nur Erhebung über eine widrige irdische Welt war, sondern Aufforderung, sich mit ihr auseinanderzusetzen. So geschieht es gleich in den Eingangsgebeten: Priester und Gemeinde bekennen sich vor Gott und voreinander schuldig; und im *Kyrie eleison*, »Herr, erbarme dich«, tragen sie ihre Not Gott vor. Erst dann stimmen sie in das *Gloria* ein, einen ersten Engelgesang:

»Ehre *(Gloria)* sei Gott in der Höhe und Friede auf Erde den Menschen«. Wie das Evangelium erzählt, haben die Engel mit diesen Worten in Betlehem den Hirten die Geburt Jesu verkündet (Lk 2, 14). Gotteslob ist in dem Lied noch ein Wunsch und begleitet von einem gleichgewichtigen Verlangen für die Menschen. Im *Credo*, »Ich glaube«, bekennen die Gläubigen sich zu Grundlagen ihres Glaubens (ein Gott in drei Personen, Menschwerdung Gottes, Gericht, ewiges Leben). Als bewegende Bitte kehrt das Friedensthema nach dem Kanon wieder:

Agnus Dei, »Lamm Gottes, das du hinwegnimmst die Sünden der Welt, erbarme dich unser«. ›Lamm‹ erinnert an den blutigen Tod Jesu. Christen rufen den, der selbst erlebt hat, was es bedeutet, hingeschlachtet zu werden, zweimal um Erbarmen und ein weiteres Mal um Frieden an: ..., *dona nobis pacem*. Auch eine solche Bitte kann als Leerformel hergesagt werden; ganz ernst genommen ist sie in der Vertonung durch Haydn in der *Missa in tempore belli*, der ›Messe in einer Zeit des Krieges‹.

Zu jeder Messe gehören neben den feststehenden auch wechselnde Gebete, meist auf das Kirchenjahr und das Fest abgestimmt. Zusätzlich gibt es spezielle Formulare, bezogen auf besondere Anliegen (Hungersnot, Seuche, Schisma, d. h. Kirchenspaltung). Andere Formulare gelten Freuden der weltlichen oder kirchlichen Gemeinschaft: Messe aus Anlaß eines Friedensschlusses, zur Wahl eines Papstes, zur Weihe einer Kirche, und viele andere.

Das Gedächtnis des letzten Mahles Jesu ist Zentrum christlicher Liturgie, aber auch ihre gewöhnliche Form, die täglich gefeiert werden kann, und zu der heutzutage sich selbst an Sonntagen immer weniger Gläubige einfinden. Viele betreten eine Kirche nur zur Feier von Lebenswenden: bei der Taufe eines Kindes, der ersten Teilnahme am Abendmahl, der Firmung bzw. Konfirmation, der Einsegnung der Ehe.

Am Übergang zu neuen Lebensabschnitten steht seit alter Zeit die Feier der Sakramente, das heißt liturgischer Handlungen, die den Gläubigen mit festgelegten Zeichen Gewißheit geben, daß Gott sich ihnen zuwendet. Als ein solches Zeichen ist zuerst die Eucharistie selber ein Sakrament.

Sakramentenlehre

Bis ins Hochmittelalter lag die Zahl der Sakramente nicht fest. Petrus Damiani († 1072, seit 1828 als Kirchenlehrer verehrt) kennt zwölf: Taufe, Firmung, Krankensalbung, Bischofsweihe, Königssalbung, Kirchweihe, Beichte, die Weihe von Kanonikern, Mönchen, Einsiedlern, Monialen (Nonnen), sowie die Ehe[87]. Seit dem Zweiten Konzil von Lyon (1274) setzt sich mehr und mehr die Siebenzahl durch, endgültig mit dem Konzil von Trient (1545–1563): Taufe, Firmung, Eucharistie, Buße, Krankensalbung, Priesterweihe und Ehe[88].

Die Taufe, mit welcher der Mensch in die kirchliche Gemeinschaft aufgenommen wurde, war ein großes Ereignis in einer Zeit, da es nur wenige Christen gab. Sie ist das einzige Sakrament, für das man zeitweise nahe bei der Kirche ein eigenes Gebäude errichtete, das Baptisterium, und in vielen anderen Kirchen bis heute eine besondere Taufkapelle. In einer christlich geprägten Gesellschaft verlor die Taufe an Gewicht. Im Erleben der Familien sind an ihre Stelle Konfirmation bzw. Erstkommunion gerückt. In der katholischen Lehre hatten Firmung und erste Teilnahme am Abendmahl zu keiner Zeit die Bedeutung, die der Taufe einst zugekommen war. Die Firmung läßt sich als Ergänzung und Bekräftigung der Taufe verstehen; sie wurde deshalb jungen Menschen im Anschluß an die Taufe oder beim Ausgang aus der Kindheit gespendet (mit 14–16 Jahren), wie auch die erste Zulassung zum Abendmahl (seit 1910 in die Kindheit verlegt). Die ›Krankensalbung‹ hieß lange Zeit ›Letzte Ölung‹, da der Priester sie dem Todgeweihten auf dem

Sterbelager spendete[89] (normalerweise also nicht in der Kirche); inzwischen versteht man sie wieder als Stärkung von Menschen, die fürchten, daß Krankheit ihr Leben verändere. – Im folgenden wollen wir von bemerkenswerten Fällen der Sakramentenspendung in der Vergangenheit berichten sowie von einem liturgischen Buch aus dem 10. Jahrhundert.

Die Taufe Chlodwigs

Berühmt ist der Bericht Gregors, Bischof von Tours, über die Taufe des Frankenkönigs Chlodwig[90]. Der 594 oder 595 verstorbene Bischof stand dem fränkischen Königshof nahe; längst verlorene schriftliche Quellen und mündlich Überliefertes hat er in seine Chronik einfließen lassen. Manches von dem, was er zur Taufe Chlodwigs schreibt, dürfte legendär sein. Wertvoll ist sein Bericht trotzdem, zeigt er doch, wie ein Mitglied der im Reich führenden Schicht wenige Generationen später den Vorgang gesehen wissen wollte.

Ein Wort zu Chlodwig: Als König der Franken (482–511) hat er seine Herrschaft tief nach Gallien hinein und über andere Germanenstämme ausgeweitet; im Streben nach Macht war ihm jedes Mittel recht, auch Verrat und Mord an nächsten Verwandten. Er zählt zu den blutbefleckten Gestalten, die den Weg Europas säumen. Während einer Schlacht gegen die Alemannen, die für die Franken verhängnisvoll zu werden drohte, soll Chlodwig die Annahme des christlichen Glaubens für den Fall gelobt haben, daß Christus ihm den Sieg schenke. Die Franken siegten, die Alemannen unterwarfen sich, und Chlodwig stand zu seinem Wort. Im Jahre 498 (?) ließ er sich taufen, vielleicht von Remigius, dem Bischof von Reims, wie Gregor schreibt[91].

Remigius habe umfangreiche Vorbereitungen treffen lassen. Von einer Einführung in den christlichen Glauben oder in Grundsätze christlicher Lebensführung ist hier nicht die Rede, wenn man von dem kurzen Bekenntnis zu dem dreieinigen Gott absieht; noch Jahrhunderte später stellte man recht bescheidene Anforderungen an Wissen und Wollen erwachsener Täuflinge. Um so auffälliger ist, wie sehr – folgt man dem Bericht Gregors – die Sinne angesprochen wurden; der vormalige Barbarenherrscher erlebte den Prunk einer Kirche, die jahrtausendealte Traditionen orientalischer Kulturen übernommen hatte. »Mit bunten Decken wurden nun die Straßen behängt, mit weißen Vorhängen die Kirchen geschmückt, die Taufkirche in Ordnung gebracht, Wohlgerüche verbreiteten sich, es schimmerten hell die duftenden

Kerzen, und das ganze Heiligtum der Taufkirche wurde von himmlischem Wohlgeruch erfüllt; und solche Gnade ließ Gott denen zuteil werden, die damals gegenwärtig waren, daß sie meinten, sie seien in die Wohlgerüche des Paradieses versetzt«.

Im Baptisterium angelangt, mußte der König als erstes die Frage beantworten, die bis heute zum Taufritus gehört (nun freilich an Eltern oder Paten gerichtet): »Was verlangst du?« – »Die Taufe!« lautet die Antwort[92]. Als der König daraufhin zur Taufe schritt, forderte der Bischof ihn auf, still seinen Nacken zu beugen; »bete an, was du eingeäschert hast; lege Feuer an das, was du angebetet hast« *(adora quod incendisti, incende quod adorasti).* Eine Umkehr im Lebenszuschnitt war damit nicht verlangt; nur die Gegenstände von Anbetung und Einäscherung sollten ausgewechselt werden; Strukturen von Denken und Handeln blieben unberührt. »Also bekannte der König den allmächtigen Gott als den dreieinigen, und ließ sich taufen im Namen des Vaters, des Sohnes und des Heiligen Geistes, und wurde gesalbt mit dem heiligen Öl unter dem Zeichen des Kreuzes Christi«. Von Chlodwigs Gefolge sollen mehr als dreitausend getauft worden sein; es war nicht ungewöhnlich, daß Krieger ihrem Heerführer auch beim Wechsel von Religion oder Konfession folgten.

Die Christianisierung der Franken hatte welthistorisch bedeutsame Folgen. Nicht von ungefähr hat die französische Post vor Jahren eine Sondermarke herausgebracht; die Worte *Clovis. De la Gaule à la France. 496–1996* beziehen sich auf ein Bild von der Taufe Chlodwigs, wie ein Miniaturist sie sich im Spätmittelalter vorgestellt hat[93]. Das Ereignis gehört zu den Gründungsmythen unseres Nachbarn, zu den Gegebenheiten, die eine Nation prägen. Gregor betont, Chlodwig habe den Glauben an den dreifaltigen Gott angenommen; damit hatte der König sich *für* den katholischen Glauben entschieden, wie ihn die romanische Bevölkerung Galliens bekannte – und *gegen* die arianische Ausprägung des Christentums. Die Arianer, die im Anschluß an Arius († 336) lehrten, Christus sei »ein Geschöpf und ein Geschaffenes«[94], waren zu dieser Zeit vielleicht zahlreicher als die Athanasianer (nach Athanasius, Bischof von Alexandria, † 373). Dank der Entscheidung Chlodwigs (und derer, die ihn zu diesem Schritt gedrängt hatten, nicht zuletzt seine Frau) standen nun keine religiösen Gründe mehr der Verschmelzung von Franken und Romanen entgegen; ähnlich bedeutsam: Den Bischöfen in Gallien, die oft über große Macht verfügten, fiel es jetzt leichter, die Herrschaft der Franken anzuerkennen und mit ihnen zusammenzuarbeiten. Damit war eine wichtige Voraussetzung für den Aufstieg des

Frankenreiches gegeben. Völker, die fränkischer Herrschaft unterworfen waren oder von Franken missioniert wurden – und dazu gehörten auch Alemannen, Thüringer und Sachsen –, empfingen das Christentum in seiner trinitarischen Ausprägung, als Glauben an den einen Gott in drei Personen (Vater, Sohn und Heiliger Geist), den auch der Bischof von Rom bekannte; das erleichterte das Anknüpfen der fränkischen an die antike Kultur.

Öffentliche Buße

Zum Ritus des Beichtsakramentes gehören Sündenbekenntnis und Lossprechung. Lange erfolgten beide öffentlich, vor der Gemeinde; und oft lagen zwischen ihnen Monate, wenn nicht Jahre der Buße. Seit dem Spätmittelalter wurde die Beichte den Augen der Öffentlichkeit mehr und mehr entzogen; in einem in der Kirche stehenden Beichtstuhl bekannte das Beicht›kind‹ dem Priester seine Sünden und erhielt meist sogleich die Lossprechung. Doch aus gegebenem Anlaß gab es weiterhin die öffentliche Buße.

Im Jahre 1229 wurde eine solche Buße Graf Raimund VII. von Toulouse auferlegt. Raimund hatte die Albigenser, die Katharer protegiert, die Lehren verkündeten, in denen die etablierte Kirche eine ernste Gefahr sah; einen gegen die Albigenser gerichteten Kreuzzug hatte er bekämpft; schließlich hatte er sich der nach Südfrankreich vordrängenden französischen Monarchie in den Weg gestellt. Raimund von Toulouse war unterlegen, kam aber recht glimpflich davon. Im Bußgewand, nur mit einem Hemd bekleidet und einen Strick um den Hals als Zeichen, daß er ›eigentlich‹ sein Leben verwirkt hatte, mußte er sich öffentlich in der Kathedrale Notre-Dame zu Paris als Sünder bekennen[95].

Um Buße zu leisten, mußten in einer Stadt wie Freiburg bis ins 18. Jahrhundert Missetäter an erhöhter Stelle am Münster stehen, barfuß und mit bloßem Kopf, eine brennende Kerze in der Hand, für alle Kirchgänger sichtbar. Eine 21jährige Frau hatte ihre Mutter als *drachenkopf und schlangenzung* geschmäht und tätlich angegriffen; das Gericht verurteilte sie, *morgigen tags vormittags umb 8 bis 9 uhr als wehrender predigt vor der münsterkirch mit anhangender Tafel ›du sollst vatter und mutter ehren‹ …, ander dergleichen gottlosen kindern zu einem abschröcklichen exempel, dem volck vorgestellet zu werden*[96].

Eine politische Hochzeit

Am 27. Mai 1234 wurde in Sens die Ehe von König Ludwig IX. von Frankreich und Margarete, Tochter des Grafen der Provence, mit aller Pracht eingesegnet[97]. Die kleine Stadt Sens war seinerzeit Sitz eines Erzbischofs, dem auch der Bischof von Paris unterstand. Zahlreiche Erzbischöfe, Bischöfe und Äbte, ein Herzog, Grafen und weitere Große hatten sich als Ehrengäste eingefunden; viele der weltlichen Machthaber mit ihren Ehefrauen. Der erste Teil der Zeremonie fand draußen vor der Kathedrale statt zum Zeichen, daß dieser Ehebund eine religiös und öffentlich bedeutsame Angelegenheit war. Auch die Ehe ›kleiner Leute‹ wurde oft draußen vor der Kirchentür geschlossen, vielerorts an einer eigens dafür bestimmten ›Brauttür‹[98]. Luther, der die Ehe als ein »weltlich Ding« verstand, konnte sich auf eine noch lebendige Tradition berufen.

Beim Eheschluß von Sens wurden die vor der Kathedrale Versammelten zuerst gefragt, ob ihnen ein Ehehindernis bekannt sei (das Problem naher Verwandtschaft der Brautleute war durch päpstliche Dispens bereits gelöst). Auf eine Ansprache des Erzbischofs folgte die *dextrarum junctio:* die Brautleute reichten einander die rechte *(dextra)* Hand als Zeichen wechselseitigen Einverständnisses. Normalerweise legte der Vater der Braut die Hände von Braut und Bräutigam ineinander; da er nicht anwesend war, könnte ihn ein Onkel der Braut, Wilhelm von Savoyen, Bischof von Valence, bei der bedeutungsschweren Geste vertreten haben.

Der Brauch der *dextrarum junctio* erinnerte die Anwesenden an den Abschluß von Verträgen. Bemerkenswert ist, daß Braut und Bräutigam die gleiche Geste vollzogen. Wenn ein Vasall dem Lehnsherrn die Treue, ein Kandidat bei der Priesterweihe dem Bischof Gehorsam versprach, legten sie *beide* Hände zwischen die des Übergeordneten. Bei der kirchlichen Eheschließung dagegen ist die Braut (fast) gleichberechtigt. Das Christentum hatte die Stellung der Frau insofern aufgewertet, als es auf der Zustimmung der Braut bestand (in der Praxis bestimmten Eltern und Familie im allgemeinen den Partner); die Unauflöslichkeit der Ehe und die (in der Adelsgesellschaft nicht leicht durchsetzbare) Einehe bedeuteten weitere gewichtige Verbesserungen im Rechtsstatus der Frau.

Nachdem König Ludwig und Margarete einander die ›Rechte‹ gereicht hatten, trat der Erzbischof in den Vordergrund. Gesten und Riten symbolisierten von da an immer deutlicher, daß die Ehe ein heiliger Bund ist, in dem die Gläubigen der Gnade Gottes gewiß sein dürfen. Unter Anrufung des Heiligen Geistes segnete der Erzbischof einen Ring, den er dann auch inzensierte, das heißt ähnlich mit Weihrauch ehrte wie die Opfergaben, Kreuz und Evangelienbuch während der Messe. Er übergab den Ring dem Bräutigam, der ihn im Rhythmus der Worte *In nomine Patris – et filii – et Spiritus Sancti, Amen,* »Im Namen des Vaters – und des Sohnes – und des Heiligen Geistes. Amen« seiner Braut erst an den Daumen, dann an den Zeigefinger und schließlich an den Mittelfinger steckte[99]. Daß die Braut ihrerseits dem Bräutigam einen Ring gab, war offensichtlich nicht vorgesehen.

Der Ring spielt als Zeichen der Bindung und Treue seit frühgeschichtlicher Zeit in Recht und Brauchtum eine große Rolle. Undeutbar ist dagegen die anschließende symbolische Handlung: Die Braut erhielt von Ludwig den ›Dreizehnten‹, das heißt dreizehn Silberpfennige. Margarete könnte sie – zusammen mit einer Urkunde, welche die Eheschließung bezeugte – an den Erzbischof weitergegeben haben.

Danach schloß der erste Teil der Zeremonie mit Gebeten des Erzbischofs über das Paar; er besprengte beide mit Weihwasser, ein Zeichen der Reinigung vor Betreten des heiligen Raumes, in dem die Brautmesse gefeiert wurde. Lesung, Evangelium und Präfation waren auf die Eheschließung abgestimmt[100].

Zweimal wurde der feierliche Teil dieser Messe um besondere Riten erweitert. Nach dem *Sanctus,* dem Engelgesang zu Beginn des Kanons, legten die Brautleute sich auf den Boden; ein Schleier wurde über beide gebreitet, und der Erzbischof flehte himmlischen Segen auf sie herab. Bis heute gehört eine ähnliche Geste zur Weihe von Diakonen, Priestern und Bischöfen; sie legen sich zu Boden als Zeichen, daß sie die Berufung zu einem neuen Stand ganz allein dem Willen Gottes, nicht ihrem Eigenwillen verdanken. Der Eheschluß – zumindest des Königs – galt also wohl als Berufung in einen ebenso heiligen Stand.

Die Pflichten des neuen Standes wurden zuerst für die Braut umschrieben. Der Erzbischof bat Gott, die Braut zu einem Leben zu befähigen, in dem sie – den Frauen der biblischen Stammväter gleich – ihrem Mann Liebe erweise wie Rahel, Klugheit wie Rebekka, Treue wie Sara. Der neue Stand des Ehemannes wurde erst in einem Ritus nach Abschluß des Kanons dargestellt, angesichts des in den geweihten Gaben von Brot und Wein gegenwärtigen Christus. Der Erzbischof entbot den üblichen Friedensgruß: *Pax Domini sit semper vobiscum,* »Der Friede des Herrn sei immer mit euch«. Darauf stieg der König die Stufen zum Altar hinauf, empfing den Friedenskuß des Bischofs, stieg hinab und gab ihn weiter an seine Braut, zum Zeichen, daß er

Vermittler göttlichen Friedens an seine Frau sein wolle. Mit dem Versprechen von Treue und Schutz faßte König Ludwig diese Aufgabe seines neuen Standes in Worte.

Die Kommunion der Brautleute, Empfang des geweihten Brotes und Weines, schloß sich an. In dem Bericht aus Sens nicht erwähnt, sonst aber mehrfach überliefert, ist eine weitere Geste, die in die alltägliche Mahlgemeinschaft hinüberleitet: Der Zelebrans, Priester oder Bischof, segnete Brot und Wein, welche die neuen Eheleute bei der ersten Mahlzeit miteinander teilten. Seit unvordenklichen Zeiten geht man davon aus, daß gemeinsames Essen und Trinken Gemeinschaft stiftet und besiegelt.

In einem dritten Teil der Trauungszeremonie wurde das Brautgemach gesegnet; die Vermählten wurden auf das Ehebett gesetzt oder gelegt, »ganz ohne Zweifel ein Fruchtbarkeitsritual, das die Zeugungsfunktion als Zweck und Rechtfertigung der Ehe unterstreichen« sollte. – Am Tag nach der Eheschließung, am Sonntag, den 28. Mai 1234, wurde die neue Königin gekrönt, ebenfalls in der Kathedrale zu Sens.

Bischofsweihe

Pontifex, Brückenbauer, ist ein Titel des Bischofs seit dem Frühmittelalter[101]. Pontifikale nennt man das Buch, das dem Bischof vorbehaltene Gebete und Handlungsanweisungen enthält. Das Pontifikale, das hier vorgestellt werden soll, stammt zwar aus dem 10. Jahrhundert[102], lenkt unsere Blicke aber weit in die davor liegende Vergangenheit zurück und in die Zukunft voraus.

Das Pontifikale enthält zahlreiche *ordines,* Ordnungen, Vorschriften zu Gebeten und rituellen Handlungen. Auf einen Verlust sei gleich zu Beginn hingewiesen. Das Pontifikale kennt neben dem *ordo ad faciendum monachum,* Ordnung zur Mönchsweihe, einen eigenen *ordo ad diaconam faciendam,* eine Ordnung, nach der eine Diakonin zu weihen ist[103]. Anrührend ist ein Ritus am Schluß dieser Weihe; der Bischof übergibt der Diakonin besonderen Frieden – fast wie ein materielles Geschenk – als Verheißung für Sicherheit und Schutz.

Die Diakonin gibt es in der katholischen Kirche nicht mehr; allerdings berichten auch Quellen des 10. Jahrhunderts nicht von Frauen, denen besondere Dienste in der Gemeinde übertragen waren. Ist die ›Weihe der Diakonin‹ in jenem Pontifikale nur noch Erinnerung an eine nicht mehr lebendige Vergangenheit? Immerhin fällt auf, daß die Einsetzung des Diakons in sein

Amt und die Weihe einer Frau zu jungfräulichem Leben mit demselben Wort *consecratio,* Heiligung, bezeichnet werden. Bemerkenswerter ist vielleicht noch, daß der Ritus zur Bestellung einer Äbtissin ebenso wie der Ritus der Weihe eines Priesters *ordinatio* heißt – Amtseinsetzung, abgeleitet von lateinisch *ordo,* Ordnung. Der mittelalterliche Leser wußte, daß *ordo* auch die göttliche Weltordnung meinte.

In den Vorschriften zur Weihe von Bischof, Priester und Diakon dagegen sind Differenzen zwischen dem Pontifikale des 10. Jahrhunderts und heutigen katholischen Vorstellungen vom kirchlichen Amt nicht zu beobachten. Mehr noch: In den beiden Grundelementen des Ritus stimmen katholische Priester- und Bischofsweihe einerseits, evangelische Ordination von Pfarrer und Bischof andererseits überein[104]. Für beide Konfessionen sind zwei Elemente im Ritus der Amtseinführung unabdingbar: Handauflegung und Gebet. Die Gemeinde bittet Gott, dem oder der Erwählten mit seiner Gnade und Hilfe beizustehen, und Amtsträger legen den neu Berufenen die Hände auf. Beides weist in die Frühzeit der Jerusalemer Gemeinde zurück[105]. Die Rangordnung Bischof-Priester (abgeleitet von *presbyter,* Ältester) ist freilich dort noch nicht so festgelegt, wie sie es heute ist und längst auch in dem Pontifikale des 10. Jahrhunderts war. Auf jenes Buch und die Zeit, in der es zusammengestellt wurde, soll nun wieder eingegangen werden; nur ausnahmsweise sollen Gemeinsamkeiten mit dem Recht der katholischen Kirche in heutiger Zeit hervorgehoben werden.

Priester und Diakone weihte der Bischof allein; die Weihe eines Bischofs dagegen sollte durch einen Hauptkonsekrator unter Mitwirkung von mindestens zwei weiteren Bischöfen erfolgen. Priester und Diakone wurden mit der Weihe in die ›Familie‹ eingegliedert, deren Vater der Bischof war. Dagegen wurde der neue Bischof mit der Weihe durch mehrere Konsekratoren in ein Kollegium von Gleichen aufgenommen. Trotzdem hat man die hierarchische Gliederung des kirchlichen Amtes noch insofern ausgebaut, als der Hauptkonsekrator eines Bischofs der zuständige Erzbischof war, etwa der Erzbischof von Mainz für den Bischof von Konstanz; ein Erzbischof (Metropolit) wurde in der Regel von benachbarten Metropoliten geweiht.

Die Beteiligung mehrerer Bischöfe hat auch mit der Sorge um die ununterbrochene Abfolge der Handauflegung seit den Zeiten der Urgemeinde zu tun (apostolische Sukzession): Es könnte ja sein, daß ein Bischof – aus welchen Gründen auch immer – nicht gültig geweiht war; bei mehreren Konsekratoren war das wenig wahrscheinlich.

Im Pontifikale des 10. Jahrhunderts ist der Dialog zur Prüfung des Bischofs besonders breit ausgebaut. Bei der Weihe eines Priesters genügte es, daß die anwesenden Priester auf Fragen des Bischofs bestätigten: »Er ist würdig«, »Er ist gerecht«. Ein Bischof aber mußte sich einer zweiteiligen rituellen Prüfung unterziehen[106]. Der erste Teil betraf das künftige Verhalten des Erwählten; die knappen Fragen wirken wie Hammerschläge: *Vis beato Petro…*, »Willst du dem heiligen Petrus, dem von Gott die Macht zu binden und zu lösen gegeben ist, seinem Stellvertreter und dessen Nachfolgern Treue und Unterwerfung in allem erweisen?« *Volo,* »Ich will es«. – »Willst du der heiligen Mainzer Kirche, mir und meinen Nachfolgern Treue und Unterwerfung erweisen?« *Volo.* – »Willst du Keuschheit und Reinheit *(sobrietatem,* auch Lauterkeit) mit Gottes Hilfe bewahren und lehren?« *Volo.* – »Willst du den Armen und Fremden und allen Darbenden zur Ehre Gottes *(propter nomen domini)* freundlich und barmherzig begegnen?« *Volo.* Diese Antwort könnte manchen dazu angeregt haben, später als Bischof ein Spital zu gründen und zu unterhalten, in dem Bedürftige Aufnahme fanden. Aus der Frage nach der Treue der »Mainzer Kirche« gegenüber hat man geschlossen, daß dieser *ordo* in Mainz zusammengestellt worden ist.

Der zweite Teil der Prüfung galt dem Glauben. Da das Glaubensbekenntnis nicht leicht zu begreifende Aussagen enthält, wird eine Bemerkung vorangeschickt: *Credis secundum intelligentiam et capacitatem sensus tui …*, »Glaubst du gemäß deinen Geistes- und Verstandeskräften« an den einen Gott in drei Personen, eines Wesens, gleich ewig, gleich allmächtig…? *Assentior et ita credo,* »Ich stimme zu, und so glaube ich«. Die folgenden Fragen beantwortete der Erwählte *(electus)* mit einem einfachen *Credo,* »Ich glaube«. Es gibt allerdings eine Ausnahme: *Anathematizas etiam omnem heresim…*, »Verfluchst du auch jeden Irrglauben, der sich gegen diese heilige katholische Kirche erhebt?« *Facio vel anathematizo,* »Das tue ich bzw. ich verfluche«.

Bemerkenswert ist, welche Bedeutung das Pontifikale dem Kirchenvolk zugesteht; in der langen Feier kann die Aussage freilich leicht übersehen worden sein: *Nullis invitis detur episcopus,* »Keinen (Christen) soll gegen ihren Willen ein Bischof gegeben werden; man soll um Zustimmung und Wunsch von Klerus, Volk und im Kloster Lebenden ersuchen«. Wie das – lange vor der Weihe – geschehen sollte, bleibt ungesagt.

Auffallend ist auch die Lesung, die sich anschließt (1 Tim 3, 1–7): Der Aufseher (griech., lat. *episcopus,* auch Vorsteher) soll »ein Mann ohne Tadel sein, nur einmal verheiratet, nüchtern, besonnen, bescheiden, gastfreundlich, fähig zu lehren ... Er soll ein guter Familienvater sein und seine Kinder mit aller Würde zum Gehorsam erziehen. Wer aber das eigene Haus nicht leiten kann, wie soll er für die Gemeinde Gottes sorgen?« Anders als in neutestamentlicher Zeit, dürfte im 10. Jahrhundert kaum ein Anwärter auf das Bischofsamt verheiratet gewesen und eine Familie gehabt haben, wenigstens in Mitteleuropa. Schon zu Zeiten der Apostel hatten wohl gelegentlich Unwürdige eine Gemeinde geleitet. Deshalb werden wünschenswerte Eigenschaften dem Erwählten wie ein Spiegel vorgehalten; an anderer Stelle der Feier wirken sie wie ein Maximalprogramm, dem kaum ein Sterblicher gewachsen war, und sind nicht so maßvoll-menschenfreundlich formuliert wie an dieser Stelle.

Während Gott im *Kyrie* um Erbarmen angefleht, seine Heiligen in einer Litanei um Fürbitte angerufen werden, liegen der Konsekrator, die anderen Bischöfe und der Erwählte mit ausgestreckten Armen auf dem Boden. Es folgt die Handauflegung durch die anwesenden Bischöfe. Dann salbt der erste Konsekrator in Kreuzesform das Haupt des Erwählten mit Chrisam, einem mit Duftstoffen versetzten Öl; geweiht worden ist es am Gründonnerstag, dem Tag der Erinnerung an das letzte Abendmahl Jesu. Bei dieser Salbung bittet der Konsekrator Gott, seinen Segen auf dem Erwählten ruhen zu lassen. Er möge ihm reich die Festigkeit des Glaubens, die Reinheit der Liebe und die Aufrichtigkeit des Friedens schenken. »Laß ihn Herr, mit Worten und mit Taten zur Versöhnung wirken. ... Er hasse den Stolz und liebe die Demut. ... Dank Deiner Gnadengabe sei er immer geeignet und fromm«. Alle bestätigen diese Wünsche mit *Amen.* Bei Salbung der Hände bittet der Konsekrator: »Was du segnest, sei gesegnet; was du heiligst, sei geheiligt«.

Es folgen Segnung und Übergabe des Ringes, Zeichen der Treue des Bischofs zu seiner Kirche sowie seiner Binde- und Lösegewalt. »Den Gefallenen und Büßern sollst du als Versöhner *(per ministerium reconciliationis)* die Tür zum himmlischen Reich öffnen«. Dann wird der Stab gesegnet und als Zeichen des Hirtenamtes überreicht: Der Bischof soll mit Christi Hilfe die Schlechten zurechtweisen, den Rechtschaffenen den Weg zur Seligkeit zeigen; sein Richteramt soll er ruhig und streng, aber ohne Zorn ausüben. Schließlich gibt der Konsekrator dem neuen Bischof den Friedenskuß und fordert ihn auf, Platz zu nehmen inmitten der Bischöfe, seiner Mitbrüder.

In seiner Ansprache konnte der Konsekrator vertiefen, was in Lesungen und Gebeten schon angesprochen war. Das Pontifikale gibt Anregungen: Der neue Bischof soll wissen, daß er *maximum pondus suscepisse laboris,* »eine überaus schwere Arbeit übernommen habe«. Schließlich habe der Heiland gesagt, er sei nicht gekommen, sich bedienen zu lassen, sondern um zu dienen (Mt 20, 28). Das Hirtenamt verlange höchsten Einsatz, und am Tage des Gerichtes werde der Bischof Rechenschaft geben müssen über sein Tun und Lassen. Wohl nicht nur mit dem Blick auf den neuen Amtsbruder warnt der Konsekrator vor Lastern: Geiz, Habgier, Simonie (Spendung von Weihen als Gegengabe für materielle Zuwendungen); er ruft zu Keuschheit, Maßhalten, Barmherzigkeit und Gastfreundschaft auf; Witwen, Waisen und alle Schwachen sollen in ihrem Hirten einen einsatzbereiten Fürsprecher haben[107]. Nicht zuletzt solle der Bischof die Menschen lieben, die Laster aber verfolgen. Er solle das Wort Gottes verkünden; er hüte sich aber davor, anders zu leben als er predige, damit ihm nicht jemand insgeheim entgegenhalte: »Warum tust du denn nicht selber, was du befiehlst? Gib doch zu *(Recognosce),* Meister, daß man nicht über das Fasten predigt, wenn man einen vollgeschlagenen Wanst vor sich her trägt«.

An die Bischofsweihe schloß sich eine Messe an. Das ›Gewicht‹ der Bischofsweihe wird auch daran deutlich, daß eine eigene Messe für den Jahrtag der Bischofsweihe vorgesehen war – wie für den Jahrtag der Kirchweihe, von dem wir noch hören werden.

War der Bischof in der Ferne ordiniert worden, reiste er anschließend zu seinem Bischofssitz. Im allgemeinen wurde er in einer reich ausgestalteten Feier vom Klerus der Kathedrale, kirchlichen und weltlichen Würdenträgern, Vornehmen und Einfachen der Stadt eingeholt, in die Kathedrale geleitet und zu seiner *cathedra* geführt. Hier ließ er sich nieder und hatte damit von Bischofsthron, Bischofskirche und Bistum Besitz ergriffen.

Die Art des Empfangs zeigte dem künftigen Hirten, ob er willkommen war. Kuno – ein Neffe Erzbischof Annos II. von Köln – wurde 1066 von dem jungen König Heinrich IV. (1056–1106) zum Erzbischof von Trier erwählt. Ein solches Vorgehen war damals nicht ungewöhnlich, doch waren Klerus und Volk von Trier zu Kuno nicht gefragt worden, was die Trierer erboste. Auf dem Weg zu Weihe und Inthronisation wurde Kuno überfallen und von einem Fels zu Tode gestürzt[108]. Ein solcher Mord fiel völlig aus dem Rahmen, weshalb er in den Quellen ein breites Echo gefunden hat; doch zeigt er, was einem neuen Bischof im äußersten Fall drohen konnte.

Jahrzehnte früher hatte König Heinrich II. Fingerspitzengefühl bewiesen, als in Cambrai, an der Grenze, ein Bischof zu ernennen war. Die nordfranzösische Stadt gehörte einerseits zum Reich, andererseits zur Kirchenprovinz Reims. Dem König schuldete der Bischof von Cambrai also Treue und Gehorsam in ›weltlichen‹ Dingen, dem Erzbischof von Reims im kirchlichen

Bereich[109]. Heinrich II. hatte einen gewissen Gerhard als Bischof von Cambrai vorgesehen und wollte ihn nach deutschem Ritus in Bamberg, seinem bevorzugten Aufenthaltsort, zu seiner neuen Würde erheben lassen. Als man den König darauf aufmerksam machte, eine solche Weihe stehe dem Erzbischof von Reims zu, fand er eine salomonische Lösung: Er erklärte sich damit einverstanden, daß der Erzbischof die Weihehandlung vornehme; doch gab er dem Erwählten ein Pontifikale mit auf die Reise. Damit sollte gewährleistet sein, daß Gerhard nach dem im Reich gültigen Ritus und nicht etwa »nach den zügellosen Bräuchen der Nachfolger Karls regelwidrig geweiht würde«. Dünkel gegenüber dem westlichen Nachbarn hat in Deutschland eine lange Tradition.

III. ORT DER KRÖNUNG

Gesalbter des Herrn

Lange verstand man Salbung und Krönung des Königs ebenso als Sakrament wie die Bischofsweihe. So weisen die *ordines* des Pontifikale zu beiden Amtseinführungen zahlreiche Parallelen auf[110]. Als Gemeinsamkeiten seien stichwortartig genannt: die Sorge um einen geeigneten *(idoneus)* Kandidaten, wobei auch für den Bischof lange Zeit adlige Geburt Voraussetzung war; eine große Kirche als Ort der Handlung im Rahmen eines feierlichen, reich ausgestalteten Gottesdienstes; Befragung und Versprechen; Übergabe von Herrschaftszeichen: Mitra/Krone, Stab/Zepter u. a.; Erinnerung an Gestalten des Alten Testaments, deren Gottvertrauen und Tapferkeit als vorbildlich galten: Abraham, Isaak, Jakob, Mose, Melchisedech, David, Salomo, Josua u. a.; Geste der Demut und Unterwerfung: in die Albe gekleidet, ein einfaches weißes Gewand, streckt sich der künftige Bischof bzw. König oder Kaiser im Laufe der Feier mit ausgebreiteten Armen auf den Boden nieder; Salbung mit geweihtem Öl[111]; symbolische Besitzergreifung: der Bischof nahm Platz auf der *cathedra,* der König auf einem Thron.

Beispielhafte Zeremonie in Aachen

Wie wurde eine solche Weihe vollzogen? Im Jahre 936 ließ Otto I. sich in Aachen zum König krönen. Nach der Schilderung Widukinds von Corvey, der möglicherweise Augenzeuge war, umfaßte die Feier zwei Teile[112]. Die Huldigung der Großen, außerhalb der Kirche, braucht uns hier nicht zu beschäftigen. Daran habe sich die kirchliche Weihe angeschlossen, die nach dem Bericht Widukinds auch politisch bedeutsame Elemente enthielt.

Im Inneren des Gotteshauses stellte Hildebert, der Erzbischof von Mainz, den König dem Volke vor. Im Laufe der Feier trat der Erzbischof zum Altar, nahm das Schwert mit dem Wehrgehenk vom Altar und sprach, zum König gewendet: »Empfange dieses Schwert und treibe mit ihm aus alle Widersacher Christi, die Heiden und schlechten Christen, da durch Gottes Willen alle Macht im ganzen Frankenreich dir übertragen ist, zum bleibenden Frieden aller Christen«. Darauf legte er dem König Spangen und Mantel an mit den Worten: »Die bis auf den Boden herabreichenden Zipfel deines Gewandes mögen dich erinnern, von welchem Eifer im Glauben du entbrennen und in Wahrung des Friedens beharren sollst bis in den Tod«. Zepter und Stab übergab der Erzbischof mit den Worten: »Diese Abzeichen sollen dich ermahnen, mit väterlicher Zucht deine Untertanen zu leiten und vor allem den Dienern Gottes, den Witwen und Waisen die Hand des Erbarmens zu reichen; und niemals möge dein Haupt des Öls der Barmherzigkeit ermangeln, auf daß du in Gegenwart und in Zukunft mit ewigem Lohne gekrönt wirst«. Schließlich salbte Hildebert den König mit heiligem Öl, krönte ihn mit einem goldenen Diadem und führte ihn zum Thron Karls des Großen.

Das Schwert – nächst der Krone das bedeutendste Herrschaftszeichen – symbolisierte die Gewalt, die dem König als Garanten des Rechts zukam. Der Herrscher sollte es nicht zu leeren Drohgebärden verwenden, sondern um den Frieden im Innern und nach außen zu wahren und eine etwa gestörte Ordnung wiederherzustellen. Wie Otto I. diesem Auftrag gerecht wurde, wird Widukind im Laufe seiner Chronik darlegen.

Im Krönungsritus wurde die Macht des Herrschers ausdrücklich begrenzt, sollte er sich doch von Erbarmen leiten lassen. Das hier verwendete Wort *misericordia* heißt soviel wie: ein Herz haben für den Elenden. Witwen und Waisen wurden dem König besonders empfohlen, fehlte diesen Gruppen doch die Macht, selber ihr Recht durchzusetzen. Ähnliches galt für die »Diener Gottes«: Priester, Mönche und Monialen, in einem weiteren Sinne auch das Papsttum, Bischofssitze und Klöster. Schließlich wurde Otto, dem

Gott die Macht »im ganzen Frankenreich« übertragen habe (als gebe es noch das Reich Karls des Großen), ausdrücklich daran erinnert, daß er einst Gott werde Rechenschaft geben müssen über das ihm verliehene Amt und die seinem Schutz anvertrauten Menschen. »Ewiger Lohn« sollte denen zuteil werden, die das Recht gewahrt und Mitmenschlichkeit geübt hatten.

Widukind erwähnt die Salbung – das Hauptzeichen der Königsweihe – wie beiläufig zum Ende der Feier; möglicherweise war Otto schon 930 gesalbt worden. Daß die Königssalbung nicht das unbedingt wirksame ›Sakrament‹ war, sondern in ihrer Wirksamkeit von politischen Umständen abhängig, zeigt die Geschichte Ottos I. Nach der Krönung in Aachen hatte er lange Jahre zu kämpfen, auch gegen innere Feinde; allseits anerkannt war seine Herrschaft, als er 962 in Rom die Kaiserkrone empfing.

Um seine Herrschaft zu festigen, Getreuen und Gegnern als unverletzlicher Gesalbter des Herrn entgegentreten zu können, war der Herrscher besorgt, die feierliche Krönung möglichst schnell auf die Vorentscheidung – Erbrecht, Wahl, Schlacht – folgen zu lassen. Nach dem Sieg bei Hastings ließ Wilhelm der Eroberer sich Weihnachten 1066 in der Kirche der Westminster Abtei (westlich von London) zum König krönen. Ein anderes Beispiel zeigt, daß weit mehr als die Festigung der Herrschaft eines Monarchen auf dem Spiel stehen konnte: Mit der Krönung Karls VII. zum König – 1429 in der Kathedrale zu Reims – gewann das von Kriegen zerrissene Frankreich wieder Zuversicht.

Krönungsordines

Der Bericht Widukinds dürfte in spätere Krönungsordines eingegangen sein. In Gebeten werden dem Herrscher die Güter des Friedens, der Gerechtigkeit und des Rechts ans Herz gelegt; Gott wird gebeten, dem König die Gaben der Weisheit und Geduld zu schenken, ferner Eintracht unter den Beherrschten. Der König wird ermahnt, die Kirche zu fördern, seinen Getreuen hochherzig, liebenswürdig und gütig zu begegnen, den Bösen und den Heiden aber Schrecken einzujagen. Wie bei Taufe, Priester- und Bischofsweihe wird die ausdrückliche Zustimmung zu künftigen Pflichten eingefordert. So wird der König gefragt, ob er Kirchen und Volk schützen, gerecht und fromm nach der Väter Sitte wirken wolle. Er hat dann zu antworten: *Volo,* »Ich will es«.

Auch das Volk wird einbezogen, wenn der Bischof fragt, ob es sich diesem König unterwerfen, seine Herrschaft in standhafter Treue befestigen und seinen Befehlen gehorchen wolle. Darauf antworten das umstehende Volk und der Klerus einmütig: »So sei es! So sei es! Amen«.

Damit der Herrscher den schier übermenschlichen Belastungen gewachsen sei, die auf ihn warten, fleht die Gemeinde die Hilfe Gottes und seiner Heiligen auf ihn herab; im Wechselgesang stimmt sie die sogenannten *laudes* an, Lobpreisungen. Mit solchen *laudes* wurden Herrscher auch beim Einzug in eine Stadt, eine Kirche oder ein Kloster empfangen. Der *ordo* für die Kaiserkrönung Heinrichs VII. in Rom 1312 enthält Einzelheiten: Vorsänger, darunter auch Geistliche aus dem Gefolge des Kaisers, rufen Christus an; ein Chor antwortet: »Erhöre uns Christus! – Dem Herrn Heinrich, dem unüberwindlichen Römischen Kaiser, allzeit Mehrer des Reiches, Heil und Sieg! (Dreimal) / Heiland der Welt – Du steh ihm bei!« *(Salvator mundi – Tu illum adiuva;* ebenfalls dreimal). Dann werden die Heiligen um Hilfe angerufen: »Heilige Maria – Du steh ihm bei! / Heiliger Michael – Du steh ihm bei!« Es folgen die Namen weiterer Engel, von Aposteln, Märtyrern und Bekennern: Gabriel, Raphael, Johannes der Täufer, Petrus, Paulus, Andreas, Stephanus, Laurentius, Vincentius, Silvester, Leo, Gregor, Benedikt, Basilius, Saba, Agnes, Cäcilia, Lucia; jede Anrede wird mit dem gleichen Ruf beantwortet. Der zweimalige Ruf *Kyrie eleison* (Herr erbarme dich) lenkt auf Christus zurück; der Chor antwortet mit einem ebenfalls zweimaligen *Christe eleison* (Christus erbarme dich); zum Abschluß dieses Teiles singen alle gemeinsam *Kyrie eleison*[113]. Mit der Nennung der Namen waren Gott und seine Heiligen nach Überzeugung der Gläubigen gegenwärtig; künftig sollten sie mehr als alle anderen politischen Mächte dem König bzw. Kaiser beistehen.

Wenn der Bischof Haupt, Brust und Schultern mit heiligem Öl salbt, wünscht er dem zu Krönenden, daß er »durch diese sicht- und spürbare Gabe Unsichtbares erlangen möge« *(quatinus hoc visibili et tractabili dono invisibilia percipere … merearis);* noch wiederholt werden wir der Überzeugung begegnen, Sichtbares weise auf Unsichtbares hin. In weiteren Gebeten wird Gott angefleht, über seinen Gesalbten dem Land Fruchtbarkeit zu schenken, auf daß Getreide, Weinstock und Ölbaum gedeihen. In Gebete werden auch die folgenden Wünsche gekleidet: Friede dem Land, Gesundheit des Leibes den Untertanen, ein glückliches Alter dem Herrscher.

Feierlich setzt der Bischof dem König die Krone auf (die Reichskrone zeigt David und Salomo, wiederholt als Vorbilder genannt, auch im Bild[114]). Der König soll wissen, so belehrt der Bischof ihn und die Umstehenden, daß *per hanc te participem ministerii nostri non ignores,* daß er mit der Krönung »Anteil an unserem (d. h. des Bischofs) Amt« erhalte. Unter ähnlichen Gebeten übergibt der Bischof Zepter, Ring und Schwert[115]. Von diesem heißt es, daß es »durch die zwar unwürdigen Hände« der Bischöfe überreicht werde, die jedoch in Stellvertretung und in Vollmacht der Apostel Petrus und Paulus geweiht seien. Mit dem Schwert soll der König die Schwachen schützen, Rebellen und heidnische Völker schrecken, das Unrecht rächen, das Verheerte wiederherstellen, das Wiederhergestellte bewahren, *desolata restaures, restaurata conserves;* diese Aufgabe war ›eigentlich‹ dem Friedensfürsten vorbehalten, mit dem man erst in der Endzeit rechnete.

Es folgen der Gang zum Thron und die Thronsetzung. Den Abschluß der eigentlichen Krönungsfeierlichkeit bilden der Friedenskuß und Heilswünsche; unter dem Läuten der Glocken stimmen die Kleriker das *Te Deum* an, ›Dich Gott loben wir‹, einen in das 4. Jahrhundert zurückreichenden Hymnus. Hierauf feiert der Bischof mit dem König und der ganzen Festgemeinde die Messe.

Der im 10. Jahrhundert ausgebildete *ordo* der Krönung wurde im Laufe der Jahrhunderte weiterentwickelt[116], auch für die Kaiserkrönung. Diese beginnt – ähnlich wie die Taufe – mit einem Versprechen: »Im Namen Christi verspreche, gelobe und versichere ich, Kaiser N., vor Gott und dem heiligen Apostel Petrus, daß ich Schützer und Schirmer dieser heiligen Römischen Kirche sein werde, in all ihren Nöten, soweit mir göttliche Hilfe zuteil wird, nach meinem Wissen und Können«. Unübersehbar sind Ähnlichkeiten mit dem Eid, den Amtsträger heute zu Beginn ihres Wirkens sprechen.

Bei der Kaiserkrönung verbindet das Schlußgebet den Gedanken der Heilsnotwendigkeit des Römischen Reiches (es wurde als das letzte angesehen, dem das Weltende folgen werde) mit der Bitte um Frieden für die Kirche: »O Gott, der Du zur Verkündigung des Evangeliums des ewigen Königs das Römische Reich zuvor bereitet hast, so spanne Deinem Diener N., Unserem Kaiser, die himmlischen Waffen, damit der Friede der Kirchen durch keine Stürme des Krieges bedrängt werde«.

Krönungskirchen

Was bewog Otto I., 936 seine Krönung in Aachen zu feiern – und nicht etwa in der Kathedrale von Köln oder von Mainz? Was machte den Rang dieses Ortes aus, der doch eher abseits im Westen des Reiches lag, über das Otto herrschen sollte? Der Sachse Otto knüpfte allen sichtbar an fränkische Traditionen an, und er bekannte sich zum Erbe Karls des Großen.

Durch Karl war Aachen vor allen anderen Pfalzen zum Mittelpunkt des Frankenreiches aufgestiegen. Zu den Vorzügen des Ortes gehörte die relative Nähe zum Land der Sachsen, die Karl unterworfen und in sein Reich eingeordnet hatte; zudem verfügte Aachen (lat. *Aquae,* Wasser) über warme Quellen, in denen der alternde Kaiser Linderung seiner Beschwerden fand.

Karl hatte aus seiner Hauptresidenz sogar ein ›zweites‹ oder ›neues‹ Rom machen wollen[117]. Deshalb hatte er die Kapelle weit größer bauen und prächtiger ausstatten lassen als in anderen Pfalzen. Die Aachener Pfalzkapelle war innerhalb weniger Jahre Schauplatz bedeutsamer Ereignisse geworden: Hier und nicht etwa in der benachbarten Königshalle hatten im Jahre 812 Gesandte des Basileus, des in Konstantinopel herrschenden ›griechischen‹ Kaisers, Karl dem Großen gehuldigt, ihn damit als Kaiser anerkannt. 813 hatte Karl seinen Sohn Ludwig (den Frommen) hier zum (Mit)Kaiser erhoben; 814 war Karl hier bestattet worden[118].

Es gab also gute Gründe, 936 in Aachen Otto I. zu krönen. Der König begründete damit eine Tradition: Hier wurden von 936 bis 1531, von Otto I. bis zu Ferdinand I., dreißig deutsche Könige gekrönt[119]. Wegen ihrer Bedeutung für die Geschichte von Königtum, Reich und Architektur sei die Aachener Pfalzkapelle in diesem Buch Marienmünster genannt.

Otto I. knüpfte noch in folgender Hinsicht an das Erbe Karls des Großen an. Wie Karl Weihnachten 800 das Kaisertum im Westen des ehemaligen Römischen Reiches erneuert hatte, mit einer Krönung im Petersdom zu Rom[120], ließ Otto I. sich im Jahre 962 in Rom zum Kaiser krönen, ebenfalls im Petersdom und vom Papst. Otto brachte dazu die Voraussetzung mit: Er herrschte über mehrere Reiche (das Deutsche Reich und Italien), er verfügte nach Abwehr der Ungarn über europaweites Ansehen; und er verpflichtete sich, die Römische Kirche zu schützen.

Nach Otto I. sind zahlreiche Herrscher in Rom zum Kaiser gekrönt worden, meist im Petersdom, gelegentlich in einer der anderen ehrwürdigen Kirchen der Ewigen Stadt. Damit nicht ein Schatten auf die Weihe falle, sollten mehrere Voraussetzungen gegeben sein: Der geeignete Anwärter, der ›richtige‹ Bischof bzw. Papst als Koronator, ein passender Tag (möglichst ein hohes Kirchenfest), die echten Herrschaftszeichen (Krone, Zepter usf.). Das 962 wiederbegründete Kaisertum – in der europäischen Geschichte ein Element langer Dauer – erlosch erst 1806, in den Kriegen und Wirren, die auf die Französische Revolution folgten.

Festkrönungen

Bedeutende Kirchen und Kathedralen waren auch Orte sogenannter Festkrönungen: An hohen kirchlichen Feiertagen zeigte der König sich gern im Schmuck von Krone, Zepter, Schwert; als sichtbare Zeichen wiesen sie auf Unsichtbares hin: die Herrschaft, das Gottesgnadentum, das Reich; nach weitverbreiteter Vorstellung hatte Gott selbst es geheiligt. Zu dem Fest, das oft mit einem Hoftag oder einer Synode verbunden war, erschienen außer den eigenen Großen auch auswärtige Gäste sowie Gesandte von Fürsten und Städten.

Da eine eigentliche Hauptstadt fehlte, übte der König seine Herrschaft im Reisen aus; hohe Feste feierte er gern in einer Bischofsstadt; war die gerade im Bau, dürfte er die Messe in einer anderen Kirche des Ortes gehört haben – eher jedoch wird er für das Fest zu einem anderen Bischofssitz gereist sein. Andererseits brauchten Kirchen in Orten wie Aachen, Goslar, Quedlinburg, Zürich den Vergleich mit einer Bischofskirche nicht zu scheuen.

Der Besuch des Königs und seines Hofes bedeutete eine hohe Ehre für Bischof und Stadt – und eine spürbare Last, zumal wenn der Aufenthalt sich in die Länge zog. Im allgemeinen erwies sich der Herrscher als erkenntlich und verlieh dem Gastgeber Güter oder Rechte, die auch einem Dombau zugute kommen konnten.

Königsreisen förderten Kirchenbauten aus einem weiteren Grund. Zum Gefolge des Herrschers gehörten Priester, die den Gottesdienst für den König feierten, die Kapellane. Unterwegs sahen sie nördlich und südlich der Alpen eine Unzahl von Kirchen, fertige und unfertige, ferner antike Bauten, Skulpturen, Mosaiken; auf wochenlangen Ritten hatten sie Gelegenheit, mit Handwerkern und Künstlern zu sprechen. Sie konnten hier Anregungen für ihren späteren Beruf gewinnen, vertraute der König bewährten Kapellanen doch gern ein Bistum an.

Ein Blick nach England und Frankreich

Bislang war vornehmlich von deutschen Herrschern und Kirchen die Rede. Wegen gemeinsamer Wurzeln und zahlreicher Austauschbeziehungen waren die Verhältnisse in anderen Reichen ähnlich. Zwei Monarchien, die in der Neuzeit große Bedeutung gewinnen sollten, verdankten ihre innere Festigkeit nicht zuletzt Traditionen, die – verglichen mit dem Deutschen Reich –

weit weniger Brüche aufwiesen. Seit 1027 (Heinrich I.) bis 1825 (Karl X.) wurden in der Kathedrale zu Reims 33 französische Könige geweiht[121].

Ähnliches gilt für Westminster, als Abtei im 7. Jahrhundert gegründet, im Jahre 958 neugegründet und 1540 als Kloster aufgehoben. Seit der Krönung Haralds II. Godwinson im Jahre 1066 wurden alle englischen Könige in Westminster gekrönt. Wahrscheinlich spielte hier die Konkurrenz zu Frankreich eine Rolle: Unter Heinrich III. zumal, dem Schwager und eifersüchtigen Rivalen Ludwigs IX. von Frankreich, waren die Äbte von Westminster bestrebt, ihre Kirche zum ideellen Mittelpunkt des Reiches zu machen: Westminster wurde die wichtigste, wenn auch nicht ausschließliche königliche Grablege[122].

Der Brauch, bestimmte Gebete, Handlungen und Herrschaftszeichen bei der Krönung aufeinander zu beziehen, blieb bis ins 20. Jahrhundert lebendig; erinnert sei an die feierliche Krönung von Königin Elisabeth II. im Jahre 1952 in der Westminster Abtei. Erstmals wurde ein solches Ereignis weltweit im Fernsehen übertragen.

Notre-Dame: Krönungskirche Napoleons

Wie lebendig Krönungszeremonien und deren Bindung an einen bestimmten Ort sowie der Nimbus des Kaisertums blieben, zeigte sich 1804: Am 18. Mai ließ Napoleon sich zum Kaiser der Franzosen ausrufen und am 2. Dezember einen imposanten Festakt ausrichten – nicht in Reims; das hätte die Geister des von der Revolution gestürzten Königtums heraufbeschworen, sondern in Paris. Die Kathedrale Notre-Dame, jüngst noch *Temple de la Raison,* diente wieder als christliches Gotteshaus. Mit der Salbung wollte Napoleon seine Herrschaft gegen Ansprüche der Bourbonendynastie absichern und legitimieren.

Eine Zeugin, die das Geschehen aus nächster Nähe beobachtete, berichtet: Notre-Dame habe sie seitdem wiederholt bei prunkvollen, feierlichen Gelegenheiten gesehen; »aber der Anblick, den die Kirche bei der Krönung Napoleons gewährte, wurde dabei nicht annähernd erreicht. Die gotischen Bogenhallen mit ihren bunten Fenstern, der Gesang der Priester, die den Segen des Höchsten auf die bevorstehende Zeremonie herabflehten, … die mächtigen, altersgrauen Mauern, die jetzt mit Teppichen behangen waren, in langen Reihen sämtliche Staatsbehörden, die Deputierten aller Stände Frankreichs, die als Bevollmächtigte gekommen waren, um den zu segnen, der gekrönt werden sollte, diese Tausende von wallenden Federn, die die reichen und doch strengen Kostüme der Staatsräte, Senatoren und Tribunen beschatteten, die goldstrotzenden Uniformen, die Geistlichkeit mit ihrem Pomp, in Schiff und Chor junge, schöne Frauen, strahlend von Schmuck und Edelsteinen und mit der unserem Geschlecht eigenen Eleganz gekleidet – das alles bildete einen Kranz, der einen so entzückenden Anblick darbot, wie man ihn so leicht nicht mehr sehen wird«.

Keine Kaiserkrönung ohne Papst. Als Pius VII. die Kathedrale betrat, habe die Geistlichkeit den Hymnus *Tu es Petrus* (Mt 16, 18) angestimmt; »dieser ernste, religiöse Gesang« habe die Anwesenden tief beeindruckt. Napoleon sei von seinem Thron herabgestiegen und nach vorn geschritten. Am Altar habe Pius VII. ihn an Haupt und beiden Händen gesalbt. Die lange Zeremonie »schien ihn zu langweilen, und ich bemerkte mehrmals, daß er nur mit Mühe das Gähnen unterdrückte«. In seiner Ansprache habe der Papst an biblische Könige erinnert und Gott gebeten, »der Du das heilige Öl auf das Haupt Sauls und Davids ausgossest, laß durch unsere Hände die Schätze Deiner Gnade und Deines Segens herabströmen auf das Haupt Deines Dieners Napoleon, den wir trotz unserer eigenen Unwürdigkeit in Deinem Namen heute zum Kaiser salben«. Napoleon habe »gesammelt und würdevoll« zugehört. »Als aber der Papst die Krone vom Altar nehmen wollte, ergriff Napoleon dieselbe und setzte sie sich selbst auf. In diesem Augenblick war er wahrhaft schön«. Anschließend krönte er seine Gemahlin Joséphine zur Kaiserin; beide erlebten »einige jener Minuten, die so selten im Menschenleben sind, aber die Leere ganzer Jahre ausfüllen«[123].

Das Kaisertum Napoleons währte bis 1814, und 1815 nochmals gut hundert Tage. Was die Selbstkrönung angeht, konnte Napoleon sich auf Vorbilder berufen; eins der berühmtesten dürfte Friedrich II. gegeben haben. Am 18. März 1229 – einem Sonntag – hatte der Kaiser die Heilig-Grab-Kirche aufgesucht, die Krone des Königreichs Jerusalem vom Altar genommen und sich aufs Haupt gesetzt; dann war er zum Thronsitz gegangen und hatte sich dort niedergelassen[124].

Krönungsmesse

Die Messe, die sich an die Krönung anschloß, wurde so prächtig wie möglich ausgestaltet, auch ihre musikalischen Teile. Hier sahen sich Komponisten herausgefordert. Die vielleicht bekannteste ist die ›Krönungsmesse‹ in C-

Dur, KV 317, von 1779; Mozart soll sie komponiert haben zur Erinnerung an die Krönung – nicht eines Herrschers, sondern des Gnadenbildes der Muttergottes in der Wallfahrtskirche Maria Plain bei Salzburg im Jahre 1751. Dieses Ereignisses gedachte man jeweils am fünften Sonntag nach Pfingsten[125]. Mozarts Musik läßt die Atmosphäre heiterer Festlichkeit ahnen, die zu einer Krönung gehören sollte.

IV. ORT DES GEBETS

Für das Gespräch des Menschen mit Gott hat das Christentum viele Formen ausgebildet: Das stille Gebet des Einzelnen hat in der Kirche ebenso seinen Platz wie gemeinsames Beten und Singen von Mönchskonvent oder Pfarrgemeinde[126]. Die Christen griffen gern auf Gebete des Alten Testamentes zurück; Benedikt von Nursia hatte seinen Mönchen eingeschärft, darauf zu achten, »daß jede Woche der ganze Psalter mit seinen 150 Psalmen gebetet werde« (Kap. 18). Vor allem gab es das Vorbild Jesu. Mit anderen Verheißungen hatte er seinen Anhängern auch dieses Wort hinterlassen: »Wo zwei oder drei in meinem Namen versammelt sind, da bin ich mitten unter ihnen« (Mt 18, 20). Der Satz ergänzte und relativierte, was für das Judentum galt: Dort waren zehn Gläubige erforderlich, um eine Gemeinde zu bilden. Das Wort Jesu barg aber auch eine Frage, die Kirchenbauer nachdenklich stimmen konnte: Bedurfte es angesichts der Verheißung Jesu, er wolle »mitten unter« den zweien oder dreien sein, überhaupt eines eigenen Gebäudes?[127]

Jesus hatte seine Jünger ausdrücklich beten gelehrt: Das ›Vater unser‹ – Teil des gemeinsamen Erbes der christlichen Bekenntnisse – wird in evangelischen wie in katholischen Gottesdiensten gesprochen[128]: »Vater unser im Himmel, geheiligt werde dein Name. Dein Reich komme. Dein Wille geschehe, wie im Himmel so auf Erden. Unser tägliches Brot gib uns heute. Und vergib uns unsere Schuld, wie auch wir vergeben unseren Schuldigern. Und führe uns nicht in Versuchung, sondern erlöse uns von dem Bösen«.

Das Gebet verbindet Vertrauen (Vater unser), Lob (geheiligt werde dein Name), Hoffnung (dein Reich komme), Ergebung (dein Wille geschehe) mit konkreten Bitten: Um das tägliche Brot, um Vergebung von Schuld (was Unrechtsbewußtsein voraussetzt); an die Bitte knüpfen die Betenden das Versprechen, ihrerseits Schuldigern vergeben zu wollen. Die vorletzte Bitte enthält einen kühnen Gedanken: Gott selber könne die Menschen in Versuchung führen (der sie gegebenenfalls erliegen); deshalb die abschließende Bitte um Befreiung (lat. *libera*) vom Bösen. Auf die Einheit von Diesseits und Jenseits, der wir schon begegnet sind, verweist das Wort, Gottes Wille solle »im Himmel wie auf Erden« geschehen. Es führte allerdings auch zu der Frage, was Gottes Wille sei und wie man diesen als solchen erkennen könne.

In vielen Gebeten – nicht nur der Messe – wendet der sündige Mensch sich an Gott und dessen Freunde: Engel wurden verehrt als Boten Gottes an die Menschen, die Heiligen als Menschen, die ihr Leben an den Geboten Gottes ausgerichtet hatten. Zwar waren auch sie Versuchungen erlegen und schuldig geworden; doch hatten sie die Vergehen gesühnt, hatten vielleicht gar mit ihrem Leben Zeugnis für ihren Glauben an Christus abgelegt (Märtyrer) oder seine Lehre in Wort und Schrift verbreitet (Bekenner, Kirchenlehrer). Frauen und Männer, Junge und Alte, Laien und Kleriker hatten in die Tat umgesetzt, was das Evangelium forderte.

Die Bedeutung der Heiligen als Vermittler kann für die längste Zeit der Geschichte des Christentums kaum überschätzt werden: So wie ›der kleine Mann‹ sich nicht traut, mit einer Bitte einen ›Großen‹ unmittelbar zu behelligen, sondern sich lieber eines ›Dazwischentreters‹ (lat. *intercessor*) bedient, so war der Sünder geneigt, Menschen, die nach allgemeiner Überzeugung schon in der Anschauung Gottes lebten, zu bitten, sein Anliegen dem allmächtigen Gott vorzutragen. Doch auch diese Aussage sei relativiert, hatte Jesus doch seine Freunde gelehrt, sich vertrauensvoll unmittelbar an den Vater zu wenden; sogar mit ›du‹ sollten sie ihn anreden.

Alles, was zum Leben gehört, konnte in das Gebet einbezogen werden: die Sehnsucht nach Frieden[129], die Wohlfahrt der Obrigkeit und des Reiches[130], die Mitmenschen mit ihren Hoffnungen, Gebrechen und Unzulänglichkeiten, der Alltag mit seinen Nöten (vor allem Krieg und Hunger, Seuche unter Menschen und Vieh, Dürre, Käfer-, Heuschrecken- und Raupenplage), Arbeiten zu den verschiedenen Jahreszeiten (gerade diese begegnen auch in den Monatsbildern an den Portalen mittelalterlicher Kathedralen), und vieles andere. Besondere Fürbitten galten Kranken, Reisenden sowie Menschen mit anderen außergewöhnlichen Belastungen[131]. Wie lebendig solches Denken noch in der Gegenwart ist, zeigt das in vielen Kirchen ausgelegte Buch, dem Besucher ihre Sorgen anvertrauen; eine Auswahl trägt die Gemeinde in Form von Fürbitten am Sonntag Gott vor.

Selbstverständlich begegnen in Gebeten auch Fest und Freude, etwa der Jubel über die glückliche Geburt eines Kindes, die Genesung eines Angehörigen, die Heimkehr eines Verschollenen, den wiedergewonnenen Frieden.

Für viele Anliegen sind, wie jedes Gebetbuch zeigt, im Laufe der Jahrhunderte besondere Gebete geprägt worden. Der Gebildete mochte tiefsinnige Gedanken kunstvoll gestalten; daneben gab es die wortlose Hingabe, untermalt vielleicht von Seufzen oder Weinen. François Villon – einer der großen französischen Dichter († nach 1463), Räuber und wohl auch Mörder, als Mensch gescheitert – hat ergreifende Lieder gedichtet, das folgende möglicherweise für seine Mutter:

Femme je suis pauvrette et ancienne,
Qui rien ne sais, onques lettre ne lus,
Au moûtier vois dont suis paroissienne,
Paradis peint, où sont harpes et luts,
Et un enfer, où damnés sont bouillus.
L'un me fait peur, l'autre joie et liesse.

»Eine Frau bin ich, arm und alt / Ungebildet, und die nie einen Buchstaben gelesen hat. / In der Kirche, zu der ich als Pfarrkind gehöre, sehe ich / Das Paradies gemalt, mit Harfen und Lauten / Und eine Hölle, wo die Verdammten gekocht werden. / Das eine macht mir Angst, das andere größte Freude. / Laß mich Freude haben, hohe Göttin, / Zu der alle Sünder ihre Zuflucht nehmen sollen, / Überreich an Glauben, ohne Falsch noch Trägheit. / In diesem Glauben will ich leben und sterben«, *En cette foi je veuil vivre et mourir*[132].

Die Kirche wird hier *moûtier* genannt, wie ›Münster‹ von lateinisch *monasterium* abgeleitet. Zum Paradies gehörte die Musik von Instrumenten. Jahrhunderte hindurch wurden Menschen von panischer Höllenangst verzehrt; wie Villon in wenigen Worten zeigt, führte man sich deren Strafen gern drastisch vor Augen. Es scheint, als hätten Prediger und Künstler sich ständig übertreffen wollen, wenn es darum ging, gräßliche Qualen auszumalen – etwa im Tympanon über dem Haupteingang zur Kirche[132a]. Die Anrede Marias als »hohe Göttin« *(haute déesse)* sollte man nicht überbewerten. Zwar dürfte Villon den Unterschied zwischen einer Heiligen und einer Göttin gekannt haben; auch ist nicht auszuschließen, daß er einmal mehr seiner Lust zu frivolem Spott nachgegeben hat, doch ist auch Folgendes zu bedenken: Nach heftigen theologischen Auseinandersetzungen hatte das dritte ökumenische Konzil (in Ephesus, 431) als Glauben der Kirche verkündet, Maria sei Gottesgebärerin *(theotókos)*; damit war ihre Verehrung offiziell anerkannt. In der Zeit da Villon sein Gedicht aufzeichnete, hat man Maria in Wort und Bild häufig als Schutzmantelmadonna dargestellt; darauf könnte Villon mit den Worten anspielen: *A qui pécheurs doivent tous recourir,* zu der alle Sünder rasch eilen, bei der sie Zuflucht suchen sollen.

»Schwangere Frauen treten sehr oft zum Hochaltar, damit die Stunde der Geburt glücklich verlaufe«[133]. Ein Brauch, von dem wir aus Wimpfelings ›Lob des Speyrer Domes‹ beiläufig hören, bereitet Deutungsschwierigkeiten: Man achtete darauf, daß Laien und erst recht Frauen den Raum nicht betraten, der den Klerikern vorbehalten sein sollte. Im Kommentar heißt es hierzu: »Eine Vermutung wäre, daß es am Hochaltar bestimmte liturgische Feiern für schwangere Frauen gab«. – Erinnert sei an ein Gebet, das Goethe gut 300 Jahre später einer jungen Frau in den Mund legte, die nicht mehr ein noch aus weiß: »Ach neige, / Du Schmerzensreiche, / Dein Antlitz gnädig meiner Not. …«

Das in der Kirche gesprochene Gebet verbindet Antike, Mittelalter und Neuzeit mit der Gegenwart. Nicht anders als vor tausend Jahren, gehen Menschen auch heute noch in die Kirche, um große und kleine Sorgen, Bitten und Dank Gott vorzutragen. Wie vor Generationen, zünden sie vor einer Marienstatue eine Kerze an, die man als Verlängerung des Betens verstehen kann: ›Ich bitte dich, leg bei deinem Sohn Fürsprache für mich und mein Anliegen ein‹.

Neben dem Flehen der Mühseligen und Beladenen gab es das Gebet der Mächtigen, die von sich und der Richtigkeit ihres Weges überzeugt waren; es wird uns noch bei Erörterung der Bannung beschäftigen. Eine Gruppe von heute zweifelhaft erscheinenden Gebeten sei erwähnt: die im Zusammenhang mit einem sogenannten Gottesurteil gesprochen wurden. Man glaubte, im Zweifelsfall werde Gott anhand glühenden Eisens, heißen oder kalten Wassers usw. kundtun, ob der oder die Angeklagte schuldig sei[134].

V. ORT DER PREDIGT

Die Lesung aus den Heiligen Schriften wird von jeher erläutert; schon im Neuen Testament wird der Gemeindeleiter dazu angehalten (1 Tim 4, 13; 2 Tim 3, 16). Von denkwürdigen Ansprachen weiß bereits die Apostelgeschichte zu berichten (Apg 20, 7–11). Aus der Kirchengeschichte sind zahllose Prediger bekannt, die das Wort zu setzen wußten. Der heilige Augustinus, Bischof von Hippo in Nordafrika († 430), riß seine Zuhörer wiederholt zu spontanen Beifallsbekundungen hin. Im Mittelalter sind Männer und vereinzelt auch Frauen (z.B. Hildegard von Bingen, † 1179) durch die Lande gezogen und haben in aufrüttelnden Predigten Antwort auf Herausforderungen ihrer Zeit gegeben; Zulauf hatten sie auch wegen ihres glaubwürdigen Lebenszuschnitts. Norbert von Xanten († 1134) gelang es, durch mitreißende Predigten Fehdeführende, die mitunter ganze Landstriche verheerten, zu versöhnen. Bernhard von Clairvaux († 1153) gewann mit flammender Rede Teilnehmer für den zweiten Kreuzzug: Im März 1146 gelobten in der Basilika Sainte-Madeleine in Vézelay König Ludwig VII. von Frankreich und zahlreiche seiner Großen die Kreuzfahrt. Vom Wort Bernhards im Speyerer Dom überwältigt, erklärte am Weihnachtsfest desselben Jahres auch König Konrad III. seine Bereitschaft; bis dahin hatte er sich gegen die Teilnahme am Kreuzzug gesträubt[135]. Von Norbert und Bernhard ist überliefert, daß sie die Herzen ihrer Zuhörer auch dann erreichten, wenn sie in einer anderen als der Landessprache predigten – ein neues Pfingstwunder[136]. Um sie zu hören, strömten nicht nur die Bewohner des jeweiligen Ortes zusammen, sondern auch Menschen aus einem weiten Umkreis; dazu kam ein oft rasch wachsendes Gefolge, mit dem sie durch die Lande zogen. Im beginnenden 15. Jahrhundert, einer Zeit verbreiteter religiöser Unruhe und Furcht vor der Türkengefahr, waren erneut Prediger von elementarer Wucht unterwegs, mitreißende Kanzelredner wie Vinzenz Ferrer, Bernardin von Siena und Johannes von Capestrano. Die von Donatello und Michelozzo geschaffene grandiose Außenkanzel an der Kathedrale der toskanischen Tuchmetropole Prato wurde eigens für den Auftritt des heiligen Bernardin und anderer berühmter Prediger errichtet.

Begnadeten Predigern waren aufgewühlte Zeiten wohl immer günstig. An der Schwelle zur Neuzeit steht Savonarola, der Mißstände in Kirche und Gesellschaft geißelte; seinen Worten sollen sogar wochentags 14.000 bis 15.000 Florentiner gelauscht haben[137]. Als Beispiel seiner Redekunst diene eine aufwühlende Predigt, in der er angesichts des drohenden Italienfeldzugs Karls VIII. von Frankreich zur Buße aufrief. Savonarola wendet sich an einzelne Gruppen der Stadt, redet Florenz und andere Städte Italiens an, als seien sie Personen, und spricht dann zu Gott. Wie alttestamentliche Propheten legt er Fürsprache ein für die Florentiner; Gott habe ihnen eine letzte Frist eingeräumt, die sie zur Umkehr nutzen müßten: »Ihr Sünder, ihr Verstockten, ihr Lauen, ihr alle, die ihr die Buße immer wieder hinausschiebt, tut Buße, tut sie jetzt, zögert nicht länger – noch erwartet euch der Herr und ruft euch zu sich. Höret auf meine Worte, denn sie kommen nicht von mir, sondern von Gott«.

In verschiedenen Rollen lockt, wirbt und droht Savonarola; er zitiert Reden Jesu und alttestamentlicher Propheten, spielt auf bekannte Bibelworte an. Wie ein Verliebter, eine Mutter, eine Amme umwirbt er Florenz: »... O Florenz, bin ich zu dir nicht wie die Mutter zu ihrem Kind, da ich so viele Qualen und Schmerzen erlitten habe und erleide, um dir das Leben zu schenken und dich zu Christus zu führen? Auch wie eine Amme war ich zu dir, habe ich dich doch aufgezogen und dir zu deinem Wohle und Heile geraten. ... Möchtest du doch ein gutes Leben führen! Das ist es, was ich von dir erwarte, meine Tochter, das wäre meine und deine Krone, sonst nichts«.

Dann wendet Savonarola sich einzelnen Gruppen zu: »Ihr Reichen, gebt den Armen Almosen!« Angriffe wie die folgenden dürften seinen Sturz beschleunigt haben; man darf sie auch vor dem Hintergrund der ein Vierteljahrhundert später aufflammenden Reformation hören: »Ihr Geistlichen, ihr Prälaten der Kirche Christi, laßt ab von den Pfründen, die ihr gerechterweise nicht behalten könnt. Laßt euren Prunk, eure Gastmähler und Gelage, die ihr so oft veranstaltet. Laßt, sage ich euch, eure Geliebten und Lustknaben«. Angebrochen sei die Stunde der Buße, durch die Gott seine Kirche wieder aufrichten wolle. »Lest eure Messen andächtig, sonst, wenn ihr auf Gottes Willen nicht hören wollt, werdet ihr schließlich Pfründen und Leben verlieren«.

Nach einem Rundumschlag gegen alle Stände – pflichtvergessene Mönche und Nonnen, habgierige Kaufleute, wollüstige Männer, putzsüchtige Frauen – kommt Savonarola auf die Gruppe zurück, die er wohl zutreffender als andere beurteilen kann: Dreimal, viermal ruft er aus »O Geistlichkeit!« Sie ist vor allem an dem Unheil schuld; »wegen deines schlechten Wandels ist dieser Sturm entfesselt, um deiner Sünden willen stehen viele Trübsale bevor. Wehe, wehe dem, sage ich, der eine Tonsur trägt«.

Nach Anklagen und Drohungen lenkt Savonarola wieder zum fürbittenden Gebet. Gott möge dem Volk von Florenz verzeihen. »Du hast mich ihnen zum Vater gegeben. So empfehle ich dir denn meine Söhne, Töchter und Mütter. Dir empfehle ich dieses Volk«. Die Schlußworte zeigen, welche Rolle der Gläubige Heiligen zumaß: Die Gottesmutter und alle Heiligen, alle Engel und die ganze himmlische Heerschar mögen Fürsprache einlegen für die sündigen Menschen, damit Gott von seinem Volke Unheil abwende. Doch nicht mit einer Bitte, sondern mit dem Lob Gottes schließt Savonarola: »Herr, der du gepriesen bist in alle Ewigkeit. Amen«.

Eine Erinnerung: Zur Zeit des ›Dritten Reiches‹ hat der Bischof von

Münster, Clemens Graf von Galen, im Jahre 1941 von der Kanzel gegen die Tötung von Geisteskranken protestiert; das verbrecherische Euthanasieprogramm der nationalsozialistischen Machthaber wurde daraufhin teilweise abgebrochen – in Erwartung des ›Endsieges‹, nach dem man mit den verhaßten ›Schwarzen‹ abrechnen werde[138].

VI. ANFANG UND ENDE VON PROZESSIONEN

Ein Kirchenraum soll vielfältige Bewegungen erlauben. Gläubige kommen und gehen, sie nehmen am Gottesdienst teil (in der längsten Zeit der Kirchengeschichte stehend). Sollte die Feier wie vorgesehen ablaufen, mußten Wege freigehalten oder freigemacht werden: Für den Bischof, wenn er zum Altar, zu seiner *cathedra* oder zur Kanzel geht; für begleitende, assistierende Priester und Diakone; für Ministranten, Sänger und Angehörige des Chores usw., vielleicht auch für den Herrscher, vor allem für die Gläubigen, damit sie ihre Gaben zum Altar bringen, zur Kommunion nach vorne gehen, einen Heiligen in seinen Reliquien ehren können.

Oft ist die Kirche Ausgangs- und Endpunkt einer Prozession: An Gründonnerstag, Ostersonntag, Christi Himmelfahrt, Fronleichnam und an anderen Festen versammelt sich die Gemeinde in der Kirche zu einem Gottesdienst und zieht anschließend – bis in die jüngere Zeit noch nach Lebensalter, Geschlecht, Stand, Zunft, Bruderschaft usw. gegliedert – zu einer anderen Kirche, durch die Siedlung oder die Fluren, um den Segen Gottes herabzuflehen, insbesondere in Zeiten der Not; Prozessionskreuz, Heiligenfiguren, Reliquien, Evangelienbücher, Kerzen, Weihrauchfaß, Weihwasser werden mitgeführt, bei der Fronleichnamsprozession vor allem die geweihte Hostie[139].

Regelmäßige Prozessionen dienen auch der Selbstdarstellung der Gemeinde nach außen, in früherer Zeit ebenso sehr nach innen. Der Platz des Einzelnen in der Gruppe, der Gruppe in der Prozession, des Weges der Prozession sagten oft mehr aus über Macht und Rang innerhalb des Gemeinwesens als das Stadtrecht und andere Quellen[140].

Die Kirche ist das Ziel einer Prozession beim Einholen von Reliquien, beim Einzug des Bischofs (zumal des neugeweihten), eines siegreichen Feldherrn oder anderer Würdenträger. Erwartete man den König oder den Papst, kam der beliebte Bischof oder Abt von einer langen Reise zurück, gestaltete man die Feier zu einem prächtigen Gesamtkunstwerk, das in Traditionen stand, die in vorchristliche Zeit zurückreichen. An der Spitze des Zuges Ministranten mit Vortragekreuz, Leuchtern und Fahnen; es folgten Kleriker und Laien, wie man es bei anderen Prozessionen gewohnt war. Wie Jesus beim Einzug in Jerusalem, wurde ein Herrscher in den Lobgesängen *(laudes)* geehrt: *Benedictus qui venit in nomine Domini,* »Gesegnet sei, der da kommt im Namen des Herrn«[141].

Empfangszeremoniell

Oft begünstigte eine zum Portal der Kirche führende Freitreppe, traditionelles Zeichen der Macht, die Entfaltung eines fein abgestuften Zeremoniells. Ein Bischof gab seinem Gast zu verstehen, wie er ihn einschätzte: Er empfing ihn erst in der Kirche oder schon an deren Portal; er konnte ihm aber auch entgegengehen – bis zur obersten Stufe, bis zur Mitte der Treppe oder gar bis zu deren Fuß.

So soll Papst Leo III. den Frankenkönig Karl am 24. November 800, wenige Wochen vor der Kaiserkrönung also, stehend auf den Stufen des Petersdomes empfangen haben. Vorher hatte er ihm – als Zeichen der Unterwerfung – die Fahnen der Stadt Rom entgegengesandt und an geeignete Stellen Fremde und Bürger aufgestellt, die dem Ankommenden Lob singen sollten *(laudes dicerent).* Unter ihnen waren gewiß dem König ergebene Sicherheitskräfte, wie wir heute sagen würden; sie sollten die – wie stets verdächtigen – Römer im Blick behalten und über das Leben des Königs wachen. Am Fuß der Treppe stieg der König vom Pferd und schritt die Stufen empor. Stehend erwartete der Papst mit Geistlichen und Bischöfen seines Gefolges den König, geleitete ihn die restlichen Stufen empor und führte ihn nach einem Gebet unter dem Gesange aller *(psallentibus cunctis)* in den Petersdom[142].

Soweit ein Bericht zum Einzug Karls des Großen in Rom. Als es Glocken gab, zog unter ihrem Geläute eine vielfältig gegliederte, farbenfrohe Prozession in die Kirche ein[143]. Dort gingen Glocken- und Orgelklang ineinander über, wechselten mit dem Gesang von Chören und Solisten, die den Einziehenden mit Psalmen und eigens gedichteten Liedern willkommen hießen. Die Strahlen der Sonne, vielfach gebrochen in den Fenstern, mischten sich mit dem Licht der Kerzen- und Öllampen; der Duft des Weihrauchs lähmte vielleicht verbliebene rationale Widerstände, was es manchem erleichterte, sich in die Scharen der Frohlockenden einzugliedern.

Wie schnell heikle Fragen aufgeworfen waren, zeigt ein sächsischer Chronist, dem wir schon begegnet sind[144]. Während Otto I. auf seinem dritten Romzug in der Fremde weilte (966–972), führte in Sachsen Herzog Hermann Billung (936–973) die Regentschaft. Gelegentlich eines Hoftages in Magdeburg »empfing und geleitete ihn der Erzbischof an der Hand zur Kirche, während Lichter flammten und alle Glocken läuteten«. Nicht genug damit, nahm der Herzog bei Tisch inmitten der Bischöfe den Platz des Kaisers ein und schlief in dessen Bett! Als Otto im fernen Rom davon hörte, ließ er seine »mannhafte Empörung« nicht den Herzog spüren; brieflich befahl er vielmehr dem Erzbischof, »ihm so viele Pferde zu senden, wie er dem Herzoge habe Glocken läuten und Kronleuchter *(coronas)* anzünden lassen«.

Via triumphalis

Zog ein Bischof erstmals in ›seine‹ Stadt ein, nutzte er nicht selten die Gelegenheit, zeichenhaft darzustellen, wie er sein Amt verstand. Wollte er Demut bekunden, ging er mit nackten Füßen. Das taten Benno beim Betreten von Osnabrück (barfuß und mit vielen Tränen) und Norbert in Magdeburg[145]. Bischöfe haben jahrhundertelang ihren Stolz daran gesetzt, selbst durch schwieriges Gelände den Zugang zu ihrer Kirche besonders auszubauen. König, Bischof, Papst oder eine charismatische Gestalt wie Bernhard von Clairvaux zogen über die *via triumphalis* ein, die meist breite Pracht- oder Prozessionsstraße. Zum Dom führt sie in Augsburg vom Kloster St. Ulrich und Afra aus (über etwa 1400 m), in Speyer vom Altpörtel aus über die etwa 600 Meter lange und bis zu 60 Meter breite Maximilianstraße, in Würzburg von der Mainbrücke aus[146]. In Rom kommt dem von Bernini in den Jahren 1657–1663 gestalteten Petersplatz eine ähnliche Bedeutung zu: Hier findet die *ecclesia militans* einen geschlossenen Aufmarschraum, in dem der Einzug von Papst, Bischöfen und Kardinälen eine ganz andere Wirkung entfalten kann als in engen Straßen andernorts.

Daß Gott dies große Sterben wende

In Zeiten großer Not kam es nicht selten zu besonderen Bittprozessionen. So bildete sich Mitte des 14. Jahrhunderts eine von Laien geführte Bewegung, die mit Akten der Buße den strengen Gott bewegen wollte, der Pest Einhalt zu gebieten. In einer Bruderschaft organisiert, zogen sie von Ort zu Ort und geißelten sich dabei, jeweils 33 1/2 Tage lang, entsprechend den angenommenen Lebensjahren Jesu.

Aus Straßburg liegt ein packender Bericht vor. Mit kostbaren Fahnen und Kerzen seien die Geißler von Ort zu Ort gezogen, überall von stürmischem Glockenläuten begrüßt. In einem Lied *(leis)* baten sie Gott um Erbarmen. Nach Betreten der Kirche warfen sie sich kreuzweise zu Boden, *daz es klaperte,* fügt der Chronist hinzu[147]. Er schreibt Jahre nach den denkwürdigen Ereignissen; seine Skepsis gegen den Überschwang schlägt mehrfach durch. – Der Vorsänger, so erzählt er weiter, habe nach einiger Zeit die Büßer angesprochen: *Nuo hebent uf die üwern hende, / Daz got dis große sterben wende.* Drei Stunden lang seien Lied, Niederwerfen und Aufstehen einander gefolgt. Schließlich seien die Geißler zu Straßburger Einwohnern nach Hause eingeladen worden.

Zum eigentlichen Bußakt zogen die Geißler täglich zweimal auf ein Feld, die *geischelstat;* hier bekannten sie öffentlich ihre Sünden (was manchem später verhängnisvoll wurde, wenn er sich etwa des Meineids bezichtigt hatte) und erhielten vom ›Meister‹ mit Geißelschlägen die Lossprechung. Daraufhin geißelten sie sich mit Riemen, in die Nadeln eingeflochten waren, *daz maniger sere bluotete,* »daß mancher stark blutete«. Es folgten Lieder, in denen die Geißler sich an Leiden und Sterben Jesu erinnerten; anschließend gelobten sie Reue. Auch hier unterbrachen Niederfallen, kreuzweises Ausstrecken und Erheben der Hände den Gesang: *Jhesus, durch dine wunden rot / Behuet uns vor dem gehen tot (jähen Tod).* Nach neuerlichem Geißeln wird Maria gebeten, bei ihrem Sohn Fürsprache für die Bedrängten einzulegen. Ehebrechern, Mördern, Straßenräubern, Wucherern, Herzensharten und anderen Übeltätern wird in grellen Farben die Hölle in Aussicht gestellt; der Büßenden dagegen möge Christus sich erbarmen. Nach weiterem Hinknien, Ausstrecken in Kreuzesform und Aufstehen kam ein langer, sogenannter Himmelsbrief zur Verlesung, eine Art Predigt, in der die Menschen aufgefordert wurden, die Gebote zu befolgen und die Sünde zu meiden. Daraufhin zogen die Geißler wieder in die Stadt, in Zweierreihe *(zwen und zwen)*, Fahnen und Kerzen voran, unter Gesang und dem Läuten der Glocken; sobald sie in das Münster kamen, *so vielent sü krutzewis nider 3 stunt also do vor geschriben ist. So sü ufgestundent, so giengent sü an ihr herbergen oder war sü woltent,* »so fielen sie kreuzweise nieder und wiederholten das, wie oben beschrieben, drei Stunden lang. Waren sie aufgestanden, gingen sie zu ihrer Herberge oder wohin sie wollten.«

Daß Fritsche Closener, unser Chronist, der Bewegung skeptisch gegenübersteht, verwundert nicht: Laienbeichte wurde praktiziert, im ›Himmelsbrief‹ klingen sozialrevolutionäre Themen an. Closener räumt ein, daß die Geißler ihre Straßburger Zuschauer zu Tränen gerührt hätten, wie man es noch nie gesehen habe. Doch nachdem man ein Vierteljahr lang Gruppe um Gruppe erlebt habe, sei man ihrer müde geworden; weder die Stadt noch Einzelne hätten sie weiterhin in irgendeiner Form unterstützen wollen. Die Bewegung sei dann auch verboten worden; hier und da hätten Einzelne sich insgeheim allerdings weiterhin gegeißelt.

Prozessionen in der Kirche

Man kannte auch Prozessionen, welche die Kirche (fast) nicht verließen; so ehrte man in Klöstern mit einem Umgang regelmäßig die Heiligen, deren Reliquien in den verschiedenen Altären ruhten[148]. In Pfarrkirchen feierte man werktags vielerorts das Seelenamt, in dem das Jahrgedächtnis eines Wohltäters begangen wurde; anschließend begaben sich die Anwesenden zu dessen Grab, das in der Kirche, im Kreuzgang oder auf dem benachbarten Friedhof sein mochte. Mit einer Prozession durch die Kirche begnügte man sich auch dann, wenn der übliche Umgang nicht möglich oder nicht opportun war; das war leicht, wenn mehrere Kirchenschiffe zur Verfügung standen[149].

Von einem beklemmenden Ereignis sei zum Abschluß berichtet. In der Kathedrale Notre-Dame zu Paris versammelten sich am 19. Mai 1940 zu einem feierlichen Gottesdienst der Regierungschef Reynaud, Mitglieder seines Kabinetts, das Diplomatische Korps und etwa 7000 Gläubige. In seiner Ansprache versicherte der Erzbischof: »Wir haben ein Recht darauf, Gott um den Sieg zu bitten. Wir und unsere Verbündeten, wir stehen auf der Seite des Guten. Unsere Gegner gehören zur Seite des Bösen«; *La victoire, nous sommes en droit de la demander à Dieu. Demander* kann auch so viel heißen wie ›fordern‹, ›verlangen‹. Während man, was sehr selten vorgekommen sei, die große Glocke geläutet habe, seien in einer Prozession Reliquien durch die Kathedrale getragen worden: der hl. Genovefa (Schutzpatronin von Paris;

der Legende nach hatte sie im Jahre 451 die Stadt vor der Zerstörung durch die Hunnen bewahrt), des hl. Dionysius (Schutzpatron auch in nationalen Bedrängnissen), des hl. Ludwig (Führer zweier Kreuzzüge) und – als kostbarste – die ehrwürdige Dornenkrone. Einem Schilde gleich sollten die Reliquien in Tagen höchster Gefahr Frankreich und Paris gegen den fulminanten Vormarsch der Deutschen schützen[150].

VII. STÄTTE DER HEILIGENVEREHRUNG UND DER WUNDER

Im Mittelalter barg jede Kirche Reliquien, das heißt Gebeine von einem oder mehreren Heiligen; in manchen Kirchen wurden sogar Reliquien Christi verehrt. Damit sind nicht leibliche Überreste Jesu gemeint, sind Christen doch überzeugt, daß der Gekreuzigte mit seinem von Wundmalen gezeichneten Leib in der himmlischen Herrlichkeit weilt. Die Gläubigen verehrten Berührungsreliquien: Christi Dornenkrone (in Paris), Windeln (in Aachen), Grabtuch (in Turin), Rock (in Trier).

Gläubige finden in Kirchen sichtbare Zeichen der Gegenwart von Frauen und Männern, die in der Anschauung Gottes leben und deren Hilfe sie in ihrem Leben erfahren haben; sie sind gegenwärtig in ihren Reliquien (in die Altarplatte eingelassen oder in einem besonderen Schrein geborgen: berühmt ist der Dreikönigenschrein im Kölner Dom), mit der Nennung ihres Namens, zusätzlich vielleicht noch in ihrem Bild, in Skulptur, Malerei oder Glasfenster.

Charismatiker haben in Kirchen Wunder gewirkt; davon berichten jedenfalls Aufzeichnungen zu Bernhard von Clairvaux. Gelegentlich seines Werbefeldzuges für die Kreuzfahrt kam er auch nach Frankfurt: »Was in der ganzen Gegend überhaupt krank war, schaffte man zu ihm; und der Zustrom war so gewaltig, daß der erwähnte König [Konrad III.] einmal, des herandrängenden Volkes nicht mehr Meister, seinen Mantel wegwarf, den Heiligen auf die eigenen Arme hob und aus der Basilika forttrug«[151]. Feste Glaubenstatsache war auch die wundersame Heilkraft der französischen Könige, der *rois thaumaturges*: Nahezu jeder Kapetinger-König übte nach seiner Salbung in Reims und an hohen Kirchenfesten die Skrofelheilung aus, indem er die Kranken am Hals berührte und über sie das Kreuz schlug. Dieser ehrwürdige Brauch wurde bis zum Ende des Ancien Régime 1789 praktiziert.

Oft erfuhren Menschen Hilfe, die an Krankheiten der Sinnesorgane litten, gelegentlich auch solche, die nach Meinung der Umstehenden von Dämonen gepeinigt wurden. Jahrelang hatte ein »unreiner Geist« eine Frau sogar dann in ehebrecherischer Weise behelligt, wenn sie das Bett ihres Gatten teilte. Vergeblich suchte die Frau Hilfe in Beichte und Pilgerfahrten; schließlich wurde das schändliche Treiben bekannt, auch ihrem Mann, der sich von ihr trennte. Um Hilfe bittet man Bernhard von Clairvaux, der auf einer seiner vielen Reisen in die Gegend gekommen ist. Durch bischöfliche Verlautbarung läßt er am Sonntag viel Volk in die Kirche rufen. Während der Messe fordert er die Anwesenden auf, brennende Kerzen in die Hand zu nehmen. »Dann legt er offen die unerhörten Keckheiten des Teufels bloß, spricht den Bannfluch über den Hurengeist aus, der zu so scheußlichen und zudem so widernatürlichen Schandtaten entbrannt war, und verbietet ihm in der Vollmacht Christi für alle Zukunft den Zutritt zu jenem Weibe und zu allen Frauen«. Die Anwesenden bekräftigen unterschriftlich den Fluch, Analphabeten mit einem einfachen Kreuz. »Mit dem Erlöschen der geweihten Kerzen ist auch alle Macht des Teufels ausgelöscht. Das Weib beichtet und kommuniziert«. Der böse Feind habe sich nie wieder bei der Frau eingestellt; unwiderruflich sei er ausgetrieben und in die Flucht geschlagen gewesen[152].

Es ist hier nicht der Ort, einen solchen Exorzismus zu problematisieren. Immerhin sei soviel gesagt: Man wußte, daß Jesus und seine Jünger Dämonen ausgetrieben hatten[153]. Männer wie Bernhard von Clairvaux und sein Zeitgenosse Norbert von Xanten[154] lebten die Nachfolge Jesu. In den vielen Berichten, die von Teufelsaustreibungen handeln, stehen bemerkenswert häufig Frauen im Mittelpunkt, und auffällig oft handelt es sich um sexuelle Belästigungen. Man kannte das Amt des *Exorzista,* des Dämonenaustreibers, das mit einer der ›niederen‹ Weihen übertragen wurde[155]. Zur Kirchweihe, gehörte die Reinigung des Ortes von bösen Geistern; auch da symbolisierte das Licht der Kerzen die Überwindung teuflischer Finsternis.

VIII. ORT DER GRABLEGE

Stiftergrab

Wer eine Kirche stiftete, dachte oft in erster Linie an die eigene Grablege. So hatte Karl der Große für sich Aachen ausersehen, *basilica plurimae pulchritudinis,* »ein Gotteshaus von ausnehmender Schönheit«, geschmückt mit Gold und Silber, Leuchtern, ehernen Gittern und Türen, Säulen und Marmor aus Rom und Ravenna[156].

Bis zum Ende der Zeiten wollte der Stifter für sich Schutz gewinnen, meist auch für Ehefrau und Kinder, für Vorfahren und Nachkommen, nicht zuletzt für die Nachfolger im Amt. Hatte nicht der Apostel Paulus geschrieben (Hebr 10, 31): »Furchtbar ist es, in die Hände des lebendigen Gottes zu fallen«? Man ging davon aus, daß Personen, die an heiliger Stätte beigesetzt waren, beim Jüngsten Gericht bessere Aussichten hätten, in den Kreis der Seligen aufgenommen zu werden – erst recht, wenn eine Gemeinschaft von Mönchen oder Monialen den Gönner täglich, mindestens jedoch an dessen Todestag in ihr Gebet einschloß.

Bischofsgrab

Päpste wurden, zumal in der Neuzeit, vornehmlich in Rom beigesetzt, oft in unmittelbarer Nähe des Petersdomes oder innerhalb der Basilika. Es gibt jedoch auch fern von Rom viele Grabplätze von Päpsten: darin spiegelt sich die Geschichte des Papsttums und die zeitweise starke Reisetätigkeit von Päpsten[156a].

Im 10. und 11. Jahrhundert zog mancher Bischof ein Kloster als letzte Ruhestätte vor; oft haben Bischöfe eine solche Gemeinschaft geradezu mit der Absicht gegründet, in deren Mitte später ihr Grab zu finden. So wollte Bischof Ulrich von Augsburg in der Nähe der hl. Afra, zu der er ein besonderes Vertrauen hatte, beigesetzt werden[157]; mußte sie ihm nicht dankbar sein, daß er ihre außerhalb der seinerzeitigen Stadt liegende, in den Ungarnstürmen zerstörte Kirche wieder aufgebaut hatte? Erzbischof Bruno von Köln hatte sich die von ihm restaurierte St. Gereonskirche in Köln als Grablege ausersehen und hier eine klösterliche Gemeinschaft gegründet; im Jahre 991 wurde in St. Gereon auch Kaiserin Theophanu beigesetzt[158]. Bischof Bernward von Hildesheim wollte in dem von ihm vor den Toren der Stadt gegründeten Kloster St. Michael den Tag des Jüngsten Gerichts erwarten. Anno II. (Erzbischof von Köln; † 1075) vertraute dem Gebet der Mönche in Siegburg, einer seiner Klostergründungen, offensichtlich mehr als dem der Geistlichen seiner Kathedrale[159]; Siegburg liegt jenseits des Rheins und bald eine Tagereise von Köln entfernt. Der Aufruhr 1074, von dem noch zu sprechen ist, wird Anno die Entscheidung *gegen* Köln nahegelegt haben.

Es könnten weitere Bischöfe genannt werden, die als Grablege eine Klosterkirche ihrer Kathedrale vorzogen[160]. Inmitten einer Gemeinschaft von Mönchen oder Monialen glaubten sie sich wohl am ehesten geborgen. Möglicherweise lebte in manchem Bischof eine in antikem Denken wurzelnde Scheu weiter; sie mußte dem Einzelnen nicht einmal bewußt sein, mochte ihn aber meinen lassen, ein Begräbnis innerhalb der Siedlung sei untunlich. Seit dem Spätmittelalter bestattete man – aus hygienischen Gründen, zunächst in Städten – die Toten wieder außerhalb der Siedlung.

Sollte der Verstorbene in einer Kathedrale beigesetzt werden, die noch im Bau war, traf man besondere Vorkehrungen. Erzbischof Augustinus von Canterbury († 604) wurde zunächst außerhalb der Peter- und Paulskirche bestattet, die noch nicht fertiggestellt war. »Aber sobald sie geweiht war *(dedicata)*, wurde sein Leib hineingebracht und in der nördlichen Grabkapelle *(in porticu aquilonali)* ehrerbietig bestattet«[161].

Herrschergrab

Herrscher wurden, wie wir schon gesehen haben, im allgemeinen an besonders ehrwürdiger Stätte beigesetzt. Je mehr Angehörige des Königshauses in einer Kirche begraben wurden, desto größeres Ansehen gewann sie – mit Auswirkungen auch auf die Kontinuität der Monarchie. Kaiser Konstantin I. († 337) hatte in Konstantinopel, dem von ihm gegründeten ›zweiten Rom‹ und bis 1453 Zentrum des oströmischen Reiches, die Apostelkirche bauen lassen; in dem zu dieser Kirche gehörigen Mausoleum ließ er sich beisetzen, und nach ihm bestimmten viele byzantinische Kaiser diesen Ort zu ihrer Grablege[162]. – In Frankreich und England nahmen die Klosterkirchen von St. Denis (nördlich von Paris) bzw. Westminster die meisten Gräber von Königen auf; St. Denis gewann zusätzlich dadurch an Gewicht, daß hier die Herrschaftszeichen aufbewahrt wurden, die man bei der Königskrönung in Reims brauchte; zudem wurden zahlreiche Königinnen hier gekrönt[163]. Paris – nicht Reims – wurde die Hauptstadt Frankreichs.

Der Prager Veitsdom ist Grabstätte des wichtigsten böhmischen Landespatrons, des hl. Wenzel. Prag ist auch deshalb zur unbestrittenen Hauptstadt Böhmens aufgestiegen, weil dort die Wenzelskrone, die Krone des Königreiches Böhmen, aufbewahrt wurde, weil hier die Könige gekrönt, die Könige sowie deren Angehörige beigesetzt wurden. Möglicherweise spielten dabei die Vorbilder von Reims und St. Denis eine Rolle; immerhin hatte der bedeutendste Herrscher des deutschen Spätmittelalters, Karl IV. (König 1346–1378; Kaiser seit 1355) lange am französischen Königshof gelebt, bevor er Prag zu einer Stadt von europäischem Rang ausbauen ließ[164].

Grabmal eines Fürstenpaares: Herzog Heinrich der Löwe und seine Gemahlin Mathilde im Braunschweiger Dom (um 1210).

Im Dom zu Roskilde sind mindestens 22 dänische Könige und Königinnen bestattet, von Harald Blauzahn († 987) bis Frederik IX. (1972)[165]. – König Alfons VIII. und seine Gemahlin Eleonore gründeten 1179/87 das Zisterzienserinnenkloster Las Huelgas (unweit Burgos) als eigene sowie

Grablegen fränkischer, ostfränkischer sowie deutscher Könige und Kaiser des Mittelalters.

Ort (*Zur Zeit der Beisetzung Bischofskirche)	Herrscher und Todes-, ggf. auch Überführungsjahr
Aachen	Karl d. G., 814; Otto III., 1002
Bamberg*	Heinrich II., 1024; Konrad III., 1152
Braunschweig, St. Blasius	Otto IV., 1215
Cosenza*, Italien	Heinrich (VII.), 1242
Fulda	Konrad I., 918
Großwardein*, Ungarn	Sigmund, 1437
Hayles, England	Richard von Cornwall, 1272
Heidelberg	Ruprecht von der Pfalz, 1410
Königslutter, Niedersachsen	Lothar von Sachsen, 1137
Las Huelgas, bei Burgos	Alfons X. von Kastilien, 1284
Lorsch an der Bergstraße	Ludwig II. der Dt., 876; Ludwig III., der Jüngere, 883
Magdeburg*	Otto I., 973
Mauerbach bei Wien	Friedrich von Österreich, 1330
Messina*, Sizilien	Konrad IV., 1254
Metz, St. Arnulf	Ludwig der Fromme, 840
Middelburg, Niederlande	Wilhelm von Holland, 1256 (in M. beigesetzt 1284)
München, Frauenkirche	Ludwig IV., der Bayer
Neapel, S. Maria del Carmine	Konradin, 1268
Palermo*, Sizilien	Heinrich VI., 1197; Friedrich II., 1250
Pisa*, Italien	Heinrich VII., 1313
Prag*	Karl IV., 1378; Wenzel von Luxemburg, 1419
Prüm in der Eifel	Lothar I., 855
Quedlinburg, am Harz	Heinrich I., 936
Regensburg, St. Emmeram	Arnulf, 899; Ludwig IV., das Kind, 911
Reichenau im Bodensee	Karl III., 888
Rom*, Petersdom	Otto III., 983
Rosenthal, Pfalz	Adolf von Nassau, 1298
Saint-Denis, Frankreich	Pippin, 768
Speyer*	Konrad II., 1039; Heinrich III., 1056; Heinrich IV., 1106; Heinrich V., 1125; Philipp von Schwaben, 1208; Rudolf I., 1291; Adolf von Nassau, 1298; Albrecht von Österreich, 1308 (1309 von Wettingen nach Speyer überführt)
Stuhlweißenburg, Ungarn	Albrecht II., 1439
Tyrus*, Kleinasien	Friedrich I., 1190
Wien*	Friedrich III., 1493
Wiener Neustadt	Maximilian I., 1519 (Grabmal in Innsbruck)

Grablege des kastilischen Königshauses[166]. Seit Karl V. (Carlos I.) wurden im Escorial die spanischen Könige beigesetzt. Die Konzentration von Königsgräbern an einem Ort hat die Monarchie des jeweiligen Landes gestärkt.

Grablegen fränkischer und deutscher Herrscher verteilen sich auf eine Vielzahl von Orten und Kirchen[167] – Spiegel von Polyzentrismus und zentrifugalen Kräften, die gerade für das Deutsche Reich bezeichnend sind. Eine Folge dieser Vielfalt war, daß es bis ins 19. Jahrhundert gedauert hat, ehe es zu einem festen staatlichen Zusammenschluß kam.

Laiengrab

Kirchliche Satzungen haben wiederholt das Begräbnis von Laien in Kirchen untersagt. Mehr als einmal wurden solche Verbote später wieder aufgehoben; weit häufiger als die Quellen festhalten, dürften derartige Bestimmungen ignoriert worden sein – sofern man überhaupt von ihnen wußte. Wie sollte man einem sterbenden ›Großen‹, der selbst oder dessen Vorfahr eine Kirche gegründet hatte, klarmachen, daß die und die Bestimmung des Kirchenrechts seinem sehnlichen Wunsch widersprach, innerhalb der Kirche beigesetzt zu werden, vielleicht gar neben Verwandten, die anstandslos hier zur letzten Ruhe gebettet worden waren?

Das Freiburger Münster hat eine eigene Universitätskapelle, in welcher der Rechtsgelehrte Ulrich Zasius und andere berühmte Professoren der Universität ihre letzte Ruhe fanden. Bevor jemand auf diese Weise geehrt wurde, mußten allerdings die Spitzen der Universität ihre Zustimmung geben[168]. – Ein Totenbuch hält für die Jahre 1670 bis 1784 über tausend Bestattungen im Freiburger Münster fest; 1784 verbot Kaiser Joseph II. innerhalb seines Reiches, damit auch in Vorderösterreich (hierzu gehörte Freiburg), die Beisetzung in Kirchen. Dieses Verbot galt fast zweihundert Jahre lang; seit einigen Jahrzehnten sind Ausnahmen zugelassen: 1962 legte man unter dem Hochaltar eine Gruft für die verstorbenen Freiburger Erzbischöfe an[169].

Ein exhumierter Papst

Neben der feierlichen Beisetzung gab es auch die schimpfliche Exhumierung eines in der Kirche Bestatteten, vor allem wenn sich herausgestellt hatte, daß der Betreffende gar nicht an geweihter Stätte hätte begraben werden dürfen, etwa weil er sich zu einer ›Irrlehre‹ bekannt oder eine Glaubensspaltung gefördert hatte. So wurden die Gebeine des englischen Reformtheologen John Wyclif, der 1384 verstorben und christlich bestattet worden war, auf Anordnung des Konstanzer Konzils im Jahre 1428 ausgegraben und verbrannt[170]; nicht anders strafte man lebende Häretiker. Auch die Gebeine eines Gegenpapstes und eines Erzbischofs, der auf der falschen Seite gestanden hatte, wurden ausgegraben und irgendwohin geworfen.

Die schaurigste Exhumierung eines Papstes ist als »Leichensynode« in die Annalen der Kirchengeschichte eingegangen: Der Leichnam des 896 verstorbenen Papstes Formosus wurde ein knappes Jahr nach seinem Hinscheiden auf Befehl seines Nachfolgers und Gegners Stephan VI. aus dem Grab gerissen, in einer römischen Basilika drei Tage lang auf einem Schandthron sitzend zur Schau gestellt und wegen angeblicher Verbrechen von einer willfährigen Synode verurteilt und anschließend in den Tiber geworfen[171].

IX. KIRCHEN ALS VERSAMMLUNGSSTÄTTEN

Sofern es keinen eigenen Kapitelsaal gab, versammelten sich Mönchskonvent bzw. Domkapitel in ihrer Kirche. Im Folgenden soll nicht von solchen normalen, sondern von einigen außergewöhnlichen Versammlungen in Kirchen und Kathedralen berichtet werden. Die Beratungen galten Fragen, deren Bedeutung den jeweiligen Kirchenbezirk weit überschritt, und die Entschlüsse hatten weitreichende Folgen – wie zuletzt noch die des Zweiten Vatikanischen Konzils in Rom.

Friedenskonzil und Räubersynode

Das erste, als allgemein geltende Konzil hat Kaiser Konstantin im Jahre 325 nach Nikaia einberufen[172]; obwohl es im Sommerpalast des Kaisers tagte und nicht in einer Kirche, sei es seiner Bedeutung wegen erwähnt. Es sollte Eintracht in der Kirche herstellen, damit der unter hohen Opfern innerhalb des Reiches erkämpfte Friede nicht gefährdet würde. Es ging um Lehrstreitigkeiten und Fragen der Kirchendisziplin. Erwähnt seien zwei Beschlüsse, die bis heute gelten. Die Konzilsväter nahmen die Glaubensformel an, daß der Sohn in seiner Göttlichkeit wesensgleich *(homousios)* mit dem Vater sei;

die Aussage ist in das apostolische Glaubensbekenntnis eingegangen: »eines Wesens mit dem Vater«, *consubstantialem Patri*. In der leidigen Frage des Ostertermins einigte man sich auf den Sonntag nach dem ersten Frühlingsvollmond; auch dieser Beschluß gilt bis heute.

Die etwa 250–350 Konzilsväter müssen eine eindrucksvolle Versammlung gebildet haben; nicht wenige trugen Zeichen der Martyrien. Der Vorgänger des Gastgebers hatte bekennenden Christen Ohren abschneiden und Augen ausreißen lassen, um die verhaßte Religion zu vernichten. Kaiser Konstantin hatte die Ausweglosigkeit der Verfolgungspolitik erkannt; doch er nahm für sich das Recht in Anspruch, auch in Fragen der Lehre und der Disziplin in die Kirche hineinzuregieren. Wenn er in seinen Palast eingeladen hatte, dann deshalb, weil die Versammlung hier leicht zu kontrollieren war; zudem war die Versorgung der Gäste einfacher. Und gab es überhaupt schon Kirchen, in der eine so große Versammlung hätte arbeiten können?

Als ›Räubersynode‹ ist das Konzil von Ephesus (449) in die Kirchengeschichte eingegangen. Nach leidenschaftlich ausgetragenem Streit setzte sich eine Partei dank der Unterstützung durch hereingerufene Soldaten, Mönche und eine organisierte Truppe von Krankenträgern durch[173]. Auch andere Versammlungen geistlicher Würdenträger haben nicht ein solches Bild äußerer Eintracht geboten wie das Zweite Vatikanum. Turbulent ging es zu, als sich im Jahre 1001 Bischöfe und weltliche Große zu einer Synode im Kloster Pöhlde am Harz eingefunden hatten; sie wollten den Streit um Gandersheim beilegen, der die Bischöfe von Mainz und Hildesheim entzweite und der uns noch beschäftigen wird. Trotz der Anwesenheit eines besonders bevollmächtigten päpstlichen Legaten kam es zu handgreiflichen Auseinandersetzungen; schließlich sprengten Laien, die möglicherweise bewaffnet waren, die Versammlung[174].

Schauprozeß

So wie Könige und Kaiser in Kirchen gesalbt und gekrönt wurden, wurden Amtsträger in einer Kirche auch ihrer Würde beraubt. Im Oktober 833 wurden die Besucher der Abteikirche Saint-Médard in Soissons Zeugen eines beschämenden Schauprozesses. Vor zahlreichen Bischöfen und anderen Klerikern sowie seinem Sohn Lothar, Kaiser und König, dessen Großen und vielem Volk, das in der Kirche Platz fand, »warf sich Ludwig auf ein ausgebreitetes Bußgewand vor dem Holzaltar zu Boden und bekannte vor allen

Anwesenden: das ihm anvertraute Amt habe er sehr unwürdig verwaltet, dabei habe er Gott häufig gekränkt, Christi Kirche habe er Ärgernis erregt und durch seine Gleichgültigkeit das Volk in alle möglichen Gefahren gebracht. Um diese schweren Vergehen zu sühnen, wolle er öffentlich Kirchenbuße leisten, damit Gott sich seiner erbarme und er durch die Amtsgewalt und die Hilfe jener Männer freigesprochen werde, denen Gott die Gewalt zu lösen und zu binden gegeben habe«.

Darauf überreichten ihm die Bischöfe eine Anklageschrift, in der dem König auch die folgenden Übeltaten zur Last gelegt wurden: Eid- und Friedensbruch, Kriegszug während der vierzigtägigen Fastenzeit, Meineid, Mord, Rechtsbeugung, Sakrileg, willkürliche Reichsteilung … »Er bekannte sich in diesen und für diese Dinge vor Gott, den Priestern und dem ganzen Volke unter Tränen für schuldig, erklärte, in allem gefehlt zu haben und bat um die Möglichkeit einer öffentlichen Buße, um der Kirche … durch diese seine Buße Genugtuung zu geben«. Nach diesem Sündenbekenntnis übergab er die Schrift, in der seine Verfehlungen und sein Geständnis aufgezeichnet waren, »den Priestern zur künftigen Erinnerung, und diese legten sie auf dem Altare nieder«.

Ludwig löste seinen Waffengurt und legte ihn auf den Altar; er entledigte sich auch seines weltlichen Kleides. Danach empfing er aus der Hand der Bischöfe das Büßergewand; »nach einer so großen und schweren Buße darf niemand mehr zum weltlichen Kriegsdienst zurückkehren«. Weiter wurde beschlossen, jeder Bischof solle eine Abschrift des Berichtes über die Vorgänge bekommen; er solle sie »eigenhändig unterzeichnen und sie dann dem Fürsten Lothar zum Gedächtnis all dieser Dinge überreichen«.

Derartige Beschuldigungen hätte man gegen viele Herrscher erheben können, die sich weit mehr als Ludwig über das Recht hinweggesetzt hatten. Nur: Wiederholt entscheidungsschwach und inkonsequent, hatte Ludwig seine Söhne gegen sich aufgebracht; er war in die Hände seines Sohnes Lothar gefallen, der wenig Skrupel kannte. Als sich dieser einer Koalition seiner beiden Brüder Ludwig (dem Deutschen) und Karl (dem Kahlen) gegenübersah, kam es 834 zu einem Umschwung: Lothar mußte fliehen; Bischöfe traten zusammen, »sprachen in der Kirche des hl. Dionysius den Kaiser von aller Buße los und legten ihm seine königlichen Gewänder und Waffen an«. Eine Reichsversammlung bestätigte ausdrücklich die Wiedereinsetzung des Kaisers in sein Amt; auch darüber wurde eine feierliche Erklärung abgefaßt und von den Großen unterzeichnet. Im Anschluß an eine Messe im Stephansdom zu Mainz wurde dem Volk der Hergang der Sache mitgeteilt;

dann nahmen die Bischöfe »eine Krone, das Sinnbild der Herrschaft, von dem geweihten Altar« und setzten sie dem Kaiser »unter dem größten Jubel aller Anwesenden eigenhändig auf«[175].

Der degradierte Papst

Schimpflich abgesetzt und degradiert wurde gelegentlich auch ein Papst. Glimpflich ist im Jahre 800 noch Papst Leo III. davongekommen. Seine Gegner hatten ihm schwere Vergehen vorgeworfen. Nachdem feindliche Römer versucht hatten, ihn zu blenden, war ihm die Flucht über die Alpen zu Karl dem Großen gelungen. Der führte den Papst nach Rom zurück. Anfang Dezember 800 soll Leo III. im Petersdom »vor allem Volk« einen Eid geleistet haben, mit dem er sich von den Verbrechen reinigte, die man ihm zur Last gelegt hatte[176]. Da niemand Anklage gegen ihn erheben wollte, blieb ihm ein förmliches Gerichtsverfahren erspart, und der Papst krönte wenige Wochen später in derselben Kirche Karl zum Kaiser.

Im Jahre 964 versammelte Papst Leo VIII. in Rom zahlreiche Bischöfe zu einer Synode, »entsetzte nach dem Urteil aller Benedikt [V., 964, † 966 in Hamburg, im Exil], den Usurpator des römischen Stuhles, der angemaßten Würde, riß ihm das päpstliche Pallium ab, das er sich angeeignet hatte, entriß seiner Hand den Bischofsstab und zerbrach ihn vor den Augen aller in Stücke und ließ ihm auf Verwendung des Kaisers [Otto I.] lediglich die Würde eines Diakons«. Nach Auskunft Liudprands, der als Bischof und als Dolmetscher Ottos I. an der Versammlung teilgenommen hatte, erfolgte die Absetzung weniger gewaltsam: Benedikt habe sich schuldig bekannt, selber das Pallium abgelegt und es mit dem Bischofsstab, den er in der Hand trug, dem Papst Leo übergeben. »Dieser zerbrach den Stab und zeigte die Stücke dem Volk. Dann befahl er dem Benedictus, sich auf die Erde zu setzen, und nahm ihm das Meßgewand, die sogenannte Planeta, samt der Stola ab«[177].

Wie bei ›weltlichen‹ Gerichtsversammlungen, gehören Wort und Geste zusammen; eindrucksvoll ist nicht zuletzt die Zertrümmerung des Bischofsstabes, der als Herrschaftszeichen dem Zepter des Königs vergleichbar ist. Mit dem Pallium wurde Benedikt ein bandförmiges, mit Kreuzen besticktes Ehrenzeichen hoher kirchlicher Würdenträger genommen; mit Meßgewand und Stola verlor der Degradierte charakteristische Zeichen der priesterlichen Amtsgewalt[178]. Die Stola, einen meist kostbar bestickten Stoffstreifen, legt der Priester für die Sakramentenspendung an, zu Messe, Einsegnung der Ehe und Begräbnis, aber auch, wenn er einen Büßer von seinen Sünden losspricht – was oft genug einem Gerichtsverfahren glich.

Investiturstreit

In den heftigen Auseinandersetzungen zwischen Papst und Kaiser seit den 1070er Jahren haben wiederholt die Protagonisten ihre jeweiligen Anhänger in Kirchen versammelt, um den Gegner nicht nur abzusetzen, sondern ihn und möglichst auch seine Berater völlig aus der Gemeinschaft der zum Heil Berufenen auszustoßen.

In die Form eines feierlichen Gebetes kleidete Papst Gregor VII. (1073–1085) im Februar 1076 Exkommunikation und Absetzung König Heinrichs IV. Zahlreiche Bischöfe, Äbte, Kleriker und Laien hatten sich zur Fastensynode in der Lateranbasilika zu Rom eingefunden[179]. Der Papst wandte sich unmittelbar an den Himmelspförtner: »Heiliger Petrus, du Fürst der Apostel, wir flehen dich an, neige uns gnädig dein Ohr und höre mich, deinen Knecht, an, den du von Kindsbeinen an genährt und bis zu diesem Tage aus der Hand der Gottlosen gerettet hast, die mich um deiner Treue willen gehaßt haben und noch hassen«. Daraufhin rief der Papst die Mutter Gottes, den hl. Paulus und alle Heiligen zu Zeugen gegen seine Verleumder an; er fuhr dann fort: »Und es ist mir durch deine Gnade von Gott die Macht gegeben, zu binden und zu lösen im Himmel und auf Erden. Hierauf fest vertrauend untersage ich zur Ehre und zur Verteidigung deiner Kirche im Namen des allmächtigen Gottes, des Vaters, des Sohnes und des heiligen Geistes durch deine Gewalt und Autorität dem König Heinrich (...), der sich gegen deine Kirche in unerhörtem Stolze erhoben hat, die Herrschaft über das ganze Reich der Deutschen und über Italien, und ich löse alle Christen von den Banden des Eides, den sie ihm geschworen haben oder noch schwören werden, und ich verbiete, daß ihm irgend jemand wie seinem König dient«.

Gregor trug daraufhin seine Anklagen gegen den König vor; sie gipfelten in dem Vorwurf, Heinrich habe versucht, die Kirche zu spalten. Da er den päpstlichen Mahnungen nicht gefolgt sei, »schlage ich ihn an deiner Statt mit dem Bande des Anathems. Und so binde ich ihn im Vertrauen auf dich, auf daß die Völker wissen und erfahren, daß du bist Petrus und daß auf diesen Felsen der Sohn des lebendigen Gottes seine Kirche gebaut hat, und die Pforten der Hölle sollen sie nicht überwinden«[180].

Mit diesem Bannfluch erreichte der Investiturstreit einen ersten Höhepunkt; Grundlagen der mittelalterlichen Welt – das gedeihliche Miteinander von *regnum* und *sacerdotium,* Königsamt und Priesteramt – waren erschüttert. Die Protagonisten waren unfähig, im Interesse des Friedens und der Wohlfahrt der Christenheit eine Verständigung zu erzielen. In Kirche und Reich kam es zur Spaltung von Bistümern und Abteien und zur Errichtung eines Gegenkönigtums; Krieg und andere Greuel begleiteten die Konflikte. Das abschließende Wort im Gebet des Papstes »Du bist Petrus …«, *TV ES PETRVS …* (Mt 16, 18) prangt in großen, leuchtenden Lettern in der Kuppel des Petersdomes in Rom.

Das folgende Ereignis, mehr als eine bloße Anekdote, gehört ebenfalls in diese leidvolle Auseinandersetzung zwischen König Heinrich IV. und Papst Gregor VII. Nachdem Gregor auf der Fastensynode in Rom am 7. März 1080 Heinrich zum zweiten Mal gebannt hatte, trat im Juni 1080 in Brixen/Tirol eine Synode königstreuer Bischöfe zusammen. Unter den Anwesenden war auch der Osnabrücker Bischof Benno, der bislang das Kunststück fertiggebracht hatte, dem König treu zu dienen und dem Papst den Gehorsam nicht zu versagen. Benno rechnete mit einer Entscheidung von großer Tragweite. Noch vor der eigentlichen Synode war ihm in der Kirche ein Altar aufgefallen, der eine Höhlung hatte, in die ein Mensch sich hineinzwängen könnte. Seiner Gewohnheit gemäß fing Benno nun an, Psalmen zu beten, schlüpfte ungesehen in den Altar und zog die Altartücher wie einen Vorhang zu. Man bemerkte sein Fehlen; vergeblich ließ der König ihn suchen.

Tief ins Gebet versunken, wie der Chronist behauptet, verbringt Benno in seinem Versteck die Zeit. Einige Schritte weiter berät unterdessen die Synode; sie sagt sich von Papst Gregor VII. los und wählt Bischof Wibert von Ravenna zum neuen Papst (als Gegenpapst Clemens III.). Die Versammlung trifft noch weitere Beschlüsse; Benno hätte ihnen, wäre er dabeigewesen, nicht zugestimmt – das meint jedenfalls sein Biograph. Nach Abschluß der Verhandlung verläßt Benno sein Versteck, wieder unbemerkt. Groß ist die Verwunderung, als man ihn plötzlich neben dem Altar entdeckt. Er ist bereit zu schwören, daß er die ganze Zeit den Kirchenraum nicht verlassen habe. Vor den König geführt, reinigt er sich vom Vorwurf der Untreue. Heinrich begnügt sich mit einem Tadel und fordert ihn auf, in der alten Treue fest zu bleiben. Mit außerordentlichem Glück und viel Klugheit erfreute Benno sich später sogar der Freundschaft beider Päpste, »was in jener stürmischen Zeit nur sehr wenigen möglich war« *(quod profecto perpaucis ea tempestate possibile fuit),* wie bewundernd sein Biograph festhält[181].

Es lage nahe, auch Friedensverträge, die solche Kämpfe beenden sollten, in Kirchen feierlich zu bekräftigen. Eine besonders hart ausgefochtene Auseinandersetzung dieser Art wurde im Markusdom zu Venedig 1177 beigelegt. Romoald (Erzbischof von Salerno; † 1181) berichtet als Augenzeuge[182]: Kaiser Friedrich I. Barbarossa war nach langem Streit mit dem Papst gerade vom Kirchenbann gelöst worden; deshalb konnten der Doge, der Patriarch, Bischöfe, weiterer Klerus und Volk von Venedig den Kaiser mit Fahnen und Kreuzen zum Dom geleiten. An dessen Eingang erwartete ihn Papst Alexander III., sitzend, mit seinen Bischöfen und Kardinälen. »Den Kaiser packte Gottes Geist, als er sich dem Papste näherte. Er ehrte Gott in Alexander, vergaß seiner kaiserlichen Würde, legte seinen Mantel ab und warf sich ausgestreckt dem Papste zu Füßen. Unter Tränen hob ihn dieser huldvoll auf, küßte und segnete ihn, worauf die Deutschen mit lauter Stimme das *Te Deum* sangen. Nun ergriff der Kaiser die Rechte des Papstes, führte ihn in die Kirche, und nachdem er von ihm gesegnet worden war, begab er sich mit den Seinen in den Palast des Dogen«.

An den folgenden Tagen diente der Kaiser dem Papst während einer feierlichen Messe im Dom; und auf dem Weg zum Quartier hielt er den Steigbügel des päpstlichen Pferdes, was ›eigentlich‹ Sache des Marschalls war. In einer großen Versammlung im Palast des Patriarchen legte Friedrich ein Schuldbekenntnis ab, erkannte Alexander als rechtmäßigen Papst an und versprach die geziemende Ehrerbietung.

Zur Bekräftigung verschiedener Abmachungen zogen am Sonntag, dem Vortag des Festes Mariae Himmelfahrt, Papst, Kaiser und Doge, Patriarchen, Erzbischöfe, Bischöfe und Äbte sowie eine große Menge Volk in den Dom. Nach Gebet und Litanei hielt der Papst eine Ansprache über den Frieden; dann ließ er dem Kaiser, den Klerikern und Laien brennende Kerzen überreichen und verkündete folgenden Urteilsspruch: »Wir bannen im Namen Gottes des Allmächtigen, der heiligen, immerdar jungfräulichen Maria, der heiligen Apostel Petrus und Paulus und aller Heiligen und trennen vom Schoße der Mutter Kirche alle Personen, Kleriker wie Laien«, die den soeben zwischen der Kirche und dem Reiche geschlossenen Frieden, den auf fünfzehn Jahre befristeten Waffenstillstand mit dem König von Sizilien und die sechsjährige Waffenruhe mit den Lombarden »irgendwie zu verhindern oder zu stören wagen. Und wie diese Kerzen ausgelöscht werden, so sollen deren Seelen des Lichtes der ewigen Anschauung [Gottes] beraubt werden«. Daraufhin wurden die Kerzen zu Boden geworfen und ausgetreten; mit allen übrigen rief der Kaiser laut: »So geschehe es, so geschehe es!« Damit war die Versammlung aufgelöst.

Exkommunikation und Wiederversöhnung

Gut zwei Generationen später kam es auf dem Konzil zu Lyon (1245) zu einer Verhandlung gegen Kaiser Friedrich II. Der Enkel Friedrichs I. wurde mit den gleichen Worten und denselben Gesten gebannt, mit denen Papst und Klerus mögliche Gegner von dessen Großvater bedroht hatten. Man verlas eine lange Anklageschrift gegen den Kaiser; Argumente von dessen Gesandten ließ die Versammlung nicht gelten. Die Konzilsväter »verfluchten mit angezündeten Kerzen den Kaiser [Friedrich II.], der nicht mehr Kaiser genannt werden sollte, auf schreckliche Weise«. Dann senkten die Prälaten ihre brennenden Kerzen, löschten sie aus und setzten so den gebannten Friedrich ab[183]. Auch nach diesem Bannspruch ging der Streit zwischen Kirche und Reich weiter.

Zur Exkommunikation lagen unterschiedliche, auch ungleich lange Formulare vor, von denen manche weit schrecklicher formuliert sind als der Bericht von der Bannung Friedrichs II. vermuten läßt[184]. Im Namen Gottes wird Segen in Fluch verkehrt, wenn von den Gebannten gesagt wird: »Die Frucht ihres Leibes und die Früchte ihres Landes« sollen verdammt sein. Niemand soll die so Gezeichneten grüßen dürfen, kein Priester in Gegenwart Gebannter die Messe feiern oder ihnen die Kommunion reichen, nicht einmal am Tag des Todes. Ihre Leichen sollen wie krepierte Esel auf den Misthaufen geworfen werden, *super faciem terrae,* oberhalb des Gesichtes der Erde; ihnen soll also nicht die Geste der Pietät erwiesen werden, um die schon Antigone gekämpft hatte. *Eternae oblivioni traditi,* ewigem Vergessen anheimgegeben – also dem genauen Gegenteil der Erinnerung, *memoria* –, sollen die Gebannten »wie Staub vom Wind verweht und mit dem Teufel und dessen Boten ewigem Feuer übergeben werden und, wie diese Lichter ausgelöscht werden, so sollen ihre Seelen im Gestank der Unterwelt ausgelöscht werden«.

Im Laufe der Kirchengeschichte haben Päpste und Bischöfe ungezählte Bannflüche geschleudert, in Kirchen, d.h. öffentlich, vor vielen Zeugen, unter Verknüpfung von Wort und Geste, auf daß die Anwesenden ins Mark erschüttert würden. Abwesenden Bischöfen teilte man brieflich die Exkommunikation mit, die in der Sonntagsmesse nach dem Evangelium der Gemeinde bekanntgegeben wurde.

Indessen gab es – das sei ausdrücklich betont – auch eine eigene Liturgie zur Wiederaufnahme eines Gebannten in die Kirche[185]. Von den Handlungen und Gebeten einer solchen Feier sollen nur folgende bedeutungsschwere Gesten erwähnt werden: Sofern der Gebannte bereut, Vergebung erbittet und Besserung verspricht, soll der Bischof, begleitet von zwölf Priestern, ihm vor das Portal der Kirche *(ante ianuas aecclesiae)* entgegengehen. Hier bilden sie einen Kreis und nehmen den Schuldigen in ihre Mitte. Der Bischof fragt ihn, ob er die vom Kirchenrecht vorgesehene Buße für seine Vergehen annehmen wolle. Auf dem Boden ausgestreckt, bekennt der Gebannte seine Schuld, erklärt sich zur Sühne bereit, gelobt Besserung für die Zukunft und erbittet Verzeihung. Daraufhin ergreift der Bischof die rechte Hand des Sünders, läßt ihn aufstehen und führt ihn in die Kirche; damit gibt er ihm wieder Anteil an der Gemeinschaft der Christen.

Interdikt

Im sogenannten Interdikt verbietet der Bischof oder der Papst alle gottesdienstlichen Handlungen, bei denen der Priester die Stola anlegt, für ein bestimmtes Gebiet. Das Verbot galt also nicht einer oder mehreren Personen, sondern einem Ort oder eine Region. Hier – und nicht nur in der Kirche, in der das Interdikt verkündet wurde – sollte es für die Zeit dieser Strafe weder Messe, noch Taufe, noch Beichte, noch Einsegnung der Ehe, noch Salbung Schwerkranker, noch kirchliches Begräbnis geben. Als Kollektivstrafe für einen Ort, traf das Interdikt Schuldige und Unschuldige gleichermaßen.

Solange diese geistliche Waffe nicht inflationär gehandhabt wurde, lehrte sie auch hartgesottene Sünder das Fürchten. Ohne Beichte und Absolution vor den göttlichen Richter treten? Als Verstorbener ohne den Segen der Kirche verscharrt werden, wie gemeine Verbrecher und Ketzer? Obrigkeit und Bewohner waren deshalb bestrebt, die Folgen eines Interdiktes mindestens zu mildern. Das war recht einfach, wenn es am Ort eine Kirche gab, für die das Interdikt nicht galt; oft erfreuten sich die Bettelorden eines entsprechenden Privilegs.

Noch besser war es, dafür zu sorgen, daß die Strafe unwirksam blieb. Um gültig zu werden, mußte das Interdikt in einer Urkunde festgehalten und diese auf dem Altar der Hauptkirche niedergelegt werden; so sah es jedenfalls zeitweilig das Kirchenrecht vor. Gelang es den Bedrohten, das unheilträchtige Dokument vom Altar fernzuhalten, hatten sie mindestens einen Aufschub gewonnen.

Im Streit um die Besetzung des Bischofsthrons in Metz verhängte der Papst im Jahre 1116 das Interdikt über die Stadt; doch niemand war bereit, den riskanten Botendienst zu übernehmen und den Metzern die verhängnisvolle Urkunde zuzustellen. Hier setzt eine von vielen Anekdoten ein, die sich um Albero ranken, der später Erzbischof von Trier werden sollte (1131–1152). Als treuer Parteigänger des Papstes soll Albero zu folgender List gegriffen haben. Als Frau verkleidet und mit einem Umhang aus grauem Tuch betrat er die Kathedrale; »wie eine Pilgerin, die Weihrauch zum Altar bringt, legte er das päpstliche Schreiben auf den Altar«. Damit das auch bekannt würde, ersuchte er gerade anwesende Kanoniker, das verfängliche Dokument vom Altar zu nehmen und mit der gebührenden Ehrfurcht zu verlesen. Die ahnten, was auf dem Spiele stand, wurden wütend, lärmten und läuteten die Glocken, um die Bürger der Stadt gegen den Friedensstörer aufzubringen. Albero entkam, wie bei ähnlichen Husarenstücken[186].

Kirchenspaltung

1054 gipfelte der lange schwelende Disput zwischen der westlichen und östlichen Kirche in einem Schisma, einer Kirchenspaltung. Der entscheidende Akt bestand auch diesmal darin, daß ein inhaltsschweres Dokument auf dem Altar niedergelegt wurde. Eine päpstliche Delegation unter der Leitung des Kardinals Humbert von Silva Candida war 1054 nach Konstantinopel gereist. Sie sollte mit dem Kaiser und dem Patriarchen Michael I. Kerullarios zu einer Verständigung in Streitfragen kommen, die seit langem das Verhältnis zwischen Griechen und Lateinern belasteten. Doch die Begegnungen am Bosporus endeten mit einem noch schlimmeren Zerwürfnis. Vor ihrer Abreise legte die päpstliche Delegation am 16. Juli 1054 »in einem feierlichen Akt eine Bannbulle gegen den Patriarchen und seine Helfershelfer auf dem Altar der Hagia Sophia nieder«[187]. Bemühungen des byzantinischen Kaisers, den Konflikt zu entschärfen, scheiterten. Auf einer von Patriarch Michael einberufenen Synode wurde der Bann am 24. Juli auf die päpstlichen Legaten und deren Auftraggeber zurückgeworfen.

Formalrechtlich hatten sich damit nur der Patriarch bzw. der Legat und die jeweiligen Hintermänner gegenseitig gebannt, nicht alle orthodoxen bzw. katholischen Christen; es handelte sich also (noch) nicht um ein

Schisma in aller Form. Doch die Leidenschaftlichkeit von Worten und Handlungen war neu und unerhört; sie trug dazu bei, die Entfremdung der östlichen und westlichen Christenheit zu verstärken. 150 Jahre später vertiefte ein Ereignis, das unter orthodoxen Gebildeten bis heute unvergessen ist, den Graben zwischen römisch-lateinischen und byzantinisch-griechischen Christen: Auf Betreiben von Venedig wurde der vierte Kreuzzug (1202–1204) zur Eroberung von Konstantinopel pervertiert.

Trotz der unheilvollen Vergangenheit hat man später immer wieder versucht, die Spaltung zu heilen. Abgesandte der morgenländischen Kirche und des byzantinischen Kaisers reisten zum Konzil von Florenz; sie einigten sich in Anbetracht der bedrohlich vorrückenden Osmanen 1439 im Dom zu Florenz mit Vertretern der römischen Kirche auf eine Union, die das Schisma von 1054 überwinden sollte. Doch die Kontrahenten waren sich schon zu fremd geworden; die Union wurde im Osten von vielen geistlichen und weltlichen Würdenträgern nicht anerkannt, stieß beim Volk auf eisige Ablehnung – führende Vertreter der Orthodoxie wollten lieber unter muslimischer als unter päpstlicher Oberhoheit leben.

Schisma (Spaltung) und Häresie (Irrlehre) gehören zu den großen Ärgernissen in der Christenheit. Doch gibt es zumindest Ansätze zu einer Wiederannäherung. In den 1960er Jahren haben der Ökumenische Patriarch Athenagoras I. von Konstantinopel und Papst Paul VI. Blockaden gelockert, das Verhältnis zwischen katholischer Kirche und Orthodoxie entkrampft und das Gespräch gesucht. Am 7. Dezember 1965 wurde der Bannfluch von 1054 durch eine gemeinsame Erklärung von Papst und Patriarch getilgt. Nach Begegnungen in Jerusalem und Konstantinopel begrüßten sich Papst und Patriarch 1967 in Rom wie Freunde[188].

Weltordnung

Vieles sprach dafür, auch ›weltliche‹ Versammlungen in Kirchen tagen zu lassen. Oft ließen sich kirchlicher und weltlicher Bereich gar nicht trennen; auf Reichsversammlungen (in lateinischen Quellen gelegentlich ebenso *synodus* genannt wie kirchliche Versammlungen) fanden sich auch Äbte, Bischöfe und andere Kleriker ein, um ihre Interessen zu vertreten und Pflichten für König und Reich zu übernehmen. Umgekehrt hatte der König als ›Gesalbter des Herrn‹ mehr als andere Christen Hausrecht in einer Kirche. Noch im Spätmittelalter verfügte der König als Kanoniker über Sitz und Stimme in wichtigen Kapiteln wie Aachen und Utrecht (›Königskanonikat‹).

Als Angelegenheit, der für die Ordnung der Welt entscheidende Bedeutung zugemessen wurde, kann die Königswahl gelten. Die Goldene Bulle (1356) bestimmte, daß ein neuer König in Frankfurt gewählt und in Aachen gekrönt werde; seit 1562 wurde am Wahlort auch gekrönt, meist war das Frankfurt.

Die Wahlhandlung begann im Frankfurter Bartholomäusdom mit der Messe ›Vom Heiligen Geist‹, wie bei der Wahl eines Papstes. Der Geist Gottes sollte die Herzen der Wähler erleuchten, auf daß sie sich auf einen Kandidaten einigten, der gerecht, gut und nützlich sei, kurz: für das hohe Amt geeignet. Es verstand sich von selbst, brauchte deshalb nicht eigens festgehalten zu werden, daß der Kandidat über Macht, einen Erbanspruch oder wenigstens vornehme Abstammung verfügte. Die Wahlberechtigten sollten unbewaffnet erscheinen und schwören, daß sie ihre Stimme abgeben würden »ohne alle Bedingung, Bezahlung, Belohnung, Verabredung oder wie man solches ansonsten nennen kann«[189]. Nach der Wahl wurde der neue König auf den Altar gesetzt, wie es der Bilderzyklus Balduins zeigt[190]. Ähnlich soll man mit dem gerade gewählten Papst verfahren sein; trifft die Mitteilung zu, hätte man ein weiteres Beispiel für Austauschbeziehungen zwischen *regnum* und *sacerdotium*. – Ergänzt sei, daß eine unblutige Weise der Erhebung zum Ritter ausgesprochen beliebt war. In einer nächtlichen Zeremonie ließen sich Adlige aus dem Abendland in der Heilig-Grab-Kirche zum ›Ritter vom Heiligen Grab‹ schlagen[191].

Bürgerversammlung und Gericht

Solange es weder Rathaus noch Markthalle gab, wo ein größerer Personenkreis ausreichend Platz gefunden hätte, versammelte sich in Italien die Bürgerschaft gern im Dom[192]; nördlich der Alpen tagten der Rat der Stadt, die Zünfte oder das Gericht vielerorts in Kirchen der Bettelorden[193]. Nach Ausweis von Urkunden, die den Ort der Ausstellung oft sehr genau nennen, wurde im Straßburger Münster an mehreren Stätten Gericht gehalten: Im Chor, im Galeriesaal, im Raum um den Engelspfeiler sowie vor dem südlichen Querhaus. Ausstattungsteile des Münsters könnten als Mahnung verstanden worden sein, gerecht zu entscheiden: Am Engelspfeiler ist der Weltenrichter Christus zu sehen, am Südportal Salomo, dessen Weisheit als Richter (1 Kön 3, 16–28) sprichwörtlich geworden ist. Die Darstellungen von Synagoge und Ecclesia könnten gar auf einen Rechtsstreit zwischen der Stadt und der in ihren Mauern lebenden jüdischen Gemeinde hinweisen; der zerbrochene Stab in der Hand der Synagoge legt eine solche Deutung nahe.

Auch andernorts trat das Gericht gern vor einem Portal zusammen, außerhalb des eigentlichen Kirchenraumes, doch diesem nahe: In Chartres wie in Straßburg vor dem Südportal, in Erfurt, Frankfurt, Goslar, Magdeburg und Paderborn an der ›Roten Pforte‹[194]. Bis in die Gegenwart tagt in Valencia vor dem Apostelportal der Kathedrale donnerstags um 12 Uhr das unabhängige *Tribunal de las aguas de la vega,* das Gericht für die Wasser des fruchtbaren Bewässerungslandes; es handelt sich hier um den ältesten ständigen Gerichtshof der Welt, der im Jahre 960 von den Arabern eingerichtet wurde[195]. Da die Kirche und ihre unmittelbare Umgebung sich eines besonderen Friedens erfreuten, nutzte man auch andere gegen Sonne und Regen geschützte Plätze, um hier Gericht zu halten, etwa die Vorhalle des Westwerkes oder den Kreuzgang.

Da die Gläubigen verpflichtet waren, sonntags die Messe zu besuchen, lag es nahe, die Gelegenheit auch für weitere weltliche Belange zu nutzen; oft ließen kirchlicher und weltlicher Bereich sich zudem kaum trennen. Königsurkunden – zumal solche mit feierlicher, programmatischer Einleitung – wurden auf den Altar oder auf das Grab des Heiligen gelegt und anschließend verlesen (im Regelfall von einem Notar in einer Art Sprechgesang rezitiert), während der Messe anstelle der Predigt oder im Anschluß an einen Festgottesdienst, gegebenenfalls vom Lettner aus[196]. So ließ Friedrich II. unmittelbar nach seiner Kaiserkrönung (1220) noch im Petersdom die sogenannte *Constitutio in Basilica Sancti Petri* verkünden. Zwei der zehn ›Gesetze‹ dieser Verfügung mögen veranschaulichen, wie der Herrscher religiöse und weltliche Bestimmungen nebeneinander stellt. Das sechste ›Gesetz‹ wendet sich gegen die Ketzer (das deutsche Wort leitet sich von Katharer ab, der Selbstbezeichnung jener häretischen Gruppe als der ›Reinen‹), das zehnte ›Gesetz‹ erneuert den besonderen Frieden für Landleute: »6. Katharer … und alle Häretiker beiderlei Geschlechts, wie immer sie genannt werden, verurteilen wir zu ewiger Ehrlosigkeit und ächten sie. …«; »10. Bauern und in der Landwirtschaft Tätige sollen, solange sie das Land bebauen, überall sicher sein. …«[197].

Auch weniger gewichtige Erlasse ließ die Obrigkeit in der Kirche verkünden; Verwaltungsgeschäfte, Versteigerungen, Kauf- und Tauschverträge wurden hier erledigt; es war nur folgerichtig, daß öffentliche Schreiber in Kirchen ihren Platz hatten[198]. An Kirchen wurden Maße eingelassen, welche die Obrigkeit festgelegt hatte; so konnte jeder überprüfen, ob die Größe des Brotes und die Länge des Stoffes, die man auf dem benachbarten Markt gekauft hatte, den Normen entsprachen[199].

Da Kirchen im allgemeinen früher als andere Gebäude aus Stein gebaut wurden, eigneten sie sich zur Aufnahme wertvoller Güter. So war die berühmte *Bibliotheca Palatina* bis 1622 auf der Empore der Heilig-Geist-Kirche zu Heidelberg untergebracht[200]. Gern nutzte man einen Raum im Turm als Archiv; allerdings gingen dann bei einem Brand der Kirche auch Urkunden und Akten zugrunde, die uns Auskunft zu vielen Einzelfragen nicht nur dieses Baues hätten geben können.

Im Markusdom zu Venedig ruhte der Staatsschatz der Serenissima. Hansekaufleute, die in den großen Städten des Ostseeraums wie Nowgorod Handel trieben, wußten zu schätzen, daß sie im besonderen Schutz eines Gotteshauses und der hier verehrten Heiligen kostbare Handelsware trocken und sicher lagern konnten. Oft sollen in solchen ›Kaufmannskirchen‹ Ballen, Fässer und andere Behälter den größten Teil des Raumes gefüllt haben, so daß der Priester nur mit Mühe zum Altar vordringen konnte[201].

Es kam aber auch vor, daß in offiziellen kirchlichen Gebeten zu ›weltlichen‹ Fragen Stellung bezogen wurde. In Zeiten der Bedrängnis durch Feinde des Christentums – das waren jahrhundertelang die Türken – kannte man eine eigene *Missa contra paganos,* Messe gegen die Heiden[202]. Noch im 20. Jahrhundert wurden aus gegebenem Anlaß in die Meßgebete drei weitere Gebete »Gegen die Verfolger der Kirche«, *Contra persecutores Ecclesiae,* eingeflochten. In den ersten beiden ist nicht von Verfolgern die Rede, wohl aber von Widrigkeiten und Irrtümern, die Gott zerstören möge. Weihnachten 1924 erließ Charles-Joseph-Eugène Ruch, Bischof von Straßburg, folgende Anordnung: Sofern dem nicht besondere Gründe entgegenständen, sollten alle Priester der Diözese im Anschluß an die Messe das ganze folgende Jahr hindurch das Gebet *Contra persecutores Ecclesiae* sprechen; gemeint war hier wohl das dritte, nach der Kommunion, also unmittelbar vor dem Ende der Messe, in dem Gott gebeten wird, seine Gläubigen »nicht in Gefahren zu Fall kommen zu lassen, die von Menschen heraufbeschworen sind« *(Quaesumus, Domine, … ut … humanis non sinas subjacere periculis)*[203].

Nach Meinung des Bischofs und vieler Elsässer standen hohe Werte auf dem Spiel: Die Regierung in Paris schickte sich an, in dem 1918 zurückeroberten Elsaß die in Frankreich seit der Trennung von Kirche und Staat (1905/06) geltende laizistische Gesetzgebung einzuführen. Ein harmloses Gebet, möchten wir meinen. Doch dürfte es mit folgenden Worten eingeleitet worden sein: ›Und jetzt sprechen wir das Gebet gegen die Verfolger der Kirche!‹ Der seinerzeitige Regierungschef, Édouard Herriot, soll die Botschaft verstanden und später geäußert haben: Als er gelegentlich das Straßburger Münster besuchte, habe ihn ein Schauer gepackt: ›Hier hat man gegen dich gebetet!‹ Dem Autor ist kein deutscher Bischof bekannt, der während der nationalsozialistischen Barbarei die Katholiken seiner Diözese aufgefordert hätte, die Gebete ›gegen die Verfolger der Kirche‹ zu sprechen.

X. STÄTTE GEISTLICHER SPIELE UND WELTLICHER FREUDEN

Liturgie und geistliches Spiel

In die Liturgie, die sich im Laufe des ersten Jahrtausends herausbildete, sind auch Elemente des antiken Theaters eingegangen. Prozessionsartig ziehen Bischof bzw. Priester und Ministranten ein. Wie auf einer Bühne erscheinen im Chorraum Einzelne, Klein- und Großgruppen; sie ziehen sich zurück und treten wieder auf, am Altar oder am Ambo, auf der Kanzel, dem Lettner oder der Empore. In den Traditionen des Theaters stehen ferner das Wechselgebet zwischen Priester und Gemeinde, die Abfolge feststehender und veränderlicher Texte, der Gesang von Solostimme, Chor und Gemeinde. Für weitere Bewegung sorgen der Bischof, wenn er den Altar küßt oder Mitfeiernden den Friedenskuß gibt, wenn er die Mitra aufsetzt oder abnimmt, den Stab ergreift oder abgibt, die Gemeinde inzensiert oder segnet, ferner die Gläubigen, wenn sie feierlich vortreten, um ihre Opfergaben darzubringen oder die Kommunion zu empfangen. Als ›heiliges Theater‹ kann das Geschehen auch deshalb wirken, weil Bilder und Skulpturen im Altarraum religiöse Gehalte vermitteln, auf die liturgische Texte sich beziehen.

Die Liturgiereform, die vom Zweiten Vatikanischen Konzil beschlossen wurde, hat die Teilnahme der Gläubigen bewußt gefördert: Der Altar wurde – soweit das möglich ist – näher zu den Gläubigen gerückt, nicht selten in die Vierung, so daß die Gemeinde ihn auf drei, wenn nicht auf vier Seiten umgibt. Von einem eigenen Lesepult (Ambo) aus tragen unterschiedliche Personen – für die Lesung dürfen das nun sogar in der katholischen Kirche Frauen sein – Abschnitte aus den heiligen Schriften vor.

Alle Sinne sind angesprochen. Man sieht die Handelnden, deren nach Form und Farbe unterschiedliche Kleidung. In der Liturgie wird die Sprache der Worte und der Gesten gepflegt; vieles davon ist dem Umfeld entliehen, in dem die Riten entstanden. Man denke an die Haltung beim Gebet (mit ausgebreiteten Armen oder gefalteten Händen, antikem bzw. germanischem

Brauch entsprechend), an Bekundungen der Ehrfurcht und Unterwerfung (Verneigen von Kopf oder Oberkörper, Kniebeuge, Zu-Boden-Werfen). Dazu kommt das Anzünden und Auslöschen der Kerzen, das Spiel von Lichtern und Schatten. Skulpturen und farbige Fenster, Mosaiken oder Fresken scheinen zu leben, da sie sich mit dem Licht je nach der Tages- und Jahreszeit verändern. Man hört den – seit dem Spätmittelalter vielleicht gar mehrstimmigen – Gesang, das Spiel der Orgel, möglicherweise auch anderer Instrumente. Deren Klang – oder Stille! – mag einzelne Gesten unterstreichen. Schließlich wird auch der Geruchssinn angesprochen. Man riecht den Duft von Weihrauch, brennenden Kerzen und Öllichtern.

Es gibt gleitende Übergänge zwischen der Liturgie und szenischer Darstellung. Heilswahrheiten werden veranschaulicht, das Volk erbaut. So tragen in der Karwoche drei Lektoren die Leidensgeschichte vor (je einer für Jesus, für den Evangelisten sowie für weitere Personen). Am Fest Christi Himmelfahrt ließ man vielerorts eine Jesusfigur in die Höhe steigen, an Pfingsten eine Taube aus der Höhe zur Gemeinde herunter; das Heilsgeschehen sollte sichtbar, greifbar in den Kirchenraum geholt werden. Solche Szenen streiften nicht selten die Burleske; immerhin mochte ein Architekt sich angeregt sehen, den Schlußstein im Gewölbe groß, ringförmig und offen zu gestalten.

Einen Schritt weiter ging man, wenn man szenische Darstellungen von der Liturgiefeier löste, sie aber in der Kirche als Versammlungsraum zur Aufführung brachte. Ausgangspunkt war vor allem die Osterliturgie. Die Sequenz (das liturgische Lied vor dem Evangelium) erzählt von einem Zwiegespräch mit einer der Frauen, die den toten Jesus salben wollten: »Sag uns, Maria, was hast du auf dem Weg gesehen? – Ich sah das Grab Christi, des Lebendigen Christus und die Herrlichkeit des Auferstehenden«. Im Evangelium redet der Engel die Frauen an: »Jesus den Nazaräer sucht ihr, den Gekreuzigten? Er ist auferstanden; er ist nicht hier. Seht, da ist der Ort, wo sie ihn hingelegt haben!« (Mk 16, 6) Als Beispiel für ein geistliches Spiel in lateinischer Sprache sei aus dem 12. Jahrhundert der wohl von einem Tegernseer Mönch verfasste *Ludus de Antichristo,* das Spiel vom Antichrist, genannt. Später entstanden Spiele in den Volkssprachen, das älteste mittelhochdeutsche Werk ist das ›Osterspiel von Muri‹ (Mitte des 13. Jahrhunderts)[204]. Die Geschichte des geistlichen Spiels führt vom Gottesdienst im Kirchenraum zu multimedialen Veranstaltungen; sie spielten im Spätmittelalter besonders in Hessen (Frankfurt, Fritzlar u. a.), Tirol (Bozen, Brixen u. a.) und der Schweiz (Luzern) eine wichtige Rolle im Jahreslauf der Städte. In Frankreich und

Die Frauen am leeren Grab Christi (Goldene Tafel aus Lüneburg, um 1418). Der Engel hält ein Spruchband: Non est hic quem queritis sed cito euntes nunciate. *»Er ist nicht hier, den ihr sucht; sondern lauft schnell, es kundzutun.«*

England bevorzugte man Mysterien- und Mirakelspiele, in Spanien das *Auto sacramental*; das ›sakramentale Schaustück‹. Es ist aus Fronleichnamsspielen hervorgegangen und sollte im 16. Jahrhundert christliche Lehren, wie das Konzil von Trient sie definiert hatte, dem Volk nahebringen. Dieses einaktige Drama, verstanden als »Predigt in dramatischer Gestalt«, gilt als ein Markstein auf dem Weg zum modernen Theater. Bruderschaften wie die Pariser *Confrérie de la Passion* veranstalteten mehrtägige Spiele mit spektakulären Bühneneffekten (Flugmaschinen, Feuerwerk, künstliche Überschwemmungen, komödiantische Einlagen als Kontrast zum ernsten Spielgeschehen); der Schauplatz hatte sich aus dem Raum der Kathedrale hin zu den Plätzen der Städte verlagert. Bis in unser Jahrhundert hat sich im bayerisch-österreichischen Raum ein geistliches Volkstheater erhalten (etwa die Passionsspiele in Erl und Oberammergau), es griffen aber auch Dramatiker wie Hugo von Hofmannsthal (›Jedermann‹), Paul Claudel (›Der seidene Schuh‹) und T. S. Eliot (›Mord im Dom‹) auf das Vorbild des geistlichen Spiels zurück.

Selbstdarstellung

Die Gläubigen sind nicht nur Zuschauer, sie spielen mit. Neben ernsten Aufführungen, welche die Gläubigen erbauen sollten, gab es die heitere Seite. Einzigartig war der Auftritt der Bürger und Bürgerinnen der Seiden- und Tuchmetropole Florenz in ihren neuen Kleidern beim Maifest (*Maggio fiorentino)*, dem ›Modefestival‹ des späten Mittelalters schlechthin; Orte des Schaugepränges waren vor allem Dom, Baptisterium und Domplatz. Zumal in ländlichen Gemeinden kann man noch heute Selbstdarstellungen vor der Kirche beobachten; sie weisen unübersehbare Gemeinsamkeiten mit dem soeben geschilderten Geschehen in der Kirche auf: Einzelne und Gruppen treten in Erscheinung, getrennt nach Lebensalter, Geschlecht und Versammlungsort auf dem Kirchplatz; die Kleidung der Handelnden unterscheidet sich nach Farbe, Zuschnitt usw. Zu allen Zeiten dürften Kinder und Erwachsene, Männer und Frauen den Gang zur Kirche und den Aufenthalt dort auch genutzt haben, um mit Verwandten und Dienern, Reittier oder Karosse, Kleidung und Schmuck zu prunken[205]. Im Nibelungenlied beginnt vor dem Portal des Domes mit einem scheelen Blick auf einen kostbaren Gürtel der verhängnisvolle Streit zwischen Brunhild und Kriemhild.

Es sind nicht wenige Predigten überliefert, die über unangemessenes Verhalten in Kirchen klagen, sowie Synodenbeschlüsse, die Verbote und Polizeiordnungen in Erinnerung rufen. Manches davon mag gedankenlos abgeschrieben worden sein, am Anfang standen gewiß aktuelle Mißstände. Sie konnten kaum ausbleiben, wenn an Wallfahrtsorten Übernachtungsstätten fehlten und Pilger im Kreuzgang oder in der offenen Eingangshalle einer Basilika Obdach fanden, gegebenenfalls gar mit begleitenden Hunden. Sogar im Innern von Kirchen haben Pilger übernachtet; man hat gegessen und getrunken, sich bei Spiel und Tanz ergötzt; Liebespaare gaben sich ein Stelldichein.

Ein wenig erbauliches Bild muß sich im ausgehenden 15. Jahrhundert in Straßburg geboten haben. Bürgerschaft und Rat sollen in die faktische Profanierung des Münsters eingewilligt haben; die Sittenlosigkeit des Bischofs habe den Verfall beschleunigt: Dirnen hielten Ausschau nach Freiern; Bacchus- und Venusorgien wurden veranstaltet; zu gegebener Zeit sorgte eine Art Faschingstreiben mit einem Kinderbischof für weitere Abwechslung. Vergeblich mühte sich der große Kanzelredner Geiler von Kaysersberg um Besserung[206].

Wieweit Straßburg für deutsche Bischofsstädte repräsentativ war, sei dahingestellt. Denn von dem Dom im benachbarten Speyer weiß der in Schlettstadt – unweit Straßburg – geborene und verstorbene Humanist Jakob Wimpfeling (1450–1528) nur Lobenswertes zu berichten: Gebetszeiten werden von Klerikern und Laien eingehalten; man pflegt das Gedächtnis der Toten; der Bischof nimmt sein Hirtenamt ernst; das Gotteshaus ist würdig und angemessen ausgestattet. »Und so darf ich wohl unbeschadet aussprechen: / Speyer gebührt die Blume höchster Frömmigkeit; / hier ist Glaubensgrund, hier der Lorbeer heiligmäßiger Geistlichkeit, / hier ist lebendig des heiligen Kults größte Ordnung«. Manche Aussage klingt allerdings beschwörend: »Nicht toller Hochmut, nicht Wollust wütet hier / ... / Hier gesellen sich nicht Mädchen zu Jünglingen / und tanzen gar lustige und schändliche Reigen. / ... / Hier auch leuchten nicht etwa goldene Pferdedecken, / hier beklagt die eitle Pracht ihre Minderung«[207]. Leicht gegen den Strich gelesen, lassen sich die Verse als Warnung deuten: Mögen die Verantwortlichen darauf achten, daß solches Treiben nicht (auch) im Speyrer Dom Einzug hält!

Selten dürften Bauherr und Zeitgenossen klar unterschieden haben, wieweit eine Kirche Gott verherrlichen, wieweit sie das Streben nach Macht bekunden, der Repräsentation dienen sollte[208].

Grundsätzlich konnte jede Kirche befestigt werden. Denn mit Ausnahme von Pfalzen und Königshöfen waren Kirchen seit dem Frühmittelalter im allgemeinen solider gebaut als profane Gebäude. Im 9. und 10. Jahrhundert wußten Normannen und Sarazenen, wo sie sich gut verschanzen konnten; innerhalb kürzester Zeit hatten sie Kirchenbauten in befestigte Plätze umgewandelt[209]. Klöster eigneten sich dazu schon deshalb, weil sie mindestens durch einen Zaun, eher durch eine Mauer von der ›Welt‹ geschieden waren (das Wort Kloster geht zurück auf lateinisch *claustrum*, abgeschlossener Bezirk); hier war die Kirche meist schon früh aus Stein gebaut; wenige und eher kleine Türen und Fenster steigerten ihren militärischen Wert. Zudem verfügten Klöster über unterschiedliche Räume, auch zur Übernachtung, ferner über Vorräte in Keller und Speicher.

In friedlichen Zeiten hat man wiederholt Burgen in Klöster umgewandelt; nicht selten muß allerdings offenbleiben, ob sie ihre ursprüngliche Funktion völlig verloren hatten; der Mont-Saint-Michel war jedenfalls bis zur Französischen Revolution Kloster, Pilgerstätte und gleichzeitig Festung[210]. Es dürfte manchen gleitenden Übergang gegeben haben, so in Iburg: Während des Sachsenkrieges floh die Bevölkerung aus der Umgebung in diese Burg. Bischof Benno II. von Osnabrück, der sie errichtet hatte, gelobte, in friedlichen Zeiten in der Festung ein Kloster zu gründen; mit dessen Bau wurde 1080 begonnen[211]. Bischof Burchard von Worms machte aus der ehemaligen Grafenburg in seiner Stadt das St. Pauls-Stift. Burg Cappenberg in Westfalen nahm 1122 das erste Kloster der Prämonstratenser in Deutschland auf; allerdings waren längst nicht alle Betroffenen damit einverstanden, daß Graf Gottfried von Cappenberg diese Schenkung Norbert und dessen Mönchen gemacht hatte[212]. Was für Klöster gesagt wurde, gilt auch für manche Kathedrale. Viele Bischöfe bauten ihre Kirche und die dazugehörigen Wohn- und Wirtschaftsgebäude zu regelrechten Domburgen aus, wie man sie heute noch in Hildesheim sieht[213].

Zum Schutz gegen äußere, gegebenenfalls auch gegen innere Feinde wurde sogar manche Friedhofskapelle in eine Wehrkirche (die also Kirche blieb) oder in eine Festung umgewandelt; lateinische Quellen sprechen von *incastellare*. Synoden haben Laien wiederholt hohe Kirchenstrafen für derartige Umnutzungen angedroht[214], sofern diese nicht der Abwehr von Heiden dienten. Oft haben christliche Herrscher kirchliche Bauten zweckentfremdet, um Macht zu demonstrieren. So hing der Ausbau von Alt-St. Peter in Rom zu einer Festung in den 1140er Jahren mit innerstädtischen Kämpfen zusammen[215].

Drohten äußere Feinde, hat man Kirchen so gebaut, daß sie einen Angreifer abschreckten und der Bevölkerung Schutz boten. Zahlreiche Wehrkirchen säumen das Mittelmeer; sie erinnern an Zeiten, in denen Raubzüge der Sarazenen Christen das Leben schwermachten. Als eine solche Wehrkirche wurde in der zweiten Hälfte des 12. Jahrhunderts die Kathedrale von Maguelone[216] gebaut, südlich von Montpellier, früher auf einer Insel vor der Küste des Mittelmeeres gelegen, heute auf einer Nehrung. Imposant sind die bis zu 2,50 Meter dicken Außenmauern; die Fenster gleichen Schießscharten: nach außen Schlitze, die sich nach innen prismenförmig weiten; unter den Fenstern sind eigens Plätze für Bogen- oder Armbrustschützen vorgesehen; draußen runden Pechnasen das Bild einer wehrhaften Kirche ab. Andere Beispiele aus Südfrankreich sind die ehemalige Kathedrale von Agde und die Wallfahrtskirche von Saintes-Maries-de-la-Mer. Der Kathedrale von Cefalù/Sizilien sieht man an, daß sie auch als Schutzraum gebaut worden ist: Die massigen Türme mit ihren schmalen Öffnungen weisen in Richtung des höchstens 100 Meter entfernten Meeres; von dort drohten jahrhundertelang Feinde einzufallen. Burgähnlich ausgebaute Kirchen finden sich auch im Binnenland, im Elsaß nicht anders als in Franken. Besondere Bedeutung hatten sie in Landstrichen, die wiederholt von Muslimen heimgesucht worden sind: Erwähnt seien Kastilien, Siebenbürgen, die Steiermark.

Aufgrund ihrer soliden Konstruktion konnten auch ganz ›normal‹ gebaute Kirchen plötzlich höchst willkommene Zuflucht bieten. Im Jahre 1074 kam es in Köln zu einem Aufruhr wohlhabender Bürger gegen ihren Stadtherrn. Dank der Hilfe seiner Getreuen konnte Erzbischof Anno II. sich in den Dom flüchten; dessen Türen wurden gesichert mit Riegel, Querbalken und zusätzlich durch große, davor gewälzte Blöcke – die also vorhanden gewesen sein müssen. Die Rebellen brachen in den bischöflichen Palast ein, plünderten den Altar der Kapelle und erschlugen einen Mann, den sie für den Erzbischof hielten. Als sie ihren Irrtum bemerkten, versuchten sie, eine Bresche in die Mauer des Domes zu schlagen; sie drohten, den Dom einzuäschern, wenn man ihnen den Erzbischof nicht ausliefere. Die Belagerten hielten die Anstürmenden hin, um größtes Unheil abzuwenden; sie versprachen, den Erzbischof zu suchen und zu übergeben. Im Schutze der Nacht

Der wuchtige Chor der aus tiefrotem Backstein errichteten Kathedrale Sainte-Cécile in Albi, deren Bau 1282 vom Bischof und Inquisitor Bernard de Castanet begonnen wurde. Der oberste Teil ähnelt einem Wehrgang mit Pechnasen.

konnte Anno auf verschlungenen Wegen fliehen – auch dank der Tatsache, daß der Dom in unmittelbarer Nähe der Stadtmauer lag. Als die Getreuen meinten, ihr Herr habe einen ausreichenden Vorsprung gewonnen, öffneten sie den Dom, luden die Belagerer ein, allenthalben zu suchen und versicherten ihnen, der Erzbischof habe noch bei Tageslicht die Stadt verlassen. Er könne nun schon weit entfernt sein und Truppen zusammenziehen, um die Rebellen zu bestrafen. Diese durchsuchten genau den Dom, mußten dann aber einsehen, daß sie überlistet worden waren[217].

Als Zwingburg gegen die Bewohner der Stadt Albi (Südfrankreich) wurde die dortige Kathedrale gebaut; Albi war zeitweilig ein Zentrum der nach der Stadt benannten Albigenser, die sich als die ›Reinen‹ verstanden, die das wahre Chistentum leben. Seit dem Albigenserkreuzzug 1229 unterstand die Stadt mit ihrem Umland der Krone Frankreichs[218]. Als Bischof und Inquisitor zum Aufspüren der verhaßten Ketzer wurde Bernard de Castanet eingesetzt. Bernard ergriff umgehend die Initiative zu einem Neubau der Kathedrale; in wenigen Jahrzehnten fertiggestellt, beherrschte sie die Stadt. Verglichen mit der grazilen Eleganz nordfranzösischer Kathedralen, wirkt sie fremd. Ihr hoher, massiver Sockel unterscheidet sich nicht von dem einer Burg. Und als solche sollte sie die Einwohner einschüchtern[219].

XII. ORT DER GREUEL UND VERWÜSTUNG

Mord im Dom

Die meisten Menschen gingen davon aus, wenigstens in der Kirche vor dem Schlimmsten bewahrt zu sein. Gerade deswegen sind Kirchen mehrfach Orte gewesen, an denen Anschläge gegen persönliche Feinde erfolgreich waren[220]; gegebenenfalls haben die zur Tat Entschlossenen ihre Absicht mit heiligen Eiden auf den Altar oder auf Reliquien bekräftigt. Sogar Massenmorde sind in Kirchen verübt worden.

Nach den Worten eines Chronisten, der manches Vorurteil in sein Werk aufgenommen hat, soll Otto I. vor seiner Kaiserkrönung 962 in Rom seinem Schwertträger Folgendes eingeschärft haben: »Wenn ich heute an der heiligen Schwelle der Apostel beten werde, halte du ständig das Schwert über mein Haupt! Denn ich weiß wohl um die unseren Vorgängern oft recht gefährliche römische Treue. Der kluge Mann muß alles zukünftige Unheil zuvor bedenken, damit es ihn nicht unvorbereitet trifft. Geh später beten auf den Monte Mario, soviel du willst!«[221] Das Heer des Königs, der zur Kaiserkrönung kam, lagerte im allgemeinen am Fuße des Monte Mario, etwa zwei Kilometer nördlich von St. Peter.

Eine Ruchlosigkeit hat sich dem allgemeinen Bewußtsein eingeprägt: Von Schwertern durchbohrt, starb im Jahre 1170 Thomas Becket, Erzbischof von Canterbury, in seiner Kathedrale. Bald heiliggesprochen, fand Thomas als Märtyrer europaweite Verehrung. Der Stoff ist mindestens dreimal für die Bühne bearbeitet worden. Uraufgeführt wurden 1935 ›Mord im Dom‹ von T. S. Eliot, 1959 ›Becket oder die Ehre Gottes‹ von Jean Anouilh, 1961 ›König Kurzrock‹ von Chr. Fry. – Aus der großen Zahl weiterer Attentate, die in Kirchen verübt worden sind, sei eines hier erwähnt. Am 26. April 1478 sollten Lorenzo und Giuliano de'Medici beim Hochamt im Dom zu Florenz gemeuchelt werden; Giuliano wurde vor dem Hochaltar erstochen, Lorenzo konnte sich verwundet retten[222].

Schon erwähnt wurde der Aufruf Kaiser Friedrichs II. zur Verfolgung der Ketzer. Dem Gebot des Kaisers waren Kreuzzüge gegen orthodoxe Christen sowie gegen Katharer (1204 bzw. 1209) und das zwölfte allgemeine Konzil vorausgegangen. Dieses hatte im Jahre 1215 den Kampf gegen Ketzer auf dieselbe Stufe gestellt wie den gegen Ungläubige und Heiden; es hatte sanktioniert, was wenige Jahre zuvor praktiziert worden war[223]. Der vierte Kreuzzug war gegen das christliche Konstantinopel pervertiert worden. Als es am 13. April 1204 erstürmt worden war, verhielten die ›Kreuzfahrer‹ sich wohl noch schlimmer, als man es von der Soldateska gewöhnt war. Die mit dem Kreuz Gezeichneten mordeten und vergewaltigten, raubten, plünderten und zerstörten drei Tage lang. An ihren Frevel erinnern liturgische Geräte in den Schatzkammern abendländischer Kirchen und Museen; die Venezianer sicherten sich neben vielen anderen kostbaren Stücken der Beute[224] eine Quadriga aus dem 6. Jahrhundert v. Chr.; seit jenem Kreuzzug ziert sie die Front des Markusdomes.

Das Treiben der Abendländer hat Geschichtsschreiber gefunden, aus deren Werken auch deshalb ausführlich zitiert sei, weil andernorts Eroberer oft ähnlich gewütet haben, ohne daß ein Chronist die Schändung von Menschen und Kultur der Nachwelt überliefert hätte. Voll Abscheu schreibt Niketas Choniates: »Was soll ich als erstes, was als letztes aufzählen von dem, was diese blutbesudelten Männer zu tun sich vermaßen? O welche Schändung, als sie die verehrten Ikonen zu Boden schleuderten, als sie die Reliquien derer, die für Christus gelitten, auf abscheuliche Orte warfen! Wovor einem schaudert, wenn man davon bloß hört, das mußte man damals sehen: das göttliche Blut, ausgegossen auf die Erde, den Leib Christi, gestreut in den Staub! Diese Vorläufer und Vorboten des Antichrist, die damals schon die gotteslästerlichsten Untaten verbrachen, die jener einst tun soll, raubten die wertvollen Gefäße und Behältnisse des Heiligen, zerbrachen sie und steckten sie in ihre Taschen oder stellten sie als Brotkörbe und Trinkbecher auf ihre eigenen Tische«.

Kaum zu glauben seien die Scheußlichkeiten, welche die Kreuzfahrer in der Hagia Sophia verübten: »Der Altartisch, aus lauter edlen, im Feuer aneinandergefügten Stoffen, ein einziger, vielfarbiger Gipfel der Schönheit, der auf der ganzen Welt als außerordentlich galt und bewunderndes Staunen erregte, wurde von den Plünderern zerstückelt und verteilt«; nicht anders seien die Eroberer mit dem prachtvollen Kirchenschatz verfahren. Um Ausstattungsstücke fortzuschaffen, die mit Edelmetallen verkleidet waren, führten die Kreuzfahrer Maulesel und Packtiere bis zum Allerheiligsten vor und beluden sie schwer. Als einige Tiere auf dem blinkenden Steinboden ausglitten, zogen sie die Schwerter und erstachen sie, so daß die heilige Stätte nicht nur von dem Unrat der Tiere, sondern auch von dem vergossenen Blut befleckt wurde«.

Der Chronist erinnert daran, daß die Kreuzfahrer heilige Eide geschworen und sich zu hohen Idealen bekannt hatten; und die Wirklichkeit? »Sie wollten Rache für das Heilige Grab nehmen und wüteten offen gegen Christus! Im Namen des Kreuzes stürzten sie ruchlos das Kreuz und schauderten nicht davor zurück, wegen einer Handvoll Gold und Silber das gleiche Zeichen, das sie auf der Schulter trugen, mit den Füßen zu zertreten! Sie steckten Perlen in ihre Taschen und verwarfen Christus, die wertvollste Perle; sie, die reinste und heiligste, warfen sie den schmutzigsten Tieren vor!« Verglichen mit den Kreuzfahrern, hätten Muslime sich geradezu menschenfreundlich verhalten.

Wenige Jahre nach diesen Ereignissen hielt ein Mönch in dem elsässischen Kloster Pairis fest, wie sich sein Abt nach der Erstürmung Konstantinopels verhalten hatte. Man weiß nicht recht, ob man die Offenheit als naiv oder eher als schonungslos beurteilen soll. Während andere gierig materielle Güter zusammenrafften, habe Abt Martin sich auf die Suche nach den Heiligen begeben. Eine Kirche sei ihm auch deshalb aufgefallen, weil eine Kaiserin hier ihr Grab gefunden habe. Hohe Geldbeträge, die Menschen der Umgebung dort in Verwahrung gegeben hatten, lassen Martin kalt, sucht er doch Reliquien. Er bedroht einen griechischen Priester mit dem Tode, wenn er ihm nicht weiterhelfe. Eingeschüchtert, öffnet der Grieche eine Truhe. Was der Abt aus dem fernen Elsaß hier zu sehen bekam, war ihm »willkommener und erwünschter« als alle Kleinodien Griechenlands. Martin tauchte »eilig und begehrlich beide Hände hinein«, füllte »den Bausch seiner Kutte mit dem heiligen Raub, er und der Kaplan«. Die wichtigsten Stücke »versteckte er scharfsinnig, und dann ging er sogleich hinaus«. Der »heilige Räuber« hatte das Ehrwürdigste vom Wertvollsten erbeutet: eine Spur vom Blut Christi und Holz von seinem Kreuz, ferner Reliquien von Johannes dem Täufer, vom Apostel Jakobus, von Kosmas und Laurentius sowie weiteren 28 männlichen und acht weiblichen Heiligen, darüber hinaus Steinbrocken und andere Erinnerungsstücke von 16 heiligen Stätten.

Schlagt alle tot, Gott kennt die Seinen

Ebenso berüchtigt wie die Frevel in Konstantinopel ist die Erstürmung von Béziers im Jahre 1209. Da die Belagerer wußten, daß in der Stadt Häretiker und Rechtgläubige miteinander lebten, waren sie unsicher, wie sie vorgehen sollten. Sie wandten sich deshalb an Arnaud Amaury, Abt von Cîteaux, geistlicher Berater und Leiter des Kreuzzuges. »Was sollen wir machen, Herr? Wir können zwischen den Guten und Bösen keinen Unterschied sehen?« Es sei zu befürchten, daß viele der Eingeschlossenen aus Angst vor dem Feuertod Rechtgläubigkeit heuchelten und nach dem Abzug der Kreuzfahrer in ihren alten Unglauben zurückfallen würden. Der Abt habe erwidert: »Macht sie nieder. Denn der Herr kennt die Seinen!«

Während die Kreuzfahrer sich zum Sturm auf die Stadt rüsteten, läutete man hier die Glocken, wie zu einem Totenamt. Etwa 7000 Menschen flüchteten in die Kathedrale und in die Kirche der hl. Magdalena, deren Fest man an diesem Tage hätte feiern sollen. Im Sturm wurde die Stadt genommen; das Asylrecht der Kirche galt den Kreuzfahrern nichts. Alle wurden getötet – auch Kleriker, Frauen und Kinder; nicht einer sei entkommen. »Nichts konnte sie retten, weder Kreuz, noch Altar, noch Kruzifix«. Gemetzelt hätten die Täter auch noch mit dem Gefühl des Bedauerns darüber, den Opfern »nichts Schlimmeres antun zu können« *(no lor podo far pis).*

XIII. STÄTTE DER VERSTÄNDIGUNG

In Kirchen wird während der Messe im *Gloria* der Friede verkündet und im *Agnus Dei* um Frieden gebetet. Da Kirchen einem besonderen Frieden unterstanden, eigneten sie sich für Friedensverhandlungen auch zwischen weltlichen Herrschern. So trafen sich Bevollmächtigte Lothars I. sowie Ludwigs des Deutschen und Karls des Kahlen, der verfeindeten Söhne Ludwigs des Frommen, im Oktober 842 in Koblenz, um über die Teilung des Reiches und den wünschenswerten Frieden zu verhandeln; *sanctum Castorem petierunt,* sie suchten den heiligen Kastor auf, heißt es knapp. Im weiteren Verlauf der Erzählung ist davon die Rede, die Gesandten seien in *basilica sancti Castoris* bzw. in demselben Haus/Gebäude zusammengekommen, in *eadem domo convenerunt*[225].

Zweihundert Jahre später wurde im Kölner Dom nach Zustimmung von

Klerus und Volk ein Gottesfriede für das Erzbistum Köln verkündet, mit dem das Fehdeunwesen eingedämmt werden sollte: Bestimmte Zeiten und Personengruppen wurden unter einen besonderen Frieden gestellt. Ausdrücklich bekräftigt wurde das Asylrecht; flüchte ein Räuber oder Dieb in eine Kirche oder auf einen Friedhof, dürfe er da weder getötet noch festgenommen werden; »vielmehr soll er dort solange belagert werden, bis er, vom Hunger getrieben, zur Übergabe gezwungen ist«. Die gleiche Strafe wie den Täter sollte denjenigen treffen, der sich unterfange, einem Schuldigen Waffen, Lebensmittel oder Fluchtmöglichkeit zu verschaffen[226].

Noch im 20. Jahrhundert diente die Kirche auch dazu, im Rahmen einer großen Feier eine Verständigung zu besiegeln. Charles de Gaulle, Präsident der Republik Frankreich, und Konrad Adenauer, Bundeskanzler der Bundesrepublik Deutschland, besuchten am 8. Juli 1962 gemeinsam Reims. Der Ort zählt zu den symbolträchtigen Stätten der europäischen Geschichte. Wie bereits berichtet, wurden hier Ende des 5. Jahrhunderts der Frankenkönig Chlodwig getauft und jahrhundertelang die französischen Könige gesalbt und gekrönt. Im Ersten Weltkrieg wiederholt von deutscher Artillerie beschossen[227], symbolisierte die verstümmelte Kathedrale für viele Franzosen die Leiden ihres Landes und bewies die abgrundtiefe Verworfenheit des Feindes. Nur 18 Jahre nach einem weit schlimmeren Krieg nahmen hier der französische Staats- und der deutsche Regierungschef gemeinsam an einer feierlichen Messe teil. Den Anwesenden war bewußt, daß zwischen 1870 und 1945, der Zeit von nur drei Generationen, Deutsche und Franzosen dreimal Krieg gegeneinander geführt hatten. Als die beiden Staatsmänner sich während der Messe den Friedenskuß gaben, setzten sie ein Zeichen der Zuversicht: daß eine dauerhafte Verständigung von Franzosen und Deutschen möglich ist.

DRITTER TEIL

Typen, Formen und Dimensionen

I. FRÜHZEIT

Seit 1700 Jahren werden christliche Gotteshäuser gebaut. Zu keiner Zeit hat es den Versuch gegeben, sie nach Bautyp, Form oder Größe zu vereinheitlichen[228]. Angesichts der sonst in der Kirche verbreiteten Reglementierungsfreude ist das nicht selbstverständlich.

Jesus und seine Jünger sind in Räumen zusammengekommen, wie Privatleute sie im Wallfahrtsort Jerusalem Gruppen unterschiedlicher Größe zur Verfügung stellten. Zwar heißt es, nach der Pfingstpredigt des Petrus hätten sich der Gemeinde »etwa 3000« weitere Gläubige angeschlossen (Apg 2, 41), doch noch lange reichten Privathäuser den ›Christen‹ zur gemeinsamen Mahlfeier (vgl. Apg 2, 46; 20, 8). Mancherorts konnte man wohl noch bis in die Mitte des dritten Jahrhunderts auf eigene Kultgebäude verzichten. So soll Gregorios Thaumaturgos († um 270/275), als er um das Jahr 250 in seiner nicht unbedeutenden Vaterstadt Amasia in Pontus Bischof wurde, einer Gemeinde von 17 (!) Christen vorgestanden haben; dank seines missionarischen Wirkens habe man in Amasia etwa 65 Jahre später allerdings schon mehrere Kirchen gezählt[229].

Auf solche Versammlungsstätten, die von den Eigentümern – oft Angehörigen der senatorischen Oberschicht – an Christengemeinden übertragen wurden, könnten die sogenannten Titelkirchen zurückgehen, von denen man in Rom um das Jahr 400 schon 25, Mitte des 12. Jahrhunderts 28 zählte, sieben für jede der vier Patriarchalkirchen. ›Titel‹ könnte auf die Inschrift mit dem Namen des ursprünglichen Eigentümers verweisen; solche Inschriften waren an der Vorderfront römischer Wohnhäuser angebracht, auf welche die ältesten Titelkirchen zurückgehen[230].

Römische Paläste und Villen waren zuweilen so weiträumig, daß auch eine große Gemeinde sich hier zur Feier der Liturgie versammeln konnte; gegebenenfalls erweiterte man die vorhandenen Räume. So umfaßte in Trier eine Palastanlage aus der Zeit Kaiser Konstantins I., zu der ein Prunksaal gehörte, ein Areal von der Größe zweier Wohnblöcke *(insulae)*, etwa 100 x 200 Meter. Seit 326 (?) führte Bischof Agritius Kultgebäude von gewaltigen Ausmaßen auf: Zwei parallel gelagerte, nach Osten ausgerichtete dreischiffige Basiliken, zu denen zahlreiche Anbauten gehörten. Der südliche Bau – Vorgänger der heutigen Liebfrauenkirche – soll bereits um 330 vollendet gewesen sein[231].

Auch andernorts sind seit den Jahren um 320 im Römischen Reich Kirchen in kurzer Zeit errichtet worden, oft auf Grundstücken, die dem Staat gehörten – wie die Lateranbasilika. Wiederholt wurden politische Gegner entmachtet und deren Besitzungen konfisziert, dem *fiscus*, Staatsbesitz, zugeschlagen; und noch lange gab es ›verstockte Heiden‹, deren Güter der Staat an sich zog, um sie Gemeinden zur Nutzung zu überlassen. Unter Verwendung ganzer Bauten oder einzelner Teile errichteten die Christen eine Kirche, häufig in der Form der eingangs erwähnten Basilika.

In der Spätantike hatte der Totenkult große Bedeutung. Für Kaiser Hadrian (und dessen Nachfolger, einschließlich Septimius Severus) wurde in den Jahren 135–139 auf dem rechten Tiberufer, das heißt außerhalb Roms, ein monumentales Grabmal errichtet, später ›Engelsburg‹ genannt[232]. Auch Kaiser wurden also außerhalb der Siedlung beigesetzt; und man ehrte den Verstorbenen mit einem – oft runden – Grabbau, an dem die Hinterbliebenen zu Gedenken und Mahl zusammenkommen konnten. Je nach sozialer Stellung und Vermögen verfuhr man mit ›einfachen Sterblichen‹ ähnlich; gern setzte man sie an leicht erreichbarer Stelle bei, jedoch nicht in der Nähe von Wohnungen.

Im Verhältnis zu ihren Toten unterschieden sich die Christen zunächst nicht von ihrer Umgebung. Recht und Brauch begünstigten den Kult der Märtyrer. Sofern die Verfolger deren Andenken nicht bewußt tilgen wollten[233], bestattete man die Blutzeugen außerhalb der Siedlung, etwa an einer Ausfallstraße. Angehörige und Mitglieder der Gemeinde versammelten sich am Grab, um des Toten im Gebet und bei einem Mahl zu gedenken[234]. Ließ die Verfolgung nach, errichtete man, um gegen Unbilden der Natur leidlich geschützt zu sein, über dem Grab verehrter Märtyrer einen Gedächtnisraum; im allgemeinen unterschied er sich nicht von den entsprechenden Erinnerungsstätten der Heiden, oft war es also ein Zentralbau. Manch einfacher Bau bildet den Kern einer Coemeterialkirche (lat. *coemeterium* Begräbnisstätte). Nicht selten ließ sich später ein Einsiedler hier nieder, der das Andenken an den Glaubenshelden pflegte; sammelten sich um ihn Ge-

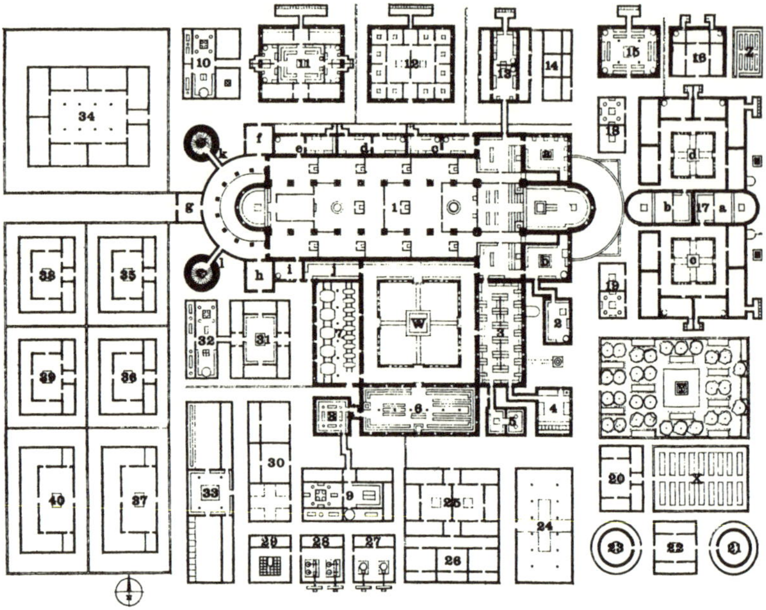

Der Klosterplan von St. Gallen.

1 Kirche · a Schreibstube im Erdgeschoß, Bibliothek im Obergeschoß · b Sakristei im Erdgeschoß, Kammer für die liturgischen Gewänder im Obergeschoß · c Wohnung für durchreisende Mönche · d Wohnung des Vorstehers der Äußeren Schule · e Wohnung des Pförtners · f Zugangshalle zum Haus für vornehme Gäste und zur Äußeren Schule · g Empfangshalle für alle Besucher · h Zugangshalle zum Pilger- und Armenhaus und zu den Wirtschaftsgebäuden · i Wohnung des Verwalters des Pilger- und Armenhauses · j Sprechraum der Mönche · k Turm des hl. Michael · l Turm des hl. Gabriel · 2 Zubereitungsraum des heiligen Brotes und Öles · 3 Schlafsaal der Mönche im Obergeschoß, Wärmeraum im Untergeschoß · 4 Abtritt der Mönche · 5 Bade- und Waschraum der Mönche · 6 Speisesaal der Mönche im Erdgeschoß, Kleiderraum im Obergeschoß · 7 Wein- und Bierkeller der Mönche im Erdgeschoß, Vorratskammer im Obergeschoß · 8 Küche der Mönche · 9 Bäckerei und Brauerei der Mönche · 10 Küche, Bäckerei und Brauerei für die vornehmen Gäste · 11 Haus für vornehme Gäste · 12 Äußere Schule · 13 Abtshaus · 14 Küche, Keller und Badhaus des Abtes · 15 Aderlaßhaus · 16 Ärztehaus · 17 Noviziat und Krankenhaus · 18 Küche und Bad des Krankenhauses · 19 Küche und Bad des Noviziats · 20 Gärtnerwohnung · 21 Hühnerstall · 22 Haus der Hühner- und Gänsewärter · 23 Gänsestall · 24 Kornscheune · 25 Haupthaus der Werkleute · 26 Nebenhaus der Werkleute · 27 Mühle · 28 Stampfe · 29 Darre · 30 Küferei, Drechslerei und Getreidehaus für die Brauer · 31 Pilger- und Armenhaus · 32 Küche, Bäckerei und Brauerei für die Pilger · 33 Pferde- und Ochsenstall und Wärterunterkunft · 34 Haus für des Kaisers Gefolgschaft (Identifizierung nicht gesichert) · 35 Schafstall und Schafhirtenunterkunft · 36 Ziegenstall und Ziegenhirtenunterkunft · 37 Kuhstall und Kuhhirtenunterkunft · 38 Haus für die Knechte von abliegenden Besitzungen und für Knechte in der Gefolgschaft des Kaisers (unsicher, vgl. 34) · 39 Schweinestall und Schweinehirtenunterkunft · 40 Stall für die trächtigen Stuten und Füllen und Wärterunterkunft · x Gemüsegarten der Mönche · y Friedhof und Obstgarten · z Garten für Heilkräuter

sinnungsgenossen, mochte sich aus der Gemeinschaft ein Kloster entwickeln. Tat der Geehrte durch außergewöhnliche Hilfe oder gar Wunder kund, daß er an Gottes Thron über Einfluß verfügte, strömten Menschen zu seinem Grab. Um Dank oder Bitte zu unterstreichen, brachten sie Gaben mit; und die erlaubten, eine schlichte *cella memoriae* zu einer Kirche aus-, später vielleicht gar zu einem stattlichen Dom umzubauen. Das gilt etwa für altehrwürdige Kirchen Roms, die außerhalb der Stadtmauer, *fuori le mura,* errichtet wurden: St. Peter, St. Laurentius, St. Sebastian, St. Paul[235].

II. KLOSTER, BASILIKA, PFARRKIRCHE

Klösterliche Gemeinschaften entstanden im Westen des Römischen Reiches seit Ende des 4. Jahrhunderts; sie brauchten für das gemeinsame Gebet einen eigenen Raum. Die Behausungen, die Martin von Tours für sich und seine Mönche außerhalb der antiken Stadt Tours gebaut hat, dürften sehr bescheiden gewesen sein; doch sollte sich aus ihnen eins der bedeutendsten Klöster der abendländischen Christenheit entwickeln; das Haus des Gebetes, *oratorium,* wurde zu einer großen, fünfschiffigen Basilika.

Der Klosterplan von St. Gallen[236] aus der Zeit um 810/820 läßt sich als *exemplum,* Beispiel, verstehen: Wer ein Kloster gründen wollte, sollte hier Anregungen finden, auf daß weder Wünschenswertes noch Notwendiges vergessen werde. Um mit dem letzteren zu beginnen: Auf dem Plan sind sogar Latrinen verzeichnet, unentbehrlich für die Körperpflege des Einzelnen wie für den Schutz der Gemeinschaft vor Krankheitskeimen. Wesentlich für ein Kloster war die Gebetsstätte. Und da weist der Plan auffällige Einzelheiten auf: Verglichen mit den übrigen Gebäuden ist die Kirche groß; sie hat einen Ost- und einen Westchor sowie zahlreiche, unterschiedlichen Heiligen gewidmete Altäre.

Da zum Kloster im allgemeinen abhängige Bauern, Handwerker, Jäger, Kaufleute gehörten, mußte auch an deren Seelsorge gedacht werden. Vielerorts war der (Ost-)Chor der Klosterkirche den Mönchen für Stundengebet und Liturgie vorbehalten; jenseits einer Schranke (Gitter, Lettner oder Wand) errichtete man einen eigenen Heilig-Kreuz-Altar, an dem die Messe für Laien gefeiert wurde. Eine solche Trennung war auch dann angezeigt, wenn sich eine Wallfahrt zu einem verehrten Heiligen ausgebildet hatte und die Pilger das geistliche Leben der Gemeinschaft nicht stören sollten.

Ländliche Pfarrkirchen waren hinsichtlich Grundriß und Größe, Baumaterial und Schmuck im allgemeinen kleiner als Bischofs- und Klosterkirchen, zudem eher ärmlich ausgestattet. Anders in der Stadt. Blühten hier die Gewerbe auf, strebte die Schicht, die das gesellschaftliche Leben bestimmte, nicht selten nach einer Pfarrkirche, die der Bischofskirche mindestens ebenbürtig sein sollte. Freiburg i. B. und Ulm rühmen sich solcher Stadtpfarrkirchen.

III. KIRCHEN DER PILGER

Seit der Jahrtausendwende nahm die Pilgerfreude zu. Um dem damit verbundenen ›Betrieb‹ gewachsen zu sein, mußten bestehende Kirchen den Bedürfnissen der Wallfahrer angepaßt oder vergrößert werden. Die Basilika mit ihren Längsschiffen – drei in Conques, Santiago de Compostela und Vézelay; fünf in Paris, Tours (Saint-Martin) und Toulouse (Saint-Sernin) – erleichterte es, Pilgerströme zu kanalisieren[237]: Einzug etwa durch ein nördliches Seitenschiff bis in den Chorumgang, wo man dem Reliquienschrein oder dem Gnadenbild nahe war, Rückweg auf der Südseite. Im Hauptschiff war dann Platz für Beter, die längere Zeit verweilen wollten, sowie für Kranke und Behinderte, die sich nach Heilung sehnten; auf Liegen, Karren oder in Körben hatte man sie hierhin geschafft, oft blieben sie auch nachts. Der Gestank, der von ungewaschenen, ungepflegten Menschen mit schwärenden Wunden ausging, war in einem hohen Raum leichter zu ertragen – ein Grund mehr, bei Gelegenheit die flache Decke durch ein Gewölbe zu ersetzen.

Zu ausgesprochenen Pilgermagneten konnten sich Kloster- sowie Bischofskirchen entwickeln; als Beispiele für erstere seien Saint-Denis und Saint-Martin in Tours genannt, für letztere Canterbury, Chartres und Köln. Wiederholt setzte eine Wallfahrt aufgrund eines Wunders, der ›Entdeckung‹ eines Heiligen oder einer Erscheinung ganz unvermutet ein; auf einmal brauchte man eine große Kirche. Man denke an die Heilig-Blut-Wallfahrten nach Wilsnack in Brandenburg und nach Walldürn im Odenwald (seit dem 14. Jahrhundert; die nach Wilsnack ist in der Reformationszeit untergegangen), die nach Vierzehnheiligen in Franken (seit Mitte des 15. Jahrhunderts) und die Zum Gegeißelten Heiland auf der Wies (bei Steingaden, Oberbayern, seit Ende der 1730er Jahre). Zu wahren Massenwallfahrten entwickelten sich in kurzer Zeit Lourdes in den Pyrenäen (seit 1858/62) und Fatima in

Portugal (seit 1917/30). Diese Bewegung ist beileibe kein »historisch abgeschlossenes« Phänomen: Zu Ehren von Padre Pio, dem schon längst spontan verehrten, am 16. Juni 2002 kanonisierten süditalienischen Volksheiligen, entsteht in San Giovanni Rotondo (Apulien) derzeit eine neue Wallfahrtsbasilika von gigantischen Ausmaßen.

Beliebte Wallfahrten machten große Kirchen und ein Ensemble weiterer Gebäude erforderlich. Anders als in einer Domburg kam es dabei nicht – oder nicht in erster Linie – auf die Darstellung von Macht an, um so mehr auf die leibliche und geistliche Versorgung Zehntausender von Alten und Jungen, Gesunden und Kranken, die unter oft unsäglichen Strapazen hierhin gepilgert waren.

An Wallfahrtsstätten treffen zwar auch viele einzelne Gläubige ein, die meisten dürften jedoch in Gruppen kommen, oft unter der Führung eines Priesters, mit dem zusammen die Pilger dann als Höhepunkt eine Messe feiern wollen. Auf diese Herausforderung gibt die 1950–1955 von Le Corbusier gebaute Wallfahrtskirche Notre-Dame-du-Haut in Ronchamp, nicht weit von Belfort entfernt, eine originelle Antwort. ›Unsere Liebe Frau auf der Höhe‹ ist so konzipiert, daß unterschiedlich große Gruppen für Messe oder Andacht entsprechende Kirchenräume vorfinden. Zehn bis zwanzig Personen mögen sich in der kleinsten Kapelle geborgen fühlen, hundert und mehr im Hauptschiff; an Mariae Himmelfahrt (15. August) können sich bei schönem Wetter Tausende draußen um den Altar scharen, der unter dem weit vorkragenden Dach eigens für solche Gelegenheiten gebaut worden ist; dazu gehört eine Außenkanzel, wie man sie seit Jahrhunderten an manchen Wallfahrtskirchen kennt, etwa in Creglingen/Taubertal oder S. Maria Nuova in Viterbo.

IV. KIRCHEN DES KÖNIGS

Weltliche und geistliche Herrscher legten Wert darauf, Gottesdienste auch unter Ausschluß der Öffentlichkeit zu feiern; nur eigens berechtigte Personen sollten dann Zutritt haben. Sie errichteten auf eigenem Grund und Boden Kapellen. Solche Kapellen haben – unabhängig von ihrer Größe – nicht die Rechte von Pfarrkirchen. Das Marienmünster in Aachen und der Markusdom in Venedig waren ursprünglich ›Hauskapellen‹ Karls des Großen bzw. des Dogen.

Im Abstand von etwa einem Jahrhundert entstanden zwei weitere Kapellen, an denen sich demonstrieren läßt, wie unterschiedlich neuzeitliche Herrscher Kirche und Religion einschätzten. In den Jahren 1563 bis 1584 ließ Philipp II., König von Spanien, etwa 60 km von dem zur Hauptstadt erhobenen Madrid entfernt einen gewaltigen Gebäudekomplex errichten (207 x 162 Meter); er umfaßte den Königspalast, Kloster, Bibliothek und weitere Bildungseinrichtungen sowie – im Zentrum – die Kirche, die seit Karl V. den Königen Spaniens als Grablege dient. Weit weniger Fläche als die Kirche nehmen die Privaträume ein; geradezu winzig wirkt das Zimmer, von dem aus der König dem Gottesdienst folgte. Anders das etwa 20 Kilometer südwestlich von der Hauptstadt Paris entfernte Schloß Versailles, dessen Neubau Ludwig XIV., König von Frankreich, seit 1661 betrieb. Gemessen an der Gesamtanlage ist die Kapelle klein; im Zentrum des Schlosses finden sich die königlichen Gemächer und der Spiegelsaal, in dem der König sich und seine Herrschaft zur Schau stellte; auf diese Räume führen Straßen und Alleen hin; die Kapelle liegt in einem Seitentrakt[238].

V. BAUFORMEN

Längsbau und Zentralbau

Kirchen sind meist Längsbauten auf rechteckigem Grundriß oder Zentralbauten[239]. Längsbauten gehen oft zurück auf die Basilika (mit einem hohen Mittelschiff und zwei oder vier niedrigeren Seitenschiffen); seit der Spätantike fügte man häufig ein Querschiff hinzu. Längs- und Querschiff bilden ein T, öfter ein lateinisches Kreuz. Seit Bischof Ambrosius († 397) die Kreuzgestalt der von ihm in Mailand errichteten Apostelkirche (heute S. Nazaro) als Zeichen für den Sieg Christi deutete[240], wurde die Kreuzform immer beliebter, vielfach modifiziert und unterschiedlichen Wünschen, Aufgaben und Traditionen angepaßt.

Zu der großen Gruppe von Zentralbauten gehören Kirchen mit vieleckigem (polygonalem), rundem oder ellipsenförmigem Grundriß[241]. Es waren wohl vor allem drei beeindruckende Zentralbauten der Spätantike, die im Mittelalter zu dieser Bauweise inspirierten: Das Pantheon in Rom, die Heilig-Grab-Kirche in Jerusalem und kaiserliche Mausoleen (zu diesen darf man auch die Grabstätte Theoderichs in Ravenna zählen).

Das Pantheon, unter Kaiser Hadrian in den Jahren 115–125 (?) gebaut als

Stätte der Verehrung ›aller Götter‹, wurde Anfang des 7. Jahrhunderts in eine Kirche umgewandelt und als S. Maria Rotonda Maria und allen Heiligen geweiht. Über einen Zylinder von 43,30 Metern Durchmesser spannt sich eine halbkugelförmige Kuppel; denkt man sie sich um eine zweite Hälfte ergänzt, berührt sie genau den Boden. Das Pantheon, architektonisch und statisch eine überaus kühne Konstruktion, hat Zeit und Erdbeben getrotzt. Es könnte beispielgebend gewirkt haben für andere Rundbauten mit Marienpatrozinium[242].

Santa Maria Rotonda konnte auch deshalb Vorbild für andere Kirchen werden, weil die Kugel als vollkommene geometrische Form galt. Als Kugel dachte man sich das Universum. Wenn Christus als Weltenherrscher dargestellt ist, hält er in der Hand eine – oft vom Kreuz überhöhte – Kugel, den Kosmos; über der als Scheibe verstandenen Erde wölbt sich halbkugelförmig der Himmel, darunter in derselben Form die Unterwelt.

Die Grabeskirche ist die ehrwürdigste heilige Stätte der Christenheit. Nicht jeder hatte Zeit und Geld, um nach Jerusalem zu wallfahren; aber weniger Bemittelte und Kranke konnten in Nachbildungen der Heilig-Grab-Kirche beten, als wären sie da, wo der tote Jesus bis zu seiner Auferstehung geruht hatte. Im Laufe der Jahrhunderte wurde manche Nachempfindung der Jerusalemer Grabeskirche gebaut[243]. Konrad, Bischof von Konstanz (934–975), soll dreimal nach Jerusalem gepilgert sein; aufgrund eigener Anschauung dürfte er Anweisungen gegeben haben, die dann zu einer Nachbildung des Heiligen Grabes in der Mauritiusrotunde seiner Kathedrale führten[244]. Meinwerk, Bischof von Paderborn (1009–1036), sandte Abt Wino von Helmarshausen ins Heilige Land, der Reliquien, Maße der Kirche *(mensuras eiusdem ecclesie)* und des Heiligen Grabes mitbringen sollte; nach dessen Angaben wurde dann die Kirche des Busdorf-Stiftes gebaut[245]. Von den weiteren, erhaltenen Nachbildungen seien die in Bologna, Eichstätt (Kapuzinerkirche), Fulda und Magdeburg (Dom; hier als Sechzehneck) genannt, ferner Neuvy-Saint-Sépulchre sowie Torres del Rio (Navarra)[246].

An römische Kaiserbauten, an San Vitale in Ravenna sowie an das dortige zehneckige Mausoleum Theoderichs erinnert das Marienmünster in Aachen, das Karl der Große errichten ließ[247]. Man hat viele Gründe erwogen, die Karl und seine Berater veranlaßt haben könnten, sich bei diesem monumentalen Bau für einen achteckigen Grundriß zu entscheiden. Sollte das als ›neues Rom‹ verstandene Aachen ein Gotteshaus bekommen, das sich von den berühmten Basiliken in Rom – vor allem St. Johannes im Lateran und St. Peter auf dem Vatikan – unterschied? Karl und sein Gefolge hatten auf ihren

Reisen zahlreiche Zentralbauten kennengelernt, die seit dem 4. Jahrhundert errichtet worden waren, auch solche, die später zerstört worden sind[248]. Man wird am fränkischen Königshof auch von bedeutenden Zentralbauten in Jerusalem (Heilig-Grab-Kirche, Felsendom) und Konstantinopel (Hagia Sophia, Sergios- und Bacchoskirche) gewußt haben[249]. – Nach dem Vorbild des Aachener Marienmünsters wurde – vom Patrozinium bis zur Funktion als Grablege – seit etwa 1030 die ehemalige Abteikirche in Ottmarsheim/Elsaß gebaut, ferner um 1050 die Kirche des Damenstifts in Essen.

Zu den Zentralbauten gehören auch Kirchen, deren Grundriß sich am griechischen Kreuz mit vier gleichlangen Armen orientiert. Sie finden sich vor allem im Oströmischen Reich sowie in Gebieten, die unter byzantinischem Einfluß standen (etwa der Markusdom in Venedig), doch auch im Abendland (Germigny-des-Prés, östlich von Orléans, Liebfrauenkirche in Trier). Auch der Neubau des Petersdoms in Rom sollte einen solchen Grundriß erhalten; dieser Plan wurde dahingehend verändert, daß der östliche Balken des Kreuzes zu einem mächtigen Längsschiff verlängert und erweitert wurde.

Angesichts des Ansehens, dessen sich Petrus als Apostelfürst und Himmelspförtner erfreute, verwundert es nicht, daß der Petersdom in Rom nachgeahmt wurde, und zwar sowohl die spätantike Basilika als auch der im 16./17. Jahrhundert ausgeführte Neubau. Nach dem Wunsch Bischof Gebhards von Konstanz sollte Kloster Petershausen bei Konstanz hinsichtlich Patrozinium, Gestalt und Lage an (Alt-)St. Peter in Rom erinnern; wie der Petersdom jenseits des Tibers liegt, wurde Petershausen jenseits des Rheins gebaut[250]. Abt Sebastian Hyller wünschte, daß der von ihm betriebene Neubau der Klosterkirche Weingarten etwa halb so lang würde wie der Petersdom in Rom[251], der damit zum ›Maßstab‹ erhoben wurde. Schließlich entstand in den 1980er Jahren eine Nachahmung des Petersdomes in Yamassoukro, der Hauptstadt der Elfenbeinküste/Afrika; diese Basilika Notre Dame de la Paix, »Unsere Liebe Frau des Friedens«, wurde von Papst Johannes Paul II. am 10. September 1990 geweiht. Der erste Präsident des unabhängigen Landes hatte sich ein Denkmal gesetzt[252].

Sonderformen

Je nach lokaler Tradition, Klima, Funktion, materiellen Möglichkeiten wurden im Laufe von mehr als 1500 Jahren im Kirchenbau weitere Formen entwickelt, spielerisch variiert, vergessen und unter anderen Zeitumständen wieder aufgegriffen. St. Gereon in Köln, eine altehrwürdige Märtyrerkirche aus dem letzten Drittel des vierten Jahrhunderts[253], gehört zu den Kirchen mit ovalem Grundriß; im Zeitalter des Barock wurde diese Grundrißform wieder beliebt. Eine weitere, recht verbreitete Sonderform bildet die ein- oder mehrschiffige Hallenkirche; die einfache Bauweise entsprach den Vorstellungen der Bettelorden, deren Angehörige in Städten predigten. Auch eine Bürgerschaft mochte die Vorstellung der rechtlichen Gleichheit ihrer Mitglieder eher in einer Hallenkirche verwirklicht sehen als in einer ›aristokratischen‹ Basilika, in der dem hohen Mittelschiff Seitenschiffe untergeordnet sind. Anschauungen hierarchischer Über- und Unterordnung könnten gegen den Zentralbau gesprochen haben, ist in diesem die Abgrenzung des Klerus von der Gemeinde doch nicht so einfach wie in der Basilika.

Bauherren und Architekten nutzten die Freiheit, die sie beim Entwerfen und Gestalten von Kirchen hatten. Das Ergebnis war eine erstaunliche Vielfalt, sogar bei gleichem Grundriß (Achteck, Kreis, Ellipse). Selbst wenn besondere Bestimmungen vorlagen, wie die Zisterzienser sie auf ihren Generalkapiteln beschlossen, gleicht keine Kirche der anderen. Portal, Turm, Fenster, Dach und Aufteilung des Innern sind jedesmal neu. Kommen Angehörige anderer Kulturen nach Europa, sehen sie in erster Linie die Gemeinsamkeiten; doch sobald man sich mit Grundriß, Aufriß und weiteren Einzelheiten beschäftigt, treten die Unterschiede hervor.

Flachdecke und Deckengewölbe

Zum Erbe der Antike gehören unterschiedliche Arten, den Raum nach oben abzuschließen. Der offene Dachstuhl, wie er sich in Domen Siziliens – Cefalù, Monreale – erhalten hat, betont die Würde des Raumes. Einzigartige Malereien schmücken die flachen Holzdecken in Zillis (Graubünden; um 1160)[254] und in St. Michael zu Hildesheim (um 1230). Jünger sind Kuppeln[255] und Gewölbe[256]. Für Gewölbe oder Kuppel sprachen folgende Gründe: Die Brandsicherheit ist größer, wenn der hölzerne Dachstuhl hinter Stein und Putz liegt; der Raum wirkt höher; die Akustik war oft besser, was dem Gesang der Mönche sowie der an Kathedralen gepflegten Kirchenmusik zugute gekommen sei. Den Ausschlag zugunsten des Baus von Gewölben dürften indessen statische Gründe gegeben haben sowie das Streben nach Höhe und größeren Fensterflächen.

Im Mittelpunkt dieses Buches stehen Kathedralen, Münster und andere große Kirchen. Aber was heißt groß? Verglichen mit vielen anderen Gotteshäusern, ist das Aachener Münster gewiß nicht groß; doch blickt man auf seine Geschichte, wird man es ohne zu zögern als bedeutend einschätzen[257].

Welche Bedeutung man noch heute Quantitäten beimißt, sieht man im Petersdom: In den Fußboden des Hauptschiffes sind in Messinglettern Namen und Längen von dreißig Kirchen eingelassen, die hundert Meter und länger sind, angefangen mit den Hauptkirchen von New York (101,19 m), Mexiko (119,55 m) über die Dome von Prag (124 m), Speyer (134 m), Köln und Mailand (134,94 m), Reims (138,69 m), Brüssel (140,94 m), Florenz (149,28 m), St. Paul's/London (158,10 m) bis zu Alt St. Peter (186,36 m). Der heutige Petersdom ist ebenso lang, mit der Vorhalle zusammen mißt er 211,50 Meter.

Längen von hundert Metern und mehr sind allein schon eindrucksvoll; doch bemerkenswerter ist, welche Breite in vielen Kirchen ohne Stütze überspannt werden konnte, und wie hoch die Gewölbe aufragen. In der zweiten Hälfte des 12. Jahrhunderts kam es zu einem Wettstreit; die Kirchenschiffe wurden höher und höher gebaut: Paris (1163) 35 Meter, Chartres (1194) 36,5 Meter, Reims (1212) 38 Meter, Amiens (1221) 42,3 Meter, Beauvais (1225) 48 Meter[258].

Warum wurde die Reihe der Superlative im Spätmittelalter nicht fortgesetzt? Warum wurden große Repräsentationswerke – allen voran der neue Petersdom in Rom – nicht (noch) höher gebaut? Offensichtlich hatte sich das Ideal des schönen Baus verändert. ›Gotische‹ Architektur – die abwertend gemeinte Bezeichnung wird seit dem 16. Jahrhundert in Italien verwendet, sie sollte an die Eroberung Roms durch die Goten im Jahre 410 erinnern – wird als barbarisch abgelehnt[259]; antike Proportionen sollten wieder den Kanon des Schönen bestimmen.

In Italien wollte man seit dem 14. Jahrhundert der antiken Kunst zu einer ›Renaissance‹, Wiedergeburt, verhelfen. ›Klassische‹ Formen und Maße sollten wieder den Kanon des Schönen bestimmen. Bildende Künstler eiferten auf vielen Feldern den ›Alten‹ nach; einige wollten sie allerdings auch übertreffen. Was dabei herausgekommen ist, zeigt ein Vergleich: Der um 520 v. Chr. begonnene, nicht fertiggestellte ›Tempel G‹ in Selinunte/Sizilien hat eine Grundfläche von etwa 50 x 110 Metern; die *cella* mißt etwa 22 x 70 Meter; die

Säulen sind fast 15 Meter hoch; der Tempel – in der westgriechischen Welt beispiellos groß – wäre etwa 30 Meter hoch geworden[260].

Die dreifache Grundfläche hat der im 16. Jahrhundert geplante und weitgehend fertiggestellte Neubau des Petersdoms in Rom (etwa 15.000 m^2); ebenso hoch, wie der Tempel G geworden wäre, ist allein schon der von Bernini in den Jahren 1624–1633 geschaffene Baldachin im Inneren von St. Peter (gut 29 m); fast fünfmal so hoch ist die Kuppel (146 m); die Fassade ist annähernd 115 Meter breit und gut 45 Meter hoch. Der Wunsch nach einer Wiedergeburt der Antike und ihrer Proportionen hatte zu einer gigantischen Steigerung geführt. Mit seinen etwa 45 Metern Höhe wirkt das Pantheon in Rom bescheiden, auch verglichen mit der Frauenkirche in Dresden (fast 90 Meter)[261].

Unvergleichlich größer als Kathedralen ist die Pyramide von Giseh, die der Pharao Cheops (2620–2580 v. Chr.) erbauen ließ; sie mißt an der Basis etwa 230 x 230 Meter und in der Höhe 146,60 Meter[262]; dem entspricht ein Volumen von fast 2,6 Millionen Kubikmetern. Dagegen umfaßt der Kölner Dom in seiner heutigen Gestalt nur 400.000 Kubikmeter umbauten Raumes, nicht einmal ein Sechstel jener Pyramide. Für europäische Verhältnisse war er jedoch von jeher ein unglaublich großer Bau; sein Südturm, soweit er im Mittelalter fertiggestellt wurde, umfaßte an die 40.000 Kubikmeter umbauten Raumes, was etwa dem Altenberger Dom (39.900 m^3) oder der Liebfrauenkirche in Trier (38.100 m^3) entspricht – ohne die Dächer [263].

Manche Bischofskirchen erreichen beinahe die Grundfläche eines Fußballfeldes (90 x 120 m, 10.800 m^2). Zur Zeit der Völkerwanderung maßen sie nördlich der Alpen in ihrem Inneren nur 200 bis 400 Quadratmeter (Gemeindekirchen 100–150 m^2). In ihrem heutigen Zustand weisen Kathedralen folgende Flächen auf: Paris 5.500, Bourges 6.200, Reims 6.650, Amiens 7.700, Köln 8.900, Mailand 11.700 Quadratmeter[264].

Aufschlußreich ist auch ein Vergleich des Fassungsvermögens unterschiedlicher Bauten. Großkirchen bieten mehr Plätze als antike Theater; im Theater von Epidauros und dem des Marcellus in Rom war Platz für 14.000 Personen, in der Arena von Nimes für 25.000; eine Ausnahme bildet das für 90.000 Zuschauer gebaute Kolosseum in Rom. Rechnet man vier Personen (stehend) pro Quadratmeter, kommt man für den Petersdom in Rom (15.160 m^2) nach Abzug der Fläche für Altäre, Gänge, Pfeiler usw. auf etwa 50.000 Stehplätze[265]. Hitler wollte den Petersdom noch übertreffen: in Berlin plante er einen Bau, »in dem der römische Petersdom mehrfach Platz gefunden hätte«. Unter der Kuppel mit einem Durchmesser von 250 Metern soll-

Kathedrale (um 1090) und Baptisterium (1196–1216) in Parma. Das Ensemble wird maßgeblich

bestimmt vom Oktogon des Baptisteriums, das wohl von Benedetto Antelami errichtet wurde.

ten sich auf einer rund 38.000 Quadratmeter großen, frei überwölbten Fläche über 150.000 Menschen stehend versammeln können[266]. Bescheiden nimmt sich dagegen die im Jahre 1854 aus Schmiedeeisen gebaute Kuppel über dem Lesesaal des Britischen Museums in London aus; sie hat einen Durchmesser von 42,67 Metern[267], was dem Pantheon in Rom entspricht.

Überraschend ist es, daß manche Großkirche des Mittelalters mehr Plätze bot, als die Stadt Einwohner hatte. Für das Münster in Freiburg i. B. kommt man je nach Berechnungsweise auf eine Fläche von 2.000 bis 3.000 Quadratmetern: dem entsprechen 8.000 bis 12.000 Stehplätze. Als das Münster im frühen 16. Jahrhundert fertiggestellt wurde, könnte Freiburg 8.000 bis 10.000 Einwohner gezählt haben; seine Bevölkerung hätte im Münster also Platz gefunden. Heute geht man bei Orgelkonzerten und ähnlichen Veranstaltungen von etwa 1.500 Sitz- und 900 Stehplätzen aus. Während der Messe zum 150jährigen Jubiläum des Erzbistums sollen sich am 1. Mai 2002 allerdings etwa 6.000 Personen im Münster gedrängt haben[268].

VIERTER TEIL

Kathedrale und Stadt

I. DIE KATHEDRALE UND IHR ENSEMBLE

So wie zu antiken Tempeln Lehr-, Versammlungs-, Schatzhäuser u. a. gehört haben, sind Bischofs- und Klosterkirchen Zentren eines weit größeren Gebäudekomplexes gewesen. Die Gebäude konnten über die Siedlung verstreut liegen; oft fanden sie sich um die Kirche gruppiert, bildeten mit ihr einen Siedlungskern, der in unsicheren Zeiten befestigt wurde. Eine solche Domburg hat sich in Hildesheim erhalten; auch in Krakau und Lübeck hebt sich der Dombezirk bis heute im Stadtbild ab[269].

Baptisterium

Zur Spendung der Taufe baute man in Spätantike und Mittelalter nahe der Bischofs- bzw. Pfarrkirche das *baptisterium*[270]. Die Bezeichnung eines solchen Gebäudes als Taufkirche ist berechtigt, weil sich hier im allgemeinen auch ein Altar zur Feier der Messe befand. Solange der ganze Mensch in der Taufe untergetaucht wurde, brauchte man ein ausreichend großes und tiefes Becken, die *piscina* (lat., ›Fischteich‹), die ebenfalls *baptisterium* genannt wurde. Beim Bau von Baptisterien orientierte man sich möglicherweise an vorchristlicher römischer Grabarchitektur; aus dem 3. und 4. Jahrhundert sind kreisrunde Mausoleen erhalten, das des Kaisers Hadrian wurde schon erwähnt. Die Form des Baues konnte den Täufling daran erinnern, daß in der Taufe ›der alte Adam‹ sterbe und ›der neue Mensch‹ aus Geist geboren werde. »Wißt ihr denn nicht, daß wir, die wir auf Christus Jesus getauft wurden, auf seinen Tod getauft sind?« (Röm 6, 3; vgl. ebd. 4–5).

Unter dem im Jahre 1866 vor dem Ostchor des Kölner Domes entdeckten, nicht genau datierbaren Baptisterium (etwa 4. bis 6. Jh.) fand man Reste eines älteren, bescheidenen Bades mit glatten Achteckwänden – was sich als

Hinweis auf funktionale Kontinuität aus vorchristlicher in die christliche Zeit verstehen läßt. Das um 340 gebaute Baptisterium, das zur bischöflichen Doppelbasilika in Trier gehörte, maß 17,80 x 18,60 Meter, die *piscina*, die ein älteres kleineres Bad in der Nähe ersetzte, immerhin 8 x 8 Meter.

Viele Baptisterien sind achteckig[271]. Vielleicht haben die Erbauer die Zahl Acht symbolisch verstehen wollen als Übergang von der Vier zum Kreis, von der Zeitlichkeit zur Ewigkeit. Zur Vorsicht bei solcher Deutung mahnen sechseckige Taufbecken (Timgad/Numidien, 5. Jh.; Dom von Grado/Istrien, 6. Jh.) und das aus dem Anfang des 5. Jahrhunderts stammende Baptisterium in Boppard am Rhein, das einen siebenstrahligen Fuß hat[272].

Solange es noch viele Heiden gab, unerstrich die Existenz eigener Baptisterien die Bedeutung der Taufe, mit der sich Erwachsene und Jugendliche zum dreifaltigen Gott bekannten. In einer christlich geprägten Welt verlor die Taufe an gesellschaftlicher Bedeutung, die sie noch zur Zeit Chlodwigs gehabt hatte. Auch nahm man nicht mehr eine größere Zahl von Menschen zu bestimmten Terminen nach langer Vorbereitung in die Kirche auf; vielmehr wurden – bald nach der Geburt, nicht zuletzt wegen der hohen Säuglingssterblichkeit – Kinder getauft[273]. Später verzichtete man auch auf das dreimalige Untertauchen. Der Priester spendete die Taufe dadurch, daß er Wasser über den Kopf des Kindes goß und dabei die im Evangelium (Mt 28, 19) gewiesenen Worte sprach – wie heute noch. Verglichen mit dem früheren *baptisterium*, genügte ein kleines, vielleicht in einer eigenen Kapelle aufgestelltes Becken aus Stein oder Bronze; ebenfalls *baptisterium* genannt, war es oft kelchförmig gearbeitet, um das Wasser aufzufangen[274]. Trotzdem legte man noch zu Zeiten, als die Erwachsenentaufe kaum mehr eine Rolle spielte, Wert auf eigene Baptisterien; prächtig ausgestaltet, haben sie sich u. a. in Cremona, Florenz, Parma und Pisa erhalten; in Florenz und Pisa liegt das Baptisterium in der Längsachse der Kirche, vor der Westfassade[275]. Auch nördlich der Alpen wurden eigene Taufkirchen gebaut, etwa in Augsburg von Bischof Ulrich: Das südlich des Domes nachgewiesene Baptisterium hatte die Form eines Kreuzes und im Innern fünf Altäre; wie viele andere Taufkirchen war es dem Schutz Johannes des Täufers anvertraut[276].

Sakristei, Kapellen und Kapitelsaal

Regelmäßig gehört zur Kirche die Sakristei, in der liturgische Bücher, Geräte und Gewänder aufbewahrt werden, ferner Oblaten (ungeweihte Hostien) sowie Wein und Wasser für die Messe. In der Sakristei legen Priester und Ministranten die dem jeweiligen Gottesdienst entsprechenden Gewänder an. Damit sie von Wind und Wetter ungestört den Altar erreichen, schließt sich die Sakristei als abschließbarer Raum meist unmittelbar an das Kirchengebäude an.

Große Kirchen umfassen im allgemeinen mehrere Kapellen; meistens an der Außenwand gelegen und von der Kirche aus zugänglich, nahmen sie jeweils einen Altar oder das Taufbecken auf. Dazu kam bei Dom- und Klosterkirchen der Kapitelsaal. Der Name erklärt sich damit, daß in einem solchen Raum Tag um Tag die Mönche zusammenkamen, um hier ein Kapitel aus der Regel Benedikts zu hören. Erwähnt sei ferner die Bibliothek, oft verbunden mit einer Schreibstube, in der Bücher abgeschrieben und neue verfaßt wurden.

Bischofspfalz und Abtshaus

Zur Kathedrale gehörte seit der Anerkennung der Kirche durch den römischen Staat oft ein Palast bzw. eine Bischofspfalz mit Repräsentations- und Wohnräumen, umfriedeten Gärten und Höfen; noch in der Neuzeit wollten viele Prälaten nicht anders wohnen als ihre Verwandten, die in der ›Welt‹ herrschten[277]. Zum Ensemble von Benediktiner- und Zisterzienserklöstern gehörte die Wohnung für den Abt, die Benedikt in seiner Regel ausdrücklich vorgesehen hatte; die Mönche fanden ihr Bett in einem Schlafsaal. Ob Benedikt bedacht hat, daß eine solche Scheidung zu Zwist im Konvent führen kann?

In seiner Pfalz Aachen hatte Karl der Große seit den 790er Jahren ein herrschaftliches Ensemble bauen lassen. Dem Marienmünster vorgelagert waren ein großes Atrium (in Anlehnung an den oder in Konkurrenz zum Petersdom in Rom?) und eine Königshalle, beide verbunden durch einen überdachten Gang mit einem Torbau (?) in der Mitte. An der Stelle der Königshalle steht heute das Rathaus der Stadt[278]. Dieses Ensemble Münster-Rathaus verdeutlicht Kontinuitäten im Miteinander von Kirche und Welt.

Abt und Bischof brauchten Räume für Verwaltung und Rechtsprechung. Unentbehrlich waren Häuser für das Gesinde, ferner Wirtschaftsgebäude für all das, was die Aufnahme von Gästen erforderte; oft war ja hoher Besuch unterzubringen und zu beköstigen.

Kathedralkloster und Stift

Eigene Baulichkeiten und Einrichtungen beanspruchten auch das Domkapitel, ein etwa angeschlossenes Kathedralkloster[279] oder Stift. Stifte waren klosterähnliche Gemeinschaften von Männern oder Frauen, die ihr Leben an einer Regel ausrichteten und – anfangs jedenfalls – Schlafsaal und Speisesaal miteinander teilten. Seit dem Hochmittelalter löste sich das gemeinsame Leben der an der Kathedral- oder Stiftskirche Wirkenden auf. Dom- und Stiftsherren bzw. Stiftsdamen lebten nun in besonderen Wohngebäuden, die ebenfalls zum Ensemble der Kirche gehörten; solche Gemeinschaften verfügten über eigenes Vermögen, das bei der Finanzierung eines Kirchenneubaus wichtig werden konnte.

Spital

Viele Bischöfe werden von ihren Biographen gelobt, weil sie für das geistliche *und* leibliche Wohl der ihnen Anvertrauten gesorgt hatten. Dieser hat ein Spital gegründet und vielleicht gar regelmäßig das Mahl der Bewohner geteilt, jener ein Armen- oder Siechenhaus gefördert. Man kann sich solche karitativen Einrichtungen, oft unweit der Kathedrale gelegen, nicht einfach genug vorstellen. Meist waren es Mehrzweckbauten, in denen Gesunde und Kranke, Einheimische und Fremde, Arme und Wohlhabende für eine Nacht Obdach oder für lange Zeit eine Bleibe, vielleicht auch Pflege und Zuwendung fanden. Stiftungen und Spenden erlaubten es, die spartanisch anmutende Behausung nach und nach in eine menschenfreundliche Einrichtung umzuwandeln. Krankenhäuser, Seniorenheime, Entbindungsstationen und Kinderhorte unserer Tage gehen in manchen Städten auf ein Spital zurück, das ein Bischof im 10./11. Jahrhundert gegründet hat.

Schulen

Der Bischof sollte dafür sorgen, daß in seiner Diözese geeignete Priester wirkten. Deshalb unterhielt er eine Schule für aufgeweckte Knaben, die im allgemeinen für eine kirchliche ›Laufbahn‹ bestimmt waren. Domschulen wie die in Bamberg, Hildesheim, Magdeburg und Würzburg verfügten im Hochmittelalter über ein beachtliches intellektuelles Niveau.

Mit dem Lesen und Schreiben lernten die Schüler hier Latein, die Sprache der Liturgie und der Gebildeten; sie eigneten sich Kenntnisse der Heiligen Schriften des Alten und Neuen Bundes sowie der Kirchenväter an. Über die *artes liberales*, die freien Künste, lernten sie antike Autoren kennen und viel von dem Bildungsgut aus vorchristlicher Zeit. ›Frei‹ hießen diese Künste, weil sie (im Unterschied zu den ›mechanischen‹ Künsten) als eines freien Mannes würdig galten; sie sollten ihm erlauben, Weisheit zu erwerben (etwa durch das Studium der Bibel) und darüber zur Erkenntnis Gottes und des Menschen zu kommen. Im Laufe des Frühmittelalters hat sich ein Kanon von sieben freien Künsten herausgebildet. Grundlagen vermittelte das *Trivium* (›Dreiweg‹) mit Grammatik, Rhetorik und Dialektik. Daher rührt der heutige Gebrauch von trivial, mit dem man Äußerungen einer Person charakterisiert, die über Elementarbildung nicht hinausgekommen ist. Auf dem *Trivium* baute das *Quadrivium* (›Vierweg‹) auf: Arithmetik (Grundkenntnisse des Rechnens waren für Kleriker unentbehrlich zur Bestimmung des Ostertermins), Geometrie, Musik und Astronomie. Das Quadrivium war wesentlich die Lehre von den Proportionen und Harmonien in Welt und Kosmos. Wer die *artes liberales* beherrschte, konnte sich weiterführenden Studien widmen: Theologie, Recht, Medizin. Aus Domschulen sind, zumal in Frankreich, seit dem 12./13. Jahrhundert Universitäten hervorgegangen.

Vieles spricht dafür, daß wenigstens der eine oder andere Werkmeister lateinische Texte lesen konnte; ob er sich die dazu erforderlichen Kenntnisse an einer Kloster- oder Domschule angeeignet hatte, läßt sich kaum feststellen.

An die Bischofs- oder Klosterkirche schließt sich vielerorts ein Platz an. Der vor dem Markusdom in Venedig mißt etwa 10.600, der vor dem Petersdom in Rom etwa 57.000 Quadratmeter; zum Vergleich: Die Place de la Concorde in Paris ist 74.042 Quadratmeter groß[280]. Viele uns vertraute Plätze sind erst im 19. Jahrhundert entstanden; so gewann man den Platz vor Notre-Dame in Paris durch den Abriß mehrerer Häuserblöcke.

Turm

Kein Dom ohne Turm. Oder? Immerhin fehlt er antiken Tempeln und Synagogen und auch vielen Kirchen. Was Gestalt und Funktion des Kirchturmes angeht, können sich römisch-antike und arabisch-muslimische Einflüsse ergänzt und bereichert haben – wie in anderen Bereichen von Baukunst und

Kultur. Die Funktion des Minaretts ist eindeutig: Von hier aus werden die Gläubigen zum Gebet in die Moschee gerufen[281], wie die Christen von den Glocken in die Kirche. War ein Turm allerdings erst einmal da, konnte man ihn für viele Zwecke gut gebrauchen, wie wir noch sehen werden.

Friedhof und Karner

Ein Friedhof findet sich nicht nur bei Pfarrkirchen. Recht bekannt ist der *Camposanto Teutonico* (›deutsche Friedhof‹) im Schatten des Petersdomes in Rom; schon vor 1200 Jahren dürfte er belegt worden sein[282]. Zum Friedhof gehörte meist eine eigene Kapelle, vielleicht zusätzlich ein Beinhaus oder Karner[283], in dem man menschliche, bei der Wiederbelegung von Gräbern gehobene Gebeine barg.

II. DIE KATHEDRALE ALS TEIL DER STADT

Stadtkultur und Kathedrale

Seit dem Spätmittelalter haben Künstler Städteansichten festgehalten, Kirchen beherrschen das Bild. Auch heute noch erinnert der Blick von Deutz über den Rhein auf Köln an die Schedelsche Weltchronik (1493) oder an spätere Stiche[284].

Grundsätzlich konnte man Kirchen überall bauen, wo ein Stück Land frei war. Doch für Kathedralen galten, wie für die Errichtung von Bischofssitzen, besondere, in die Antike zurückreichende Bestimmungen. Das Christentum ist ja in einer von Städten geprägten Kultur entstanden. Die große Zahl von Bischofskirchen in Italien und in Südostfrankreich (hier bis zur Französischen Revolution; u. a. Antibes, Grasse, Vence) spiegelt die Verstädterung dieser Teile des Römischen Reiches in der Spätantike; entsprechend klein waren die Bistümer[285]. Als das Christentum sich schon längst in Städten durchgesetzt hatte, verharrte das umliegende Land oft noch im Heidentum; nicht von ungefähr bezeichnete man die Bewohner des *pagus* (Gau) als *pagani*, Heiden. Doch sollten die Christen sich damit nicht abfinden, denn Jesus hatte geboten, die frohe Botschaft in alle Länder hinauszutragen (Mt 28, 19 f.) – also auch in solche, in denen es (noch) keine Städte gab.

Wo sollte, wo durfte man Bischofssitze gründen? Anfangs ging man davon aus, daß jede Gemeinde unter der Leitung eines Bischofs stand. Das Konzil von Nikaia (325) hatte verfügt, die Organisation der Kirche an die des Staates anzupassen, mit einem Bischof in jeder *civitas* (Gemeinde mit eigener Verwaltung und eigenem Territorium)[286]. Ergänzend hatte eine in Sardica (dem heutigen Sofia/Bulgarien) zusammengetretene Synode im Jahre 342 bestimmt: In einem Dorf oder einer winzigen Stadt (*in vico; in exigua civitate*) reiche ein Presbyter zur Betreuung der Gläubigen; ein Bischof solle in einer volkreichen Stadt amtieren, auf daß dessen Titel und Ansehen nicht verächtlich würden, *ne contemptibile fiat Episcopi nomen et auctoritas*[287]. Daran erinnerten Päpste, als Bistümer außerhalb des ehemaligen Römischen Reiches gegründet werden sollten.

So erhob Papst Gregor III. um das Jahr 732 Bonifatius zum Missionserzbischof für nicht genauer bestimmte Germanenvölker; der hohe Rang sollte sein Ansehen gegenüber etablierten Bischöfen des Frankenreiches stärken. Gregor konnte Bonifatius keinen bestimmten Ort zuweisen, doch trug er ihm die Gründung von Bischofssitzen auf. Bonifatius sollte sich dabei an das Kirchenrecht halten (*sacrorum canonum statuta*, hier wohl die von Nikaia und Sardica), und »wo die Menge der Gläubigen stark angewachsen ist, kraft der Vollmacht des apostolischen Stuhles Bischöfe bestellen«; sorgsam sollte er darauf achten, »daß die Würde des Bischofsamtes nicht Schaden leide, *ut non vilescat dignitas episcopatus*[288]. Damit lag die Entscheidung bei Bonifatius.

Zehn Jahre später teilte er dem neuen Papst Zacharias mit, er habe drei Bischöfe geweiht für das *castellum* Würzburg, das *oppidum* Buraburg (bei Fritzlar) und die *urbs* Erfurt. Mit guten Gründen charakterisierte Bonifatius keinen der drei Orte als *civitas*. Er bat den Papst, diese Gründungen einzeln schriftlich zu bestätigen; gegenwärtige und künftige Geschlechter sollten sich nicht unterstehen, die Bistümer zu schädigen (*corrumpere*) oder die päpstliche Anordnung zu verletzen[289].

In seiner Antwort ging Zacharias 743 auf das Schreiben des Bonifatius ein. Man spürt das Unbehagen des Papstes, der aus dem – wohl noch stärker verstädterten – östlichen Teil des ehemaligen Römischen Reiches kam; schließlich wußte er, daß die Entscheidung längst gefallen war: Er bat Bonifatius (*tua sancta fraternitas, ... carissime*), reiflich und sorgfältig die Zweckmäßigkeit seines Tuns zu erwägen, sich zu fragen, ob die Orte und die Zahl ihrer Einwohner erwiesenermaßen so seien, daß sie Bischöfe verdienten. Weiter erinnerte er daran, daß das Kirchenrecht auf keinen Fall erlaube, für unscheinbare Siedlungen und unbedeutende Städte (*villulas, modicas civitates*) Bischöfe zu bestellen, auf daß die Würde des Bischofsamtes nicht Schaden leide (*ne vilescat nomen episcopi*). Zacharias fuhr allerdings fort, er habe die gewünschten Urkunden ausstellen lassen, und kraft der Vollmacht des heiligen Petrus sollten die drei Bischofssitze unverrückbar feststehen[290].

Karl der Große und dessen Sohn Ludwig der Fromme setzten das Missionswerk fort. Da sie die Unterworfenen schnell bekehren wollten, gründeten sie in Sachsen Bischofssitze an Orten, denen schon eine gewisse Mittelpunktfunktion zukam, etwa als Markt; oft lagen sie günstig an einem Wegkreuz oder einem Flußübergang – man denke an Münster, Paderborn und Minden. Anders als im Römischen Reich, sind östlich des Rheins – sowie in Skandinavien, Polen, Ungarn – Bischofssitze also älter als Städte.

In Mittel-, West- und Südeuropa lagen die Grenzen kirchlicher Verwaltungsbezirke, jeweils mit dauerhaftem Bischofssitz, um das Jahr 1000 fest – gelegentlich erst nach erbittertem Streit. Von Ausnahmen abgesehen, gründete man in später aufblühenden Städten nicht weitere Bischofssitze; vielmehr blieben selbst so bedeutende Städte wie Brügge, Frankfurt und Nürnberg Teilbezirke älterer Bistümer. Auch ohne weitere Neugründungen ist die Zahl der Diözesen eindrucksvoll, die sich für das Spätmittelalter (etwa 1200–1500) im römisch geprägten Abendland nachweisen lassen: Etwa 700, jede mit Bischof, Kathedrale und Domkapitel[291].

Wo stadtähnliche Siedlungen zur Zeit der Gründung von Bistümern fehlten, waren kirchliche Verwaltungsbezirke von gewaltiger Ausdehnung. So erstreckte sich die Diözese Konstanz von Nord nach Süd und von West nach Ost über etwa 250 mal 200 Kilometer; wollte der Bischof einen Altar oder eine Kirche im Stuttgarter Raum weihen, war er von Konstanz aus mindestens fünf Tage lang unterwegs. Ähnliches galt für Hamburg-Bremen[292]; das Bistum Passau dehnte sich von Westen nach Osten über etwa 350 Kilometer aus, bis zur March, östlich von Wien[293]. Es braucht hier nicht weiter verfolgt zu werden, daß (in Europa) neue Bistümer später nur auf Kosten bestehender gegründet werden konnten, etwa Merseburg und Bamberg im 10. bzw. 11. Jahrhundert, in der Neuzeit oft in Residenz- bzw. Hauptstädten (Wien, München, Berlin, Stuttgart; Essen ist ein Sonderfall) – im allgemeinen erst nach zähen Verhandlungen. Wer gibt schon gern freiwillig Macht über Menschen und Verfügungsgewalt über Geld aus der Hand?

Im Mittelpunkt der Stadt

Kathedralen finden sich so gut wie immer im Mittelpunkt der heutigen Stadt. Das erklärt sich damit, daß die meisten Bischofskirchen schon standen, als die Städte sich auf das umgebende Land ausdehnten. Ein anderes Bild ergibt sich, wenn man nach der Lage der Kathedrale in der spätantiken *civitas* oder der mittelalterlichen Stadt fragt. Da zeigt sich, daß es für sie keinen festen Platz innerhalb der Siedlung gab, daß man jedoch drei häufige Lagen ausmachen kann: Im Zentrum (Augsburg, Bamberg, Bremen, Halberstadt, Paderborn, Straßburg, Utrecht, Würzburg, Florenz, Paris, Toledo), am Rand der römerzeitlichen und noch frühmittelalterlichen Siedlung (Köln, St. Paul's in London, Le Mans) oder abseits des frühen Siedlungskerns (Magdeburg, Merseburg, Minden)[294]. Vielerorts liegt die Kathedrale an erhöhter, wenn nicht der höchsten Stelle des Ortes, in Basel weithin sichtbar auf dem ›Münsterberg‹.

Die unterschiedliche Lage erklärt sich damit, daß die spätantiken Gemeinden sehen mußten, wo sie innerhalb einer dicht bebauten Siedlung einen Platz für ihr Gotteshaus fanden; wurden Bischofssitze im Mittelalter gegründet, errichtete man die Kathedrale oft auf einem Areal, das der König der Kirche gerade für diesen Zweck geschenkt hatte – etwa in Magdeburg und Merseburg. Wollte ein Eroberer das Christentum durchsetzen, konnte er verlangen, daß die Unterworfenen ein großes Grundstück in bester Lage zum Bau der Kathedrale zur Verfügung stellten. Dafür sorgten die fränkischen Herrscher in Sachsen, etwa in Münster und Paderborn; Spanier und Portugiesen dürften in der Neuen Welt nicht anders vorgegangen sein.

Beim Grabe des Heiligen

Neben Kathedralen gibt es andere ehrwürdige Kirchen; ein Typ, der sich im allgemeinen außerhalb antiker und mittelalterlicher Siedlungen findet, sei genauer betrachtet. Wie wir gesehen haben, waren Märtyrer und Bekenner *fuori le mura*, außerhalb der Stadtmauer, beigesetzt worden. In Spätantike oder Frühmittelalter, die Grenzen sind hier noch schwerer als sonst zu ziehen, kam es zu einer tiefgreifenden Veränderung. Leben und arbeiten wollten Menschen aller Stände in der Nähe von Gottesstreitern, die vielleicht gar Wunder wirkten, an ihrem Grab jedenfalls verehrt wurden. Dazu mußte man die Stadt und deren Schutz verlassen und sich, vereinfacht gesprochen, auf dem Friedhof ansiedeln. An die Stelle der Scheu vor den Toten trat das Verlangen nach vertrauter Nähe zu Verstorbenen, die als heilig galten. Seit dem Ende des 6., verstärkt seit dem 7. Jahrhundert kam es zu einer Bewegung, welche diesen Trend verstärkte: Menschen wurden nun *in* der Siedlung beigesetzt, nahe bei der Kirche. Damit war die seit Menschengedenken geltende Trennung der ›Stadt der Toten‹ (Nekropole) vom Wirkungsfeld der Lebenden aufgehoben – in abendländischen Städten für gut ein Jahrtausend; in ländlichen Gemeinden findet sich der Friedhof noch heute oft inmitten der Siedlung, gleich neben der Kirche.

Vor den Toren antiker Städte bildeten sich häufig mehrere Siedlungskerne, um die Grabstätte eines Heiligen gruppiert. Man schirmte den Platz mit einem Zaun, in unruhigen Zeiten mit einer Mauer gegen die Umgebung ab. Wuchs die Bevölkerung, wurde die freie Fläche zwischen dem antiken Stadtkern und dem Bereich um die Coemeterialkirche aufgesiedelt und schließlich das ganze Areal mit einer neuen Stadtmauer umgeben. Am Beispiel Kölns läßt sich diese Ausdehnung seit dem 10. Jahrhundert gut beobachten. Außerhalb der antiken Siedlung hatte man am Rande der Straßen auf Gräberfeldern Memorialbauten errichtet, die im Laufe der Zeit zu den Kirchen und Klöstern bzw. Stiften St. Gereon sowie St. Ursula im Norden, St. Severin im Süden ausgebaut wurden; Ähnliches gilt für St. Pantaleon im Osten. Im Laufe der Zeit wurden die dorfähnlichen Siedlungen in die wachsende Stadt einbezogen; als sie längst schon innerhalb der neuen Stadtmauer lagen, führten sie rechtlich weiterhin ein Eigendasein[295].

Die Entwicklung konnte auch in der Art verlaufen, daß die neue, um die *cella memoriae* entstandene Siedlung sich auf Kosten der früheren ausdehnte. In Bonn wurde über dem Grab zweier Männer – verehrt als die Heiligen Cassius und Florentius – das Münster gebaut, das den Mittelpunkt der heutigen Stadt bildet. Das Legionslager, das dem Ort seinen Namen gegeben hatte, wurde im Laufe der Zeit aufgegeben. Weiter nördlich verlor sich sogar der Name der Ausgangssiedlung (*castra vetera*), und der neue Ortsname spiegelt das Geschehen: Xanten geht zurück auf *ad sanctos;* ›bei den Heiligen‹ wollten die Menschen leben und später beigesetzt sein. Kern der heutigen Siedlung ist die Memorialkapelle über dem Grab eines Mannes, dem zu Ehren später der Victorsdom gebaut wurde.

Coemeterial- oder Memorialkirchen – die erste Bezeichnung verweist auf das Grabmal als Entstehungsort, die zweite auf die Erinnerung als Funktion – finden sich oft in ausgesprochen günstiger Verkehrslage: Rechts oder links von Ausfallstraßen, was den Zugang und den Transport von Baumaterial erleichterte. Da solche Kirchen in – zunächst – unbesiedeltem Gebiet lagen, konnte großzügiger gebaut werden als innerhalb alter Städte, in denen sich öffentliche und private Gebäude drängten. Doch auch diese Aussage sei relativiert. Im Laufe der Geschichte entstand wiederholt freier Raum zur Gründung neuer oder zur Erweiterung vorhandener Kirchen. Als Folge von Völkerwanderung und Bevölkerungsrückgang lagen im Frühmittelalter große Teile antiker Städte wüst. Das gilt sogar für Rom: Innerhalb der aurelianischen Mauer gab es siedlungsdünne Gebiete mit Kirchen als Siedlungskernen, von denen aus seit dem Hochmittelalter die antike Stadt wieder dichter besiedelt wurde[296].

Ein Kranz von Kirchen

In vielen Orten des ehemaligen Römischen Reiches waren Memorialkirchen an den sternförmig verlaufenden Ausfallstraßen entstanden und bildeten so einen Kranz um die Hauptkirche. Gab es keinen solchen Ring, ließen Bischöfe Kloster- und Stiftskirchen an Stellen errichten, an denen sie zusammen mit der Domkirche ein Kreuz bildeten[297]. Kreuz und (Dornen-)Krone galten als heilbringend, weil sie an Jesu Leiden, Sterben und Auferstehung erinnerten. So gründete Bischof Meinwerk Klöster *in modum crucis*, in Kreuzesform um Paderborn, damit die Stadt *contra omnia inimici iacula esset munita et insignita*, »gegen alle Fallstricke des Feindes befestigt und bezeichnet« sei[298]. Die auf den Dom ausgerichteten Kirchen sollten indessen nicht allzu weit entfernt sein; schließlich wollte man die Gotteshäuser an Feiertagen in Form einer Prozession – vielleicht gar nacheinander – aufsuchen und dadurch zu einer Einheit verbinden[299].

Markt und Stadt

Außerhalb des Dombezirks und in dessen Schutz entstand vielerorts eine *vicus* genannte Marktsiedlung, an die Ortsnamen wie Braunsch*weig* und Schles*wig* erinnern. Im *vicus* siedelten sich Kaufleute an, und hier wurde gehandelt; Händler und Markt wurden oft vom König oder vom Bischof mit Privilegien gefördert[300]. Seit der Wende vom 10. zum 11. Jahrhundert wurden Märkte und Städte auch planmäßig gegründet (etwa Freiburg i. B.) oder einer schon bestehenden Siedlung wichtige Rechte verliehen: Gericht,

Markt, Münze. Bei günstiger Verkehrslage entwickelte sich der Handel, und weitere Gewerbe wurden nachgefragt. Kaufleute und Handwerker wuchsen zu einer Gruppe zusammen, die sich als ›Bürger‹ besonderer Rechte erfreute. ›Bürger‹ leitet sich von ›Burg‹ her, ursprünglich nicht nur Bezeichnung des befestigten Platzes, sondern auch der Stadt. Freiburg ist von Hause aus die ›freie Stadt‹, deren Bewohner Privilegien genossen, die anderen versagt blieben.

Damit war eine vielschichtige soziale, wirtschaftliche und rechtliche Entwicklung in Gang gesetzt. In dem Maße, wie die Bevölkerung wuchs und zu Wohlstand kam, wünschte sie eine eigene Kirche. In Lübeck traten die Bürger mit ›ihrer‹ Kirche sogar in Konkurrenz zu der des Bischofs: Was Größe, Schmuck und Ausstattung angeht, war die Marienkirche dem gut 700 Meter entfernten Dom des Bischofs deutlich überlegen[301].

Im Laufe der weiteren Entwicklung schützten Kaufleute und Handwerker ihr(e) Viertel mit Wall und Graben, nicht selten in erklärter Opposition zur Domburg des Bischofs. Gleichzeitig gewannen sie durch Verleihung, Kauf oder Usurpation weitere Rechte. Schließlich wurde es zum eigentlichen Merkmal der Stadt, daß die Schicht wohlhabender Bürger das Recht der Selbstverwaltung in öffentlichen Angelegenheiten hatte.

Oft verlor der Ortsherr im Laufe von Generationen kaum merklich an Einfluß. Ein außergewöhnliches Ereignis konnte dann die neuen Machtverhältnisse plötzlich sichtbar werden lassen; der Bischof, der Abt oder der Graf sah sich ganz aus der Herrschaft über die Stadt verdrängt; möglicherweise hatten die Untertanen sogar kriegerische Gewalt eingesetzt. So wurde das militärische Aufgebot des Bischofs von Straßburg, Walther von Geroldseck, 1262 bei Hausbergen, das des Erzbischofs von Köln, Siegfried von Westerburg, 1288 bei Worringen geschlagen. Krisenzeiten, in denen es zwei Päpste oder zwei Könige gab, beschleunigten den Prozeß, in dem die Stadtgemeinde sich aus der Herrschaft des Stadtherrn löste, dann befreite. Um Parteigänger zu gewinnen, überboten sich geistliche und weltliche Herrscher darin, Unentschiedene ins eigene Lager zu ziehen – auch durch Verleihung von Rechten.

Verschiebungen im innerstädtischen Machtgefüge mußten sich nicht unbedingt auf den Bau öffentlicher Gebäude auswirken. Die Straßburger Bürgerschaft hatte schon vor 1262 Einfluß auf das Münster gewonnen; es war nur naheliegend, daß sie nach Verdrängung des Bischofs aus dem Stadtregiment an dem Bau weiterarbeiten ließ, der nun ihr Statussymbol wurde. Allerdings dürfte die Bürgerschaft ein stärkeres Bedürfnis verspürt haben, sich

– gegen den Bischof – an König und Reich anzulehnen. Darauf weisen jedenfalls Fenster im nördlichen Seitenschiff des Münsters hin; sie zeigen fränkische und deutsche Herrscher, jeweils mit Kreisnimbus, wie er Heilige auszeichnet[302] – als hätte es nie einen Investiturstreit gegeben. Darüber hinaus lassen sich diese Bilder als Zeichen deuten, daß die auf ihre Rechte und Freiheiten stolze Stadt dem König ihre Anhänglichkeit bekunden wollte. In anderen Orten trat nach ähnlichen Konflikten der Kirchenbau zurück, und die Bürgerschaft förderte den Bau ›profaner‹ Bauwerke, etwa Rathaus, Stadttor oder Brücke.

Kirchen der Bettelorden

In Städten entstand ein weiterer charakteristischer Kirchentyp: die Hallenkirche. Ihrer guten Akustik wegen erfreute sie sich besonderer Beliebtheit bei Angehörigen der Bettelorden, die in der Predigt einen wesentlichen Teil der Seelsorge sahen. Die bekanntesten Bettelorden sind die im 13. Jahrhundert von Dominikus († 1221) und Franz von Assisi († 1226) gegründeten Dominikaner bzw. Franziskaner. Auch hinsichtlich des Kirchenbaus sind die Grenzen zwischen Spätmittelalter und Neuzeit fließend. Die aus der Reformation hervorgehenden ›Neugläubigen‹ schätzten – anfangs nicht selten unter der Leitung ehemaliger Bettelmönche – Hallenkirchen; die Christen sollten das Wort Gottes und dessen Auslegung in der Predigt klar verstehen können.

Kathedralen und Hallenkirchen gehörten ihrem Wesen nach zu Städten. Dagegen sind Benediktiner- und Zisterzienserklöster mit ihren Kirchen sowie Wallfahrtsheiligtümer im allgemeinen fern von Siedlungen gebaut worden; erwähnt seien der Mont-Saint-Michel in der Normandie und Maria zur Wiese in Bayern. Die Mönche flohen lange Zeit geradezu die als Sündenbabel geschmähte Stadt, und Pilger strebten zu Stätten, an denen es eine ›Erscheinung‹ gegeben hatte, unabhängig davon, ob der Ort leicht zu erreichen war oder nicht.

Konjunkturen und Krisen

Im Laufe der letzten 1700 Jahre wurden einmal mehr, dann wieder weniger Kirchen gebaut. ›Konjunkturen‹ gab es im 4. und 5. Jahrhundert (nach dem Ende der Christenverfolgungen), vom 7. bis in die erste Hälfte des 9. Jahrhunderts (nach den großen Völkerwanderungen[303]) sowie seit Mitte des 10. Jahrhunderts (nach dem Abklingen der Einfälle äußerer Feinde), dann wieder nach dem Dreißigjährigen Krieg, im 19. Jahrhundert und nach dem Zweiten Weltkrieg. Den Zeitabschnitten gemeinsam ist das Wachstum von Bevölkerung und Wirtschaft. Der unerhörte Aufschwung nach der Jahrtausendwende sei im nächsten Abschnitt genauer betrachtet.

Eine ›Welle‹ von Kirchenbauten rollte über das Land, wenn mehr oder weniger unbesiedelte Gegenden erschlossen wurden oder christliche Herrscher sich Länder unterworfen hatten, in denen Nichtchristen lebten. Im Raum zwischen Elbe und Oder kam beides vom 10. bis zum Beginn des 14. Jahrhunderts zusammen. Anfangs reichten bescheidene, rasch aus Holz gezimmerte Kapellen[304]; wuchs die Bevölkerung, waren nach wenigen Generationen größere Gotteshäuser gefragt.

Zu ›Krisen‹ kam es im Kirchenbau aus mancherlei Gründen; Verfolgung und Einfälle von Feinden wurden schon genannt. Auf vielen Dombaustellen geriet die Arbeit seit Mitte des 14. Jahrhunderts ins Stocken: Mißernten, Hungersnot, Seuchen (insbesondere die große Pest, seit 1348) hatten die Bevölkerung dezimiert und die Finanzen zerrüttet; den wirtschaftlichen Verfall beschleunigten Kriege, vor allem der ›hundertjährige‹, nicht förmlich beendete zwischen England und Frankreich, seit 1328.

Im Spätmittelalter sind viele Städte aufgeblüht. Allein schon aus diesem Grunde wäre es zu kurz gegriffen, wollte man mit fehlenden Baumaterialien, Finanzmitteln oder Arbeitskräften erklären, daß Kirchen unvollendet blieben. Wurde an ihnen noch herumgewerkelt, tat man oft nur das Notwendige, zog vielleicht eine Zwischenwand ein, um den schon fertiggestellten Teil nutzen zu können.

Kollektive Einstellungen hatten sich geändert. Die Bürgergemeinden wollten weiterhin allen sichtbar ihr Selbstbewußtsein bekunden; doch fand es nicht mehr (oder nicht nur) in einer großen Kirche seinen Ausdruck. An deren Stelle traten als identitätstiftende Zeichen städtischen Bürgerstolzes nun prächtige Rathäuser (Arras; Florenz: Palazzo Vecchio; Siena: Palazzo Pubblico) und Spitäler; Ypern rühmte sich einer, Brügge zweier repräsentativer Tuchhallen, mit dazugehörigem gewaltigem Turm[305]. Hatten Adlige früher Klöster als Grablege ihres Geschlechtes gestiftet, so bauten sie nun Schlösser (selbstredend mit einer Kapelle), um Standesgenossen und Untertanen zu imponieren.

Im 16. Jahrhundert wurde auf vielen Dombaustellen die Arbeit endgültig eingestellt; damit war das Ende eines Prozesses erreicht, der lange *vor* der

Glaubensspaltung eingesetzt hatte, von dieser allerdings beschleunigt wurde. Man hörte auf, an der Kathedrale zu arbeiten: in Prag um 1510, in Wien 1511, dann 1525 in Regensburg, 1529 in Ulm, und 1560 in Köln[306]. Damit hatte eine tausendjährige Bevorzugung des Kirchenbaus ihren Abschluß gefunden: In der Spätantike war es zu einer charakteristischen Schwerpunktverlagerung gekommen; an Stelle von Amphitheater und Rennbahn, Tempel und Thermen hatte man seit dem 4. Jahrhundert als öffentliche Großbauten Kirchen gefördert. Deren Vorrang lief spätestens seit dem 15. Jahrhundert langsam aus.

Abträglich waren dem Kirchenbau nicht zuletzt Auseinandersetzungen im Innern der Christenheit: Investiturstreit, Papstschisma und Glaubensspaltung. Von 1378 bis 1417 beanspruchten zeitweilig zwei, wenn nicht drei Päpste die Herrschaft über die Kirche. Hier machten sich zwei Bischöfe die Kathedrale streitig, dort rangen zwei Äbte um ein Kloster und dessen Besitz. Zu den Auswirkungen der Glaubensspaltung seit den 1520er Jahren gehörten Religionskriege, in Frankreich im letzten Drittel des 16. Jahrhunderts, in der Mitte Europas im Dreißigjährigen Krieg (1618–1648).

Zu bemerkenswerten Bauten kam es einmal mehr, als die Verluste an Menschen und materiellen Gütern so weit ausgeglichen waren, daß man wieder über Mut und Geld verfügte, um außer Residenzen, Patrizier- und Bürgerhäusern auch große Kirchen zu bauen, wiederaufzubauen oder auszuschmücken. In katholisch gebliebenen oder rekatholisierten Gebieten spiegeln Kirchen die Überwindung der Glaubenskrise, die Gewinnung neuer Zuversicht im Gefolge der Gegenreformation, die durch das Trienter Konzil (1545–1563) Auftrieb gewonnen hatte. Mit ihrem reichen Bild- und Figurenschmuck strahlen Kloster- und Wallfahrtskirchen ein Gefühl der Vitalität aus, einen Jetzt-erst-recht-Optimismus. Oft hat man das Innere lichter gestaltet (nicht selten auf Kosten mittelalterlicher farbiger Glasfenster); Architektur, Stuck und Malerei ergänzen sich in einer Weise, daß die Grenzen zwischen Diesseits und Jenseits aufgehoben scheinen. Aus dem Süden des Reiches seien genannt Dießen (am Ammersee), Göttweig, Klosterneuburg, Kremsmünster, Melk, St. Florian (bei Linz), St. Peter (Breisgau), St. Trudpert (Breisgau), Weltenburg (an der Donau). Trotz Krieg und Unheil verlängerte sich die Bewegung bis weit ins 18. Jahrhundert – Symptom auch eines unbändigen Lebenswillens. Man sieht sich erinnert an die Zeiten des Bischofs Ulrich von Augsburg nach dem Abklingen der Ungarneinfälle und an die ersten Jahrzehnte nach dem Zweiten Weltkrieg.

Weitere ›Wellen‹ des Kirchenbaus gab es in den letzten beiden Jahrhunderten. Nach den Wirren der Französischen Revolution und den Kriegen der napoleonischen Zeit mußten Kirchen restauriert oder wiederaufgebaut werden. Bevölkerungsanstieg, Industrialisierung und neue Verkehrsmittel (Eisenbahnen) führten zur Erweiterung bestehender Orte, zur Gründung neuer Stadtteile und neuer Städte seit der zweiten Hälfte des 19. Jahrhunderts. Inzwischen bauten Angehörige verschiedener Konfessionen ihre je eigenen Kirchen.

Die vorläufig letzte ›Welle‹ löste der Zweite Weltkrieg aus: Tausende von Kirchen waren zerstört, noch mehr beschädigt worden. Wegen des Zuzugs von Flüchtlingen und Vertriebenen lebten in ehemals konfessionell homogenen Landstrichen nun auch viele Menschen anderer Konfessionen. Teilten sich Katholiken, Lutheraner und Reformierte ein Gotteshaus, waren Reibungen die unausbleibliche Folge, weshalb es die Zugezogenen anderer Konfession bald nach einer eigenen Kirche verlangte. Häufig reichten die Mittel nur für bescheidene Bauten. Doch auch dann erhielten Handwerker die Chance, Erfahrungen zu sammeln, die ihnen zugute kamen, wenn anspruchsvollere Gotteshäuser errichtet werden sollten. Und die waren bald wieder gefragt. Denn schon wenige Jahre nach Kriegsende machte man sich daran, zerstörte Kirchen und Kathedralen aufzubauen. In einer Zeit weitgehender Orientierungslosigkeit waren sie wieder geschätzt als identitätstiftende Statussymbole und weit ins Land, auch ins Ausland wirkende Zeichen neuen Lebensmutes und der Abkehr von der nationalsozialistischen Barbarei.

FÜNFTER TEIL

Sternstunden der Kathedrale: das hohe und späte Mittelalter

I. DER GROSSE AUFSCHWUNG

Seit Mitte des 10. Jahrhunderts begünstigten mehrere Umstände einen raschen Aufschwung. Vom 11. bis ins 13. Jahrhundert erfreute Europa sich eines günstigen, wärmeren Klimas; und vom 7. bis zum 14. Jahrhundert blieben ihm verheerende, überregionale Seuchen erspart. Infolgedessen erreichten mehr Menschen das Erwachsenenalter, sie konnten besser arbeiten und zuversichtlich in die Zukunft blicken – zumal weitere, oft kaum merkliche Veränderungen zusammenwirkten, welche die Lebensbedingungen verbesserten.

In der Landwirtschaft ist ein Bündel von Maßnahmen zu erwähnen: Einführung der Dreifelderwirtschaft, physiologisch sinnvolle Anschirrung (Kummet für Pferde, Stirnjoch für Ochsen), vermehrter Einsatz von Eisen (Hufeisen, schollenwendender Pflug mit Stahlteilen), Erschließung ›schwerer‹ (dafür fruchtbarerer) Böden, Anbau von Pflanzen mit eiweißhaltigen Früchten, von Sonderkulturen, Produktion für den Markt, zweckmäßige Verwaltung. Auch Ergebnisse seien holzschnittartig gebündelt: Gesteigerte agrarische Produktivität, vielfältigere und gesündere Ernährung, geringere Säuglings- und Kindersterblichkeit, höhere Lebenserwartung, Wachstum der Bevölkerung.

Im Zuge des Landesausbaus mit Rodung, Binnen- und Ostkolonisation wurden Siedlungen gegründet und Kirchen gebaut. In einem oft zitierten Wort hat Rudolf Glaber, ein burgundischer Chronist († um 1045), vielleicht ein wenig übertrieben: Allenthalben hätten die Menschen sich nach der Jahrtausendwende angeschickt, die Kirchen zu erneuern, auch wenn ihnen angemessene zur Verfügung gestanden hätten. Jede Gruppe habe die andere übertreffen wollen. »Es schien, als schüttele die ganze Welt sich, als habe sie alles Alte fortgeworfen und ein weißes Gewand von Kirchen angelegt. Fast alle Bischofskirchen und auch andere, verschiedenen Heiligen gewidmete Klosterkirchen sowie kleinere Gebetsstätten auf dem Lande wurden von den Gläubigen in bessere verwandelt«[307].

Feindeinwirkung und natürlicher Verschleiß dürften häufiger eine Erneuerung erzwungen haben, als Glaber einräumt, wenn er erklärt, vielen Gotteshäusern habe nichts gefehlt, man habe nur den Nachbarort ausstechen wollen. Doch offensichtlich waren die Verluste an Menschen und Sachen schon so weit verschmerzt, daß man wieder Lust am Wettstreit verspürte. Diese Bewegung muß eine breite Basis gehabt haben, da ganz unterschiedliche Kirchen verschönert wurden (*in meliora ... permutavere*). Das Wachstum der Bevölkerung läßt sich aus der Bemerkung erschließen, kleine Oratorien auf dem Lande seien in größere Gotteshäuser umgewandelt worden. Das Bild vom weißen Kleid (*candidam ecclesiarum vestem*) könnte darauf hinweisen, daß Rudolf Glaber auf seinen Reisen auch die Bauart der neuen Kirchen aufgefallen ist: Zwar läßt sich Lehmflechtwerk mit einer Kalkbrühe weißen, doch könnte unser Chronist auch schon aus Stein gebaute Kirchen gesehen haben.

Arbeitsteilung und Spezialisierung veränderten die Gewerbe. In der Zeit von 1100 bis 1280 verdreifachte sich die Zahl der Berufe[308]. Wie stark sich allein das Schmiedehandwerk nach Ausgangsmaterial und Produkten differenzierte, zeigen Berufsbezeichnungen, die sich zu Familiennamen verfestigten: Kupfer- und Goldschmied einerseits, Kessel- und Waffenschmied andererseits. Man nutzte die Wasserkraft zum Antrieb von Korn-, Walk- und Sägemühlen sowie Hammerwerken. Solche Maßnahmen trugen dazu bei, menschliche Arbeitskraft zu sparen und von ihr unabhängig(er) zu werden; mindestens wollte man sie nutzbringender anwenden und die Leistung steigern. In Gewerbe und Landwirtschaft freigesetzte Arbeitskräfte waren oft in anderen Bereichen gefragt, etwa bei der Massenproduktion von Ziegeln. Der Bergbau und angeschlossene Hütten sorgten für Silber (Grundlage der Geldwirtschaft), für Blei (zum Abdichten von Fenstern) und Kupfer (zum Decken von Dächern und Gießen von Glocken).

Ein gewisser Wohlstand ist Voraussetzung für die Freude am Experimentieren, die sich zuerst in der Landwirtschaft, dann auch im Gewerbe beobachten läßt. Sie begünstigte technische Neuerungen, etwa bei Erfindung oder Verbesserung von Maschinen, die auch dem Kirchenbau zugute kamen. Spielerische Versuche führten zur Entwicklung mechanischer Räderuhren seit dem 13. Jahrhundert.

Verbesserungen im Verkehrs- und Transportwesen muten ebenfalls zunächst unscheinbar an: Ein wenigstens rudimentärer Ausbau der Verkehrswege, die schon erwähnte sinnvolle Anschirrung von Zugtieren, der Bau einfacher Brücken, die Einrichtung von Fähren, die Unterhaltung von Gasthäusern und Hospizen … Auch hier konnten die Ergebnisse sich sehen lassen: Stärkere Mobilität[309] größerer Bevölkerungskreise (Händler, Pilger, Gebildete, Fachleute für Wasserwirtschaft und Bergbau); raschere Verbreitung von Neuerungen in Landwirtschaft, Gewerbe, Technik und Gesellschaft; Handelsmessen mit europaweiter Ausstrahlung förderten den Waren- und Ideenaustausch.

Bevölkerungswachstum, höhere landwirtschaftliche Erträge und Bedarf an gewerblichen Produkten begünstigten die Gründung von Märkten und Städten. Die Erweiterung von Siedlungen im Hochmittelalter wurde schon im Zusammenhang mit den Coemeterialkirchen angesprochen[310]. Seit dem 12. Jahrhundert wurden viele Orte zu Städten erhoben bzw. Städte unweit bestehender ländlicher Siedlungen gegründet – oft planmäßig, nicht selten ›auf der grünen Wiese‹. So zählte man um das Jahr 1250 im heutigen Bundesland Baden-Württemberg etwa 50 Städte; von 1250 bis 1300 kamen etwa 100 Neugründungen hinzu (im 14. und 15. Jahrhundert ›nur‹ noch 68 bzw. 9)[311].

Dank der Verbreitung der Geldwirtschaft konnten materielle und personale Ressourcen überregional genutzt werden. Auf dem Markt, an Brücken und Fähren erhobene Abgaben erleichterten es, den Bau großer Kirchen zu finanzieren.

II. ZU NEUEN UFERN

Baufieber

»Jeder Neubau übte Auge und Hand«[312]. Im zivilen, militärischen und kirchlichen Bereich wurde seit dem 11. Jahrhundert viel gebaut, zunehmend in Stein[313]. Baustellen in Stadt und Land regten die Entwicklung kostengünstiger Methoden im Bauwesen an. Verbesserungen nutzten – wenn auch erst nach langer Zeit – dem Bau von Kathedralen. Im 12. und 13. Jahrhundert aber kam es zu einem regelrechten Boom. So entstanden von 1180 bis 1270 in Frankreich 80 Kathedralen und beinahe 500 Klöster, innerhalb der Stadt Köln im gleichen Zeitraum 28 Kirchen, An- und Umbauten nicht mitgezählt[314]; das wären für Frankreich etwa sechs – vorwiegend wohl große – Kirchen pro Jahr, in Köln immerhin im langjährigen Durchschnitt alle drei Jahre ein Kirchenneubau.

Ile-de-France: Wiege der Gotik

Es blieb nicht bei Quantitäten. Neuerungen hinsichtlich Stil und Fertigungstechnik setzten sich in der Ile-de-France durch und breiteten sich in wenigen Jahrzehnten über das ganze Abendland und von diesem beherrschte Gebiete (z.B. Zypern) aus[315]. Wieso ging diese Entwicklung gerade von Frankreich aus? Der Autor, der eine rundherum befriedigende Antwort nicht zu geben weiß, möchte sich einer Teilantwort annähern.

Um die Jahrtausendwende hatte die politische ›Großwetterlage‹ den noch jungen Monarchien in Europa erlaubt, sich zu festigen. Im ehemaligen westfränkischen Reich konnte die Dynastie der Kapetinger sich und den Grundsatz der Erbmonarchie mit Primogenitur (Erstgeburtsrecht) durchsetzen; das Wahlrecht der Großen wurde fast bedeutungslos. Nachdem die Einfälle äußerer Feinde und die heftigen Kämpfe gegen konkurrierende Adelsherrschaften aufgehört hatten, stieg das französische Königtum bis zum Ende des 12. Jahrhunderts zur stärksten Monarchie in Europa auf. Von der Ile-de-France und dem Zentrum Paris aus sorgte das Königtum für leidlichen Frieden im Innern und baute zielstrebig die Krondomäne aus. Ein anfangs nur ›handtuchbreiter‹ Streifen zwischen Loire und Seine wurde ständig vergrößert und von königlichen Beamten (*praepositi, prévôts*) verwaltet; Fachleute bürgerlicher Herkunft stiegen zu Beratern des Königs auf. Dank geordneter Verwaltung und der wirksamen Kontrolle der Verwalter verfügte die Krone über hohe Einnahmen.

Unter diesen Umständen wurde der geistliche Charakter des Königtums glaubwürdig; so empfing der König die Kommunion unter beiderlei Gestalten wie der Priester. Noch zur Zeit der Französischen Revolution nahmen selbst die Jakobiner den Mythos ernst, nach dem der König mit himmlischem Öl gesalbt werde. – Eine Machtprobe mit dem Papsttum, wie in Deutschland während des Investiturstreites, blieb der französischen Monarchie erspart. Von Frankreich strahlten Reformen auf Europa aus: Mönchtum (ausgehend von Cluny und Cîteaux), Universität und Scholastik, Rittertum und Ritterorden; französische Adlige trugen weitgehend die Kreuzzugsbewegung. Europaweit angesehen waren Dichtung und Literatur. Das Ro-

Chartres. Christus als segnender »Beau-Dieu«, unter seinen Füßen Schlange und Basilisk, Löwe und Drache. Skulptur vom Hauptportal des südlichen Querschiffs (frühes 13. Jahrhundert).

landslied mit seiner Rückwendung zu Karl dem Großen förderte ein Nationalbewußtsein, das Abt Suger von Saint-Denis, dem wir als Kirchenbauer noch mehrfach begegnen werden, aufmerksam pflegte.

Neues Denken, neues Bauen

Grundlegende Neuerungen wurden seit der zweiten Hälfte des 12. Jahrhunderts möglich, weil das gesellschaftliche Umfeld dem Suchen und Experimentieren günstig war, zumal in der Ile-de-France, der ›Wiege‹ der Gotik. Symptomatisch für eine neue Aufgeschlossenheit ist das Studium griechischer Autoren und die Übersetzung des Korans ins Lateinische, die Sprache der Gebildeten; angeregt hat sie Abt Petrus Venerabilis von Cluny 1141. Aus oder neben Domschulen entstanden Universitäten, die sich – gegen die geistliche und weltliche Gewalt – ein hohes Maß an Selbstverwaltung erkämpften. Dozenten und Studenten lernten die Freiheit des Denkens schätzen; sie liebten das geschliffene Wort und die Disputation; These und Antithese sollten in einer Synthese aufgefangen, harmonisiert werden.

Zu den brillanten Köpfen der Zeit gehörte Petrus Abaelardus, einer der Großen der abendländischen Geistesgeschichte (1079–1142). Im Prolog zu einem Werk mit dem charakteristischen Titel *Sic et Non*, Ja und Nein (etwa 1115/17), gibt er Einblick in seine Vorgehensweise. Kühne Gedanken bezieht er – ausgehend von einem Wort Aristoteles' (*Dubitare autem de singulis non erit inutilis*) – auf ein unverfänglich scheinendes Wort Jesu. Abaelard schreibt: *Dubitando enim ad inquisitionem venimus, inquirendo veritatem percipimus; juxta quod et Veritas ipsa: Quaerite, inquit, et invenietis, pulsate et aperietur vobis*[316], frei übertragen: »Zweifelnd, forschend, fragend kommen wir zum Suchen; wenn wir genau nachforschen, begreifen wir die Wahrheit (vielleicht eher: kommen wir der Wahrheit nahe) – gemäß dem, was die Wahrheit (Christus) selber sagt: Sucht, sagt er, und ihr werdet finden, klopft an, und es wird euch geöffnet«. Abaelard schenkte sich die Fortsetzung, weil er sie beim Leser als bekannt voraussetzen konnte: »Denn wer bittet, der erhält; wer sucht, der findet; und wer anklopft, dem wird geöffnet« (Mt 7, 7 f.).

Während Abaelard hier den Zweifel zur Methode erhob, womit er bis in die Neuzeit weiterwirken sollte, war eine andere Neuerung nur von unmittelbar Betroffenen zur Kenntnis genommen worden. Sie ist bezeichnend für ein großes Maß an Abstraktionsfähigkeit: Seit dem 10. Jahrhundert wird die Notenschrift entwickelt; fertig ausgebildet, erlaubt sie, Höhe und Dauer des

Tons, Rhythmus und Tonart auf wenigen Linien, mit wenigen Zeichen und Schlüsseln festzuhalten[317]. Damit war die Voraussetzung gegeben für die Entwicklung der Mehrstimmigkeit; diese begründete die – verglichen mit allen anderen Kulturen – einzigartige Stellung der abendländischen Musik.

Ein Bild aus der Physik kann das Gemeinte verdeutlichen: Neuerungen verhalten sich ähnlich wie Flüssigkeiten in kommunizierenden Röhren; steigt der Flüssigkeitsspiegel in der einen Röhre, wirkt sich das auf die anderen aus. Das gilt auch für den Bau der großen Kathedralen: Neuerungen wurden dadurch angeregt, ermöglicht, gefördert, daß viele Menschen sich in unbekannte Gebiete vortasteten. Ein Mann wie Abaelard könnte gelegentlich an einer der Großbaustellen innegehalten haben. Wer wollte ausschließen, daß er mit dem Werkmeister über Möglichkeiten gesprochen hat, die Strebebögen ein wenig zu modifizieren? Wie in anderen Gewerben, wie in der Landwirtschaft erfolgen Verbesserungen im Bauwesen im allgemeinen ja nicht in Entwicklungssprüngen, sondern in kleinen, unsicheren Schritten; sie fußen auf – oft leidvollen – Erfahrungen, die man zuvor gemacht hat.

Seit dem 13. Jahrhundert vervollkommnete man Elemente, die schon früher verwendet worden waren: Kreuzgratgewölbe, Rippengewölbe, Spitzbögen und Strebebögen. Deren »bewußte Kombination … war wirklich revolutionär und eröffnete die Möglichkeit, Bauwerke von bis dahin unerhörter, ja undenkbarer Größe, Pracht und technischer wie ästhetischer Komplexität zu schaffen. Die Kontinuität der Teile ergab in der Summe nicht eine Kontinuität des Ganzen, sondern etwas wahrhaft Neues«[318]. Nun konnte man die Seitenwände vom Gewicht des Gewölbes und der Dachkonstruktion entlasten und die entsprechenden Kräfte auf Säulen und Pfeiler führen bzw. über Strebebögen und -pfeiler weiter ableiten. Infolgedessen verloren die Wände ihre Hauptaufgabe, den ›Oberbau‹ zu tragen. Die Fenster der Sainte-Chapelle zu Paris und der ›Chorhalle‹ zu Aachen sind so groß, daß man meint, die Wandfläche sei aufgelöst. Wer diese Technik beherrschte, sparte Kosten für den Rohbau und verkürzte die Bauzeit; dem standen allerdings hohe Ausgaben für großflächige Fenster gegenüber.

Es bleibt die Frage: Warum kam es ausgerechnet in Nordfrankreich zu dem revolutionär wirkenden Bündel von Neuerungen? In einem Umkreis von 150 Kilometern und weniger (etwa fünf Tagereisen) liegen um Paris Bischofskirchen in Chartres, Rouen, Amiens, Beauvais, Soissons, Reims, Troyes, Sens, Orléans… Innerhalb weniger Jahrzehnte folgte hier ein Neubau dem anderen; ein Wettbewerb war in Gang gesetzt[319]. Das auslösende Moment bleibt letztlich rätselhaft.

SECHSTER TEIL

Der Kathedralbau – vom Fundament bis zum Dachstuhl

Ehe eine große Kirche ihrer Bestimmung übergeben werden konnte, hatten zahllose Menschen zusammenwirken müssen, meistens mehrere Generationen lang. Viele der für einen solchen Bau notwendigen Gegebenheiten gelten als selbstverständlich (Zweckmäßigkeit, Festigkeit), andere als wünschenswert (Schönheit). Einiges sei in den folgenden Abschnitten genauer betrachtet, anderes eher skizziert.

I. BAUHERREN

Als Bauherren von Kirchen traten Äbte, Bischöfe und Domkapitel, Herrscher und Adlige in Erscheinung; seit dem Hochmittelalter spielten Städte eine zunehmende Rolle.

In den Wirren der Völkerwanderung sahen Bischöfe sich oft gezwungen, Aufgaben zu schultern, die zunächst nicht zu ihrem Amt gehörten. War die zivile Obrigkeit geflohen oder unfähig, fiel dem Bischof die Schieds- und Friedensgerichtsbarkeit zu; auch kümmerte er sich um die Nahrungs- und Wasserversorgung seiner Stadt; drohten Angriffe, ließ er Befestigungen instandsetzen und verhandelte mit den Feinden. Mancher Bischof war dazu schon deshalb geeignet, weil er in einer ersten Phase seines Berufslebens Ämter in der Zivilverwaltung oder im Militärwesen bekleidet hatte; das gilt etwa für Martin von Tours († 497?). Papst Gregor der Große (590–604) unterschied folgerichtig zwischen zwei Aufgaben: Der Bischof sei zuständig für die *interiora*, die ›inneren‹ Angelegenheiten (Sorge für Gottesdienst und Kirchenzucht, was persönliche Frömmigkeit und Sittenstrenge voraussetzt) und für die *exteriora*, die ›äußeren‹ Dinge (Verwaltung des Kirchenvermögens, Ausübung von Hoheitsrechten)[320]. Diese zwei Seiten des Bischofsamtes sollten weit mehr als ein Jahrtausend gültig bleiben.

Martin von Tours war Soldat gewesen, Jahrhunderte später stammten Bischöfe und Äbte vorzugsweise aus Adelsfamilien; sie waren Söhne, Brüder, Verwandte von Herrschern und militärischen Führern. Brun von Köln wurde mit 28, Bernward von Hildesheim mit 33 Jahren in sein hohes Amt berufen. Bischöfe waren praktisch unabsetzbar, und mancher leitete seine Diözese lange Jahrzehnte. Ulrich von Augsburg – ein extremes Beispiel – stand ein halbes Jahrhundert lang an der Spitze seines Bistums. Schon zwanzig Jahre waren ideal für die Kontinuität der Arbeit, auch für das Bauen von Kirchen.

Es ist sicher kein Zufall, daß Bonifatius in seiner Abschiedsrede zunächst vom Kirchenbau (*de ecclesiarum structura*) und dann von der Unterweisung des Volkes gesprochen haben soll[321]. Je nach den Umständen und Notwendigkeiten der Zeit (Notwendigkeit wörtlich zu verstehen) haben Prälaten ihren Amtssitz befestigen lassen, haben Spitäler gestiftet, Märkte und Städte gegründet[322]. Bei der Verteilung der Mittel konnte es nicht konfliktfrei zugehen; doch Erfahrungen, die man beim Bau von Burgen und Brücken gemacht hatte, und Verbesserungen der Infrastruktur, die dabei nötig geworden waren, kamen über kurz oder lang auch dem Kirchenbau zugute.

So ließ Ulrich von Augsburg Kirchen wiederherstellen bzw. bauen, die Verteidigung seiner Stadt gegen die Ungarn organisieren, die Stadtbefestigung erneuern und Burgen errichten. Brun, Erzbischof von Köln, Bruder Kaiser Ottos I., ließ in Köln und anderen Orten seines Bistums Kirchen, Klöster und weitere, »dem Dienst Gottes und der Ehre der Heiligen gewidmete« Gebäude von Grund auf neu bauen, bestehende vergrößern, zerstörte wiederherstellen[323]. Charakteristische Verben wie *distrahere, innovare, meliorare, restaurare* (abreißen [Verfallenes], erneuern, verbessern, wiederherstellen) begegnen uns auch in Lebensbeschreibungen anderer Bischöfe; wiederholt wird die Eile betont, mit der bischöfliche Bauherren zu Werke gingen[324]. Bischof Bernward von Hildesheim hat sich für die Erneuerung der Kirchen seines Sprengels eingesetzt und seine Stadt mit Mauer und Türmen geschirmt; nach Meinung seines Biographen fand man in ganz Sachsen nichts Vergleichbares, *simile nil in omni Saxonia invenias*[325].

Derartige Versicherungen – man möchte von Einzigartigkeits-Topoi sprechen – zeugen von dem Verlangen, es besser als andere zu machen. Zum Erbe der griechischen Kultur gehörte die agonale, auf Wettstreit angelegte Komponente. Der Apostel Paulus hatte ein bezeichnendes Bild verwendet, das den Erbauern von Kirchen gewiß vertraut war: »Wißt ihr nicht, daß die Läufer im Stadion zwar alle laufen, daß aber nur einer den Siegespreis gewinnt?

Lauft so, daß ihr ihn gewinnt«[326]. Für sich selber hatte Paulus in Anspruch genommen, den guten Kampf (*agon kalon*) gekämpft zu haben (2 Tim 4, 7).

Bischöflichen Bauherren könnten auch spätantike Kaiser vor Augen gestanden haben, allen voran Konstantin I. Sein Biograph hebt die Heilig-Grab-Kirche hervor: »ein gewaltiges Denkmal ... für alle sichtbar und ehrwürdig«; »mit reicher und königlicher Pracht«. Konstantin soll die Statthalter angewiesen haben, »reichlich und im Überfluß zu spenden, damit ein ganz außerordentliches, gewaltiges und prächtiges Werk zustande komme«; sie sollten Vorsorge treffen, »daß nicht nur eine Basilika erstehe herrlicher als alle, die irgendwo sich finden, sondern auch das Übrige so werde, daß dieser Bau die schönsten Werke in jeder Stadt samt und sonders überstrahle«. Um dieses Ziel zu erreichen, solle man Säulen und Marmor »aus allen Gegenden herbeischaffen lassen«. Sofern die Decke getäfelt werden soll, »kann sie auch mit Gold ausgeschmückt werden«. Am Grabmal des Erlösers sollte »das neue Jerusalem« gebaut werden; Weihegeschenke sollten gespendet werden »mit reicher und wahrhaft kaiserlicher Pracht ... in buntem Wechsel aus Gold, Silber und Edelgestein«[327].

Bei Bernward ist mit Erinnerungen an diesen kaiserlichen Bauherrn zu rechnen. Er war Erzieher Kaiser Ottos III. gewesen, der sich bewußt in antike Traditionen gestellt hatte, zu denen die Verbindung geistlicher und weltlicher Belange in einer Person gehörte, im Kaiser wie in dessen Mitarbeitern, den Bischöfen. Nicht von ungefähr rechtfertigt der Biograph ausdrücklich Bernwards militärische Aktivitäten: Der Bischof von Hildesheim habe zum Schutz der Christen gegen Einfälle der Barbaren auch Burgen errichten lassen, und zwar *divinu instinctu*, dank göttlicher Eingebung, oder als *divini gregis pastor typo Christi*, nach dem Vorbild Christi als Hirt der Herde Gottes[328]. Männer wie Bernward, Brun, Meinwerk und Ulrich sorgten sich um Leib und Seele der ihnen Anvertrauten; ihrer Ansicht nach widersprachen sich die beiden Seiten ihres Hirtenamtes nicht, noch ließen sie sich voneinander trennen. Was die Wahrnehmung weltlicher Pflichten angeht, sah Bernward sich allerdings schon unüberhörbarer Kritik ausgesetzt[329] – als selbstverständlich galt eine solche Betätigung des Bischofs zu Anfang des 11. Jahrhunderts also nicht mehr.

Bei der Errichtung von Burg, Brücke und anderer ›profaner‹ Werke lernte ein Bauherr den Umgang mit Geld und Zeit, mit Nachlässigkeit und Betrug; er sammelte Erfahrungen, die ihm zugute kamen, wenn eine Kirche zu bauen war. Dazu gehörten der Wille, das Vorhaben zu einem guten Abschluß zu führen. Festigkeit und Ausdauer waren gefragt angesichts störrischer

Zeitgenossen und widriger Naturgewalten. Die Finanzierung mußte gesichert sein. Der Bauherr sollte Wichtiges von Unwichtigem unterscheiden können und über die Fähigkeit verfügen, Aufgaben zu delegieren. Er mußte qualifizierte Fachleute für Planung und Ausführung gewinnen. Über geeignete Mittler sollte er seine Leute mit Nahrung, Kleidung und Wohnung versorgen, sie ständig neu motivieren und möglichst gar begeistern können; was Lohn, Geschenke und Freizeit angeht, sollte er gerecht und weitherzig sein. Nicht zuletzt sollte der Bauherr, soweit es ihm möglich war, für Rechtssicherheit und Frieden sorgen – zunächst auf der Baustelle, dann auch in der Stadt und deren Umland.

Abbildungen und schriftliche Quellen zeigen, daß geistliche und weltliche Bauherren sich gern persönlich vom Fortgang der Bauarbeiten überzeugten[330]. Charakterisierungen von Äbten und Bischöfen als *architectus* – nicht selten ergänzt um ein *bonus, devotus, fidelis* oder *sapiens*, gut, fromm, treu, weise[331] – beweisen zwar nicht, daß die jeweilige Person sich wie ein moderner Architekt auch um technische Einzelheiten gekümmert hätte, schließen eine solche Deutung aber auch nicht aus.

Oft war der Auftraggeber über längere Zeit abwesend. An Anlässen fehlte es nicht: Besuch von Synode oder Reichstag, Teilnahme an Feldzug, Kreuzzug oder Fernwallfahrt[332]. In solchen Zeiten war gut vorgesorgt, wenn ein qualifizierter Werkmeister den Bau leitete. Im allgemeinen wählte dieser die einzelnen Handwerker aus; manche mochte er von Baustellen her kennen, auf denen er gearbeitet hatte. Doch konnte auch der Bauherr selber jemanden einstellen. Die Lebensbeschreibung Meinwerks von Paderborn hält fest, was sich öfter zugetragen haben wird: Ein Unbekannter, Maurer und Zimmermann, der dem Bischof demütig seine Dienste angeboten hatte, erwies sich bald als so geschickt, daß Meinwerk ihn nach einer weiteren Prüfung persönlich mit der Bauleitung betraute[333]. Beiläufig erfahren wir, daß nicht nur Steinmetzen als Bauleiter in Frage kamen.

II. MOTIVE

Gast auf Erden?

Im Grunde hätte ein Christ sich fragen können: Warum überhaupt Kirchen bauen? Das Reich Gottes war doch nahe! Die Mahnung Jesu (Mk 1, 15) war bekannt. Doch so grundsätzlich wurde die Frage eher selten gestellt. Generationen von Gläubigen hatten gebetet »Dein Reich komme«. Erlebt hatten sie die Wiederkunft Jesu nicht; der hatte ihnen ja noch ein anderes Wort hinterlassen: »Ihr wißt weder den Tag noch die Stunde« (Mt 25, 13). Die Christen hatten sich längst auf Dauer in dieser Welt eingerichtet; die Geschichte des Kirchenbaus zeigt, daß Provisorien ein langes Leben haben können.

Wie wir gesehen haben, feierten die Christen, die es seit dem ersten Jahrhundert in vielen Orten des Römischen Reiches gab, die Erinnerung an Jesu Leiden, Sterben und Auferstehung zunächst in Privaträumen. Sobald die Verfolgung durch den römischen Staat nachließ und dann aufhörte, konnten die Gemeinden sich in vorhandenen größeren Räumen versammeln[334].

Auf die Dauer war das unbefriedigend; zudem kam schon früh ein Prozeß in Gang, der auf die Sakralisierung des Gebäudes hinauslief, in dem die heiligen Geheimnisse gefeiert wurden. Es war zweckmäßig, daß die Gemeinde über eigene Räumlichkeiten für Gottesdienst, Lehre und karitatives Wirken gebot. Vielerorts standen solche Räume seit den Zeiten der Verfolgung zur Verfügung; denn auch Begüterte hatten sich der neuen Lehre angeschlossen; mancher hatte der Gemeinde ein größeres Anwesen zu zeitweiliger Nutzung überlassen, die in eine endgültige Schenkung übergehen konnte.

Missionare, Könige, Päpste und der Kirchenbau

In Orten, in denen sich erst nach Ende der Verfolgung Gemeinden bildeten, hat man gleich eigene Bauten für den christlichen Kult aufgeführt – erst recht in Gebieten außerhalb des Römischen Reiches. In der Spätantike war das vor allem Irland; germanische und slawische Länder jenseits des Limes kamen hinzu; im letzten Viertel des 8. Jahrhunderts wurde Sachsen erobert und (zwangs)christianisiert; seit dem 9. Jahrhundert wurden Skandinavien, seit dem 10. Jahrhundert Ostmitteleuropa und Ungarn für das Christentum in seiner lateinisch-römischen Ausprägung gewonnen. Die Ausbreitung des Christentums und die Bildung mittelalterlicher Staaten durch ein machtbewußtes Königtum gingen in aller Regel Hand in Hand: Stephan der Heilige etwa setzte in Ungarn um 1000 das Christentum *und* die dauerhafte monarchische Herrschaft seiner Dynastie, der Arpaden, durch. Der mit Rom rivalisierenden griechisch-byzantinischen Mission, die vom heiligen Brüderpaar Konstantin und Method im 9. Jahrhundert maßgeblich begründet wurde, öffneten sich Bulgaren, Rumänen, Russen, Serben, in der frühen Zeit auch das Großmährische Reich. Die neuen Christen brauchten Räume, in denen die Gemeinde sich versammeln konnte. Kirchenbau und Missionspredigt wurden im allgemeinen als gleich wichtig eingeschätzt; bezeugt ist das für Landstriche nördlich der Elbe und im Gebiet der Dänen zur Zeit Ansgars († 865), der nacheinander als Mönch, Missionar und Erzbischof von Hamburg-Bremen gewirkt hat[335].

Päpste, als Stellvertreter des Himmelspförtners Petrus schon im Frühmittelalter mit einer besonderen Aura umgeben, haben wiederholt Missionaren den Weg zu ebnen gesucht und dabei auch ganz praktische Fragen erörtert. So bittet Gregor II. im Jahre 724 brieflich das Volk der Thüringer, den Bonifatius zu unterstützen, von den Irrtümern des Heidentums zu lassen, keine Götzenbilder (*idola*) zu verehren und sich in allem nach dem zu richten, »was unser Bruder Bonifatius euch lehrt; und Ihr werdet gerettet werden, Ihr und Eure Kinder in Ewigkeit«. Der Papst schließt mit dem Wunsch: »Baut daher ein Haus, in dem Euer Vater, der Bischof, wohnen soll, und Kirchen, in denen Ihr beten sollt, auf daß Gott Eure Sünden verzeihe und Euch das ewige Leben schenke«[336].

Konstantin der Große und die Lateranbasilika: ein epochales Vorbild

Für die Zeit vor der letzten schweren Christenverfolgung im Römischen Reich, Anfang des 4. Jahrhunderts, entwirft Eusebius, Bischof, Verehrer und Biograph Kaiser Konstantins I., ein geradezu idyllisches Bild: »Wer gar vermöchte zu schildern jene tausendköpfigen Versammlungen und die Mengen derer, die Stadt für Stadt zusammentraten, und die herrlichen Zusammenkünfte in den Bethäusern? Da infolge hiervon die alten Gebäude nicht mehr genügten, erbaute man in allen Städten ganz neue und geräumige Kirchen«. Im Jahre 311 erließen die Kaiser Galerius und Konstantin für ihren westlichen Reichsteil eine Verfügung, kraft derer das Christentum eine erlaubte Religion (*religio licita*) wurde. Während der jüngsten Verfolgung zerstörte Kirchen baute man nun wieder auf, und zwar größer, wie unser Chronist stolz vermerkt[337].

Konstantin ging, seit er die Alleinherrschaft errungen hatte (im westlichen Teil des Reiches 312, im Gesamtreich 324), weit über die Duldung hinaus. Er förderte das Christentum und dessen Amtsträger auf spektakuläre Weise. Als programmatisch mußte der Bau der Lateranbasilika in Rom verstanden werden: Der Kaiser stellte Gelände zur Verfügung, auf dem eine Kaserne stand. Hier wurde in nur vier bis fünf Jahren eine Kirche gebaut, die man noch im Mittelalter nach ihrem Erbauer *Basilica Constantiniana* nannte; sie wurde die Kirche des Papstes, von ihrem Rang künden Inschriften auf ihrem Sockel, rechts und links vom Eingang: *OMNIVM VRBIS ET ORBIS ECCLESIARVM MATER ET CAPVT,* »aller Kirchen der Stadt und des Erdkreises Mutter und Haupt«[338]. Mit anderen öffentlichen Bauten Roms konnte sie sich messen – und zwar hinsichtlich ihrer Form (fünfschiffige Basilika), ihrer Dimensionen (Breite und Länge etwa 100 bzw. 55 Meter) und ihrer unerhörten Pracht im Innern: Rote Granit- und grüne Marmorsäulen, kostbare Marmorplatten für die Wände und den Fußboden, dazu – seit dem 5. Jahrhundert, also erst nach Konstantin – Wandbilder mit Szenen aus dem Alten und dem Neuen Testament. Noch von Konstantin gestiftet wurden Bronzesäulen, Silberleuchter, silberne Altäre und kostbare Schranken; diese unterteilten die Basilika in gesonderte Bereiche für Männer, Frauen sowie Katechumenen, Anwärter für die Taufe, die noch im Glauben unterrichtet wurden und nicht an allen Teilen der Messe teilnehmen durften.

Der Bau der Lateranbasilika stand in Kontinuitäten: Schon früher hatten römische Kaiser den überlieferten Staatsgottheiten Tempel und Heiligtümer errichten lassen; die reichliche Verwendung von kostbarem Stein und edlen Metallen entsprach dem für die spätantike Architektur bezeichnenden Hang zu verschwenderischem Luxus in der Ausstattung, zu bunter Farbigkeit und Vielfalt der Einzelformen. Doch auffälliger sind Brüche: Die traditionellen Kultbauten lagen inmitten der Stadt; als prächtige, repräsentative Bauten setzten sie inmitten der umgebenden Architektur markante städtebauliche Akzente. Die Lateranbasilika wurde dagegen an der Peripherie errichtet, in der Nähe der Stadtmauer (wie später viele Kathedralen); sie fiel durch ihre Größe auf, nicht durch eine aufwendige Fassade; sie mußte ja nicht nur dem Kultpersonal Platz bieten, war nicht nur Wohnung der Gottheit wie heidnische Tempel; die ganze Gemeinschaft der Gläubigen sollte im Inneren feiern können. »Im Gegensatz zu den traditionellen Kultbauten war sie ein Raumbau, der seine architektonische Gestalt nicht in einem reich gegliederten Außenbau, sondern – den Bedürfnissen der neuen Glaubensgemeinschaft entsprechend – in einem vielfältig gegliederten Innenraum entfaltete, der verschiedene Kultfunktionen in einem Raumgebilde zusammenfaßte. Mit diesem Konzept, das die Tradition des antiken Sakralbaues aufhob und die Idee des christlichen Kirchengebäudes zum ersten Mal verwirklichte, wies die Lateranskirche für den christlichen Kultbau – unabhängig von allen späteren Formvarianten im einzelnen – die Richtung bis in unsere Zeit«.

Größere Kirchen brauchte man auch deshalb, weil sich viele Römer nach dem Umschwung zugunsten des Christentums taufen ließen, aus Überzeugung oder Opportunismus, erst recht, als Kaiser Theodosius I. alle, auch privat geübte Formen heidnischen Kultes verbot (391/392). Viele prächtige Kirchenbauten zeigen, wie sehr im Laufe des vierten und fünften Jahrhunderts christliche Vorstellungen das Römische Reich durchdrangen.

Neue Kirchen nach den Schrecken des Krieges

Seit dem Frühmittelalter wurden viele Klosterkirchen gebaut, erweitert oder – nach einem Unglück – größer wiederaufgebaut, weil der Konvent gewachsen war. Cluny war zur Zeit seiner Gründung (910) eine kleine Gemeinschaft; Ende des 11. Jahrhunderts zählte es etwa 300 Mönche[339]. In einem halben Jahrhundert entstanden 322 Zisterzienserklöster[340], viele von ihnen mit großer Kirche. Die Zahlen spiegeln auch das Bevölkerungswachstum der Zeit. In altbesiedelten Ländern gründete man seit dem 13. Jahrhundert kaum noch Klöster auf dem Land, um so mehr in den Städten (Bettelorden); hier ließen sich – wenn die konfessionellen Verhältnisse das erlaubten – seit dem 16. Jahrhundert auch Jesuiten nieder.

Bis ins 20. Jahrhundert sind Tausende von Kirchen in Kriegen zerstört oder schwer beschädigt worden. Schlimm waren das 9. und 10. Jahrhundert, in denen Normannen, Sarazenen und Ungarn große Teile Europas verheerten. Auf bezeichnende Einzelheiten in der Lebensbeschreibung Ulrichs von Augsburg sei noch einmal ausdrücklich hingewiesen. Zu Beginn seiner Amtszeit (923) habe sich dem Bischof ein trauriger Anblick geboten: Viele seiner Hörigen von den heidnischen Ungarn erschlagen, schwere Schäden an der (Dom)Kirche, andere Gebäude baufällig. Bangen Herzens habe Ulrich sich gefragt, wie er das Zerstörte wiederaufbauen könne[341].

Ein ähnliches Bild entwerfen die Biographien anderer Bischöfe dieser Zeit. Die Eindringlinge hatten Siedlungen niedergebrannt, Menschen umgebracht oder versklavt, die Übriggebliebenen in Armut und Hunger gestürzt; nach den Einfällen, die sich nicht selten im Abstand weniger Jahre wiederholten, fehlten die Menschen und der Lebenswille, um die dringendsten Schäden auszubessern und weiterem Verfall zu wehren.

Leitmotivisch begegnen im ersten Kapitel der Lebensbeschreibung Ulrichs Stichworte, die das Verhalten auch anderer Bischöfe dieser Zeit charakterisieren; das Ziel stand fest: So gut es nur gehe, das Zerstörte wiederaufbauen (*convenientissime … destructa reaedificare*). Ulrich warb also geeignete Bauhandwerker an, bot eigene Leute auf und schickte sich an wiederherzustellen, was zerrüttet war und mit Einfühlungsvermögen Ordnung zu schaffen (*diruta restaurare satisque sensibiliter ordinare*). Mit Feuereifer sei er darauf bedacht gewesen, das begonnene Werk zügig zu einem guten Ende zu führen (*magnoque animi fervore studens, ut coepta perficere non desisteret*) – daß ihm jahrzehntelanges Wirken vergönnt sein sollte, konnte er nicht ahnen. Verben wie *perficere, reaedificare* begegnen uns immer wieder; sie erweisen sich nicht nur dann als Schlüsselbegriffe, wenn von einem zerstörten Kirchengebäude gesprochen wird, sondern auch wenn die Kirche als Institution gemeint ist – ein Zeichen dafür, daß die Wiederherstellung des Gebäudes und die Erneuerung kirchlichen Lebens zusammengehören. War das Gehäuse zerstört, geriet meist auch die Zucht unter den Christen in Verfall, erst recht nach einem Klosterbrand die Ordnung in einem Konvent.

Ulrichs Biograph überblickt die lange Amtszeit seines Helden, von dessen Heiligkeit er überzeugt ist. Schon im ersten Kapitel finden sich Komparative, die leitmotivisch in vergleichbaren Quellen begegnen[342]: Häufig habe Ulrich kritisch auf seine Bischofskirche geblickt; dabei seien ihm die kleinen Fenster und die schäbige Krypta aufgefallen. Er habe seinen Willen bekundet, den Dom – so Gott wolle – angemessener und schöner wiederaufzubauen (*competentius decentiusque*). Während die Arbeiten gut voranschritten, habe Rambert, einer aus der Domgeistlichkeit, eines Tages eine Vision gehabt: Adalbero, ein Vorgänger Ulrichs auf dem Augsburger Bischofsthron, habe erklärt, die Krypta in ihrer jetzigen Ausführung werde einstürzen; Ulrich solle sich dadurch nicht entmutigen lassen, sondern dafür sorgen, daß künftig solider gebaut werde. Ulrich habe dann längere Zeit im Dienst des Königs zu tun gehabt. Bei seiner Rückkehr habe er das Werk nicht vollendet vorgefunden, wie er gehofft hatte, sondern eingestürzt, wie Ramberts Botschaft gelautet hatte. Ulrich habe nun mit größerer Sorgfalt Fundamente legen und den Bau solide (*stabiliter*) aufführen lassen.

Bezeichnende Einzelheiten aus der Lebensbeschreibung Ulrichs seien zusammengefaßt. War eine Kirche schwer beschädigt, war trotz Not und Mangel nicht das Ob eines Wiederaufbaus fraglich, sondern allein das Wie. Denn ein Bischof ist verpflichtet, in seinem Amtsbereich das Chaos zu bändigen, Ordnung zu schaffen (*ordinare*). Der Aufbau erlaubt, Mängel des früheren Baues zu beheben und das neue Werk größer auszuführen, schöner, angemessener, passender und wie die Komparative heißen, die in vielen Bischofsviten begegnen.

Bei der Beseitigung von Mängeln schenkte Ulrich (wie andere Bauherren des 10. Jahrhunderts) offenbar der Krypta, dem Raum unter der Kirche, große Aufmerksamkeit. Die Krypta barg oft die kostbaren Reliquien, in ihr versammelte sich die Domgeistlichkeit zu Gebet und Meßfeier[343]. Im Falle Ulrichs half eine Vision. Adalbero – nach Art der Schilderung schon im Kreis der Gott nahen Seligen – erklärte, die fragliche Krypta werde einstürzen. Ulrich gegenüber verlor Adalbero kein Wort darüber, wie man das Unheil abwenden könnte; er begnügte sich mit einer Mahnung: Ulrich solle künftig solide bauen – ein Befehl, dem der Bischof gern nachgekommen ist. Wie um die früheren Ausführungen zu unterstreichen, begegnet im Schlußsatz des ersten Kapitels nochmals ein Komparativ, *cautior*, sorgfältiger; und beiläufig wird auf die Bedeutung von Arbeiten an den Fundamenten verwiesen, von denen man in dem Maße, wie der Bau fortschreitet, nichts mehr sieht.

Der Heilige greift ein

In anderen Fällen meldete sich die Schutzpatronin oder der Schutzpatron der Kirche zu Wort; so zeigte die hl. Afra eines Nachts in einer Vision (*quadam nocte in visu*) Ulrich die Stelle, an der ihr Körper beigesetzt worden sei[344]. Beide Visionen zeugen von dem Glauben, daß Lebende und Verstorbene eine Gemeinschaft bilden und sich nicht nur im Gebet begegnen.

Eingriffe der Heiligen erlebten Bauherren besonders dann, wenn es galt, Widerstände zu überwinden – etwa wegen der Kosten, die Erweiterung, Neubau oder Ausstattung einer Kirche erforderten. Denn oft mußte der Bauherr ja nicht eine mutwillig zerstörte Kirche wiederaufbauen, sondern wollte eine den jeweiligen Bedürfnissen völlig genügende Kirche durch eine größere, schönere, prächtigere ersetzen. Nicht selten treten dann Superlative an die Stelle der Komparative; einer fand sich allerdings schon in den Zitaten aus der Vita Ulrichs: *convenientissime*. In der Lebensbeschreibung eines Zeitgenossen Ulrichs begegnen uns Superlative reichlich: Brun, Erzbischof von Köln (953–965), habe den Dom in bewundernswerter Weise erweitern und aus einem schönen Haus das allerschönste machen lassen (*domum … mirabiliter ampliavit, quam de pulchra pulcherrimam fecit*). Indessen habe der Bruder Kaiser Ottos I. sich nicht nur um seine Kathedrale gekümmert. Allenthalben und um die Wette (*certatim*) habe er Kirchen, Klöster und weitere kirchliche Gebäude von den Fundamenten an aufführen, ältere Bauten auf edle Weise vergrößern, verfallene wieder aufrichten lassen. Der Biograph schließt dieses Kapitel mit einem Blick auf das Arbeitsethos des Erzbischofs ab: Träges Nichtstun sei Brun zuwider gewesen; mit dem Blick auf seine Leute habe er gemeint, faules Vieh müsse man von der Krippe fernhalten und sich auf den Apostel Paulus (2 Thess 3, 10) mit der sprichwörtlichen Redensart berufen: »Wer nicht arbeitet, soll auch nicht essen«[345].

Das harsche Urteil zu untätigem Müßiggang darf man wohl als Indiz für eine gewisse innere Christianisierung Europas deuten. An die Stelle der gepflegten Muße des antiken Gebildeten war ja schon in der Regel Benedikts das biblische Arbeitsethos getreten; auch hohe Herren beherzigten es. Von Bernward heißt es, er habe den Hildesheimer Dom in edler Weise umgebaut; man habe meinen können, aus einer alten in eine neue Kirche zu kommen (*principalem aecclesiam nobilitaverit ... ut ex veteri novam putares*)[346]. Im Anschluß an dieses Wort berauscht der Biograph sich geradezu an der Aufzählung von Gold und Edelsteinen, mit denen Bernward liturgisches Gerät habe schmücken lassen. Es dürfte kein Zufall sein, daß Bernward noch im selben Kapitel dafür gepriesen wird, daß er den heiligen Ort mit Mauern und Türmen habe schützen lassen.

In solchen Berichten ist allerdings auch mit einer Tendenz zu rechnen: Auf daß die Taten des Helden in hellem Licht erstrahlen, werden die Zustände vor seinem Eingreifen in düsteren Farben gemalt[347]. So soll die St. Pantaleon-Kirche dem Einsturz nahe gewesen sein (*ruine proxima*)[348], als Brun sie sich zur Grablege erkor und darum einer neu gegründeten klösterlichen Gemeinschaft anvertraute.

Ehrgeiz und Bauwut

Man könnte die Reihe von bauwilligen, nicht selten von bauwütigen Prälaten fortsetzen. Den in mehr als tausend Jahren baufällig gewordenen Petersdom hätte man sanieren können; statt dessen ließ Julius II. (1503–1513) ihn in einem Akt des Vandalismus abreißen. Der Papst legte selber den Grundstein zum Neubau; der von ihm gesegnete Stein trug die Inschrift: »Papst Julius II. aus Ligurien hat 1506 im dritten Jahre seiner Regierung diese sehr verfallene Basilika wiederherstellen lassen«. 1513 erklärte er, der von ihm geplante Bau solle an Ausdehnung und Pracht alle Kirchen des ganzen Erdkreises übertreffen[349]. Das Geld für den Neubau stammte auch aus dem Ablaßhandel, der einen Anlaß für die Kirchenspaltung bilden sollte.

Ein Motiv dürfte das Handeln von Bauherren weit häufiger bestimmt haben, als die Quellen festhalten: Man wollte den Nebenbuhler – das konnte ein Herrscher sein, ein Kloster, eine Stadt – mit einer Mischung von Ehrgeiz und Konkurrenzneid ausstechen, übertrumpfen; etwas Einmaliges, Unvergleichbares sollte von der eigenen Überlegenheit künden[350]. Mehr oder weniger offen erklärten viele Prälaten, eine sehr schöne oder die schönste Kirche bauen zu wollen, weit und breit solle es nichts Vergleichbares geben, sie solle vielmehr anderen als Vorbild dienen. Fragt man nach den Motiven solchen Strebens, kommt einem als erstes Ruhmsucht in den Sinn; sie ist nicht weit vom Stolz entfernt, einer der Hauptsünden und Gegenteil der Demut; diese sollte ja den Christen zieren. Doch darf man die Motive nicht in menschenfreundlicherem Licht sehen? Äbten, Äbtissinnen und Bischöfen verwehrte das kanonische Recht legitime leibliche Nachkommen. Mehr als andere waren sie geneigt, sich in Bauten zu verewigen, die Gott, seine Heiligen und Generationen von Menschen beeindrucken würden. Daß es nicht leicht ist, das rechte Maß zu wahren, ist ebenso bekannt wie die Tatsache, daß man nicht über den eigenen Schatten springt. Die meisten dachten und handelten, wie sie es in dem Umfeld kennengelernt hatten, in dem sie aufgewachsen waren; ein Gegenbeispiel sei immerhin erwähnt: Franz von Assisi.

Der Äbtissin Himmeltrud von St. Glodesindis in Metz unterstellten Gegner Mitte des 10. Jahrhunderts »maßlose Baulust«[351] – vielleicht auch deshalb, weil es sich um eine Frau handelte. Um das Jahr 1025 soll Gauzlin – Halbbruder König Roberts des Frommen von Frankreich, in den Jahren 1004–1030 Abt von Fleury (St. Benoît-sur-Loire, östlich von Orléans), später Erzbischof von Bourges – die Frage des Werkmeisters (*princeps artificum*) nach der Art des Turmes, den er für die Abteikirche plane, folgendermaßen beschieden haben: *omni Gallie sit in exemplum*[352], ganz Gallien diene er als Beispiel. Adalbert, Erzbischof von Bremen (1043–1072), wollte in seiner Diözese »allenthalben ein Denkmal seines Adels hinterlassen« (*ubique nobilitatis suae monimentum relinquere*); er verachtete das Alte und wollte alles neu machen (*vetera contempsit, nova molitus omnia perficere*). Bremen sollte, was Zahl und Ausstattung geistlicher Stiftungen angeht, anderen Städten ähnlich werden[353]. Sollte deren Vorsprung aufgeholt werden, mußten große Mittel aufgewendet werden, die das Bistum ruinierten.

Bei Reparaturarbeiten soll die dem hl. Benignus in Dijon geweihte Kirche eingestürzt sein. Das habe Abt Wilhelm († 1031) als Wink Gottes verstanden und gemeint, der ganze Bau müsse von Grund auf erneuert werden (*quod totum a fundamentis renouari conuenire templum*). Rechtzeitig enthüllt der Heilige in einer Vision, wo er bestattet liegt. Wilhelm sorgt dafür, daß die neue Kirche breiter und länger als der Vorgängerbau, daß sie prächtiger als alle Basiliken Galliens wird und einzigartig hinsichtlich ihrer Lage (*totius Gallie basilicis mirabiliorem atque propria positione incomparabilem perficere disponebat*). Nach einer Bauzeit von nicht mehr als vierzehn Jahren wurde die Kirche im Jahre 1016 geweiht, nach weiteren zwei Jahren die Rundkirche, von der heute nur noch die Krypta zu sehen ist[354].

Sorge für das Seelenheil

Bernward von Hildesheim verwirklichte als Bischof einen Plan, den er schon lange vor seiner Erhebung insgeheim gehegt haben soll: Vor den Mauern seiner Bischofsstadt gründete er ein Kloster, eine neue Kirche Gottes (*novam Dei aecclesiam*); den Ort unterstellte er »dem Schutz Gottes, des heiligen Kreuzes, der immerwährenden Jungfrau Maria und des hl. Erzengels Michael«. Bernward äußert sich zu seinen Motiven in einer langen Urkunde, die sein Biograph in die Lebensbeschreibung aufgenommen hat (Kap. 51). Bernward zeigt hier, daß Sündenbewußtsein und Sehnsucht nach göttlicher Gnade ein robustes Selbstbewußtsein nicht ausschließen müssen: »Ich wollte, daß mit meinem Namen eine glückliche Erinnerung weitergegeben werde, daß Kirchen gebaut würden und dort für Gottesdienste gesorgt sei, und alle meine Habe sollte dem Herrn übergeben werden« (*volebam … beatae memoriae tradere titulum nominis mei, aecclesias struxisse, ac officia Deo servientium inibi ordinasse, omnemque facultatem meam Domino lucrasse*). Die reich dotierte Stiftung sollte dem Seelenheil von Personen und Gruppen dienen; Bernward nennt seine Herren und Kaiser, sich selber, seine Nachfolger sowie diejenigen, deren Güter er erworben hat. Er zeigt, daß er um die Gefährdung solcher Gründungen weiß. Sollte ein Nachfolger im bischöflichen Amt oder eine weltliche Person »das Stiftungsgut antasten oder sich gar erkühnen, es rechtswidrig an sich zu reißen, dann soll er mit dem Schwert des Wortes Gottes von Gott und all seinen Heiligen getrennt sein, nichts als Fluch soll auf ihn stürzen, jeglichen Segen soll er entbehren, vom Himmel wie von der Erde sei er ausgelöscht«. Ausreichend dotiert, konnte der Bau rasch vollendet werden: Weihe der Krypta am Fest des hl. Michael, Schutzpatron des Klosters, am 29. September 1015, Einweihung des Klosters am Michaelsfest 1022, nach nur sieben weiteren Jahren[355].

Was dieser heute baut, reißt jener morgen ein!

Mutlosigkeit mochte einen Bauherrn überkommen, wenn er an die eigene Lebenserwartung dachte. Die Kirche, die er mit Phantasie geplant und deren Bau er vielleicht mit beträchtlichen eigenen Mitteln gefördert hatte, würde zu seinen Lebzeiten kaum fertig werden; der Nachfolger würde mehr oder weniger einschneidende Änderungen vornehmen. Daß solche Sorgen nicht unberechtigt waren, zeigt die Lebensbeschreibung Meinwerks von Paderborn, der sich nicht nur beim Kirchenbau rücksichtslos gebärdete. Der Bischof, so lesen wir, habe am dritten Tag nach der Ankunft an seiner neuen Wirkungsstätte den mickerigen Bau (*opere modico*), den sein Vorgänger Rethar nach einem Stadtbrand (im Jahre 1000) an anderer Stelle schon bis in Fensterhöhe aufgeführt hatte, niederreißen lassen. Mit größtem Nachdruck, *celeriter atque alacriter*, habe er dann einen den eigenen Vorstellungen entsprechenden Neubau *a fundamentis*, »von Grund auf«, an der Stelle neu beginnen lassen, wo er seit karolingischer Zeit gestanden hatte; der Neubau wurde 1015 fertig[356]. Fürchtete Meinwerk, sein Nachfolger könnte mit seinem Werk ähnlich umgehen, wie er es getan hatte?

Bauen zur Ehre Gottes

Der Historiker kann die Motive der Handelnden oft nur erschließen. Doch muß er in den Quellen genannte Gründe zur Kenntnis nehmen. Und da heißt es nicht selten, diese oder jene Kirche sei »zum Ruhme und Lobe Gottes« gebaut worden. So lesen wir von dem schon mehrfach erwähnten Erzbischof Brun von Köln: *Dilexit ante omnia decorem domus Domini et locum habitationis glorie eius*, »er liebte vor allem die Zierde des Hauses des Herrn und den Ort, in dem sein Ruhm eine Wohnstatt hat«[357]. Der Biograph zitiert hier Ps 26, 8, der auch in der Messe gebetet wurde. Zum Ruhm und Lobe Gottes, *ad gloriam et laudem dei*, ließ Kaiser Konrad II. im Jahre 1035 in der Limburg (bei Bad Dürkheim/Pfalz) ein Kloster gründen und reich ausstatten[358]. Das »Lob Gottes« war gewiß ein wichtiges Motiv. So wie unsere Handlungen sich selten auf einen einzigen Beweggrund zurückführen lassen, darf man auch Menschen früherer Jahrhunderte im allgemeinen ein Bündel von Motiven unterstellen. Konrad gibt denn auch noch ein weiteres an, das in vielen Schenkungsurkunden zugunsten von Kirchen begegnet: das Seelenheil[359].

Der eine Bauherr ließ sich mehr von Gottesverehrung, der andere stärker von Sündenbewußtsein leiten. *HAC PRO STRVCTVRA PECCATA DEVS MEA CVRA*, »für diesen Bau heile Gott meine Sünden«. So lautet eine Inschrift in der Stiftskirche von Ardagger in Niederösterreich, im untersten Feld des zentralen Chorfensters (nach 1224); darüber sieht man Propst Heinrich, der ein Modell der Kirche wie zum Beweis in Händen hält[360]. Die Hoffnung, bei den Menschen nicht vergessen zu werden, ließ sich ohne weiteres mit solchen Motiven verbinden. Stifter ließen sich gern im Achsenfenster der Kirche darstellen, so daß jeder Eintretende gleich Bild, Namen und Wappen oder wenigstens eins dieser Merkmale zu sehen bekam[361].

Man kann, muß aber nicht den kurzen Satz des Propstes als Ausdruck eines Handels mit Gott verstehen. Und man täte vielen Stiftern Unrecht, wollte man ihre Äußerungen mit der Elle nachreformatorischer Theologie messen. Um eine ehrliche Antwort gebeten, hätten die meisten Stifter wohl mehrere Motive genannt, unter denen ›Gott zur Ehre‹ einen der vordersten Plätze eingenommen hätte. Das dürfte auch für ›kleine‹ Leute gelten, die seit dem Hochmittelalter als Einzelne oder Mitglieder einer Gruppe (Gilde, Zunft) Altäre, Lichter, Fenster und Pfründen stifteten in der Hoffnung, daß sie in ihrem Namen, Wappen oder Bild bis zum Jüngsten Gericht hier gegenwärtig bleiben und der Barmherzigkeit Gottes empfohlen würden.

Sühne von Schuld

Oft war schwere oder als schwer geltende Schuld zu sühnen. Wilhelm der Eroberer gründete in Caen (Normandie) die Abbaye aux Hommes, weil er gegen das kirchliche Eherecht verstoßen hatte: Ohne päpstliche Dispens hatte er die blutsverwandte Mathilde geehelicht. König Albrecht I. wurde 1308 bei Brugg im Aargau ermordet; er hatte sich also nicht auf den Tod vorbereiten können. Um das Verbrechen zu sühnen, stiftete die Witwe 1311 an dem später Königsfelden genannten Ort ein Kloster, das auch als Erbbegräbnis der Habsburger vorgesehen war[362]. Die Mönchsgemeinschaft sollte mit ihrem Gebet dem Toten die Strafe langen Fegefeuers ersparen.

Sorge um das eigene Grab

Viele Kirchen wurden gebaut, weil der Stifter für sich und seine Familie eine angemessene Grablege wünschte. Wenn möglich, wollte man nicht nur auf dem Friedhof bestattet sein, immerhin in geweihter Erde, sondern in einer Kirche, in der sich täglich mehrmals Mönche oder Monialen zum Gebet versammelten, und möglichst nah dem Altar, barg er doch Reliquien eines Heiligen. Dahinter standen folgende Erwartungen: Mindestens am Todestag des Betreffenden sollte hier für das Seelenheil des Verblichenen gebetet werden; in der Regel wurde die Stiftung so gestaltet, daß zusätzlich die Mönche und Armen beschenkt wurden, die sich dann ebenfalls zum Gebet für den verstorbenen Spender verpflichtet wußten.

Auch Bischöfe gründeten Klöster, um dort ihre letzte Ruhe zu finden; das schließt nicht aus, daß im Testament die Mehrung der Ehre Gottes als Hauptmotiv erscheint. Meinten sie, das Gebet von Mönchen sei wirksamer als das eines Domkapitels, eine Klostergemeinschaft sei zuverlässiger, was das Gebetsgedenken angeht? Schließlich glaubte man, der in seinen Reliquien anwesende Heilige werde zusammen mit dem Sünder, dessen sterbliche Überreste in seiner Nähe ruhten, am letzten Tage auferstehen und ihm helfen, die Schrecken des Jüngsten Gerichtes zu bestehen[363].

Dem Herrn sei Dank!

Für Hilfe in außergewöhnlicher Not wußten die meisten Menschen sich zu mehr verpflichtet als einem unverbindlichen ›Danke, lieber Gott‹. Mehr als eine Kirche ist gestiftet worden als sichtbares, dauerhaftes Zeichen des Dankes für einen Schlachtensieg. Mancher Heerführer suchte den jeweiligen Tagesheiligen als Helfer zu gewinnen, auf daß er an Gottes Thron Fürsprache einlege zugunsten der ›unten‹ Kämpfenden. So gelobte König Otto I. am 10. August 955, in Merseburg ein Bistum zu errichten, wenn ihm Laurentius, der Tagesheilige, zum Sieg über die Ungarn verhelfe. In Merseburg hatte Otto jüngst mit dem Bau einer großen Pfalz begonnen; nach dem Sieg wurde sie in eine Bischofskirche zu Ehren des Laurentius umgebaut[364].

Mehrere Abteien erinnern schon mit ihrem Namen an Schlacht oder Sieg. Wilhelm der Eroberer gründete 1067 die *Battle Abbey*. Hier kamen sicher unterschiedliche Motive zusammen: Dank für die 1066 bei Hastings gewonnene Schlacht, die den Weg zur Eroberung Englands bahnte. Mit dieser Abtei und weiteren Kirchen, u.a. der seit 1067 in Canterbury gebauten großen Kathedrale, führte Wilhelm Anhängern und Gegnern vor Augen, wer Herr im Lande war; solche Kirchen dienten also auch der Stabilisierung einer lange Zeit nicht unangefochtenen Herrschaft.

Beim Bau von ›Sieg-Kirchen‹ dürften indessen auch magische, vorchristliche Vorstellungen eine Rolle gespielt haben. Wenn der Hauptaltar der *Battle Abbey* an die Stelle zu stehen kam, an der König Harald den Schlachtentod gefunden hatte, dann ehrte Wilhelm den gefallenen Feind und besänftigte dessen Seele; Harald sollte sich nicht vom Jenseits aus am Sieger rächen. Eine andere ›Schlacht-Abtei‹ stiftete König Johann I. von Portugal nach seinem Sieg bei Aljubarrota 1385: *Batalha*[365]. Solche Gründungen ließen sich schließlich verstehen als Sühne für die Tötung von Menschen »in offenem Kriege«[366].

Möglicherweise darf man als ›Schlachten-Kirchen‹ schon die Lateranbasilika in Rom und die Heilig-Grab-Kirche in Jerusalem verstehen. Kaiser Konstantin gründete jene nach seinem Sieg über Maxentius an der Milvischen Brücke (312), der ihm die Alleinherrschaft im westlichen Teil des Römischen Reiches eintrug, diese nach seinem Sieg über Licinius bei Chrysopolis (324), der ihn zum Alleinherrscher innerhalb des Reiches machte[367].

Katastrophenalarm

Wiederholt ist von Gedränge, ja sogar von Toten die Rede, weil eine Kirche für die Massen der Pilger, die sich hineinzwängten, zu klein geworden sei. Vorwand oder ernstzunehmendes Argument für Bauarbeiten? Wie es an vielbesuchten Pilgerstätten zugehen konnte, veranschaulicht ein Bericht zur Klosterkirche von Saint-Denis. Man tut dessen Abt Suger (1122–1151) sicher nicht Unrecht, wenn man unterstellt, daß es ihm *auch* darauf ankam, den kostspieligen Neubau zu rechtfertigen und sich mit Schrift und Bau ein Denkmal zu setzen. Vieles spricht dafür, daß der mit beredten Worten geschilderte Mißstand gut in die Pläne des Mannes paßte, der – Kind wohlhabender Bauern – in eins der einflußreichsten Ämter Frankreichs aufgestiegen war.

Suger schreibt, an Feiertagen habe unter den Pilgern, welche die Reliquien ehren wollten, qualvolles Gedränge geherrscht, so daß man die Basilika weder habe betreten noch verlassen können. Unerträglich sei die Enge für Frauen gewesen. Inmitten der Männer wie in einer Kelter gepreßt, hätten sie

Feueralarm Anno 1405. Die »Burger« von Bern löschen mit Holz- und Lederzuber und suchen ihre Habseligkeiten zu retten. Aus der Chronik des Diebold Schilling (1470).

nach Art Gebärender furchtbar geschrien. Jämmerlich niedergetreten, seien viele dank der Hilfe rechtschaffener Männer über die Köpfe der Menschen emporgehoben worden; wie auf einem Fußboden hätten sie gehen, andere hätten zur allseitigen Verzweiflung nur noch röcheln können. Sogar die Brüder, welche die Leidenswerkzeuge des Herrn – unter anderen einen Nagel vom Kreuz – den Herbeiströmenden zur Verehrung zeigten, hätten oft keinen anderen Ausweg mehr gewußt, als mit den Reliquien durch ein Fenster ins Freie zu flüchten. »Als ich inmitten der Brüder erzogen wurde, hörte ich dies; als jungen Mann schmerzte es mich; als reifer Mann trachtete ich mit Eifer, daß dies verbessert werde«[368].

Noch weitere Gründe konnten dafür sprechen, Kirchen zu vergrößern oder umzubauen. Es lag im allgemeinen Interesse, eine altersschwache Holzkirche durch einen weniger feuergefährdeten Steinbau zu ersetzen. Oft erzwang eine Brandkatastrophe – Folge von Blitzschlag, Fahrlässigkeit oder Unachtsamkeit – einen Neubau[369]. Er konnte je nach Finanzlage oder Eifer der Stifter bescheidener oder prächtiger ausfallen. Im Salzburger Dom, der nach einem Brand 1127 wiederaufgebaut worden war, sollen die Wände mit rotglänzendem Gold bemalt gewesen sein, und in zwei sehr hohen Türmen seien die Glocken »bei weitem besser« (*campanis longe melioribus*) gewesen als vorher[370].

Feuer ist vielen Kirchen verhängnisvoll geworden. Da man es von fern sieht und da man es als Warnung, wenn nicht Strafe Gottes verstand, haben Brände häufiger als andere Schicksalsschläge das Interesse der Chronisten gefunden. Ein Blitzschlag setzte 872 den Dom zu Worms in Flammen, nur kurze Zeit nach seiner Wiederherstellung[371]. Der Brand im Willigisdom zu Mainz 1009, unmittelbar vor der Weihe, erklärt sich vielleicht damit, daß noch Gerüste standen, die dem Feuer Nahrung boten[372]. Wandteppiche und Vorhänge, mit denen die Kathedrale von Laon reich geschmückt war, *palliis atque tapetibus nobilissime circumornata*, förderten im Jahr 1112 den Brand dieses Bauwerkes[373]. Im Jahr 1450 kam es zum Brand im Speyerer Dom *per incuriam et negligentiam eorum qui organum reformare debuissent*, »infolge der Sorglosigkeit und Nachlässigkeit derer, die die Orgel hätten reparieren sollen«[374].

Oft brach in einem benachbarten Gebäude ein Brand aus, der nicht rechtzeitig bemerkt wurde und der sich mit den vorhandenen Mitteln nicht wirksam bekämpfen ließ. So ging im Kloster Berge bei Magdeburg 1017 das Feuer von einer ungewöhnlich großen Leuchte im Schlafsaal der Mönche aus (nachts sollte dort ständig Licht brennen); da die Schläfer es zu spät bemerkten, griff es auf das ganze Gebäude über, dann auch auf die Kirche, die Kapellen, das Refektorium und die damit zusammenhängenden Gebäude. Immerhin konnten die Reliquien der Heiligen und ein großer Teil des Klosterschatzes geborgen werden; ein Mönch, der die Meßgewänder den Flammen entreißen wollte, starb an den Folgen von Verbrennungen[375]. In Canterbury haben die Mönche 1174 nicht bemerkt, wie Funkenflug, der von einem größeren Feuer in der Nähe der Kathedrale ausging, das Dach über dem Chor in Brand setzte[376].

Verhängnisvoll sind vielen Kirchen Brandstiftung sowie die Einäscherung des ganzen Ortes in einem Krieg geworden. Oft fielen dem Brand auch Urkunden und Akten zum Opfer, die uns Auskunft über den Bau dieser Kirche und die Geschichte des Ortes hätten geben können – ganz zu schweigen von anderen Schätzen wie Bilder, Teppiche, Skulpturen.

Mancher Einsturz dürfte sich mit Material- oder Konstruktionsfehlern erklären. Fachleute sind sich offensichtlich noch nicht einig über die Ursachen, die zum Einsturz des 48 Meter hohen Gewölbes der Kathedrale in Beauvais geführt haben[377]. Für den Zusammenbruch des dortigen Vierungsturms hat man dagegen eine einleuchtende Erklärung: Nach Fertigstellung des Querhauses hätte zuerst das Langhaus gebaut werden müssen, als Halt für den künftigen Turm. Statt dessen errichtete man den monumentalen Vierungsturm, dem das nötige Widerlager fehlte[378]. Viele Schäden an Kirchen erklären sich mit unzureichenden Fundamenten. Im Falle einer späteren, anfangs nicht vorgesehenen Belastung von Turm oder Wand trifft die Fundamentleger allerdings keine Schuld. Risse im Mauerwerk und herabfallender Putz können darauf hinweisen, daß einzelne Bauteile sich ungleichmäßig senken. Seit dem Mittelalter und bis in unsere Tage hat man dann Architekten aus der Ferne als Gutachter gerufen[379]. Der bekannteste ›Fall‹ dürfte die Sicherung des Schiefen Turms der Kathedrale von Pisa sein, der uns noch beschäftigen wird. Moderne Beispiele für den Einsturz großer Kirchen sind die barocken Stiftskirchen in Lindau am Bodensee (1989 eingestürzt) und Dießen am Ammersee (sie war 1979–85 wegen akuter Einsturzgefahr geschlossen).

Das Erdbeben, das 1356 Dom und Stadt Basel schwer getroffen hat, gilt als die stärkste Erschütterung nördlich der Alpen, soweit quellenmäßig fassbar. Obwohl man im Rheingraben häufig schwächere Beben spürt, sind die Kathedralen und andere Großkirchen (auch Aachen und Köln liegen in einem bebengefährdeten Gebiet) bislang nicht ernsthaft in Mitleidenschaft gezogen worden. Das ist nicht selbstverständlich und spricht für das Können früherer Kirchenbauer.

Mehr als einmal gestehen Chronisten, keine Antwort auf die Frage nach dem Sinn einer Katastrophe zu wissen; oft heißt es, das Unheil sei »nach dem verborgenen Ratschluß Gottes« oder »wegen unserer Sünden« hereingebrochen[380]. Aber konnte es nicht auch eine ganz andere Erklärung geben? Nach dem Brand der Kathedrale von Chartres (1194) glaubte ein Beobachter, daß die Jungfrau und Gottesmutter wünschte, »daß das ihr gehörige Heiligtum ihrer würdiger werde. Deshalb gestattete sie, daß die alte unzureichende Kirche ein Raub der Flammen werde und dadurch der jetzigen Basilika Platz machte, die nicht ihresgleichen in der ganzen Welt hat«[381].

Übler als Naturkatastrophen und Unachtsamkeit wirkten sich Mängel aus, die sich tief in das kirchliche Leben eingefressen hatten. Eine Urkunde Ottos III. (994–1002) gibt Einblick in die Verhältnisse Roms zur Zeit der Jahrtausendwende; Forschungen zeigten, daß hier kaum übertrieben worden ist[382]. Eingangs stellt der Aussteller sich selbstbewußt vor als »Knecht der Apostel und nach dem Willen Gottes, des Erlösers, Imperator Augustus der Römer«. Der Kaiser erkennt die römische Kirche ausdrücklich als »Mutter aller Kirchen« an, aber ihren Glanz hätten die Päpste lange Zeit verdunkelt. Denn sie hätten, wovon er »nur mit tiefem Kummer reden« könne, Besitz in Rom verschleudert, »um nur hemmungsloser ihr ausschweifendes Leben führen zu können, bestahlen den heiligen Petrus, den heiligen Paulus, sogar die Altäre, und sie richteten, anstatt für Wiederaufbau zu sorgen, nur immer mehr Verwirrung an«. Ähnliche Klagen sind aus anderen Zeiten überliefert.

Zu schweren Schäden kam es seit dem 8. Jahrhundert durch die Einrichtung der Kommende, das heißt einer Pfründe, die übertragen werden konnte, ohne daß der Nutznießer – Abt, Bischof, Laie – verpflichtet gewesen wäre, die mit dem Amt verbundenen Pflichten wahrzunehmen[383]. Legitimiert wurde eine solche Nutzung von Papst Gregor XI. (1370–1378). Mit der Kommende war der entscheidende Schritt getan, der es Einzelnen, Familien und Sippen ermöglichte, Klöster zugrundezurichten und Bistümer auszubeuten – und dabei den Schein des Rechtes zu wahren. Einzelne häuften nicht nur Pfründen, sondern auch hohe kirchliche Ämter mit dem Ziel an, die daraus fließenden Einnahmen bestenfalls mittelbar kirchlichen Zwecken zugutekommen zu lassen. Ein krasses Beispiel gehört in die Vorgeschichte und Geschichte der Reformation in Deutschland: Albrecht von Brandenburg (1490–1545) – Erzbischof von Magdeburg, Erzbischof von Mainz, Bischof von Halberstadt, Kardinal und Kurfürst – mußte hohe Gebühren an die römische Kurie entrichten für das Pallium, das Zeichen seiner erzbischöflichen Würde, und für Dispense wegen der Ämterhäufung[384]. Die nach Rom abgeführten Gelder könnten dem Neubau des Petersdomes zugutegekommen sein; sie fehlten, wenn es galt, in Magdeburg, Mainz und Halberstadt Schäden an Kirchen auszubessern.

Gelegentlich brach das Unheil ganz plötzlich herein. So ging der Kommendatarabt von St. Benoît, Odet de Coligny, im Jahre 1561 zu den Calvinisten über, behielt aber seine kirchlichen Pfründen; im Jahr darauf lieferte er die Abtei den Truppen seiner neuen Konfessionsgenossen zur Plünderung aus; ein goldener Benedikts-Schrein und andere Wertgegenstände wurden eingeschmolzen, die Bibliothek verschleudert oder verbrannt[385]. Dieser Einzelvorfall weist auf die unzähligen Zerstörungen hin, die fanatische und gewalttätige Gruppen aus religiösen oder ideologischen Motiven im Laufe der Zeit an Kathedralen, Kirchen und anderen sakralen Bauten verübt haben.

III. PLANUNG UND FINANZIERUNG

Gezielte Planung

»Wenn einer von euch einen Turm bauen will, setzt er sich dann nicht zuerst hin und rechnet, ob seine Mittel dafür ausreichen? Sonst könnte es geschehen, daß er das Fundament gelegt hat, den Bau aber nicht fertigstellen kann. Und alle, die es sehen, würden ihn verspotten und sagen: Der da hat einen Bau begonnen und konnte ihn nicht zu Ende führen«. Die Warnung Jesu (Lk 14, 28–30) war bekannt, was nicht heißt, daß sie immer beherzigt worden wäre. Ein andermal hatten »die Juden« in einem Streitgespräch Jesus vorgehalten: »46 Jahre wurde an diesem Tempel gebaut« (Joh 2, 20); gemeint war der zweite, herodianische Tempel, der 70 n. Chr. zerstört wurde, wenige Jahre nach seiner Fertigstellung. Auch dieses Wort konnte Bauwillige nachdenklich stimmen: 46 Jahre entsprachen etwa zwei, die Gesamtbauzeit von wahrscheinlich 84 Jahren gut drei Generationen.

Nur wer über die erforderlichen finanziellen Mittel gebot, konnte qualifizierte Arbeitskräfte in so großer Zahl anwerben, daß er damit rechnen durfte, den Abschluß des Werkes zu erleben. Kaiser Heinrich II. († 1024) und König Ludwig IX. von Frankreich († 1270) war es vergönnt, die Einweihung ihrer jeweiligen Gründung zu erleben. Der 1007 erwähnte Bamberger Dom wurde 1012 geweiht, die Sainte-Chapelle 1248, nach einer Bauzeit von nur neun (?) Jahren[386]. Meistens wußten die Zuständigen, daß die Arbeiten sich über Generationen hinziehen würden – was sich auf die Planung auswirkte.

Von manchem Bauherrn lesen wir, daß er sein Vorhaben jahrelang erwogen habe. Er wird sich dann auch, vielleicht schon im Gespräch mit dem späteren Werkmeister, Gedanken gemacht haben zur Größe des künftigen Baus und etwaigen zusätzlichen Baukörpern – also mit Vorhalle, Baptisterium, Kapellen, Kapitelsaal, Kreuzgang, Krypta, Sakristei, Turm …? Sollten Material, Altäre und die übrige Ausstattung ›repräsentativ‹ sein? Sollte man den Vorgängerbau in den Neubau einbeziehen, die Fundamente weiterverwenden? War mit außergewöhnlichen Schwierigkeiten zu rechnen, etwa hinsichtlich der Fundamente oder des Materialtransportes?

Wer die finanziellen Mittel hatte und sie gezielt anzuwenden verstand, konnte einen beeindruckenden Bau errichten lassen. Man kannte eine Reihe von Mitteln, die eine Kathedrale oder Klosterkirche besonders imposant erscheinen lassen: Die Wirkung eines Raumes kann über das Verhältnis von Breite zu Höhe beeinflußt werden. Ein Mittelschiff, das dreimal so hoch wie breit ist, wirkt wesentlich höher als bei einem Verhältnis von 2 : 1 – bei gleicher absoluter Höhe; auf ein Verhältnis von fast 2,5 : 1 kommt die Chorhalle des Aachener Münsters[387]. Die außergewöhnliche Wirkung von ›Cluny III‹ – der größten Kirche der Christenheit bis zur Fertigstellung des Petersdomes in Rom im 16./17. Jahrhundert – beruhte nicht nur auf der Gesamtlänge (185 m), sondern auch auf den Dimensionen des Mittelschiffes: es war fast 11 m breit und 29,5 m hoch[388].

Erlaubten die finanziellen Mittel nur einen relativ geringen umbauten Raum, rückte man die Seiten- bzw. Mittelschiffwände zusammen und baute in die Höhe; damit war ein weiterer Vorteil gegeben: je schmaler der Bau, desto unkomplizierter war die Wölbung. Der Eindruck der Höhe ließ sich weiter steigern: Man ließ die Säulen in geringem Abstand aufeinander folgen; man verzichtete auf Elemente, die innerhalb des Baues die Horizontale betonen (Kapitelle, Gesimse); man verstärkte die vertikalen Elemente und führte die Säulen in einem Schwung von einer schmalen Basis aus ›ungebremst‹ in die Gewölberippen und weiter bis zum Schlußstein. Man gestaltete Säulen und Pfeiler so, daß sie ›schmal‹ wirken; das tun sie, wenn ihr Durchmesser bzw. ihre Breite nur einen Bruchteil der Höhe ausmacht (etwa ein Siebtel und weniger). Wiederholt hat man in Kirchen (etwa in Neresheim/Württemberg) und Kreuzgängen (etwa in Monreale/Sizilien) eine ›dicke‹ Säule durch zwei ›zierliche‹ ersetzt; entspricht die Summe der Querschnitte dem der ›dicken‹ Säule, ist die Statik nicht gefährdet[389].

Eine gefällige Wirkung läßt sich auch dadurch erzielen, daß man Vierungspfeilern – sie müssen mächtig sein, wenn auf ihnen eine schwere Kuppel oder ein Turm lastet – schmale Säulen, sogenannte Dienste vorlegt. Auch breite Seitenschiffe ließen sich ›verschlanken‹: Durch Einfügen von Säulenreihen schuf man jeweils zwei Schiffe – wie im Ulmer Münster, wenn hier auch eher aus Gründen der Statik. Dazu kamen in der Neuzeit raffinierte Deckenmalereien mit Darstellungen von Personen, Szenen und Räumen im Himmel; Scheinarchitekturen erwecken den Eindruck, als seien die Grenzen des Raumes aufgehoben. Architektur und Bild stellen dar, was die Gläubigen in Gebet und Lied bekennen: Menschen, Heilige und Engel stimmen gemeinsam in das Lob Gottes ein.

Auch andere Fragen sollten schon im Planungsstadium erwogen werden; oft muß man sich aber fragen, ob sie die Bauherren überhaupt interessiert haben: Die Bauteile sollten zugänglich sein über besondere Gänge, um bei Brandgefahr freien Zugang zu haben[390]. Seit wann man schon bei der Planung daran gedacht hat, daß spätere Reparaturen kostengünstig und möglichst leicht auszuführen sein sollten, wird bei Erörterung des Gerüstes zu erläutern sein.

»*Gold war der Mörtel*«

Beim Neu- oder Umbau einer Kirche war der Auftraggeber – ob Abt oder Bischof, König oder Bürgerschaft – meist auch der Hauptgeldgeber; doch wenige Kirchen dürften ausschließlich von einer Person finanziert worden sein.

Anders als Mönche, waren Bischöfe nicht an das Gebot der Armut gebunden; soweit sie der führenden Schicht angehörten, wie die meisten Bischöfe im Deutschen Reich bis ins 19. Jahrhundert, verfügten sie über eigenes, oft beträchtliches Vermögen, mit dem sie ihre Gründung finanzieren konnten. Selbstbewußt bekannte sich dazu ein Mann wie Bernward von Hildesheim in seinem Testament[391]. Er stand in einer langen Tradition. Die in der ersten Hälfte des fünften Jahrhunderts gebaute Kirche S. Sabina in Rom überliefert in einer monumentalen Inschrift (4 x 13,3 m) der Nachwelt Folgendes: Zur Zeit des Papstes Coelestin (422–432) habe »ein Priester der Stadt dies [Gebäude], das ihr bewundert, gestiftet: Petrus, ein Illyrer, würdig eines so großen Namens. Von früher Jugend an im Kirchensaal Christi aufgezogen, reich für die Armen und arm für sich selbst, floh er die Güter dieses Lebens und darf darum die des künftigen erwarten«[392]. – Den Bau der Sainte-Chapelle in Paris hat Ludwig IX., der Heilige, so gut wie ausschließlich aus Einkünften der Krone bestritten.

Äbte verfügten über das Vermögen ihres Klosters – sofern der Konvent einverstanden und die Besitzungen ordentlich verwaltet waren. Doch daran fehlte es oft. Suger von Saint-Denis schuf mit einer Verwaltungsreform die Voraussetzungen für seine spätere Bautätigkeit[393]. Ähnlich umsichtig ging Jahrhunderte später Sebastian Hyller von Weingarten vor (1697–1730). Zunächst sanierte er Wirtschaft und Finanzen des Klosters. Solche Maßnahmen konnten, mußten aber nicht darauf hinauslaufen, die hörigen Bauern des Klosters mit neuen Abgaben zu drangsalieren. Weit ergiebiger war oft die Kontrolle der Verwaltung und die Sorge dafür, daß Recht und Gerechtigkeit herrschten, Schäden ausgebessert, Wege befestigt und sonst für die Infrastruktur gesorgt wurde. Der imposante barocke Neubau von Weingarten war in nur wenigen Jahren (1715–1724) fertiggestellt[394].

Meistens trugen viele Menschen und Institutionen mit kleinen und großen Gaben zu Bau und Unterhaltung einer Kirche bei. Mancher wird sich von der sprichwörtlichen Gewißheit haben leiten lassen, daß das Totenhemd keine Taschen hat. Ein einflußreicher Gelehrter forderte zu Anfang des 12. Jahrhunderts Reiche und Mächtige zu Stiftungen auf: »Da ihr eure Reichtümer ohnehin anderen überlassen müßt, beeilt euch, himmlische Schätze durch die Armen zu sammeln ... Stattet die Kirchen mit Büchern, Kleidern und Schmuck aus, erneuert zerstörte und verlassene Kirchen ... Baut Brücken und Straßen und bereitet so euren Weg in den Himmel«[395]. Bemerkenswert ist die Reihung: Zunächst geht es um die Menschen; erst an zweiter Stelle folgen Kirchenbau und Maßnahmen zur Verbesserung des Verkehrswesens. Deutlich wird ferner die Konkurrenzsituation, in der sich sah, wer für einen Kirchenbau sammelte. Sogar mit dem Blick auf die ewige Seligkeit waren ganz unterschiedliche Aufgaben als förderungwürdig anerkannt.

Seit dem 5. Jahrhundert hatte man in Rom einen ›Schlüssel‹ zur Verteilung kirchlicher Einnahmen entwickelt, den man im Mittelalter in vielen Ländern als Orientierungshilfe verstand: Dem Bischof und dessen Haushalt sollte ein Viertel zur Verfügung stehen (aus dem auch die Gastfreundschaft zu bestreiten war); je ein weiteres Viertel war dem Klerus zugedacht sowie den Armen (aus diesem Viertel sollten auch Gefangene losgekauft werden); mit dem letzten Viertel, der sogenannten *fabrica ecclesiae*, sollten Kirchen gebaut und unterhalten werden[396]. Dazu reichte ein Viertel oft auch dann nicht, wenn man genau teilte, was wegen widerstreitender Aufgaben schwierig war. Sollte trotzdem gebaut werden, mußten weitere Einkünfte erschlossen werden. Eine Versuchung bildete die ›Armenkasse‹; wahrscheinlich hat Suger zum Neubau von Saint-Denis auch den Opferstock herangezogen, aus dem Arme versorgt werden sollten[397].

Unentbehrlich waren regelmäßige Einkünfte als eine Art Grundstock. Sie stammten aus dem Zehnten (von laufenden Einnahmen und Erträgen), ferner aus Liegenschaften und anderen Rechten, die in einem genau festgelegten Vertrag übereignet wurden. ›Kleine Leute‹ begnügten sich oft mit einem einfachen Verfahren; das Gut wurde in Gegenwart von Zeugen dem betreffenden Heiligen über dem Altar oder einem – gegebenenfalls tragbaren, auf Reisen mitgeführten – Schrein übergeben[398]; das Rechtsgeschäft konnte ergänzend in einer kurzen Notiz festgehalten werden.

Könige und Kaiser, Herzöge und Grafen, Päpste, Bischöfe und Domkapitel, Äbte und Äbtissinnen zogen die Urkunde vor. So verlieh König Heinrich I. im Jahre 927 alle Einkünfte des Grafenamtes in der Stadt Toul »der Kirche der heiligen Gottesmutter Maria und des seligen Erzmartyrers Stephanus«, die derzeit Bischof Gauzlin leite[399]. König Otto II. schenkte dem noch armen Bistum Merseburg eine Abtei sowie eine Burg mit allem Zubehör, ferner »das gesamte, von der Mauer umschlossene Ortsgebiet Merseburgs samt Juden, Kaufleuten und Münze«, ferner einen genau beschriebenen Forst und namentlich aufgezählte Orte; »das alles bestätigte er durch eigenhändig vollzogene Urkunden«[400].

Für die Zeit nicht ungewöhnlich ist die Art, wie hier Personengruppen und ein Regal, ein dem König vorbehaltenes Recht, zusammengefaßt werden; Juden und Kaufleute sind zu Abgaben verpflichtet, und die Münzstätte wirft den Schlagschatz ab. Solche Schenkungen dienten *auch*, aber nicht ausschließlich dem Kirchenbau; denn der König erwartete von den Bischöfen und den Äbten des Reiches vielfältige Leistungen: vor allem Gebete, Abgaben und militärisches Aufgebot[401].

Eine Urkunde Heinrichs IV. sei auch deshalb genauer betrachtet, weil wir diesem Kaiser schon als Gebanntem begegnet sind. Eine Vorbemerkung zu den erwähnten Hufen: Eine Hufe sollte soviel Land umfassen, daß ein zur Heerfahrt verpflichteter Mann, dessen Familie und Gesinde standesgemäß leben konnten; ihre Größe richtete sich nach Klima und Güte des Bodens. Wer mehrere Hufen besaß, verlieh gegen regelmäßige Abgaben oder Dienste, was er nicht selber bewirtschaften konnte. Die sogenannte Pertinenzformel, die aufzählt, was zur Schenkung gehören sollte – »Ländereien, Gebäude« usw. –, ist nicht immer wörtlich zu verstehen; um späteren Streit zu vermeiden, sollte alles erwähnt sein, was es hier vielleicht geben könnte, Weinberge etwa, die es zur Zeit der Verleihung an dem Ort nicht gegeben haben muß.

Eingangs bekennt der Herrscher seinen Glauben an den dreifaltigen Gott im Chrismon, einem C-förmigen, aus dem Kreuz entwickelten Zeichen, und in Worten: *In nomine sancte et individue trinitatis*, »Im Namen der heiligen und unteilbaren Dreifaltigkeit, Heinrich, durch das Walten der göttlichen Gnade dritter Kaiser der Römer« (als König war Heinrich der vierte). Alle Gläubigen Gottes und alle Getreuen des Kaisers sollen wissen, daß Heinrich »für unsere Eltern und insbesondere für das Gedächtnis (*pro memoria*) unserer geliebten Tochter Adelheid, wie auch für unser eigenes Seelenheil« der in der Kirche zu Speyer verehrten hl. Maria aus seinen Besitzungen folgende Güter übereignet habe: 26 Hufen in Beinstein mit allem erdenklichen Zubehör, das heißt mit Ländereien, Gebäuden, Gesinde, Weinbergen, Mühlen, Gewässern, Wiesen und Weiden, Jagd- und Fischereirechten, Wegen und allen Einnahmen, die auf jede nur erdenkliche Weise daraus zu erzielen sein mögen. »Und damit dieses Dokument unserer Schenkung zu allen Zeiten fest und unverrückbar bleibe«, habe er diese Urkunde aufzeichnen und mit seinem eigenen Siegel ausfertigen lassen; wie unten zu sehen, habe er sie mit eigener Hand unterzeichnet. Es folgen weitere Zeichen, wie sie für die Zeit und diesen Herrscher üblich waren, ferner der Name des zuständigen Kanzleibeamten sowie Datum und Ort (Würzburg, 18. Juni 1086). Ein gebetsähnlicher Wunsch lenkt auf den Anfang des Dokumentes zurück: *in Christi nomine feliciter amen,* »in Christi Namen Segen; so sei es«[402].

Die Urkunde bestätigte ein Rechtsgeschäft in Formen, die sich in Jahrhunderten herausgebildet hatten und derer man sich noch lange bedienen sollte. Nicht anders als die Urkunde Heinrichs wird der Friedensvertrag eröffnet, der im Jahre 1648 den Dreißigjährigen Krieg beendete: *In nomine sanctae et individuae trinitatis.* Und noch heute sind bestimmte Formen erforderlich, wenn die Übertragung einer Liegenschaft rechtsgültig sein soll: Schriftlichkeit, Unterschriften von Käufer, Verkäufer und Notar sowie dessen Siegel.

Im Laufe der Zeit haben Christen Abertausende von Gütern und Rechten den Schutzpatronen von Kirchen übereignet. Von Heinrich IV., um auf ihn zurückzulenken, haben sich zahlreiche Schenkungsurkunden für geistliche Empfänger erhalten; dazu kommen Übertragungen, von denen erzählende Quellen berichten. Mehr als andere Kirchen hat Heinrich allerdings die Domkirche zu Speyer bedacht, zu deren Schutzpatronin er in den Stürmen seiner Herrschaft wohl ein besonderes Vertrauensverhältnis ausgebildet hatte[403].

Aus weiteren Urkunden seien wichtige Schenkungen in aller Kürze festgehalten. Seit der Jahrtausendwende wurden Märkte, dann auch städtische Siedlungen gegründet. Wer die Abgaben von Handels- und Konsumwaren sowie Verkehrsmitteln in seine Hand bringen konnte, verfügte über laufende Einnahmen, die seit dem 11. Jahrhundert mit der wachsenden Wirtschaft rasch stiegen: Zölle, Fähr-, Markt- und Münzrechte. Willkommen waren Rechte, die auf eine Befreiung von Abgaben hinausliefen; man denke an Weg- und Brückenzölle, die bei Transport von Baumaterial zu Buche schlugen. Zum Neubau des Veitsdoms in Prag stellte König Johann von Luxemburg 1341 den Königszehnt aus allen bestehenden und künftigen Silberbergwerken des Königreiches Böhmen zur Verfügung[404]. Auch das als Bürgerkirche gebaute Freiburger Münster – bis 1821/27 Pfarrkirche; nach Größe und Ausstattung Kathedralen ebenbürtig – wurde wohl vor allem mit Gewinnen finanziert, die der Silberbergbau im nahen Schauinsland abwarf.

Interessant war für Bauherren die Verfügungsgewalt über Menschen. In seiner Urkunde für Speyer spricht Heinrich IV. ja auch von dienstpflichtigen Unfreien. Man konnte sie als Fuhrleute einsetzen und dadurch Transportkosten einsparen; lieferten sie Lebensmittel oder gewerbliche Güter, brauchte man Käse und Schinken, Becher, Hufeisen oder Tuche nicht auf dem Markt zu kaufen.

Für regelmäßige Einnahmen sorgten ferner günstig plazierte Opferstöcke. Genau hatte man geregelt, zu wessen Gunsten sie aufgestellt werden durften und wer sie leerte. Meist trugen sie zwei oder drei Schlösser, und eigens Bevollmächtigte (mancherorts ›Pfleger‹ genannt) hatten den jeweiligen Schlüssel in Gewahrsam; den Opferstock konnten sie dann nur gemeinsam öffnen, vielleicht in Gegenwart weiterer Zeugen. Auf diese Weise setzte man die Bitte im Vaterunser »Und führe uns nicht in Versuchung« nüchtern in das Alltagsleben um.

Willkommen waren einmalige Zuwendungen: gemünzte und ungemünzte Edelmetalle, Schmuck und edle Steine, Material zum Bauen (Blei, Eisen, Holz, Steine), zum Heizen (Holz) und zur Beleuchtung (Öl, Wachs), Nahrungsmittel und Getränke (Getreide und Wein für die Bauarbeiter), schließlich Zugvieh. Eine Frau mochte ihr Haus schenken, ein Mann seine Mühle zugunsten eines Kirchenbaus verpfänden. Freie konnten dem Schutzpatron der Kirche sich selber, ihr Vermögen und eine jährliche Abgabe darbieten. Zur Finanzierung des Dombaus nahm man in Mailand auch Spenden der Prostituierten an[405].

Dazu kamen der Ertrag außerordentlicher Kollekten sowie Spenden von Pilgern, die beträchtliche Summen ergeben konnten, wie das Beispiel Canterbury zeigen mag. Am Grab des 1170 ermordeten Erzbischofs Thomas drängten sich schon bald die Wallfahrer; in Jubiläumsjahren versprachen sie sich besondere Gnadenerweise. So kamen im Jahre 1220 an den verschiedenen Schreinen der Kathedrale 1142 Pfund und 5 Schilling zusammen; eine solche Summe wurde später nie mehr erreicht. Ein Minimum, um auch das zu erwähnen, erreichte die Spendenfreudigkeit in den Jahren 1444 und 1455 mit jeweils nur 25 Pfund, 6 Schilling, 8 Pfennig. Willkommen waren auch kostbare Edelsteine; berühmt wurde ein Rubin, den König Ludwig VII. von

Frankreich 1179 dem Märtyrer zum Geschenk gemacht hatte. Im September 1538 befahl König Heinrich VIII., die Schreine zu zerschlagen und den Kirchenschatz aus Canterbury abzutransportieren; die Beute umfaßte 26 Karrenladungen Gold und Silber, die größte Sammlung irdischer Schätze, die man je in England gesehen hatte[406]. – In ›normalen‹ Zeiten verwendeten die ›Schaffner‹ (Verwalter) Geld und was sonst dem Heiligen gespendet worden war, für den Wiederaufbau, die Renovierung oder die Erweiterung der ihrer Obhut anvertrauten Kirche.

Erzwungene Spenden

Die Entbindung von kostspieligen Gelübden konnte sich ebenfalls in Zuwendungen niederschlagen: Hatte man etwa eine Wallfahrt ins Heilige Land oder gar die Teilnahme an einem Kreuzzug gelobt, konnte man dank päpstlicher oder bischöflicher Dispens die Kosten, mit denen zu rechnen war, einem bestimmten Kirchenbau zuwenden[407]. Dazu kamen Strafgelder kirchlicher Gerichte, etwa wegen einer ›Friedelehe‹ oder von Gerichten der Inquisition verhängte leichtere Bußen, etwa wegen der Nähe zu Ketzern. Konkret konnte das so aussehen, daß der Beschuldigte Geld für den Bau einer Kirche spendete oder seine Arbeitskraft an einem Tag der Woche einbrachte, *sine mercede*, ohne Vergütung, bis zur Fertigstellung[408]. War jemand wegen Häresie verurteilt worden, wurde sein Vermögen eingezogen – möglicherweise zugunsten des Baus einer Kirche[409].

Bei Stifts- und Bischofskirchen kannte man eine Art ›Stellenbesetzungssperre‹. Die freigewordene Stelle eines Domherren wurde – möglichst im Einvernehmen aller Betroffenen – zeitweilig nicht besetzt; vielmehr wurden die entsprechenden Einkünfte der Bauhütte zugewiesen. In einem Präsenzstatut des Freiburger Münsters heißt es, in manchen Kirchen Deutschlands und anderer Länder pflege man die Einkünfte unbesetzter Pfründen im ersten Jahr den Kirchen selbst zukommen zu lassen, *fructus primi anni beneficiorum vacancium in eisdem ipsis ecclesiis applicentur*[410]. In Freiburg dachte man an die Unterstützung darbender Kleriker, die von unzulänglich vergüteten Diensten im Münster leben mußten. Anders in Speyer; im Jahre 1245 bestätigte Papst Innozenz IV. die Satzung des Domkapitels, nach der jede Pfründe drei Jahre lang zugunsten der Ausbesserung der Dächer des Domes erledigt bleibe[411]. Damit standen der Kirchenfabrik laufende Einnahmen zur Verfügung.

Oft wurden vertrauenswürdige Personen ausgesandt, um in der Fremde für einen Neubau zu sammeln; dazu mußte der Bischof der aufgesuchten Diözese seine Zustimmung geben. Wenn er selber baute, ließen Interessenkonflikte sich nicht vermeiden, hatte er doch um den Ertrag seiner eigenen Opferstöcke zu fürchten. Das galt erst recht, wenn Kollektoren unterschiedlicher Herkunft die Gläubigen eines Ortes anbettelten.

Kam eine vielbesuchte Wallfahrtskirche zu Schaden, durften die für den Neubau Verantwortlichen damit rechnen, daß der dort verehrte Heilige nun noch großherziger als sonst bedacht würde; denn der Pilger ging ja davon aus, daß seine Spende den jeweiligen Schutzpatron erreichte: Nicht dem Kloster Fulda machte man ein Geschenk, sondern in aller Demut dem hl. Bonifatius, der dem Förderer in diesem Leben und beim künftigen Gericht gewogen sein sollte. Sündenbewußtsein und handfeste Frömmigkeit gehen in Überlegungen ein, die Caesarius von Heisterbach († 1240) in seiner Sammlung wunderbarer Begebenheiten einen gewissen Karl aus Köln anstellen läßt: »Die Sünde wiegt schwer, aber auch Ankersteine besitzen ihr schönes Gewicht. Darum will ich zu künftigen Bauten an der Kirche der hl. Apostelnsolche Steine kaufen, damit, wenn am Tage des Gerichtes meine guten und bösen Werke auf die Waagschale gelegt werden, die hl. Apostel diese Steine in die Schale meiner Guttaten legen und so diese das Übergewicht erhält«[412]. Diesem Karl stand wohl eine Szene vor Augen, die Bildhauer und Maler häufig dargestellt haben, etwa im Tympanon der Kathedrale von Bourges; sie könnte dem Kölner Bürger auch über eine Predigt vermittelt worden sein: Der Erzengel Michael hält eine Waage, in deren Schalen die guten bzw. bösen Taten des Menschen gelegt werden; erweisen sich die guten als ›gewichtiger‹, ist der Zugang zum Kreis der Seligen frei.

Der Bauherr mußte nicht warten, bis die Pilger zu dem in seiner Kirche verehrten Heiligen kämen; seit dem 12. Jahrhundert ist überliefert, daß der Heilige – in Form seiner Reliquien – in die Ferne entsandt wurde. Auf diese Weise ließ sich ein noch größerer Kreis von Förderern ›anzapfen‹. Als im Jahre 1194 ein Brand mit großen Teilen der Stadt Chartres auch die Kathedrale zerstört hatte, blieb die kostbarste hier verehrte Reliquie unversehrt: das Hemd, das die Gottesmutter der Überlieferung nach bei der Geburt Jesu getragen hatte. Zufall? Nie und nimmer! Davon war man jedenfalls in Chartres und bald auch an anderen Orten überzeugt. Die ehrwürdige, auf wunderbare Weise der Feuersbrunst entgangene Reliquie wurde mit großem Erfolg in nahe und ferne Städte getragen, um Spenden für den Wiederaufbau der Kathedrale einzuwerben[413]. Abt Konrad von Petershausen (bei Konstanz) ließ Mönche mit den Reliquien der Heiligen des Klosters durch die Lande ziehen und Reiche (oder: Mächtige) wie Ärmere um Hilfe für den Wiederaufbau des Klosters bitten, das ein Brand zerstört hatte, *regiones circumeundo cum sanctorum reliquiis et petendo tam divites quam pauperiores subsidium ad instaurationem incendio consumpti monasterii*[414]. Der Erfolg einer solchen Tournee hing von den rhetorischen Fähigkeiten der Kleriker oder Mönche ab, welche die Reliquien begleiteten. Wenn es ihnen gelang, die Zuhörer aufzurütteln, sie von den Verdiensten ›ihres‹ Heiligen zu überzeugen, Zeugen von dessen Wunderkraft vorzustellen, öffneten sich die Börsen; Frauen trennten sich spontan von Schmuck, den sie trugen. Armreif, Halskette, Ringe wurden auf den Schrein oder die Burse mit den ehrwürdigen Reliquien gelegt. Die Gabe war damit dem Heiligen übereignet. Um welche Werte es sich im Einzelfall handeln konnte, mag folgendes Beispiel veranschaulichen: Der Neubau von Kloster Brauweiler war gesichert, als die Ezzonin Richeza 1047 ihren gesamten Schmuck – also nicht nur, was sie gerade trug – zugunsten dieses Werkes gestiftet hatte[415].

Je mehr eine ›Reliquien-Tournee‹ eingebracht hatte, desto reservierter standen manche Bischöfe solchen Aktionen gegenüber. Sammler der Abtei St. Hubert in den Ardennen waren offensichtlich erfolgreich in den Diözesen Trier, Köln, Toul, Sens, Langres, Autun, Mâcon, Nevers, Chalon-sur-Saône, nicht aber in den Bistümern Utrecht und Lüttich; hier habe man erklärt: *nolumus tondare oves nostras et lanam mittere ad vos*[416], wörtlich: Wir wollen nicht unsere Schafe scheren und euch die Wolle schicken; etwas freier wiedergegeben: wir wollen nicht, daß ihr abkassiert, was unsere Schäflein zu opfern bereit sind.

Dispens und Ablaß

Als Instrument zur Finanzierung von Kirchen-, Brücken und anderen Bauten wurden seit dem Hochmittelalter vermehrt Dispens und Ablaß eingesetzt. So lockerte der Erzbischof von Rouen das Fastengebot; der Verzehr von Butter sollte unter der Bedingung erlaubt sein, daß die von diesem Gebot zeitweise Befreiten zugunsten des Baus eines Turms der Kathedrale spendeten.

Unter Ablaß verstand man zunächst den Nachlaß zeitlicher Strafen für

Schuld (etwa eine Sühnewallfahrt wegen Mordes), später auch den Nachlaß der Schuld selbst. Theologisch wurde der Ablaß mit der Lehre vom *thesaurus Ecclesiae* gerechtfertigt: Über den Gnadenschatz, den Christus mit seinem Erlösungswerk geschaffen und zu dem später Märtyrer und weitere Heilige beigetragen hätten, könne die Kirche verfügen; unter Kirche verstand man hier die Bischöfe als Nachfolger der Apostel und vor allem den Papst als Bischof von Rom. Der Bau der Elisabeth-Kirche in Marburg wurde *auch*, der Neubau der Frauenkirche in München (1468–1494) zu einem großen Teil mit Ablässen finanziert[417]. Der Ablaß gewann ungeahnte Bedeutung, als er seit 1514 eingesetzt wurde, um den Neubau des Petersdomes in Rom zu finanzieren[418]. Der Handel mit Ablässen – »ein ausgemachter Skandal«[419] – verlieh den (An-)Klagen der Reformatoren nördlich der Alpen außerordentliche Wucht. Das Ablaßunwesen trug auch noch zur Entfremdung der Kirche Englands von der römischen Kirche bei. Papst Leo X. weigerte sich, den im Jubiläumsjahr 1520 nach Canterbury strömenden Pilgern einen vollkommenen Ablaß zu gewähren, wenn nicht die Hälfte der daraus fließenden Einnahmen für den Neubau von St. Peter in Rom ›abgezweigt‹ werde[420].

Spolienrecht

Neben dem eigentlichen Bauherren gab es Förderer und Gönner des Unternehmens. Das konnten der König oder Adlige, Verwandte, Bischöfe oder Äbte sein. Wie wir gesehen haben, hat mancher Bischof persönliches Vermögen in den Kirchenbau gesteckt, oft weitere Zuwendungen testamentarisch verfügt. Die Sache hatte allerdings einen Haken: Im Deutschen Reich waren die Bischöfe, die dem König und dem Reich Dienste und Treue schuldeten, und das waren mit wenigen Ausnahmen[421] alle, nach ihrem Tod nicht aus ihren Pflichten entlassen: Der König beanspruchte ihren Nachlaß; ähnliche Forderungen erhoben Papst und Bischöfe. Derb, aber wirklichkeitsnah spricht man vom Spolienrecht, wörtlich: Recht auf Raub. Aufschlußreich ist in dieser Hinsicht der erste Paragraph in einem Privileg Friedrichs II. für die geistlichen Fürsten aus dem Jahr 1220: »Zunächst versprechen wir, daß wir von nun an niemals beim Tode eines Kirchenfürsten seine Hinterlassenschaft für den Fiskus beanspruchen werden« (*numquam deinceps … fisco vendicabimus*). Der König verbietet ferner, daß ein Laie unter irgendeinem Vorwand eine solche Hinterlassenschaft für sich fordert; sie solle vielmehr an den Nachfolger fallen, wenn kein Testament vorliege; sonst solle das Testament gelten. Wer dagegen verstoße, solle geächet sein, als vogelfrei gelten und Eigengut wie Lehen einbüßen[422]. Wieweit eine solche Anordnung durchzusetzen war, mußte sich zeigen; immerhin haben zwischen 1165 und 1275 deutsche Herrscher mindestens siebenmal ausdrücklich auf das Spolienrecht verzichtet.

Sühneleistungen

Weiter sind Gerichtsentscheidungen zu erwähnen. Als Sühne für schwere Vergehen konnte der Schuldige Geld, Ländereien, Weinberge, Zinseinnahmen und anderes von Wert zugunsten von Kirchenbauten spenden[423]. Güter, die aufgrund eines wie auch immer zustande gekommenen Urteils eingezogen worden waren, mußte der Eigentümer im allgemeinen als unwiederbringlich verloren betrachten, da sie nach herrschender Lehre nun dem Schutzpatron der Kirche gehörten, dem sie übereignet worden waren. Dem bauenden Abt oder Bischof war eine solche Regelung höchst willkommen, wenn sie einen Gegner schwächte, der den eigenen Ambitionen schon lange im Weg gestanden hatte. Die Lebensbeschreibung Bischof Adalberos von Metz (984–1005) hält in wenigen Zeilen fest, wie der Bischof Strafgelder verwendete, die er gemäß dem Gesetz von Übeltätern (*ab aliquo maligno*) bekommen hatte: Selber nutzen wollte er solches Gut nicht, sondern ließ es gleich (*statim*) an die Armen verteilen oder damit Kirchen instandsetzen (*aut restaurandarum aecclesiarum usibus largienda dispertiebatur*[424]).

Verpönt war, das Vermögen des Domkapitels ohne dessen Zustimmung für den Kirchenbau zu verwenden. Um Konflikte zu vermeiden, hatte man seit dem 9./10. Jahrhundert das gemeinsame Vermögen geteilt: über die *mensa episcopi* sollte der Bischof, über die *mensa fratrum* das Domkapitel verfügen dürfen[425]. Je nach Zeitumständen und Machtverhältnissen hat sich mancher bauwillige Bischof oder Abt über solche Trennungen hinweggesetzt; um eine Kirche zu bauen, hat er einen Konflikt mit seinem Domkapitel oder dem Konvent seines Klosters in Kauf genommen. Der Streit ging nicht unbedingt zugunsten des Oberen aus. So hat Ratger, Abt von Fulda (802–817; † 835) den eigenen Sturz dadurch beschleunigt, daß er »gewaltige und überflüssige Gebäude aufführen und anderes Unnützes ins Werk setzen ließ«, wodurch die Brüder maßlos belastet und das Gesinde draußen zugrundegerichtet worden sei (*aedificia immensa atque superflua et cetera inu-*

tilia opera … quibus fratres ultra modum fatigantur et familiae foris disper-eunt)[426].

Borg, Pfand und gute Werke

Wer über Kredit verfügte, konnte Geld leihen, vielleicht sogar zinslos; denn eigentlich sollten Christen keine Zinsen nehmen. Auch der Kirchenschatz – Reliquien und Reliquiare, liturgisches Gerät, Paramente, Bücher, Edelmetalle in Form von Münzen, Barren und Votivgaben – ließ sich zur Finanzierung eines Wiederauf- oder Erweiterungsbaus aktivieren. Zwar sollte der Schatz gemehrt, liturgisches Gerät nur in Notfällen eingeschmolzen, veräußert oder verpfändet werden[427]. Aber was waren Notfälle? Aufschlußreich ist eine Bestimmung im Testament Alberos, auch wenn hier nicht von Kirchenbau die Rede ist: Der Erzbischof von Trier vermachte Teile seines Erbgutes der Domkirche mit der Auflage, das vergoldete Kreuz zu restaurieren, von dem er während einer seiner Fehden das Gold hatte abkratzen lassen (*ut crux inaurata, quam tempore dictae guerrae decrustaverat, de reditibus eius repararetur*)[428]. Wenn ein Kreuz sogar für militärische Vorhaben zweckentfremdet werden durfte, wieviel mehr zur Deckung der Kosten eines Kirchenbaus!

Eheleute, denen Kindersegen versagt blieb, waren eher als andere geneigt, mit ihrem Vermögen die Kirche zu fördern. So setzten König Heinrich II. und seine Gemahlin Kunigunde zu ihren Erben Christus und Heilige ein. Ein dem Ereignis nahestehender Chronist berichtet: Der König habe sich vor einer Versammlung der Erzbischöfe und Bischöfe (1007, in Frankfurt) demütig zu Boden geworfen. Nachdem Erzbischof Willigis von Mainz, zu dessen Diözese Frankfurt gehörte, ihm wieder aufgeholfen habe, soll Heinrich erklärt haben: »Um der künftigen Wiedervergeltung willen habe ich Christus zu meinem Erben erwählt, denn auf Nachkommen kann ich nicht mehr hoffen. Längst habe ich insgeheim meinen vorzüglichsten Besitz, mich selbst samt den von mir erworbenen oder noch zu erwerbenden Gütern, dem ungeborenen Vater [Gott] als Opfer dargebracht«. Er plane seit langem, in Bamberg ein Bistum zu gründen; er habe dazu das grundsätzliche Einverständnis des Würzburger Bischofs; in dessen Diözese lag Bamberg. Heinrich hatte noch erhebliche Widerstände des Würzburgers zu überwinden, bevor er sein Vorhaben ausführen konnte. Er hat in Bamberg ein Bistum gegründet und reich ausgestattet; den Bamberger Dom, vorgesehen als Grablege für sich und seine Gemahlin, hat Heinrich kraftvoll gefördert[429]. Sein Wunsch, in Bamberg solle »das Gedächtnis des Namens Christi ständig gerühmt/in Ehren gehalten werden« (*christiani nominis memoria perpetualiter inibi celebris haberetur*), ist in Erfüllung gegangen.

Wie andere Menschen in ähnlicher Lage, hat Heinrich bei seiner Gründung nicht nur daran gedacht, Gott zu rühmen und Heilige zu ehren. Die folgende Reihung weiterer Motive ist nicht wertend zu verstehen: Pflege der *memoria* (man sollte sich seiner erinnern); Festigung des Königtums in diesem Teil des Reiches; gleichzeitige Schwächung der Markgrafen von Schweinfurt, deren Reichslehen Heinrich eingezogen und dem Bistum übertragen hatte; Förderung der Mission im deutsch-slawischen, christlich-heidnischen Grenzsaum Ostfrankens.

Im Angesicht des Todes

Seit den Zeiten Kaiser Konstantins I. († 337) darf die Kirche Legate annehmen. Testamentarisch wurden ihr im Laufe der Jahrhunderte ungezählte Güter übereignet; viele Klöster und Bistümer kamen auf diese Weise zu gewaltigem Besitz[430]. Drei Jahre vor seinem Tod teilte Karl der Große Schätze, Geld und anderes von Wert auf, wobei er auch die Bischofskirchen seines Reiches bedachte. Sterbend teilte Kaiser Otto II. im Jahr 983 sein Geld (also nicht die ganze mobile Habe) folgendermaßen auf: Je ein Viertel den Kirchen und den Armen, die restlichen Viertel seiner Schwester Mathilde sowie seinen Dienern und Kriegsleuten[431].

Auf dem Sterbebett ließen sich auch Rechnungen begleichen; man konnte nichtsnutzige Verwandte mit geringen Beträgen abspeisen, und dafür um so größere Teile des Vermögens öffentlichen Einrichtungen zuweisen, eben auch der Kirche. Mancher versprach sich davon wohl Entlastung angesichts plötzlich bewußt gewordener, bis dahin ungesühnter Schuld. So regelte im Jahre 1250 Kaiser Friedrich II. in seinem Testament seine Nachfolge und ordnete Wiedergutmachung des Unrechts an, das er Kirchen und Mönchsorden zugefügt habe. Darüber hinaus setzte er Beträge für gute Werke aus, die ihm – wie er hoffte – von Gott zu seinem Seelenheil angerechnet würden: 100.000 Unzen Gold »zur Unterstützung des Heiligen Landes«; rechnet man die Unze zu 31,103 Gramm, kommt man auf 3.110,3 Kilogramm Gold, eine gewaltige Summe. Es folgt ein weiterer Betrag, zusammen mit der Verfügung zu seinem Begräbnisplatz: »Wir bestimmen ferner, daß, wenn Wir infolge der gegenwärtigen Krankheit sterben sollten, unser Leichnam beigesetzt werden soll im Dom von Palermo, in dem die Leiber des seligen Kaisers Heinrich und der seligen Kaiserin Konstanze, Unserer Eltern ehrenwerten Angedenkens, bestattet sind. Diesem Dom stiften wir für das Seelenheil unserer genannten Eltern und das unsrige fünfhundert Unzen Gold zu Händen Berards, des hochwürdigen Erzbischofs von Palermo, Unseres Vertrauten und Getreuen, zur Ausgabe bei Wiederherstellungsarbeiten (*in reparatione*) dieses Domes«[432]. Wie frische Blumen auf den Porphyrsarkophagen im Dom zu Palermo zeigen, bewahrt man in Sizilien Friedrich II. († 1250), seiner Mutter Konstanze († 1198), deren Vater König Roger II. († 1154) und Friedrichs Vater, Kaiser Heinrich VI. († 1197) bis heute ein Gedächtnis, das von ehrerbietiger Zuneigung zeugt.

Bürgerinnen und Bürger als Stifter

Nicht zu verachten war die Gunst der Bürgerschaft, die in aufblühenden Städten zu Wohlstand kam. Seit dem Spätmittelalter begegnen uns immer häufiger einzelne Bürger als Stifter bemerkenswerter Ausstattungsteile, ebenso aber auch Zünfte, Gilden und Bruderschaften wie die aus Klerikern und Laien bestehenden Kalandsbruderschaften in den Städten des nördlichen Deutschland. Zu den Stiftungen konnten ganze Kapellen, einzelne Altäre, farbige Fenster, kostbares liturgisches Gerät sowie kostspielige (Bienenwachs-)Lichter gehören. Einst bedeutende Patrizierfamilien leben im Gedächtnis ihrer Stadt bis heute oft durch ihre kirchlichen Stiftungen weiter; ein gutes Beispiel bietet die »Besserer-Kapelle« des gleichnamigen Ulmer Geschlechts, neben dem Chorgestühl eines der Kleinode des Ulmer Münsters. Doch auch ›kleinere Leute‹ machten Vermächtnisse; eines sei hier vorgestellt.

Am 26. Juni 1308 setzte in Regensburg Diemut Hiltprand, geborene Neumburger, ihr Testament auf[433]. Eingangs stellt sie sich mit Namen und Stand vor (*hern Laeutwins husfrovwe* [Ehefrau] *des Hilpprandes*) und betont, die folgenden Verfügungen bei guter Gesundheit, rechtem Verstand und nach reiflicher Überlegung getroffen zu haben; eine solche, von Zeugen bestätigte Versicherung sollte es Interessierten schwer machen, später das Testament anzufechten. Frau Hiltprand sieht mehr als fünfzig einzelne Geldzuwendungen vor (zwischen 1/4 und 40 Pfund); weitere Verfügungen gelten wertvollen Kleidungs- und Schmuckstücken. Als erstes sollen 20 Pfund an den Konvent im Niedermünster gehen, damit die dortigen Frauen jährlich an ihrem Todestag und dem ihres Vaters *ewichliche*, also bis zum Ende der

Welt, eine Gedächtnismesse begehen. Ihrer Pfarre sind 4 Pfund für einen Kelch zugedacht, und dem Pfarrer 1 Pfund. Der Bau des Regensburger Domes wird mit 1 Pfund gefördert, einer bescheidenen Summe, auch im Vergleich zu dem, was das Katharinenspital erhalten soll: 20 Pfund, um den Insassen viermal im Jahr davon ein Mahl zu bereiten; jedem eine ganze Semmel, einen Trunk Wein und zwei Fleischgerichte. Frau Hiltprand stiftet den Siechen im Spital weiter 3 Pfund für zwei Betten, 10 Pfund für leinene Bettücher, weitere 10 Pfund armen Leuten für grobes Tuch und Schuhe usw. Ähnlich wählerisch wie die Regensburgerin verfuhr der ›arme Schlucker‹, wenn er an seinem Heimatort oder unterwegs eine bescheidene Münze diesem Opferstock anvertraute und jenem nicht.

Weitere Bestimmungen zeugen davon, daß Caritas und Totengedenken zusammengehören und daß die Erblasserin über den eigenen Tod hinaus Menschen ihres Umfeldes binden will. Mehr als einmal hält Frau Hiltprand ausdrücklich fest, daß es sich um eine letztwillige Verfügung für das Heil ihrer Seele handele (*selgeraet*); nach ihrem Tod sollen die Bedachten – als Gegenleistung – in Messen und Gebeten der Stifterin gedenken.

Das Testament zeigt, daß auch Frauen eine solche Verfügung treffen konnten. Deutlich wird ferner der Handlungsspielraum, über den Menschen geboten, sobald sie zu Besitz gekommen waren. Da die Anfertigung von Textilien viel Zeit erforderte, gehörten Kleidungsstücke zu den Wertgegenständen. Das Spinnen (mit der Spindel), Weben (auf einfachen Webstühlen), Walken, Färben, Zuschneiden und Nähen waren Handarbeiten, selbst wenn man seit dem 13. (?) Jahrhundert das Wasserrad mancherorts schon zum Walken nutzte. Der Arbeitsaufwand für Gewebe erklärt auch, daß Frauen häufig ihr ›Bestkleid‹ der Bauhütte vermachten, ferner kostbare Stoffe, aus denen sich Meßgewänder schneidern ließen: Brokat, Damast, Samt und Seide.

Lag kein Testament vor, wurde wertvolle Kleidung nach dem Tod der Frau wohl auch verkauft oder versteigert und der Erlös dem für den Kirchenbau zuständigen Schaffner ausgehändigt; entsprechend verfuhr man mit der Rüstung von Männern. Wie das Bestkleid wurde sie zeitweise eingefordert, als handele es sich um eine der Kirche geschuldete Abgabe[434]. Oft räumte man den Hinterbliebenen allerdings die Möglichkeit ein, kostbare Erbstücke mit Geld auszulösen; nicht anders verfuhr man mit Naturalabgaben. Die für die Finanzierung eines Kirchenbaus Verantwortlichen mußten dafür sorgen, daß ein gewisser Anteil des Spendenaufkommens in ihr Werk floß.

Dem Bau von Kirchen wurden auch Güter zugewendet, die besiegten Feinden oder verbrannten Juden gehört hatten. So fielen den Truppen Karls des Großen 772 bei der Eroberung der Irminsul, eines der großen Heiligtümer der Sachsen, viel Gold und Silber in die Hände. Ähnliches geschah beim Sieg über die Avaren 796: Mit dem gewaltigen Schatz, den die Avaren in Jahrhunderten aus Raub und Tribut zusammengerafft hatten, konnte Karl nun die Apostel Petrus und Paulus in Rom, Bistümer und Klöster, weltliche und geistliche Getreue fürstlich beschenken[435]. Im Jahre 1248 nahmen die Bürger von Parma handstreichartig das stadtartige Feldlager ›Victoria‹, das Kaiser Friedrich II. vor den Toren ihrer Stadt errichtet hatte. Zu ihrer gewaltigen Beute gehörten »Heiligenbilder und Reliquien aus dem Besitz des Kaisers«, die »der Sakristei der Kirche der heiligen Jungfrau zur Aufbewahrung übergeben« wurden[436]. Mindestens ein Teil von ihnen dürfte auf Dauer in den Schatz der Kathedrale von Parma eingegangen sein. War ein Kirchenbau zu finanzieren, konnte man die kostbaren Gold- und Silberfassungen versetzen oder einschmelzen und ausmünzen. Die Fertigstellung der Domtürme in Köln, Regensburg und Ulm im 19. Jahrhundert wurde auch mit der Kriegsentschädigung finanziert, die Frankreich nach dem verlorenen Krieg 1870/71 zu bezahlen hatte.

Wie das Beispiel der Irminsul gezeigt hat, bildeten zu allen Zeiten bei Heiligtümern angehäufte Schätze eine Versuchung für heimische Machthaber und auswärtige Feinde. Noch glimpflich mochte es bei einer Brandschatzung zugehen, wenn die Unterlegenen selber darüber befinden durften, welche Wertgegenstände am ehesten zu verschmerzen seien, um die drohende Einäscherung des Ortes abzuwenden.

Und die Juden? Nicht jeder Besucher des Straßburger Münsters, der sich von den Figuren der Ecclesia und Synagoge beeindrucken läßt, ist sich darüber klar, was *auch* zur Finanzierung des Baus beigetragen hat: Im Jahre 1349 wurden in Straßburg Juden verbrannt, angeblich *uf zwei tusent.* Ihr Vermögen ließ der Rat anteilsmäßig unter die Handwerke verteilen; von diesen hätten *etliche ir teil an unser frowen werg*, die Münsterfabrik, gegeben, *noch ires bihters rote*, »nach dem Rat ihres Beichtvaters«[437].

Schatzfunde

Willkommen waren Schatzfunde, gerade weil niemand mit ihnen rechnen konnte. Zum Bau einer Kirche in Regensburg soll man im 9. Jahrhundert Teile der spätantiken Stadtmauer abgebrochen und in Hohlräumen soviel Gold gefunden haben, daß nicht nur die Basilika gebaut, sondern auch Bücher geschrieben werden konnten[438] – ein aufschlußreicher Hinweis auf die jeweiligen Kosten. Aus etwas späterer Zeit berichtet der burgundische Chronist Rudolf Glaber: Bischof Arnulf von Orléans wollte die im Jahre 989 durch einen Brand zerstörte Kathedrale möglichst rasch wiederaufbauen. Als die Maurer (*cementarii*) eines Tages die Festigkeit des Untergrundes prüften, stießen sie auf einen Goldschatz; er war so groß, daß er nach allgemeiner Überzeugung auch für einen üppigen Neubau ausgereicht hätte[439]. Solche legendenhaft wirkenden Berichte können einen echten historischen Kern enthalten. In den Wirren der Völkerwanderung und späterer Kriege sind Münzen, Geschirr und andere Gegenstände aus edlen Metallen in der Hoffnung auf Frieden versteckt worden; mancher Hort wurde seitdem gehoben, viele harren noch der Entdeckung: im Boden, in alten Gemäuern, unter Fußbodendielen, in Schiffwracks …

Wertvoller als Gold und geldwerte Rechte waren im allgemeinen, das sei abschließend festgehalten, Protektion und Zuwendung; sie mochten sich auch darin äußern, daß Würdenträger durch ihre Anwesenheit einer Grundsteinlegung, einer Weihe oder anderen hohen Kirchenfesten Glanz verliehen. Wie der ›kleine Mann‹ wußten hohe Gäste, was man von ihnen erwartete und wie ein Bauvorhaben sich fördern ließ.

Narrenschiff und Teufelswerk

Trotz aller Zuwendungen fehlte oft das Geld zum Weiterbauen. Sebastian Brant zeigt in seinem ›Narrenschiff‹ (1494), wie ein zahlungsunfähiger Bauherr sich die Haare rauft, als drei Arbeiter ihn mit einem Torso von Bau allein lassen. Unter der Überschrift »Von närrischem (Kostenvor-)Anschlag« heißt es hier: *Von narrechtez anslag / Der ist eyn narr der buwen wil / Und nit vorhyn anschlecht wie vil / Das kosten werd und ob er mag /Volbringen solchs noch sym anschlag*[440]. Guter Rat war dann teuer. In Aachen erzählt man sich folgende Sage[441]. Der Teufel springt helfend ein, doch verlangt er einen hohen Preis: Die Seele dessen, der als erster den Neubau betritt, soll ihm gehören. Statt des erhofften Bischofs muß er sich jedoch mit einem Wolf begnügen, dem auch eine Seele zugeschrieben wurde und den die listigen Menschen in der Kirche eingesperrt hatten. Der berühmte Pinienapfel an der Aachener Domtür ist der Volksüberlieferung zufolge die Wolfsseele.

IV. SPARMASSNAHMEN

Seit dem Anfang des Kirchenbaus im vierten Jahrhundert haben Bauherren sich durch knappe finanzielle Mittel nicht davon abhalten lassen, große Gotteshäuser zu errichten. Noch heute gilt die Regel, daß Kosten und Zeit sich vor allem durch zweckmäßige Planung *vor* Baubeginn einsparen lassen. Zusätzlich können sich Vereinfachungen als Geheimnis des Erfolges erweisen.

Die schmucklose Kirche der Weißen Mönche

Im 12. Jahrhundert systematisierten die Zisterzienser dieses Rezept und machten es in wenigen Jahrzehnten in der ganzen Christenheit bekannt. Sie wollten die Regel wieder so streng und rein befolgen, wie Benedikt geboten hatte. Die Äbte ihrer allenthalten im Abendland gegründeten Klöster berieten auf dem jährlichen Generalkapitel in Cîteaux über Fragen, die alle Gemeinschaften dieses Verbandes angingen. Hier wurde auch festgesetzt, daß die Kirchen der Zisterzienser einfach und schmucklos zu sein hätten. Über die Einhaltung der Beschlüsse wachten Kontrollen (Visitationen) und Sanktionen (u. a. Brot und Wasser für den Abt, bis eine gerügte Übertretung abgestellt wäre). Die Rückbesinnung auf die Anfänge sollte sich in allen Lebensbereichen spiegeln: In Nahrung und Kleidung, Buchschrift (nur eine Farbe), Gesang (innerhalb von höchstens zehn Tönen) – und eben auch in ihren Bauten. Ohne Anspruch auf Vollständigkeit seien Maßnahmen erwähnt, die man auf den Nenner Verzicht und Rationalisierung bringen kann. Formulierungen wie *ne fiant*, »es unterbleibe«, duldeten keinen Widerspruch[442]. Die Beschlüsse bildeten die Grundlage für auffällige Gemeinsamkeiten von Zisterzienserkirchen zwischen Portugal und dem Baltikum, Irland und Ungarn.

Verboten sollte sein, was den Sinnen hätte gefallen können: Skulpturen,

Malereien und andere bildliche Darstellungen; erlaubt war gerade noch ein Kruzifix aus bemaltem Holz für den Altar. Geduldet waren nur einfache Scheiben; vor diesem Verbot angefertigte farbige Glasfenster sollten innerhalb von drei Jahren entfernt werden (*vitrae diversorum colorum ante prohibitionem factae, infra triennium amoveantur*; Beschluß von 1159). Verboten waren mehrfarbige Bodenfliesen. Erlaubt waren höchstens zwei Glocken; ihr Gewicht sollte so sein, daß eine Person sie läuten könnte. Verboten sein sollten Türme, erlaubt allenfalls ein schlichter Dachreiter.

Die Kirchen der Zisterzienser sollten schlicht sein und nur enthalten, was zum Gebet und zur Feier einer einfachen Meßliturgie gebraucht werde; da die Mönche im allgemeinen Priester waren, waren mehrere Altäre vorgesehen. Obwohl die maßgebenden Abteien Cîteaux und Clairvaux im Gefolge der Französischen Revolution zerstört worden sind, kann man aus Fontenay und anderen jüngeren, erhaltenen Abteien auf die ursprünglich beabsichtigte Form der Bauwerke schließen[443]. Da Geradlinigkeit das Denken, Wollen und Handeln der Mönche auszeichnen sollte, war es nur konsequent, daß gerade Linien auch die Architektur bestimmten. Beim Bau von Kirche und Kreuzgang, Wohn- und Wirtschaftsgebäuden griffen zisterziensische Architekten einfache, bewährte Bauformen auf: Das Quadrat als Grundform, das Rechteck in der Größe eines halben oder zweier, nebeneinanderliegender Quadrate[444]. Man verzichtete – mehr oder weniger lange! – auf Strebebögen (zugunsten breiter Pfeiler), auf Gewölbe (statt dessen flache Decken), auf den Kapellenkranz, wie er den Chor von Kloster- und Bischofskirchen schmückte. Die Portale sollten einfach und weiß gestrichen sein (Weiß als Farbe der Reinheit), und so wäre noch vieles andere zu nennen.

Konsequent angewendet, liefen solche Maßnahmen auf Rationalisierung hinaus, welche die Baukosten senkte. Ein rechteckiger Chorabschluß war schneller vermessen und gemauert als ein runder, auch die Arbeiten von Zimmermann und Dachdecker vereinfachten sich. Dank solcher Maßnahmen gelang es den Zisterziensern, große Abteien in wenigen Jahren hochzuziehen. So wurde in Fontenay mit dem Bau der Kirche 1139 begonnen; als Papst Eugen III., ein ehemaliger Zisterziensermönch, sie 1147 weihte, war sie fast fertiggestellt. Immerhin waren dieser Gründung reiche Zuwendungen des Bischofs Evrard von Norwich zugute gekommen; Evrard zog sich in dem Jahr nach Fontenay zurück, als mit dem Bau begonnen wurde; später fand er hier sein Grab, vor dem Hauptaltar.

Offensichtlich konnten die Generalkapitel der Zisterzienser nicht alles verbieten, oder Verbote wurden nach einiger Zeit ignoriert, ohne daß es zu den angedrohten Sanktionen kam. Zur Westfassade des Zisterzienserklosters Chorin schreibt ein Kenner: »einen hoheitsvolleren Eindruck hätten auch Türme nicht zustandegebracht«[445].

Der herbe Reiz von Ordenskirchen

Eine weitere Reformbewegung erfaßte im 13. Jahrhundert Mönchtum und Kirche. Während die Benediktiner (und mit ihnen die Zisterzienser) nur das persönliche Eigentum ablehnten und als Konvent oft sehr wohlhabend waren, lehnten Franziskaner, Dominikaner und andere Bettelorden persönliches *und* kollektives Eigentum ihrer Gemeinschaft ab. Radikal wollten sie in Armut, Keuschheit und Gehorsam die Nachfolge Jesu leben. Ihr hoher Anspruch spiegelt sich auch in ihren Kirchen, für die Einschränkungen wie bei den Zisterziensern galten: Einfachheit, flache Decke, Verzicht auf Querschiff, Kapellenkranz, Chorumgang, Schmuck, Skulpturen, Malerei, farbige Fenster, Türme usw.

Einer nach dem anderen erfuhren die Reformorden, daß der begeisterte Schwung des neuen Aufbruchs nach einigen Jahrzehnten erlahmte; bald sahen die Verantwortlichen sich genötigt, hier eine Ausnahme zu erlauben, dort die vormalige Strenge zu lockern. In einer Zeit, die als schnellebig gilt, weiß man es zu schätzen, wenn eine Gemeinschaft von Menschen auch nur *eine* Generation ihr Leben an hohen Idealen ausrichtet, erst recht, wenn die Reformer so glaubwürdig leben, daß sie weitere Generationen dafür gewinnen, ihnen nachzueifern.

Betrachtet man frühe Kirchen-, Konvents- und Wirtschaftsgebäude von Zisterziensern und Bettelorden, so zeigt sich, daß Verzicht auf Überflüssiges nicht gleichbedeutend mit ärmlicher Baugestalt sein muß. Architekten und Steinmetzen, die schlichte Strenge zu Leitlinien ihres Schaffens erkoren hatten, schufen Werke von herbem Charme. Nicht von ungefähr finden sich auch Zisterzienserklöster wie Fontenay und Maulbronn in der Liste des Weltkulturerbes. Das Stichwort ›herber Charme‹ sei am Beispiel des Kreuzgangs von Fontenay erläutert. Der Wechsel von Pfeilern und Zwillingssäulen, die Modellierung von Bögen, das je nach Tageszeit ganz unterschiedliche Spiel von Licht und Schatten gehen weit über eine einfache Bauausführung hinaus. Man gewinnt den Eindruck, als hätten Planende und Ausführende sich von ihrer Aufgabe bezaubern lassen, als wären die Steinmetzen eigenen Geboten gefolgt, als hätten sie sich von dem Gedanken leiten lassen: Ein

Werk, das dem Lobe Gottes dient, muß wohlproportioniert sein. Auch wenn kein stolzes *NN ME FECIT* eingemeißelt ist, wird mancher gedacht haben, wenn er mit Hammer und Meißel dem rohen Stein ein schönes Kapitell abgewann: Beim Jüngsten Gericht mag dieses Werkstück in die Waagschale gelegt werden; es mag manche meiner Fehler und Unzulänglichkeiten aufwiegen, auf daß auch ich des Eintritts in den Kreis der Seligen gewürdigt werde.

Rationalisierung und Kostendämpfung

Nach Rationalisierung und Kostensenkung strebten seit Ende des 12., Anfang des 13. Jahrhunderts fortschrittliche Architekten[446]. Wilhelm aus Sens, der den Aufbau der brandgeschädigten Kathedrale von Canterbury leitete, gab seinen Leuten Schablonen mit, damit sie in Steinbrüchen der Normandie die Steine möglichst passend zurechtschlügen. Serienfabrikation war geboten, wenn Säulen anzufertigen waren, sollte doch eine Trommel genau auf die andere passen. Wieviel sich beim Transport einsparen ließ, wenn man zweckmäßig arbeitete, mag eine Überlegung zeigen, von der nichts in der Quelle steht, die ein Wilhelm aus Sens aber – wenn auch ohne genaue Berechnung – angestellt haben könnte. Ein Säulenschaft zylindrischer Form wiegt bei einem Durchmesser von 20 Zentimetern und einer Höhe von 80 Zentimetern etwa 67,8 Kilogramm (Dichte von Marmor 2,7). Ein prismenförmiger Steinblock von 20 x 20 x 80 Zentimetern, aus dem man die genannte Säule arbeiten könnte, wiegt schon 86,4 kg – 27,4 Prozent mehr als die Säule. Anstelle von vier erst an der Baustelle zu bearbeitenden Rohlingen könnte man fünf fertige Säulen in die Schiffe verladen (andererseits war der Verlust höher, wenn unterwegs eine fertige Säule zerbrach oder verlorenging). Bei eingespielter Infrastruktur ließen sich nicht nur Transportkosten sparen; Achsen und Seile der Hebemaschinen im Steinbruch, am Hafen sowie auf der Baustelle wurden weniger strapaziert, von den Arbeitern ganz zu schweigen. Oft wird man einen Mittelweg gesucht haben: Im Steinbruch wurde die künftige Säule roh zugehauen; die Feinarbeit übernahmen Fachkräfte in der Bauhütte. Wegen der Risiken des Transportes hat man ja auch erst hier – und nicht im Steinbruch – die Skulpturen gearbeitet.

Seit dem Hochmittelalter entwickelte man noch weitere Methoden, das Bauen zu rationalisieren. Zeit und Geld ließen sich sparen, wenn angelernte Kräfte schon im Steinbruch Quader in wenigen unterschiedlichen Dicken serienmäßig anfertigten: Der Transport war einfacher, und die Maurer auf dem Gerüst konnten weit schneller Schicht um Schicht verlegen, als wenn sie Steine unterschiedlicher Dicke jeweils passend zuhauen oder nach dem Versetzen weiter bearbeiten mußten. Reichte das Geld, entließ man über den Winter nur einen Teil der Steinmetzen; andere blieben kontinuierlich an der Arbeit und fertigten kompliziertes Maßwerk auf Vorrat in Hütten, die gegen Wind, Regen und Kälte geschützt waren und sich vielleicht gar beheizen ließen. Dabei konnte man die Kosten um so stärker senken, je genauer die einzelnen Arbeitsabläufe geplant waren. Damit änderte sich auch der Aufgabenbereich des Architekten; war ein Architekt vorher oft zugleich Steinmetz und als solcher ständig auf der Baustelle, so mußte er sich jetzt um die Planung, die Koordinierung der Arbeitsabläufe, die Anfertigung von Schablonen und ähnliches kümmern, das heißt in einem eigenen, möglichst beheizbaren Raum der Bauhütte arbeiten.

Aufmerksame Beobachtungen in der Kathedrale von Amiens haben gezeigt, daß man Pfeiler, die mit Säulen verkleidet sind, zunächst noch aus drei unterschiedlichen Steinformen baute; in den 1220er, 1230er Jahren hatte man das Verfahren so weit vereinfacht, daß ohne Einbuße an Stabilität eine einzige Grundform genügte, die dann in Serie gefertigt wurde[447].

Der Zwang zu Rationalisierung und Normierung erfasste auch andere Sparten des Bauhandwerks: In der bretonischen Stadt Dinan wurde die Werkstatt eines Steinmetzmeisters aus dem 14. Jahrhundert ausgegraben, der sich auf Grabmäler spezialisiert hatte, Liegefiguren von Rittern und Adligen in voller Rüstung. Es wurde im Lager der Werkstatt eine stattliche Zahl von vorgefertigten Figuren gefunden, ›Halbfabrikaten‹; der Handwerker mußte im Todesfall lediglich die Gesichtszüge und das Wappen des Verstorbenen skulptieren.

Gespart wurde nicht nur in einer bretonischen Kleinstadt, sondern auch im prachtvollen Rom, beim Neubau von St. Peter. Kaum hatte Michelangelo (1475–1564) die Leitung übernommen, forderte er, den Plan seines Vorgängers erheblich zu verändern. Durch den Verzicht auf Überflüssiges (Säulen, Vorsprünge, Gliederungselemente) und andere Maßnahmen »könne man bei dem Bau fünfzig Jahre Zeit und über dreihunderttausend Scudi Kosten einsparen und gleichzeitig dem Entwurf mehr Majestät und Größe, Schönheit und Bequemlichkeit verleihen«. Michelangelo erläuterte seine Vorstellungen anhand eines Modells, das dem Papst und anderen Beteiligten gefiel, nicht dagegen der Familie des früheren Architekten[448].

Je nach Zeit, Land und Fähigkeiten der Arbeiter baute man mit Holz, Flechtwerk, Lehm, Naturstein, Ziegeln usw. Der Übertragung technischer Fertigkeiten kam zugute, daß das Christentum in einem Raum entstanden war, in dem man seit Jahrtausenden mit Stein gebaut hatte. Missionare, die das Evangelium in Länder trugen, die nicht zum Römischen Reich gehört hatten, konnten einheimische Kräfte anweisen – persönlich und über geschulte Fachkräfte, die sie in ihrem Gefolge hatten. Herrscher in Mittel-, Nord- und Osteuropa wollten in ihren Ländern oft so bauen, wie sie es auf Reisen gesehen oder von Augenzeugen gehört hatten; sie warben deshalb in den älteren Kulturländern geeignete Fachkräfte an. Mit denen wurde dann ein Arbeitsvertrag geschlossen, der nicht schriftlich abgefaßt sein mußte, um beide Seiten zu binden. In dem Vertrag waren Rechte und Pflichten der Arbeitskräfte festgehalten, auch gegenüber den Bewohnern des jeweiligen Ortes. Starb der Bauherr, brauchte der Nachfolger sich nicht gebunden zu fühlen; bei einer etwaigen Neuverhandlung bestimmten Konjunktur und Kräfteverhältnis, wie weit eine Partei für sich Verbesserungen herausholen konnte.

Architekt und Werkmeister

Eine der ersten Aufgaben des Bauherren bestand darin, einen Bauleiter zu gewinnen und zu verpflichten. Lateinische Quellen sprechen vom *architectus* sowie vom *magister operis*, Werkmeister, ohne daß sich immer bestimmen ließe, wie sich beide nach Rechten und Pflichten unterschieden. Eine ähnliche Unschärfe begegnet ja bei *ecclesia* (u. a. Kirche und Bischofskirche) sowie *presbyter* (Priester und Bischof). Hier sei als Architekt die Person bezeichnet, die den Gesamtbau durchdenkt und konzipiert, als Werkmeister derjenige, der das Werk ausführt und überwacht, und als dessen Stellvertreter der Polier (Parlier, Balierer u. ä.; abgeleitet von franz. *parler*, eigentlich Sprecher, Wortführer). In Klöstern übernahm nicht selten der Cellerar, der für die wirtschaftlichen Belange der Gemeinschaft verantwortliche Mönch, die Leitung eines Neu- oder Erweiterungsbaus; ihm konnte ein Polier unterstellt werden, der sein Handwerk ›von der Pieke an‹ gelernt hatte.

Die Anforderungen, denen ein Architekt – oft gleichzeitig Werkmeister und erster Steinmetz – genügen sollte, waren hoch. Er sollte belastbar, intrigenfest und zuverlässig sein. Er sollte sich des Vertrauens des Bauherren erfreuen, dessen Vorstellungen kennen und über ausreichende Vollmachten verfügen. Er sollte mit Geld umgehen können, technisches Gespür, künstlerischen Sinn und Phantasie mit Menschen- und Sachkenntnis verbinden. Man erwartete von ihm, daß er Antworten gab auf Herausforderungen, die mit dem jeweiligen Platz, den konstruktiven und finanziellen Möglichkeiten gegeben waren; schließlich war es vorteilhaft, wenn er – wie andere Führungskräfte – Einsicht in eigene Grenzen und das Machbare mitbrachte.

Gislebertus hoc fecit

Schrift- und Bildquellen zeugen vom hohen Ansehen, dessen Architekten sich seit dem 10./11. Jahrhundert erfreuten. Viele Steinmetzmeister sind namentlich bekannt, nicht wenige deshalb, weil sie sich am Bau ›verewigt‹, ihren Namen einer Figurengruppe beigefügt haben. So prangt am Tympanon der Kathedrale von Autun (um 1140) die stolze Inschrift *GISLEBERTUS HOC FECIT*, »Giselbert hat das gemacht«. Zwar ist damit nicht bewiesen, daß die Inschrift frei übertragen werden muß mit ›Der Steinmetz Giselbert hat diesen Tympanon geschaffen‹; aber es spricht viel dafür, daß ein Giselbert hier maßgeblich beteiligt war. Die Kunsthistoriker zählen ›Gislebertus‹ folglich zu den großen, epochemachenden Bildhauern der burgundischen Romanik. Aus dem häufigen Vorkommen von Inschriften wie *NN me fecit*[449] an Bauteilen und Skulpturen, liturgischen Geräten und Glocken kann man schließen, daß Künstler sich ihres Wertes bewußt waren; die landläufige Meinung, das Mittelalter habe Identität und Individualität eines Künstlers noch nicht recht wahrgenommen, bleibt daher äußerst fragwürdig.

In Carennac (Département Lot; seit 1050 Priorat von Cluny) ist der vielleicht 1130/40 gearbeitete Tympanon über dem Portal folgendermaßen signiert: *Girbertus cementarius fecit istum portarium, benedicta sit anima eius*[450], »der Maurer Girbert schuf dieses Portal; gesegnet sei seine Seele«. In Béthisy-Saint Pierre soll folgende Inschrift aus dem Jahre 1520 zu sehen (gewesen?) sein: *J. Brule et J. Charpentier, masson, ont commencer ce present clocher … pries pour eulx*[451], »J. Brule und J. Charpentier, Maurer, haben diesen Glockenturm begonnen … betet für sie«. Zahlreiche weitere Inschriften könnten erwähnt werden, in denen Handwerker und Künstler um Gedenken bitten, oft auch um ein Gebet für das Heil ihrer Seele. Der religiöse Bezug kann auch fehlen, etwa in der Inschrift am Hauptportal der Kathedrale von Trogir/Dalmatien (1240); sie feiert den Bildhauer Rado-

Der Kaiser und sein Werkmeister: die Büsten Peter Parlers und Karls IV. im Prager Veitsdom (Triforium).

van als hervorragenden Künstler (*...per Raduanum cunctis hac arte preclarum...*).

Wenn in einer Inschrift ohne Berufsbezeichnung die Worte *hoc fecit* begegnen, ist oft eher zu übersetzen »hat anfertigen lassen«; das gilt erst recht, wenn die Inschrift sich auf einen Abt, Bischof oder König bezieht. Insgesamt wird man davon ausgehen dürfen, daß die Sorge um die *memoria*, das Fortleben in der Erinnerung auch dann hinter einem Bau- oder Kunstwerk steht, wenn sie nicht ausdrücklich schriftlich festgehalten worden ist.

Unter Verweis auf Werke der bildenden Künste stellt eine Veröffentlichung zur romanischen Kunst 148 Künstler namentlich vor[452], unter ihnen zahlreiche Steinmetzen. In dem Maße, wie Bildhauer, Maler, Werkmeister... an Ansehen gewannen, wie die Quellen nach Zahl, Umfang und Art reichlicher fließen, erfahren wir auch mehr über den einzelnen Menschen und dessen Familie, bis wir schließlich ganze ›Dynastien‹ vor uns haben.

Im Veitsdom zu Prag sind Werkmeister in Gesellschaft hoher weltlicher und geistlicher Würdenträger dargestellt.[453] Die Aufnahme in eine solche Ehrengalerie spiegelt zwei Gegebenheiten: Architekten war es gelungen, als Künstler Anerkennung zu finden; sie hatten sich aus der Gruppe der Handwerker gelöst, die – zumindest nördlich der Alpen – noch im 12. Jahrhundert als Angehörige von Berufen galten, die ihr Brot im Schweiße ihres Angesichtes (Gen 3,19) verdienten; trotz der Mahnungen der Heiligen Paulus und Benedikt galt körperliche Arbeit noch lange als entehrend.

Im Spätmittelalter führte mancher Architekt ein eigenes Siegel – nicht anders als Herren in Reich und Kirche. Seit dieser Zeit stellen Werkmeister und Steinmetzen sich oft an prominenter, für alle sichtbarer Stelle im Kirchenbau dar – Zeichen des Selbstbewußtseins, das auch Meister der mechanischen Fertigkeiten an den Tag legten. Im Stephansdom zu Wien sieht man Anton Pilgram gleich zweimal, am Fuß der Orgel (1512) und unter der Kanzel (1515); in Freiburg hat Jörg Kempf sich unter der Treppe der von ihm gearbeiteten Kanzel ›verewigt‹ (1561)[454].

Vom Rang der Architekten zeugt auch eine Szene, die Villard in sein ›Bauhüttenbuch‹ aufgenommen hat: Man sieht Architekten *inter se disputando*[455], eine sinnvolle Lösung erörternd. Das Prädikat verrät einiges vom Anspruch solcher Fachleute: Sie bedienen sich der *disputatio*, einer Philosophen und Theologen vertrauten Arbeitsmethode. Es verwundert nicht, daß Architekten mit Titeln geehrt wurden, die Absolventen eines Universitätsstudiums vorbehalten sein sollten: *magister* und sogar *doctor lathomorum*[456]; da *latomus* den Maurer, auch den Steinmetz bezeichnet, wäre der Titel mit ›Dr. maur.‹ oder ›Dr. steinm.‹ wiederzugeben!

Mit noch nicht 25 Jahren schuf Michelangelo 1498/99 die Pietà (heute im Petersdom zu Rom). »Die Liebe zu diesem Werk und die dabei aufgewandte Mühe« seien so groß gewesen, daß er diese Figur signiert habe – was er sonst bei keiner anderen getan habe. Er habe nämlich eines Tages erlebt, wie Fremde aus der Lombardei das Werk sehr rühmten; die Frage nach dem Bildhauer habe einer von ihnen beantwortet mit »Unser Gobbo aus Mailand«. Michelangelo habe geschwiegen, doch sei es ihm absonderlich vorgekommen, daß sein Mühen einem anderen angerechnet wurde. »Eines Nachts schloß er sich ein, mit Licht und Meißeln versehen«, und schnitt in den Gürtel, der die Brust der Madonna umschließt, folgende Worte ein: *Michaelangelus Buonarotus Florentinus faciebat*[457].

Dem Ansehen des Architekten kam zugute, daß die Christen Gott auch als Werkmeister des Kosmos ehrten – und ihn so darstellten: mit dem Zirkel des Architekten legt er die Maße des Universums fest[458] – übrigens barfüßig, wie nicht selten Arbeiter auf Illustrationen zum Baubetrieb zu sehen sind. Eine solche Darstellung Gottes dürfte auf Schriftworte zurückgehen wie »Du hast alles aufs beste geordnet – nach Maß, Zahl und Gewicht« (Weish 11, 21) sowie »Jedes Haus hat seinen Erbauer, Erbauer von allem aber ist Gott« (Hebr 3,4). Nur Gott konnte aus dem Nichts etwas erschaffen. Aber fiel nicht ein Abglanz des göttlichen Lichtes auf den Architekten? Durch ihn verwandelten sich rohe Steine, Baumstämme und unansehnliche Materialien, wie man sie zur Herstellung von Kalk, Glas und Metallen braucht, in etwas ganz Neues: ein Gebäude, das als Abbild des Himmels erschien.

Ausbildung

Wie wurde man Architekt? In der Regel durch eine fünfjährige Lehrzeit als Steinmetz; anschließend bildete der Geselle sich auf unterschiedlichen Baustellen weiter. Wer handwerkliches Geschick, künstlerische Begabung und Augenmaß mitbrachte und obendrein über Ausdauer verfügte, kurz: wer sich bewährte, konnte zum Parlier, dem Stellvertreter des Werkmeisters, aufsteigen oder zum Werkmeister berufen werden. Seit dem Hochmittelalter wurde die Ausbildung für viele Berufe in eigenen Ordnungen festgelegt[459]. Für Steinmetzen war eine zweijährige Tätigkeit als Meisterknecht vorgeschrieben; in dieser Zeit führte ein Meister seinen Schüler in die höheren Künste des Bauens ein. Dazu gehörten das Zeichnen von Rissen in bestimmtem Maßstab, von Einzelheiten für Gewölbe, Maßwerk, Portal, Treppe usw. sowie das Anreißen von Werksteinen. Begabte junge Leute haben sich wohl auch Elemente der *artes liberales* angeeignet. Sie konnten dann lesen und schreiben, verfügten über Grundkenntnisse des Lateinischen sowie der Arithmetik und vor allem der Geometrie. Wer berufsmäßig mit dieser zu tun hatte, stand mit einem Fuß im Kreise der ›Freien‹, die sich mit den ›freien Künsten‹ beschäftigten.

Geometrie und Goldener Schnitt

Beim Bau des Hauses, in dem Gott selber gegenwärtig sein würde, kam es selbstverständlich auf Genauigkeit an, mehr noch auf Harmonie, welche die von Gott gesetzten Maße spiegelte. Es ist daher nicht verwunderlich, daß Praktiker und Theoretiker mindestens bis zu Dürer nach dem ›rechten Maß‹ für Baukunst, Skulptur, Malerei und Musik strebten. Ein solches Maß war seit der Antike bekannt: der Goldene Schnitt. Eine Strecke ist dann nach dem Goldenen Schnitt geteilt, wenn sich der kleinere Abschnitt (a-x) zum größeren (x) verhält wie dieser zur Gesamtstrecke (a);

$(a\text{-}x) : x = x : a.$

Diese Aufgabe läßt sich arithmetisch und geometrisch lösen[460]. Nach dem Goldenen Schnitt sind – um Beispiele zu nennen – Figuren am Königsportal in Chartres, die Verkündigungsgruppe im Regensburger Dom sowie der Westturm des Freiburger Münsters proportioniert[461]. Erfahrung und Augenmaß hatten den Steinmetz die rechten Proportionen gelehrt, so daß er nicht ständig zu Dreieck und Zirkel greifen mußte.

Bekannt war der Satz des Pythagoras: In einem rechtwinkligen Dreieck ist die Summe der Quadrate über den Katheten gleich dem Quadrat über der Hypothenuse; infolgedessen ließ sich geometrisch der Wert für Wurzel aus 2 ermitteln (die Hypothenuse in einem rechtwinklig-gleichschenkligen Dreieck)[462].

Eine andere Aufgabe konnte sich auf Flächen beziehen. Nicht nur in Klöstern schloß sich seit karolingischer Zeit oft ein Kreuzgang der Kirche an: Um einen freien, nicht selten mit Bäumen bepflanzten Platz im Innern legt sich entlang den Seiten ein überdachter Gang, von dem aus man zum Speisesaal und zu anderen Gebäuden kommt. Bei der Planung waren die Form (Quadrat oder Rechteck?), die Proportionen und der Schmuck zu bedenken. Theoretisch konnte die Innenfläche zwischen 0 und 100 Prozent schwanken; im ersten Fall wäre die ganze Fläche überdacht, im zweiten gäbe es keinen überdachten Gang. Dem Architekten konnte eine Aufgabe folgender Art gestellt sein: In einem Kreuzgang mit quadratischer Grundfläche sei die überdachte Fläche genauso groß wie die freie Innenfläche. Die Aufgabe ließ sich ebenfalls mit Zirkel und Lineal lösen.

Ein Beispiel, in Anlehnung an das ›Bauhüttenbuch‹[463]: Die Höhe eines Turmes sei zu bestimmen in dem einfachen Fall, daß der Abstand vom Meßpunkt zum Fußpunkt des Turmes bekannt ist und der Turm senkrecht steht. Man erhält also ein rechtwinkliges Dreieck, in dem eine Kathete bekannt ist und ein weiterer Winkel gemessen werden kann. Dafür bringt man am Meßpunkt mit Hilfe eines Lots eine Latte in Augenhöhe in waagerechte Lage und visiert dann die Turmspitze an; den Winkel fixiert man mit einer zweiten, feststellbaren Latte, die sich um den Visierpunkt dreht. Mit diesen Angaben läßt sich das Dreieck im freien Feld konstruieren. Dazu wird die Streckenlänge vom Meßpunkt zum Fußpunkt des Turmes mit zwei Stäben markiert und ein Seil senkrecht zu dieser Strecke durch den gedachten Fußpunkt gespannt. Man legt nun den zuvor gemessenen Winkel am gedachten Meßpunkt an, der freie Schenkel schneidet in der Verlängerung die gespannte Schnur in der ›Turmspitze‹. Nimmt man die Höhe des Visierpunkts hinzu, so ergibt sich die ungefähre Höhe des Turmes.

Wie fanden Bauherr und Werkmeister zusammen? Mancher Steinmetz hatte einfache Bauaufgaben zur Zufriedenheit seines Auftraggebers gelöst. War dann die Stelle des Werkmeisters zu besetzen, lag eine Anfrage nahe: ›Ich habe das und das vor. Könntest du wohl…?‹ oder, gebieterisch: ›Du übernimmst die Bauleitung!‹ Der Rückgriff auf eine bewährte Kraft lag um so näher, als noch in der Neuzeit oft vor allem der rundum begabte und deshalb vielseitig einsetzbare Mann gefragt war; den Spezialisten gab es selbstverständlich auch, im Mittelalter wohl vor allem im Bereich der Gewinnung und Verarbeitung von Metallen.

Genoß ein Werkmeister das Vertrauen seiner Leute, verfügte er über eine starke Stellung gegenüber dem Bauherrn. Konnte der nicht mehr zahlen oder zeigte er sich gegenüber Anliegen der Arbeiter unzugänglich, mochte der Werkmeister damit drohen, allein oder zusammen mit seinen Leuten fortzugehen. Der Verlust war kaum zu verschmerzen, wenn keine Pläne vorlagen oder etwa vorhandene mitgenommen wurden. Einem Abt gefiel der Entwurf nicht, den ein von ihm beauftrager *famosus lapicida*, »berühmter Steinmetz« angefertigt hatte. Der antwortete kühl: *Si non placet vobis id quod bene concepi, malo ut alium opificem quam me acceptetis*[464], »Wenn euch nicht gefällt, was ich gut entworfen habe, ist es mir lieber, daß ihr einen anderen Werkmeister als mich in Dienst stellt«.

Wer unter den eigenen Leuten keinen Werkmeister fand, schaute sich in der weiteren Umgebung um; viele bewarben sich auch selber um dieses Amt. Nicht nur nach einem Brand sprach es sich unter Interessierten herum, daß der Neubau eine reizvolle Herausforderung bedeute. Die große Mobilität der Gesellschaft erleichterte es, länderübergreifend Fachleute anzuwerben. Es war nicht ungewöhnlich, daß eine Prinzessin in die Fremde zu ihrem künftigen Ehemann zog; ein Steinmetz wird nur ausnahmsweise zu ihrem Gefolge gehört haben. Doch sobald an der neuen Wirkungsstätte Bauten auszuführen waren, welche die einheimischen Kräfte überforderten, wird die Herrscherin überlegt haben, ob sie nicht Fachleute in ihrer Heimat gewinnen könnte. Das war nicht ungewöhnlich. Aus der Ferne herbeigerufen, verdingten Bergleute sich da, wo ihnen besseres Recht und höherer Lohn winkten. Zur Anlage und Reform von Klöstern holte man gern Mönche von weit her, die ihrerseits bei Bedarf Spezialisten nachzogen, etwa für den Wasserbau.

Mancher Werkmeister wurde später Bauherr. So lesen wir, daß Benno II.,

Bischof von Osnabrück (1068–1088), sich auf unterschiedlichen Feldern bewährt hatte: In der Verwaltung, in der Lehre, beim Bau von Wegen und Burgen; seine Belastbarkeit hatte er auf einer Wallfahrt nach Jerusalem und auf einem Feldzug gegen die Ungarn bewiesen. Daß er ungewöhnlichen Herausforderungen gewachsen war, zeigte er, als es galt, den Dom zu Speyer zu sichern. Der 1024 zur Herrschaft gekommene Konrad II. hatte diese Kirche zur Grablege seines Geschlechts auserkoren; er ließ ihn mit großem Aufwand vor weiterem Verfall bewahren und prächtig ausbauen. Benno leitete zeitweise hier die Arbeiten; er bewies Phantasie und Durchsetzungsvermögen angesichts der Gefahr, die der Rhein bedeutete. Da der Strom den Ostchor immer wieder zu unterspülen drohte, ließ Benno die östliche Seite durch große Steinbrocken befestigen[465].

Am liebsten griffen Bauherren auf bekannte, bewährte Persönlichkeiten zurück, wie ein Vorfall zeigen mag[466]. Im Jahre 1546 starb der Werkmeister, der den Neubau von St. Peter in Rom bis dahin geleitet hatte. In Verhandlungen zwischen der Baukommission und Papst Paul III. stellte man Überlegungen zur Nachfolge an. »Endlich beschloß seine Heiligkeit, wie ich glaube, auf göttliche Eingebung, nach Michelangelo zu schicken«. Der suchte sich der Bürde zu entziehen mit dem Argument, die Baukunst sei nicht sein eigentliches Fach. »Da Bitten nichts fruchteten, befahl ihm zuletzt der Papst geradezu, das Amt anzunehmen. So mußte er sehr wider seinen Wunsch und Willen auf dieses Unterfangen eingehen«. Am 1. Januar 1547 wurde der zweiundsiebzigjährige Michelangelo zum obersten Bauleiter von St. Peter ernannt.

Eine weitere Möglichkeit: Man schrieb einen Wettbewerb aus. Interessierte wurden aufgefordert, sich um die Lösung einer Aufgabe zu bewerben. Nach dem Brand der Kathedrale von Canterbury bediente man sich, wie wir noch sehen werden, dieses Verfahrens. Wie verbreitet es auch in Italien war, zeigt Giorgio Vasari (1511–1574). Selber Maler, Architekt und Kunstschriftsteller, hat Vasari von den berühmtesten Architekten, Malern und Bildhauern seit dem Spätmittelalter packende ›Lebensläufe‹ verfaßt. Bewerber um einen künstlerisch bedeutenden Auftrag, so lesen wir bei ihm, mußten nachweisen, daß sie der Aufgabe gewachsen waren: mit erfolgreich abgeschlossenen Arbeiten, durch Anfertigung eines Modells bzw. einer Probe bei mehrteiligen Bronze- oder großflächigen Malerarbeiten. Das Thema wurde bekanntgemacht, etwa eine bestimmte Szene aus dem Leben Johannes des Täufers auf einer Bronzetafel darzustellen. Hatte ein Bewerber den Auftraggeber oder die Jury überzeugt, schlossen die Parteien einen Vertrag ab[467].

Die Parler

Bei den Parlern[468] handelt es sich um den nicht seltenen Fall, daß eine Berufsbezeichnung (*parlier*, Polier) sich zum Familiennamen verfestigte. Als Steinmetzen und Werkmeister allein im 14. Jahrhundert über vier Generationen nachgewiesen oder wahrscheinlich gemacht, arbeiteten Angehörige der Familie Parler in Agram, Basel, Freiburg, Goldenkron, Köln, Prag, Schwäbisch Gmünd, Straßburg und Wien.

Ein Mitglied dieser ›Dynastie‹, Peter Parler, genannt von Gmünd, wurde 1330 oder 1333 geboren, wahrscheinlich in Schwäbisch Gmünd. Mit 23 Jahren wurde er zum Dombaumeister in Prag berufen. Aus zwei Ehen gingen fünf Söhne und zwei Töchter hervor; zwei der Söhne wurden Dombaumeister, einer Priester in Prag und ein weiterer Steinmetz; die eine Tochter heiratete einen Goldschmied, die andere einen Steinmetzen – Angehörige desselben und eines benachbarten Handwerks also, was nicht ungewöhnlich war. Gestorben ist Peter Parler im Jahre 1399.

Die überlieferten Angaben verdeutlichen die Prägekraft von Familien. Manche Verhaltensweise, die Peter den Weg geebnet hat, dürfte er sich seit Kindertagen in seinem Elternhaus angeeignet haben. Der gute Ruf des Vaters, erst recht eine lange Familientradition sowie Empfehlungen, Fleiß und Geschick beschleunigten den Aufstieg. Peter wird bei seinem Vater in Gmünd in die Lehre gegangen sein; mit 23 Jahren konnte er eine mehrjährige Fortbildung auf unterschiedlichen Baustellen abgeschlossen haben. Wahrscheinlich hat er am Oberrhein und in Köln, wo er seine künftige Frau in der Familie eines Steinmetzen kennenlernte, Anregungen gewonnen, die ihm später als Architekt zugute kamen. Die vorgeschriebene zweijährige Tätigkeit als Meisterknecht könnte Peter in Nürnberg verbracht und sich beim Bau der Frauenkirche auf dem Hauptmarkt »als Architekt und tonangebender Bildhauer«[469] bewährt haben. Von Nürnberg war man seinerzeit in acht bis zehn Tagen in Prag (250 km Luftlinie); seit langem bestanden lebhafte Beziehungen zwischen beiden Städten. In Fachkreisen und am Hofe muß man auf Peter Parler aufmerksam geworden sein, so daß man ihn trotz seiner Jugend nach Prag berief; wie ein Geschenk des Himmels könnte der junge Meister König Karl IV. erschienen sein, der Prag zu einer europäischen Metropole ausbauen wollte.

In Prag hat Peter Parler den Chor des Veitsdomes[470], den Chor der Allerheiligenkirche auf dem Hradschin sowie die Moldaubrücke fertiggestellt; dazu kam der Chor der Kirche in Kolin an der Elbe. Die gleichzeitige Leitung kirchlicher und weltlicher Bauten war üblich. Quellenmäßig belegt ist Peter Parler ferner als Bildhauer der Grabplatte Ottokars im Prager Dom; aufgrund stilistischer Eigenheiten werden ihm weitere Figuren in Prag und Nürnberg zugeschrieben.

Unter den Handwerkern zählten Steinmetzen und erst recht Werkmeister im Spätmittelalter zu den Spitzenverdienern; infolgedessen sind viele von ihnen zu Wohlstand gekommen. Peter Parler und seine Familie haben in Prag zahlreiche Häuser gekauft[471]. Vermögen bildete die Voraussetzung für die Aufnahme in die führende Schicht von Städten, und es erlaubte den sozialen Aufstieg der Kinder. Dieser erfolgte ja bis ins 20. Jahrhundert im allgemeinen über mehrere Generationen. Nikolaus – der älteste Sohn Peter Parlers, von seinen Eltern vielleicht schon früh für den geistlichen Stand bestimmt – könnte auf der noch jungen, 1348 gegründeten Prager Universität studiert haben.

Als Werkmeister trat Peter Parler in Prag die Nachfolge des Matthias von Arras an, der 1352 gestorben war. Die Herkunftsbezeichnung verweist auf europäische Verflechtungen. Es gab ja nicht nur die ›Internationalen‹ von Adel und Rittertum, Klerus und Mönchtum, Kaufleuten und Juden, sondern auch die der Steinmetzen. Allein am Mailänder Dom lassen sich in den 1390er Jahren drei Werkmeister ›aus dem Norden‹ nachweisen: Heinrich Parler 1391, Ulrich von Ensingen 1394–1395, und 1399 schließlich Jean Mignot[472].

Ein Werkvertrag für Johann von Gmünd

Ein Werkmeister wurde im allgemeinen zunächst für eine begrenzte Zeit angestellt, etwa auf fünf Jahre. Bewährte er sich, wurde der Vertrag verlängert, oft auf Lebenszeit. Der Arbeitsvertrag, den man mit Peter Parler in Prag sicher abgeschlossen hat, ist nicht erhalten. Deshalb sei als Beispiel der Vertrag vorgestellt, mit dem der Rat der Stadt Freiburg i. B. den jüngsten (?) Bruder des Peter Parler, Johann von Gmünd, als Werkmeister für das Münster verpflichtete[473]. Es könnte sein, daß Johann schon bei der Grundsteinlegung des Chores (1354) in Diensten der Stadt stand und seine fünfjährige Probezeit abgelaufen war; jedenfalls erhielt er nun die Anstellung auf Lebenszeit.

Eingangs nennt Johann sich Diener der Pfleger des Gotteshauses (indirekt also des Rates der Stadt) und Werkmeister des neuen Chores. Dann hält der Vertrag die Pflichten des Werkmeisters fest und bringt recht genaue Angaben zu seiner Entlohnung. Eidlich gelobt Johann Folgendes: Er will in Freiburg seßhaft bleiben; den Bau nicht ohne Zustimmung des Rates oder dessen Mehrheit aufgeben; auch für andere Bauten des Rates das Beste tun oder raten, *ane alle geverde*, ohne arglistige Hintergedanken. Seine Rechte: Gesund oder krank, soll die Stadt ihm jährlich an Martini (11. November, häufiger Termin für Abgaben) zehn Pfund Pfennige Freiburger Münze auszahlen; alle zwei Jahre soll sie ihm ein Gewand mit Pelz stellen, *als iren eren ze gebende und mir ze tragende zimlich ist*, frei übertragen: das der Stadt und dem Werkmeister zur Ehre gereicht. Dazu kommen jährlich vier Pfund Pfennige für ein Haus; für jeden Tag, den Johann auf der Baustelle tätig ist, erhält er zusätzlich den *gewonlichen taglon.* Zur Beglaubigung hat Johann sein eigenes Siegel *gehenket an disen brief*, mit einem Pergamentstreifen an dieser Urkunde befestigt; geschehen in Freiburg, vor dem Rat und in der Ratsstube, am Tag des hl. Erhart 1359.

Ein Vergleich mit anderen Verträgen zeigt, daß die Vereinbarung der gesellschaftlichen Stellung entsprach, die Werkmeister für sich hatten gewinnen können. Der Vertrag enthält eine Formel, die als sprichwörtliche Redensart noch heute geläufig ist; zu Tat und Rat (*auxilium atque consilium*) waren auch Bischöfe und Äbte, Herzöge und Grafen dem König gegenüber verpflichtet; gelegentlich zählt man Rat und Tat beim Bau von Kirchen sogar unter die Werke der Frömmigkeit und Barmherzigkeit[474].

Der Werkmeister darf den Bau nicht sich selbst überlassen und andere Bauten nur mit ausdrücklicher Zustimmung des Bauträgers annehmen; die Mehrheit des Rates mußte eine etwaige (Teil-)Freistellung genehmigen; die Stimme der Münsterpfleger, denen der Werkmeister ja ausdrücklich unterstellt war, wird besonders gezählt haben. Offensichtlich hat der Freiburger Rat seinem Werkmeister erlaubt, den Chor des durch ein Erdbeben geschädigten Münsters in Basel (60 km entfernt) wiederaufzubauen. Wenn Johann am Dienstag noch in Freiburg arbeitete, konnte er am Mittwoch die Basler Baustelle in Augenschein nehmen und hier bis Donnerstag wirken; ging alles gut, mochte er am Freitag sehen, wie weit seine Leute am Freiburger Münsterchor gekommen waren.

Die Form des Vertrages zwischen dem Bauherrn und dem Architekten war zweitrangig; in dem Maße, wie in den Städten weitere Kreise lesen und schreiben lernten, lag es nahe, die Vereinbarung schriftlich festzuhalten. Im Laufe des Spätmittelalters wurden immer mehr Einzelheiten geregelt: Größe, Kosten, Abschlagszahlung, Termine, vorherige Anfertigung eines Modells usf.[475]

Von Tätigkeiten Peter Parlers außerhalb des Prager Doms haben wir schon gehört. Ulrich von Ensingen leitete gleichzeitig Großbauten in Ulm, Eßlingen und Straßburg; die feste Anstellung in Ulm hinderte ihn nicht daran, 1394 am Mailänder Dom eine geradezu fürstlich vergütete Tätigkeit anzunehmen: 24 Gulden monatlich, zahlbar vom Tag seines Aufbruches in Ulm an bis zu dem seiner Abreise in Mailand[476].

Zielkonflikte und Interessenkollisionen waren kaum zu vermeiden, wenn ein Architekt mehrere, weit voneinander entfernte Bauvorhaben gleichzeitig betreute. Dann wuchs die Bedeutung des Werkmeisters. Doch war auch der nicht gegen Habsucht und Nachlässigkeit gefeit, zwei Laster, die häufig als ursächlich für Mängel im oder am Bau genannt werden[477]. Hans Niesenberger aus Graz leitete zeitweilig außer Freiburg vier weitere Baustellen. Im Jahre 1486 von der Baustelle des Mailänder Doms vertrieben, wurde ihm 1491 die Leitung des Freiburger Münsterbaus entzogen[478].

Der Werkvertrag hielt normalerweise auch die Bezüge fest; daß sie im Krankheitsfalle weitergezahlt werden sollten, blieb für die meisten Arbeitnehmer bis in die 1880er Jahre ein Traum. Es war üblich, den Lohn höhergestellter Personen aufzuteilen: Das Grundgehalt wurde auf jeden Fall bezahlt, oft vierteljährlich; dazu kam ein Wochen- oder Tagelohn, der fällig wurde, wenn der Meister auf der Baustelle arbeitete. Eine solche Zweiteilung war im kirchlichen Bereich bekannt, hatten doch auch Pfründner oft eine feste Einnahme; Präsenzgelder sollten dem Nutznießer aber nur in dem Maße ausbezahlt werden, wie er am gemeinsamen Gebet oder an der Beratung teilgenommen hatte.

Im Interesse der Eindeutigkeit wurde im Vertrag mit Johann von Gmünd der Lohn nach Währung (Freiburger Münze) und Höhe festgesetzt. Da die einzelnen (Silber)Pfennige unterschiedlich schwer waren, wog man sie, bis ihre Masse dem eines (Gewichts)Pfundes in der anderen Waagschale entsprach. Weit verbreitet war die Aufteilung in Geldlohn und Naturalien. Johann von Gmünd gegenüber verpflichtet der Rat sich zwar nicht zur regelmäßigen Lieferung von Getreide und Wein, doch da solche Bestimmungen in vielen Verträgen begegnen, sei ihr Vorteil erläutert: Wer eine feste Getreidemenge beanspruchen konnte, mochte gelassen bleiben, wenn der Preis des Brotes infolge von Mißernte oder Krieg plötzlich in die Höhe schoß. Wie wir gesehen haben, war Kleidung deshalb lange Zeit kostspielig, weil in die Herstellung viel Arbeitszeit einging. Noch in den Krisenzeiten des 20. Jahrhunderts wußten staatliche und kommunale Amtsträger eine Vergütung zu schätzen, die Geld, Naturalien und Brennmaterial umfaßte.

Die Freiburger Urkunde ist in schöner Schrift auf wertvolles Pergament geschrieben; zur Beglaubigung trägt sie das Siegel des neuen Werkmeisters, was allein schon von dessen Ansehen zeugt. Eine zusätzliche Unterschrift des Johann von Gmünd war nicht erforderlich. Oft wurden zwei inhaltsgleiche Urkunden ausgestellt, eine für jede Vertragspartei.

Verträge wie der soeben vorgestellte regelten das Verhältnis zwischen dem Bauherrn und dem Werkmeister; ergänzend gab es langfristig gültige Verfügungen. Eine solche Dienstordnung für den Werkmeister – ebenfalls aus Freiburg i. B. und wohl aus den 1480er Jahren[479] – sei vorgestellt, weil sie zehn praxisnahe Bestimmungen enthält. Gleich zu Beginn heißt es, der Werkmeister solle *kein andern bu* (Bau) *noch verding annemen*; man sieht sich an das erste der zehn Gebote erinnert: Du sollst keine fremden Götter neben mir haben. Weiter soll der Werkmeister die Aufsicht über die Gesellen führen; arbeitet einer nicht nach Wunsch, kann er ihn zum nächsten Samstag entlassen (oft gelten längere Kündigungsfristen). Im Winter wie im Sommer soll der Werkmeister auf die Einhaltung der Arbeitszeit achten. Nichts, was zum Bau gehört, darf er verkaufen oder selber nutzen ohne *der pfleger oder eins schaffners wissen und willen*. Mindestens zweimal jährlich soll er den ganzen Bau – auch Gewölbe und Dach – auf Schäden untersuchen. Er soll die von Bauern angekarrten Steine prüfen und dem Schaffner sagen, *was er darfur lonen sol*; sind verschiedene Personen für Prüfung und Vergütung der Ware zuständig, kommt es nicht so leicht zu Unterschleifen. Bei Unwetter und Feuer soll der Werkmeister zu Kirche und Turm *lugen*, genau hinschauen (was ein Hingehen voraussetzen dürfte). Der Werkmeister soll nicht mehr als einen Lehrjungen haben und nur mit Wissen und Willen des Rates einen *balierer*, Polier, einstellen. Schließlich soll er, was dem Bau gehört – Werkzeug, Kalk, Holz u. a. – *trulich behalten und verwaren lassen und sunst in allen dingen allweg des bus* (Baus) *nutz und frommen schaffen*. Sinngemäß findet sich die letzte Bestimmung im Diensteid auch anderer Amtsträger – bis auf den heutigen Tag.

Aufgaben des Architekten

Noch vor Baubeginn und während des Bauens sollte der Architekt sich Klarheit über seinen Auftrag verschaffen; immer wieder sollte er die Realisierbarkeit des Unternehmens angesichts der jeweiligen Gegebenheiten überprüfen: Lage, Finanzen, Fachkräfte, Gestalt usw. Im Gespräch mit dem Auftraggeber, mit Freunden und Fachkollegen wurden Argumente abgewogen und Erfahrungen ausgetauscht, vorzugsweise an Ort und Stelle. Da solche Gespräche sich spätestens seit dem 13. Jahrhundert nachweisen lassen und Praktiker unserer Tage ihren Wert nachdrücklich betonen[480], wird man davon ausgehen dürfen, daß Architekten auch zu anderen Zeiten mit denen gesprochen haben, deren Rat weiterhelfen konnte.

Vom Planungsstadium an hatte der Architekt vieles im Blick zu behalten, selbst wenn manche Gewerke erst nach langen Jahren fällig wurden. Vielleicht waren zu allererst Steinbrüche zu erschließen, um Kalk- und Bausteine zu gewinnen. Dann waren – wenigstens behelfsmäßig – Wege und Brücken zu bauen, um das Material heranzuschaffen, ferner Hütten als Werkstätten und als Unterkunft für die Arbeiter. Bald war ein Fachmann für die nötigen Vermessungen gefragt. Ging es ans Ausschachten, mußten Arbeiter bereitstehen, vielleicht auch schon Zimmerleute, um die Baugrube gegen nachgebendes Geschiebe abzusichern. Noch während der Erdarbeiten, wenn nicht schon früher, sollten Steine gebrochen werden, zunächst für die Fundamente, bald schon für Wände und Pfeiler. Erst in einem späten Bauabschnitt waren Glasschmelzer und -maler gefragt, wie auch Klempner für die erforderlichen Arbeiten mit Blech und Eisen.

Stein oder Holz?

Lange vor Baubeginn war die Frage zu klären, ob in Holz oder Stein gebaut werden sollte. In den Mittelmeerländern dürfte man repräsentative Bauwerke auch im Frühmittelalter vorwiegend in Stein aufgeführt haben. Nördlich der Alpen baute man dagegen in den ersten Jahrhunderten nach der Christianisierung auch bedeutende Kirchen vorzugsweise aus Holz, oder aus Holz und Flechtwerk, das mit Lehm verkleidet wurde. Die Gründe liegen auf der Hand: Der Bau war bald fertig, zumal wenig Werkzeug gebraucht wurde, einheimische Kräfte die nötigen Arbeiten ausführen konnten und der Aufwand überschaubar blieb. Wer dagegen in Stein bauen lassen wollte, mußte sich die entsprechenden Fachleute aus Italien oder Frankreich kommen lassen. In seiner Kirchengeschichte des englischen Volkes bekundet Beda Venerabilis († 735) großes Interesse an Fragen des Bauens; wie er schreibt, traten in England mancherorts schon in der ersten Hälfte des 7. Jahrhunderts Steinkirchen, die den Zeitgenossen prächtig erschienen, an die Stelle bescheidener Oratorien. Eine solche Kirche wurde, da sie den Landesbewohnern so ungewöhnlich schien, *Candida Casa* genannt, weißes Haus. Jahrzehnte später, um 710, bat ein König der Pikten im Norden Britanniens, man möge ihm »Architekten« schicken, die »nach römischer Sitte« für sein Volk Kirchen in Stein bauen könnten[481].

In den Teilen des Frankenreiches, die zum Römischen Reich gehört hatten, errichtete man repräsentative Bauten gern in Stein. Östlich des Rheins und nördlich der Donau erregten steinerne Kirchen noch im 10./11. Jahrhundert Aufmerksamkeit. So soll in Bremen Erzbischof Willerich (804–838) »das Haus des hl. Petrus aus einem hölzernen zu einem steinernen gemacht« haben[482]. Thietmar äußert sich in seiner ›Chronik‹ zu mehreren Großkirchen in Sachsen. So schreibt er, Bischof Amelung (933–962) habe den Dom in Verden wegen des Mangels an Steinen in Holz errichten lassen; er sei größer und schöner als andere solche Bauten gewesen – ein Hinweis darauf, daß beim Kirchenbau Holz und Ansehnlichkeit sich nicht ausschlossen. An anderer Stelle erwähnt er beiläufig, man finde »in diesem Lande«, d. h. in Sachsen, nur wenige in Stein aufgeführte Kirchen[483]. Das änderte sich seit dem 11./12. Jahrhundert: Nun verfügte man über die materiellen Mittel und die Fachleute, die man für die Bearbeitung von Steinen und das Brennen von Ziegeln brauchte; auch konnte man sich aufwendiges eisernes Werkzeug leisten.

In Gesprächen und bei aufmerksamer Prüfung anderer Bauten verschaffte der Architekt sich Klarheit über seine eigenen Vorstellungen, etwa die Gestaltung des Raumes, die Wirkung des Lichtes, die Ausschmückung mit Skulpturen. Sofern er sich nicht gerade durch die Kenntnis bestimmter Kirchen empfohlen hatte, schickte der Bauherr ihn möglicherweise auf eine Reise mit genauen Aufträgen: ›Schau dir die Kirchen an den und den Orten an. Den Neubau stelle ich mir vor wie die Kirche in X-burg; aber die Fassade bitte nicht so streng symmetrisch, obwohl viele das schön finden; zum Hauptportal laß dir beim Studium der Kirche in Y-stadt eine originelle Lösung einfallen; in Z-heim achte besonders auf die Stützen; der Wechsel a-b-b-a (Pfeiler-Säule-Säule-Pfeiler) gefällt mir seines Rhythmus wegen, a-b-a-b kommt mir dagegen langweilig vor. Und dank der Blendarkaden erscheinen mir die Wände in Y-stadt geradezu anmutig verglichen mit den massigen Flächen, wie wir sie hierzulande sehen. Vergiß nicht, unterwegs mit Kennern zu sprechen, und suche geeignete Handwerker für unser Vorhaben zu gewinnen …‹

Wenige Bauherren dürften so detaillierte Anweisungen gegeben haben, wenn sie sich überhaupt für Einzelfragen der Gestaltung interessierten. Der

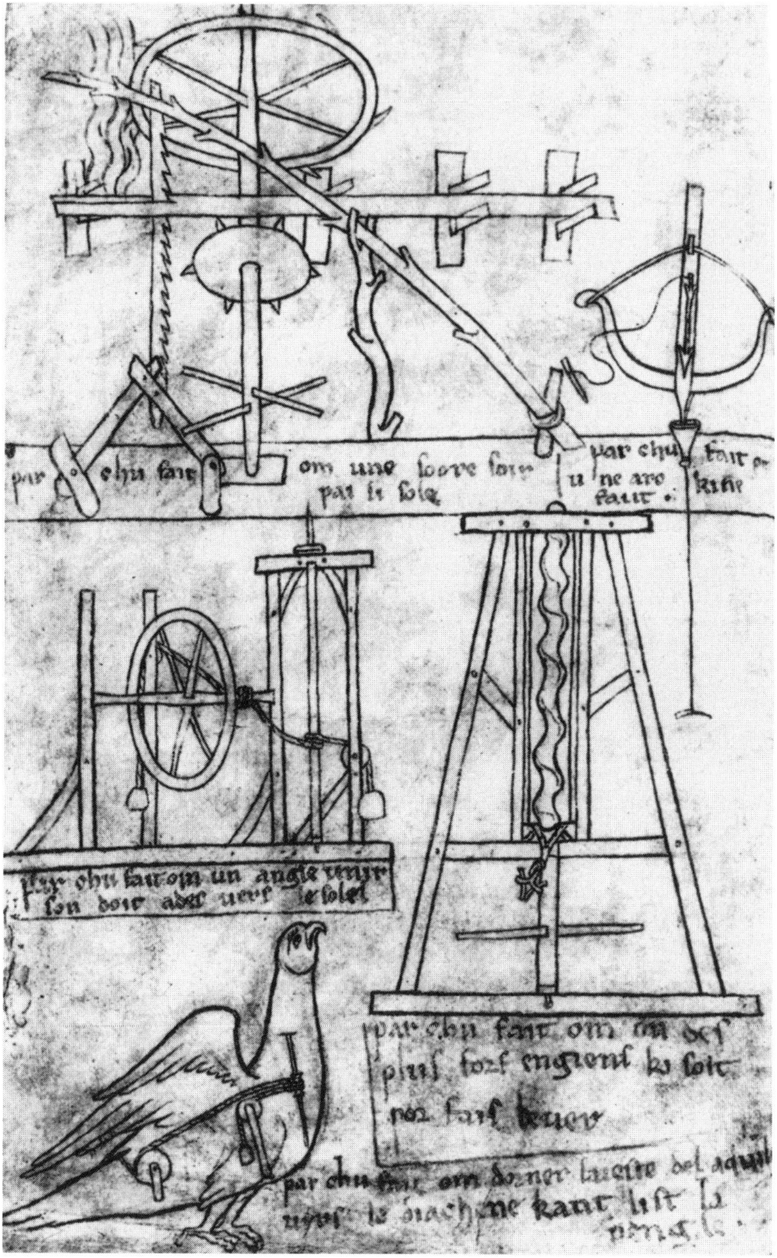

Aus dem »Bauhüttenbuch« des Villard de Honnecourt: Maschinen für den Baubetrieb. Links oben mechanische Säge; vgl. S. 285 (um 1230).

Architekt, der den Plan entwarf, sollte auf die latenten Wünsche dessen achten, für den er baute, ohne ihm die Last ständigen Entscheidens zuzumuten. Ein guter Architekt ist seinen Zeitgenossen insofern überlegen, als er deren geheime Wünsche besser kennt als sie selbst; er geht dem Bauherren voraus und hat es nicht nötig, hinter ihm herzulaufen. Andererseits interessierten sich die meisten Päpste des 16. Jahrhunderts leidenschaftlich für Fragen der Architektur, Malerei und Skulptur; sie brachen manchen Streit vom Zaun mit Künstlern, die in ihren Diensten standen, die aber weder Einsicht in ihre Pläne geben noch ihr Werk besichtigen lassen wollten, bevor es abgeschlossen war.

Bauherren, Architekten und Steinmetzen gewannen wertvolle Anregungen, wenn sie mit offenen Augen durch das Land zogen. Orte, die ehedem zum Römischen Reich gehört hatten, boten unerschöpfliches – wenn auch bis in unsere Tage schwindendes – Anschauungsmaterial zu Steinbearbeitung, Raumaufteilung, Gliederung großer Flächen, Dekoration an Eingängen und Fenstern usw. Vieles spricht dafür, daß Werkmeister sich bei der Gestaltung der Fassade mit drei oder fünf Portalen auch von römischen Triumphbögen haben anregen lassen, etwa dem, der um 315 zu Ehren Konstantins in Rom errichtet wurde[484].

Musterbuch eines Weitgereisten

Unterwegs dürfte mancher Architekt sich Notizen gemacht haben, wie Villard de Honnecourt. Villard ist in Europa weit herumgekommen; unterwegs hat er Kirchen und Dombaustellen in Augenschein genommen. Sein ›Bauhüttenbuch‹ ist auch deshalb berühmt geworden, weil es für seine Zeit (etwa 1230) einmalig ist; ähnliche Studien sind erst wieder aus der Neuzeit überliefert. Villard zeichnet sich durch große Vielseitigkeit aus; in Bild und Wort – beide aufeinander bezogen – stellt er Grundrisse, Bauteile, Schmuckelemente, Skulpturen vor, *ensi com eles sunt*, »so wie sie sind«, und sogar eine mechanische Säge, die noch in anderem Zusammenhang gewürdigt werden soll[485]. Ungeklärt ist bis heute, wo Villard gelernt hat, ob er antike Autoren kannte und insbesondere die ›Zehn Bücher von der Baukunst‹ (1. Jh. v. Chr.) des römischen Praktikers und Theoretikers Vitruv. Weiter fragt man sich, zu welchem Zweck Villard das Heft angelegt hat, ob er selber Werkmeister oder ›nur‹ Liebhaber war, der sich von den Kathedralen hat faszinieren lassen, die zu seiner Zeit im Bau oder schon fertig waren.

Skizze, Modell und Riß

Während der Architekt in der Ferne Anregungen sammelte, ließ der Bauherr sich vielleicht einmal mehr grundsätzliche Fragen durch den Kopf gehen: War der Neubau wirklich nötig? Gab es nicht dringendere Aufgaben? Blieb ausreichend Geld für die Unterstützung von Armen? Damit kein geschöntes Bild entsteht: Auch Bischöfe und Päpste haben oft lieber Residenzen errichtet (man denke an den Papstpalast in Avignon) und Kriege geführt als Kirchen gebaut. An der zentralen Frage kamen sie nicht vorbei: War die Finanzierung gesichert?

Zu seinem Auftraggeber heimgekehrt, wird der Architekt einen Gesamtentwurf vorgelegt haben. Von wann an gehörten dazu Grund- und Aufriß des geplanten Baues? Seit Mitte des 13. Jahrhunderts haben sich Risse erhalten. Aber seit wann verstand man sie als konkrete Baupläne? Pergament (sorgfältig bearbeitete Haut von Rind, Schaf oder Ziege) war teuer – erst recht in den Dimensionen, die für einen Fassadenriß gebraucht wurden: Der in Bern liegende Plan des Straßburger Münsterturms mißt immerhin 457 x 81 Zentimeter[486]; seit dem 15. Jahrhundert zeichnete man auch auf preisgünstigem Papier. Aus dem Mittelalter sind etwa 2.200 Auf- und Grundrisse erhalten, weit mehr als man gemeinhin annimmt[487]. Den Kölner Dom konnte man, da ein mehr als 4 Meter hoher Plan zur Westfassade aus der Zeit um 1300 überliefert war, im 19. Jahrhundert so fertigstellen, wie man ihn einst geplant hatte[488].

Bilder des Stifters mit dem Modell ›seiner‹ Kirche in der Hand sieht man in Ravenna, Rom, aber auch in Mals/Südtirol; nördlich der Alpen sind sie offensichtlich weder für den romanischen noch für den gotischen Baubetrieb nachgewiesen[489]. Trotzdem möchte man meinen, daß der Abt, der Bischof oder das Domkapitel sich anhand eines Modells die Vorstellungen des Architekten hat veranschaulichen lassen. An geeignetem Material fehlte es nicht: (Linden-)Holz läßt sich leicht schnitzen; Wachs, Lehm und Ton sind noch leichter zu modellieren[490]. Grundriß und Aufrisse könnte der Architekt zunächst auf ein Wachstäfelchen geritzt haben; leicht ließ sich hier eine Linie, dort ein Bogen verändern. In weit größerem Maßstab konnte man die Umrisse mit einem Stab in den Sand eines Platzes, mit Kreide an eine Wand oder mit einer Tonscherbe auf einen Backsteinfußboden zeichnen[491]. Damit waren gewichtige Vorteile verbunden: Mehrere Personen hatten Gelegenheit, gleichzeitig den Entwurf zu begutachten; Modifizierungen ließen sich durchspielen – gegebenenfalls nachdem man ein paar Nächte darüber geschlafen hatte. Einzelheiten mochte der Architekt auch dann noch mit feinem Stift auf seinem Wachstäfelchen erläutern. So könnte es manchmal zugegangen sein. War der Auftraggeber viel unterwegs, blieb ihm nichts anderes übrig, als einem Mann seines Vertrauens in groben Zügen das Vorhaben zu unterbreiten, ihm dann weitgehend freie Hand zu lassen oder einen kompetenten Ansprechpartner zu benennen.

Bei einem gänzlichen Neubau kam es mehr noch als bei einer Erweiterung darauf an, von Anfang an Handwerker und Hilfskräfte zweckmäßig einzusetzen, das heißt, die Arbeiten zu koordinieren – selbst wenn die schriftlichen Quellen auch hiervon eher selten sprechen. Das fing beim Ausschachten an: Es lag nahe, Holz zum Ausschalen der Fundamentgruben so zuzuschneiden, daß sich Balken und Bretter mehrfach verwenden ließen. Antike Bauwerke mochten dazu anregen, lagenweise Steine gleicher Dicke zu vermauern; viele Bauten zeigen indessen, daß man diese simpel scheinende Maßnahme nicht ergriffen hat. Waren die Löhne so niedrig, daß keine nennenswerten Einsparungen lockten? Oder sperrten Steinbrecher und Maurer sich? Schließlich läuft jede Rationalisierung auf die Freisetzung von Arbeitskräften hinaus.

Der reibungslose Baufortschritt hing davon ab, daß Auftraggeber und Architekt gut miteinander zurechtkamen. Wenige Wochen vor seinem Tod stellte Paul III. einen eigenen päpstlichen Erlaß für den Neubau von St. Peter in Rom aus, in dem er Michelangelo, der schon seit achtzehn Monaten oberster Bauleiter war, außerordentliche Vollmachten einräumte. Nach eigenem Gutdünken sollte der Architekt schaffen und einreißen, hinzufügen, fortnehmen und verändern dürfen, was er wollte – ähnlich wie ein Stararchitekt von heute, der ein Ensemble gestaltet, ohne jede Einzelheit im Blick haben zu müssen. Der Unterschied zwischen Michelangelo und heutigen Meistern der Baukunst ist dennoch unübersehbar: »Angesichts dieser Zusicherung und des großen Vertrauens, das der Papst in ihn setzte, wollte auch Michelangelo seine gute Gesinnung zeigen und verlangte, daß in dem *motu proprio* erklärt werde, er diene dem Bau um Gottes willen, ohne allen Lohn«[492].

Michelangelo: Genie zwischen Gönnern und Neidern

Der Verzicht auf ein Honorar und der Ruhm, dessen Michelangelo sich europaweit erfreute, stärkten seine Stellung gegenüber allen Beteiligten. Immerhin war er ein gebranntes Kind. Jahrzehnte früher hatte er die Erfahrung machen müssen, daß mancher Prälat nach der Maxime handelt: Geistliche Weihen entbinden von der Pflicht zu Anstand und Redlichkeit. Im Streit mit Papst Julius II. hatte Michelangelo im Jahre 1506 Rom verlassen und zeitweise mit dem Gedanken gespielt, nach Konstantinopel zu gehen; er hätte in den Dienst des Großsultans treten können, der ihn für den Bau einer Brücke zwischen Konstantinopel und Pera zu gewinnen suchte. Die Eroberung der Hauptstadt des Byzantinischen Reiches durch die Türken lag erst fünfzig Jahre zurück; allein das Angebot konnte Michelangelo in den Dunstkreis der Apostasie rücken, der Verleugnung des Glaubens. Die Begebenheit wirft ein Schlaglicht auf die Grenzen der Animositäten zwischen Christen und Muslimen. Noch immer plante man Kreuzzüge, um das Heilige Land und Konstantinopel von den ›Ungläubigen‹ zu befreien; das hinderte den Großsultan nicht, die Zusammenarbeit mit dem größten Künstler der Zeit zu suchen.

Ungestört blieb die Arbeit Michelangelos auch nicht, als er sich auf die päpstliche Generalvollmacht stützen konnte. Im Jahre 1550 suchte einer der römischen Klane ihn als Werkmeister kaltzustellen; der Vorwurf lautete, der Petersdom werde zuwenig Licht erhalten. In Gegenwart des Papstes soll es zwischen Michelangelo und dem Drahtzieher der Intrige, einem Kardinal, zu folgendem Wortwechsel gekommen sein: »So wisset denn, Monsignore, daß über diesen Fenstern in der Wölbung, die aus Travertin gebaut werden muß, noch drei weitere Fenster gebaut werden.« – »Das habt ihr uns aber nie gesagt«, meinte der Kardinal, und Michelangelo entgegnete: »Weil ich nicht verpflichtet bin und noch weniger verpflichtet sein will, Eurer Herrlichkeit oder irgend jemand anderem vorher mitzuteilen, was ich zu tun gedenke. Eures Amtes ist es, Geld herbeizuschaffen und es vor Dieben zu sichern, doch die Sorge für den Bauplan müßt Ihr mir überlassen«. Zum Papst gewendet, habe er hinzugefügt: »Heiliger Vater, Ihr seht, welchen Gewinn ich davontrage. Wenn die Mühen, die ich auf mich nehme, nicht meiner Seele zugute kommen, verliere ich nur meine Zeit und meine Kraft«. Der Papst, Michelangelo ohnehin zugetan, habe ihn noch mehr geschätzt, weil er sich der Anfeindungen so überlegen erwehrt habe; er habe ihm die Hände auf die Schultern gelegt und gesagt: »Sie sollen Eurer Seele wie Eurem Leib zugute kommen, zweifelt nicht daran«. Der Papst habe dann häufig das Gespräch mit Michelangelo gesucht, »deren Ergebnis die heutige Schönheit des Bauwerks ist. Auch tat oder beschloß der Papst in dieser Hinsicht nichts, ohne vorher den Rat und die Meinung Michelangelos einzuholen«.

Vasaris Schilderung verdeutlicht mehrere Sachverhalte: Auch eine Generalvollmacht schützte nicht vor Mißgunst, die – das sei betont – sich mit echter Sorge um das Werk paaren konnte. Denn sogar zu Großbauten gab es noch im 16. Jahrhundert keine genauen Pläne, an die sich ein Nachfolger hätte halten können – und das, obwohl man detaillierte Fassadenrisse seit ein, zwei Jahrhunderten kannte. Da der Architekt damit rechnen mußte, daß Unbefugte sich Zugang zu seinen Unterlagen verschafften, trug er die Vorstellung vom Gesamtbau und dessen Teilen in seinem Kopf. Sollte das unmöglich sein? Arbeitet nicht mancher Romanautor ähnlich, wenn er eine Vielzahl von Charakteren, Orten und Zusammenhängen entwickelt und rechtzeitig einführt? Der Könner unter den Architekten fand eine originelle Lösung auch für Probleme, die er nicht hatte vorhersehen können.

Michelangelo mußte später von Freunden geradezu gedrängt werden, wenigstens ein kleines Tonmodell der Kuppel des Petersdomes anzufertigen, wie er sie plante; nach diesem Muster und den von ihm gezeichneten Grund- und Aufrissen ließ er dann ein – wohl noch erhaltenes – maßstabgerechtes Holzmodell arbeiten, dem man auch Einzelheiten zu Säulen, Sockeln, Kapitellen, Fenstern, Gesimsen usw. mit der größten Genauigkeit habe entnehmen können.

Der Werkmeister mußte dafür sorgen, daß seine Leute genaue Aufträge erhielten; bei komplizierteren Stücken gehörten dazu Risse im Maßstab 1 : 1, damit die Steinmetzen Länge und Krümmung von Werkteilen kannten, die sie anfertigen sollten. Der Meister stellte aus Blech oder Holz Schablonen her, mit denen andere den Werkstücken das gewünschte Profil geben bzw. ein Profil kontrollieren konnten; bei besonderen Schwierigkeiten arbeitete er Muster, nach denen weitere Stücke zu gestalten waren.

Dynamisches Bauen

Ein dynamisches Element kam dadurch in den Kirchenbau, daß schon Jahrhunderte vor Michelangelo Bauherren und Architekten ihr Werk besser, eleganter, moderner gestalten wollten als der Konkurrent, daß Abt oder Bischof eine Kirche wünschten, die schöner sein sollte als die des vielleicht wenig geliebten ›Bruders in Christo‹, prächtiger als die des königlichen Schwagers oder der benachbarten Stadt. Rechtfertigen ließ sich das Besondere, wenn nicht Extravagante allemal: In tiefer Demut wollte man ja nur Gott die Ehre erweisen, *soli Deo gloria*. Beim Neubau von St. Peter in Rom ging Bramante (1444–1514; erster Werkmeister und einer der Vorgänger Michelangelos) mit dem Vorsatz an die Arbeit, daß dieses neue Werk »an Schönheit, Kunstfertigkeit, Einfallsreichtum und Ausgewogenheit sowie an Großartigkeit und Pracht der Ausschmückung sämtliche Gebäude übertreffen sollte, welche die Macht des römischen Staates und das Genie so vieler ausgezeichneter Künstler bis dahin hatten entstehen lassen«. Als Michelangelo später den Bau übernommen hatte, meinte er, so planen und arbeiten zu müssen, daß »in der ganzen Christenheit, ja in der ganzen Welt kein anderes Gebäude es an Großartigkeit und reicherer Ausstattung« übertreffe[493].

Möglicherweise kamen Anregungen auch von Angehörigen metallverarbeitender Berufe. Goldschmiede fertigten nicht nur liturgisches Gerät, sondern auch Siegel an, die sie mit Formen schmückten, die kühner Architektur glichen. Monstranzen, Reliquiare, Weihrauchfässer sehen nicht selten aus wie Gebäude, und Gebäude wie die Sainte-Chapelle in Paris und die ›Chorhalle‹ in Aachen lassen sich als Reliquiare, gläserne Schreine für die hier ruhenden Reliquien verstehen. Das Dreiturmreliquiar aus dem Aachener Domschatz spiegelt die Architektur gotischer Kirchen bis in Einzelheiten[494]. Könnten solche Arbeiten nicht auch Architekten herausgefordert haben? Metall hat andere Eigenschaften als Stein; man kann es ziselieren, kann ohne Einbuße an Stabilität feinstgliedrige Säulen herstellen, Strebebögen vielfach durchbrechen, so daß sich Lichteffekte auf unterschiedlich geneigten Flächen ergeben.

Da Künstler sich erst in der Neuzeit schriftlich zu den Maximen ihres Tuns und Lassens geäußert haben, bleiben die Überlegungen zu frühen Zeiten spekulativ. Es sei erlaubt, einiges auszumalen. Mancher Architekt mag einem Goldschmied während der Arbeit über die Schulter geschaut und das fertige Werk mit einer Mischung aus Bewunderung und Neid gemustert haben: ›Kein Wunder, wenn man Metall zu bearbeiten hat!‹ Ist es auszuschließen, daß ein begabter Werkmeister sich herausgefordert sah? ›Ein so feingliedriges Rosenfenster, ein so zartes Maßwerk gilt unter Steinmetzen als unmöglich. Ist es wirklich unmöglich? Sollte ich es nicht einmal versuchen? Den zerbrechlich feinen Steinrippen könnte ich eine von außen nicht sichtbare Tiefe geben, anderes mit Metallstreben verklammern …‹ Vieles spricht dafür, daß Steinmetzen solche Erwägungen angestellt haben, zumal viele von ihnen auch Metall zu bearbeiten wußten.

Sicherheit für Jahrhunderte

Der Architekt war für die Statik des von ihm geplanten Gebäudes so lange verantwortlich, wie es keine eigens ausgebildeten Statiker gab, d. h. bis ins 20. Jahrhundert. Der Architekt mußte sich also überlegen, wie das geplante Werk und seine Teile, nicht zuletzt der Turm, für eine normale, Jahrhunderte währende Belastung aufgeführt werden müßten, was zusätzlich zu tun sei in einem Gebiet, in dem Erdbeben drohten. Nicht anders als heute, war meist eine Maximum-Minimum-Aufgabe zu lösen. Mit möglichst wenig Arbeits- und Materialaufwand sollte ein möglichst großes und dauerhaftes oder gar imposantes Gebäude errichtet werden.

Im Interesse der Standsicherheit wurden die Fundamente oft ein Drittel breiter ausgeführt als das aufgehende Mauerwerk. Mit zunehmender Höhe konnte man die Wandstärke zurücknehmen. Um die Masse von Kuppel oder Gewölbe zu verringern, bediente man sich einer Leichtbauweise. Man verwendete Stein von geringerer Dichte, etwa Tuff; auch mauerte man Hohlkörper ein, Tonkrüge oder Tonröhren[495].

Beim Bau der Türme ließ man oft auf ein wuchtiges Sockelgeschoß schmaler werdende Stockwerke folgen, so daß die geometrische Form sich einem Pyramidenstumpf annähert. Dieser blieb kahl, wie in Paris, oder wurde mit einem Helm geziert, wie in Freiburg. Der Statiker des dortigen Münsters kam 1965 zu dem Ergebnis, daß Formgebung und Querschnittsbemessung den statischen Erfordernissen »in so vollkommener Weise« entsprechen, »daß wir nur mit größter Hochachtung von den genialen Baumeistern des Münsterturms sprechen können. Die glückliche Verbindung von edler künstlerischer Durchbildung und guter handwerklicher Ausführung mit einer statisch richtigen Konstruktion ist wohl der Grund dafür, daß der Turm des Freiburger Münsters als der schönste Turm der Christenheit bezeichnet wird«[496]. Der heutige Münsterbaumeister ergänzt: Was uns nach 700 Jahren noch in Staunen versetze, habe der menschliche Geist 150 Jahre vor der Entdeckung Amerikas »im Zusammenwirken von künstlerischem Ausdrucksstreben und kühner Ingenieurleistung« geschaffen. Im Zeitalter computergestützter Technik könne man sich kaum vorstellen, »daß eine derartige Bauleistung nicht auf statischen Berechnungen beruht, sondern allein das Ergebnis einer jahrhundertelangen Erfahrung der Baumeister jener Zeit war«. Was vom Architekten des Freiburger Münsterturms gesagt wird, gilt ähnlich für andere Werke der bildenden Künste, die entstanden sind, bevor moderne Wissenschaftler ›Gesetze‹ der Natur entdeckt hatten und immer komplexere Berechnungen ausführen konnten.

Es ist nicht selbstverständlich, daß der Westturm des Freiburger Münsters bis heute steht. Getrotzt hat er Erdbeben und den Druckwellen von Bomben, die im November 1944 ringsum eingeschlagen sind. Gelegentlich einer Führung fragte sich der Münsterbaumeister, ob die aufsichtführende Behörde heute den Bau eines so vielfach durchbrochenen Helms wohl gestatten würde; schließlich besuchen jährlich Abertausende das Münster, mehr als 185.000 den Turm, und werktäglich herrscht zu dessen Füßen an den Marktständen großes Gedränge. Nicht auszudenken, was bei einem Erdbeben geschehen könnte! Ein Vergleich: Die Berliner Kongreßhalle schien mit ihrer Spannbetonkonstruktion für eine Ewigkeit gebaut zu sein; sie hat gerade 23 Jahre lang gehalten; im Jahre 1980 brach das vorkragende Dach ab, ganz ohne Naturgewalt oder menschliches Zutun.

Düseneffekt und Windlast

Der Architekt sollte auch an Düseneffekt und Windlast denken. Diese Bezeichnungen sind modern; indessen müssen strömungsbedingte, mit Druck und Sog gegebene Belastungen schon vor Jahrhunderten einkalkuliert worden sein, haben die Bauten ihnen doch standgehalten. Der Düseneffekt läßt sich auf Bahnhöfen und in Gassen beobachten: Die Luft strömt schneller, wenn sie eine Engstelle passieren muß. Bauten mit feinem Filigran von Stäben, Streben und Türmchen bilden ebenso viele Engstellen, in denen die Windgeschwindigkeit wegen der Einengung des Strömungsquerschnittes und der Kanalisierung der Strömung zunimmt. Die Gewalt, mit der ein Orkan auf Fassade und Fenster drückt, stellte Herausforderungen dar: für den Architekten, der sich überlegen mußte, wie er die Windlast in die Fundamente ableitete; für den Schmied, der angemessene Windeisen herzustellen hatte; für den Glaser, der ausreichend dicke Scheiben verwenden, sie wasserdicht und windsicher verbleien sollte.

Ist die Kirche orientiert, wirkt der ganze Bau bei Westwind als Widerlager; damit war vielen Kirchen ein gewisser Schutz gegeben, erst recht, wenn die Stirnseite zu einem wuchtigen Westwerk ausgebaut war. Doch können Stürme auch aus anderen Richtungen dem Gebäude zusetzen. In Utrecht hat 1674 ein Orkan das Kirchenschiff einstürzen lassen; Querschiff und Chor sowie Turm hielten stand; an Stelle des Kirchenschiffs ist heute ein freier Platz. Der Orkan ›Lothar‹ raste am 26. 12. 1999 mit 148 Stundenkilometern durch Paris; an der Sainte-Chapelle hat er erhebliche Schäden angerichtet[497].

Statische Probleme stellen sich weniger bei der flachgedeckten Basilika; hier drücken die Balken, die den Dachstuhl über dem Mittelschiff tragen, senkrecht auf dessen Wände. Bei Seitenwind sorgen die niedrigeren Seitenschiffe für eine gewisse Versteifung. Probleme tauchen auf, sobald Gewölbe eine solche Kirche nach oben abschließen. Sollen Gewölbe, Kuppeln und Turmhelme die Bauteile, auf denen sie ruhen, nicht auseinanderdrücken, muß der Architekt die entsprechenden Kräfte neutralisieren. Dazu boten sich mehrere Vorgehensweisen an.

Neutralisierung von Schubkräften

Man verstärkte die Seitenwände; doch wirkte der Bau dann klobig, und die Ausführung kam teuer wegen des erhöhten Material- und Arbeitsbedarfs. Es gab kostengünstigere Wege: An besonders belasteten Stellen, dem Übergang von der Wand zum Gewölbe, baute man Zuganker ein, welche die Schubkräfte auffangen. Derartige Anker aus Holz oder Eisen (in diesem Fall genügt ein recht geringer Querschnitt) sieht man etwa in der Chorhalle zu Aachen, im Münster St. Maria und Markus in Mittelzell auf der Reichenau, in St. Nikolai/Stralsund, in Saint-Philibert/Tournus, auf dem Mont-Saint-Michel sowie in San Zeno/Verona, hier über dem Westportal mit den eindrucksvollen Bronzetüren[498]. Sollen solche Hilfen ihrer Aufgabe gerecht werden, müssen sie in den Wänden ausreichend verankert sein. Ihre Funktion wird verschleiert, wenn man sie auch als Träger eines Triumphkreuzes verwendet. Der sichtbare größere Teil läßt sich leicht auf Funktionstüchtigkeit überprüfen; dagegen können die im Mauerwerk verborgenen Enden unbemerkt faulen oder rosten, zumal bei feuchter Wand.

Kostengünstig ist folgende Lösung, und sie wirkt ausgesprochen elegant: Der Seitenschub wird durch die Verwendung des Spitzbogens vermindert; die restlichen (hohen) Schubkräfte werden über Strebebögen und Strebepfeiler, die durch Fialen, türmchenartige Aufsätze, zusätzlich belastet werden können, nach außen in je eigene Fundamente abgeleitet. Die Bögen setzen am Fuß des Gewölbes an, wo die potentiell zerstörenden Kräfte am stärksten sind. Oft hat man noch rechtzeitig Risse im Mauerwerk richtig gedeutet, und erst nachträglich hat man dann Strebebögen dem Bau angefügt (so in Vézelay). Das Ableiten horizontal oder schräg nach unten wirkender Kräfte von Wind, Gewölbe, Kuppel ... gelingt, wenn die Stützen, welche diese Kräfte aufnehmen sollen, von der Außenwand ausreichend weit entfernt und genügend belastet sind. Ein Gedankenexperiment mag mechanische Gegebenheiten verdeutlichen. Denkt man sich mehrere Bauklötze aufeinandergestellt, ist es leicht, mit dem kleinen Finger diesen Turm umzuwerfen. Preßt man die andere Hand auf den Turm, ist dieser recht widerstandsfähig. In diesem Zusammenhang eine Ergänzung zu den oft feingliedrigen Fialen: Im allgemeinen sind sie weit mehr als schmückendes Beiwerk, üben sie doch – der Hand vergleichbar – Druck auf den Strebepfeiler aus. Muß eine solche Fiale abgenommen werden, läßt der Werkmeister für die Übergangszeit, bis zum Versetzen der neuen Fiale, den Strebepfeiler mit einem entsprechenden Gewicht belasten, etwa einem Stahlblock. – Für Strebebögen sprach noch ein weiteres Argument: Man konnte zwischen je zwei von ihnen eine Kapelle einfügen; und Kapellen waren seit dem Hochmittelalter gefragt zur Aufnahme der vielen Altäre, die ihrerseits mit dem Wandel der Frömmigkeit zu tun hatten.

Schubkräfte hat man noch in anderer Weise abgeleitet bzw. aufgefangen. Die Kathedrale von Wells/England zeigt eine höchst originelle Lösung: *scissor arches*, scherenförmige Strebebögen *im* Langhaus stützen den Vierungsturm[499]. Häufig stabilisieren Ringanker Kuppeln und vieleckige Bauteile. In der Kuppel des Aachener Marienmünsters hat man vier solcher Anker nachgewiesen[500]. Offensichtlich haben sie 1200 Jahre lang ihren Dienst erfüllt, ein hervorragendes Zeugnis für das Können von Architekten, Maurern und Schmieden im Umkreis Karls des Großen. Der Turmhelm des Freiburger Münsters – wohl 1330/40 fertiggestellt – verdankt seine Festigkeit ebenfalls Ringankern. Entsprechend der achteckigen Form des Helmes bestehen sie jeweils aus acht Eisenstäben in der Form eines breiten, kurzschenkligen U (Querschnitt etwa 70 x 45 mm) und ebenso vielen Eisenringen (Querschnitt etwa 25 x 45 mm). Beim Bau des Helms hat man in acht verschiedenen Höhen horizontale, rinnenförmige Vertiefungen in die Steine gehauen. Die Enden der Eisenstäbe kamen im Bereich der senkrechten Gratrippen so zu liegen, daß die Schenkel nach oben weisen; ein Eisenring hält jeweils zwei zusammentreffende Eisenstäbe zusammen. »Damit ergibt sich ein elastischer kettenartig zusammengehaltener Ringanker in der Form eines Achtecks. In der Mitte der horizontalen Steinringe eingelegt und mit Blei vergossen, geben sie jeweils einer ›Etage‹ des Turmhelms festen Halt«[501]. Verbleit wurden auch Eisen, die an anderen Stellen das Mauerwerk verklammern. So verhinderte man, daß das Eisen mit Wasser in Verbindung kam; es würde das

Eisen rosten lassen. Im schlimmsten Falle, wenn es völlig korrodiert ist, verliert Eisen seine Fähigkeit, Schubkräfte zu neutralisieren; ist es teilweise durchgerostet, sprengt es wegen zunehmenden Volumens den umliegenden Stein mit der Folge weiterer Instabilität.

VII. VERMESSUNG

Antikes Erbe

Christen trugen von Anfang an ein doppeltes Erbe: Die Normen der Bibel, an denen sie ihr Verhalten ausrichten sollten, und vorchristliche Traditionen, mit denen sie unbefangen aufwuchsen. Beim Umgang mit Maß, Zahl und Gewicht stand ihnen zur Verfügung, was Babylonier und Ägypter Jahrtausende früher erkundet hatten. Die Griechen hatten Wissen, Geräte und Vorgehensweisen systematisiert und an die Römer weitergegeben. Diese hatten beim Bau von Tempeln, Legionslagern, Stadtanlagen mit regelmäßigem Grundriß, Straßen und Wasserleitungen die Meßtechnik so weit vervollkommnet, daß Geräte und Methoden der Agrimensoren (Feldmesser) bis in die Neuzeit gute Dienste leisteten.

Vitruvs ›Zehn Bücher von der Baukunst‹ sind im Früh- und dann wieder im Spätmittelalter abgeschrieben und kommentiert worden. Zwar muß offenbleiben, wieweit diese Schrift das Baugeschehen im Mittelalter beeinflußt hat[502], doch die vielen Handschriften zeigen, daß man sich nicht nur für die unmittelbar praktische Seite von Aufgaben interessierte, welche der Bau als Ganzes und die Vermessung im besonderen stellten. Für eine solche Deutung spricht auch, daß seit der Jahrtausendwende sogar weiterführende Werke verfaßt wurden.

Vermessung im Mittelalter

Die Kunst des Vermessens hat man in den Ländern des Mittelmeerraumes offensichtlich auch in Spätantike und Frühmittelalter gepflegt, so daß sie an die für das Christentum neu gewonnenen Völker weitergegeben werden konnte; das zeigen jedenfalls Ausgrabungen und erhaltene Bauwerke[503]. Wie genau auch größere Areale wieder oder noch – in mancher Hinsicht läßt sich die Karolingerzeit der Spätantike zuweisen – vermessen worden sind, wurde im Bereich der ehemaligen Kaiserpfalz in Aachen deutlich. Folgt man den Angaben eines Fachhistorikers, dann unterscheiden sich die Aufmaße nur unerheblich von den Idealmaßen, die man erschlossen hat durch Multiplizieren des verwendeten Maßes (Fuß) mit ganzen Zahlen. Beispiele mögen die Aussage verdeutlichen (Aufmaß erster Wert, Idealmaß in Klammern; beide in Metern): Westapsis äußerer Radius 8,90 (8,88), Westapsis innerer Radius 7,40 (7,40), Innere Raumbreite 17,20 (17,17), Nordapsis Durchmesser 13,35 (13,32) Meter[504]. Daß auch später sorgfältig gemessen worden ist, machten Untersuchungen zu einzelnen Bauwerken deutlich, etwa zu den Kathedralen von Speyer und Burgos. In Speyer weicht die Längsachse von der geographischen Ostrichtung um etwa 3,5 Grad ab, und die Querachse ist um etwa 2 Grad nach Nordost-Südwest verdreht. Daraus ergab sich eine gewisse, wohl kaum beabsichtigte Schiefwinkligkeit; sie könnte sich damit erklären, daß zur Zeit der Vermessung auf der Baustelle noch ältere Gebäude standen. In Burgos (Nordspanien) stellte man Abweichungen von 0,19 Prozent und weniger fest[505]; auf 100 Meter wären das 19 Zentimeter.

Schon begegnet ist uns das Wort aus dem Buch der Weisheit (11, 21): »Denn du hast alles auf das beste geordnet – nach Maß, Zahl und Gewicht«. Gott wird hier als Urheber jeglicher Ordnung angesprochen; Aufgabe der Menschen war es, Maß und Zahl in der Schöpfung aufzuspüren. Weitere Schriftstellen – oft zitiert und wiederholt bildlich dargestellt – handeln von der Vermessung des neuen Tempels (Ez 40-42), des Tempels Gottes und des Altars sowie der heiligen Stadt (Offb 11, 1; 21, 15). Werkmeister hatten also gute Gründe, das Vermessen als eine Kunst zu verstehen, die im Dienst des Höchsten stand.

Auch Mängel geben Aufschlüsse: Wiederholt hat man im Laufe des Bauens versucht, bewußt gewordene Fehler zu korrigieren; in solchen Fällen kann der Bauhistoriker von schiefen Winkeln auf das Alter einzelner Teile schließen. Möglichkeiten und Grenzen des Gebildeten, der nicht Fachmann ist, zeigt der schon erwähnte ›Pilgerführer‹[506]. »Die Jakobuskirche mißt nach Länge, Breite und Höhe 53 mal 39 mal 14 Mannsgrößen, nämlich vom Westportal bis zum Altar des hl. Erlösers bzw. vom Franken- zum Südportal. Die äußere Länge und Höhe der Basilika vermag niemand zu bestimmen«. Deutlich wird zweierlei: Der Autor interessierte sich für Dimensionen und hat sie, wie moderne Forscher zeigten, recht genau in sein Werk aufgenommen. Wenn er bei den Außenmaßen resignierte, dann wohl deshalb, weil nur wenige Großkirchen so frei standen, daß man sie ausmessen konnte.

Antike Autoren, römische Praktiker und – in deren Gefolge – mittelalterliche Geometrie-Lehrer zeigten, wie man mit wenigen, einfachen Geräten recht genau messen kann: Die Meßlatte, durch Erwähnung im Buch Ezechiel und in der Geheimen Offenbarung gleichsam geheiligt[507], sollte im Interesse langer Haltbarkeit metallbewehrte Spitzen tragen. Zum Vermessen brauchte man ferner Lattengerüst, Schnüre, Faden und Lot, Pflöcke und – zur Festlegung der Baufluchten – das Winkelkreuz, mancherorts wohl auch schon einfache Nivellierinstrumente[508]. Mit Pflock und Seil ließen sich Kreise (etwa als Grundlage für ein Acht- oder Sechseck) und Halbkreise (etwa für eine Apsis) zeichnen. Mit Kalk markierte man Linien auf dem Boden.

Mit Zirkel und Lineal ließen sich rechte Winkel konstruieren sowie Vielecke zeichnen, und sei es annäherungsweise, wie es auf der Baustelle genügt. Ein rechtwinkliges Dreieck mit den Winkeln 30 und 60 Grad erleichterte viele Arbeiten. So wird man die Neigung eines Daches in ganzzahligen Verhältnissen festgelegt haben: Bei 1 : 1 (gleich langen Katheten) ergibt sich ein Winkel von 45 Grad; bei 1 : 2 (Gegenkathete : Ankathete) erhält man Winkel von 26,6 bzw. 63,4 Grad; 2 : 3 ergeben 33,4 bzw. 56,6 Grad, usf.[509]

War die Baustelle von Bäumen und Unterholz freigemacht, konnte man die Längs-, darauf die Querachse des künftigen Gebäudes festlegen – wie in römischer Zeit[510]. Weitere Grundrißpunkte hat man wohl durch Koordinatenmessungen innerhalb dieses Achsenkreuzes bestimmt. Solche Art der Vermessung war nicht möglich, wenn noch Reste früherer Bauten standen.

Sollte ein Kirchenbau erheblich vergrößert werden, ließ man massige (West)Türme oft stehen und verlängerte den Bau jenseits der Vierung. Wollte man die Achse für den neuen Chor festlegen, mußte man indirekt messen, um stehende Bauteile herum; meistens schoben sich Häuser nah heran, waren Buden von Andenkenverkäufern u. ä. bis unmittelbar an die Kirche gebaut, vielleicht gar in die Nischen geschmiegt, die Außenwand und Strebepfeiler bildeten. Es verwundert nicht, daß es hier wiederholt zu Fehlern gekommen ist. Doch dürften zu der Zeit, da der ›Pilgerführer‹ geschrieben wurde, Fachleute schon in der Lage gewesen sein, ›um die Ecke‹ zu messen und auch die Höhe von Bauwerken recht genau zu bestimmen[511].

Durch das Abstecken wurde der Platz der künftigen Kirche zu einem Bezirk, der von nun an profaner Nutzung entzogen war. Die Gemeinde oder der Konvent zog betend und singend, in feierlicher Prozession, zur künftigen Baustelle.

Segnung des Bauplatzes und erster Spatenstich

Vor Zeugen vergewissert sich der Bischof, wer hier bauen wolle, wer für die Mitgift der Kirche, für den Lebensunterhalt des Priesters, für Lichter und alles andere Notwendige sorgen werde. Erst wenn darüber Klarheit herrschte, besprengte der Bischof (der Abt oder ein Priester) unter weiteren Gebeten den Platz mit Weihwasser; dann stieß er an der Stelle des künftigen Altars ein Kreuz in den Boden[512]. Von jetzt an galt das Areal als unantastbar. Mit der Segnung des Bauplatzes begann eine Reihe von Weihehandlungen, die in der Kirchweihe gipfelte.

Der erste Spatenstich – ein Vorrecht des Bauherrn oder des Stifters – erfolgte gleich im Anschluß an die Weihe des Platzes oder im Rahmen einer weiteren liturgischen Feier. Die große Höhlenkirche in Kiew wurde auf Initiative des hl. Feodossij († 1074) errichtet. Folgt man der Lebensbeschreibung, dann hatte der Fürst spontan ein ihm gehöriges großes Areal als Bauplatz bestimmt: »Und nachdem sie ein Gebet gesprochen hatten, wurde dieser Platz heilig kundgemacht durch Tau vom Himmel und wieder durch Trockenheit, und es wurde ein Feuer zum Verbrennen der Dornsträucher angelegt bei der Begründung der Kirche. Nach dem Gebet mußte der gläubige Fürst selber das Graben beginnen«[513].

Die Heiligung durch Tau und Trockenheit erinnert an Gideon, der diese zwei Zeichen vom Himmel erbeten hatte, um Gewißheit über den Willen Gottes zu erlangen (Ri 6, 37–40). Disteln und Dornen stehen für die feindliche Umwelt. Wer sie rodete und verbrannte, handelte symbolträchtig, wurde damit doch das Chaos zurückgedrängt.

Schon vor dem ersten Spatenstich wird man oft für eine Bauhütte gesorgt haben. Ein von Pfählen gestütztes Dach aus Zweigen und Schilf mochte gegen Sonne und leichten Regen schirmen[514]. Zog sich der Bau über Generationen hin, wie bei den meisten Kathedralen, brauchte man ein festes Gebäude, mit mehreren Räumen; hier waren Werkzeug, Pläne und Schablonen gegen Nässe und Diebstahl geschützt, hierhin konnte man sich bei garstigem Wetter zurückziehen; ließ sich ein Raum erwärmen, konnten wenigstens einige Handwerker im Winter weiterarbeiten, etwa Steinmetzen, die Skulpturen oder komplizierte Profilsteine zu hauen hatten. In Zeiten der Hochkonjunktur mochten Dutzende von Handwerkern und Arbeitern zu einer Bauhütte gehören; in Krisenzeiten ließ man sie auf einen nur zwei oder drei Personen umfassenden Kernbestand ›abschmelzen‹.

Die Institution ›Bauhütte‹ bildete im Laufe von Jahrhunderten vor allem an Bischofs- und Stadtkirchen recht feste Formen aus; dazu gehörte, daß sie sich – wie Zünfte – selbst verwaltete. Anstellungsverträge mit den einzelnen Handwerkern, Steinmetzordnungen und Hüttenordnungen regelten ihr Leben. Mancherorts mochte sogar allein der Zusammenschluß der Steinmetzen als ›Bauhütte‹ gelten[515].

Als rechtsfähiger Organismus konnte die Bauhütte Verträge abschließen und Schenkungen entgegennehmen; infolgedessen verfügte sie über eigenes Vermögen (Liegenschaften, nicht zuletzt Steinbrüche) und Einkünfte aus weiterem Grundbesitz, aus Rechten und Renten. An der Spitze mochte der Werkmeister stehen, der für die Verwaltung zuständig war, über Einnahmen und Ausgaben wachte, Verträge mit den Handwerkern schloß, für Baumaterial und Transport sorgte; er entschied über die Reihenfolge laufender und außergewöhnlicher Arbeiten. Wie andere Ämter, war das des Bauhüttenmeisters im allgemeinen zeitlich begrenzt; mancher hat sein Amt lange Jahre wahrgenommen, hat sich mit Bau und Bauhütte identifiziert und ist im Dienst verstorben. Für den Bau war gesorgt, wenn ein fähiger Werkmeister eine Kernmannschaft kompetenter, motivierter Handwerker um sich geschart hatte und wenn es ihm gelang, für ein hohes Maß an Kontinuität unter seinen Leuten zu sorgen, neue Kräfte auszubilden, sie mit dem Bau vertraut zu machen und in die Bauhütte einzuordnen.

Der Bauhüttenmeister war dem Bauherrn gegenüber rechenschaftspflichtig; das konnte der Bischof oder das Domkapitel sein. War der Bischof aus der Stadtherrschaft verdrängt, bildete die Bauhütte eine städtische Unterorganisation, die dem Rat der Stadt unterstand.

So mußte sich in Straßburg ›Unser lieben Frauen Werk‹ seit 1262 (endgültig seit 1395) dem Rat der Stadt gegenüber verantworten[516]. Dieser ernannte aus seiner Mitte zwei Pfleger; für ihre Tätigkeit wurden sie nicht bezahlt, bei der Verteilung von Geschenken an Feiertagen aber mitbedacht. Als Mitglieder des Rates stellten die Pfleger den Werkmeister und den Schaffner ein. Dieser war verantwortlich für Organisation und Verwaltung des größer werdenden Besitzes des ›Frauenwerkes‹ (Steinbrüche, Waldungen, landwirtschaftliche Betriebe, Häuser in der Stadt, u.a. das Kammerzellhaus[517]); er hatte für Materialbeschaffung und Entlohnung zu sorgen und führte die Rechnungsbücher, die er den Pflegern zweimal jährlich zur Abrechnung vorlegen mußte.

Der Rat der Stadt Freiburg i. B. vereidigte die drei Münsterpfleger. Sorgfältig hatten sie die zur Hütte gehörigen Räume und deren Schlüssel zu hüten. Vom Selbstbewußtsein der Pfleger und des Schaffners zeugt die Predella zwischen Flügelaltar und Altartisch, die Hans Baldung Grien 1516 für den Hauptalter des Freiburger Münsters gemalt hat[518]. Man sieht im Halbprofil vier vornehm gekleidete Herren, die Hände gefaltet; ernst blicken sie zur Gottesmutter, die auf dem Arm das Jesuskind trägt, das sich ihr liebevoll zuwendet. Beide Gruppen sind einander sehr nahe, und nur von einem Wolkenband getrennt. Die Art der Darstellung – Maria und die Pfleger etwa auf derselben Höhe, ihre Gesichter etwa gleich groß – läßt an ein Verhältnis wie unter Gleichen denken, fast schon an Vertraulichkeit zwischen Münsterpflegern und Schaffner einerseits, der Patronin des Münsters und dem Jesuskind andererseits. Eine solche Darstellung ist nicht einmal ungewöhnlich; zwei ›Vorläufer‹ seien beispielhaft erwähnt. Ein wahrscheinlich aus nachkonstantinischer Zeit stammendes Mosaik auf dem Triumphbogen in Alt-St. Peter (Rom) soll Kaiser Konstantin gezeigt haben, wie er das Modell der Kirche Christus und dem hl. Petrus überreichte[519]. Der 1215 fertiggestellte Karlsschrein zu Aachen zeigt auch folgende Szene: Mit gebeugtem Knie bietet Karl das Marienmünster der Patronin dar. Während die Muttergottes das Modell der Kirche annimmt, scheinen die Hände von Patronin und Stifter sich zu berühren[520].

Ausschachten

Nach dem ersten Spatenstich konnte man mit den Erdarbeiten beginnen. Sie liefen auf harte Knochenarbeit hinaus, wenn Massen an Erdreich und Geröll, Wurzeln und sperrigen Stubben mit Hacken gelockert, gegebenenfalls mit Äxten zerkleinert, dann mit Spaten und Schaufeln – wenn nicht mit bloßen Händen – in Kiepen und Körbe gefüllt und fortgetragen werden mußten. Bis zu einer Tiefe von etwa Mannsgröße konnte man den Aushub nach oben werfen; dort wurde er dann in der üblichen Weise weitergeschafft[521]. Ständig mußte dafür gesorgt werden, daß das umliegende Erdreich nicht nachgab und einbrach. Bei größerer Tiefe kamen andere Körbe und Eimer (für Schlamm) zum Einsatz, die an Seilen hochgezogen und oben ausgeleert wurden, wie im Bergbau.

Schon in diesem Bauabschnitt waren Werkmeister gefragt, die etwas von praktischer Psychologie verstanden; sie sollten um die Bedeutung von Wettstreit und Erfolgserlebnis wissen. Waren entmutigend große Erdmassen zu bewegen, teilte man die Gesamtarbeit in Lose auf; etwa fünf Mann sollten an einem Tag ein solches Los bewältigen können. Hatte die Gruppe ihr Pensum geleistet, wurde sie nach Akkord entlohnt.

Es wird deutlich, was bereits im Planungsstadium zu bedenken war: Vom Beginn der Ausschachtungsarbeiten sollten zur Verfügung stehen eine ausreichende Zahl von Arbeitern sowie Hacken, Spaten, Schaufeln und Körbe; Holz wurde nicht zuletzt auch deshalb gebraucht, weil Zimmerleute die Baugrube gegen nachrutschendes Erdreich und eindringendes Grundwasser sichern mußten. Die Arbeiten sollten aufeinander abgestimmt sein. Wenn man die Fundamente schrittweise baute, konnte mit Aushub der zweiten Grube die erste verfüllt werden. Schon bald waren auch ein Schmied und Eisen gefragt: zum Schärfen, Ausbessern und Anfertigen der erforderlichen Geräte (Axt, Beil, Hacke, Meißel, Säge, Schaufel), Hufeisen, Eisenreifen für Holzräder von Karren und Wagen.

Die folgende Bemerkung zur Witterung gilt für alle Außenarbeiten. Ist man gesund, ausreichend ernährt, wohl behaust, gut gebettet, angemessen entlohnt, sicher vor Feinden, geht die Arbeit leicht von der Hand, erst recht bei mildem, trockenem Wetter. Ganz anders sieht es aus, wenn es wochenlang stürmt und regnet, die Kleider nicht trocknen, das Werkzeug rostet, das Bett klamm bleibt, das Trinkwasser ungenießbar und das Brot schimmelig ist, wenn Erkältungskrankheiten, Ruhr oder Cholera den Menschen auszehren. Die Aufzählung ließe sich vermehren. Auch unter widrigen Umständen wurde oft weitergearbeitet, weil Nachteile für den Bau abgewendet werden mußten, oder weil man ein Ziel erreichen sollte – koste es, was es wolle.

Wie unterschiedliche Quellen berichten, haben wiederholt auch Männer und Frauen der obersten Gesellschaftsschicht mit körperlicher Arbeit den Bau von Kirchen gefördert. Zupackende Bischöfe wie Ulrich von Augsburg, Bernward von Hildesheim, Benno von Osnabrück sind uns ja schon begegnet. Doch ist dem Autor nicht bekannt geworden, daß kirchliche oder weltliche Große in eine Grube gestiegen wären, in der sie dann – bis zur Hüfte im Schlamm stehend – Eimer mit zäher, schwerer, kalter Masse gefüllt und nach oben gereicht hätten, unter Lebensgefahr; denn trotz Vorsichtsmaßnahmen konnte die Ausschalung nachgeben und die Arbeiter in der Tiefe verschütten. Solche Knochenarbeit war etwas für Bauern, die man durch die Jahrhunderte ja auch zum Schanzen gepreßt hat, eine Kriegern verhaßte Tätigkeit.

Fundament

Ein großes Haus braucht solide Fundamente. Wie zu vielen anderen Einzelheiten des Bauens fand sich auch dazu ein Gleichnis im Evangelium; Jesus spricht von dem, der zu ihm komme, seine Worte höre und danach handele. »Er ist wie ein Mann, der ein Haus baute und dabei die Erde tief aushob und das Fundament auf einen Felsen stellte. Als nun ein Hochwasser kam und die Flutwelle gegen das Haus prallte, konnte sie es nicht erschüttern, weil es gut gebaut war. Wer aber hört und nicht danach handelt, ist wie ein Mann, der sein Haus ohne Fundament auf die Erde baute. Die Flutwelle prallte dagegen, das Haus stürzte sofort in sich zusammen und wurde völlig zerstört«[522].

In dem Gleichnis läßt Jesus bis auf den Fels graben. War das nicht möglich, suchte man wenigstens ›gewachsenen‹ Boden zu erreichen; noch wir kennen ja die Redewendung ›auf Sand gebaut‹. Im allgemeinen mußte man sich mit einer als ausreichend geltenden Tiefe zufriedengeben. Mit welchen Massen an Aushub für das Fundament zu rechnen war, zeigen Schätzungen zum Dom von Speyer: Für Ostbau und Krypta etwa 7.000, für Langhaus und Westbau 4.500 bzw. 3.000, insgesamt rund 15.000 Kubikmeter Aushub. Etwa ein Drittel davon wurde zum Wiedereinfüllen neben den Fundamenten benötigt, der Rest vielleicht zum Aufschütten des Domhügels verwendet[523].

In die Fundamentgrube füllte man gern eine Mischung aus Lehm und Steinen. Schon diese waren oft sorgfältig behauen; wurden sie in den Lehm gestampft, gewann die unterste Schicht an Haltbarkeit und Tragfähigkeit. Es folgten abwechselnd Stein- und Mörtellagen. Dabei mußte man berücksichtigen, daß die Bauteile später ungleichmäßig auf dem Untergrund lasten und sich im Laufe der Zeit entsprechend ›setzen‹ würden. Wollte man Risse oder gar ein Abreißen einzelner Baukörper vermeiden, mußte dafür gesorgt sein, daß die Fundamente eines massig geplanten Turmes schwerer ausgeführt wurden als die leichter Wände.

War der Untergrund nicht tragfähig (Morast, Fließsand u. ä.), blieb nichts anderes übrig, als Pfähle von Eichen oder anderem Hartholz in den Grund zu treiben. Dazu brauchte man eine Ramme, einen Zimmermann, der sie zu bauen verstand, und Arbeiter, die sie zu bedienen wußten. Dicht an dicht bildeten die Pfähle einen Rost, auf den das eigentliche Steinfundament zu liegen kam. Wie man bei Sanierungsarbeiten am Dom zu Mainz (1909–1928) feststellte, waren die Holzpfähle unter einem Mittelschiffpfeiler zwei bis drei Meter lang[524]. Dieses Verfahren war zwar kostspielig, doch die Pfähle hielten jahrhundertelang – sofern sie stets von Wasser bedeckt blieben, nicht dem Sauerstoff der Luft ausgesetzt waren. Auf Holzpfählen ruht, um ergänzende Beispiele aus dem ›profanen‹ Bereich zu nennen, das Fundament des Zentralbahnhofs in Amsterdam und das des Reichstages in Berlin.

Oft genügten Streifen- sowie Punktfundamente, jene für die Mauern, diese für Pfeiler und Säulen. Im Interesse großer Belastbarkeit wurden sie nicht selten untereinander verbunden. Ohne daß die Standfestigkeit des künftigen Baus beeinträchtigt würde, sparte man durch Teilfundamentierung Arbeitskräfte, Zeit und Geld.

Vielerorts hatte man zwar Fels als Fundament; doch gemessen am Bauvorhaben war die Grundfläche zu klein. Dann mußte man in einem ebenfalls kostspieligen Verfahren für eine ausreichend große Plattform sorgen. Für den Petersdom in Rom wurden große Erdmassen aufgeschüttet, andere abgetragen; ähnlich verfuhr man beim Bau der Heilig-Grab-Kirche und des Felsendoms in Jerusalem. Zu kostspieligen Unterkonstruktionen sah man sich auch gezwungen in Bourges (als Fundament für die Kathedrale, nicht als eigentliche Unterkirche wurde die Krypta gebaut, die größte Frankreichs), auf dem Mont-Saint-Michel in der Normandie, beim Kloster Iburg am Teutoburger Wald und beim Limburger Dom, dieser auf Steilfelsen hoch über dem Tal der Lahn[525]. Solche Arbeiten wurden erleichtert, wenn Werkmeister und Arbeiter beim Bau von Burgen einschlägige Erfahrungen gesammelt hatten.

Beispiele mögen die Abmessungen von Grundlagen veranschaulichen.

Das Ringfundament des Pantheons in Rom mißt 7,3 Meter in der Breite und 4,5 Meter in der Tiefe; die Fundamente der Oktogonpfeiler in Aachen gründen fünf Meter tief, die Streifenfundamete des Westturmes des Freiburger Münsters bei etwa vier Metern Breite 3,60 Meter tief; der Südturm des Kölner Doms ist bei einer Fundamentbreite von 9 Metern immerhin 15 Meter tief gegründet[526]. Ein laufender Meter Fundament macht in Köln also schon 135 Kubikmeter Fundamentmasse aus. Ein weiteres Beispiel mag Proportionen aufzeigen: Das Fundament der St. Georgs-Kirche in Dinkelsbühl reicht etwa 4,50 Meter tief. Bei dieser Kirche entfallen etwa 3500 Kubikmeter sauber bearbeitetes Sandsteinmauerwerk auf den Baugrund, das entspreche einem Drittel der gesamten Mauerwerksmasse des Baues von etwa 11.000 Kubikmetern[527].

Zeit, Material und Arbeit ließen sich einsparen, wenn man Fundamente eines Vorgängerbaus weiterverwenden konnte; in deren Kosten waren ja auch Ausschachten, Transport u. ä. eingegangen. In mindestens einem Fall wich man von diesem verständlichen Brauch ab: An dem Ort, an dem der Überlieferung nach Jesus gekreuzigt worden war, ließ Konstantin die Heilig-Grab-Kirche aufführen; aber zunächst befahl der Kaiser, die Spuren des Vorgängerbaus – eines Aphrodite/Venus-Tempels – zu tilgen, d. h. »den Boden tief aufzugraben und ihn samt dem Schutt möglichst weit zu entfernen, da er durch Dämonen besudelt und befleckt sei«[528].

Grundsteinlegung

Zu einer weiteren liturgischen Feier nutzte man – wohl nicht erst seit dem 11. Jahrhundert – die Grundsteinlegung. Bischof Thietmar legte die Grundsteine zum Bau seiner Kirche in Form des heiligen Kreuzes (*primos posui lapides in modum sanctae crucis*)[529]. Beim Bau des Klosters Prémontré hob Norbert im Jahre 1121 zunächst das Erdreich für die Fundamente aus und weihte den Platz; dann ließ er durch den zuständigen Bischof von Laon mit geweihten Steinen (*lapidibus consecratis*) den Grund für die Kirche legen[530]. Die Erweiterung der Klosterkirche von Saint-Denis begann 1140 mit einem Fest, zu dem sich auch der König, zahlreiche Äbte und Bischöfe sowie weitere Große eingefunden hatten. Abt Suger – in Abwesenheit des Königs Regent des Reiches (1147–1149), einer der mächtigsten Männer Frankreichs also – schreibt: Am 14. Juli, einem Sonntag, sei man mit kostbaren Reliquien in feierlicher Prozession zur Baustelle geschritten und in die Gräben hinabgestiegen, die zur Aufnahme der Fundamente hergerichtet waren. Man habe den Heiligen Geist um Beistand angerufen – gewiß mit dem Lied *Veni creator spiritus*, Komm Schöpfer Geist – und darum gefleht, daß nach dem so wohlgelungenen Auftakt dem Werk ein gutes Ende beschieden sei. Dann mischten Bischöfe mit geweihtem Wasser eigenhändig den Mörtel (*cementum*) an »und legten die ersten Steine«; dabei sangen sie feierlich den Psalm 86: »Der Herr liebt [Zion], seine Gründung auf heiligen Bergen«. »Darauf stieg der erlauchteste König selber hinab und legte mit eigenen Händen seinen Stein. Auch wir und viele andere, Äbte wie Geistliche, legten unsere Steine. Aus Liebe und Ehrerbietung für Jesus Christus legten gewisse Gäste auch Edelsteine (in das Fundament); dabei sangen sie »Edelsteine sind all deine Mauern«[531].

Nicht jeder Abt konnte so illustre Gäste begrüßen wie Suger, und das zu einer Teil-Grundsteinlegung! Andernorts hätte man sich glücklich geschätzt, wäre ›nur‹ der König zur abschließenden Weihe von Kathedrale oder Klosterkirche gekommen. Eine Einzelheit erwähnt Suger eher beiläufig: »Gewisse Gäste« (*quidam*) hätten in das Fundament gar Edelsteine gelegt. Hätte man die nicht besser versilbert oder – als Reserve für Zeiten knapper Finanzen – dem Kirchenschatz einverleibt? Vieles am Bau einer Kirche entzieht sich rationaler Begründung. Mit dem Edelstein blieb der Spender präsent, sogar im Fundament – eine bedeutungsschwere Geste. Es kam nicht darauf an, daß Menschen das Kleinod sehen könnten; Jesus sollte geehrt werden, wie Suger betont.

An die Grundsteinlegung erinnert gelegentlich eine Inschrift; so liest man am linken Gewände des Nordostportals des Freiburger Münsters: *Von gottes geburt mccc / und liiii iar an unser fro / wen abent in der uasten* (Fasten) / *leit* (legte) *man den ersten stein / an disen kor*[532]. Danach legte man den Grundstein zum hochgotischen Chor des Münsters am 24. März (Vortag zum Fest Mariae Verkündigung) 1354. Die in gotischer Minuskel eingemeißelten Worte erwecken den Eindruck großer Genauigkeit. Es ist zu berücksichtigen, daß der Stein, der die Inschrift trägt, erst Jahre nach der Grundsteinlegung gesetzt worden ist; und: Grundsteinlegung bedeutet nicht unbedingt, daß gleich zügig gebaut wird.

Bevor weitere Einzelfragen erörtert werden, sei der Blick auf eine einzigartige Quelle gelenkt, in welcher der Wiederaufbau einer bei einem Brand teilweise zerstörten Großkirche beschrieben wird. Die Schilderung ist geeignet, in die Perspektive des Werkmeisters einzuführen, der schon vor und erst recht nach Baubeginn tausend Einzelheiten im Kopf haben und regeln muß.

Am 5. September 1174 zerstörte ein Brand Teile der Kathedrale von Canterbury. Von diesem Unglück und den ersten Jahren des Wiederaufbaus berichtet Gervasius, Mönch des zur Kathedrale gehörigen Klosters[533]. Die Schilderung – möglicherweise 1185 verfaßt und den Ereignissen also recht nahe – sei hier wiedergegeben und knapp kommentiert; Ergänzungen zu Bereichen, die nur angedeutet sind oder fehlen, sollen das Bild abrunden.

Als der erste Schock verkraftet war, hielt man Ausschau nach einem geeigneten Werkmeister. Französische und englische Bewerber wurden zu einem Symposion eingeladen, auf dem Lösungsvorschläge beraten wurden. Mit dem Neubau betraute man schließlich einen Wilhelm aus Sens; der wird Empfehlungsschreiben vorgelegt oder auf bemerkenswerte Arbeiten verwiesen haben, die unter seiner Leitung entstanden waren[534]. Sens, etwa 370 Kilometer südöstlich von Canterbury, war Sitz eines Erzbischofs, dem auch das Bistum Paris unterstand. Thomas Becket, Erzbischof von Canterbury (1162–1170), hatte während seines Exils in Frankreich (1164–1170) in Sens gelebt.

Wilhelm aus Sens wird vorgestellt als *vir admodum strenuus, in ligno et lapide artifex subtilissimus*, »ein überaus fähiger Mann, im Holz- und im Steinbau höchst einfallsreich«; man wählte ihn aus »wegen seines lebhaften Geistes und seines guten Rufes«. Das eine schließt die Fähigkeit ein, neue Entwicklungen zu erkennen, das andere, Kompetenz mit Zuverlässigkeit zu verbinden. Der Chronist kennt den Ausgang, wenn er schreibt, die Vollendung des Werkes habe man diesem Wilhelm und der Vorsehung Gottes anvertraut.

Wilhelm »lebte viele Tage bei den Mönchen, betrachtete das brandgeschädigte Mauerwerk sorgfältig von oben und unten, innen und außen«. Offensichtlich war er auch ein guter Psychologe, der seine Auftraggeber nicht gleich mit unangenehmen Dingen überfordert. Eine Zeitlang habe er seine Absichten für sich behalten, »um die kleinmütig Gewordenen nicht noch schmerzlicher zu treffen«; währenddessen habe er aber schon selbst oder über andere unablässig alles Nötige vorbereitet. Sobald die Mönche ein wenig beruhigt schienen, eröffnete er ihnen, sofern sie »ein sicheres und unvergleichliches Bauwerk« wünschten, müsse man Pfeiler und Mauerwerk abbrechen, soweit sie vom Brand beschädigt seien. Sicherheit sollte beim Bau einer Kirche selbstverständlich sein; Unvergleichlichkeit auch? Wilhelm appellierte an den Ehrgeiz seiner Auftraggeber. Nach einigem Zögern willigten die Mönche in den Abbruch des ausgebrannten Chores ein, »wenn auch ungern«; der Neubau würde (noch) teurer kommen, als befürchtet.

Offensichtlich kannte Wilhelm die Eigenschaften von beiderseits des Kanals gebrochenen Steinen, denn er entschied sich für Stein aus Übersee. Er konnte nun aber nicht einfach Arbeiter in die Normandie entsenden; vielmehr mußte er sich zunächst um die nötige Infrastruktur kümmern. »Für Beladung und Entladung der Schiffe und Beförderung von Mörtel und Steinen baute er die Winden sehr sinnreich. Auch gab er den zusammengekommenen Steinmetzen Vorlagen für die Gestaltung der Steine und traf andere Vorbereitungen dieser Art sorgfältig«. Gleichzeitig ließ er den brandgeschädigten Chor abbrechen; »außerdem wurde in diesem ganzen Jahr nichts unternommen«.

Die wenigen Zeilen fassen zahlreiche Anordnungen zusammen. Schiffe würde man in der Normandie be- und in der Themsemündung entladen; von dort bis zur Baustelle sind es etwa 20 Kilometer. Beiderseits des Ärmelkanals sollten also mindestens behelfsmäßige Kaianlagen hergerichtet werden; Hebebäume zum Verladen könnten Kränen schon ähnlich gesehen haben. Den Mörtel würde man erst an der Baustelle mischen; offensichtlich sollte er mit geeigneten Vorrichtungen schnell und sicher an die Arbeitsplätze der Maurer geschafft werden. Wäre solche Rationalisierung üblich gewesen, hätte der Chronist sie kaum erwähnt.

Mittlerweile hatten sich Steinmetze eingefunden. Es sprach sich herum, wenn eine Großbaustelle eröffnet wurde und die Finanzierung gesichert schien. Qualifizierte Arbeitskräfte, die andernorts schlecht behandelt oder unzulänglich bezahlt worden waren, machten sich – mit oder ohne förmliche Entlassung – auf den Weg und bewarben sich. Wilhelm hatte sich den künftigen Bau genau überlegt und, wie der Chronist betont, das Nötige sorgfältig vorbereitet. Mit »Vorlagen für die Gestaltung der Steine« dürften Schablonen gemeint sein, die es erleichtern, einfache, in großen Längen gebrauchte Profile herzustellen. Denn wer jenseits des Meeres im Steinbruch arbeitete, konnte nicht ständig nach Einzelheiten fragen. Je genauer die Anweisungen waren, desto schneller und kostengünstiger würde man bauen. Auch das ist leichter gesagt als getan, heißt es doch, daß Michelangelo – als er schon berühmt war – viele Jahre mit dem Brechen von Marmor verloren habe; während dieser Zeit habe er »Wachsmodelle und andere kleinere Dinge für den Bau« ausgeführt[535].

Im folgenden Jahr – von September 1175 bis September 1176 – richtete Wilhelm vor dem Winter vier Pfeiler auf, auf beiden Seiten je zwei. Hier und sonst erscheint nur Wilhelm als Handelnder; dabei mußten Steinmetze, Maurer und andere Handwerker zusammenwirken, sollte das Werk gelingen. Nach Beendigung der Winterpause fügte Wilhelm zwei weitere Pfeiler hinzu, so daß hüben und drüben drei in einer Reihe standen. »Auf sie und die Außenwand der Seitenschiffe setzte er fachmännisch Bögen und Gewölbe, und zwar beiderseits drei Schlußsteine. Ich sage für das ganze Gewölbejoch Schlußstein, weil der Schlußstein in der Mitte die von überallher kommenden Teile zusammenzuschließen und zusammenzuhalten scheint. Mit diesen Arbeiten verging das zweite Jahr«.

Im dritten Jahr (1176/77) »fügte er beiderseits je zwei Pfeiler hinzu, deren letzte zwei im Umgang er mit Marmorsäulen verkleidete und als Hauptpfeiler ausbildete, weil sich in ihnen Chor und (Ost-) Querhäuser treffen mußten«. Die tragenden Stützen waren nur dann den gewaltigen Massen gewachsen, wenn sie einen ausreichenden Querschnitt hatten. Wilhelm hätte wuchtige Pfeiler errichten können, entschied sich aber für eine andere Lösung: Ein Kernpfeiler wurde mit (ebenfalls tragenden) Säulen ummantelt; da diese einen vergleichsweise geringen Querschnitt haben, wirkt die Gesamtheit aufstrebender Säulen leicht und geradezu elegant, zumal die Säulen aus edlem Material gearbeitet waren. »Nachdem er hier Schlußsteine und Gewölbe angebracht hatte, gestaltete er vom Hauptturm bis zu den besagten Pfeilern, das heißt bis zum Querhaus, das untere Triforium mit vielen Marmorsäulen aus. Darüber setzte er ein zweites Triforium aus anderem Material und die Fenster des Obergadens«. Das Triforium – ein Laufgang zwischen Arkaden und Fensterzone – gliedert die Wand, so daß sie weniger flächig erscheint; die Fenster des Obergadens, des über die Dächer der Seitenschiffe reichenden Teils des Mittelschiffes, lassen das Licht unmittelbar in dieses ein; das Hauptschiff erhält sonst nur indirekt Licht, durch die Fenster der Seitenschiffe.

Dann wölbte Wilhelm das Mittelschiff ein, und zwar drei Schlußsteine zwischen Turm und Querhäusern. Schon jetzt sahen Mönche und Besucher, daß Wilhelm nicht zuviel versprochen hatte: das Werk geriet »unvergleichlich und höchst lobenswert«. Heiter und guter Hoffnung für einen baldigen guten Abschluß taten die Auftraggeber alles, um die weiteren Arbeiten zu beschleunigen.

Im Laufe des vierten Jahres (seit dem 5. September 1177) stellte Wilhelm, beim Querhaus beginnend, auf beiden Seiten je fünf Pfeiler auf, die ersten beiden als tragende Hauptpfeiler wieder mit Marmor verkleidet. Darüber kamen Bögen und Wölbungen, ferner wurden die Triforien und die Obergadenfenster ausgeführt. Zu Beginn des fünften Jahres (5. September 1178) hatte er bereits die Baugerüste für die Einwölbung der Vierung vorbereitet. »Da brachen plötzlich unter seinen Füßen die Balken ein, und zusammen mit Steinen und Hölzern stürzte er zu Boden, von den Kapitellen in Höhe des oberen Gewölbes 50 Fuß tief«. Wilhelm – und nur er – erlitt bei dem Fall aus etwa 15 Metern Höhe schlimme Verletzungen. Chronist und Konvent wissen sich das Unglück nicht zu erklären. »Gegen den Meister allein wütete entweder die Strafe Gottes oder der Neid des Teufels«. Der Chronist äußert sich nicht zu der Frage, was Gott zu einer solchen Strafe hätte bewegen können. Einleuchtend klingt die Vermutung, der Meister könnte Opfer des Teufels geworden sein. Der wird oft als Urheber von Katastrophen hingestellt; sein Neid – eine der Hauptsünden – erträgt es nicht, wenn Menschen Gott mit einem beispiellos schönen Werk ehren wollen[536]. Immerhin: Wenige Tage vor dem Unglück hatte eine Sonnenfinsternis die Menschen gewarnt.

Wilhelm sah sich aufs Krankenlager geworfen. Da es auf den Winter zuging, sollte wenigstens die Vierung vollends eingewölbt werden. Mit den nötigen Arbeiten betraute er einen fleißigen und talentierten Mönch (den Autor Gervasius?), der die Maurer anleitete. »Deswegen kam es zu viel Neid und Bosheit, weil er zwar jung, aber anscheinend klüger als mächtigere und reichere Leute war«. Trotz Mißgunst und Eifersucht – sie konnten die Arbeiten verzögern, wie wir beiläufig erfahren – wurde ein Teil der Vierung noch eingewölbt; dann machten starke Regenfälle ein Weiterarbeiten unmöglich. Als Wilhelm merkte, daß Ärzte ihm nicht helfen konnten, »gab er das Werk auf« und kehrte in seine Heimat zurück; er starb 1180 in Sens.

»An seine Stelle als Bauleiter trat ein anderer Wilhelm, von englischer Herkunft, der körperlich zwar klein, aber in verschiedenen Arbeiten sehr einfallsreich und tüchtig war«. Der neue Werkmeister hatte noch bis 1184 zu tun, auch deshalb, weil der Chor verlängert wurde. Im neunten Jahr stockte der Bau, da die nötigen Gelder fehlten. Nach insgesamt zehn Jahren, einer recht kurzen Spanne, waren Querhäuser, Altarraum, Kapellen, Altäre, Krypta und Dach fertiggestellt. Die Mönche durften stolz auf das gelungene Werk sein. Wilhelm aus Sens hatte eine Stilrichtung nach England übertragen, die in Nordfrankreich schon recht verbreitet war; später sollte sie ›gotisch‹ genannt werden. Der Übergang vom einen zum anderen Wilhelm zeigt, daß man in England schnell gelernt hatte, auch was technische Fertigkeiten angeht, die Wilhelm aus seiner Heimat mitgebracht, wenn nicht selber erdacht hatte. Es ist allerdings gut möglich, daß auch der englische Wilhelm in Frankreich gelernt hatte.

Der Innenraum des romanischen Kaiserdoms in Speyer (erbaut 1025/29 bis zum frühen 12. Jahrhundert).

Am Kreuzungspunkt von Byzanz und Abendland: Seitenportal des Markusdomes (Basilica di San Marco) in Venedig mit Mosaikschmuck (Errichtung seit 1063).

Karl der Große. Idealbildnis des Herrschers in der Abteikirche von Müstair/Engadin (um 1000?).

Christus in der Mandorla. Gewölbefresko aus der Abteikirche von Tahull/Katalonien, um 1123 (Barcelona, Museu de Arte de Catalunya).

Die Kathedrale von Chartres. Das Königsportal (um 1150) mit Christus in der Glorie.

Stiftskirche Klosterneuburg/Österreich. Salomo und die Königin von Saba auf dem Klosterneuburger Altar, einem Hauptwerk des Nikolaus von Verdun (1181).

Der Dom der Pilger: Portal (Pórtico de las Platerías) der Kathedrale von Santiago de Compostela (wohl im späten 11. Jahrhundert begonnen).

Reims. Die Kathedrale Notre-Dame (1211–1311), Ort der Salbung und Krönung der französischen Könige.

Verkündigung an Maria am Mittelportal der Kathedrale von Reims, ein Höhepunkt gotischer Skulptur.

Glasfenster der Sainte-Chapelle in Paris (errichtet in den 1240er Jahren als Stiftung Ludwigs des Heiligen). Maurer beim Bau einer Kathedrale.

Köln. Der Dom über der Stadt. Der größte Kathedralbau Deutschlands wurde 1248 begonnen und erst 1880 vollendet.

La Sagrada Família in Barcelona. Die von dem Jugendstilarchitekten Antoní Gaudi i Cornet (1852–1926) begonnene, aber bislang nicht fertiggestellte Kirche. Blick in die Baustelle des Langhauses von den Türmen des Ostportals.

Lübeck. Blick auf die Hansestadt mit St. Marien und dem Holstentor, zwei Hauptzeugnissen der norddeutschen Backsteinbaukunst.

Der Chor war verlängert worden, weil das Grab von Thomas Becket, des im Jahre 1170 ermordeten Erzbischofs von Canterbury, aus der Krypta an einen würdigeren Ort verlegt werden sollte. Thomas wurde mittlerweile als Märtyrer verehrt; von nah und fern strömten Pilger zu seinem Grab. Es war sinnvoll, ihnen einen leichteren Zugang zur Stätte des Märtyrers zu verschaffen. Unter den Pilgern war 1179 sogar König Ludwig VII. von Frankreich, wodurch die Wallfahrt mit einem Schlage ›internationales‹ Ansehen gewann.

Gervasius berichtet viele Einzelheiten vom Wiederaufbau in Canterbury; heute würden wir gern noch mehr erfahren, als er mitteilt. Doch verhalten wir uns nicht ähnlich? Selbst wer aufmerksam den Bau seines Eigenheimes beobachtet, wird kaum alle Details über Handwerker und ihre Arbeitsgeräte seinem Tagebuch anvertrauen. Werkzeug und Techniken, die auf einer Großbaustelle gefragt waren, gehörten zu den Elementen langer Dauer, die Antike und Mittelalter mit der Neuzeit verbinden. Es kommt hinzu, daß Gervasius recht geradlinig erzählt. Die ins Einzelne gehende Erforschung des Baus hat nachgewiesen, daß der Wiederaufbau von Canterbury tastend, nicht ohne Komplikationen und mit einer Änderung des ursprünglichen Planes verlief[537].

X. DIE JAGD NACH DEM STEIN

Das Alphabet der Steine

Sieht man von Stab- oder Mastenkirchen in Skandinavien ab, die aus Holz gearbeitet sind[538], bestehen Großkirchen zum größten Teil aus Stein. Wer einen Neubau oder eine Erweiterung plante, mußte sich um geeignetes Material kümmern; an Ort und Stelle fand es sich eher selten. Immerhin ließen sich in Paris Steinbrüche unter der heutigen Stadt nutzen, die schon in der Antike ausgebeutet worden waren; noch bequemer hatte man es in Cefalù auf Sizilien, recken sich hier doch gleich hinter dem Dom Felsen in die Höhe.

Werkmeister sollten die Eigenschaften von Steinen unterschiedlicher Herkunft kennen. Für tragende Wände braucht man einen harten, belastbaren Stein; wird er außen versetzt und bleibt er unverputzt, soll er auch witterungsbeständig sein. Über solches ›Soll‹ hat man sich bis in die jüngste Zeit hinweggesetzt. So mußte man am Freiburger Münster Ende der 1990er Jahre Steine austauschen, die vor wenigen Jahrzehnten erst versetzt worden waren.

Marmor schätzte man als Stein für Altäre, repräsentative Säulen, Skulpturen und Bauten. Eine ausgesprochene ›Marmorkultur‹ kennzeichnet die kaiserzeitlich-spätantike Architektur des Römischen Reiches[539]. Marmor kommt in vielen Farben vor, ist hart und haltbar; seiner feinen, kristallinen Struktur wegen läßt er sich sogar polieren. Marmorsäulen boten zudem den Vorteil hoher Hitzebeständigkeit. Im Falle eines Brandes stand die Stabilität des Baus auf dem Spiel. Um Kosten zu sparen und nicht in den Ruch der Protzigkeit zu geraten, verwendete man beim Bau englischer Kathedralen seit der Mitte des 12. Jahrhunderts gern den *Purbeck marble*, ein Sedimentgestein aus Südengland, das sogar wie Marmor poliert werden kann[540].

Wer aus dem weit weniger teuren Sandstein auch Säulen herstellen ließ, handelte sich Nachteile ein. Sandstein ist schichtweise aufgebaut; im allgemeinen sind die Lagen nicht so dick wie die Säule lang bzw. hoch werden soll. Deshalb wurden viele Säulen aus dem liegenden Stein gearbeitet, so daß die Schichten senkrecht zu stehen kommen. Bei Einwirkung von Hitze spaltet sich der Stein in Richtung des Schichtverlaufs. Eine solche Säule verliert an Tragfähigkeit, und das darüberliegende Mauerwerk stürzt ein. Der Werkmeister tat also gut daran, je nach Funktion des Bauteils für unterschiedliche Steinarten zu sorgen. Sollten die Außenwände unverputzt bleiben, achtete er auf Farbwechsel, verwendete etwa gelben neben rotem Sandstein. Für Skulpturen im Innenbereich und für nichttragende Teile des Baus konnte man sich mit weichem Stein begnügen.

Säulen und Quader von jenseits des Meeres

Daß Wilhelm von Sens über Autorität verfügte, wird auch daran deutlich, daß die Mönche sich überzeugen ließen: Geeigneter Stein sei erst jenseits des Meeres zu finden[541]. Suger von Saint-Denis, von dem wir schon gehört haben und der uns noch mehrfach begegnen wird, hat sich nach seinen eigenen Worten viele Jahre von Sorgen quälen lassen, wie er an marmorne oder gleichwertige Säulen komme. Als einziger Ausweg schien Rom zu bleiben; im Palast Diokletians und in Thermen habe er prächtige Säulen gesehen. Den Transport hatte er sich schon überlegt: Über das Mittelmeer, den Atlantik und dann auf der Seine zu seinem Kloster – eine realistische, wenn auch unerfreuliche Perspektive, nicht nur wegen der Sarazenengefahr. Plötzlich habe sich der Allmächtige in seiner großzügigen Freigebigkeit erbarmt; »zur Verwunderung aller offenbarte er durch das Verdienst der heiligen Märtyrer, was weder auszudenken noch zu vermuten erlaubt schien: angemessene und äußerst gute Säulen«. Im rechten Augenblick habe man in Erfahrung gebracht, daß bei Pontoise, etwa 25 km westlich von Saint-Denis, seit langem Mühlsteine gebrochen wurden. Außergewöhnliches habe dieser Steinbruch bis dahin nicht hervorgebracht, seine Schätze vielmehr aufbewahrt, »wie wir glauben zum Nutzen eines so großen und gottbestimmten Gebäudes, gleichsam als Erstlinge für Gott und die heiligen Märtyrer«[542].

Der Heilige hilft

Ähnliches ist häufiger überliefert. Nicht selten hilft eine Vision: Ein Heiliger zeigt, wo man graben müsse, um geeigneten Stein zu finden, vielleicht gar Säulen, die seit römischer Zeit von Gestrüpp überwuchert nur darauf warten, gehoben, überführt und eingebaut zu werden. Aus dem Bericht Sugers seien Einzelheiten hervorgehoben: Daß der Steinbruch von so überraschender Qualität war, erfuhren die Menschen dank der Verdienste der Märtyrer – einmal mehr wird die Bedeutung von Heiligen deutlich. Noch heute läßt sich nicht vorhersagen, ob ein bestimmter Steinbruch für ein größeres Bauvorhaben ausreicht. Suger hält sich zwar bescheiden zurück, das ›wir‹ und ›uns‹ in seinem Bericht kann man auf den ganzen Konvent beziehen; doch zeigt der Zusammenhang, daß der Abt sich bei solchen Gelegenheiten selber meint. Mehr noch: Die Heiligen hatten ihn der Gnade einer höchst willkommenen Entdeckung gewürdigt.

Seit unvordenklicher Zeit war man auf Mühlsteine angewiesen. Die Kunst, geeignete Steine zu gewinnen und zu bearbeiten, hatte eine Generation an die nächste weitergegeben – bis sie eines Tages beim Kirchenbau gefragt war. Den Worten Sugers läßt sich entnehmen, daß die Erweiterung einer Kirche mittelfristig auch dem Ausbau des Landes zugute kommen konnte. Wie die Befestigung von Wegen und die Anlage von Verladeeinrichtungen am Wasser, nutzte die Erschließung von Bodenschätzen schon bald Gewerben und Menschen, die unmittelbar nichts mit dem Bau von Kirchen zu tun hatten.

Auch Sugers schließlich nicht weiter verfolgter Plan, aus den Ruinen Roms Baumaterial zu beschaffen, ist aufschlußreich. Ein angesehener Abt verschmähte es nicht, Quader, Säulen und Ähnliches, was zu anderen Bauten gehört hatte, wiederzuverwenden.

Man spricht hier von Spolien, abgeleitet von lateinisch *spoliare*, ausplündern, (be)rauben. Noch im 20. Jahrhundert beanspruchten Sieger das Recht, sich Handschriften, Bücher, Kunstschätze des Besiegten anzueignen. In der Antike ließ der Sieger mit fremden Skulpturen seine Residenz schmücken, mit kostbarem Schmuck die Heiligtümer seiner Götter ehren. Fehlte es an Marmor, Fachleuten oder Zeit zu dessen Verarbeitung, schaffte man fertige Marmorsäulen aus der Ferne heran, vorzugsweise aus Italien; hohe Transportkosten nahm man in Kauf. So ließ Karl der Große, um dem Marienmünster in Aachen (noch) mehr Würde zu verleihen, Säulen und Marmorplatten aus Rom und Ravenna kommen[543] (Aachen-Rom etwa 1.150 km Luftlinie, mindestens 1.400 km Landweg). Besucher der Kirche sahen, daß der Herrscher sich in Traditionen des Römischen Reiches und des Gotenkönigs Theoderich stellte. König Otto I. (936–973) eiferte Karl dem Großen von Beginn seiner Herrschaft an nach (Aachen als Krönungsort, Krönung in fränkischer Kleidung): Für den Magdeburger Dom, den er gegründet und sich als Grablege ausersehen hatte, ließ er aus Italien Marmor, Gold und Edelsteine kommen, ferner Heiligenreliquien; sie wurden in die Kapitelle der Säulen eingebettet und sollten die Kirche gleichsam tragen[544]. Ein extremes Beispiel von Spolienverwendung bietet das vor 1056 angefertigte Herimannkreuz. Auf der Vorderseite sieht man den Gekreuzigten; als Haupt dient das aus Lapislazuli geschnittene Köpfchen einer jungen Frau; römischen Ursprungs (1. Jh. n. Chr.), konnte es als Portrait der Kaiserin Livia identifiziert werden[545].

Wer Spolien verwendete, hinterließ späteren Generationen ein Zeichen; er gab zu verstehen, wer einst seinen Willen durchgesetzt hatte. Ein Kapitell in der Helenakapelle der Heilig-Grab-Kirche zu Jerusalem wurde wohl in der Kreuzfahrerzeit der benachbarten al-Aqsa-Moschee entnommen[546]. Die Quadriga über dem Eingang zum Dom von Venedig, die Tetrarchengruppe in der Fassade der Schatzkammer von San Marco und große Teile des hier liegenden Schatzes gehörten zur Beute, die ›Kreuzfahrer‹ im Jahre 1204, wie wir gesehen haben, in Konstantinopel zusammengerafft hatten.

Mindestens bis ins 19. Jahrhundert gab es auch Spolien, die Menschen sich in weniger aufreizender Weise aneigneten. Nicht mit Gewalt nahm man einem fremden Eigentümer wertvolle Gegenstände, wie die Bezeichnung ›Spolie‹ nahelegt, sondern man führte gleichsam herrenloses Gut einer als sinnvoll(er) geltenden Bestimmung zu. Um den Petersdom neu einzudecken, schenkte Kaiser Heraklius im Jahre 625 dem Papst Honorius I.

(625–638) die vergoldeten Bronzeziegel der Maxentiusbasilika am Forum Romanum[547]. Angesichts der Mühen und Kosten, die Bearbeitung und Transport von Stein verursachten, ist es verständlich, daß man mehr oder weniger bearbeitete Säulen und Kapitelle ›umwidmete‹; antike Marmorplatten wurden zum dritten Mal verwendet, als man sie für den Thron Karls des Großen im Aachener Münster brauchte[548]. Es könnte sich hier um eine der vielen Austauschbeziehungen zwischen *regnum* und *sacerdotium* handeln: Die *cathedra* des Bischofs war ähnlich gearbeitet wie der Thron von Herrschern und Richtern; Karls Thron in Aachen wird auch nach dem Vorbild bischöflicher Sitze angefertigt sein: aus kostbarem Material, feststehend und so aufgestellt, daß der Herrscher seine Getreuen gut sehen und von ihnen gut gesehen werden konnte[549].

Daß bei Entnahme und Transport von Spolien viel zerstört wurde, zum großen Kummer von Archäologen und Kunsthistorikern, ist die Kehrseite der Wiederverwendung. Dazu kommt indessen noch Folgendes: Trotz intensiver Forschung ist es oft nicht möglich zu entscheiden, ob bestimmte Teile als Spolien betrachtet werden müssen oder ob sie nicht vielleicht an ihrem heutigen Platz entstanden sind. Diese Einschränkung gilt sogar für manches Stück in Venedig[550].

Auch Eisen, mit dem man Quader von Großbauten verklammerte, und Blei, mit dem man Fugen verschloß, waren so kostbar, daß man sie gern ehemaligen Tempel-, Thermen- oder Palastanlagen, Mauern von Städten oder Befestigungen entnahm. Meist aber war es der Mangel an guten Steinen, der zur Plünderung manchmal sogar noch intakter Bauwerke führte. Als die Steine für den Bau neuer Gebetsstätten in Regensburg nicht reichten, soll König Ludwig der Deutsche († 876) angeordnet haben, die Stadtmauern abzutragen (*muros urbis destrui fecit*)[551]. Solches Tun erschien in anderem Licht, als bald darauf Ungarn einfielen.

Die Mauern des römischen Kastells Deutz, gegenüber von Köln, wurden erst 1243 geschleift. Geht man von den nachgewiesenen Maßen dieser Befestigung aus, annähernd ein Quadrat von 154 Metern Seitenlänge, 3,50 Meter starken Mauern[552], und nimmt man die Mauerhöhe einschließlich Fundament mit nur vier Metern an, kommt man – ohne die 14 kräftigen Rundtürme und die beiden zweitürmigen Torbauten – auf 8.624 Kubikmeter Mauerwerk ([4 x 154] x 3,5 x 4). Zwar bildeten Steinquader nur einen Teil dieser Masse, doch auch das Brockenmauerwerk im Innern dicker Mauern war zu gebrauchen – und sei es, daß man damit unebenes Gelände auffüllte oder Wege befestigte.

Zwei weitere Beispiele: Um Köln mit Wasser zu versorgen, hatten die Römer Leitungen von etwa 90 Kilometern Länge gebaut, zu denen noch Schlammfang und Wasserreservoire kamen. Jahrhundertelang unbenutzt, luden solche Bauwerke zur Selbstbedienung ein mit dem Ergebnis, daß es »kaum eine frühromanische Kirche in der Nähe der Wasserleitung [gibt], an der sich nicht von diesem Bauwerk herstammendes Material nachweisen ließe«[553]. Im Jahre 1211 wurde den Zisterziensern von Himmerod – wahrscheinlich auf deren Bitte hin – das Amphitheater von Trier als Steinbruch überlassen[554]. Wenig wahrscheinlich ist, daß die Mönche die Steine über etwa 50 Kilometer Landwege schaffen lassen wollten, um sie an ihrem Kloster zu verarbeiten; doch konnten sie das anfallende Material in ihrem Trierer Stadthof verwenden oder an Interessenten verkaufen.

Günstige Bedingungen boten sich Michelangelo, als der Papst ihn beauftragte, in den Thermen des Diokletian zu Rom die neue Kirche S. Maria degli Angeli zu errichten. Vasari, der dies berichtet, zeigt an anderer Stelle seines Werkes, daß er den Unterschied zwischen Thermen und Tempel kannte; hier aber fährt er fort: »und damit den alten Tempel zu einem christlichen Gotteshaus umzugestalten«[555]. Vielleicht hat er aus Unachtsamkeit einen Topos aufgegriffen, denn die Umwidmung von Tempeln war üblich. Andererseits kam es auch leicht zu Verwechslungen; Ruinen von Thermen ließen sich durchaus als Reste früherer Tempel deuten[556]. Papst Pius IV. und der päpstliche Hof waren jedenfalls höchst erstaunt, mit welcher Geschicklichkeit Michelangelo »sämtliche Grundmauern der antiken Thermen zu nutzen verstand, um daraus eine sehr schöne Kirche zu machen; besonders der Eingang übertraf alle Vorstellungen der Baumeister, so daß er damit viel Lob und Ruhm erntete«. Es bedurfte nicht der Erwähnung, daß Michelangelo seit dem Sommer 1561 außer den Grundmauern der Thermen auch das Gebäude selber nutzen konnte, viel Arbeit im Steinbruch und weite Transportwege also entfielen.

Verwertbare Teile kirchlicher Vorgängerbauten weiterzuverwenden, war aus mehreren Gründen geboten: Es ließen sich erhebliche Kosten einsparen, zudem kam der neue Bau meist an die Stelle des früheren oder in dessen unmittelbare Nähe zu stehen. So wurde in Mainz, um nur ein Beispiel zu nennen, der sogenannte Willigis-Dom neben dem alten Dom errichtet[557]. Für eine Nutzung brauchbarer Teile sprach schließlich, daß der Vorgängerbau mit allem, was dazugehörte, bei der Weihe in den Dienst Gottes gestellt worden war; es galt als Unrecht, Teile profan zu nutzen. Bei Untersuchung eines Gebäudes ergibt sich oft, daß im ersten Bauabschnitt nur neue Steine verwendet wurden; man kann daraus schließen, daß man mit dem Abbruch der älteren Kirche erst begann, als ein Teil des Neubaus dem Gottesdienst schon zur Verfügung stand.

Ganz anders im umgekehrten Fall: Die Verwertung weltlichen Gutes für kirchliche Zwecke galt als Gott wohlgefällig. Mit besonderer Genugtuung demolierte mancher Bischof Gebäude, die ihm und seinen Vorgängern verhaßt waren. So ließ Bischof Burchard von Worms die durch einen Tausch erworbene Salierburg in seiner Stadt noch am Tag, als der Herzog ausgezogen war, *usque ad fundamentum avida manu*, mit gierigen Händen bis auf das Fundament niederreißen und mit dem Abbruchmaterial Kirche und Stift St. Paul errichten[558]. Ob nun ein kirchlicher oder ein profaner Bau als Materialspender diente – man sparte, auch Kosten für Transport und Lagerhaltung.

Arbeit im Steinbruch

Spolien waren willkommen, doch im allgemeinen reichten sie für einen Neubau nicht aus. Den größten Teil der benötigten Steine wird man im Steinbruch gewonnen haben. Dort schlugen Steinmetzen und Arbeiter in gerader Linie an der für den Bruch vorgesehenen Stelle Löcher ein. In diese trieb man Eisenkeile und sprengte dadurch Stücke transportabler Größe vom gewachsenen Felsen ab. Man kannte auch behutsamere Verfahren: In die Bohrlöcher trieb man Keile aus trockenem Holz, die man durchfeuchtete und so zum Quellen brachte; oder man begnügte sich vor Beginn der Winterpause mit dem Bohren, in der Hoffnung, das in den Steinlöchern gefrierende Wasser werde ähnlich wirken wie quellendes Holz. Wenn alles wunschgemäß verlief, entstand ein feiner, die Bohrlöcher verbindender Riß. Nun konnte man die Keile weiter in den Stein treiben und dadurch den Spalt verbreitern, bis der Block sich aus seiner Umgebung löste[559].

Lag der Steinbruch günstig an einem Hang, genügte für den Transport bis zum Schiff vielleicht eine Bretterrutsche. Mußten die Steine aus einer Grube gehoben werden, brauchte man Seile und Hebezeug, für das der Zimmermann zu sorgen hatte. Manch schweren Unfall hat es beim Brechen sowie beim Heben der Steine gegeben. Je nach Bedarf ließ man die Steine an Ort und Stelle durch entsprechend qualifizierte Arbeiter weiter zurichten[560].

Als Glücksfall erwies sich der Drachenfels im Siebengebirge: Vielseitig verwendbarer Trachyt in Hanglage und der Rheinstrom gleich am Fuß des Steinbruchs. In der Römerzeit und vom 13. bis ins 19. Jahrhundert hat man diese geradezu idealen Gegebenheiten genutzt. Über Einzelfragen des Transportes soll weiter unten gehandelt werden, doch sei schon hier eine Ergänzung eingeflochten. Im Jahre 1347 konnte der Hauptinteressent einen für sein Vorhaben günstigen Vertrag abschließen: Erbburggraf Heinrich von Drachenfels räumte dem Kölner Domkapitel das Recht ein, gegen Zahlung einer jährlichen Pacht bis zur Vollendung des Domes auf seinem Grund die erforderlichen Steine zu brechen[561]; bis zur Einstellung der Arbeiten am Dom 1560 wurden am Drachenfels also Steine für den Kölner Dom gebrochen. Von solchen Konditionen konnte man andernorts nicht einmal träumen, liegt Köln doch nur etwa 30 km entfernt, zudem strom*ab*wärts.

Ziegelbrennen

Fehlte es an Naturstein, mußte man rechtzeitig für Ziegel sorgen. Seit der Antike beherrschte man die Technik ihrer Herstellung. In den Mittelmeerländern hat man offensichtlich von Generation zu Generation die erforderlichen Fertigkeiten weitergegeben. Jedenfalls gibt es in Ravenna aus dem Frühmittelalter stammende Ziegelbauten – mit einem Charakteristikum, das möglicherweise aus Byzanz stammt, zu dessen Reich Ravenna jahrhundertelang gehörte: An manchen Bauten sind die Ziegel recht dünn, das Mörtelbett um so dicker. Seit der Karolingerzeit werden auch nördlich der Alpen wieder Ziegel verwendet, etwa in Aachen und Seligenstadt[562].

Als seit dem 12. Jahrhundert in Niederdeutschland Städte gegründet und Kirchen in großer Zahl gebaut wurden, standen oft nur Granitfindlinge zur Verfügung. Sie lassen sich leicht zu handlichen Blöcken spalten und wurden dann gern beim Bau von Fundamenten, Sockeln und Pfeilern, Fassaden und Türmen verwendet, häufig im Wechsel mit Backsteinen[563]. Die Technik der Ziegelherstellung hat man aus Oberitalien übernommen. Bei der Suche nach einer Lehmgrube wird gelegentlich eine Vision geholfen haben, wie andernorts, wenn ein Steinbruch gesucht wurde; oder man setzte eine Prämie aus für den, der geeignete Vorkommen ausfindig mache[564]. Vom Stechen des Lehms oder Tons[565] über das Kneten, Formen und Streichen, Trocknen, Brennen bis zur Auslieferung des fertigen Ziegels rechnete man anderthalb Jahre; diese Vorlaufzeit war bei der Planung zu berücksichtigen[566].

War der Bedarf nur eines Bauwerks zu decken – etwa eines Klosters, wie die Zisterzienser sie fern städtischer Siedlungen gründeten; man denke an Chorin und Lehnin in Nordostdeutschland –, konnte man sich mit einfacheren Produktionsanlagen begnügen, als wenn eine wachsende Stadt mit Ziegeln zu versorgen war; in Lübeck brannte man jahrhundertelang große Mengen an Backsteinen und Dachziegeln für Kirchen, öffentliche Gebäude und Privathäuser, Mauern und Tore[567]. Einzelne Betriebe in städtischer Regie stellten bis zu einer halben Million Ziegel pro Jahr her – ein Beispiel für normierte Massenproduktion im Mittelalter[568]. Ähnlich verfuhr man bei der Herstellung von Dachziegeln und Bodenfliesen. Fand man in den Landstrichen südlich der Ostsee kein Holz mehr für die Ziegelöfen, schaffte man es aus Skandinavien auf dem billigen Seeweg heran.

Geläufige Größen in Norddeutschland kommen dem ›Normalformatziegel‹ nahe, der in Deutschland 24 x 11,5 x 7,1 Zentimeter mißt[569] und fast drei Kilogramm wiegt. Auch nach langem Arbeiten ist er noch gut zu greifen, ohne Sehnen und Muskeln der Hand über Gebühr zu strapazieren. Mit ein, zwei Hammerschlägen läßt er sich auf das gewünschte Format verkürzen. Durch den Wechsel von ›Läufer‹ und ›Binder‹[570] kann man unterschiedliche Muster erzielen[571]. Nicht zu vergessen: Ziegel lassen sich ohne Maschinen in die Höhe schaffen; und der Mauerverband – Ziegel und Mörtel – ist leichter als Sandstein.

Je nach Verwendungszweck brennt man Ziegel in unterschiedlicher Farbe, Form und Härte. Einfache, weniger hart gebrannte Lehmziegel wurden eher im Innenbereich verarbeitet – oder, wenn außen, dann verputzt. Für die Außenwand verwendete man lieber Klinker, die bei mehr als 1.000 Grad Celsius gebrannt waren. Dank der hohen Temperatur sintert das Material, die Poren schließen sich, und die Oberfläche erhält eine glasartige Struktur. Da solche Ziegel nur wenig Wasser aufnehmen, eignen sie sich sogar dort für die Wetterseite, wo strenger Frost zu erwarten ist.

Oft entschied man sich für einen reizvollen Wechsel, etwa in Saint-Sernin, Toulouse: Fensterlaibungen, wie Schießscharten wirkende Öffnungen im Turm sowie zierliche Säulen sind aus Naturstein gearbeitet, aus Ziegeln dagegen Wände und Türme, Strebepfeiler wiederum im Wechsel von Quadern und Backsteinen[572]. Seit dem 12. bzw. 14. Jahrhundert beherrschte man die Technik des ein- und mehrfarbigen Glasierens, was weitere Möglichkeiten künstlerischen Gestaltens erschloß[573]. Mit Hilfe des um 1200 erfundenen Formkastens konnte man auch Profilsteine für die reichere Gliederung von Fassaden, Eingängen und Fenstern fertigen; mehr als 60 verschiedene Arten von Formsteinen hat man an einem Gebäude gezählt[574].

Ergänzend sei die Druckfestigkeit ausgewählter Steine genannt (in kg/cm^2): Lava 900–3.700 (Weichbasalt 900–1500, Hartbasalt 1.880–2.300, maximal 3.700), Marmor 400–2.800, Sandstein 150–3.200, Ziegel 100–350. Die Unterschiede – besonders augenfällig bei Sandstein – zeigen, daß der Architekt die Werkstoffe kennen mußte, die er verbauen ließ.

XI. TRANSPORT

Konnten die Arbeiten auf der Baustelle beginnen, mußten Werkmeister und Handwerker darauf achten, daß Holz, Stein, Lehm, Ton, Sand, Kalk, Gips, Eisen und Buntmetalle ... rechtzeitig zur Stelle waren. Dazu kamen Heu und Stroh für die Armierung von Putz und Ziegeln, und zum Abdichten zusätzlich Moos sowie Leder, später Glas für die Fenster. Welche Mengen an Blei allein ein Dach erforderte, zeigt Notre-Dame zu Paris: Von Anfang an war die Kathedrale mit Blei gedeckt, etwa 1300 Tafeln im Gewicht von rund 210 Tonnen[575].

Für den Transport all dieser Stoffe kamen Land- und Wasserwege, Saumtiere, Karren und Wagen, Schleifen und Schlitten, Boote und Flöße in Frage – und Menschen. Bis ins Zeitalter der Eisenbahnen (19. Jahrhundert) war der Transport von Massengütern zu Lande schwierig und kostspielig, verdoppelte er doch den Preis von Steinquadern schon nach 18 Kilometern[576]. In den einst von Rom beherrschten Ländern – und dazu gehörte die Ile-de-France – gab es noch Römerstraßen, von denen manche im 13. Jahrhundert sogar leidlich gut erhalten waren. Selbst wenn die Brücken längst verfallen, die Straße selber stellenweise wieder unter den Pflug genommen war, wußten noch die Kriegsleute Ludwigs XIV. († 1715) Straßen der Römer zu schätzen; hier konnten sie sogar schwere Artillerie relativ rasch von einem Kriegsschauplatz zum anderen verlegen.

Jenseits des Limes war die Infrastruktur weniger entwickelt; Brücken und andere Kunstbauten fehlten selbst am Rhein bis ins 19. Jahrhundert. Doch auch hier sind Bischöfe und Äbte, Könige und Grafen, Mönche und Studierende ihres Weges gezogen; und Kaufleute haben es fertiggebracht, ihre Waren rechtzeitig zu einer Handelsmesse zu schaffen, oft über Hunderte von Kilometern miserabler Wege, die wir nicht ›Straße‹ nennen würden. Fuhrleute und Arbeiter haben Schlamm und Schlaglöcher gemeistert und sich durch kaum vorstellbare Unzulänglichkeiten nicht entmutigen lassen. Eins sei indessen eingeräumt: Sieht man von Nahrungsmitteln ab, kam es auf Tage nicht an, oft nicht einmal auf Wochen.

Zu Wasser …

Wenn es eben ging, nutzte man für den Personen- und Warenverkehr Meere und Seen, große Ströme wie Donau, Rhein und Rhône, aber auch kleine Flüsse wie die Ill im Elsaß (ab Colmar). Gegebenenfalls wartete man auf günstigen Wasserstand. Mühlsteine, Sarkophage und anderes Schwergut sowie Stein, Holz, Kalk, Kohlen lud man, wenn sich das bewerkstelligen ließ, auf Boote oder Flöße[577]. Wozu man im ersten Viertel des 6. Jahrhunderts fähig war, zeigt das Mausoleum Theoderichs in Ravenna: Von der Halbinsel Istrien wurde über die Adria (Seeweg etwa 130 km) der gewaltige, etwa 300 Tonnen schwere Monolith herangeschafft, der das Grabmal deckt[578]. Um die Vorteile des Wassertransportes nutzen zu können, nahm man weite Umwege in Kauf; so hatte Suger ja geplant, Säulen aus Rom über Meere und Seine nach Saint-Denis schaffen zu lassen; in der Luftlinie liegen beide Orte gut 1100 Kilometer voneinander entfernt, der Wasserweg wäre mehr als viermal so lang gewesen. Bauherren am Unterlauf von Loire, Rhein, Weser, Elbe kam zweierlei zugute: Am Oberlauf gab es günstige Steinvorkommen sowie preiswertes Langholz, und am Unterlauf waren Quader und das Holz der Flöße gefragt; Interessenten zahlten für beide angemessene Preise.

›Pfaffengasse‹ – diese Bezeichnung für das Rheintal war keineswegs abwertend gemeint. Allein neun Kathedralen säumen den Weg des Stromes: in Chur, Konstanz, Basel, Straßburg, Speyer, Worms, Mainz, Köln und Utrecht. Baumaterialien schaffte man auf dem Wasserweg dorthin. Es braucht uns hier nicht zu stören, daß Straßburg und Utrecht an Zuflüssen des Rheines, doch in dessen Nähe liegen. Speyer, Worms und Mainz waren zudem begünstigt, weil auch Main, Neckar und weitere, kleinere Flüsse für den Transport zur Verfügung standen. Die Dome zu Köln, Xanten und Utrecht wurden mit Steinen gebaut, die man in unmittelbarer Nähe des Stromes gebrochen hatte; schon erwähnt wurde der Drachenfels im Siebengebirge. Steine aus Dinsheim (Kreis Molsheim) schaffte man auf der Breusch zur Baustelle des Straßburger Münsters. Ebenfalls auf dem Wasserweg führte man Marmor vom Lago Maggiore nach Mailand zum Bau des Domes. Solche Beispiele ließen sich leicht vermehren. Um welche Massen es sich handelte, mag ein Beispiel zeigen: Der Kölner Dom besteht aus etwa 180.000 t Stein oberirdisch und weiteren 180.000 t unterirdisch, in den Fundamenten[579]. Die Transportkosten machten in Xanten 130 Prozent und in Mailand 40–50 Prozent des Warenwertes aus – Gründe genug für Bauherren, sich um Zollerleichterungen zu bemühen[580].

Über südliche Zuflüsse der Donau – Isar, Traun, Alm, Enns – flößte man Bauholz für den Wiener Dom. Nicht von ungefähr erheben sich auch beiderseits von Loire, Rhône und Seine große Bischofs-, Kloster- und Stadtkirchen – von Burgen und Schlössern zu schweigen. Für den Westturm von St. Benoît-sur-Loire wurden im ersten Drittel des 11. Jahrhunderts Steine in der Gegend von Nevers gebrochen und auf Nièvre und Loire mindestens 200 Kilometer flußabwärts zum Kloster geschafft[581]; vom Hafen (so noch heute die Bezeichnung einer Anlegestelle) bis zur Baustelle hatte man dann nur noch gut hundert Meter Landweg.

... und zu Lande

Öfter als ihnen lieb war, blieben Bauherren auf den Landweg angewiesen; die Steine für den Bau des Aachener Münsters stammten aus der Eifel, den Ardennen, dem Maastal und aus Verdun, die für das Ulmer Münster vom Oberlauf der Donau und aus der Gegend von Stuttgart[582].

Die Steinbrüche lagen oft an unzugänglichen Stellen. Um die kostbare Fracht überhaupt abtransportieren zu können, mußten erst Wege angelegt und befestigt werden. Als Michelangelo den Neubau des Petersdomes in Rom leitete, bestand Papst Leo X. darauf, daß der erforderliche Marmor nicht in Carrara, sondern in Seravezza gebrochen würde. »Es mußte aber eine mehrere Meilen lange Straße über das Gebirge gebaut und mit Hämmern und Pickeln das Gestein zerkleinert werden, um sie einzuebnen; sumpfige Stellen mußten mit Pfahlwerk überbrückt werden, so daß Michelangelo viele Jahre verlor, um den Willen des Papstes zu erfüllen«[583]. Bei kürzeren Strecken, in Freiburg etwa vom Schlierberg zum Münster, glich man Unebenheiten des Weges mit Abraum aus, der im Steinbruch anfällt. Säulen hat man wahrscheinlich, wie in der Antike, in einen Rahmen gebaut und gerollt[584]. Auch dieses Verfahren setzte Wege voraus.

In gänzlich unwegsamem Gelände mußte man wenigstens eine Bahn freimachen, auf die man quer zur Zugrichtung Rundhölzer legte. Über die konnte man dann auf einer Schleife – zwei V-förmig verbundenen, unten möglichst glatten Kanthölzern – auch schwere Quader schleifen. Wollte man auf diese Weise häufiger große Lasten transportieren, ließ man die Querhölzer liegen; war der Unterbau nur einmal gefragt, nahm man sie nach Gebrauch auf und legte sie in Transportrichtung wieder aus.

Schlitten wurden nicht nur im Winter verwendet. Wer auf ihnen Massengut transportieren wollte, mußte vorher einen Weg bahnen. Mit einem Schlitten könnte ein Mann in der Ebene auf einigermaßen glatter Bahn wohl 200 Kilogramm gezogen bzw. geschoben haben; für eine Tonne (1000 kg) hätte man also mindestens fünf Mann gebraucht[585].

Hatte man schwere Quader oder Säulen über weitere Strecken zu schaffen, halfen Rollen weiter, etwa Baumstämme passender Länge und Dicke; auch für sie brauchte man einen ausreichend breiten und festen Weg. Die beim Schieben der Last frei werdende letzte Rolle wurde als erste wieder vorn untergelegt.

Vor Karren und Wagen spannte man lange Zeit vorwiegend Ochsen – 26 Joch sollen es im 11. Jahrhundert auf dem Weg vom Steinbruch zur Baustelle in Conques gewesen sein[586]. Legenden von Ochsen, wie man sie hoch oben an den Türmen der Kathedrale von Laon sieht[587], enthalten einen historischen Kern: Ochsen bildeten den bedeutendsten Teil des Zugviehs, mancherorts bis ins 20. Jahrhundert. Hier und da standen sicher auch Pferde zur Verfügung; sie waren weit teurer als Rinder; dafür gehen sie schneller und verfügen über mehr Zugkraft. Auch Kühe wurden vor den Karren gespannt; mußte man sie noch am selben Tag dem Eigentümer zurückgeben, blieb die Zugleistung bescheiden. Doch selbst wenn man mit ihnen an einem Tag ›nur‹ fünf Kilometer geschafft haben sollte, kam man in einer Woche vielleicht auf 30, in einem Monat auf 100–120 Kilometer. Standen stabile Karren zur Verfügung und war der Weg leidlich gebahnt, mochte man an einem Tag wohl auch 15 Kilometer mit anderthalb Tonnen (1.500 kg) Last schaffen, entsprechend etwa drei Viertel bis einem Kubikmeter Stein[588]. Nicht zu vergessen: Zugtiere brauchten Hafer, Heu, Stroh, Wasser, einen trockenen Stall und Menschen, die mit ihnen umgehen konnten.

Wiederholten sich Transporte von Massengütern, ergriffen Interessierte kostendämpfende Maßnahmen. Das konnten die schon erwähnten Zollerleichterungen sein, der Bau von Straßen und Brücken, nicht zuletzt sinnvolle Anschirrung: Pferde entfalten mit Kummet und Brustgurt weit mehr Zugkraft als bei der in der Antike üblichen Anspannung; durch diese wurden Luftröhre und Halsschlagadern zugedrückt, so daß Lungen und Gehirn nicht ausreichend Sauerstoff bekamen.

Menschen anstelle von Zugvieh

Einen erheblichen Teil des Transportes übernahmen Menschen, und zwar nicht nur im Steinbruch und auf der Baustelle, wie wir noch sehen werden. Hörige, d. h. Unfreie, mußten Hand- und Spanndienste leisten; nicht selten blieb ihnen dann keine Zeit mehr für den eigenen Acker. Wurden die Abgaben trotzdem mit großer Strenge eingetrieben, sanken Abhängige in äußerste Armut ab; schriftlich festgehalten ist eine solche Klage aus dem 11. Jahrhundert in Eichstätt[589]. Doch dürfte es zu anderen Zeiten und an anderen Orten nicht besser ausgesehen haben; Gebildete liehen ihre Feder eher selten schreibunkundigen Geschundenen.

Für Arbeiten, die Sorgfalt erforderten, waren zum Dienst gepreßte Hörige kaum geeignet. Rasch ist eine kostbare Säule zerbrochen, wenn sie beim Transport unsachgemäß gehandhabt wird. Mit welchen Massen man hier rechnen mußte, mag das Beispiel Aachener Spolien zeigen: Die aus dem Mittelmeerraum stammenden Granitsäulen dürften bei einer Länge von 2,33 und einem Durchmesser von 0,30–0,33 Metern[590] pro Stück etwa 520 Kilogramm wiegen, eine halbe Tonne. Die Leistung derer, die solche Säulen aus Italien unversehrt nach Aachen und Magdeburg geschafft haben, verdient Respekt.

Selbst wenn weder Sklaven noch Hörige zu Gebote standen, konnte man Transportkosten mindern, wenn nicht ganz abwälzen: Man mußte Menschen bewegen, solche Arbeiten freiwillig auszuführen, sie in dem Glauben bestärken, daß sie sich durch redliches Schuften Verdienste im Jenseits erwarben. Der mehrfach erwähnte ›Pilgerführer‹ setzt als selbstverständlich voraus, daß Wallfahrer zum hl. Jakobus von Triacastela/Galicien aus einen Steinbrocken bis nach Castañola tragen, wo er zu Kalk gebrannt und beim Bau der Basilika als Mörtel verwendet wurde. Andere brachten ›ihrem‹ Heiligen Blei oder Eisen[591], wieder andere gemünzte oder ungemünzte Edelmetalle; mit diesen konnte man Baumaterialien bezahlen und Dienste vergüten.

Schließlich wissen unsere Quellen auch von Diensten zu berichten, welche die Zeitgenossen beeindruckt haben – und nicht nur sie. Das fing nach den Worten Sugers schon im Steinbruch an. »Brust und Arme mit Tauen umschnürt«, hätten in edlem Wettstreit Adlige und einfache Leute »anstelle von Zugtieren« mit zusammengeknoteten Seilen Säulen aus der Tiefe emporgezogen und dann weitergeschafft[592]. Im Jahre 1145, schreibt der Chronist Robert von Mont-Saint-Michel, habe man in Chartres zum ersten Mal gesehen, wie »Gläubige sich vor Karren spannen, die mit Steinen, Holz, Getreide und wessen man sonst bei den Arbeiten an der Kathedrale bedurfte, beladen waren«. So habe man es auch sonst in Franzien, in der Normandie und in anderen Landstrichen gehalten. Allenthalben hätten sich die Menschen gedemütigt, Buße getan, Übeltaten verziehen. Männer und Frauen habe man schwere Lasten durch Sümpfe schleppen sehen; mit Gesängen hätten sie Gott gepriesen[593]. Selbst edle Frauen haben, Zugtieren gleich, nach einem anderen Bericht Wein, Getreide, Öl, Kalk, Steine, Holz ... den Werkleuten einer Kirche zugeführt[594].

Beiläufig erfahren wir, daß der Bauherr *auch* an die Verpflegung der Arbeiter denken mußte. Dank einer großen Zahl freiwilliger Helfer konnte man beim Bau vieler Kathedralen offensichtlich ein unübliches Bautempo vorlegen. Doch wie ist es um die Glaubwürdigkeit von Berichten bestellt, nach denen edle Frauen wie Zugtiere gearbeitet haben? Begeisterte Menschen muten sich auch Leistungen zu, die mit Tieren nicht zu schaffen wären – wie die Durchquerung von Sümpfen mit schweren Lasten. Allerdings, soll das Zwerchfell nicht reißen, darf man bei Strapazen weder singen noch lachen. Mit Gesang wird man bis zum Abend oder Sonntag gewartet haben; die Arbeit selber wurde als Lob Gottes verstanden. In dem Bericht Abt Haimos heißt es denn auch, während der Arbeit habe tiefes Schweigen geherrscht; nicht einmal Flüstern habe man gehört. Der Chronist faßt zusammen, wie Menschen sich verhielten, die sich zugunsten eines Kirchenbaus abrackerten. Aus dem 12. Jahrhundert sind noch andere Wellen der Begeisterung überliefert, getragen von Bußgesinnung, Demut und Friedensbereitschaft; es ist schon viel gewonnen, wenn Willige in Ruhe ihrer Arbeit nachgehen können. Daß auch gesellschaftlich Hochgestellte aus gegebenem Anlaß sich nicht zu schade für schwere körperliche Arbeit waren, zeigte sich bei Belagerungen und auf Kreuzzügen.

Gewiß läßt sich solcher Einsatz auch mit dem Streben nach Erinnerung (*memoria*) erklären: Wer auf seinem Rücken, auf Boot, Karren oder Schlitten Baumaterial heranschaffte, ging davon aus, daß er in Stein oder Mörtel, Holz, Blei oder Eisen präsent blieb, in unmittelbarer Nähe Christi, der in den geweihten Opfergaben gegenwärtig war; und der Heilige, unter dessen Schutz die Kirche stand, würde Fürbitte einlegen für den Sünder, der sich abmühte, um das Werk zu fördern.

Selbst Ludwig IX. von Frankreich († 1270) hat, nach dem Zeugnis eines seiner Biographen, zu Beginn seiner Herrschaft als Handlanger auf Baustellen von Kirchen und Klöstern mit angepackt: Wenn Zisterziensermönche wie üblich zur Arbeit (*labour*) gingen, um den Bauleuten zu helfen, »nahm der gesegnete König die Trage und schleppte sie mit Steinen beladen und ging voraus, und ein Mönch trug sie am anderen Ende, und so hielt der ge-

Der Turmbau zu Babel. Buchmalerei aus einer illuminierten Handschrift (um 1360) der »Weltchronik« des Rudolf von Ems.

segnete König es mehrfach zu dieser Zeit«. Immerhin: Der König ging voraus; die gesellschaftliche Ordnung blieb gewahrt.

Ludwig habe seine Brüder sowie Ritter seines Gefolges angehalten, es ihm nachzutun; und auch bei ihnen habe jeweils ein Mönch das andere Ende der Trage gehalten. Seine Brüder hätten sich, als sie schwätzen und spielen wollten, den Tadel des jungen Königs eingehandelt: »Die Mönche wahren hier das Schweigen, und wir sollen das auch tun«. Und als es sie unterwegs nach einer Pause gelüstete, sei die Belehrung des Königs nicht ausgeblieben: *les moines ne se reposent pas, ne vous ne vos devez pas reposer*; »die Mönche ruhen sich nicht aus, auch ihr sollt euch nicht ausruhen«. Auf solche Weise habe der König seine Verwandten und seine Umgebung im rechten Handeln unterwiesen[595].

Derartige Zeugnisse sollen weder über- noch unterbewertet werden. Hätten Könige alle Tage ihren Rücken krumm gemacht, würden die Quellen kein Wort darüber verlieren. Andererseits gibt es viele Zeugnisse, nach denen Adlige ganz bewußt auch schwere körperliche Arbeiten übernommen haben, etwa als Konversen (Laienmönche) bei Zisterziensern. Zwei Generationen vor Ludwig waren Menschen aus höchsten gesellschaftlichen Kreisen sich nicht zu schade, abstoßende Dienste zu übernehmen; erwähnt seien Franz von Assisi und Elisabeth von Thüringen. Man kann also Berichte ernst nehmen, nach denen sogar Herrscher unter Einsatz eigener Körperarbeit gelegentlich den Bau einer Kirche gefördert haben und damit anderen ein Beispiel geben wollten.

Wenn Begeisterte unentgeltlich Leistungen erbrachten, sparte der Bauherr Kosten. Die Freiwilligen kamen im allgemeinen aus der wirtschaftlich gehobenen Schicht; der Einsatz förderte ihr Sozialprestige. Die Sache hatte indes einen Haken: Arme Schlucker wurden entbehrlich, die über keinerlei Reserven verfügten, aber ihre Familie durchbringen mußten – zu schweigen vom Risiko, das Arbeitslosigkeit und Krankheit gerade für sie bedeuteten. Im Interesse des sozialen Friedens war es wünschenswert, daß die Begeisterung sich nach einiger Zeit legte, auf daß nicht zu lange und nicht zu viele Menschen aus Arbeiten verdrängt wurden, in denen sie mühsam ihr Brot verdienten. Eine bezeichnende Einzelheit bringt die Legende von Renaut de Montauban; sie gehört zum Sagenkreis, der sich im 12./13. Jahrhundert um Karl den Großen legte. Um Schuld zu sühnen, verdingt sich Renaut gegen kargen Lohn auf der Baustelle des Kölner Domes. Angesichts des unermüdlichen und zuverlässigen Helfers geraten die Arbeiter in Unruhe. Sie erschlagen Renaut und werfen den Leichnam in den Rhein; ein Wunder macht das

Verbrechen offenkundig[595a]. Der historische Kern: Lohnabhängige erfahren die Bereitschaft von Menschen, unter Tarif zu arbeiten, als existentielle Bedrohung.

XII. AUF DER BAUSTELLE

War der künftige Bauplatz festgelegt, herrschte dort geschäftiges Treiben. Vielleicht mußten noch Bäume und Gestrüpp gerodet werden; für Vermessung und ersten Spatenstich, Ausschachten und Grundsteinlegung gab es ein Kommen und Gehen; es nahm zu, sobald die Fundamente gelegt waren. Anschließend wurde im allgemeinen zunächst auch dann gemauert, wenn eine Holzkirche geplant war. Denn man wußte, daß Holz am ehesten in der Zone fault, in der es – noch erdfeucht – der Luft ausgesetzt ist. Deshalb sollten wenigstens die Holzständer auf Steinfundamente zu stehen kommen; oder man mauerte einen Sockel, wie man ihn noch heute an Bauernhäusern sieht, von dem aus dann mit Fachwerk weitergearbeitet wurde.

Männer der ›mechanischen Künste‹

Die meisten der für den Bau unentbehrlichen Kräfte gehörten zur Gruppe der Arbeiter (*operarii*); doch gab es auch Angehörige der *artes mechanicae.* Die ›mechanischen Künste‹ sind nicht so klar abgegrenzt wie die schon erwähnten *artes liberales* – wohl auch deshalb, weil schreibkundige Intellektuelle es nicht für nötig hielten, sich um sie zu kümmern. Seiner Zeit voraus war der Philosoph, Theologe und Mystiker Hugo von St. Victor († 1141); in Anlehnung an die *artes liberales* unterscheidet er sieben Fächer, in denen es jeweils um unterschiedliche, aus Erfahrung gewonnene und verbesserte Praxis geht: Webkunst (textilverarbeitende Tätigkeiten), Waffenschmiede, Schiffahrt (mit Handel), Landwirtschaft (mit Gartenbau), Jagd (mit Nahrungszubereitung), Heilkunst und Schauspielkunst (Ritterspiele)[596]. Alle sieben faßt er unter dem Obergriff ›Mechanik‹ zusammen.

Zur zweiten ›mechanischen‹ Kunst schreibt Hugo, das Wort *arma* (Waffen) verwende man auch im Sinne von *instrumenta* (Werkzeuge, Geräte). »Die Waffenschmiedekunst wird also gleichsam als die Kunde von den Geräten bezeichnet, ... weil sie aus einem gegebenen Stoffe sozusagen Geräte herstellt. Als Stoff kann hierbei dienen: Stein, Holz, Metall, Sand, Ton«. Hugo unterscheidet die Bauhandwerker weiter nach Steinarbeitern (Steinhauer und Maurer), Holzarbeitern (Schreiner, Zimmermann) und Handwerkern, die andere Dinge mit Haue und Beil, Feile und Axt, Säge und Bohrer, Hobel, Kelle und Richtscheit »glätten, behauen, meißeln, feilen, schnitzen, zusammenfügen, anstreichen, und zwar Stoffe jedweder Art: Ton, Ziegel, Stein, Holz, Knochen, Sand, Kalk, Gips und andere dieser Art«. Beim Schmied unterscheidet er nach Hammer- und nach Gußarbeit, je nachdem, wie er »dem Stoffe eine bestimmte Gestalt gibt«.

Unter den Angehörigen der *artes mechanicae* finden sich also jene Berufsgruppen, auf die niemand verzichten konnte, der eine Kirche bauen und ausstatten wollte: Außer schlichten Handwerkern auch Menschen, die man seit dem Spätmittelalter mehr und mehr als Künstler zu ehren lernte: Stein- und Holzbildhauer, Maler, Schmiede, die Gold, Silber, Kupfer und Bronze verarbeiten, Spezialisten für Emailarbeiten usw. Mit der Bezeichnung *artes* (Fertigkeiten, Künste) und der Siebenzahl sind sie den *artes liberales* zwar noch nicht gleichgestellt; doch denen, die sie ausüben, hat Hugo allein schon dadurch ein Stück Würde gegeben, daß er sich für sie interessierte, daß er sich um Unterteilungen bemühte. Angesichts von Lärm, Dreck und Gestank, die sich bei Ausübung solcher Tätigkeiten nicht vermeiden lassen, hätte man eher Naserümpfen erwarten können.

Wie aufgeschlossen Hugo von St. Victor war, zeigt auch ein Vergleich mit seinem Zeitgenossen Otto, Zisterzienserabt, Bischof von Freising und Geschichtstheologe († 1158). Mißbilligend nimmt Otto zur Kenntnis, daß südlich der Alpen einer großen Gruppe der Bevölkerung der soziale Aufstieg gelungen ist: Machthungrige Stadtstaaten in Italien halten es für nicht unter ihrer Würde, »junge Leute der unteren Stände und auch Handwerker, die irgendein verachtetes mechanisches Gewerbe betreiben, zum Rittergürtel und zu höheren Würden zuzulassen, während die übrigen Völker solche wie die Pest von den ehrenvolleren und freieren Beschäftigungen ausschließen« (*quoslibet contemptibilium etiam mechanicarum artium opifices, quos cetere gentes ab honestioribus et liberioribus studiis tamquam pestem propellunt*)[597].

Wenige Jahre, nachdem dieses Urteil formuliert worden war, zeigt sich in einem Briefwechsel zwischen Abt Wibald von Stablo, einflußreicher Berater der Könige Konrad III. und Friedrich Barbarossa, und dem Goldschmied G, wie selbstverständlich ein Mann ›höheren‹ Standes es sich herausnahm, einen Handwerker von oben herab anzureden, aber auch, wie selbstbewußt ein Goldschmied bereits zu antworten wußte[598]. Bemerkenswert ist schon

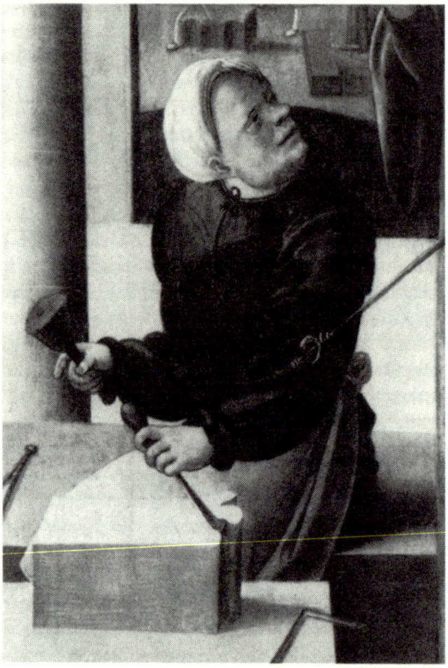

Der Steinmetz. Bearbeitung eines Werkstücks mit Holzklöpfel, Glattfläche, Winkeleisen und Stechzirkel (Tafelbild, Graz, um 1520).

die Tatsache, daß der Abt die schriftliche Form der Mitteilung wählt; er geht also davon aus, daß der Goldschmied G lesen kann und Latein gelernt hat. »Bruder Wibaldus, der seine Stellung in der katholischen Kirche allein der Gnade Gottes verdankt, entbietet seinem geliebten Sohn, dem Goldschmied G, Gruß und Segen«. Ohne sich mit verbindlichen Worten aufzuhalten, läßt der ›väterliche‹ Abt der Eröffnung Vorwürfe folgen: Bei »Menschen deiner Kunst« sei man gewöhnt, daß sie Zusagen nicht einhalten, da sie mehr Aufträge annehmen, als sie ausführen können. Der Abt weiß auch, wo die Wurzel allen Übels liegt; es ist Habgier. Ein Mann mit der künstlerischen Begabung des G dürfe gar nicht erst den Verdacht der Unzuverlässigkeit, Unglaubwürdigkeit und Täuschung aufkommen lassen. Sollte G noch nicht begriffen haben, verlangt Wibald, G solle sich eifrig, sofort und ausschließlich den Arbeiten widmen, die er für ihn übernommen habe. »Du weißt, daß wir es mit unseren Wünschen sehr eilig haben, – und was wir wollen, das wollen wir sofort«. Schon Seneca sage doch: »Wer schnell gibt, gibt doppelt«. Als reichten die groben Klötze noch nicht, stellt Wibald ein ausführlicheres Schreiben in Aussicht, in dem er G über die rechte Führung seines Haushalts, seiner Familie »und über das Verhalten und die Zucht deiner Frau« belehren wolle. »Leb wohl«.

Die Antwort ist erhalten, was in Briefsammlungen nicht selbstverständlich ist; Anspielungen und Zitate zeigen, daß G das Florett zu führen weiß. »Seinem Herrn Wibaldus, durch Gottes Gnade Abt von Stablo und Corvey, übermittelt G Gruß und schuldige Ergebenheit«. Die Ermahnungen, die Wibald aus dem Hort seiner Freundlichkeit und Weisheit hervorgeholt habe, habe er »teils mit Vergnügen, teils mit gehörigem Respekt« aufgenommen. G stellt nüchtern fest, daß der Abt seine Zusagen nicht eingehalten habe. Gern wolle er sich beeilen, »wenn ich nur nicht durch die Not aufgehalten werde; keiner von denen, für die ich gearbeitet habe, hat schon etwas eingezahlt«. Auch ein Gewährsmann des Abtes lasse ihn warten. »Da nun der bedrängte Mensch sich freut, wenn nach der Leere die Fülle kommt, so hilf doch du meiner Not ab, wende die Arznei an, und gib schnell, damit du doppelt gebest, – und du wirst mich zuverlässig, beständig und schließlich ganz dem Werk für dich hingegeben finden. Leb wohl«.

Enttäuschung über – vermeintlich oder wirklich – nicht eingehaltene Zusagen gehört zum Alltag von Auftraggebern und Auftragnehmern. Nicht jeder Goldschmied kann es sich leisten, die Ausgaben für das Edelmetall vorzustrecken; und ein kirchliches Amt garantiert nicht gute Zahlungsmoral. Das ruft der Goldschmied dem Abt ungeniert in Erinnerung. Zwar versichert er ihn der schuldigen Ergebenheit; doch der kurze Abschiedsgruß zeigt, daß er ansonsten ein Verhältnis wie unter Gleichgestellten pflegt. Der Schlagabtausch weist ferner darauf hin, daß es auch nördlich der Alpen zu Änderungen im sozialen Gefüge gekommen war, die Bischof Otto von Freising offensichtlich entgangen sind; Abt Wibald wurden sie aus gegebenem Anlaß vor Augen geführt.

Der Steinmetz

Von Beginn der Planungen an war der Steinmetz gefragt. Im Steinbruch zeigte er Arbeitern, wo und wie sie am besten zu Werke gingen; bis endlich die Kreuzblume hoch oben auf dem Turm verankert werden sollte, ging nichts ohne ihn.

Steine, die für Ornamente und Skulpturen vorgesehen waren, wird der Steinmetz erst in der Bauhütte bearbeitet haben. Dazu mußte er die Eigenschaften der verschiedenen Steine kennen, vor allem Dichte, Härte und Verwitterungsbeständigkeit. Mußte eine Säule später hohe Lasten tragen, brauchte er anderes Material als zur Anfertigung einer im Innern freistehenden Skulptur oder beim Ausmauern der Kuppel. Bestimmte Steinarten werden unterschiedlichen Anforderungen gerecht: Bruchfrisch, ist Kalkstein weich und hervorragend zu bearbeiten; getrocknet, ist er ungewöhnlich hart und belastbar wie Granit[599]. Solche Steine waren willkommen, um aus ihnen etwa Kapitelle zu arbeiten: In feuchtem Zustand, konnte der Steinmetz relativ leicht aus ihnen Figuren, Tiere, Pflanzen, Schmuckwerk herausarbeiten; später mußten sie hohen Druck aushalten.

Für seine Arbeit hatte der Steinmetz Werkzeug, das seit der Antike bekannt war und bis ins Mittelalter nur in Einzelheiten verbessert worden ist. Was Form und Funktion, Größe und Gewicht angeht, arbeitet man in Dombauhütten heute vielfach mit dem gleichen Gerät wie vor 800 Jahren[600]. Dazu kamen und kommen bis heute auch mancherlei neue Hilfen, die man in früheren Zeiten nicht gekannt hatte: Seit der zweiten Hälfte des 13. Jahrhunderts die Brille (wobei offenbleiben muß, seit wann sie auch von Handwerkern als Schutz für die Augen getragen wurde)[601] und die mechanisch betriebene Steinsäge sowie im 20. Jahrhundert der druckluftbetriebene Kompressorhammer. Mit diesem lassen sich Grobformen wesentlich schneller als bei traditioneller Arbeitstechnik herausholen; die Arbeitserleichterung wird erkauft mit der höheren Belastung von Hand- und Fingergelenken. Ende des 20. Jahrhunderts wurde mit der Arbeitskabine eine weitere Hilfe für Steinmetze entwickelt: Der Feinstaub wird aus dem Bereich der Atemluft entfernt (damit die Berufskrankheiten Steinstaublunge und Lungenkrebs verringert); die Umgebung weiß die geringere Lärmbelästigung zu schätzen.

Das Schlageisen, das wichtigste Werkzeug, hält der Steinmetz in der einen Hand, den Klöpfel oder den Fäustel in der anderen. Der Klöpfel – auch Knüpfel genannt, aus zähem Wurzelholz der Weißbuche gearbeitet – wird verwendet, wenn der Stein nicht so hart getroffen werden soll wie bei einem Schlag mit dem kurzstieligen Fäustel, der einen Eisenkopf mit zwei Schlagflächen hat; zudem werden die Hand- und Armgelenke des Arbeiters bei Verwendung des Klöpfels weniger in Mitleidenschaft gezogen. Mit dem Spitzeisen oder Spitzmeißel werden die Stücke grob behauen (heute mit dem Preßlufthammer); mit dem Flacheisen, das glatt oder gezähnt und mehr oder weniger breit ist, werden sie weiter bearbeitet.

Mit beiden Händen führt der Steinmetz Zweispitz (Hacke) und Steinbeil (›Fläche‹ genannt, glatt oder mit bis zu zwölf Zähnen), um die Oberfläche grob zu bearbeiten und schon zu strukturieren. Ebenfalls zur Flächenbearbeitung braucht er den Krönel oder Gröndel; hier sind bis zu 14 einzelne, verstellbare Metallstifte so in eine Metallhalterung mit Feststellschraube gespannt, daß ihre Spitzen eine gerade Linie bilden. Das Scharriereisen – breit, meißelartig, mit gerader oder gezähnter Schneide – wird unterschiedlich genutzt. Mit gerader Schneide kann man es zum völligen Glätten des Steins verwenden. Mit dem Scharrierschlag läßt sich eine Fläche mit schraffierten Rillen erzielen; mit dem Stellschlag kann man dem Stein eine starke, dekorativ wirkende Strukturierung geben. Mit dem Steinhobel – einer Verbindung von Holzscheit und eingelegten Metallbändern – schafft man je nach Krümmung der Unterseite des Hobels unterschiedliche Wölbungen oder Rinnen; den Steinhobel verwendet man bei der Feinbearbeitung von Ornamenten und Reliefs. Arbeitete man an kleineren Werkstücken, half eine Kiste mit Sand; der Sand verhinderte, daß der Rohling verrutschte. Drillbohrer, mit Bogen und Lederriemen angetrieben (daher auch ›Geigenbohrer‹ genannt), brauchte man, wenn man Teilstücke mit Dübeln aufhängen oder zusammenfügen wollte.

Dazu kommen Meßgeräte: Richtscheit (Lehre, zur Festlegung der Krümmung von Gewölberippen, gegebenenfalls eine Seite gekrümmt, die andere gerade), Meßschnur, Schablonen, nicht zuletzt Winkel und Stechzirkel – letztere bilden *die* Attribute des Steinmetzen. Mit Zirkel und Lineal werden Grundriß, Aufrisse und Proportionen festgelegt. Brauchte man auf Stein oder Holz eine längere gerade Linie, bediente man sich der Schlagschnur: Sie wurde mit Ruß eingefärbt, an zwei Punkten befestigt, gespannt und angehoben; ließ man sie senkrecht auf das Werkstück schnellen, gab sie die Farbe ab, und man hatte die gewünschte Gerade. Die Art der Stein- wie auch der Holzbearbeitung hat individuelle, regional- und zeittypische Züge; sie *kann* dem Kenner Hinweise geben, wo und wann ein Werkstück angefertigt worden ist.

Eine anspruchsvolle Aufgabe stellte sich dem Architekten und dem Steinmetz, wenn es galt, Steine für das Gewölbe zu entwerfen, zu zeichnen und zuzuschlagen. Sieht man auf einem Plan das feine Netz eines Gewölbes, oder blickt man in einem spätgotischen Chor in die Höhe, macht man sich im allgemeinen keine Vorstellung von der Delikatesse der Herausforderung. Der Grundriß mußte verräumlicht werden; das »geschah nach Regeln, von denen wir, da genaue Vermessungen gotischer Rippengewölbe bis heute die Ausnahme sind, leider nur aus im Lehrbetrieb angefertigten Musterblättern der endenden Spätgotik und der Nachgotik Kenntnis haben«[602]. Hier ging es nicht ohne ein hohes Maß an räumlichem Vorstellungsvermögen, gepaart mit Abstraktionsfähigkeit. Denkt man an die Aufgaben, die sich beim Bau eines Gewölbes mit hängenden Schlußsteinen[603] stellen, leuchtet ein, daß ein Werkmeister sich als Meisterknecht bewährt haben sollte, bevor er selbständig plante und Untergebenen ihre jeweilige Aufgabe zuwies.

Wie sollte man vorgehen, wenn Gruppen von Personen aus dem Stein zu hauen waren? Der Tympanon in Vézelay wurde aus einem Block gearbeitet; in Autun setzte man den Tympanon aus mehreren Stücken zusammen, ein rationelleres Verfahren. Bei einer Beschädigung müßte man nur einen Teil erneuern, nicht den ganzen Monolith wie in Vézelay. Andererseits war der hier arbeitende Meister vielleicht besonders stolz: ›*Ich* kann mir das damit verbundene Risiko leisten, *ich* kann den Stein beurteilen, *mir* unterläuft kein falscher, die Figur verstümmelnder Schlag‹. Und wenn es doch einmal zu einem solchen Mißgeschick kam? Bilder aus Stein wurden oft bemalt; eine dicke Schicht von Farbe und/oder Gips konnte Unvollkommenheiten überspielen[604]. Metallgießer mußten ohne einen solchen ›Notausgang‹ zurechtkommen. Als Folge eines Fehlers hätte in Hildesheim die ganze Tür neu gegossen werden müssen, in Verona nur eins von mehreren auf die Tür genagelten Bronzefeldern.

Zwei Beispiele mögen eine Vorstellung davon vermitteln, was ein Steinmetz heute schafft. Für einen Engel (weniger als Mannsgröße, 600–700 kg schwer) rechnet man etwa 250 Arbeitsstunden[605], für die Kopie einer etwa drei Meter hohen Prophetengestalt etwa drei Monate[606]; ein Steinmetz würde also im Laufe eines Arbeitsjahres (das heißt ohne die Wintermonate) zwei bis drei solcher Figuren schlagen können, vielleicht sogar mehr; denn anders als bei Anfertigung einer Kopie nimmt er nicht immer wieder neu Maß, sondern gestaltet Formen und Proportionen so, wie er sie sich vor dem Einschlafen hat durch den Kopf gehen lassen. Andererseits dürfte die Arbeit dem Steinmetzen heute schneller von der Hand gehen; dank härteren, zäheren Stahls muß er sein Werkzeug nicht so oft nachschleifen – das könnte früher allerdings zu den Aufgaben von Lehrlingen und Hilfskräften gehört haben.

Steinmetzzeichen

Seit dem 12. Jahrhundert tragen viele Steine besondere Zeichen, die im Laufe der Zeiten nach Form und Größe wechselten. Es begegnen bildliche Motive – Anker, Fisch, Hakenkreuz, Hammer, Herz, Horn, Lilie, Schlange, Schlüssel,

Spaten, Stern, Zirkel – sowie geometrische Figuren: Dreieck, Kreis, Quadrat, Raute, Winkel usw. Im Laufe des 13. Jahrhunderts gab es einen Trend zu kleineren Zeichen; begegnen aus der ersten Hälfte des 13. Jahrhunderts häufiger 20–30 Zentimeter große bildliche Motive, so seit der Jahrhundertmitte eher geometrische Zeichen von weniger als 10 Zentimetern Größe.

Offensichtlich unterschied sich die Bedeutung dieser Zeichen nach Zeit und Raum[607]. Sie können auf den einzelnen Steinmetzen verweisen, der nach der Zahl der Steine entlohnt wurde, die sein Zeichen trugen. Man kann sie auch wie eine Visitenkarte lesen, dann nämlich, wenn ein Steinmetz sich im Laufe der Jahre ständig desselben Zeichens bedient hätte, das von niemandem sonst verwendet worden wäre; dann könnte das Zeichen den Weg zeigen, den sein Träger von Baustelle zu Baustelle gegangen ist. Sollte das Zeichen in einer Familie vererbt worden sein, könnten sich Hinweise auf das Wirken einer Steinmetzen›dynastie‹ ergeben.

Zeichen, die häufig vorkommen, sind vielleicht als Versetzmarke zu verstehen: ›Wenn der Stein mit dem Kreuz kommt, gebt acht auf das und das!‹ Schließlich können Steinmetzzeichen helfen, das Alter von Wand, Torbogen usw. genauer zu bestimmen. Stein und Zeichen erfordern, wie Quellen überhaupt, eine behutsame Deutung. Denn ein gezeichneter Stein kann zunächst an einer ganz anderen Stelle versetzt worden und erst zu einem späteren Zeitpunkt als Spolie an die heutige Stelle gekommen sein.

Ähnliche Zeichen wie die der Steinmetzen findet man an Balken, etwa im Dachstuhl des Freiburger Münsters[608]. Auch hier schließen sich zwei Funktionen nicht aus: Nachweis für die spätere Abrechnung, Hinweis auf den jeweiligen Zimmermann. Die Zeichen der Zimmerleute fanden weniger Beachtung; die Steinmetze dagegen umgibt seit dem 18. Jahrhundert eine besondere Aura; man denke nur an die Freimaurerbewegung. Damit könnte zusammenhängen, daß interessierte Kreise den Steinmetzzeichen besondere, geheime Bedeutungen zuschreiben.

Weitere Zeichen finden sich auch noch heute auf Handwerkszeug. Werkzeug war teuer, zumal solches mit Eisenteilen; deshalb war es sinnvoll, eigenes Gerät zu kennzeichnen, etwa durch Ritzung oder eine Abfolge von Punkten.

Maurer

Der Maurer wird in Quellen als *cementarius* bezeichnet, als Mann, der mit Mörtel aus gebranntem Kalk umzugehen weiß. Maurer erwiesen sich, wenn sie erst einmal mit der Arbeit beginnen konnten, als unersättlich in ihrem Hunger nach Hausteinen, Quadern oder Ziegeln. Steinblöcke sind rasch versetzt, wenn sie in Sicht-, Lager- und Stoßflächen zueinander rechtwinklig, in sich gleich hoch und eben bearbeitet, dem Maurer angereicht werden. Im allgemeinen ist eine Schicht 20 bis 65 Zentimeter hoch (65 cm sind selten). Unregelmäßige Steine erfordern zum Ausgleich Mörtelschichten, die bis zu neun Zentimeter stark werden konnten – ›normal‹ sind 0,5 bis 1,5 Zentimeter; bei besonders glatt gearbeiteten Lager- und Stoßflächen wurden Kalkmörtelfugen von nur einem Millimeter Dicke beobachtet. Es war verpönt, Sandsteinquader mit stehenden – statt mit liegenden – Schichten zu versetzen; sie wurden als ›Juden‹ bezeichnet[609].

Es muß offenbleiben, von welcher Zeit an der Werkmeister genau die Kosten erwogen hat: War der erhöhte Aufwand für Material vertretbar, das von geschulten Arbeitskräften optimal zubereitet war, sparte man damit spürbar Zeit und Geld beim Versetzen? Sah die Wand anschließend so viel schöner aus? Oder sollte sie ohnehin verputzt werden? Wir schätzen den Reiz einer Fassade, bei deren Bau die Maurer phantasievoll unterschiedliche Steinarten verwendet haben, auf mehrere Lagen Hausteine etwa ein oder zwei Lagen Ziegel haben folgen lassen. Dünne Ziegel zumal, wie man sie in romanischen Ländern gern verwendete, wurden auch schräg gemauert: ////, oder die Fugen weisen von links oben nach rechts unten; Doppelreihen wurden gern nach Art von Fischgräten, «‹‹ oder ››», gemauert[610]. Fassaden ließen sich weiter dadurch beleben, daß man Steine unterschiedlicher Farbe verwendete, etwa an den Kirchen in Le Puy, wo die starke Gliederung der Fassade die Wirkung noch verstärkt[611].

Mit der Kelle bringt der Maurer den Mörtel auf, der dazu dient, die Steine untereinander zu verbinden und Unregelmäßigkeiten auszugleichen. Nach Form und Fläche – dreieckig oder trapezförmig – hat sich an der Kelle seit Jahrhunderten nichts geändert. Ferner braucht der Maurer einen für seine Arbeiten geeigneten Hammer; dessen Kopf ist auf der einen Seite als Schlagfläche, auf der anderen meißelförmig ausgebildet. Der Fäust(e)l (mit kurzem Stiel und zwei Schlagflächen) wurde schon erwähnt. Zum Ausrichten des Mauerwerks dienen Senklot (eine Schnur mit Bleigewicht) und Lotwaage: ein gleichschenkliges Dreieck, in dessen Spitze eine Schnur mit Metallgewicht befestigt ist; die Grundseite des Dreiecks liegt dann genau waagerecht, wenn das Gewicht an der Schnur auf die vorgesehene Kerbung weist.

Zange und Wolf

Schwere Quader wurden mit der Steinzange oder mit dem Wolf in die Höhe geschafft. Bei der Zange (,Hebeklaue‹, ›Steinklaue‹, ›Greifzange‹, ›Adlerzange‹[612]) greifen die beiden unteren, breiten Arme des doppel-S-förmigen Gerätes in vorbereitete Zangenlöcher des Steines; je größer dessen Gewicht ist, desto stärker krallen sich dank des Scherenmechanismus die nach innen gerichteten Dornen der Zange in den Stein. Der Zange bedient man sich, wenn beim Versetzen des Steins ausreichend Platz für die Zangenarme bleibt. An den Außenwänden von Kirchen, Burgen, Stadtmauern sieht man Steine, jeweils mit einem charakteristischen Zangenloch; ein zweites ist auf der Innenseite verdeckt. Die Arbeit mit der Zange war relativ einfach, wenn es sich um Quader handelte. Hatte man ungleichmäßige Steine zu versetzen, etwa Teile eines Bogens, mußte man die Stelle der Greiflöcher sorgfältig überlegen; denn was unten und oben, vorn und hinten angeht, sollte der Stein den Maurern möglichst so genau angereicht werden, daß sie seine Ausrichtung höchstens noch geringfügig anpassen mußten.

Fehlte es an Platz für die Arme der Zange, bediente man sich des Wolfs (auch ›Spreizwolf‹, ›Kropfeisen‹, ›Steinkloben‹, ›Steinzieher‹ genannt). Wollte man mit dem Wolf einen Stein transportieren, schlug man auf der Oberseite in der Mitte ein Loch in den Stein, das in der Tiefe trapezförmig in zwei Richtungen ausgeweitet wurde. In die Öffnung steckte man den mit Ring und Kette versehenen Wolf, ein genial konzipiertes drei-, einschließlich Bolzen und Ring fünfteiliges eisernes Werkzeug. Zieht man den Wolf an seinem mittleren Teil in die Höhe, finden die seitlichen Teile Halt in der Steinhöhlung, und der Stein kann gehoben und von oben her an der vorgesehenen Stelle abgesetzt werden. Läßt der Zug nach, kann man den Wolf wieder aus der Höhlung herausnehmen. Das Steinloch verschwindet unter der nächsten Mörtellage. Die Arbeit mit dem Wolf erfordert Gespür und Materialkenntnis: Tod und Verderben droht den Arbeitern durch einen in der Höhe schwebenden Stein, wenn dessen Härte falsch eingeschätzt, ein Riß übersehen oder wenn das Loch – gemessen an der Masse des Steins – nicht ausreichend tief gearbeitet ist.

Um außergewöhnlich schwere oder wertvolle Steine in die Höhe zu schaffen, bedurfte es der Phantasie und des Fingerspitzengefühls von Werkmeister und Zimmermann; war etwa die Kreuzblume im Gewicht von einer Tonne und mehr (also über 1.000 kg) auf den Turm zu setzen, mußten das Gerüst ausreichend hoch und die Maschinen entsprechend leistungsfähig sein.

Noch einmal: Der Turmbau zu Babel. Mauerbau, Lastkran mit Mörtelbottich, Einwölben eines Fensters, Gerüstlöcher und Gerüsthölzer. Aus »Speculum humanae salvationis« (Mitte des 15. Jahrhunderts).

Über die Dauerhaftigkeit der Maurerarbeit entschied nicht zuletzt der Mörtel. »Auch die einfach scheinende Mörtelzubereitung erfordert große Erfahrung und Materialkenntnis«[613]. Trotz seiner verantwortungsvollen Tätigkeit war der Mörtelmischer oft schlecht bezahlt. Sauberen Sand mußte er im rechten Verhältnis mit gelöschtem Kalk und Zuschlagstoffen ordentlich mischen. Trotz wissenschaftlicher Analysen und Experimente gibt es offensichtlich immer noch unbeantwortete Fragen zur Art der Zuschlagstoffe; mit diesen erklärt sich nach Meinung mindestens eines Fachmannes die hohe Frostbeständigkeit mancher im Mittelalter zubereiteter Mörtel, die man bislang noch nicht wieder erreicht habe[614].

Quader und Ziegel sollten trocken, dabei nicht staubig sein; die Mauern mußten senkrecht aufgeführt und die Steine im Verband gesetzt werden. Kamen Stoßfugen übereinander zu liegen, war mit Rissen zu rechnen, sobald Zugkräfte auftraten. Und die ließen sich schon deshalb nicht völlig vermeiden, weil die Fundamente zwar auf die unterschiedlichen Massen abgestimmt sein sollten, die sie später zu tragen hätten; doch woher sollte man wissen, wie ein wuchtiger Turm sich ›setzen‹ würde im Vergleich zu der Außenwand, die mit der Größe der Fenster immer leichter wurde? Zugkräfte können allzu stark werden; ein durch Quader oder Ziegel verlaufender Riß zeugt dann davon, daß gewaltige Spannungen nach Ausgleich strebten; solche Risse kann man vielerorts in Mauern sehen.

Wände und große Pfeiler wurden oft nicht massiv aus Quadern oder Ziegeln, sondern in Schalenbauweise ausgeführt. Zuerst wurden ein oder mehrere Schichten hoch ›Schalen‹ aus sauberen Steinen gemauert, dann wurde der Zwischenraum hinterfüllt mit einer Mischung aus Mörtel, Bruchsteinen und Steinbrocken, wie sie bei der Arbeit der Steinmetzen anfallen. Ähnlich verfuhr man bei Bauteilen, die man später nicht sehen würde; nur verwendete man hier nicht gemauerte Schalen, sondern Schalbretter, die nach Erhärten der eingefüllten Masse entfernt wurden – wie heute im Betonbau. Die zuerst erwähnte Drei-Schichten-Bauweise erwies sich als stabil, sofern Bedingungen erfüllt waren: In gewissen Abständen wurden die beiden Schalen von einem ›Binder‹, einem quer durch die Mauer laufenden Stein, vielleicht auch von einem Bandeisen, verklammert; und die Hinterfüllung mußte wirklich eine Mörtel-Stein-Mischung sein und eingestampft werden, damit Schale und Füllung sich fest verbanden. Nach Zerstörungen und bei Restaurierungen zeigte sich nicht selten, daß man (an der falschen Stelle) hatte sparen wollen und daß die Maurer obendrein noch nachlässig gearbeitet hatten: Beim Campanile in Pisa hatte man statt der erforderlichen Mischung Sand mit zu geringen Mengen Kalkmörtel eingefüllt; zudem war die Hinterfüllung nicht genügend gestampft worden, so daß sich bis zu 30 Zentimeter große Hohlräume gebildet hatten[615]. Pfusch am Bau gab es auch früher schon.

Ungelernte Arbeiter

Für viele Tätigkeiten konnte man sich mit ungelernten Kräften begnügen, die nach Weisung von Fachleuten arbeiteten: beim Roden von Bäumen, beim Brechen von Steinen, zur Anlage von Wegen, vor allem auf der Baustelle. Bildliche Darstellungen vom mittelalterlichen Baubetrieb zeigen, daß trotz mancherlei Hilfen, von denen noch zu sprechen ist, die Arbeit oft auf harte Schinderei hinauslief[616].

Bevor Kalkbrocken in den Brennofen kamen, säuberten Frauen sie von Lehm und Sand. Mit besonderen Hacken mischten Tagelöhner den Mörtel und füllten ihn in passende Gefäße. Mit Händen, auf der Schulter oder auf dem Rücken trugen sie, was zu ebener Erde oder auf dem Gerüst gebraucht wurde: Steine, Mörtel, Holz, Gerät. In Saint-Savin veranschaulicht ein Deckenfresko, wie man sich den Turmbau zu Babel vorstellte. Wer solche Bilder schuf, fragte ja nicht historisch, wie man in biblischer Zeit einen Turm errichtet haben könnte; vielmehr war es bis ins 18. Jahrhundert üblich, biblische und andere antike Gestalten wie entsprechende Zeitgenossen darzustellen. Die in Saint-Savin wirkenden Künstler zeigen das Leben auf der Baustelle so, wie sie es beobachtet hatten. Dadurch geben sie uns eine Vorstellung von Kleidung, Werkzeug, Maschinen ihrer Zeit. Man sieht Arbeiter, die auf der hochgezogenen linken Schulter Quader tragen; die linke Hand ist in die Hüfte gestemmt, die Hand des über den Kopf gelegten rechten Arms hält den Stein[617]. Ein Quader von 40 x 30 x 20 Zentimetern wiegt etwa 55 Kilogramm (Dichte von Sandstein 2,3) – das war wohl die obere Grenze dessen, was man Arbeitern auf ebenem Grund zumuten durfte. Steine, die auf einer Leiter in die Höhe getragen werden mußten, dürften halb so schwer gewesen sein.

Größere Lasten wurden von zwei Personen fortbewegt, Steine auf einer Trage, Baumstämme auf der Schulter, Mörtel in einer Mulde oder in einem Bottich, wie man ihn auch zum Transport von Wasser und im Bad brauchte[618]. Als Hilfe konnten an den Schmalseiten der Trage noch je ein Gurt befestigt sein, den der Träger sich um den Nacken legte; auf diese Weise schonte er die Gelenke von Händen und Armen[619].

Das Schließen der Fugen mit Mörtel, Maurerarbeit auf einem Auslegergerüst. Aus einem Altarbild von Michael Pacher (St. Wolfgang im Salzkammergut, 1471/81).

Die Schubkarre bildete die ideale Hilfe auf der Baustelle, kann mit ihr eine Person unter günstigen Bedingungen doch weit mehr als das eigene Gewicht transportieren. Wünschenswert sind auch hier fester Untergrund, ferner möglichst geringes Eigengewicht der Karre; der Schwerpunkt der Last sollte über der Radnabe liegen und die Achse gut geschmiert sein; dazu eignete sich Unschlitt, d. h. Rinderfett, das zum Verzehr ungeeignet ist. Wie Abbildungen von mittelalterlichen Baustellen und noch heute mancherorts verwendete Schubkarren zeigen, hat man oft nicht auf den rechten Schwerpunkt geachtet. Während der Arbeiter im Idealfall auf ebenem Gelände nur den Reibungswiderstand (der Achse im Lager, des Rades auf dem Untergrund) zu überwinden hat, muß er bei Schubkarren mit weit vorn angebrachtem Rad einen Teil der Last tragen. Auch hier half ein an den Holmgriffen befestigter Gurt, den der Arbeiter sich um den Nacken legte. Trotz vieler Vorzüge wurde die Schubkarre offensichtlich erst seit dem 12. Jahrhundert auf Baustellen eingesetzt[620]; die Anschaffungskosten dürften kaum reichen, die eher sporadische Verwendung zu erklären .

Waren Lasten aufs Gerüst zu schaffen, gingen Arbeiter über eine Laufschräge, auf die man Latten oder Blockstufen als Halt für die Füße genagelt hatte; oder sie stiegen auf einer Sprossenleiter hoch. Dann trugen die Arbeiter Mörtel auf der Schulter im Speisvogel, Steine auf dem Rücken in einem Korb oder einem den Schultern aufliegenden Traggestell aus Holz[621]. Noch im 20. Jahrhundert sah man in Westeuropa größere Baustellen ohne Kran; nicht anders als 800 Jahre früher trugen Arbeiter schwere Lasten eine Sprossenleiter oder eine Schräge hinauf, Balken zogen sie an Seilen hoch.

In Regensburg, Speyer, Worms, Rom kannte man sogenannte Eselstürme. So ließ Michelangelo im Petersdom zwei Wendel- oder Schneckentreppen bauen »mit flachen Stufen, auf denen die Saumtiere hinaufsteigen, um das ganze Baumaterial bis zur Spitze zu tragen, wie auch auf demselben Wege Menschen bis zur Plattform oberhalb der Bogen reiten können«[622].

Zwar kannte man Arbeitsschutzkleidung, etwa die schon erwähnte Brille, ferner Handschuhe, Stiefel und Strohhelme (diese übrigens auch im Bergbau), doch nicht selten sieht man auf Abbildungen die Arbeiter barfuß, sogar auf einem einfachen Stangengerüst[623]; für den Unterhalt der Familie *und* solides Schuhwerk reichte der karge Lohn offensichtlich nicht.

Haben die Maurer bis auf Brust-, höchstens bis auf Schulterhöhe gemauert, brauchen sie ein Gerüst. Es verleiht festen Halt und ist als Ablagefläche für Steine, Mörtelkübel und anderen Maurerbedarf unentbehrlich. Wie sehr es beim Bau des Gerüstes auf sorgfältige Arbeit ankam, hat – wie oben berichtet – das Verhängnis gezeigt, das Wilhelm aus Sens traf, als er in Canterbury in die Tiefe stürzte und nicht mehr genas.

Für eine niedrige Mauer genügte ein Standgerüst: Pfähle – etwa aus Fichtenholz, das relativ leicht und trotzdem ausreichend hart und zäh ist – wurden senkrecht in den Boden eingelassen, mit Keilen sowie Kreuz- und Querstreben zusätzlich befestigt[624]. In einer gewissen Höhe band man an die Pfähle mit Seilen Querhölzer, auf die Bretter oder mit Flechtwerk bewehrte Latten waagerecht zu liegen kamen.

Für Arbeiten in noch größerer Höhe verwendete man eher Auslegergerüste – und sparte damit wertvolles Holz. Während des Mauerns ließ man im ›Stockwerksabstand‹ (1,4 bis 1,6 m) nach außen reichende Tragbalken in die Mauer ein oder steckte sie in eigens ausgesparte ›Rüstlöcher‹; auf diese Balken legte man die Trittbretter. Entsprechend dem Baufortgang wanderte das Gerüst nach oben. In den Mauern alter Gebäude sieht man noch die charakteristischen Reihen von Rüstlöchern, die man beim Abrüsten nicht zugemauert hat – etwa am ›Glockenturm‹ in Cluny (Anfang des 12. Jahrhunderts)[625]. – Hatte man später an der Wand zu arbeiten, etwa einzelne Quader auszuwechseln, brauchte man in die vorhandenen Rüstlöcher nur noch die Balken eines Auslegergerüstes zu schieben. Bis es so weit war, mochten Vögel hier nisten.

Der Legende nach hat man sich einst in Rom ein Gerüst gespart. Bei Errichtung des Pantheons habe man den Bau entsprechend dem Fortgang der Arbeiten mit Erde gefüllt, unter die Goldmünzen gemischt waren. Nach Fertigstellung hätte man leicht Arbeiter gewonnen, die das Erdreich wieder entfernten in Erwartung, Gold zu finden[626]. Es war eine Frage der Phantasie, Tricks für grobe Arbeiten nutzbar zu machen; Jakobus von Voragine, Verfasser der *Legenda aurea*, in die er die Pantheonlegende aufgenommen hat, hätte aus eigener Anschauung wahrscheinlich überzeugendere Beispiele nennen können als die Goldmünzenfabel zum ehemaligen Pantheon.

Zimmermann und Dachdecker

Bei Führungen durch Kathedralen sehen sich die Besucher eingeladen, Architektur, Skulptur und Glasmalerei zu bewundern; was man zu sehen bekommt, übertrifft oft kühne Erwartungen. Die Arbeit der Zimmerleute wird eher selten gewürdigt. Dabei hat mancher Dachstuhl in langen Jahrhunderten Beter und Bau gegen Regen und Wind, Schnee und Hagel geschützt.

Wie wir gesehen haben, war man auf das Können von Zimmerleuten schon beim Ausschachten angewiesen, und von da an bei fast allen weiteren Arbeiten; denn bis vor wenigen Generationen verwendete man Holz in Bereichen, in denen heute Beton, Metall und Kunststoff überwiegen. Tätigkeiten, die uns schon begegnet sind, seien in Erinnerung gerufen. Der Zimmermann war zuständig für die Anfertigung von Werkzeug und Schablonen, Leitern und Gerüsten, Maschinen und Lehrgerüsten; auf diesen wurden die Bogen gemauert. Zimmerleute bauten den Dachstuhl; oft deckten sie auch das Dach.

Die Bäume des heiligen Dionysius

In seiner Abhandlung über Erweiterung und Weihe von Saint-Denis geht Abt Suger ausführlich auf die Suche nach geeignetem Bauholz ein; diejenigen, die dieses Holz verarbeiten, erwähnt er nur beiläufig und wenig schmeichelhaft – die geringe Achtung des Werkes von Zimmerleuten hat also Tradition. Die Verkennung ihres Schaffens verwundert auch deshalb, weil Jesus aus einer solchen Familie stammte. Suger schreibt, er habe sich bei den eigenen und bei Pariser Zimmerleuten (*lignorum artifices*) nach soliden Baumstämmen erkundigt. Die Befragten hätten – aus ihrer Sicht wahrheitsgemäß – geantwortet, »in dieser Gegend« sei nichts dergleichen zu finden, da müsse man sich schon bei Auxerre auf die Suche begeben, etwa 150 km südöstlich von Saint-Denis! Wegen dieses Bescheides sei er ganz niedergeschlagen gewesen.

Eines Nachts, als er sich nach der Matutin nochmals hingelegt habe, sei ihm plötzlich in den Sinn gekommen, er müsse persönlich die nähere Umgebung durchstreifen; könne man die Stämme hier finden, vermeide man Strapazen und Zeitverlust. Von Zimmerleuten begleitet, sei er mit den Maßen der gesuchten Stämme frühmorgens aufgebrochen. Unterwegs habe man weitere Leute, die sich in den Waldungen des Klosters auskannten, unter Eid befragt, ob man die gewünschten Stämme finden könne. Am liebsten hätten sie ja gelacht, aber nur vorsichtig schmunzelnd gefragt, »ob wir denn gar nicht wüßten, daß im ganzen Land nichts derartiges zu finden sei«. Es sei doch hinlänglich bekannt, daß im Laufe einer längeren Fehde alle etwa in Frage kommenden Stämme zur Anlage von Befestigungen gebraucht worden seien.

Suger ließ sich nicht beirren; »mit einer gewissen Kühnheit unseres Glaubens« fing er an, den Wald zu durchstreifen. Zur allgemeinen Verwunderung konnte man noch vor Ablauf des Tages inmitten von dunklem Gebüsch und Dornengestrüpp die erforderlichen zwölf Stämme kennzeichnen. Sie wurden zur Basilika gebracht und unter Jubel eingebaut. Suger ist überzeugt, daß Jesus diese Stämme vor den Räubern (adligen Fehdeführern?) geschützt habe, weil er sie sich und den heiligen Märtyrern vorbehalten habe. Gerade darin zeige sich die göttliche Freigebigkeit, daß man über das Erforderliche hinaus nichts mehr habe finden können; alles sei eben nach Gewicht und Maß aufs beste geordnet (Weish 11, 21)[627].

Sugers Ausführungen zeigen, daß es im Großraum Paris schon Mitte des 12. Jahrhunderts an Bauholz fehlte – Folge von Bevölkerungswachstum, Rodung, Siedlungsbau und Fehde(un)wesen. Wehranlagen wurden vielfach noch aus Holz errichtet; was die Verwendung von Stein angeht, sollte der Festungsbau erst nach etwa einem halben Jahrhundert den Vorsprung des Kirchenbaus aufgeholt haben; in Mittel-, Nord- und Osteuropa erfolgte der Übergang später, wie sich hier auch der Holzmangel nicht so früh bemerkbar machte. Eine Ausnahme bildete England. Nach der Eroberung (1066) bauten die Normannen zunächst Burgen, oft schon aus Stein; als bald darauf viele Kirchen errichtet wurden, standen erfahrene Steinarbeiter zur Verfügung.

Forstleute sollten wissen, wo man das gesuchte Holz finden könnte; die von Saint-Denis kannten die Waldungen ihres Klosters offensichtlich nur unzureichend. Suger, Zeitgenosse von Abaelard, gab sich nicht mit dem Nein vermeintlicher Autoritäten zufrieden, sondern bestand auf persönlichem Augenschein – ein weit in die Moderne weisender Zug. Eine Zahl kommt unter Sugers Feder häufiger vor: Zwölf Stämme für das Dach, zweimal zwölf Säulen in der Kirche.

Gegen Ende seiner Erzählung nutzt Suger die Freiheit des Chronisten und zieht auseinanderliegende Ereignisse zusammen. Die hochwillkommenen Bäume mußten, bevor man sie zum Kloster schaffen konnte, erst einmal gefällt und ausgeästet werden. Wie Miniaturen zeigen, bediente man sich im 12. Jahrhundert auch bei dicken Bäumen vornehmlich der Axt[628]. Offensichtlich hatte man in Saint-Denis ausreichend Zugvieh, um die Stämme zum Kloster zu schleifen (?). Von da an waren in erster Linie die Zimmerleute zuständig; zu Einzelheiten von deren Arbeit äußert Suger sich nicht.

Mit Axt und Beil hat man noch das nötige Schiffsholz beim Bau der Flotte zugerichtet, mit der Herzog Wilhelm 1066 zur Eroberung von England ausfuhr; so zeigt es jedenfalls der Teppich von Bayeux (wohl um 1070/1080 gestickt). Was an wertvollem Holz bei dieser Art der Bearbeitung verlorengeht, zeigt der sogenannte ›Kaiserstiel‹ in der Johanneskirche zu Freising. Aus einem Eichenstamm von etwa 52 Zentimeter Durchmesser hatte man einen sechs Meter langen ›Stiel‹ gearbeitet, mit quadratischem Querschnitt, das Quadrat mit 16 Zentimetern Seitenlänge. Auf diese Weise war aus einem Stammabschnitt von etwa 1,3 Kubikmetern ein Werkstück von 0,18 Kubikmetern Holzmasse entstanden; knapp 15 Prozent des Ausgangsholzes wurden verwendet; abgebeilt, waren mehr als 85 Prozent allenfalls noch zur Herstellung von Holznägeln zu verwenden[629]. Es bedeutete deshalb eine große Verbesserung, als Sägen zur Verfügung standen, mit denen man aus dicken Stämmen Balken und Bretter zuschneiden konnte, praktisch ohne Abfall. Sägen hatte man in der Antike schon gekannt, sogar für Steine; vielleicht wurden sie erst ›wiederentdeckt‹, als Holz und Arbeitskräfte knapp wurden.

Ein idealer Werkstoff

Holz ist energiereich, leichter als Stein und einfacher als dieser zu bearbeiten; je nach Art des Baumes ist es nässe- und witterungsbeständig, hart und zäh, biege-, druck- und zugfest, zudem ein guter Wärmeisolator. Seine Nachteile: Holz ›arbeitet‹, d.h. es quillt bei Feuchtigkeitsaufnahme, schwindet beim Trocknen, und es verzieht sich oder reißt gar bei ungleichmäßiger Trocknung. Die vielen Vorzüge machen Holz zu einem idealen Roh- und Werkstoff. Beim Kirchenbau diente Holz in gewaltigen Mengen als Energieträger; man brauchte es zur Produktion von Holzkohle und Pottasche, zum Brennen von Kalk und Ziegeln, zum Verhütten, Schmieden und Schmelzen von Metallen, zur Herstellung von Glas, ferner zum Kochen, Backen und Brauen, zum Beheizen der Bauhütte.

Außerdem brauchte man Holz für Werkzeug und Maschinen, Gerüste und Lehrgerüste sowie für Bretter (u.a. Schalholz); für Dachstuhl und Dach waren Balken und Kanthölzer, Latten, Bretter und Tausende von Schindeln gefragt; nicht zuletzt wollte man edleres Holz für die Ausstattung verwenden. Ein Gönner machte dem Heiligen ein wertvolles Geschenk, wenn er dessen Kirche Waldungen zur freien Nutzung überließ.

Seit dem 12./13. Jahrhundert stand zur Verarbeitung von Holz vielfältiges Werkzeug zur Verfügung. Äxte und Beile in unterschiedlicher Form und Größe waren noch lange unentbehrlich, wie auch bildliche Darstellungen von der Arbeit Josefs, des Vaters Jesu, zeigen. Der Zimmermann führt die Axt mit beiden Händen, das leichtere Beil mit nur einer Hand. Dazu kamen Beitel, Bohrer (Bohrleier, Drill- oder Fiedelbohrer mit ›Geige‹, Löffel- und Schneckenbohrer), Hammer, Hobel, Hohleisen, Messer, Reißlehre (zum Anreißen, d. h. Zeichnen von Linien), Schmiege (Hilfsmittel zum Übertragen eines Winkels von einem Arbeitsstück auf ein anderes), Schnur, Stemmeisen, Winkel, Zirkel – und nicht zuletzt Sägen; die vier wichtigsten seien genannt: Die Stichsäge war von einer Person zu handhaben. Ein oder zwei Personen bedienten die Spannsäge, zwei Arbeiter die Wiegensäge, mit der man Balken zerschnitt. Für die strapaziöse Arbeit mit der großen Rahmensäge brauchte man ebenfalls zwei Männer; in Längsrichtung schnitten sie Baumstämme zu Balken und diese zu Brettern[630]. Hatte man eine solche Rahmensäge und geeignete ›Säger‹ zur Verfügung, ließ sich ein Stamm weit besser nutzen als zu Zeiten, da man mit der Axt aus ihm nur einen Balken herausschlug – von der Zeiteinsparung zu schweigen.

Wenn möglich, verarbeiteten die Zimmerleute das Holz in frischem Zustand, spätestens im Jahr nach der Fällung des Stammes; dann zieht es sich beim Trocknen zusammen, und der Dachstuhl gewinnt an Halt. Mit Holzzapfen verband man Balken und Sparren untereinander[631]. Das Beispiel der Liebfrauenkirche in Ingolstadt zeigt, welche Massen an Holz erforderlich waren: Allein für den 25 Meter hohen, 31 Meter weit gespannten Dachstuhl brauchte man – wohl einschließlich Sparren und Latten – 3.800 Bäume[632].

Seit dem Spätmittelalter fächerte sich der Beruf des Zimmermanns auf; Tischler oder Schreiner brachten ihr Können bei der Anfertigung von Portalen, Chorgestühl und anderen Teilen der Ausstattung ein. Trotz Spezialisierung in den holzverarbeitenden Berufen hat immer wieder einmal der Zimmermann alle einschlägigen Holzarbeiten übernommen, Dach, Fenster und Türen, Gerüste und Leitern, Laufschrägen, Aufzug und Kran gefertigt. Beherrschte der Zimmermann sein Fach und war er vielseitigen Anforderungen gewachsen, mochte er zum Werkmeister aufsteigen, der beim Bau der Kirche alle Arbeiten leitete und kontrollierte.

Temperaturen, die für Arbeiten bei Bau und Ausstattung von Kirchen erreicht werden müssen[633]

Stoff und Tätigkeit	Temperatur, in °C
Blei schmelzen	327,4
Bronze, Glockenspeise schmelzen	900–1.050
Eisen schmelzen	1.539
Eisen schmieden	750–1300
Emailglasfluß aufbrennen	800
Glas erschmelzen	1.100–1.450
Gold schmelzen	1.063
Kalk brennen	1.000–1.200
Kupfer schmelzen	1.083
Silber schmelzen	960,8
Ziegel brennen	900–1.100
Zinn schmelzen	231,8

Schmied und Klempner

Wie jedes Telefonbuch zeigt, gehören ›Schmied‹, ›Schmitt‹, Schmitz‹ sowie ›Smith‹ usw. zu den am meisten verbreiteten Familiennamen im deutschen und angelsächsischen Sprachraum. Die Häufigkeit spiegelt die Bedeutung des Schmiedes für Wirtschaft und Gesellschaft früherer Zeiten wider.

Auf einer Dombaustelle verarbeitete der Schmied Eisen in vielerlei Qualitäten. Für seine eigene Werkstatt brauchte er Hammer und Zangen, Feilen und Meißel, ferner Amboß, Esse, Blasebalg und Schürhaken. Für den Bau fertigte er Maueranker, Nägel und Stäbe, ferner Schablonen aus Eisenblech, zudem Werkzeuge der Bauhandwerker. Was stumpf geworden war, schärfte er; wer kann schon gut arbeiten, wenn das Werkzeug nicht taugt? Erdarbeiter benötigten Hacken, Brechstangen, Spaten und Schaufeln (oft aus Holz, nur Schnitt- und Trittkante eisenverstärkt). Gute Achsen von Maschinen und Rädern sowie Radfelgen waren aus Eisen (bis ins 19. Jahrhundert allerdings oft aus Holz). Der Schmied sorgte für Hufeisen und beschlug Reit- und Zugpferde.

Er hatte auch für hochwertigen Stahl zu sorgen. Gute Sägeblätter konnte er allerdings nur liefern, wenn die Herrenkaste zähen Stahl nicht für ihre Waffen in Beschlag nahm. Andererseits: Fragten Krieger Eisen für ihre Rü-

Und wieder: Der Turmbau zu Babel. Steinmetze und Maurer. Buchmalerei aus der »Klosterneuburger Bibel« (1310/14).

stung nach, führte das auf kurz oder lang zu einer Vergrößerung des Angebotes; und das kam dem zivilen Bereich um so eher zugute, je besser man zahlte. Beim Bau war Stahl besonders dort wichtig, wo große Zugkräfte aufgefangen werden mußten: Man denke an Klammern zur Verbindung von belasteten Steinformationen, ferner an die Zange zum Heben schwerer Quader. Ein Sandsteinblock von 110 x 80 x 70 Zentimetern wiegt gut 1,4 Tonnen; die Zangenspitzen, die in die beiden Steinlöcher greifen, müssen einer solchen Belastung gewachsen sein. Eingemauerte Ringanker kann man nicht regelmäßig auf Risse untersuchen. Wahrscheinlich wußte man vor langer Zeit schon, daß Stahl altert und spröde wird. Um so höher ist die Leistung von Schmieden zu bewerten, deren Erzeugnisse jahrhundertelang gute Dienste geleistet haben[633].

War der Rohbau fertig, hatte der Schmied für Türen und Portale Bänder und die dazugehörigen Nieten, Schlösser und Schlüssel herzustellen, ferner Chorgitter, Ketten für Lampen und Leuchter. Mit welchen Massen hier zu rechnen ist, zeigt sich in Aachen: Der sogenannte Barbarossaleuchter wiegt 290 kg, die dazugehörige 26 Meter lange handgeschmiedete Kette weitere 350 Kilogramm[634].

Familiennamen wie Kupferschmied und Waffenschmidt zeigen, daß der Beruf des Schmiedes sich im Laufe des Mittelalters auffächerte. So waren beim Bau einer Kirche auch Fachleute gefragt, die sich auf das Verbleien verstanden (von Fugen, von Scheiben zu einem Fenster) sowie auf das Abdichten von Blei- oder Kupferplatten, mit denen Dach und Turm gedeckt sein konnten.

Hebebock, Kran und Tretrad: Maschinen im Mittelalter

Beim Stichwort ›Kathedrale‹ denkt man nicht gleich an Schnüre und Seile; in unterschiedlicher Dicke, Geschmeidigkeit und Zugfestigkeit waren sie unentbehrlich zur Herstellung von Werkzeug (etwa Lot und Spannsäge), zum Ausmessen kleiner Werkstücke wie zum Vermessen der Baustelle, zum Verbinden von Stangen und Querhölzern eines Gerüstes. Wie wir gesehen haben, brauchte man Seile, um Blöcke aus einem Steinbruch hochzuziehen, nicht zuletzt zum Betrieb von Maschinen wie Aufzug, Tretrad und Kran.

Unter ›Maschinen‹ seien vielteilige Geräte verstanden, die den Menschen die Handarbeit erleichterten und diese schließlich ganz ersetzten. Man kannte nicht nur ›Steinzange‹, ›Wolf‹ und Schubkarre; seit der Antike hatten sich mancherlei kunstreiche Vorrichtungen beim Hochbau bewährt. Welchen Belastungen mittelalterliche Maschinen gewachsen waren, mag folgende Überlegung zeigen: Ein Sandsteinquader von ›nur‹ 60 x 40 x 30 Zentimetern wiegt immerhin schon 166 Kilogramm; in Handarbeit war eine solche Masse von einer Person nicht in die Höhe zu heben.

Der Hebebock – ein dreibeiniges Gestell mit Achse, Rolle und Seil – ist die ideale Hilfe, um größere Lasten mehrere Meter in die Höhe zu ziehen; baut man eine Haspel mit horizontaler Welle an, können bei Bedarf mehrere Windeknechte zusammenwirken, um die Arbeit zu erleichtern und/oder zu beschleunigen. Beim Flaschenzug wird ein Seil sinnvoll über mehrere Rollen geführt; um eine gegebene Masse zu heben, muß man weniger Kraft aufwenden, dafür das Seil aber eine weitere Strecke ziehen bzw. mit der Winde aufdrehen. Ein weiterer Vorzug: Die Richtung der Zugkraft wird verändert, so daß die Arbeiter fest auf dem Boden stehen und ihr Körpergewicht einsetzen können; das ist einfacher und weniger gefährlich, als wenn sie, etwa von einem Gerüst aus, die Last aus der Tiefe hochziehen müßten.

Weiterentwicklungen hatte man schon in der Antike gekannt[635]: Mit dem Tretrad, das Läuferknechte unter Einsatz ihres Körpergewichtes in Bewegung setzen, lassen sich große Massen heben. Treträder gibt es heute noch in St. Nikolai/Stralsund, Heiligkreuz/Schwäbisch Gmünd, im Straßburger Münster. Im Freiburger Münster haben sich drei Laufräder erhalten; mit dem größten, über dem Hauptschiff, hat man nach dem Zweiten Weltkrieg Tausende von Dachziegeln in die Höhe geschafft; heute mietet man für solche Arbeiten stundenweise einen Autokran[636].

Bildliche Darstellungen und Vitruvs ›Zehn Bücher von der Architektur‹ zeigen, daß man in der Antike das Tretrad mit einem Ausleger zu einem Kran verbunden hat. Es lag nahe, auch beim Bau von Großkirchen den Tretradkran einzusetzen. Zum Kölner Stadtbild gehörte jahrhundertelang eine solche Maschine; sie thronte hoch oben auf dem Torso des Domes[637]. Obwohl Kran und Tretrad die Arbeiten erleichterten, wurden auf der Baustelle nach wie vor allein zum Transport von Materialien zahlreiche Arbeitskräfte benötigt, in Straßburg über einen längeren Zeitraum sieben[638].

Der mit dem Tretrad angetriebene Baukran ist langsam und schwerfällig; deshalb benutzte man ihn vornehmlich für Lasten, die sich anders in vertretbarer Zeit nicht heben ließen. Berechnungen und praktische Versuche haben wahrscheinlich gemacht, daß man mit einem Tretradkran, wie er in Antike und Mittelalter zum Einsatz kam, weit über eine Tonne heben konnte. »Mit großen, bis zu zwei Treträdern bestückten Kränen konnten Lasten von über zwei Tonnen gehoben werden, wobei mehrere Radläufer gleichzeitig liefen und sich in Arbeitsschichten ablösten«. Eine andere Schätzung geht gar von 8.000 Kilogramm aus[639]. Zur Veranschaulichung: Im ›Kriemhildenstuhl‹, einem bei Bad Dürkheim um das Jahr 200 genutzten Steinbruch, wurden in der Regel Buntsandsteinblöcke von 0,5 Kubikmetern (1 x 1 x 0,5 m) gebrochen[640], entsprechend etwa 1,15 Tonnen (bei einer Dichte von 2,3).

Das Tretrad war unfallträchtig. Die Windeknechte gerieten in Lebensgefahr, wenn die Maschine nur unzulänglich auf dem Boden befestigt war, das Seil schneller abrollte oder das Rad sich unversehens anders drehte als vorgesehen. Rücklaufbremse und Gegengewicht[641] haben dem Tretrad Tücken genommen; ob man diese Hilfen in einem Hafen- oder einem Bergwerksbetrieb oder auf der Baustelle eines Domes ersonnen hat, mag auf sich beruhen. Ein noch uns geläufiges Wort gibt Einblick in soziale Wirklichkeit früherer Jahrhunderte, denken wir doch bei ›Tretmühle‹ unwillkürlich an eine stumpfsinnige Tätigkeit. Trotz gebotener Vorbehalte haben solche Maschinen – waren sie erst einmal aufgebaut – die Arbeit an einer Großkirche spürbar erleichtert.

Im Zusammenhang mit dem Pfahlrost als Grundlage für das Fundament ist oben die ebenfalls seit der Antike bekannte Ramme bereits erwähnt worden[642]. Eine schwere Masse – möglicherweise ein durch Eisenbänder vor dem Bersten geschützter Steinquader – wird in einem Holzgerüst an einem Seil in die Höhe gezogen; läßt man ihn plötzlich fallen, treibt er den Pfahl in den Grund.

Tretrad und Ramme hatten lange Zeit charakteristische Schwachpunkte. Die Seile durften wohl nicht mit mehr als 400 Kilogramm belastet werden[643]. Auch Achsen, Rollen und Lager – wuchtig und aus zähem Hartholz – begrenzten die Hebekraft. Bei gemächlichem Arbeitstempo dürften sie nicht so schnell heißgelaufen sein und eine Brandgefahr gebildet haben; von einer bestimmten Belastung an war damit zu rechnen, daß sie barsten und die Seile beschädigten. Indessen erfuhren Bauarbeiter Hilfe aus unerwarteter Richtung: Seefahrer mußten die Segel rasch bedienen können; sie stellten deshalb hohe Ansprüche an Belastbarkeit, Reißfestigkeit und Zuverlässigkeit von Tauen, Achsen und Rollen. Hier haben wir einen der vielen Berührungspunkte zwischen Dombau und Tätigkeitsfeldern vor uns, die auf den ersten Blick nichts mit Kirchen zu tun haben.

Wasserkraft

Viele Großkirchen wurden zu einer Zeit gebaut, da seit Generationen bekannte Errungenschaften miteinander verknüpft und aufeinander bezogen wurden; das Ergebnis kam einem qualitativen Sprung in Technik und Wirtschaft gleich. Das gilt vor allem für die Wasserkraft, die nicht nur die Zisterzienser, aber sie im besonderen seit der ersten Hälfte des 12. Jahrhunderts virtuos für ihre Werkstätten zu nutzen lernten. Die Aufnahme vieler Mönche hatte – gegen den anfänglichen Widerstand Bernhards – zu einem Neubau gezwungen[644]. In der von mehreren Autoren verfaßten Lebensbeschreibung Bernhards von Clairvaux kommt Arnald von Bonneval auch auf die Vergrößerung und die Verlegung des Klosters Clairvaux zu sprechen. Man erwartet, daß vom heiligmäßigen Leben des Ordensgründers berichtet wird, und ist deshalb erstaunt, wie der Biograph sich von technischen Errungenschaften faszinieren läßt; Arnald selber hätte – darauf angesprochen – vielleicht geantwortet, daß er ja ›nur‹ das Lob des Schöpfers singe, der »alles aufs beste geordnet« habe.

Zwei Bereiche haben es dem Biographen besonders angetan: Arbeitsteilung und Nutzung der Wasserkraft. »Die einen fällten Holz, andere behauten Steine zu Quadern, andere führten Mauern auf, wieder andere verzweigten den Fluß durch Errichtung weitläufiger Uferwälle und leiteten das stürzende Wasser auf die Mühlen. Aber auch die Walker, die Müller, die Gerber, die Schmiede und alle die anderen Handwerker stellten ihren Berufen entsprechende Geräte und Maschinen her, damit der durch unterirdische Kanäle geführte Bach überall im Hause, wo immer es erwünscht wäre, fließendes Wasser hervorsprudelte und endlich, nachdem er in allen Werkstätten seinen Dienst getan und das Haus gereinigt haben würde, seine zerstreuten Wasser wieder in sein ursprüngliches Bett zurückführte und dem Flusse seine Wasserstärke zurückgäbe«. Unerwartet rasch seien nicht nur die Mauern um den Klosterbezirk fertiggestellt gewesen. »Das Gotteshaus wuchs aus dem Boden und machte in kurzer Zeit solche Fortschritte, daß man hätte glauben können, die kaum grundgelegte Kirche wachse wie etwas Lebendiges«.

Beiläufig werden hier unterirdische Kanäle erwähnt. Die Herrichtung des Kanalbettes erforderte praktisches Können, das Vermessen des wünschenswerten Gefälles theoretisches Wissen. Beides kam selbstverständlich auch dem Hoch- und Tiefbau zugute. Es sei dahingestelt, wie weit ›einfache‹ Mönche sich die nötigen Qualifikationen hatten aneignen können, und wie weit man jeweils auf Fachleute zurückgriff, die außerhalb des Klosters lebten. Wer als Kind einem Kloster anvertraut worden oder als junger Mann eingetreten war, konnte den Beruf des Maurers oder Steinmetzen ähnlich lernen wie jemand, der in einer Werkmeisterfamilie aufgewachsen war. Wegen der Verpflichtung zu Gebet, Gottesdienst, Meditation, Lektüre blieb täglich zwar weniger Zeit für die Arbeit in der Werkstatt oder auf der Baustelle; doch konnten höhere Disziplin und geringere Ablenkung diesen Nachteil mehr als kompensieren. Zudem hatten die Zisterzienser schon früh Laienmönche zugelassen, die ›Konversen‹, die sich zur Einhaltung der Gelübde (Armut, Keuschheit, Gehorsam) verpflichteten, aber nicht die Rechte der Mönche genossen und die vorzugsweise grobe Arbeiten, oft fern vom Kloster, verrichteten. Unter den Konversen dürften auch ›gelernte‹ Steinmetze und Zimmerleute gewesen sein.

Ein anderer Autor zeigt, daß die Begeisterung für technische Errungenschaften unter den frühen Zisterziensern recht verbreitet war; hier erscheint der Fluß selber als der eigentliche ›Arbeiter‹: »Ein Flußarm, der die zahlreichen Werkstätten der Abtei durchfließt«, mache sich durch die Dienste, die er leistet, »überall segensreich verdient«. Zunächst stürze er sich »ungestüm in die Mühle, wo er emsig beschäftigt ist, den Weizen unter dem Gewicht der Mühlsteine zu mahlen und das feine Sieb anzutreiben, das das Mehl von der Kleie trennt. Nun ist er bereits im benachbarten Gebäude; das Wasser füllt den Kessel und gibt sich dem Feuer hin, daß es kocht, um das Bier der Mönche zu brauen, wenn die Weinlese schlecht war. Doch noch ist der Fluß nicht frei. Nun fordern die Walkmühlen nahe der Mühle ihn für sich. War er bisher damit beschäftigt, die Nahrung für die Mönche zuzubereiten, so denkt er nun an ihre Kleidung. Er widerspricht nicht, noch lehnt er irgendetwas ab, was man ihm abverlangt. Abwechselnd hebt und senkt er die schweren Stößel, Hämmer oder, besser gesagt, hölzernen Füße und erspart den Brüdern damit große Mühen. ... Wie würden Menschen die Arme erlahmen bei diesen Arbeiten, die der freundliche Fluß, dem wir unsere Kleidung und unsere Nahrung verdanken, für uns erledigt. Wenn er dann viele Räder in schnellem Lauf bewegt hat, fließt er schäumend weiter, und man könnte sagen, er wird sanfter und weicher. Von dort aus geht es in die Lohgerberei, wo er das Leder bearbeitet, das für die Schuhe der Brüder gebraucht wird; dort legt er ebensoviel Fleiß wie Sorgfalt an den Tag, dann teilt er sich in eine Fülle kleiner Arme, um die verschiedenen Arbeitsstätten aufzusuchen ... zum Kochen, Sieben, Zerkleinern, Bewässern, Waschen oder Mahlen, nie verweigert er seine Hilfe. Und schließlich vollendet er sein Werk, nimmt den Unrat mit und hinterläßt alles sauber«[645].

Es entbehrt nicht des Reizes, daß die Gutmütigkeit des Flusses in dem kurzen Abschnitt gleich zweimal betont wird: *non contradicit ... suum sine contradictione praestans obsequium*, »er widerspricht nicht ... ohne Widerwort leistet er seinen Dienst«. Sollte die Verweigerung des Gehorsams schon in den ersten Generationen von Reformmönchen weiter verbreitet gewesen sein, als man gemeinhin annimmt? Oder dachte der Autor in erster Linie an den Ruhm des Schöpfers, der den Menschen aufgetragen hatte, über die Natur zu herrschen (Gen 1, 28)?

Eine wachsende Zahl von Gewerben nutzte seit dem 12. Jahrhundert die Wasserkraft. Das Wasserrad diente nicht nur zum Mahlen von Getreide, sondern auch – dank Nocken auf der Welle – zum Walken von Wollstoff, zum Betätigen des Blasebalgs und zum Anheben schwerer Hämmer in der

Schmiede, schließlich zum Sägen von Holz[646]. Die erste kommentierte Abbildung einer mechanischen Säge findet sich im ›Bauhüttenbuch‹ Villards. Nach dessen Zeichnung hatte man bis dahin die Arbeit in zwei Takte zerlegt: Die rotierende Bewegung des Wasserrades wurde in das Auf und Ab eines senkrecht stehenden Sägeblattes umgesetzt; es war dafür gesorgt, daß der Stamm in dem Maße, wie das Sägeblatt sich durch das Holz vorarbeitete, weiter vorrückte[647]. Mit einer solchen (fast automatischen) Säge ließen sich Stämme weit schneller als bisher zu Balken, Brettern und Latten schneiden, wie man sie bei jedem Kirchenbau brauchte.

Diese und andere wassergetriebenen Maschinen zeigen, daß menschliche Arbeitskraft teuer geworden war, vielleicht sogar schon knapp, und das trotz des gerade im 12. und 13. Jahrhundert noch starken Bevölkerungswachstums. Ferner gab es Menschen, so darf man schließen, die den Anforderungen gerecht wurden, die solche Anlagen stellten. Es war ja nicht damit getan, Wasserrad und mechanische Säge zu bauen; man mußte sie pflegen, vor Schaden bewahren, nicht selten Tag und Nacht – ein Einsatz, wie er kaum denkbar gewesen wäre, hätte es nicht das Arbeitsethos gegeben, das an Worten der Bibel und der Regel Benedikts ausgerichtet war.

Das Dach der Kathedrale

Standen Langhausmauern und Pfeiler, wurde der Dachstuhl aufgerichtet und das erfolgreich abgeschlossene Werk mit einem (Richt-)Fest gekrönt, wie noch wir es kennen[648]. Diese Abfolge der Arbeiten hatte mehrere Vorteile: Das Gewölbe ließ sich unter Dach im Trockenen bauen; im Dachstuhl konnte das Tretrad aufgebaut werden, um das erforderliche Material hochzuschaffen. Erzwungen war diese Reihenfolge nicht zuletzt dadurch, daß nur so die Konstruktion der Gewölbe möglich wurde. Die Masse des Dachstuhls drückt auf Pfeiler und Wände und stärkt beide so weit, daß sie Schubkräfte der Gewölbe aufnehmen können. Dem Bau von Dächern kamen Erfahrungen aus dem Schiffbau zugute. Wer es verstand, ein Schiff zu bauen, das wochenlang Sturm und Wellen trotzte, wird sein Können eingebracht haben, wenn er den Dachstuhl einer Kirche zimmerte.

Die Dachneigung schwankte im Laufe der Jahrhunderte[649]; in schneereichen Gebieten hat man steilere Dächer gebaut, mußte dann aber auch dafür sorgen, daß bei einem kräftigen Regen die Wassermassen abgeleitet wurden. Vermeiden sollte man V-förmige Dachflächen, in denen Schnee und Hagel sich sammeln. Oft betätigte sich der Zimmermann auch als Dachdecker. Das war schon deshalb sinnvoll, weil Dachstuhl und Dachaußenhaut aufeinander abgestimmt sein sollten.

Zeit, Ort und Finanzen entschieden über die Art der Eindeckung. Einfache Holzkirchen – und das konnten sehr wohl Kathedralen sein – dürften lange Zeit wie die umliegenden Behausungen gedeckt gewesen sein, mit Erzeugnissen des Landes: Stroh, Schilf oder Holzschindeln. Entschied man sich für schwere Steinplatten, mußten Sparren und Latten robuster sein, als wenn man dünne Schieferplatten verwendete. Seit dem 10. Jahrhundert ging man auch nördlich der Alpen mehr und mehr zur Ziegeldeckung über; die Brandgefahr ist dann geringer, und Keramik ist dauerhafter. Man kannte ›Mönch‹ und ›Nonne‹, wie man sie noch heute in Mittelmeerländern sieht: Eine Reihe breiter, halbzylinderförmiger Ziegel wird mit der Innenseite nach oben gelegt; die Naht zwischen zwei Ziegeln überdeckt ein dritter, der mit der Innenseite nach unten zu liegen kommt. Seit dem 11. Jahrhundert gewann, zumal in Burgund und Süddeutschland, der ›Biberschwanz‹ an Beliebtheit, ein aus der Schindel weiterentwickelter Flachziegel[650].

Bekannt waren ferner Metallplatten. Blei war teuer, obwohl es bei der Silberverhüttung als ›Nebenprodukt‹ anfiel. Wenn man es trotzdem zum Decken verwendete, dann aus folgenden Gründen: Ein Bleidach wirkt repräsentativ; nicht von ungefähr hatte man das Marienmünster in Aachen mit Blei gedeckt (Anfang des 9. Jh.), vielleicht nach dem Vorbild der Heilig-Grab-Kirche in Jerusalem (4. Jh.). Zudem ist Blei sehr haltbar; schließlich ›trommeln‹ Regen und Hagel auf einem Bleidach nicht so wie auf hartem Metallblech. Dank der Förderung des Bergbaus standen seit dem Spätmittelalter größere Mengen Kupfer zur Verfügung; zu Blech ausgewalzt, diente es ebenfalls zum Eindecken von Kirchen, südlich der Alpen früher, in Bamberg immerhin schon zu Beginn des 12. Jahrhunderts[651]. – Mit der Entwicklung der Feuerwaffen wurden Blei und Kupfer rüstungswichtige Metalle; aus dem einen stellte man Kugeln her, aus dem anderen Kanonen. Entsprechend häufig büßten Kirchen ihre Buntmetalle ein; so rissen Revolutionäre nach 1789 das Blei vom Dach des Aachener Münsters herunter.

Es genügte nicht, das Dach zu decken; Steinmetz und Maurer, Zimmermann und Klempner hatten die Niederschläge im Blick zu behalten. Regen- und Schmelzwasser sollen so abgeleitet werden, daß Wände und Fenster möglichst wenig Schaden leiden. Von unten her sieht man nicht die steinernen Rinnen, die das Wasser sammeln und es – auch über Strebebögen – zu Wasserspeiern führen, wie man sie seit der Antike kennt.

SIEBENTER TEIL

Kathedrale – Arbeitsplatz und Unternehmen

I. ARBEITSZEITEN UND ARBEITSJAHR

Die Arbeitszeit der vielen Handwerker und Arbeiter, die auf dem Bauplatz einer Kathedrale beschäftigt waren, richtete sich nach dem Tageslicht; im Sommer wurde länger gearbeitet als im Winter. Auch wenn die Arbeiter während der dunklen und kalten Jahreszeit nicht entlassen wurden, war der Lohn wegen der kürzeren Arbeitszeit spürbar geringer[653].

Normalerweise wurde an fünfeinhalb Tagen gearbeitet (samstags nur bis zum frühen Nachmittag), aber sechs ganze Tage wurden bezahlt. Besondere Regelungen galten für Fehlzeiten sowie für die vielen Wochen mit einem oder mehreren Feiertagen; Kasuistik im Arbeitsrecht ist keine Erfindung des 20. Jahrhunderts.

Aus Unterlagen der Kathedrale von Rouen/Normandie gewann man für die Jahre 1457 bis 1533 folgende Ergebnisse: Im langjährigen Durchschnitt gab es nur zwei Wochen mit 2 Arbeitstagen oder weniger; dagegen wurden immerhin 17 1/2 Wochen lang sechs Arbeitstage vergütet. In derselben Zeit schwankte in Rouen die Zahl der jährlichen Arbeitstage zwischen 236 und 258 (die Daten sind nicht vollständig); durchschnittlich wurden in dieser Zeit 246,8 Arbeitstage pro Jahr vergütet.

Ein weiteres Beispiel mag zeigen, wie sich die zahlreichen Feiertage auswirkten[654]. Im Jahr 1471/72 (Dezember bis Dezember) konnte in Freiburg nur in 21 Wochen von Montag bis Samstag gearbeitet werden, in allen übrigen 31 Wochen gab es weniger als sechs Arbeitstage: in 22 Wochen waren es fünf, in fünf Wochen waren es vier, in drei Wochen waren es drei Arbeitstage, dazu kam eine Woche mit zwei Arbeitstagen. Wie man sieht, konnte wegen der Feiertage nur in wenigen Wochen von Montag bis Samstag gearbeitet werden.

Der Arbeitstag begann im Sommer um fünf Uhr morgens und reichte bis sieben Uhr abends. Darin eingeschlossen waren die Essenszeiten: Morgens

Der heilige Wolfgang im Bischofsornat und sein Diakon bauen eigenhändig die neue Kirche am See. Ihre Werkzeuge und Geräte sind: Mörtelmulde, Truhe zum Mischen des Mörtels, Kelle, Mischhacke, Schaufel und Hammer. Aus einem Altarbild von Michael Pacher (St. Wolfgang im Salzkammergut, 1471/81).

und mittags je eine, abends eine halbe Stunde, so daß sich von Montag bis Freitag eine effektive Tagesarbeitszeit von elfeinhalb Stunden ergab. Die Pause für das Abendessen entfiel am Samstag, da dann ›schon‹ um fünf Uhr nachmittags die Arbeit ruhte. Alle vierzehn Tage durften die Gesellen samstags sogar um drei Uhr gehen, um das Bad aufzusuchen; dazu gab die Hütte ein Badegeld.

Mitte Oktober wurden die Außenarbeiten im allgemeinen eingestellt; denn der Mörtel sollte vor dem Beginn des Winters abbinden und austrocknen können. Die Baustelle mußte dann für die folgenden Monate gesichert werden, im eher milden West- und Mitteleuropa gegen Sturm und Regen wohl noch mehr als gegen Frost; als Schutz gegen Frost wurden Bausteine und Mauerkrone mit Mist bedeckt. Die Steinmetzen konnten weiterarbeiten, sofern ihnen ein trockener, windgeschützter, bei Kälte temperierbarer Raum zur Verfügung stand. Dazu boten sich die Bauhütte, der Altbau der Kirche (sofern vorhanden) oder ein schon fertiggestellter Teil des Neubaus an, soweit er nicht für Gottesdienste gebraucht wurde.

Es verwundert nicht, daß aus einer Zeit, in der die Arbeitszeit so genau geregelt ist, auch andere arbeitsrechtliche Bestimmungen überliefert sind. Man kannte Kündigungsfristen (oft von einem Monat), ferner Zuschüsse zur Hochzeit sowie Beihilfen für den Fall von Wirtschaftskrise, Krankheit, Unfall oder Tod. Die dafür erforderlichen Summen wurden in Straßburg von der Bauhütte aufgebracht: ›Unser lieben Frauen Werk‹ zahlte für jeden Steinmetzen einen (Silber)Pfennig pro Woche in eine besondere ›Büchse‹ ein; nach Aussehen und Konstruktion ähnelte sie dem Opferstock in der Kirche. Andernorts wurde solcher Versicherungsschutz mit Geldern bestritten, die beim Eintritt in die Bauhütte oder als Bußen für kleinere Vergehen erhoben wurden.

II. LÖHNE UND PREISE

Die Vereinbarung über den Lohn bildete einen wichtigen Teil des Arbeitsvertrages, der seit dem Spätmittelalter oft schriftlich abgefaßt wurde. Man unterschied zwischen Sommerlohn und Winterlohn, zwischen Tagelohn, der auch am Ende der Woche ausbezahlt werden konnte, und Stücklohn (Leistungslohn, Verding). Leistungslohn erhielten Kranknechte, Maurer, Mörtelrührer, Schlosser, Schmiede, Steinmetze und Träger; Stücklohn wurde vor

Arbeitsaufnahme für Steinbrecher, Ziegler, Brettschneider, Säger festgesetzt. Dabei berücksichtigte man die Härte des Materials und andere Schwierigkeiten der Aufgabe; die Aufsicht erübrigte sich, was die Verwaltung vereinfachte. Das galt auch für den Werklohn, der etwa mit dem Schmied vereinbart wurde, der Türbänder für schwere Portale arbeitete, oder mit dem Steinmetz, der Skulpturen anfertigte. Der Werklohn erleichterte es dem Auftraggeber, die Ausgaben zu planen; ihm war es gleichgültig, wie lange der Steinmetz an einer Verkündigungsgruppe arbeitete, wieviele Mitarbeiter er hinzuzog usw. Man kannte schließlich die summarische Entlohnung eines Vorarbeiters für die ganze Gruppe, etwa bei umfangreichen Erd- oder Holzarbeiten (Ausschachten der Fundamentgräben bzw. Anfertigung des Dachstuhls). Um die Aufteilung der vereinbarten Summe brauchte der Werkmeister sich dann nicht mehr zu kümmern.

Wer nur vorübergehend eingestellt war oder nach Stücklohn vergütet wurde, strebte nach Beschäftigungssicherheit bzw. Lohngarantie. Konnten Arbeitskräfte sich mit solchem Verlangen durchsetzen, hatten sie eine spürbare Hebung ihres Lebensstandards erreicht. Mancherorts haben sich Rechnungsbücher erhalten, in denen die gefertigten Teile und deren Bestimmungsort genannt sind; im Einzelfall läßt sich dann sogar verfolgen, wie vor Jahrhunderten der Bau fortschritt.

Das Auf und Ab der Löhne

Um Mißhelligkeiten zu steuern und Streit zu vermeiden, setzte der Rat zu Speyer am 20. Dezember 1342 in einer mit dem Siegel der Stadt bekräftigen Urkunde Höchstlöhne für Bauhandwerker fest, die in der Stadt nicht überschritten werden dürften. Unterschieden wird nach der Jahreszeit und nach folgenden Gruppen: Steinmetzen, Maurern, Zimmerleuten, Dachdeckern, Kleibern (Handwerker, die Lehmwände herstellten und verputzten) sowie Faßbindern. Vom Sonntag *Laetare* in der Fastenzeit – am Ostertermin ausgerichtet, kann er über vier Wochen schwanken – bis zum Fest des hl. Gallus (16. Oktober) waren Sommer-, ansonsten Winterlöhne zu zahlen (andernorts begann die Zeit des Sommerlohns an einem festen Termin). In Speyer sollten Steinmetz, Maurer, Zimmermann, Dachdecker und Kleiber arbeitstäglich folgendermaßen vergütet werden (in Hellern; in Klammern jeweils der Lohn bei voller Verpflegung): Meister 30 (18), Lehrknecht im ersten Jahr 15 (6), im zweiten 21 (12), im dritten Jahr 30 (18), Mörtelrührer 15 (8),

Stein- und Mörtelträger 12 (6). Für die – einheitliche? – Verpflegung wurden also je nach Lohngruppe zwölf, neun oder sechs Heller einbehalten. Im Winterhalbjahr sollte man Meistern und Knechten jeweils ein Drittel weniger auszahlen, ohne *alle wider rede.* Nach weiteren Differenzierungen folgt die Bestimmung, niemand solle den Meistern oder Knechten Belohnungen zukommen lassen in Form von Kleidung (Hose, Rock) oder Wein – was also wohl gang und gäbe war. Verstöße gegen diese Bestimmung sollten mit zehn Schilling und einem Monat Stadtverweis geahndet werden. Weitere Strafen (Geld und Stadtverweis für zwei Monate) wurden denen angedroht, die eine angenommene Arbeit nicht ausführen, sondern eine andere (wohl besser bezahlte) aufnehmen, sowie denen, die sich weigern, für die festgesetzten Löhne zu arbeiten. Die Lohnskala sollte gelten, bis der Rat zu Speyer sie aufhob, änderte, herunter- oder heraufsetzte, *mit gelueter glocken uf dem hof zuo Spire.*

Wie nicht anders zu erwarten, kannte man je nach Zeit und Ort noch weitere Mischformen der Vergütung: Geld einerseits, andererseits Wohnung, Arbeitskleidung und Wein; hier wurde das Werkzeug gestellt, dort mit kostenloser Badbenutzung gelockt. Gegebenenfalls wurde eine Frau eingestellt, um für die Arbeiter zu kochen. Auch kam es vor, daß der Lohn mit der Pacht für Land verrechnet wurde, so daß der in der Liste vermerkte Lohn ein falsches Bild ergibt. Weiter war zu klären, ob die Kosten für den Transport von Baumaterial vom Bauherrn oder vom Handwerker zu tragen waren. Ein zusätzliches Trinkgeld oder eine Prämie wurde fällig, wenn ein anspruchsvoller Bauabschnitt abgeschlossen oder eine schwere Glocke aufgehängt war. Außer dem, was man von Rechts wegen einfordern konnte, gab es – je nach Zeit und Ort, und nicht nur für Höhergestellte – manches Entgegenkommen: Zusätzlicher Lohn oder Vorschuß auf den Lohn; die Möglichkeit, Material und Werkzeug zu entleihen, um zeitweise auf einer anderen Baustelle arbeiten zu können; Naturalien oder wenigstens ein gemeinsames Essen; eine wertvolle Münze zu Beginn der Winterpause.

Da die Höhe des Lohns sich nach der Qualifikation richtete, war der Geselle daran interessiert, den Meistertitel zu erwerben. Doch die Zahl der Meisterstellen war begrenzt. Über das Zahlenverhältnis von Angelernten zu Meistern entschied die Baukonjunktur; je besser sie lief, desto eher konnten junge Leute sich Aufstiegschancen ausrechnen.

Je höher man auf der Lohnskala stand, desto seltener waren die Bezüge fällig. Der Werkmeister erhielt, wie der Arbeitsvertrag mit Johann von Gmünd gezeigt hat, ein Jahresgehalt; nicht anders als bei hohen städtischen

Bediensteten, wurde es oft in vier Raten ausbezahlt. Dazu konnten ein Wochengeld kommen, Naturalien oder, beim Werkmeister, die gesonderte Vergütung eigenhändiger Arbeiten, ferner verschiedene Zuschläge, etwa für die gefährliche Arbeit hoch auf dem Gerüst. Um diesen Abschnitt mit ›griffigen‹ Zahlen abzuschließen: In Paris erhielt ein Architekt im 13. Jahrhundert – Fixum und Vergütung effektiver Leistung zusammengerechnet – etwa 50 Pfund; ein Haus gehobenen Zuschnitts kostete in dieser Zeit etwa 150 Pfund[655].

Zahlenmäßig spielten die im Baugewerbe Tätigen oft nur eine geringe Rolle, wie eine Aufstellung der Handwerksmeister aus Nürnberg zeigt (mit Nachträgen). Im Jahre 1363 hatte man dort 50 Gruppen, von den Schneidern bis zu den Färbern, mit insgesamt 1.217 Meistern; zu diesen gehörten gerade neun Steinmetze und 16 Zimmerleute[656] – für die ganze Stadt, also nicht nur für die großen Kirchen. Es ist freilich damit zu rechnen, daß privilegierte Handwerker mancherorts extra gezählt wurden und nicht in die ›Statistik‹ der Handwerker eingegangen sind. Denn Angehörige von Bauhütten genossen nicht selten gewisse Vorrechte: (Teil-)Befreiung von Kriegs- und Wachdienst, eigene Gerichtsbarkeit bei kleineren Vergehen[657]. Deshalb kam es nicht selten zu Animositäten gegenüber anderen am Ort tätigen Handwerkern.

Einblick in Konjunkturschwankungen ermöglicht die oben bereits erwähnte quellennahe Studie zur Normandie. In dieser Gegend stieg im ersten Drittel des 15. Jahrhunderts nur jeder vierte Lehrling zum Meister auf; in der zweiten Jahrhunderthälfte – der Hundertjährige Krieg mit England war abgeklungen, das Land wurde sicherer, Baumaterialien standen wieder für den ›zivilen‹ Bereich zur Verfügung – war es schon jeder zweite, wenn nicht gar zwei von dreien. Im Laufe der Jahrzehnte schwankte nicht nur die Zahl der Meisterstellen; Mitte des 15. Jahrhunderts mußte sich ein junger Mann nach Abschluß der Lehre mehr als acht Jahre gedulden, bis er Meister werden konnte; am Ende des Jahrhunderts lagen durchschnittlich nur zweidreiviertel Jahre zwischen dem Ende der Lehrzeit und dem Erwerb des Meistertitels, weniger als heutzutage.

Seit etwa 1530 – das zeigt die Auswertung von Quellen zu Bauarbeiten an der Kathedrale von Rouen und in der Normandie – verschlechterten sich die Arbeitsbedingungen von Bauhandwerkern: Finanzielle Vorteile schwanden, es gab nur unregelmäßig Arbeit, die Baustellen schlossen im Winter, Arbeitslosigkeit breitete sich aus. Die Arbeiter waren nicht mehr in der Lage, Ersparnisse zu bilden; wollten sie ihren Lebensstandard aufrechterhalten, mußten sie Grundbesitz, Häuser und Renten verkaufen, die sie bei guter Konjunktur erworben hatten. Sie teilten dann das Schicksal derer, die nur von ihrer Arbeit leben konnten.

Um eine Vorstellung von der Höhe und der Entwicklung der Löhne von verschiedenen, an einer Kathedrale tätigen Gewerben zu vermitteln, seien Angaben für das Spätmittelalter zusammengestellt.

Tagelöhne im Bauhandwerk, Normandie 1426–1509, in denier (Silber-Pfennig)

Handwerker	Minimum	Maximum
Maurer	42	75
Zimmerleute	45	75
Dachdecker, Klempner	48	80
Gipser	48	75
Handlanger, Hilfsarbeiter	24	40

Minimum und Maximum schwankten während der 83 Jahre in den verschiedenen Lohngruppen um 1 : 2 (24 : 48 bzw. 40 : 80). Innerhalb der Gruppen ist der Maximallohn etwa 1,7–1,8mal höher als der niedrigste. Niedriger Stundenlohn allein sagt noch nichts über die mögliche Lebenshaltung aus; kontinuierliche Arbeit bei mäßigem Lohn war attraktiver als seltene Arbeit mit hohem Lohn. Deutlich wird die Hierarchie der Vergütungen: Die Löhne von Maurer, Zimmermann, Dachdecker, Gipser und Klempner waren einander recht nahe; Handlanger verdienten nur etwa die Hälfte von dem, was Facharbeiter nach Hause trugen. Andererseits verfügte die Ehefrau in Mittelalter und Neuzeit – nicht anders als heute – oft über eigene Einkünfte; entsprechend stieg das Familieneinkommen.

Waren Bauarbeiter gesucht, konnten sie Bedingungen stellen zu Arbeitszeit, Vergütung, Prämien usw. – oder sie wanderten zu einem Bauherren ab, der auf ihre Forderungen einging. Wer an der baldigen Fertigstellung eines Bauwerks interessiert war, mußte sich auf Verhandlungen einlassen und Konzessionen machen, die er anfangs vielleicht nicht vorgesehen hatte.

Mancher ging mit Beginn der Winterpause zu seiner fernen Familie. Würde er sich im Frühjahr wieder einfinden? Mit einer ›Gnade‹ oder ›Verehrung‹ konnte man ihn vielleicht bei Laune halten. In einer Rechnung der Kathedrale von Rouen aus dem Jahre 1468 begegnen uns zwei Flamen; bevor sie über Ostern zu ihren Angehörigen heimkehrten, erhielten sie eine Sonderzuwendung, *affin qu'ilz eussent plus grant desir de retourner oud. astellier*, »auf daß sie größeres Verlangen hätten, auf die besagte Baustelle zurückzukehren«[659]. Bei solchen Gratifikationen mußte der Bauherr indessen auf der Hut sein: Zwei-, dreimal gegeben, und schon galten sie als Gewohnheitsrecht. Es ist daher verständlich, daß gelegentlich ausdrücklich vermerkt wird: *par manière de don et non de coutume*, »als Geschenk und nicht als Brauch«. Trotzdem: Wer wollte es anderen Arbeitern verdenken, ein ähnliches Geschenk zu fordern?

In Deutschland standen Steinmetzmeister auf der Lohnskala ganz oben; sie verdienten weit mehr als Schmiedemeister; dasselbe galt für die jeweiligen Gesellen. So bekam in Meißen ein Geselle am Bau (wohl ein Steinmetz, 15. Jh.) viermal soviel wie ein Schlosser und gar zwölfmal soviel wie ein Schneider[660]. An der Endposition der Schneider hat sich bis heute nichts geändert.

Lebenshaltung und Verarmung

Löhne und Preise bestimmen den Lebensstandard. Je nach Konjunktur waren Handwerker mehr oder weniger gefragt, wurde ihre Arbeit höher oder niedriger vergütet. Für frühere Jahrhunderte ist es nicht möglich, einen Index der Lebenshaltungskosten zu berechnen, wie er uns vertraut ist. Wohl läßt sich nachweisen, daß bei günstiger Konjunktur auch Bauarbeiter Ersparnisse bilden, Haus und Garten oder Renten kaufen konnten; derartiges Eigentum ließ sich sogar vererben.

Um Aussagen zur wirtschaftlichen und sozialen Lage von Arbeitern in früheren Jahrhunderten machen zu können, hat man – in Ermangelung eines Index der Lebenshaltungskosten – über längere Zeit Löhne und Preise verglichen. Da Getreide für die Ernährung bis ins 19. Jahrhundert eine entscheidende Rolle spielte, setzt man dessen Preis in Beziehung zu Löhnen, die aus vielen Orten ebenfalls in Reihen vorliegen. Aus Straßburger Daten hat man Durchschnittswerte für jeweils 25 Jahre ermittelt[661]. Danach blieben die Bauhandwerkerlöhne je Sommertag von 1475 bis 1549 mit 24 Straßburger Pfennigen recht konstant; dann stiegen sie leicht über 27 Pfennig (1550–1574) auf 31 Pfennig an (1575–1599). In den 125 Jahren stieg der Preis für 1 Viertel Roggen aber von 55,6 auf 266,4 Pfennig. Mußte der Maurer in den letzten zweieinhalb Jahrzehnten des 15. Jahrhunderts nur 2,3 Sommertage lang arbeiten, um 1 Viertel Roggen kaufen zu können, so in den Jahren 1575–1599 schon 8,6 Tage. Mißt man den Preis für 1 Viertel Roggen am Lohn, so erhält man einen gewissen Wert für die ›Kaufkraft‹. Und die fiel von der Indexzahl 100 (für die Jahre 1475–1499) in den folgenden Vierteljahrhunderten über 93 auf 60, dann weiter auf 33 und – in den Jahren 1575–1599 – auf nur noch 27. Verarmung und Proletarisierung waren die unausbleibliche Folge.

III. GOTTES HAUS MUSS FERTIG WERDEN – UM JEDEN PREIS?

In der Gegenwart werden Großbauten für Industrie, Wirtschaft, Verkehr, Sport in wenigen Jahren ›hochgezogen‹; man denke etwa an Gebäude, die den Potsdamer Platz in Berlin säumen. Planung und Genehmigungsverfahren erfordern im allgemeinen mehr Zeit als der eigentliche Bauvorgang. Anders in Zeiten, die ein- bis zweihundert Jahre und länger zurückliegen.

Schnell oder langsam bauen?

An den meisten Kirchen ist lange gearbeitet worden. Aber was heißt ›lange‹? Soll man sich an der Dauer des Menschenlebens ausrichten? Oder an der Bauzeit von Kultstätten in der Antike? An dem großen Amuntempel in Theben/Ägypten soll von der 12. bis zur 25. Dynastie gearbeitet worden sein, d. h. von etwa 2000 bis ins 7. vorchristliche Jahrhundert, also etwa 1300 Jahre[662] oder 50 Generationen lang.

Gab es besondere Gründe, war ein Gotteshaus rasch fertiggestellt. Ein Beispiel erzählt Notker († 912), Mönch im Kloster St. Gallen. Seine unterhaltsamen Geschichten ranken sich vorzugsweise um Karl den Großen. In einer traut er dem König zu, während der Belagerung von Pavia 774 das Kunststück fertiggebracht zu haben, in wenigen Stunden eine kleine Kapelle (*oratoriolum*) errichten zu lassen – mit Mauern und Dach, Decken und Malereien; wer sie sehe, rechne eher mit einem Jahr Bauzeit. Notker weist auch auf den historischen Kern dieser Anekdote hin: Karl habe über viele Arbeitskräfte geboten und qualifizierte Handwerker in seiner Umgebung gehabt[663].

Seit dem 7. Jahrhundert begegnen in den Quellen Äußerungen, aus denen Bewunderung – oder Mißbilligung? – spricht: Diese oder jene Kirche sei *incredibili celeritate*, mit unglaublicher Geschwindigkeit gebaut worden[664]. Manche Großbauten sind in Zeitspannen fertiggestellt worden, die noch uns die Sprache verschlagen, die Hagia Sophia in Konstantinopel zwischen 532 und 537, der Felsendom in Jerusalem von 691 bis 692, und von 699 bis 705 die Große Moschee in Damaskus[665]. Hinter dem Bau der ›Heiligen Weisheit‹, die als achtes Weltwunder gefeiert wurde[666], standen die finanziellen Mittel eines großen Reiches und der Wille eines mächtigen Kaisers, Justinian (527–565). Zwar stürzte 558 die Kuppel ein, doch schon 562 konnte die Kirche erneut geweiht werden. Auch die Ausstattung ließ nicht auf sich warten; abgeschlossen wurde sie unter Kaiser Justin II. (565–578).

Der Dom in Bamberg, den sich Heinrich II. zur Grablege auserkoren hatte, stand nach acht bis neun Jahren. Noch schneller ging es in Merseburg, wo Bischof Thietmar dafür sorgte, daß seine Kathedrale nach etwa sechs Jahren fertig war; hier wie sonst ist zu fragen, was unter ›fertig‹ zu verstehen ist[667]. Nur zehn bis dreißig Jahre brauchten die Zisterzienser in ihrer Anfangszeit für ihre Kirchen[668].

An vielen Kirchen hat man Jahrhunderte gebaut; andere wurden nie endgültig fertig (oder der Bau wurde abgeschlossen). So fehlt dem Straßburger Münster noch heute der südliche Turmhelm. Und niemand wagt zu sagen, bis wann in Barcelona der *Temple de la Sagrada Familia* (begonnen 1882) und in New York die *Cathedral of Saint John the Divine* (Grundsteinlegung 1892) fertiggestellt sein werden.

Ein Bauherr wollte das Werk wohl auch deshalb bald fertig sehen, weil er – den Tod vor Augen – der Nachwelt keine Bauruine hinterlassen wollte. In fast tausend Jahren (von 597 bis 1558) zählte man in Canterbury 68 Erzbischöfe; mancher amtierte nicht einmal zwölf Monate[669]. Die durchschnittliche Amtszeit von 14,1 Jahren würde sich noch verkürzen, wenn man die Zeiten berücksichtigte, in denen die *cathedra* nicht besetzt war. Zur Eile drängten Kirchenbauer auch deshalb, weil sie nicht darauf vertrauen konnten, daß der Nachfolger sich an ihre Pläne hielt. Wie rabiat ein Meinwerk von Paderborn mit dem Bau seines Vorgängers umgegangen ist, haben wir ja schon gesehen.

Es gab erstaunlich kurze Bauzeiten von zehn Jahren und weniger (Hagia Sophia, Clairvaux II); viele Bauten erforderten ein bis zwei Generationen, wieder andere Jahrhunderte. Die Capella Palatina in Palermo wurde im Jahre 1132 gegründet und schon 1140 geweiht; die Ausschmückung zog sich bis 1189 hin[670], was angesichts der reichen Mosaikdarstellungen nicht verwundert. Bemerkenswert ist der Baubeginn von Kathedralen in Nordfrankreich um die Wende vom 12. zum 13. Jahrhundert: Chartres 1194, Reims 1211, Amiens 1220, Beauvais 1224 – ein wahrer Boom[671].

Oft fehlen genaue Daten. Der Tag der Grundsteinlegung mag bekannt sein; doch bleibt nicht selten zu fragen, was unter *fundatio* zu verstehen ist. Bekannt ist vielleicht auch das Datum der (ersten) Weihe. Häufig achtete man darauf, daß zunächst der (Ost-)Chor – nicht selten in den Dimensionen einer Großkirche – fertiggestellt wurde.

Zeitersparnis durch überlegte Planung

So gut wie immer standen die Beteiligten unter dem Druck der Zeit und knapper Geldmittel. Der Auftraggeber wollte die Fertigstellung des Bauwerks noch erleben, und die zum Bauen günstige Jahreszeit war Jahr um Jahr rasch verflogen. Indessen kannte man Wege, schneller zum Ziel zu kommen. War die Finanzierung für die ganze Bauzeit gesichert, am besten durch Zuweisung regelmäßiger Einkünfte, war vieles einfach – sofern hinter dem Vorhaben ein energischer Wille stand, der Gold und Silber sinnvoll einsetzte, die Verwendung der Mittel kontrollierte und die Kräfte auf das eine Werk konzentrierte. Auch daran fehlte es oft; mancher Bischof interessierte sich mehr für den Bau seines Palais als für die Domkirche[672]. Nach einem Brand oder einem Einsturz kann man den Willen zu raschem Bauen unterstellen; Bischof und Domkapitel bzw. Abt und Mönchskonvent wollten bald aus einem unbefriedigenden Provisorium herauskommen.

Noch vor Baubeginn kam es darauf an, die Planung zu durchdenken. Mußte in Stein gebaut werden? Die Kirche in der Harzburg wurde in Holz errichtet, was Pracht keineswegs ausgeschlossen habe[673]. Suger von Saint-Denis ließ mit allen Kräften das ganze Jahr hindurch arbeiten, ohne Winterpause also[674]. Bekannt, wenn auch nicht so bezeichnet, waren Möglichkeiten der Rationalisierung; man denke an einfache Bauformen und die Verwendung von Schablonen; dazu mochte der Verzicht auf kostspieliges ›Zubehör‹ kommen: Türme, Skulpturen, vielfarbige Fenster usw.

Ein Vorbild konnte die Planung erleichtern. So hatte Bezelin, bevor er nach Bremen als Erzbischof (1035–1043) berufen wurde, in Köln gewirkt. Als im Jahre 1041 ein Brand seine Kathedrale heimgesucht hatte, orientierte er sich für den Neubau am Kölner Dom (*ad formam Coloniensis ecclesiae*)[675]. In zwei Wochen konnte der Werkmeister am Rhein sein und sich kundig machen: Abmessungen, besondere Techniken, etwaige Schwierigkeiten, empfehlenswerte Arbeitserleichterungen, Fachkräfte, die an einem Wechsel zur Weser interessiert wären, usw. Wäre Bezelin länger am Leben geblieben, meint der Chronist, hätte er in wenigen Jahren den Neubau abgeschlossen. So aber habe er seinem Nachfolger Adalbert (1043–1072) ein *opus immensum* hinterlassen, ein maßloses Werk, das wohl in keinem Verhältnis zu dem stand, was in Norddeutschland üblich war. Um die Arbeiten zu beschleunigen, ließ Adalbert die Mauer der Domburg abreißen und die hier gewonnenen Steine für den Dombau verwenden. Man kam auch wirklich zügig voran, so daß schon 1049 der Hochaltar geweiht werden konnte[676]. Wenn Adalbert bei seinem Tode trotzdem einen Torso hinterließ, dann deshalb, weil der Erzbischof sich und die Möglichkeiten seines Bistums überschätzt hatte: Maßlos ehrgeizig, hatte er in die Reichsgeschäfte eingegriffen, was häufige Abwesenheit und schwere Belastungen für Bremen zur Folge hatte. Gleichzeitig war er einem Baurausch verfallen, hatte zahlreiche Bauten niederlegen lassen und in Aussicht gestellt, sie weit schöner und prächtiger wieder aufbauen zu wollen.

Vieles ging leichter und schneller, wenn man sich auf eine eingespielte Infrastruktur stützen konnte. Qualifizierte Kräfte und erschlossene Steinbrüche könnten dazu beigetragen haben, daß die 937 durch einen Brand geschädigte Klosterkirche von Fulda schon 948 erneut geweiht werden konnte[677]. Nicht ganz so schnell ging es in Mainz: Am Tag der Weihe 1009 brannte der Dom ab, der gleich begonnene Neubau wurde – nach einem Wechsel des Bischofs 1031 – im Jahre 1036 geweiht[678]. Hier konnte man, wie in vielen anderen Fällen, mindestens Teile des Vorgängerbaus nutzen.

Die heilige Hedwig († 1243) und ihr Mann, Herzog Heinrich I. von Schlesien, hatten 1203 ein Kloster für Zisterzienserinnen in Trebnitz (Schlesien) gegründet. Schon 1219 konnte es eingeweiht werden – dank der tatkräftigen Förderung durch die Stifter und einer menschenfreundlichen Änderung im Strafrecht: Der Herzog begnadigte zum Tode Verurteilte; je nach der Größe ihres Verbrechens mußten sie unterschiedlich lange auf dem Bau arbeiten, um ihre Schuld zu sühnen[679].

Fachleute aus der Ferne

Auch wenn man im Mittelalter die Green Card noch nicht kannte, wußte man: Zeit ließ sich auch dadurch gewinnen, daß man Fachleute in der Fremde anwarb. Zu dieser Aushilfe griff man zumal dann, wenn eigene Kräfte den Aufgaben nicht gewachsen waren, die ungewohnte Materialien oder Techniken stellten. Im günstigsten Fall teilten die Fremden ihr Können nach und nach den Einheimischen mit. Bischof Meinwerk soll 1017 von einer Italienreise *operarios Graecos*, griechische Bauleute, mit nach Paderborn gebracht haben. Das können Kunsthandwerker aus Orten gewesen sein, die lange unter byzantinischer Herrschaft gestanden hatten; hier beherrschte man noch Fertigkeiten, die in Sachsen niemals nachgefragt worden waren; möglicherweise handelte es sich auch um herumziehende griechische Mönche[680]. Erzbischof Bezelin von Bremen soll seine Domburg auch mit einem starken, in italienischer Art (*opere Italico*) gearbeiteten Turm befestigt haben[681]. Es bleibt offen, ob hier Fachleute aus Italien gewirkt oder ob Bezelin bzw. einer seiner Leute aufgrund eigener, im Süden gewonnener Anschauung heimische Arbeitskräfte angeleitet hatte. Die baufälllige Stiftskirche zu Wimpfen im Tal wurde von einem aus Paris herbeigerufenen, »hochqualifizierten Meister der Steinmetzkunst in französischer Art aus Quadern« zur allgemeinen Bewunderung und Freude wiederaufgebaut, *accitoque peritissimo architectoriae artis latomo … opere Francigeno … ex sectis lapidibus*[682]; die Hervorhebung *ex sectis lapidibus*, »aus geschnittenen Steinen«, könnte auf die Verwendung von Steinsägen hinweisen. Wahrscheinlich hat in Wimpfen nicht nur *ein* Meister für die rasche Übertragung der Kunst

Königslutter/Niedersachsen, Abteikirche St. Peter und Paul (um 1135). Die Hauptapsis mit ihrem berühmten Jagdfries. Kaiser Lothar III. warb zum Bau der Kirche hochqualifizierte lombardische Fachleute aus Italien an.

des Kirchenbaus gesorgt, wie sie in der Ile-de-France blühte. In Speyer arbeiteten zeitweise Lombarden, in Uppsala Franzosen, in Xanten Werkleute aus Antwerpen, Brüssel, Douai, Düsseldorf, Köln, Mainz, Münster, Nürnberg, Trier, und Utrecht[683]. Der Werkmeister mußte über Fingerspitzengefühl verfügen, um eine bunt zusammengewürfelte Schar auf ein Ziel hinzulenken und unvermeidliche Spannungen geringzuhalten.

Mancher Bauherr versprach hoch und heilig, einen Fachmann, den ihm ein Amtsbruder ›ausgeliehen‹ hatte, nach der vereinbarten Zeit zurückzusenden. Doch was tun, wenn der neue Arbeitgeber und der Spezialist sich gut verstanden, der Entliehene vielleicht ein Tätigkeitsfeld erhielt, das weit attraktiver war als das, in dem er bislang gewirkt hatte? Jedenfalls wurde manche Zusage nicht honoriert, und nicht jeder Leihgeber war bereit zu resignieren. Ein Abt Geoffroi aus Vendôme forderte in mehreren Briefen Bischof Hildebert von Le Mans (1097–1125) immer nachdrücklicher auf, ihm »unseren Maurer-Mönch, den ihr bei euch habt«, *caementarium monachum nostrum quem vobiscum habetis*, herauszugeben. Schließlich weiß der Abt keinen anderen Rat mehr, als dem Bischof mit der Exkommunikation zu drohen[684]. Unter den Zisterziensern gab es weithin bekannte Spezialisten für Hoch- und Wasserbau, Bergbau und Viehzucht; sie waren bei geistlichen und weltlichen Herren so geschätzt, daß das Generalkapitel sich 1157 gezwungen sah, folgenden Beschluß zu fassen: *Monachos vel conversos artifices ad operandum saecularibus concedi non licet*[685], »Es ist nicht erlaubt, Handwerkermönche oder -konversen weltlichen Herren als Baufachleute zu überlassen«.

Unternehmer arbeiteten zügiger, wenn sie sich zur Einhaltung von Fristen verpflichtet hatten. In einem Falle waren das 16 Jahre; *si tempestas venerit, adimpleat alium annum*, »sollte es ein (unvorhersehbares, außergewöhnliches) Unwetter geben, mag er ein weiteres Jahr beanspruchen«[686]. Oft wollte man Arbeiten vor dem Termin beendigen, etwa vor der Winterpause. Da in solcher Lage eher noch als sonst die gebotene Sorgfalt vernachlässigt wurde, blieben Unfälle nicht aus. So stürzte beim Bau von Kloster Iburg eine Mauer ein; die meisten Arbeiter konnten sich gerade noch in Sicherheit bringen, einer wurde verschüttet. »Nachdem man unter größten Schwierigkeiten gewaltige Gesteinsmassen beiseite geräumt hatte, fing jener auf einmal mitten unter den Hieben und Stößen zu schreien an, streckte, so gut es ging, die Hand heraus und bat, als hätte er so etwas zu befürchten, man möchte doch um Gottes willen seinen Kopf mit Hieben verschonen«[687]. Wir erfahren nichts zu den Gründen des Unfalls. War man über der Freude angesichts des raschen Baufortgangs leichtsinnig geworden? hatte man zu mageren Mörtel verwendet?

Auf einem anderen Werkplatz soll es zugegangen sein wie bei einem Freundschaftsspiel zwischen der Auswahl zweier Völker. Norbert von Xanten hatte Männer um sich geschart, die seine neu wirkende Art des Lebens in apostolischer Einfachheit und Armut teilen wollten. Beim Bau des Klosters Prémontré (Pikardie), nach dem die Mönche später Prämonstratenser genannt wurden, suchten die Maurer sich zu übertreffen, *Teutonici* auf dieser, *Gallici* auf jener Seite des Baus; infolgedessen konnte die Kirche nach einer Bauzeit von nur neun Monaten eingeweiht werden[688].

Brachte der Bauherr Mittel und Energie auf, waren auch ›zivile‹ Bauten in wenigen Monaten fertiggestellt. Erzbischof Albero von Trier ließ, als der Papst sich zum Besuch in seiner Stadt angesagt hatte, ein Haus von drei Stockwerken in nur sechs Wochen ›hochziehen‹[689]. Die Schilderung des Ereignisses erweckt den Eindruck, als hätten die Zeitgenossen einen Rekord erlebt.

Häufiger als die Quellen berichten, dürfte es zu einem Wettstreit zwischen unterschiedlichen Baustellen gekommen sein, vor allem dann, wenn – wie im 11. Jahrhundert in Burgund, im 13. Jahrhundert in der Ile-de-France, im 19. Jahrhundert in Deutschland – vielerorts gleichzeitig Kirchen neu-, um-, weiter- oder zu Ende gebaut wurden: Wo entsteht die größte? Was wird die schönste? Wer wird als erster fertig? In vielen der Verantwortlichen war ein agonaler Zug viel zu tief verwurzelt, als daß sie sich der Freude am Kräftemessen hätten entziehen können. Was wollt ihr, hätten sie vielleicht auf vorwurfsvolle Fragen geantwortet, wir ehren die Mutter unseres Herrn.

Pfusch am Bau

Nachlässiges Arbeiten und die Verwendung minderwertiger Materialien hatten fatale Auswirkungen. Den Turm des Ulmer Münsters hat man auf verfüllte Keller früherer Häuser gebaut; man hatte wohl gemeint, dadurch Kosten zu sparen, sah sich später aber durch Schäden am Turm eines Schlimmeren belehrt. Das wohl berühmteste Beispiel eines Fundaments, das seiner Belastung nicht gewachsen war, bietet Pisa. Noch während des Baus fing der Turm des Domes an sich zu neigen. Man versuchte, dem Übel dadurch zu begegnen, daß man ungleich hoch weiterbaute; der Turm neigte sich weiter. Den Architekten und die Bauleute dürfte in diesem Fall kaum eine Schuld treffen; mit derart ungleichmäßigem Nachgeben des Bodens konnten sie kaum rechnen, wie noch zu zeigen ist.

Mahnungen, Streit und Kündigung blieben nicht aus, wenn der Werkmeister den Erwartungen des Auftraggebers nicht gerecht wurde und die Mängel offenkundig waren. Ein Beispiel soll Unregelmäßigkeiten erläutern. Notker, als Mönch und Erzähler schon erwähnt, läßt die folgende Geschichte in Aachen spielen. Wie andere schriftliche Quellen und der Baubefund zeigen[690], hat man dort seinerzeit gewissenhaft gearbeitet. In die Erzählung Notkers gehen jedoch gewiß Erfahrungen ein, wie mancher Bauherr sie gemacht hat. Notker schreibt, Karl habe die Werke der Römer übertreffen wollen[691] und habe, um sein Vorhaben zu beschleunigen, von nah und fern Meister und Werkleute aller Fertigkeiten zusammenrufen lassen (*magistros et opifices omnium id genus artium advocavit*). Wie selbstverständlich nennt Notker den Handwerker *magister*; erst seit dem 13. Jahrhundert sollte dieser Titel Absolventen eines Hochschulstudiums vorbehalten sein. Über die Werkleute habe Karl einen Abt gesetzt, der von allen der kundigste gewesen sei. Kaum habe der Kaiser sich wieder auf Reisen begeben, habe der Abt jeden, der wollte, »gegen Bezahlung nach Hause« entlassen, »aber diejenigen, welche sich nicht freikaufen konnten oder von ihrem Herren nicht ausgelöst wurden, die bedrückte er mit maßlosen Arbeiten ... und ließ sie niemals auch nur ein wenig zur Ruhe kommen«. Solches Treiben habe ihm erlaubt, Gold, Silber und Seidenstoffe zusammenzuraffen. Eines Tages habe es in seinem Haus gebrannt; bei dem Versuch, möglichst viele der Schätze den Flammen zu entreißen, sei er von einem Balken erschlagen worden; irdisches Feuer habe seinen Leib verzehrt, seine Seele habe Gott in das ewige Feuer geschickt. Ohne auf den Schaden für das Bauvorhaben einzugehen, schließt Notker zuversichtlich mit einer erbaulichen Warnung an die Adresse von Verwaltern: »So wachte Gottes Gericht für den frommen Karl da, wo er durch Reichsgeschäfte in Anspruch genommen war und weniger Acht geben konnte«.

Bis heute hat sich nichts daran geändert, daß man Fachleute, die im Lande fehlen, aus der Ferne kommen läßt[692]. Nicht ungewöhnlich war auch die Bestallung eines Abtes als Bauführer; Karl der Große verfügte über die materiellen und personellen Ressourcen der Abteien, die dem Reich unterstanden (etwa Fulda und Saint-Denis). Wie seine Erfolge zeigen, muß er über Menschenkenntnis verfügt haben; doch gefeit gegen Fehlgriffe war er nicht. Jeder Bauherr, der zeitweilig abwesend war, stand vor einem Dilemma: Versuchte er, den Werkmeister an der kurzen Leine zu halten, kam der Bau nicht voran;

denn bei jeder unvorhergesehenen Schwierigkeit mußte der in der Ferne weilende Bauherr um Einverständnis gebeten werden; Zeit- und Geldverlust waren unvermeidbar, Mißverständnisse nicht auszuschließen. Räumte der Bauherr andererseits dem Werkmeister einen zu hohen Vertrauensvorschuß und zu weitgehende Vollmachten ein, mußte er mit Unregelmäßigkeiten wie den geschilderten rechnen. Es war wenig tröstlich, daß sogar Jesus in einem Gleichnis um Verständnis für einen ungerechten Verwalter geworben hatte (Lk 16, 1–8). Wie jeder Mönch sollte der Abt sein Leben an den drei klassischen Gelübden ausrichten; doch war einem Mann wie Notker bekannt, daß manch einer – wie der Geschilderte – mit der Armut, ein anderer mit dem Gehorsam, ein dritter mit der Keuschheit seine Schwierigkeiten hatte. Schließlich fällt an der Erzählung auf, daß es an den nötigen Kontrollen gefehlt hat: Das Treiben des Werkmeister-Abtes hätte auffallen, sich herumsprechen und dem Kaiser oder einem von dessen Großen zur Kenntnis kommen müssen. Doch statt der Erzählung eine solche Wendung zu geben, verweist Notker auf die Strafe, die den ungerechten Abt schon in dieser Welt getroffen habe.

Was das gekostet hat!

Ende 1147 kam Papst Eugen III. mit einem großen Gefolge von Kardinälen, Bischöfen und Äbten nach Trier, auf Einladung von Erzbischof Albero. Während des zwölfwöchigen (!) Besuches fanden sich hier weitere kirchliche und weltliche Würdenträger ein. Bei Gottesdiensten und Prozessionen, bei Banketten und mit Geschenken entfaltete Albero eine Pracht, die allen die Sprache verschlug. »Welcher Rechenkünstler könnte berechnen, wieviel das alles gekostet hat?«[693]

Die Frage war rhetorisch gemeint und verlangte keine Antwort. Was hier von Wochen gesagt wird, in denen Festlichkeiten einander folgten, gilt die längste Zeit der Kirchengeschichte auch für die Kosten des Baus von Gotteshäusern. Man gab sie nicht bekannt. Meinte man, etwas verbergen zu müssen?

Große Kirchen waren teuer. Für das Mittelalter gibt es keine verläßlichen Angaben zu den Gesamtkosten eines Kathedralbaus und zur Art, wie sie aufgebracht wurden[694]. Ein Beispiel mag immerhin Relationen aufzeigen. Den Akten zur Heiligsprechung Ludwigs IX., König von Frankreich († 1270), läßt sich entnehmen, daß der Herrscher für den Bau der Sainte-Chapelle 40.000

Pfund aufgewendet hatte, für die Schreine, welche die dort verehrten Reliquien bargen, weitere 100.000 Pfund[695].

Die Beträge seien zu anderen aus der Regierungszeit dieses Königs überlieferten Summen in Beziehung gesetzt: Die Hochzeit des Königspaares und die Krönung der Königin, beides 1234 in Sens gefeiert, kosteten 2.526 Pfund; die Jahreseinnahmen der Krone beliefen sich auf etwa 250.000 Pfund; mit 200.000 Pfund wurde der König aus muslimischer Gefangenschaft ausgelöst (üblich waren die Einnahmen eines Jahres); die Gesamtkosten des von Ludwig geführten siebten Kreuzzuges (1248–1254) werden auf gut 1,5 Millionen Pfund veranschlagt[696]. Die Aufwendungen für den Bau der Sainte-Chapelle hätten also, die Fenster eingeschlossen, etwa 56 Prozent der Jahreseinnahmen der Krone ausgemacht; da die Ausgaben sich auf mehrere Jahre verteilten, waren die Belastungen entsprechend geringer.

Eindrucksvoll unterschiedlich sind die Kosten eines Wohnturmes im Verhältnis zum geschätzten bzw. wirklichen Etat einer Kleinstadt: Um 1400 etwa 50 Prozent, um das Jahr 2000 etwa 0,4 Prozent[696a]. Je nach Art der Schätzung, des Ortes sowie der berücksichtigten Waren und Dienstleistungen dürfte man zu abweichenden, aber wohl kaum gänzlich anderen Werten kommen.

Fragen mögen eine Vorstellung von der Problematik geben, welche die Abrechnung und die Ermittlung von Wertmaßstäben aufwerfen. Was soll man alles in die Berechnung der Kosten einbeziehen? Soll man einzelne genannte Ausgaben in Beziehung setzen zum Lohn eines Maurers, zum Preis eines Brotes von bestimmtem Gewicht? Soll eine Kirche als fertig gelten, wenn die letzten Arbeiter entlassen sind? oder erst, wenn die Ausstattung als abgeschlossen gilt? Aber dann hat man längst mit Erhaltungsarbeiten begonnen.

Wer herausbekommen will, welche Geldmengen beim Bau großer Kirchen verbraucht wurden, kommt nicht darum herum, solche Überlegungen anzustellen, denn von den Zeitgenossen erfährt er wenig. Nach Abschluß der Arbeiten scheinen die Kosten kaum noch interessiert zu haben – ob es sich nun um den Bau von Kirche oder Brücke, Rathaus oder Tuchhalle, Stadttor oder Burg handelte, um die Finanzen eines Herrschers oder die einer Stadt. Ohne Zweifel wurde gerechnet und abgerechnet; Arbeiter wurden entlohnt, Waren bezahlt, Dienstleistungen vergütet. Früher als in Adelsherrschaften setzte sich in Städten, noch früher bei den Zisterziensern eine Buchführung mit Kontrolle durch[697].

Abrechnungen von Arbeiten an Kirchen liegen seit dem 13. Jahrhundert vereinzelt vor, Rechnungsbücher kirchlicher Großbaustellen seit dem 14. und erst recht dem 15. Jahrhundert in größerer Zahl[698]. Mit wechselnder Fragestellung und immer wieder neuen Methoden gewann man vielfältige Einblicke in die Geschichte des jeweiligen Baues und seines Umfeldes. Vieles fehlt. Wie sollte man Geschenke (auch die von Grund und Boden), die unentgeltliche Überlassung von Arbeitskräften, Zugvieh, Material und Werkzeug kalkulieren, zu schweigen von mehr oder weniger freiwilligen Bußen? Und doch hätte man es gekonnt. Denn eine Gesellschaft, die Kirchen wie die in Chartres, Lübeck und Rom konzipiert, geplant, finanziert und gebaut hat, hätte auch Rechnungen aufstellen können, auf Kenntnisse der Arithmetik gestützt: Einnahmen, Ausgaben, im dritten Teil eine Gegenüberstellung mit Überschuß oder Fehlbetrag; so verfuhren ja seit dem Spätmittelalter die Amtmänner, die für die städtischen Finanzen verantwortlich waren. Wenn man solche Abrechnungen nicht Jahrhunderte früher schon beim Bau von Kirchen vorgenommen hat, dann vor allem deshalb, weil man es nicht für nötig hielt.

Gute oder schlechte Folgen für Wirtschaft und Gesellschaft?

Der Bau von Kirchen absorbierte erhebliche finanzielle, wirtschaftliche und personelle Ressourcen. Wären diese Mittel nicht besser auf andere Weise verwendet worden?

Zum Beispiel hätten Bauherren ihre Geld- und Edelmetallbestände, statt sie für den Kirchenbau auszugeben, horten können. Dagegen sprachen mehrere Gründe: Die Kirche lehnte solche Thesaurierung ab[699]. Vorräte seien dazu da, die Not der Armen zu lindern; und Arme gab es immer und überall. Zudem bedeutete jede Rücklage eine Versuchung für die Mächtigen. Hier war ein Krieg gegen äußere oder innere Feinde zu führen; dort ein ›angemessener‹ Repräsentationsbau zu errichten. Was lag da näher, als eine (Zwangs-)Anleihe aufzunehmen oder schlicht den Domschatz zu plündern; um eine Begründung war man nicht verlegen.

Eine andere Alternative wäre gewesen, Wirtschaft und Wohlstand durch langfristig wirksame Infrastrukturmaßnahmen zu fördern. Wer das verlangt hätte, wäre wohl kaum verstanden worden – oder man hätte ihn belehrt: »Bau von Wegen und Straßen, Brücken und Kaianlagen? Aber das haben wir Kirchenbauer doch gemacht! Erleichterung harter Knochenarbeit? Schau dir doch mal Kran und Schubkarre auf einer Dombaustelle an. Bekämpfung der

Arbeitslosigkeit? Noch nie etwas von Winterarbeit in der Bauhütte gehört? Rationalisierung im Interesse des Wohnungsbaus? Die Nachfrage kirchlicher Baustellen hat doch die Fabrikation von Ziegeln in großen Serien gefördert. Und vergiß nicht, daß die Steigerung der Eisenproduktion auch dem Verkehrswesen[700] und der Landwirtschaft zugute kommt; der Bauer kann sich nun Eisen an Spaten und Pflug leisten!« Schließlich die Unterstützung Armer, Behinderter, Kranker? Männer wie Brun von Köln und Bernward von Hildesheim haben nach Ausweis ihrer Biographen eben nicht nur Kirchen bauen lassen, sondern auch Spitäler gegründet und sich persönlich um Arme gekümmert.

Damit soll nicht behauptet sein, daß kirchliche Bauherren immer den rechten Mittelweg gefunden hätten zwischen repräsentativem und caritativem Wirken. Es gab Äbte und Bischöfe, die von einer wahren Bauwut befallen waren; auch Könige und städtische Kommunen haben mit ihrer Leidenschaft für Schlösser und Rathäuser Krisen heraufbeschworen. Häufig dürfte sich das Geschehen auf kirchlichen Baustellen nahtlos in das übrige Wirtschaftsleben eingefügt haben: Zur Zeit, als die großen Kathedralen emporwuchsen, nahmen Handel und Verkehr zu; vorhandene Städte dehnten sich aus, neue Märkte und Städte wurden gegründet; die gewerbliche Bevölkerung differenzierte sich, ablesbar an metallverarbeitenden Berufen.

Bis ins 19. Jahrhundert läßt sich beobachten, daß mit dem Bau großer Kirchen mindestens mehrere Gewerbe gefördert, vielleicht die Wirtschaft insgesamt angekurbelt wurde. Andererseits hat man auch in Köln und gewiß nicht nur dort im 19. Jahrhundert gefragt, ob man nicht besser Schulen und Krankenhäuser baue, statt den Dom zu vollenden.

ACHTER TEIL

Bau und Ausstattung der Kathedrale – Bedeutung und Symbolik

I. MARKANTE BAUTEILE

Aus der großen Zahl von Bauteilen wurden schon erwähnt das Baptisterium, Haupt- und Seitenschiffe, Kapellen und Krypta, Dach und Decke, Pfeiler und Säulen. Auf weitere charakteristische Bauelelemente ist noch hinzuweisen.

Portal und Tür

Manches Kirchenportal unterscheidet sich kaum von einem Stadttor. Architekten, die Kirchen mit massigem Westwerk entwarfen, dürften Anregungen von Stadtbefestigungen erhalten haben (etwa der Porta Nigra in Trier); Westwerke wie das in Corvey könnten ihrerseits die Gestaltung von Befestigungen beeinflußt haben. Oben wurde bereits erwähnt, daß der Eingangsbereich romanischer und gotischer Kathedralen mit ihren drei Portalen in der Tradition römischer Triumphbogen stehen könnte. Geschlossene Kirchentüren versprachen Schutz, wenn sich der Bischof bei einem Aufruhr der eigenen Leute in die Kathedrale geflüchtet hatte; erinnert sei daran, wie Erzbischof Anno von Köln 1074 belagert worden war.

Die Tür scheidet Innen und Außen, Kirche und Welt. Seit dem Hochmittelalter legte man den Portalbereich gern trichterförmig an, als sollten die Gläubigen zu den nun breiten, oft zweiflügeligen Türen hingeführt werden. Dadurch wirkt die Kirche insgesamt einladender als vordem – man könnte, aus der umgekehrten Richtung schauend, auch sagen: offener zur Welt hin.

Die Fenster werden zwischen dem 10. und dem 14. Jahrhundert breiter und höher; es soll immer mehr Licht in die Kirche fallen, gefiltert freilich durch Farben. In der Sainte-Chapelle in Paris und – in deren Gefolge – in der

Aachener ›Chorhalle‹ meint man, Fenster seien an die Stelle der Wände getreten.

Der Turm

Für Mitteleuropäer gehören Kirche und Turm zusammen. Der Limburger Dom (eine Abbildung schmückte die Banknote über 1.000 Deutsche Mark) sieht mit seinen sieben Türmen aus wie eine Gottesburg[701]. Mancher Turm beherrscht die Kirche; man denke an den wuchtigen Vierungsturm der Kathedrale von Canterbury oder an den filigranen Westturm des Freiburger Münsters. Bis in unsere Tage prägen Kirchtürme das Stadtbild. Weit eindrucksvoller wirkten sie, als die umliegenden Häuser über zwei, drei Stockwerke nicht hinauskamen. So erscheint der Turm des Straßburger Münsters in einer illustrierten Weltchronik vom Ausgang des Mittelalters etwa fünfmal so hoch wie die nicht gerade kleinen Stadttore[702].

Vorläufer der Kirchtürme waren möglicherweise antike turmförmige Mausoleen. In Igel bei Trier und in St. Remy in der Provence haben solche Bauwerke die Zeiten überdauert[703]. Die Bibel warnt vor stolzen Türmen; sie erzählt, einst hätte die Menschheit erklärt: »Auf, bauen wir uns eine Stadt und einen Turm mit einer Spitze bis zum Himmel, und machen wir uns damit einen Namen« (Gen 11, 4). In Predigt und Kommentar wurde der Turmbau von Babel gern als Bild der Vermessenheit gedeutet: Mutwillig hätten Menschen die ihnen gesetzten Grenzen überschreiten wollen und seien bestraft worden – mit Zerstörung des Turmes und Verwirrung der Sprache. Aber mußte man dabei stehenbleiben? Es gab doch das Pfingstwunder, mit dem die ›babylonische Sprachverwirrung‹ überwunden schien!

Offensichtlich überwogen die Vorzüge des Turmes Bedenken, die sich auf die Bibel stützten. Ein Turm eignete sich zur Aufnahme von Glocke und Uhr, für die Feuer- und Feindwache, als Wehranlage, als Archiv oder, in einem Kerker, zur Festsetzung von Gefangenen[704], nicht zuletzt als Ausdruck des Stolzes, oder, freundlicher gesagt, als Wahrzeichen der Gemeinde.

Oft haben Türme deutlich voneinander abgesetzte Stockwerke: in Pomposa (Po-Delta) zehn, in Tahull (Katalonien) sieben. Im Sockelgeschoß fehlen nicht selten Öffnungen; im ersten Stockwerk sind sie klein, und erst mit zunehmender Höhe werden sie größer[705] – eine leicht verständliche Vorsichtsmaßnahme der Bauherren in Landstrichen, die wiederholt von Feinden zu Wasser oder zu Lande heimgesucht worden sind. Türme bildeten dort einen unentbehrlichen Teil der Wehrkirche, in die sich die Menschen bei Gefahr flüchteten.

Der Turm kann, muß aber nicht mit dem Kirchenbau eine Einheit bilden. Steht er von der Kirche getrennt, spricht man vom Campanile (abgeleitet von lat. *campana*, Glocke). Rund wie ein Minarett ist der Campanile von Pisa; einschließlich des Sockels zählt er acht Stockwerke[706]. Frei stehende Glockentürme gibt es auch in Deutschland (ein bekanntes Beispiel ist der romanische Turm der Klosterkirche Frauenwörth im Chiemsee) und selbst in Norwegen, etwa in Borgund[707].

Der Kirchturm eignete sich als Ausguck für die Wache, die bei Brand, Feindgefahr und anderem Unheil warnen sollte. Die Lenin zugeschriebene Maxime ›Vertrauen ist gut, Kontrolle ist besser‹ reicht weit in die Vergangenheit zurück. Der Wächter auf dem Freiburger Münsterturm sollte leicht zu kontrollieren sein; er mußte darum *alle ganz und halb stunden bi nacht mit dem horn melden*, später auch noch zusätzlich an die Glocke schlagen. Von jedem Punkt der Stadt aus konnte man seine Zuverlässigkeit überprüfen. Sollte er den Brand eines Hauses übersehen und nicht melden, *so gilt es im ein hand, das ander hus die augen und das dritt das houpt*[708] – so würde ihm eine Hand abgeschlagen, im Wiederholungsfall würde er geblendet, bei dreimaliger Pflichtversäumnis sollte er seinen Kopf verwirkt haben.

Aus Freiburg sei noch eine weitere Einzelheit festgehalten. Das Münster hat außer dem einzigartigen Westturm, nach Jacob Burckhardt »der schönste Turm der Christenheit«, zwei kleinere Hahnentürme. So werden sie genannt, weil von ihrer Spitze aus jeweils ein Hahn weit ins Land zu rufen scheint. Wozu und seit wann ein Vogel und gerade dieser? Der Hahn – auf Kirchtürmen seit dem Jahre 820 bezeugt[709] – galt als Symbol der Wachsamkeit. Er erinnerte aber auch daran, daß Petrus seinen Herrn dreimal verleugnet hatte (Joh 18, 17. 26 f.). Wer die Erinnerung pflegt, blickt nicht nur auf die Lichtseiten der individuellen und kollektiven Geschichte.

Am Meer sprach ein gewichtiges Argument für hohe Türme: Wollten Schiffer Untiefen meiden und sicher die Hafeneinfahrt finden, brauchten sie Lotsenzeichen, die von weitem zu sehen waren. Konnte nicht, was den Schiffern half, auch Wahrzeichen zur Ehre Gottes sein? Hohe Kirchtürme baute man lieber als besondere Leuchttürme. Hundert Meter hoch war der im 15. Jahrhundert fertiggestellte Turm der Nikolaikirche in Anklam/Vorpommern[710].

Ob ausgesprochen oder nicht: Neben Brauch und Tradition (keine Kirche ohne Turm) dürfte Selbstbewußtsein häufig den Ausschlag für den Bau eines hohen Turmes gegeben haben. Man wollte ein mindestens ebenso eindrucksvolles Werk aufführen wie der vielleicht ungeliebte Nachbar; das konnte die nächste Stadt sein, aber auch der Bischof des Ortes. Dasselbe Streben dürfte hinter den Geschlechtertürmen in Oberitalien (z. B. San Gimigniano/Toscana) und in Regensburg stehen sowie den als Belfriede bezeichneten hohen Türmen von Rathäusern und Tuchhallen, die Städten in Flandern (Brügge) und Brabant als Wahrzeichen dienten.

Trotz der biblischen Warnung wollten sich auch Bischöfe und Äbte mit Turmbauten gern »einen Namen« machen. Daß man ihnen, wie anderen Machthabern, Konkurrenzdenken und Stolz als leitende Motive unterstellen darf, zeigen kirchliche Reformbewegungen. Im 12. Jahrhundert wollten sich die Zisterzienser von den Cluniazensern absetzen, denen sie triumphalistisches Gehabe vorwarfen; die Kritisierten hätten sich weit vom Evangelium der Armut und der Regel Benedikts entfernt. Die Zisterzienser ließen deshalb nur noch einfache Dachreiter auf ihren Kirchen gelten; mancher geriet allerdings recht ansehnlich, etwa der von Bebenhausen/Württemberg. Überhaupt zeigt sich bei näherer Betrachtung, daß schlicht wirkende Bauteile oft mit virtuoser Könnerschaft durchdacht sind; und was die Proportionen sowie die Kunst der Steinbearbeitung angeht, wurde mancher zunächst einfach wirkende Bau mit höchster Raffinesse ausgeführt.

Die Bettelorden, Träger einer erneuten Reformbewegung im 13. Jahrhundert, wollten die Kargheit der Zisterzienser noch übertreffen. Auf dem Generalkapitel in Narbonne beschlossen die Franziskaner 1260: »Weil aber die Erlesenheit und der Überfluß direkt der Armut entgegenstehen, ordnen wir an, daß die Erlesenheit der Gebäude an Malereien, Tabernakeln, Fenstern und Säulen und dergleichen, ebenso das Übermäßige an Länge, Breite und Höhe möglichst streng vermieden werde, nach der Lage des Ortes«. Wer künftig diese Verfügung übertrete, solle schwer (*graviter*) bestraft werden. »Die Kirchen aber sollen in keiner Weise gewölbt werden, mit Ausnahme des Presbyteriums. Im übrigen soll der Campanile der Kirche nirgends nach Art eines Turmes errichtet werden; ferner sollen die Glasfenster weder mit Historien noch mit Bildern bemalt werden, nirgends, mit der Ausnahme, daß im Hauptfenster hinter dem Hochaltar Abbildungen des Kruzifixus, der hl. Jungfrau, des hl. Johannes, des hl. Franziskus und des hl. Antonius gestattet sind; und wenn weitere gemalt worden sind, so sollen sie durch die Visitatoren entfernt werden«[711]. Auch Franziskaner und Dominikaner haben mit größter Meisterschaft schlicht wirkende Kirchen gebaut und diese kunstvoll ausgestattet. Denn einem Argument wollte man sich nicht verschließen: Da

Christus persönlich im Wort des Evangeliums, im Gebet der Gemeinde und in den geweihten Opfergaben gegenwärtig war, sollte der Raum seiner Gegenwart würdig sein.

Bis ins 19. Jahrhundert rühmten sich die Straßburger, ihr Münster habe den höchsten Turm der Christenheit. Wer hat den höchsten Turm, Köln oder Ulm? So stritt man im 19. Jahrhundert. Im 20. Jahrhundert wetteiferten Städte, ja Kontinente darum, das höchste Gebäude zu besitzen.

Höhe ausgewählter Gebäude und Türme[712]

Ort	Meter
Pisa, ›Schiefer Turm‹	55
München, Frauenkirche	99
Freiburg, Münster	116
Rom, Petersdom	136,57
Straßburg, Münster	142
Köln, Dom	157
Ulm, Münster	161
Florenz, Palazzo Vecchio	94
Giseh, Cheopspyramide	146,6
Modernes Windrad	140–175
Stuttgart, Fernsehturm	211
Paris, Eiffelturm	300
Berlin, Fernsehturm	365
New York, Empire State Building	381
New York, World Trade Center (2001 zerstört)	411

War ein Turm erst einmal vorhanden, benützte man ihn auch für die Propaganda; Beispiele aus dem Elsaß seien genannt. An der Leodegarskirche in Gebweiler rahmt eine Inschrift die sogenannte Revolutionsuhr oben und unten: »Frey Leben oder sterben / Im dritten Jahr der Freyheit 1791«[714]. Den Turm des Straßburger Münsters stellten Revolutionäre und Nationalsozialisten in ihren Dienst. Bis zum 17. 4. 1802 prangte oben die riesige Nachbildung einer Jakobinermütze und im November 1918 die von den Revolutionären gehißte Rote Fahne[715]. Unter dem Titel »Straßburg in deutscher Hand« verkündete die Frankfurter Zeitung im Juni 1940 auf der ersten Seite: »Die deutsche Flagge weht auf dem Straßburger Münster«; am folgenden Tag hieß es an derselben Stelle unter der denkbar knappen Überschrift

»Straßburg«: »Nun weht wieder die Flagge des Reiches auf dem Münster und wird hier nie mehr einer fremden weichen«. Am 22. November 1944 flatterte dort von neuem die Trikolore Frankreichs[716].

II. REICHE AUSSTATTUNG

War das Dach gedeckt, ein Altar aufgestellt, mochte manche Kirche ›fertig‹ aussehen. Wieviel noch fehlte, sah man erst bei näherer Betrachtung: Im Innern nackter Boden, behelfsmäßig geschlossene Fenster- und Türöffnungen, leere Konsolen. An Skulpturen und Glasmalereien wurde oft noch gearbeitet, als die ersten Figuren schon Verwitterungsschäden zeigten[717].

Wiederholt sind wir dem Streben nach Superlativen begegnet. Je vermögender der Bauherr war, desto leichter ließ sich der Wunsch nach dem Außergewöhnlichen verwirklichen. Soweit dieser Wettstreit sich auf Kirchen und deren Ausstattung bezieht, dürfte er begonnen haben, als Kaiser Konstantin I. den Bau der Heilig-Grab-Kirche in Jerusalem befahl; deren Inneres sollte, wie wir gesehen haben, »mit reicher und wahrhaft kaiserlicher Pracht« ausgestattet werden, »in buntem Wechsel aus Gold, Silber und Edelgestein«. Diese Worte begegnen im Bericht des spätantiken Bischofs und Historikers Eusebius; seine eigenen Erfahrungen mit Kirchenbauten mögen sich darin spiegeln.

Nicht nur die Heilig-Grab-Kirche war in der Spätantike mit einem Luxus ausgestattet worden, von dem wir uns kaum eine Vorstellung machen können. Aufmerksame mittelalterliche Reisende mochten sich herausgefordert sehen, Kirchen ähnlich auszustatten. Mehr als einer wird allerdings den Eindruck gewonnen haben, daß die Meßlatte, mit der er das eigene Werk beurteilt sehen wollte, recht hoch hing.

Der Altar

Unverzichtbares Ausstattungsstück der Kirche ist der Altartisch, Mittelpunkt der Meßfeier. In den Gestalten von Brot und Wein wird Christus in jeder Messe wieder gegenwärtig als der, der sich mit Leib und Blut für die Seinen geopfert hat. Bis ins 20. Jahrhundert sollten im Altar Reliquien geborgen sein. An Altären in Museen oder aufgegebenen Kirchen kann man gelegentlich den Aufbewahrungsort der Reliquien sehen: eine viereckige Eintiefung an der Stelle, wo während der Messe der Kelch stand[718].

Im Klosterplan von St. Gallen sind für den Kirchenraums neunzehn Altäre vorgesehen[719]. Man darf das gewiß so deuten, daß mehr Mönche als zu Zeiten Benedikts die Priesterweihe empfangen hatten. Dem entspricht, was Rudolf Glaber als Augenzeuge aus der ersten Hälfte des 10. Jahrhunderts berichtet: In der Kirche Saint-Germain zu Auxerre habe es 22 Altäre gegeben; und in Cluny seien wegen der großen Zahl von Priestermönchen morgens ständig Messen gefeiert worden (*continua missarum celebratio*)[720]. Mit der Zahl der Priester nahm auch in Bischofskirchen die Zahl der Altäre zu.

Anfangs war der Altar ein einfacher Tisch. Im Laufe der Kirchengeschichte wurden Altäre gebaut, die sich nach Zeit, Raum, Material, Schmuckelementen usw. erheblich unterscheiden. Gemeinsam war ihnen die Tischplatte (*mensa*) und die auf den stehenden Priester abgestimmte Höhe (90–100 cm). Altartücher konnten den ›Unterbau‹ verdecken. Wie Bischof Benno von Osnabrück in den Wirren des Investiturstreites einmal den Platz unter dem Altartisch als Versteck zu nutzen verstand, ist oben bereits berichtet worden.

Das Antependium (lat., ›Vorhang‹), das früher oft vom Altartisch bis zum Boden reichte, fiel vom Kirchenschiff aus als besonderes Schmuckstück ins Auge; manchmal aus Gold oder vergoldetem Kupferblech gearbeitet, trug es oft Darstellungen des thronenden Christus oder der thronenden Gottesmutter[721]. Abt Suger von Saint-Denis gesteht, in seinem Kleinmut habe er an »eine zwar goldene, aber nur mittelmäßige Tafel« gedacht; doch da hätten »uns die heiligen Märtyrer selbst eine große, unerwartete Menge Goldes und äußerst kostbare Edelsteine zukommen lassen«. Unter den Spendern von diesseits und jenseits des Meeres, welche die in Saint-Denis ruhenden Heiligen ehren wollten, sei auch der König gewesen; und Bischöfe hätten sich von ihren mit kostbaren Steinen besetzten Ringen getrennt. Weit mehr sei gestiftet worden, als manche Könige in ihrer Schatzkammer verwahrten.

Priester feierten seit dem 8./9. Jahrhundert die Messe zunehmend mit dem Rücken zur Gemeinde. Deshalb konnte der Altar näher zur Wand gerückt werden; dadurch vergrößerte sich die Entfernung zur Gemeinde. Der Altar konnte nun auch Aufbauten tragen: Einen Tabernakel (lat. *tabernaculum*; ursprüngliche Bedeutung: römisches Militärzelt, -baracke; dann auch: Hütte, Zelt, Tempel) zur Aufbewahrung geweihter Hostien und/oder ein Retabel (lat. *retabulum*, Rückwand), eine Schauwand mit Reliefs aus Stein oder Metall, seit dem Hochmittelalter von Bildschnitzern und Tafelmalern gearbeitet. Diese konnte zu einem Flügelaltar erweitert werden. Im Wechsel des Kirchenjahres sah die Gemeinde unterschiedliche Darstellungen. Auch wenn keine Messe gefeiert wurde, zog der Altar nun die Blicke der Kirchenbesucher auf sich.

Reliquien, die im oder unter dem Altar ruhten, verliehen diesem große Bedeutung auch im Recht, sollte der Heilige doch Garant sein für das, was hier geschah: Auf den Altar wurden vor der Krönung des Königs die Zeichen seiner Herrschaft gelegt und damit gleichsam gesegnet. Um Selbstbindungen besonderes Gewicht zu verleihen, hielt man das Gelübde des Mönches oder den Amtseid des Bischofs schriftlich fest und legte die Urkunde feierlich auf den Altar; ähnlich verfuhr man mit den Versprechungen, die der König bei seiner Krönung machte[722]. Auf den Altar wurden auch Herrschaftszeichen bei Amtsverzicht gelegt, ferner Urkunden, die eine Schenkung oder ein Interdikt bestätigten, nicht zuletzt die Opfergaben. Seit langem ist es üblich, die Messe mit liturgischem Gerät und kunstvoll gestalteten liturgischen Büchern zu feiern. Inventare enthalten of Hunderte von Positionen.

Leuchter

Zur Beleuchtung des Raumes hingen in vielen mittelalterlichen Kirchen Kronleuchter. Noch am ursprünglichen Ort erhalten sind sie in Aachen (sechzehneckig), Hildesheim und auf der Großcomburg (diese zwölfeckig)[723]. Mit Mauern und Türmen sollten sie das Himmlische Jerusalem symbolisieren, von dem es in der Geheimen Offenbarung heißt: »Die Stadt hat eine große und hohe Mauer mit zwölf Toren … Die Mauer der Stadt hat zwölf Grundsteine« (Offb 21, 12. 14).

Licht braucht man auch, damit Priester, Diakon, Sänger und andere in Büchern lesen können. Dazu hatte man tragbare Kerzenleuchter, oft mit gewundenem Lauf, vergoldet, versilbert und mit Bergkristallen geschmückt.

Reliquienschreine

In Zeiten der Not zeigte sich, wie man Reliquien einschätzte. Als kostbarster Schatz der Mönchsgemeinschaft, der Kathedrale oder einer Wallfahrtskirche wurden bei Feindes- oder Feuergefahr zunächst die Reliquien geborgen. Entsprechend ihrem Wert für die jeweilige Gemeinschaft waren die Reliquien gefaßt, oft in einem Schrein, bei dessen Anfertigung mit edlen Materialien nicht gegeizt wurde. Je kostbarer der Schrein, desto geringer waren die Aussichten, daß er die Stürme der Zeit unversehrt überstehen würde.

Viele Schreine sind mit bildlichen Darstellungen geschmückt, die oft schon den Zeitgenossen erklärt werden mußten[724]. Wie die ganze Kirche, diente auch der – nicht selten in Form einer Basilika gearbeitete – Schrein wiederholt zur Propagierung politischer Vorstellungen. Deutlich wird das etwa am Aachener Karlsschrein: Wahrscheinlich hat Kaiser Friedrich I. ihn in Auftrag gegeben; im Jahr 1215 hat dessen Enkel nach seiner Krönung in Aachen den letzten Nagel in den vielleicht gerade fertiggestellten Schrein geschlagen[725]. Karl der Große erscheint im Zentrum, zwischen Papst Leo III. und Erzbischof Turpin von Reims. Mit einer solchen Darstellung erhob der Auftraggeber einen Anspruch: Daß der amtierende Herrscher noch nach dem Investiturstreit, nach dem Kampf zwischen Kaiser Friedrich I. und Papst Alexander III. im Mittelpunkt stehe.

Lettner

In manchen Kirchen findet sich heute noch eine Schranke zwischen dem Chor, der den Klerikern (in Ordenskirchen den Mönchen) vorbehalten war, und dem Hauptschiff, von wo aus die Laien bzw. Konversen dem Gottesdienst folgten. Der Lettner trennte den Chor als den ›heiligen‹ Teil der Kirche ab, in dem der Priester die heiligen Geheimnisse feierte; vor dem Lettner fand sich im allgemeinen ein weiterer Altar, an dem für das Volk die Messe gefeiert wurde. Trug der Lettner eine Empore, konnte man ihn als Bühne für Sänger und Musikanten nutzen.

Der Lettner konnte eine mehr als mannshohe Wand sein mit verschließbarem Durchgang, wie in Melrose Abbey/Schottland. Vorschrift ist eine so strenge Abtrennung jedoch nie gewesen. Der Westlettner im Naumburger Dom (um 1250) ist ›durchlässig‹: Ein Portal läßt sich öffnen, so daß man in den Chor und auf den dort stehenden Altar blicken kann. Der Lettner der Pariser Pfarrkirche Saint-Etienne-du-Mont (1541 erstmals erwähnt) gibt den Blick in den Chor und auf den Altar frei. Damit hatte man einen Teil der Liturgiereform vorweggenommen, die das Trienter Konzil Mitte des 16. Jahrhunderts (1545–1563) forderte[726]. Das Volk sollte das heilige Geschehen im Chor verfolgen können. So bezeichnen in der Zeit des Barock höchstens noch Chorgitter den Übergang vom Raum der Laien zu dem der Priester.

Kanzel

Der Bischof pflegte die Gläubigen von seiner *cathedra* aus zu belehren. In großen Kirchenräumen sprach er von einem nahe der Gemeinde stehenden Lesepult (Ambo) oder vom Lettner aus; oder man baute, oft an einen Pfeiler, eine eigene Kanzel; dort konnte die Stimme mit Hilfe eines Schalldeckels verstärkt werden, eine Hilfe, die man schon in der Antike kannte[727]. Die Kanzel wußten vor allem Angehörige der Bettelorden zu schätzen, die sich in der städtischen Seelsorge engagierten. Die Straßburger ließen ihrem großen Volksprediger Geiler von Kaysersberg (1445–1510) in ihrem Münster eine prächtige Kanzel bauen[728]. Lutheranern und Reformierten war sehr an der Predigt gelegen, und sie sorgten regelmäßig dafür, daß eine Kanzel zur Verfügung stand. In alt- und neugläubigen Kirchen gestaltete man sie im 17. und 18. Jahrhundert oft ähnlich prächtig wie den Altar.

Die Kanzel nutzte man auch, um weltliche Angelegenheiten bekanntzumachen. Etwa die neue Ratsordnung, Strafen, zur Versteigerung vorgesehene Liegenschaften. In Freiburg ließ der Rat im Jahre 1508, wahrscheinlich nicht zum erstenmal, den Bürgern von der Kanzel herab einschärfen, daß man tote Tiere, Säue, Katzen nicht in die Stadtbäche werfen oder in der Stadt liegenlassen dürfe[729].

Stühle

Lange Zeit gab es in der Kirche nur wenige Sitzgelegenheiten, und die waren Klerikern und Mönchen vorbehalten, befanden sich daher im Chor (Chorgestühl). Wurde regelmäßig und lange vor der Gemeinde gepredigt, wie es Angehörige der Bettelorden seit dem 13. Jahrhundert zu tun pflegten, mußten zusätzliche Sitzgelegenheiten geschaffen werden. Damit hatte man es indessen nicht eilig. So erhielten in Freiburg i. B. im Jahre 1666 zunächst die Ratsherren ein eigenes Gestühl; im Mittelschiff und in den Seitenschiffen stellte man es für das ›gewöhnliche Volk‹ erst seit 1770 auf[730]. Damit holte man nach, was in Kirchen, die sich der Reformation geöffnet hatten, schon seit 200 Jahren üblich war – allerdings in erster Linie nicht, damit die Kirchgänger es bequem hätten, sondern damit sie bei langen Predigten nicht ungeduldig würden.

Teppiche und Wandbehänge

In den letzten anderthalb Jahrhunderten schätzte man Steinsichtigkeit außen und innen; infolgedessen wurde das Innere der Kirchen in mehreren ›Wellen‹ leergeräumt, ein Kirchenraum sollte nicht ›überladen‹ wirken. Wahrscheinlich wären viele Kirchen, in denen wir uns wohlfühlen, Menschen früherer Jahrhunderte unfertig, wie nackt vorgekommen.

Die Abteikirche von Cluny war vor 1049 geschmückt *cortinis lineis atque laneis et palliis per parietes*, »mit Vorhängen aus Leinen oder Wolle, und mit Wandteppichen«. In Speyer kannte man im Spätmittelalter Wandbehänge aus Seide, in verschiedenen Farben; man wechselte sie nach der Zeit im Kirchenjahr[731].

Bilder in Museen und einzelne Ausstattungsstücke – etwa die berühmten Bildteppiche im Domschatz zu Halberstadt – zeigen, wie man sich das Innere von Kirchen in früheren Zeiten vorzustellen hat. Mit Gold und Perlen bestickte Tuche, Vorhänge und Wandteppiche sorgten für Farbigkeit, mit ihrem Faltenwurf gaben sie glatten Wänden Tiefe und gliederten den Raum. Baldachine zeigten an, welche Plätze Herrschaftsträger beanspruchten. Dazu kamen Votivgaben und Kriegsbeute: 1302 ließen die siegreichen Flamen die erbeuteten goldenen Sporen der französischen Ritter in der Kirche von Kortrijk aufhängen, 1382 holten die Franzosen nach ihrem Sieg bei West-Rozebeke die Trophäen zurück[731a].

Fußboden

Mit der Anlage des Fußbodens konnte man sich Zeit lassen, bis wichtigere Arbeiten abgeschlossen waren. Der von Bauarbeitern, später von Betern festgetretene, vielleicht mit einer Lehmschicht geglättete Boden mochte lange Zeit als ausreichend gelten; nichts anderes hatte man in der bäuerlichen Tenne. Für besondere Festlichkeiten konnte man Teppiche auslegen, vielleicht auf einem Holzboden. Stand wieder Geld zur Verfügung, war ein Estrich bald aufgebracht.

Wer sich größeren Aufwand leisten konnte, ließ eigens angefertigte Steinplatten verlegen; nach Material (oft Marmor), Form und Farbe unterschiedlich gestaltet, können sie in Intarsien übergehen[732]. Die Schönheit spätantiker Fußbodenmosaiken in Parenzo und Aquileja (4. Jh.) blieb wohl ein Jahrtausend lang unerreicht. Das Mosaik in Parenzo hält inschriftlich fest:

»[Lup]icinius und Pascasia haben vierhundert Fuß [Mosaikboden] gestiftet; der Schulleiter Clamosus und Successa hundert; Felicissimus mit seiner Familie ebenfalls hundert Fuß«[733].

In Chartres und einigen anderen Kathedralen schmückt den Fußboden bis heute ein ›Labyrinth‹, mit nur einem Zugang. Über deren Sinn scheinen die Fachleute sich nicht einig zu sein. Folgten Beter, auf Knien rutschend, langsam den gewundenen Pfaden, als wären sie auf der *Via Dolorosa* in Jerusalem? Wiederholt haben Architekten an einer Seite des Labyrinths ihren Namen anbringen lassen; die Besucher der Kirche sollten sich ihrer erinnern, auch im Gebet[734].

Grabstein und Epitaph

Das Innere der Kirche war als Grabstätte begehrt; der oft zu Lebzeiten bestimmte Platz sollte dem Altar bzw. den Reliquien eines Heiligen möglichst nah sein. Hatte man es nur mit festgetretenem Boden zu tun, war die Grube bald ausgehoben, rasch wieder zugeschüttet und vielleicht mit einem flachen Grabstein gedeckt. Im Laufe der Zeit bildeten solche Platten einen großen Teil des Bodenbelags. Unebenheiten und Stolperkanten nahm man in Kauf.

Noch am Todestag Karls des Großen soll über dessen Grab ein vergoldeter Bogen mit seinem Bild und folgender Inschrift angebracht worden sein: »Unter diesem Grabmal (*conditorio*) liegt der Leib Karls, des großen und rechtgläubigen Kaisers, der das Reich der Franken in edler Weise gemehrt und siebenunddreißig Jahre lang mit Glück regiert hat. Er verschied als Siebzigjähriger im Jahre des Herrn 814, ..., am 28. Januar«[735]. Wenn Bild und Schrift schon am Tage des Todes fertiggestellt waren, mußten sie noch zu Lebzeiten angefertigt worden sein – die Inschrift von Einhard verfaßt, dem Biographen und Vertrauten Karls.

Das Lob des Kaisers stand in Traditionen, die in die vorchristliche Zeit reichen. Dazu wird der Beigesetzte zunächst vorgestellt: Name, Titel, Lebensdaten (sofern bekannt oder als interessant geltend), Taten oder Schriften. Soweit vorhanden, zeigt das Bild den Verblichenen lange Zeit als Typus: des Königs, des Bischofs, des Feldherrn, in der Fülle der Lebenskraft. Ungewöhnlich, dafür aber oft nachgeahmt, war die Grabplatte, die für Rudolf von Schwaben (er regierte 1077–1080) angefertigt wurde, wohl bald nach 1080 und in einem Guß. Noch heute liegt sie im Merseburger Dom. Sie zeigt den (Gegen-)König wie einen Lebenden, im Schmuck der Herrschaftszeichen[736].

Ein Grabstein konnte unterschiedlich gedeutet werden. Das *Sic transit gloria mundi*, »So vergeht der Ruhm der Welt«, das dem Papst bei seiner Amtseinführung in Erinnerung gerufen wurde, konnte einem Mächtigen in den Sinn kommen, wenn er sich vor Augen führte: ›Bald schon wird man mit Füßen auf die Stelle treten, an der mein Leichnam liegt‹. Der Stolze mochte denken: › Mein in den Stein gemeißelter Name wird jeden Lesenden an mich erinnern‹. Namen und Worte auf dem Stein konnten auch als Bitte verstanden werden: ›Mögen Gott und seine Heiligen sich meiner erinnern, und die Gläubigen meiner in einer Fürbitte gedenken‹.

Die Hoffnung, über den Tod hinaus in der *memoria* weiterzuleben, stand hinter vielen Inschriften. Worte eines Metallgießers mögen an dieser Stelle noch einmal dieses Denken illustrieren. Auf einer Bronzetür in Mainz, die Erzbischof Willigis um das Jahr 1000 hat gießen lassen, findet sich folgende, hier leicht ergänzte Inschrift: *Berengerus huius operis artifex lector / ut pro eo deum roges postulat*, »Berenger, Künstler dieses Werkes, bittet inständig, Leser, du mögest zu Gott für ihn beten«[737].

Graffiti gehören nicht zur Ausstattung im strengen Sinne; da sie in kaum einer großen Kirche fehlen, seien sie an dieser Stelle erwähnt. Wer zu arm war, um liturgisches Gerät, Gemälde oder Kirchenfenster zu stiften, in denen er weiterleben würde, mußte deshalb nicht auf ein Zeichen verzichten, das Gott und den jeweils verehrten Heiligen auf Dauer an seinen Besuch erinnerte; die Redewendung ›Narrenhände beschmieren Tisch und Wände‹ wird dem Denken, das hinter solchen Zeichen steht, nicht gerecht. Die zahllosen Namen, Wappen und Kreuze, die man auf Wänden und Pfeilern der Heilig-Grab-Kirche sieht[738], lassen sich *auch* als *memento* verstehen: Christus sollte bei seiner Wiederkehr an den Schreiber des Zeichens denken, der weder Kosten noch Gefahren gescheut hatte, um den Erlöser an diesem heiligen Ort zu ehren.

Orgel

»Kaiser Konstantin schickte dem König Pippin neben anderen Geschenken eine Orgel, die bis nach Franzien kam«. So halten es die Reichsannalen fest – eine jahrweise geordnete Darstellung wichtiger Ereignisse, zusammengestellt von einem anonymen, dem fränkischen Königshof wohlgesonnenen Autor. Das Geschenk des Kaisers im fernen Byzanz war ihm soviel wert, daß er es an die erste Stelle seines Eintrages zum Jahr 757 setzte; darüber hinaus ist nur noch vom Bayernherzog Tassilo die Rede[739], den Karl der Große, der ältere Sohn Pippins, später entmachten und ins Kloster schicken sollte.

Unter der Feder eines anderen Autors wird das Ereignis des Jahres 757 anderthalb Jahrhunderte später weiter ausgeschmückt; für Notker ist es auch nicht mehr Pippin, dem das Geschenk galt: Musikinstrumente, die Gesandte aus Byzanz unter anderen Dingen mitgebracht hatten, wurden »von den Werkleuten des klugen Karl insgeheim angeschaut und genauestens nachgebildet, vor allem jenes vornehmste Musikinstrument, das mittels eherner Behälter und rindslederner Bälge, die wunderbar durch eherne Pfeifen blasen, das Rollen des Donners durch Dröhnen und das Geplauder der Leier und Zimbel durch Lieblichkeit des Tones erreichte. Wo dieses Instrument Aufstellung fand, wie lange es bestand und wie es unter anderen Verlusten zugrunde ging, das braucht nicht an diesem Platz und in dieser Zeit erzählt zu werden«.

Notkers Werk ist reich an Anekdoten; aber diese Erzählung hat mehr als nur einen historischen Kern[740]. Als technisches Wunderwerk hatte das Geschenk des Basileus Staunen und Bewunderung ausgelöst, wenn es auch – was seine musikalischen Möglichkeiten angeht – weit von den uns vertrauten Orgeln entfernt gewesen sein dürfte. Ohne Umschweife spricht unser Chronist vom »vornehmsten« Musikinstrument (*praestantissimum*). Die weitere Beschreibung wird den unterschiedlichen Klangfarben der Orgel durchaus gerecht; vielleicht hat Notker sie selber einmal gehört. Technisch Versierte unter den Werkleuten Karls hätten das Instrument »insgeheim« genau untersucht. Einflußreiche Männer am fränkischen Hof wußten, daß man Byzantinern und Persern in vieler Hinsicht unterlegen war; aber wer gibt so etwas schon offen zu? Immerhin brachte man Interesse, Neugier mit; man wollte den Vorsprung der anderen aufholen, zunächst durch Nachahmung.

Schon im 10. Jahrhundert werden »Orgeln und Zimbeln« erwähnt; wie auch immer gebaut, sollen sie bei der feierlichen Inthronisation von Brun zum Erzbischof von Köln im Jahre 953 zum Lobe Gottes erklungen sein[741]. In Speyer hatte man im Spätmittelalter sogar schon zwei Orgeln[742].

Außer der fest montierten großen Orgel kannte man, wie Gemälde und schriftliche Quellen zeigen, kleine sogenannte Portative. Auf dem aufgestützten linken Arm getragen, konnte man mit der linken Hand den Blasebalg bedienen und mit der rechten das Instrument spielen.[743] Dazu kamen Tragorgeln. Eine solche, etwa 1610/25 gebaut, steht heute im Langchor der St. Georgskirche zu Dinkelsbühl[744].

Während sich im Morgenland der Gesang der Mönche behauptete, entwickelte sich im Abendland die Orgel zum Instrument für Kirchenmusik *par excellence.* Die Orgel begleitet den Gesang von Gemeinde, Chor und Solostimmen; ob allein gespielt oder zusammen mit Gesang und anderen Instrumenten – die Orgel soll »Gott zur Ehre, der Gemeinde zu Freude und Trost erklingen«[744a].

Heizung

Seit dem 20. Jahrhundert verfügt man über leistungsstarke Anlagen, mit denen sich auch große Kirchenräume im Winter heizen lassen. Vorher mußten die meisten Besucher frieren. Wohlhabende ließen sich einen Platz in der Nähe des vielleicht eingebauten Ofens[745] reservieren; oder sie brachten ingeniöse, mit Holzkohle beheizte kleine Gefäße mit; einen derartigen Handwärmer hat schon Villard beschrieben[746]. Für den Priester stellte man gegebenenfalls eine Schale mit glühenden (Holz)Kohlen auf den Altar[747]; solche Art zu heizen erhöhte die Brandgefahr.

Je nach Jahreszeit fanden in größeren Städten Italiens die Gottesdienste noch im 14. Jahrhundert in unterschiedlichen Kirchen statt. So diente in Mailand die aus dem 4. Jahrhundert stammende St. Tecla-Basilika als Sommer-, die aus dem 9. Jahrhundert stammende S. Maria Maggiore als (beheizbare?) Winterkirche[748]. In Maulbronn feiert die Gemeinde ihren Gottesdienst heute im Sommer in der Kirche des ehemaligen Zisterzienserklosters, im Winter in einer heizbaren Kirche.

Türen und Fenster

Es gibt die schlichte Kirchentür; nicht selten ist sie aus schwerem Eichenholz gearbeitet, mit kunstvollen schmiedeeisernen Bändern verstärkt und mit robusten Schlössern bewehrt. Einige mit Ornamenten oder bildlichen Darstellungen geschmückte Türen haben die Jahrhunderte überdauert: Man denke an Türverkleidungen (Paneele) in Rom und Köln, an Bronzeplatten auf Holzkern in Verona und Nowgorod[749]. Ganz aus Bronze gegossen sind die Türflügel des Hildesheimer Doms mit Darstellungen von Szenen des Alten und Neuen Bundes, die tiefsinnig aufeinander bezogen sind[750].

Sollte es nicht bei Öffnungen im Mauerwerk bleiben, brauchte man lichtdurchlässiges Material – eine nur scheinbar banale Feststellung. Denn die erforderlichen organischen oder anorganischen Stoffe waren nicht billig: Dünnes Leinengewebe, Tierblasen, in Öl oder Fett getränkte Tierhaut; ferner Alabaster[751], eine Gipsart, die sich in Scheiben spalten läßt, sowie Glas.

An solchen Materialien fehlte es in Kloster Feuchtwangen/Franken, weshalb Abt Wigo bitter bei Bischof Liudolf von Augsburg klagte: Die Mönche hätten sich damit abgefunden, daß Vögel ungehindert ein- und ausfliegen und mit ihrem Gezwitscher den Gottesdienst stören; auch wollten sie den verschneiten, matschigen Fußboden ertragen, »wenn wir nur den Altar gegen den Schnee verteidigen könnten. Angezündete Kerzen werden vom Wehen des Windes erfaßt und ausgelöscht, wobei viel [Wachs] wie Tränen herabtropft«. Der Bischof solle, wenn er schon die Beschwerlichkeiten der Mönche nicht ernst nehme, wenigstens einen ordnungsgemäßen Gottesdienst gewährleisten. Der Abt bittet um Leinentücher, um die Fenster verschließen zu können, und um Eisen zum Ausbessern von Geräten[752].

Glocken

In seinen ›Taten Karls‹ stellt Notker von St. Gallen auch Tancho vor, der ein Mönch seines Klosters gewesen sei, ein unübertroffener Meister in Metall- und Glasarbeiten[753]. Einst habe Karl der Große den Klang einer von Tancho gegossenen Glocke bewundert. Der habe daraufhin gebeten, ihm Kupfer und Silber besorgen zu lassen, »und ich gieße dir eine Glocke, daß verglichen mit ihr diese Glocke verstummt«.

Der Kaiser kommt der Bitte nach, und Tancho geht an die Arbeit; doch statt mit Silber mischt er das Kupfer mit Zinn. Bald kann er Karl die neue Glocke vorstellen; sie ist weit schöner als die erste. Nur: Als man sie in den Turm gehängt hat und läuten will, ist ihr kein Klang zu entlocken. Schließlich greift Tancho selber unwillig zum Seil – und wird vom Klöppel erschlagen; Eingeweide und Geschlechtsorgane liegen auf der Erde (*ad terram cum intestinis et virilibus*). Die Silbermasse aber wurde aufgefunden, »und der gerechte Karl ließ sie unter die Armen seines Hofes verteilen«.

Ob Notker in erster Linie den Betrug oder die Überheblichkeit eines seiner Konventsbrüder anprangern wollte, mag auf sich beruhen. Achten wir statt dessen auf das, was er bei seinen Lesern als bekannt voraussetzt. In einem großen Kloster wie St. Gallen gibt es einen Kunsthandwerker, der in Bronze- und Glasarbeiten allen überlegen ist (*opifex … in omni opere aeris et vitri cunctis excellentior*). Als sogar der Kaiser dem Werk Lob spendet, versteigt der Meister sich zu noch Höherem; weiß er nicht, daß das Bessere der Feind des Guten ist? Glocken aus einer Legierung von etwa 78 Prozent Kupfer und 22 Prozent Zinn haben, wenn Größe, Form, Dicke usw. den Erfahrungswerten und der Intuition des Künstlers entsprechen, einen reinen, schönen Klang; der wird nicht besser, wenn man Zinn durch Silber ersetzt.

Glocken, seit dem 7. Jahrhundert an Kirchen nachweisbar[754], wurden geschmiedet oder gegossen, wie viele andere Ausstattungsstücke der Kirche[755]. Im Laufe der Jahrhunderte perfektionierte man die Kunst des Metallgießens; was Fülle, Reinheit und Kraft des Klanges angeht, müssen aus dem Mittelalter auf uns überkommene Glocken sich nicht vor später gefertigten verstecken. Von dem Nimbus, dessen sich der Glockengießer erfreute, zeugt Schillers Ballade; im deutschen Sprachraum war sie Generationen vertraut.

Im Mittelalter zogen die Gießer als Wanderarbeiter an den Ort, an dem die Glocke künftig läuten sollte; heute dagegen gibt es besondere Glockengießereien, in Deutschland acht. Dort werden Glocken im traditionellen, aufwendigen Lehmformverfahren in mehreren Arbeitsschritten hergestellt; daneben kennt man ein technisch einfacheres Zementsandverfahren. Soll der Guß gelingen, müssen Maurer und Tischler, Lehmformer und Metallgießer einträchtig zusammenwirken; Schlosser und Montagearbeiter sind gefragt, um die Glocke im Turm aufzuhängen.

Die Schwingungen der Glocken sollen sich nicht auf den steinernen Turm übertragen. Deshalb hat man den Glockenstuhl häufig aus kräftigen Balken errichtet und losgelöst vom Mauerwerk, das ihn später umgab – eine Lösung, die in Freiburg hohen Ansprüchen auch unserer Zeit gerecht wird: Werden alle Glocken geläutet, beschreibt die Turmspitze in 116 Metern Höhe »eine Ellipse mit einem Längsdurchmesser von nur 4,8 Millimetern«[756].

Spätestens im 11. Jahrhundert beherrschte man die Kunst, Glocken unterschiedlichen Klanges zusammenzustellen; so läßt sich jedenfalls das Bedauern darüber deuten, daß aufrührerische Bauern bei der Zerstörung der Harzburg (1074) wohlklingende Glocken (*campanas dulcisonas*) zerschlagen hätten[757].

Seit dem 15. Jahrhundert fertigten Glockengießer auch Geschütze an; zumal in Kriegszeiten wurden vorhandene Glocken eingeschmolzen, um aus ihnen Waffen herzustellen. Zur staatlich verfügten Abgabe der Bronzeglocken stellte Conrad Gröber, Erzbischof von Freiburg i. B., in einem Hirtenwort vom 10. 1. 1942 fest: »Wir trauern euch nach und verschmerzen euren Verlust nur mit dem beruhigenden Gedanken, daß ihr auch in anderer

Form Christus, dem König, dienen werdet, weil euer Einsatz der Bezwingung des gottlosen und christuswidrigen Bolschewismus gelten soll«[758]. Im Zweiten Weltkrieg sollen aus Deutschland 90.000, aus den von Deutschland zeitweise besetzten Gebieten weitere 60.000 Glocken eingeschmolzen worden sein[759].

Gelegentlich wurden immerhin auch ›Kanonen zu Glocken‹ umgeschmolzen. Aus zweiundzwanzig (wohl im Krieg 1870/71) erbeuteten französischen Geschützen hat man im Jahre 1874 für den Kölner Dom die ›Kaiserglocke‹ gegossen: 3,70 Meter hoch, 3,42 Meter Durchmesser am Schlagring, 543 Zentner Gewicht, »die größte und schwerste aller Glocken, welche geläutet werden«[760].

In einer Inschrift am Allerheiligenmünster in Schaffhausen aus dem Jahr 1486 spricht die Glocke selbst: *Vivos voco, mortuos plango, fulgura frango*[761], »ich rufe die Lebenden, ich klage um die Toten, ich breche die Blitze«. Diese Worte wurden durch Schiller als Vorspruch seines Gedichts »Das Lied von der Glocke« (1800) allgemein bekannt. Glockenklang dringt vielfältig ins Leben der Menschen ein; es verwundert nicht, daß viele Glocken einen eigenen Namen tragen.

Der Ruf an die Lebenden galt zunächst Mönchen, die mehrmals am Tag zum Gebet zusammenkamen. Die Glocke der Pfarrkirche rief das Volk zu Messe und anderen Gottesdiensten, ferner zum Gebet morgens, mittags und abends. Dieses sogenannte Angelusläuten erinnerte daran, daß ein Engel, *angelus* (lat., Bote), Maria die Botschaft von der Menschwerdung Gottes gebracht hatte; nach der Reformation behielten ›neugläubig‹ gewordene Gemeinden dieses Läuten oft bei, da es den Arbeitstag (oft zweimal sechs Stunden) von Bauer und Handwerker praktisch gliederte; es sollte indessen anders benannt werden: als Läuten um Frieden, den Gott dem Land erhalten oder schenken möge. Während mancher Gottesdienste läutete man auch, um Gebeten und Liedern einen (noch) festlicheren Klang zu verleihen, vor allem dem *Te Deum* (Großer Gott, wir loben dich). Die Glocke kündete Todesfälle an; einfaches ›Armsünderläuten‹ begleitete das Gebet, Gott möge dem gerade Verstorbenen gnädig sein.

Auch im weltlichen Bereich fehlte es nicht an Anlässen zu läuten: Glocken luden Ratsherren zur Versammlung, Gäste zu Fest und Feier. Glocken markierten die Arbeitszeit. Die Glocke kündigte Siege an, warnte vor Feuer- und Feindgefahr, bewahrte bei Nebel und Schneetreiben Menschen vor dem Verirren. Ferner sollte die Glocke, auf die man bei der Weihe den Segen Gottes herabgefleht hatte, Unwetter abwenden, Seuchen vertreiben, böse Geister bannen. Bis auf den heutigen Tag ist vielen Menschen tägliches Läuten vertraut und festliches Geläute willkommen.

Noch im 19. und 20. Jahrhundert verlangte die Obrigkeit das Läuten der Glocken an staatlichen Feiertagen, im Kaiserreich (1871–1918) etwa am ›Sedanstag‹ (2. September). Nach 1933 mußten an den vom nationalsozialistischen Regime festgesetzten Tagen die Glocken geläutet (und die Kirche mit Hakenkreuzfahnen beflaggt) werden; Geld- und Gefängnisstrafen drohten denjenigen, die diesem Gebot nicht nachkamen[762]. Glocken läuteten zur Begrüßung von Hitler und Wehrmacht 1938 in Wien; die Festglocken erklangen im Deutschen Reich 1940, nach Beendigung des Frankreichfeldzuges, eine Woche lang. Die Glocken läuteten auch am 30. Juni 1991 zur Feier des Abzugs der letzten sowjetischen Truppen aus der Tschechoslowakei[763].

Als Beispiel eines Geläutes seien die Glocken des Freiburger Münsters vorgestellt[764]. Jede trägt einen eigenen Namen und eine eigene Inschrift, die hier nicht alle aufgeführt werden können; die der ältesten, *Hosanna*, lautet: *+ Anno Domini M CC L VIII XV Klas [Kalendas] Augusti. Structa Est Campana. + O Rex Glorie Veni Cum Pace. Me Resonante Pia Populo Sucurre Maria*; »Im Jahre des Herrn 1258, am 15. August, ist die Glocke gegossen worden. O König der Herrlichkeit, komm mit Frieden. Wenn mein Geläute erschallt, komm dem Volk zu Hilfe, liebe Maria«.

Glocken wurden geweiht[765] – wie die Kirche, Öle und vieles sonst aus dem sakralen und profanen Bereich. Eine evangelische Agende kennt u. a. folgende Gebete[766]; zur Einholung neuer Glocken wird Gott gebeten: »Beschütze alle, die am Einbau der Glocke mitarbeiten, vor Unfall und Schaden«. Und zur eigentlichen Glockenweihe heißt es dann: »Vater … Wir bitten dich, laß diese Glocke die Menschen zum Frieden miteinander mahnen. Hilf, daß sie die Trauernden tröstet, die Mutlosen aufrichtet und die Verstorbenen auf ihrem Weg begleitet. Herr, segne alle, die ihren Ruf hören. Darum bitten wir durch Christus, unsern Herrn«.

Uhr

Kirchturm, Glocke und Uhr gehören bis heute wie selbstverständlich zusammen. Da ›man‹ sich erst seit den 1950er Jahren eine eigene Armband- oder Taschenuhr leisten konnte, mußten die Menschen bis dahin auf die Uhr der Kirche achten.

Der Antike bekannte Zeitmesser – Sonnenuhr, langsam abbrennende

Kerzen, tröpfchenweise aus einem Gefäß rinnendes Wasser – waren brauchbar, aber unbefriedigend; erstere funktioniert nur bei Sonnenschein, die Kerze bedeutete ein Sicherheitsrisiko, und Wasser gefror im Winter. Da man die je nach Jahreszeit unterschiedlich lange Spanne von Sonnenauf- bis Sonnenuntergang in zwölf Stunden gliederte, waren die Stunden ungleich lang. An genauer Zeiteinteilung war vor allem Mönchen gelegen, galten ihnen die Stunden des Gebetes doch als heilig; sie sollten genau eingehalten werden, weil es um das Lob Gottes und die Einteilung des Lebens der Gemeinschaft ging. Im Klosterleben mag aus *hora* (lat.; Stunde) ›Uhr‹ abgeleitet worden sein. Denn es ist wahrscheinlich, daß Klöster sich früh für Uhren interessierten; bis ins 18. Jahrhundert haben sie zur Vervollkommnung mechanischer und astronomischer Uhren beigetragen[767]. Seit dem Ende des 13. Jahrhunderts gab es an vielen Orten im Abendland die Räderuhr, im weltlichen Bereich zunächst als Turmuhr an Kirchen in den Städten.

Es lag nahe, im Stübchen des Wächters, der vom Kirchturm aus auf Gefahren achten sollte, eine Uhr anzubringen. Im Laufe der Entwicklung, die hier nicht im Einzelnen zu verfolgen ist, versah man die Uhr mit einem Klangzeichen, das den Wächter mahnte; der konnte daraufhin mit dem Hammer auf der Glocke den Menschen im Zwölferrhythmus die Stunde schlagen, bald auch – vielleicht gar auf einer anderen Glocke – die halben und die Viertelstunden. Oft richteten sich Wächter auf anderen Türmen nach der von der Hauptkirche gegebenen ›Normalzeit‹. Noch später verband man Uhr und Glocke so miteinander, daß der Hammer die Glocke ›automatisch‹ zu den gewünschten Zeiten anschlug, ohne Vermittlung eines Menschen.

Die mechanische Uhr – eine wesentliche Entwicklung über die Technik der Antike hinaus[768] – teilte Tag und Nacht in je zwölf gleich lange Stunden; die Gliederung der Zeit war damit objektiviert. Die rasche Verbreitung der mechanischen Uhr – alles andere als selbstverständlich – darf man als ein Zeichen dafür werten, daß diese Erfindung einem weitverbreiteten Bedürfnis entgegenkam. Die ebenfalls im 13. Jahrhundert entwickelte mechanische Säge hat sich dagegen nur langsam durchgesetzt; offensichtlich vermißte man sie weniger. Entwicklung und Perfektionierung der Uhr haben den Ländern, in denen sie nachgefragt wurde, einen ersten großen Rationalisierungsschub beschert; Uhren regelten Handel und Gewerbe, ihre Herstellung gab der Feinmechanik Auftrieb, wie die astronomischen Uhren im Straßburger Münster zeigen.

Inschriften an Uhren wie ›Eine wird die deine sein‹ (die Stunde des Todes) oder *Nescitis qua hora Dominus veniet,* »Ihr wißt nicht, zu welcher Stunde der Herr kommen wird«[769], erinnern die Menschen zwar an die Ewigkeit. Doch bedeutsamer dürfte sein, daß die Uhr einen gewissen Trend zur Säkularisierung förderte, zur Aufmerksamkeit für die Dinge dieser Welt. Das heißt aber auch: Der Tagesablauf der Menschen geriet unter das Diktat der Zeit, zunächst in den Städten.

III. DIE SPRACHE DER BILDER

Bilderschmuck

Die älteste bisher entdeckte christliche Hauskirche stand in der römischen Limesfestung Dura-Europos am Euphrat. Im Jahre 256 n. Chr. wurde sie bei der Verstärkung eines Walls zugeschüttet und blieb darum mit ihrem reichen Bilderschmuck erhalten. Dargestellt sind biblische Szenen von der Paradiesesgeschichte bis zum Besuch der drei Frauen am Grab Jesu[770].

Bis heute sind christliche Kirchen – anders als Synagogen und Moscheen – mit bildlichen Darstellungen geschmückt. Christen verstanden das zweite Gebot – »Du sollst dir kein Gottesbild machen« – im allgemeinen nicht als grundsätzliches Bilderverbot; eher sahen sie in ihm den Auftrag, Inhalte der Bilder nicht selber zu *machen,* sondern sie sich geben zu lassen durch den Glauben, daß Gott den Menschen in ihrer Welt begegnen will.

Im Laufe der Kirchengeschichte mußten Bilder wiederholt gerechtfertigt werden. Praktiker bedienten sich gern knapper Zusammenfassungen, die man sich leicht einprägen kann. »Aus drei Gründen wird ein Bild gemacht: Erstens, weil es das Buch für die [leseunkundigen] Laien ist; zweitens, damit das Haus mit solchem Schmuck verschönert werde; drittens, damit das Leben der Früheren in die Erinnerung zurückgerufen werde (*Ob tres causas fit pictura: primo, quia est laicorum litteratura; secundo, ut domus tali decore ornetur; tertio, ut priorum vita in memoriam revocetur)*[771]. Was hier nicht eigens zum Ausdruck kommt, ist das Streben nach Belehrung und Erbauung. Das ›Was‹, die Gegenstände der Abbildungen, haben die Auftraggeber im allgemeinen vorgegeben; was das ›Wie‹ angeht, die künstlerische Gestaltung, erfreuten bildende Künstler sich großer Freiheit.

Christen sollen sich in den Raum, in dem sie Gottesdienst feiern, hineingenommen sehen in die Heilsgeschichte, das heißt die ganze von Gott gelenkte Weltgeschichte von der Schöpfung bis zur Wiederkehr Christi am letzten Tag. Vor allem soll ihnen die Mitte dieser Geschichte, das Leben Jesu, wie gegenwärtig vor Augen stehen.

Auch in anderen Religionen sollen Orte des Gottesdienstes schon durch ihre Gestaltung Zugang schaffen zur überirdischen, göttlichen Welt. So ist die Prozessionsstraße aus Babel (6. Jh. v. Chr.; heute im Pergamonmuseum Berlin) zu beiden Seiten von hohen Mauern aus blauglasierten Ziegeln gesäumt, auf denen Himmelswesen die Beter auf dem Weg zur Göttin Ischtar geleiten. Auch in christlichen Kirchen wird der Himmel auf Erden dargestellt. So sind Wände und erst recht eine etwa vorhandene Kuppel in nicht wenigen Kirchen mit Sternen übersät[772]. Auch die vier Evangelisten werden oft als Himmelswesen dargestellt, die vor dem Thron Gottes stehen (Ez 1, 10; Offb 4, 7): Adler (Matthäus), Löwe (Markus), Stier (Lukas), Mensch (Johannes). Eigentümlich christlich aber ist, daß die irdische Welt, geadelt durch Gottes Gegenwart, vielfältig im christlichen Raum dargestellt wird.

Es trägt zum Reiz von Kunstwerken bei, daß wir bestenfalls den Schleier ein wenig lüften können, der ihr Geheimnis umhüllt. Wir können uns Hintergrundwissen zum Verständnis aneignen: Wer oder was ist dargestellt? Für welchen Standort ist die Skulptur geschaffen worden? Wie hat der Künstler seinen Auftrag erfüllt, wie ist er mit seinem Stoff, seiner Vorlage umgegangen, wie hat er sein Werk in die Umgebung eingefügt?

Künstler haben sich oft auf den Betrachter eingestellt, der aus weiter Entfernung und sogar schräg von unten ihre Bilder sollte erkennen können. Vieles aber, was in und an Kirchen von Meisterhand liebevoll gestaltet ist, blieb den Blicken der Besucher bis zur Entwicklung von Ferngläsern entzogen; den meisten Interessenten sind Einzelheiten erst seit etwa 150 Jahren durch Ausleuchtung mit künstlichem Licht und durch Fotografien zugänglich geworden. Denkt man an Fenster im Obergaden der Kathedrale von Chartres, so möchte man meinen, daß sie nur gelingen konnten, weil zweierlei zusammengekommen war: Begeisterung für die Arbeit der eigenen Hände und das Bewußtsein, zur ›größeren Ehre Gottes‹ zu schaffen.

Meist aber dürfen wir davon ausgehen, daß den Künstlern daran lag, verstanden zu werden. Ihre Themen und Motive waren inhaltlich bekannt aus dem in der Kirche verkündeten Wort (Lesung und Predigt), ferner aus Epen und Liedern (*chansons de geste*), die an Fürstenhöfen und auf Jahrmärkten vorgetragen wurden. Künstler setzten Worte in eine Sprache der Bilder, Gesten und Symbole um. Zu großen Teilen fanden sie diese Bildersprache bereits vor; sie konnten sie weiterentwickeln, mußten dabei aber behutsam vorgehen. Denn wer mit dem Bild eine Botschaft übermitteln will, muß sie so formulieren, daß der Adressat sie auch verstehen kann. Setzte der Steinmetz oder Maler sich zu kühn über das Vertraute hinweg, lief er Gefahr, daß der oder das Dargestellte mißverstanden, daß die beabsichtigte Aussage vielleicht gar verfälscht wurde.

Die Verkündigungsszene – mit Maria, dem Boten, oft auch noch der Taube, die den Heiligen Geist darstellt (Lk 1, 26–38) – prägt sich dem Gedächtnis so ein, daß man sie erkennt, ganz gleich, ob sie in der Glasmalerei oder in der Skulptur begegnet. In früheren Zeiten dürfte es den Menschen ähnlich gegangen sein. Im Laufe der Zeit mochte es zu verwickelten Austauschbeziehungen kommen: Ob der Buchmaler oder der Bildhauer sich zuerst an einer bestimmten Einzelheit versucht hat, wer vielfältiger in der Darstellung war, braucht hier nicht erörtert zu werden. Während die Buchmalerei nur wenigen Gebildeten zugänglich war, richteten sich Mosaiken, Fresken und Skulpturen an die große Menge derer, die weder lesen noch schreiben konnten. Gerade für sie mußte die Sprache der Bilder vereinheitlicht sein; dann konnte sie ihnen ähnlich vertraut werden wie die Buchschrift den Lesekundigen.

Symbole

Der Anker ist schon in heidnisch-römischer Welt Zeichen der Hoffnung; vom Anker als dem Fixpunkt, den Christen im himmlischen Christus bereits haben, spricht der Hebräerbrief (6, 19). Als Zeichen des Sieges Christi dienten die ebenfalls aus der heidnischen Kultur übernommenen Zeichen Kranz und Palme. Das Bild eines Fisches, griechisch *ichthys*, erinnerte daran, daß dieses Wort Titel Christi zusammenfaßt: I für Jesus, ch für Christus, th für *theos* (Gott), y für *(h)yios* (Sohn), s für *soter* (Heiland, Retter). Ferner begegnen, mit anderen Deutungen, der Pfau, Alpha und Omega, ein leerer Thron, ein leerer Altar sowie XP, Chi und Rho, die ineinandergefügten ersten Buchstaben des griechischen Wortes *christos*[773].

Solche Symbole sowie Darstellungen des Hirten und Lehrers mochten zu Zeiten der Verfolgung unverfänglich wirken, da sie auch in der heidnischen Umgebung beliebt waren (etwa der Lehrer-Philosoph); ein Nachteil für uns: oft sind sie nicht eindeutig als christlichen Ursprungs auszumachen. In Illustrationen zur wunderbaren Vermehrung der fünf Brote und zwei Fische (Mk 6, 32–44) mögen die Brote als zusätzliches Bestimmungszeichen ein

Kreuz tragen; doch verweist ein kreuzförmiger Einschnitt wirklich eindeutig auf Christen als Auftraggeber solcher Darstellungen?

Bildelemente aus der heidnischen Welt wurden nicht nur in den Anfangszeiten in christliche Darstellungen übernommen. Sehen wir heute auf einem Bild eine Person mit Nimbus (Aureole, Gloriole; ›Heiligenschein‹), denken wir zunächst vielleicht an Gott. Christus wird seit dem 4. Jahrhundert mit Nimbus abgebildet, oft daran zu erkennen, daß in den Nimbus drei Balken eines Kreuzes gezeichnet sind[774]. Später erhielten den Nimbus auch andere, als heilig verehrte Personen, gelegentlich sogar nichtkanonisierte Stifter von Kirchen. In der vorchristlichen Welt gebührte der Nimbus Göttern, Heroen und Herrschern; in dieser Tradition stehen noch Kaiser und Kaiserinnen, die in Kirchen von Ravenna und Konstantinopel, sowie Könige und Kaiser, die im Straßburger Münster mit einem Nimbus dargestellt sind[775].

Gelegentlich ist in einzelnen Bildelementen die antike Vorlage zu erkennen. So sieht man im Markusdom, wie Gott dem Adam eine Rippe entnimmt, aus der er Eva bilden wird; Adam liegt auf dem Boden, nackt, schlafend, die Beine übereinander geschlagen; sein Kopf ruht auf der Faust, der Arm ist auf den Boden gestützt – wie bei dem liegenden Eros der Antike.

Biblische Motive

Typisch christlich sind Darstellungen, die nicht nur abbilden, sondern Vorgänge erzählen wollen. So werden schon in der Hauskirche in Dura-Europos biblische Szenen dargestellt, die in Erfahrungen der Gläubigen wahr werden: Christus heilt den Gelähmten; er bewahrt Petrus davor, im Wasser zu versinken.

Bildende Künstler finden in biblischen Schriften einen wahren Kosmos von Personen und Szenen: Das erste Menschenpaar und dessen Nachkommen, Patriarchen, Könige und Propheten, Priester und Krieger; aus der Zeit des Neuen Bundes Jesus, seine Eltern Maria und Josef, Jüngerinnen und Jünger, Engel und Versucher. Liebevoll malen alt- und neutestamentliche Autoren Szenen aus und deuten Handlungsabläufe an – Herausforderungen für phantasiebegabte Künstler.

Den Kernbestand der Malereien und Skulpturen, die Kirchen schmücken, bilden bis heute Erzählungen der Bibel. Doch welche Bücher waren das? Bis zum Trienter Konzil (16. Jh.) lag das nicht fest. Zwei wiederholt dargestellte Szenen entstammen sogenannten apokryphen (griech.; wörtlich: verborgenen) Schriften, die erst zu dieser Zeit endgültig aus dem Kanon der biblischen Bücher ausgeschlossen wurden: Der Sturz des Engels (Luzifer) und die Kreuzigung des Petrus mit dem Kopf nach unten[776].

Heilige

An Bildern in Kirchen ist abzulesen, wie sich im Laufe der Geschichte des Christentums die Einstellung zur Verehrung von Heiligen wandelte; ›Heilige‹ sind Frauen und Männer, die nach weit verbreiteter Überzeugung schon in der Nähe Gottes leben. Das Urteil zu ihrer Verehrung schwankte auf einer Skala, die von ›wünschenswert‹ über ›erlaubt‹ bis ›abzulehnen‹ oder gar ›zu verdammen‹ reichte; letzteres wird uns noch im Zusammenhang mit Bilderstürmern beschäftigen. Dazu kamen Unterschiede je nach Kulturraum, Kirche bzw. Konfession, Gruppe, Zeit. Ein Beispiel aus dem abendländischen Bereich: Die katholische Kirche feiert Thomas von Canterbury als Märtyrer († 1170), die anglikanische hat ihn auf Anordnung Heinrichs VIII. im Jahre 1538 als Hochverräter aus dem Verzeichnis der zu ehrenden Heiligen gestrichen. ›Nationalheilige‹ wie Ludwig IX. von Frankreich oder Stephan I. von Ungarn werden in ihrem Heimatland mehr verehrt als außerhalb. Zu den zahlreichen Lokalheiligen gehört Karl der Große; von Paschalis III., einem Gegenpapst, zur Ehre der Altäre erhoben, wird Karl nur in den Bistümern Aachen und Osnabrück als *beatus*, Seliger, verehrt[777].

Die Bevorzugung einzelner Heiliger im Abendland erklärt sich damit, daß Legenden liebevoll das Wirken, das Schicksal und das Nachleben heiliger Frauen und Männer ausgemalt haben; die weitverbreitete *Legenda aurea* spiegelt die Frömmigkeit von Gebildeten und Analphabeten[778]. Weit beliebter als viele biblische Personen sind unter Christen oft Gestalten nachbiblischer Zeit, auch wenn die katholische Kirche sie als bloß legendarisch aus dem offiziellen Kanon der Heiligen getilgt hat. Zu ihnen gehören Georg, der Sieger über den Drachen, und als Schutzheiliger der Reisenden der Riese Christophorus, der das Christuskind durch einen Fluß trug; sein Bild schmückt heute Tausende von Autoschlüssel-Anhängern. Katharina von Alexandrien sollte gerädert werden, wurde aber als Märtyrerin enthauptet. Da sie im Streitgespräch Heiden überwunden und für Christus gewonnen hatte, galt sie als Schutzpatronin von Schülern, Lehrern und Geisteswissenschaftlern; wegen der zunächst beabsichtigten und dann verwirklichten Todesart erfreute sie sich ferner des Zuspruchs von Handwerkern, die mit Rad oder Messer zu tun hatten: Barbiere, Müller, Seiler, Spinner, Töpfer, Wagner. Katharina gehört zum Kreis der Nothelfer[779]. Ein Helfer, der so häufig Not gelindert hat, daß ihm bis heute eine Sonderstellung zukommt, ist Nikolaus von Myra; Kaufleute, Seefahrer und Piraten, Schüler und Studenten, Mädchen im heiratsfähigen Alter und Prostituierte verehrten ihn als ihren Schutzheiligen.

Botschaften in Stein gemeißelt

Bei vielen Gläubigen durfte man in der Vergangenheit solide Kenntnisse der heiligen Schriften und der Heiligenlegenden erwarten. Doch sollte man solches Wissen nicht überschätzen. Es stimmt nachdenklich, daß der ›Pilgerführer‹ dem Besucher der Basilika von Santiago viele in Stein gemeißelte Szenen erläutert, unter anderem die Vertreibung aus dem Paradies, die Weisen aus dem Morgenland, die Versuchung Jesu durch den Teufel, den Verrat des Judas und die Geißelung[780]. Wie soll man solche Ausführlichkeit deuten? Als Hinweis auf fehlendes Wissen bei Kirchenbesuchern? Als Beweis, daß der Autor mit seinen Kenntnissen angeben wollte? Dachte er an Kritiker, die ihm vorwerfen könnten, Wesentliches vernachlässigt zu haben? Vielleicht konnte man sich schon im 12. Jahrhundert nicht leisten zu sagen: Das Bild spricht für sich. Vielmehr mußte der Kundige es zum Sprechen bringen. Dazu bedarf es der Phantasie; ein dynamischer Prozeß wird in Gang gesetzt: Ein gegebenes Bild löst beim Betrachter Nachdenken aus; der faßt seine Eindrücke in Worte, die den Zuhörer zum Weiterdenken anregen.

Oft sind Heilige zu erkennen an Attributen, die an die Legende von ihrem Tod erinnern. Darin spiegelt sich ein wesentliches Thema der kirchlichen Bilderkunst. Menschen sind dargestellt beim Übergang von der irdischen in die himmlische Welt, in ihrer Teilhabe am Leiden Christi und seiner Auferstehung. Als Beispiel sei die Gruppe der Apostel aufgeführt, zusammen mit dem Datum eines Festtages und Attributen, die oft auf die Art ihres Martyriums hinweisen.

Apostel[781], ihre Festtage und Attribute

Apostel	Fest	Martyrium; Attribut
Petrus	29. 6.	Gekreuzigt (mit Kopf nach unten); Schlüssel
Johannes	27. 12.	In Öl gesotten; Adler, Becher (Inhalt vergiftet)
Jakobus der Ältere	25. 7.	Enthauptet; (Pilger)Muschel, Buch, Schwert
Andreas	29. 6.	Gekreuzigt; Kreuz mit schrägen Balken
Philippus	1. 5.	Gekreuzigt und gesteinigt; Buchrolle, Kreuzstab
Thomas	3. 7.	Enthauptet oder mit einer Lanze getötet; Lanze, Schwert, Winkelmaß
Bartholomäus	24. 8.	Geschunden; Messer, abgezogene Haut, Buch
Matthäus	21. 9.	Enthauptet; Engel, Hellebarde, Schwert
Jakobus der Jüngere	22. 6.	Erschlagen; Keule
Simon der Eiferer	28. 10.	Zersägt; Säge
Judas Thaddäus	28. 10.	Buch, Keule
Matthias	24. 2.	Enthauptet; Beil, Buch, Schwert
Paulus	29. 6.	Enthauptet; Buch, Schwert

Apostel gehören oft zu erzählenden Szenen: Thomas legt seine Hand in die Seitenwunde Jesu (Joh 20, 27). Petrus als Himmelspförtner trägt den Schlüssel (nach Mt 16, 19). Judas hält den Geldbeutel fest, verrät Jesus mit einem Kuß, er erhängt sich, und aus dem Bauch hängt das Gedärm. Wegen der großen Zahl Enthaupteter reichte das Schwert zur Charakterisierung nicht, und der Name wurde deshalb nicht selten beigefügt. Leicht zu erkennen sind die Apostel dann, wenn sie an den Säulen der Kirche dargestellt sind. Als die tragenden Pfeiler des Gottesvolkes soll man sie, oft zusammen mit Paulus und Christus, vor Augen haben. Um so mehr fällt auf, wenn uns in dieser Schar auch Karl der Große begegnet (in der Chorhalle des Aachener Münsters) und – an ihrer Stelle! – die Herzöge von Zähringen (in der ehemaligen Benediktinerkirche St. Peter auf dem Schwarzwald).

Makaber mutet es an, daß manche Todesarten verstanden worden sind als Hinweis darauf, daß ein Heiliger einem bestimmten Handwerk besonders nahe stehe. Bartholomäus soll bei lebendigem Leib die Haut abgezogen worden sein; ›folgerichtig‹ verehrten ihn Menschen, die berufsmäßig mit (Tier)Haut, Leder und Pergament zu tun hatten. Simon der Eiferer sei zersägt worden; er erfreute sich der besonderen Gunst der Holz verarbeitenden

Handwerker. Wer sich vor einem Bahnübergang warnen läßt, ist sich nicht gleich bewußt, daß das ›Andreaskreuz‹ an das Martyrium eines Apostels erinnert. In all diesen Fällen ist wohl Ähnliches geschehen wie bei der Umdeutung des Kreuzes, eines Schandpfahles, zu einem Segenszeichen. In ihrem Martyrium hatten Heilige alltägliches Handwerkszeug geadelt. Aus dem Rahmen blutrünstiger Zeichen fällt das Winkelmaß des hl. Thomas heraus, der – folgt man der Legende – in Indien als Architekt gewirkt hatte.

Die häufigste Darstellung wird auch heute gewiß in aller Welt leicht verstanden: das Kreuz Christi[782]. Bilder des Kreuzes gibt es in »datierbaren eindeutigen Dokumenten« erst im zweiten Drittel des vierten Jahrhunderts (vereinzelt) und – seit dem sechsten Jahrhundert – häufiger, wenn auch lange Zeit als Triumphkreuz[783].

Jesus begegnet uns als Hirte (seit dem 3. Jh.), als Lehrer und Wundertäter (seit dem 4. Jh.), als Gekreuzigter, lebend, ja sogar triumphierend (seit dem 5./6. Jh.)[784], ferner als Säugling, Kleinkind und Jugendlicher, als siegreicher Krieger, Herrscher über das All (Pantokrator) und thronender Richter[785]. Im Spätmittelalter sieht man den gebrochenen Schmerzensmann, den nackten Christus am nackten Holz – Bilder mit sozialrevolutionärer Tendenz.

Ist eine Frau dargestellt, kann man sehr oft damit rechnen, daß es sich um Maria handelt, die Mutter Jesu. Besonders häufig erwähnt Lukas sie (in Evangelium und Apostelgeschichte): Verkündigung, Geburt Jesu, Besuch der Weisen aus dem Morgenland, Flucht nach Ägypten, Wallfahrt nach Jerusalem, Pfingsten; das Johannesevangelium hält die Hochzeit zu Kana fest und Maria unter dem Kreuz Jesu. Legenden, die sich um ihr Leben ranken, sind reich an weiteren Themen. Bildende Künstler stellten Maria dar als kleines Mädchen und als junge Frau, als Mutter, Trauernde (Pietà) und als Himmelskönigin. Auf Maria bezogen wird auch die Frau aus der Geheimen Offenbarung, bekleidet mit der Sonne und einer Krone von zwölf Sternen auf ihrem Haupt, vom Drachen bedroht (Offb 12, 1–6).

Oft sieht man auch eine Frau, die einer Schlange auf den Kopf tritt. Das Bild erinnert an den Strafspruch über die Schlange, welche die Menschen zur Sünde verführt hat (Gen 3, 14 f.). Der Spruch wurde als Prophezeiung verstanden, die auf Maria vorausdeute.

Seit dem Spätmittelalter wird Maria gern mit einem weiten Mantel abgebildet, unter dem sie Menschen birgt. Diese Art der Darstellung verweist auf einen Bereich des Rechts: Der Herrscher oder seine Gemahlin konnte eine Person ›unter den Mantel‹ und damit – wenigstens vorübergehend – in Schutz nehmen. Von solcher Gepflogenheit rührt eine Form der Adoption her: Bei der Einsegnung der Ehe durfte die Braut vorehelich geborene Kinder unter ihren Mantel nehmen; solche ›Mantelkinder‹ waren dann Nachkommen rechtlich gleichgestellt, die später in der Ehe geboren wurden[785a]. Die Darstellung der Schutzmantelmadonna läßt sich als Ergänzung zu Gebet und Lied verstehen (Unter deinen Schutz und Schirm ..., Maria, breit den Mantel aus ...). ›Eigentlich‹ hätten Hohe und Niedrige, Kleriker und Laien im Jenseits dasselbe zu erwarten wie vorehelich geborene Kinder im Diesseits: Ausschluß vom Erbe.

Leicht erkennbar sind auch Zyklen, etwa das Sechstagewerk: Gott erschafft Himmel und Erde, Sonne, Mond und Sterne, Pflanzen und Bäume, Fische und Vögel, bis hin zum Menschen, nicht zu vergessen den Ruhetag (Gen 1, 1 bis 2, 3). Aus dem Neuen Testament seien die sechs Werke der Barmherzigkeit genannt (in der Gerichtsrede, nach denen der Weltrichter urteilt, ob die Menschen in das Gottesreich eintreten dürfen; Mt 25, 35 ff.). In der Marburger Elisabethkirche rühmen Fenster und Schrein die hl. Elisabeth wegen dieser Werke; sie laden den Betrachter zur Nachahmung ein. Bilderzyklen illustrieren auch Gleichnisse Jesu, etwa das vom barmherzigen Samariter (Lk 10, 25–37) und das vom verlorenen Sohn (Lk 15, 11–32). Weitere Zyklen galten den Sternkreiszeichen sowie dem jahreszeitlichen Rhythmus der Arbeiten in Feld, Garten und Haus, etwa die Weinlese im Oktober, das Schlachten von Großvieh im November. Derartige Monatsbilder erinnerten die Städter daran, daß sie ohne die harte Arbeit der Landbevölkerung verhungern müßten.

Franziskaner haben im Spätmittelalter den Kreuzweg zusammengestellt, einen neuen Bilderzyklus aus Stoffen, die Bibel und Legende (etwa das Schweißtuch der Veronika) boten; heute findet man die vierzehn Stationen in fast allen katholischen Kirchen und an vielen Wallfahrtsorten als Wegstationen[786]. Aus derselben Franziskanerfrömmigkeit erwachsen sind die Weihnachtskrippen mit ihren oft ausufernden Szenen; in der Festzeit in Kirchen aufgestellt, finden sie sich auch in Privathäusern und auf Weihnachtsmärkten.

Bibelauslegung

Einer Schriftstelle mehrfachen Sinn zu geben, war seit neutestamentlicher Zeit nicht ungewöhnlich. Im 12./13. Jahrhundert bündelten Scholastiker für Unterrichtszwecke komplexe Sachverhalte gern in drei- oder viergliedrigen

Merkversen, so auch in folgendem: *Litera gesta docet, quid credas allegoria, moralis quid agas, quo tendas anagogia*, am Beispiel von Jerusalem: die wörtliche Bedeutung meint die geschichtliche Stadt, die allegorische die Kirche, die moralische die Seele, die anagogische den Himmel. Oft begnügte man sich mit einem Zweierschema, wörtlicher und übertragener Bedeutung[787].

Die Bildphantasie wird vor allem durch zwei Auslegungsweisen gereizt: die typologische und die allegorische. Die typologische Auslegung hat zwei Möglichkeiten, alttestamentliche und neutestamentliche Gestalten und Ereignisse aufeinander zu beziehen. Altes und Neues Testament können einander gegenübergestellt werden. Beispiele dafür aus der Bibel: Adam, dem ersten Menschen, durch den der Tod in die Welt kam, wird Christus gegenübergestellt als der erste Mensch, der den Tod überwindet (Röm 5, 12–21). Daran erinnert bei Darstellungen der Kreuzigung nicht selten ein Totenkopf am Fuß des Kreuzes. Die Bernwardstür in Hildesheim stellt einander gegenüber Eva, mit der die Geschichte der sündigen Menschheit begann, und Maria, mit der die Geschichte der Rettung einsetzte.

Die zweite Möglichkeit: Eine alttestamentliche Szene wird dargestellt, eine neutestamentliche ist gemeint. Ein Beispiel dafür findet sich in den Reden Jesu: »Wie Jona drei Tage und drei Nächte lang im Bauch des Fisches war, so wird auch der Menschensohn drei Tage und drei Nächte im Innern der Erde sein« (Mt 12, 40). Bei der Darstellung des Jona, der dem Fisch entkommt, handelt es sich um eine der ältesten erhaltenen christlichen Bildgestaltungen[788]. Wie groß die Freiheit war, die christliche Schriftdeuter für sich in Anspruch nahmen, zeigen Bilder des Melchisedech; dieser war der Priester von Jerusalem, der zu Abraham herauskam und Brot und Wein dem höchsten Gott opferte (Gen 14, 18). Sieht man in Kirchen Bilder des Melchisedech, so ist Christus als *der* Hohepriester gemeint (Hebr 7). Bei Isaak, der das Holz für seine Opferung auf den Berg trägt, sah der Betrachter sich auf Christus verwiesen, der sein Kreuz trägt (Gen 22, 6; Joh 19, 17).

Den ›Typos‹ für einen biblischen ›Antitypos‹ fanden Künstler auch in außerbiblischem Bildungsgut, in Stoffen aus Fabel und Sage. Antike Vorlagen wurden umgedeutet und jahrhundertelang weitergesponnen – etwa im *Physiologus*, einem vielleicht um 200 entstandenen Volksbuch, das zeitweise ähnlich verbreitet war wie die *Legenda aurea* oder ›Grimms Märchen‹. Hier begegnen uns Steine, Pflanzen, vor allem Tiere: Adler, Einhorn, Fuchs, Igel, Phönix, Schlange und viele andere[789].

Aus zwei Tiergeschichten seien Einzelheiten zitiert. »Die dritte Eigenart des Löwen: Wenn die Löwin ihr Junges wirft, so ist dieses zuerst tot. Die

Löwin aber behütet das Geborene, bis daß sein Vater kommt am dritten Tage, und ihm in's Antlitz bläst, und es erweckt«. Die Jungen des Pelikan picken, »sobald sie nur ein wenig zunehmen, ihren Eltern ins Gesicht. Die Eltern aber hacken zurück und töten sie. Nachher jedoch tut es ihnen leid. Drei Tage lang trauern sie dann um die Kinder, die sie getötet haben. Nach dem dritten Tag aber geht ihre Mutter hin und reißt sich selber die Flanke auf, und ihr Blut tropft auf die toten Leiber der Jungen und erweckt sie«.

Der Autor prüft gar nicht erst, ob seine Aussagen der Wirklichkeit entsprechen; ihm kommt es darauf an, den Leser und Zuhörer zu erbauen: Antike naturwissenschaftliche Lehrmeinungen bezieht er auf den Erlöser. Wie der Pelikan hat Christus sein Blut vergossen; wie der Löwe hat Gott seinen Sohn nach drei Tagen von den Toten erweckt. Den Löwen, der seine Jungen zum Leben wachbläst, sieht man in einem Fenster des Freiburger Münsters, und mehr als einen Tabernakel schmückt der Pelikan, der seine Brust aufreißt.

Allegorien

»Ich glaube, es gibt unter den Weisen keinen mehr, der nicht Gottes Werke erkennt, der sie nicht bewundert und der nicht durch die sichtbaren zu den unsichtbaren geleitet wird«, *per visibilia ad invisibilia.* Otto von Freising – Zisterziensermönch, Abt, Bischof, Geschichtstheologe († 1158) – eröffnet mit diesen programmatischen Worten das vierte Buch seiner ›Chronik‹[790].

Die Christen waren in eine Welt hineingewachsen, der das Denken in Allegorien vertraut war. Die Allegorie (griech., wörtlich: anderswie, in übertragenem Sinne sprechen) meint Verbildlichung oder auch Sinnbild. Künstler stellten Tugenden und Laster, den Frieden, die Stadt Rom, aber auch Kirche und Synagoge gern als Frauen dar. Doch wie sollte man sie jeweils kenntlichmachen? Verständliche Attribute konnte man zweien der sieben *artes liberales* zuordnen, der Geometrie das Dreieck und der Musik die Glocke. So leicht hatte man es nicht bei den göttlichen und den Kardinaltugenden – Glaube, Hoffnung und Liebe, bzw. Klugheit, Gerechtigkeit, Stärke, Maß. Oft begnügte man sich mit dem Bild einer Frau, im Interesse der Eindeutigkeit ergänzt um ein Schriftband: *CARITAS, TEMPERANTIA*, »Liebe, Mäßigkeit«[791]. Solche Allegorien schmücken den verstümmelten Tympanon der Kirche Saint-Pierre in Aulnay/Südwestfrankreich: Den Tugenden sind die entsprechenden Laster gegenübergestellt: Zorn/Geduld, Ausschweifung/

Keuschheit, Stolz/Demut, Geiz/Freigebigkeit, Götzendienst/Glaube, Zwietracht/Eintracht[792]. Der Zyklus veranschaulicht die – nicht nur unter Christen weitverbreitete – Neigung zur Polarisierung.

Eine Szene aus dem Alexanderroman, auch im Freiburger Münster zu entdecken, zeigt Alexander den Großen, der sich von Greifen in einem Korb in die Lüfte tragen läßt. Wie soll man das Bild deuten? Vielleicht allegorisch, als Warnung vor der Hybris: Dem Menschen sind Grenzen gewiesen, die er nicht mutwillig überschreiten darf; im Reich der Vögel und der Fische hat er nichts zu suchen. Könnten Wort und Bild nicht auch anders verstanden worden sein? Als Aufforderung zu einem Versuch, Lüfte und Tiefsee zu erkunden? zum Bau entsprechender Geräte? Man stellte Alexander auch als Tiefseeforscher in einer Art Unterseeboot dar[793]. Und Flugapparate gehörten zu den Projekten eines Leonardo da Vinci.

Häufiger als Romane haben wohl biblische Vorbilder Künstler inspiriert, die Bildwerke an mittelalterlichen Kathedralen geschaffen haben; zu den eindrucksvollsten Allegorien gehören die von Ecclesia und Synagoge oder Altem und Neuem Bund, entwickelt aus einem der Paulusbriefe (2 Kor 3, 14–18). In Straßburg sieht man sie am Südportal des Münsters als große, schlanke, vornehm gewandete Frauen; offen tragen sie gelocktes, fein frisiertes Haar. Sie unterscheiden sich in Haltung und Attributen: Die Ecclesia aufrecht, eine Krone auf dem Haupt, einen Kreuzstab in der rechten Hand, einen Kelch in der linken; aufmerksam blickt sie zur Synagoge. Diese steht mit geneigtem Kopf, eine Binde vor den Augen; in der rechten Hand hält sie einen mehrfach gebrochenen Stab, in der anderen ein Buch, das ihr zu entgleiten scheint. Sähe man nur eine Frau mit verbundenen Augen, könnte man an die Allegorie der *Iustitia* denken; die Gerechtigkeit soll ohne Ansehen der Person urteilen. – Weitere Attribute sowie die Stellung – beide Frauen einander zugeordnet, die Ecclesia zudem rechts von Christus, die Synagoge zu seiner Linken – und der Ort der Darstellung, eins der großen Portale, lassen keinen Zweifel daran, wer hier gemeint ist.

Die Synagoge ist ebenso sorgfältig gestaltet wie die Ecclesia; nichts erinnert an bösartige Karikaturen, die es von Juden und Judentum *auch* gegeben hat. Bedeutsamer vielleicht noch: Ecclesia und Synagoge lassen sich wie Personifikationen von Stolz und Demut deuten; für den Christen ist der Stolz das Laster schlechthin. Ein Meistersteinmetz, dem das Thema vorgegeben war, hat die Freiheit der Gestaltung, über die er verfügte, dazu genutzt, die oft herabgesetzte, geschmähte, verachtete Synagoge wie eine Verkörperung der Demut darzustellen, der höchsten Tugend.

Allegorien für die Klugheit des Glaubens und die Torheit derer, die nicht ans Jenseits denken, begegnen uns bereits im biblischen Gleichnis von den klugen und törichten Jungfrauen (Mt 25, 1–13). Die einen fanden Einlaß zur Hochzeitsfeier, die anderen sahen sich ausgesperrt. Gefallen an diesem Thema fand man vor allem im 13. und 14. Jahrhundert. Nicht von ungefähr begegnet es am Straßburger und am Freiburger Münster im Portalbereich. In Straßburg ist auch Jesus dargestellt, wie er mit einer Geste Hinzukommende einlädt, das Haus Gottes zu betreten.

Spiegel der Welterfahrung

Gleichnisse Jesu zeichnen sich dadurch aus, daß Erfahrungen auch der kleinen Leute zu Bildern für Gotteserfahrungen verdichtet werden. Christliche Künstler sahen sich dadurch berechtigt, in heiligen Bildern vom Alltag ihrer Zeit zu erzählen. Illustrationen zur Heilsgeschichte machen vielschichtige Aussagen zu Bereichen, die aus schriftlichen Quellen nur schwer zu gewinnen sind – erst recht, wenn man Bilder über längere Zeit und aus unterschiedlichen Räumen miteinander vergleicht.

So gut wie immer findet man dann eine Fülle von Einzelheiten aus dem Alltagsleben: Geschirr (lange sieht man als einziges Besteck Messer auf dem Eßtisch), Gesten und Körperhaltung, Handwerker und deren Werkzeug (etwa beim Bau der Arche und des Turms zu Babel), Kleidung (auch Arbeitskleidung, ferner modische Veränderungen, Frisur, Schmuck), Nahrung (Form, Größe des Brotes), Rüstung und Waffen (Wächter am Grab Jesu).

Sobald größere Bildbestände zuverlässig datiert sind, wenn man sagen kann, wo, wann und in wessen Auftrag sie entstanden sind, wird man besser als heute beurteilen können, welche Motive in Darstellungen als Topos, welche als Spiegel zeitgenössischer Wirklichkeit zu verstehen sind. Ein Beispiel aus dem Bereich der Seefahrt mag die Problematik verdeutlichen: Ein Schiff gehört zur Erzählung von Jesus, der den Sturm auf dem Meere besänftigt hatte, und zu vielen Legenden. Häufig sieht man die Planken des Bootes dachziegelartig übereinander genagelt, und gesteuert wird mit einem Ruder auf der rechten Seite. Darf man daraus schließen, daß zur Zeit der Entstehung solcher Bilder der Bootskörper noch auf diese Weise gebaut und das Schiff noch so gelenkt wurde? Oder war die Entwicklung längst weitergegangen, und das Steuer fand sich in der Längsachse des Schiffes?

Wieviel man einzelnen Werken der bildenden Künste entnehmen kann, sei an Kapitellen aus Vézelay und Autun sowie an Fenstern aus Freiburg erläutert. Das Kapitell mit der ›mystischen Mühle‹ in Vézelay erweist sich als mehrschichtig[794]. Man sieht zwei Männer, von denen der eine Körner in eine Mühle schüttet, der andere fängt das Mehl in einem Sack auf. Das Geschehen war vielen Menschen aus eigener Anschauung vertraut. Das Kapitell bringt Einzelheiten zur materiellen Kultur, die um so wertvoller sind, als der Künstler sie beiläufig in seine Darstellung aufgenommen hat: Tracht von Haupt- und Barthaaren, Kleidung (der Mann mit dem Sack geht barfuß), Haltung (beide gebückt), Gesichtsausdruck (hohe Konzentration), schließlich ein Hinweis darauf, daß diese Mühle nicht mehr von Tier- oder Menschen-, sondern von Wasserkraft angetrieben wurde; um 1120/30 – zu dieser Zeit könnte das Kapitell entstanden sein – war die Kraftübertragung mittels eines Zahnrades also schon bekannt; es ist unübersehbar, wenn auch im Hintergrund. Die Maschine nutzte die Energie des Wassers, so daß Menschen von harter Arbeit entlastet und besser ernährt werden konnten. Vielleicht sahen die Menschen vor langen Jahrhunderten in der Mühle an dieser Stelle – nicht fern vom Altar, an dem die Messe gefeiert wird – in erster Linie das Gerät, das man zur Bereitung des Mehls brauchte, aus dem man Hostien buk. »Die Mystische Mühle bedeutet nicht nur die Passion Christi und ihre heilsgeschichtliche Stellung, sondern auch ein Zeugnis dieses Leidens im seelischen Leben jedes Christen«. Das unbefangene Nebeneinander von Profanem (Zahnrad) und Heiligem ist eine Eigentümlichkeit des Christentums.

Das zeigt auch die Darstellung der Flucht nach Ägypten auf einem Kapitell in Autun[795]. Im Evangelium heißt es knapp: Ein Engel des Herrn gebot dem Josef im Traum: »Steh auf, nimm das Kind und seine Mutter und flieh nach Ägypten«; Josef stand gleich auf und floh noch in der Nacht (Mt 2, 13 f.). Mit der Dreiergruppe Josef, Maria, Kind hält der Künstler sich an diese Vorlage; das ›Was‹ der Darstellung war ihm aufgetragen, das ›Wie‹ – Komposition und Ausschmückung – konnte er frei gestalten: Im Zentrum sieht man Maria, im Damensitz auf einem Esel, mit dem Jesuskind auf dem Schoß; Josef führt das Tier am Seil. Die drei Personen sind vornehm gekleidet, das Zaumzeug des Esels sorgfältig gearbeitet. Auffällig ist die zielstrebige Haltung Josefs, der ein Schwert geschultert hat, um – wenn es nötig sein sollte – Frau und Kind mannhaft zu verteidigen. Zu der Zeit, da dieses Kapitell gearbeitet wurde, durften Bauern in vielen Landstrichen Europas keine Waffen tragen; für Handwerker in den aufblühenden Städten mochten andere Regeln gelten. Manches spricht dafür, daß die Rollen von Mann und Frau zur Zeit Jesu im Vorderen Orient anders verteilt waren; dort dürfte der Mann geritten und die Frau mit dem Neugeborenen zu Fuß nebenher gelaufen sein. Wenn hier die Frau den bequemen Platz einnimmt, dann könnte sich darin auch das gesellschaftliche Ansehen spiegeln, dessen sich die Frau um 1120 in Europa erfreute, wenigstens hier und dort.

Im Freiburger Münster erzählt das sogenannte Bäckerfenster (um 1320) die Legende der hl. Katharina[796]. Am Fuße des Fensters sind Backwaren zu sehen: eine schön geformte Brezel und ein in zwei Spitzen auslaufendes längliches Brot. Noch heute schätzen Groß und Klein solche Brezeln. Und in dem Brot darf man einen Vorläufer der französischen *baguette* sehen; ein dünnes Brot braucht nicht soviel Hitze und ist schneller durchgebacken. Fenster wie dieses darf man als ein Stück Öffentlichkeitsarbeit der Handwerker verstehen, die in der Bäckerzunft zusammengefaßt waren.

Am Fuße des Tulenhauptfensters (so nach dem Stifter benannt; im südlichen Seitenschiff des Freiburger Münsters) finden sich zwei Szenen (etwa 1340), die Einblick in den seinerzeitigen Bergbau geben[797]. Es ist alles andere als selbstverständlich, daß die Bergleute hier so dargestellt sind wie Heilige in anderen Fenstern. DIESELMVOT, geschrieben in großen Lettern, verweist auf eine der Gruben im Schauinsland, einem Berg etwa zwanzig Kilometer südlich von Freiburg. Die geringe Höhe des Stollens zwingt die Knappen, bei ihrer mühsamen Arbeit zu knien; eine Fackel sorgt für spärliches Licht und verbraucht Sauerstoff, der dann zum Atmen fehlt. Ein Knappe bricht mit Schlägel und Eisen silberhaltiges Gestein aus dem Berg; ein geflochtener Strohhelm schützt den Kopf beim Kriechen durch niedrige Stollen und gegen herunterfallendes Gestein; schon vor 700 Jahren kannte man zweckmäßigen Arbeitsschutz – unter Tage nicht anders als auf der Baustelle einer Kirche. Zwei andere Knappen, ebenfalls in gebückter Haltung, halten einen mit mineralhaltigem Gestein gefüllten Korb, der an einem Seil in die Tiefe hinabgelassen ist. Noch heute kennt man im Bergbau Förderkorb und Förderseil, auch wenn dieses nur eine Hanf›seele‹ hat, die mit Stahl- oder Kunststoffseilen ummantelt ist. Aus Gewinnen, die der Abbau von Silber (als Nebenprodukte Blei und Zinn) im südlichen Schwarzwald abwarf, haben die Freiburger den Bau ihres Münsters finanziert.

Solche Fenster, die auch auf Gefahren unter Tage verweisen, darf man gewiß als Zeichen der Dankbarkeit, der *memoria* und der Öffentlichkeitsarbeit verstehen. Die Bergleute, ohne deren Mühen das Münster kaum hätte gebaut werden können, sind namentlich nicht bekannt; doch im Bild sind sie im Münster ständig präsent, auch bei der Feier der Messe. Dem heutigen Kirchenbesucher fallen sie eher auf als Angehörige der Oberschicht, die Kelche

Autun, Kathedrale. Eva.

gestiftet haben, auf denen sie sich sich stolz mit Wappen, vielleicht zusätzlich mit ihrem Namen haben darstellen lassen[798].

Chronisten sahen wenig Anlaß, den Alltag vom Leben der Frauen festzuhalten. In Kirchen und Museen dagegen sind Tausende von Bildern überliefert, in denen Maria das Jesuskind trägt – viel öfter auf dem linken als auf dem rechten Arm (etwa im Verhältnis 6 : 1). Hier handelt es sich weder um Zufall, noch hat die Bevorzugung des linken Armes als ›Träger‹ etwas mit Rechtshändigkeit zu tun. In Kliniken beobachtete man, daß Mütter ihren Säugling vorzugsweise auf dem linken Arm halten. Das Kind ist dann ruhiger, weil es den Herzschlag der Mutter spürt – und der ist ihm schon lange vor der Geburt vertraut gewesen[799].

Der liebevoll ausgemalte Hintergrund der Verkündigungsszene kann Einzelheiten zum Leben eines bürgerlichen Haushalts bringen. Bilder zur Geburt geben Einblick in die Säuglingspflege, solche von der Hochzeit zu Kana und zum Tod Mariens in das Erlebnis von Fest und Trauer[800].

Worte vom Anfang der Bibel durften bildende Künstler als Erlaubnis, wenn nicht als Auftrag verstehen, das erste Menschenpaar so vollkommen wiederzugeben, wie das nur eben möglich war: »Gott schuf also den Menschen als sein Abbild; als Abbild Gottes schuf er ihn. Als Mann und Frau schuf er sie« (Gen 1, 27). Der Bildhauer, der die liegende unbekleidete Eva vom Nordportal der Kathedrale in Autun (um 1130) geschaffen hat[801], könnte sich auch an Forderungen orientiert haben, die Thomas von Aquin († 1270) später auf einen knappen Nenner bringen sollte: Schönheit setzt *perfectio, proportio* und *claritas* voraus, Vollkommenheit, wohlgestaltetes Maß und Deutlichkeit[802]. Die Eva in Autun spiegelt auch das Schönheitsideal der Zeit, zu dem ein großflächiges Gesicht mit weitgeöffneten Augen und langes, gelocktes Haar gehörten. Viele Bildhauer und Maler haben sich eine weitere Gelegenheit nicht entgehen lassen, Menschen unbekleidet, im Urzustand abzubilden – wenn es darum ging, die Auferweckung der Toten zum Jüngsten Gericht darzustellen[803].

Bildende Künstler verfügten bei der Darstellung des nackten Menschen offensichtlich über größere Freiheit als Dichter. Diese verwenden besondere Sorgfalt auf die Beschreibung des Kopfes: Das Haar blond und gelockt, die Stirn ebenmäßig und hoch, die Augen strahlend, die Nase gerade, die Wangen zartrosa, der Mund schmal und rot, die Zähne weiß, der Hals wie aus Elfenbein. Dann reden sie gleich von Händen und Füßen; was dazwischen liegt, wird allenfalls angedeutet und statt des Körpers ausführlich die Kleidung beschreiben; die Versicherung, die Person sei auch in moralischer Hinsicht vollkommen, mag das Bild abrunden[804].

Ganz anders der bildende Künstler; daß er gelegentlich auf subtile Weise das Schlußwort für sich in Anspruch nahm, mag die folgende Anekdote zeigen. Als Michelangelo die Sixtinische Kapelle ausmalte, seien eines Tages der Papst und dessen Gefolge zur Besichtigung erschienen. Um seine Meinung gefragt, habe der päpstliche Zeremonienmeister erklärt, es widerspreche aller Schicklichkeit, »an einem so heiligen Ort eine Menge nackter Gestalten zu malen, die aufs unanständigste ihre Blößen zeigten«; das sei kein Werk für eine päpstliche Kapelle, sondern für eine Kneipe oder eine Badestube; diese war nicht selten einem Bordell angegliedert. Die Beurteilung habe Michelangelo verdrossen; »um sich zu rächen, bildete er den Zeremonienmeister, sobald er fort war, nach dem Gedächtnis in der Höllengestalt des Minos ab, die Beine von einer großen Schlange umwunden, inmitten eines Gewimmels von Teufeln«. Der züchtige Zeremonienmeister habe vergeblich den Papst und Michelangelo angefleht, man möge sein Bild entfernen; »es blieb zur Erinnerung an diese Geschichte stehen, wie man es noch heute dort sieht«[805].

Wollust, Sünde, teuflische Wesen

Schönheit wurde als doppeldeutig erlebt, kann sie doch auch zur Sünde verführen, die schöne Schauseite des Häßlichen sein. Wiederholt wurden – in einem Bilderzyklus – die Hauptsünden dargestellt, darunter die *luxuria*, sexuelle Zügellosigkeit. So mag ein (bekleidetes) Paar, das sich küßt, zu deuten sein; man sieht es in der Sockelzone des mittleren Westportals in Amiens (Notre Dame, um 1220/30). In Saint-Etienne (Auxerre) reitet eine unbekleidete Frau auf einem Bock, der die unlautere sexuelle Begierde verkörpert (Konsole im südlichen Querschiff; frühes 14. Jh.). Am Straßburger Münster ist der Fürst der Welt den törichten Jungfrauen zugeordnet: ein schöner Mann, doch an seinem Rücken kriechen ekelhafte Tiere empor (südliches Westportal, linkes Gewände; um 1280). Auch der Rücken der ›Hure Babylon‹, der schönen ›Frau Welt‹, ist von ekligen Tieren zerfressen; die ›Venus von Freiburg‹ gehört zu der Dämonenwelt der Wasserspeier.

Vielfältig ist damit der Reiz des Verbotenen veranschaulicht[806]. Darüber hinaus wird ein weiter Bereich menschlichen Daseins in die unmittelbare Nähe des Heiligtums gebracht; Ordnung und Unordnung, Gnade und Sünde sind aufeinander bezogen. Schrift- und Bildkünstler hatten Freude daran, Dämonen und Teufel darzustellen; an deren Existenz war schon deshalb nicht zu zweifeln, weil Jesus unreine Geister ausgetrieben hatte (Mk 5, 8 ff.) und selber vom Teufel versucht worden war (Mt 4, 1–11). Dort ist nicht die Rede davon, daß der Versucher abstoßend ausgesehen hätte. Für die Künstler des Mittelalters ist er das Urbild des Häßlichen.

Teufel begegnen in zahlreichen mittelalterlichen Quellen; eine sei hier zitiert. Rudolf Glaber, ein Erzähler des 11. Jahrhunderts, schreibt: Eines Nachts, vor der Matutin, habe er gesehen, wie sich am Fußende seines Bettes »eine Art kleiner, gräßlich anzusehender Mann erhob«. Soweit er das beurteilen könne, ein Wesen von schmächtiger Gestalt, mit »dürrem Hals, magerem Gesicht, tiefschwarzen Augen, faltiger Stirn, schmalen Nasenflügeln, vorspringendem Mund mit dicken Lippen, fliehendem, schmalem Kinn, Bocksbart, spitzen, zottigen Ohren, struppigen, verfilzten Haaren, Hundezähnen, spitzem Schädel, aufgeblähter Brust, Buckel auf dem Rücken, schau-

Von der sexuellen Hörigkeit der Philosophen. Die Hetäre Phyllis reitet auf Aristoteles. Kupferstich des ›Hausbuchmeisters‹, um 1480.

derhaftem Hintern, schmutzigen Kleidern«[807]. Ähnliches wird man sich oft erzählt, abstoßende Züge des Scheusals genüßlich ausgemalt haben. Wurde die Vision dann zunächst von einem Schreibkundigen in Worten oder von einem Künstler im Bilde festgehalten?

Auf Teufel konnte man nicht verzichten bei der Darstellung des Weltgerichts. Sie waren leicht zu erkennen: Niedrige Stirn, wulstige Augenbrauen, große Ohren; die Proportionen stimmen nicht. Indirekt betonen solche Darstellungen das Ideal des schönen Menschen, den wohlgeformte Ohren, gepflegtes Haar, ein ebenmäßiger Körper auszeichnen[808]. Es ist allerdings unübersehbar, daß Künstler sich von der Darstellung des Bösen mehr haben faszinieren lassen als von der des Guten. Ähnlich wie in Dantes ›Göttlicher

Komödie‹, wirkt das Schicksal der Seligen (in Abrahams Schoß, in die heilige Stadt geleitet) manchmal geradezu langweilig; ganz anders die packende Dramatik, wenn es um das Schicksal der Verdammten geht, die in den Höllenrachen gezerrt werden.

Die geradezu lustvolle Schilderung immer schlimmerer Qualen ist nur die eine Seite, Gesellschaftskritik die andere. Denn Darstellungen des Jüngsten Gerichts kommt auch eine gewisse Ventilfunktion zu: Papst, Bischof und Abt, als Typen erkennbar an Tiara, Mitra und Stab, werden mit der gleichen Waage geprüft wie Menschen niedriger Ränge. Auch auftraggebende Kirchenfürsten mußten sich darin fügen, daß eine als selbstverständlich geltende Überzeugung bildhaft dargestellt wurde, vorzugsweise im Tympanon über Kirchenportalen: Vor Gott gibt es kein Ansehen der Person.

So spiegeln sich in wechselnden Bildmotiven auch Wandlungen in christlicher Welterfahrung. Das Weltgericht erhält lange Zeit, vom achten bis zum fünfzehnten Jahrhundert, einen allen sichtbaren Platz an der Westseite von Kirchen. Dem Betrachter werden die Ereignisse des Jüngsten Gerichts vor Augen geführt[809]. Die Trennung von Diesseits und Jenseits, von Zeit und Ewigkeit wird aufgehoben; mit Furcht und Hoffnung denkt man daran, daß sich einmal endgültig entscheiden wird, wer in den Kreis der Seligen aufgenommen und wer in die Hölle verstoßen wird (Mt 25, 34. 41).

Heidnische Philosophen

Seit dem 12. Jahrhundert sind Kathedralen auch mit Bildern vorchristlicher Geistesgrößen geschmückt. Ob man am Königsportal in Chartres (1145/55) eine bestimmte, schreibend gezeigte Figur nun als Aristoteles oder Pythagoras deutet, kann auf sich beruhen[810]; vielleicht wollte man ›nur‹ den Weisen, den Gebildeten, den Schreibkundigen darstellen. Auftraggebern und Künstlern wurde bewußt, daß die Christen nicht nur in der Schuld von Propheten, Psalmisten und Evangelisten standen, um diese stellvertretend für die Heiligen Schriften zu nennen, sondern daß sie sehr viel auch ›den Alten‹ verdankten, Autoren aus vorchristlicher Zeit. Plato, Aristoteles (nicht *ein*, sondern *der* Philosoph), Cicero, Seneca sowie Boethius, ein Denker der heidnisch-christlichen Zeitenwende, halfen Theologen, tiefer in die heiligen Schriften einzudringen[811].

Demut und Kühnheit soll Bernhard von Chartres, der 1119–1126 die Domschule von Chartres leitete, in einem gern zitierten Wort folgender-

Teufel zerren die Verdammten an Ketten zur ewigen Höllenpein, im Vordergrund Dirne und Spieler (Jüngstes Gericht. Detail aus einem Tafelbild, Regensburg um 1480).

maßen zusammengefaßt haben: »Wir seien wie Zwerge, die auf den Schultern von Riesen sitzen, so daß wir mehr als sie und Entfernteres sehen können, nicht gerade aufgrund der Schärfe des eigenes Blicks oder der Größe des Körpers, sondern weil wir emporgehoben werden durch die Größe der Riesen«[812]. Wie soll man Darstellungen am Bamberger Dom aus der Zeit um 1235 deuten? Im Gewände des Fürstenportals stehen Apostel auf den Schultern von Propheten; sind die Propheten untergeordnet, oder tragen sie vielmehr den Neuen Bund?

Wider herrschsüchtige Weiber und machtgierige Päpste

Im ausgehenden Mittelalter und in der frühen Neuzeit stellte man gern Rettungsszenen dar: Noah, Sintflut und Arche; Jona und den Wal; Daniel in der Löwengrube; die Jünglinge im Feuerofen. Gleichzeitig verstärkte sich das Interesse an Frauen, die Männer beschämen. Nach üblichem Rollenverständnis wäre es Sache von Kriegern, ihr Volk vor Fremdherrschaft zu bewahren. Nun stellte man gern die Hauptszene aus dem biblischen Buch Judith dar: Judith schlägt Holofernes den Kopf ab. Anteil nahm man auch an Frauen, die einem Mann verhängnisvoll geworden waren: Delila schneidet Samson die Haare ab und schwächt ihn (Ri 16, 19f.); Salome verlangt die Hinrichtung Johannes' des Täufers (Mt 14, 8); und – aus der antiken Fabelwelt – Phyllis reitet auf Aristoteles, der auf Händen und Füßen geht. Damit konnten Themen für die Predigt gegeben sein: ›Weibermacht‹ und ›Weiberlist‹, mit dem Blick auf Judith vielleicht die ›Moral‹, in verzweifelter Lage die Hoffnung nicht aufzugeben. Solche Themen wurden wohl auch verstanden als Kritik an der gesellschaftlichen Stellung von Frauen.

Illustrationen zu biblischen Themen ließen sich auch sonst als Kritik an sozialen Verhältnissen verstehen. Am Nordostportal des Freiburger Münsters folgen einander die Vertreibung aus dem Paradies und das erste Menschenpaar bei der Arbeit (Mitte des 14. Jh.): Adam lockert den Boden mit einer Hacke, wie man sie noch heute gebraucht; Eva stillt ein Kind und spinnt dabei Wolle mit einer einfachen Spindel[813]. Wer die Figuren betrachtete, mochte an nichts Böses denken; in unruhigen Zeiten konnte ihm aber ein Sprichwort in den Sinn kommen, das der englische Prediger John Ball 1381 geprägt hatte und das rasch durch Europa gelaufen war: *When Adam delved and Eve span / Who was then a gentleman?*[814], »Als Adam grub und Eva spann, wer war da ein Edelmann?« Es klingt wie ein Vorbeben von Bauernunruhen in England (15. Jh.) und des Bauernkrieges in Südwest- und Mitteldeutschland (1524/25); die Freiburger Obrigkeit sah sich seinerzeit gezwungen, den Bauern die Stadttore zu öffnen.

Kritik konnte sich sogar auf die Kirche als Institution beziehen, wie ein anderes Beispiel zeigt. Von 1512 bis 1516 malte Hans Baldung, genannt Grien, den Hochaltar für das Freiburger Münster. Im Mittelpunkt steht die Krönung Mariens zur Himmelskönigin. Auf den Seitenteilen sind die Apostel abgebildet. Und hier fällt Petrus auf: Nicht genug damit, daß er – von Gott aus gesehen – auf der linken Seite steht, fehlt ihm als einzigem Apostel über dem Haupt die Flamme, die den Heiligen Geist symbolisiert[815]. Zufall? Oder Kritik am Papsttum? Von Straßburg aus hat Hans Baldung wenige Jahre später seine Kunst in den Dienst der Reformatoren gestellt.

Zu Zeiten innerchristlichen Streites wurden gefährdete Glaubenswahrheiten gern kämpferisch betont und entsprechend bildlich hervorgehoben; das konnte die Dreifaltigkeit sein, die menschliche Natur Jesu, Maria als Gottesmutter[816]. Die Adressaten verstanden solche Botschaften; gewannen sie die Macht, und sei es nur vorübergehend, verstümmelten sie meist die entsprechenden Bilder.

III. TECHNIK UND HANDWERKSKUNST

Was für die Ausschmückung von Kathedralen irgend notwendig war, förderte das Handwerk. Man entdeckte Neues, schulte Fähigkeiten und trug zur Verbesserung technischer Abläufe bei.

Handwerkern und Künstlern standen viele Materialien zur Verfügung[817]. Jeder Werkstoff erforderte eigene Fachkräfte und Techniken: Blasen, Brennen, Gießen, Hämmern, Modellieren, Schleifen, Schmieden, Schnitzen, Spinnen, Sticken, Weben … Als besonders eindrucksvolle Beispiele seien Glasmalerei und Mosaikkunst behandelt.

Glasmalerei

Bis heute faszinieren uns Werke der Glasmalerei. Die Technik der Glasherstellung war seit der Antike bekannt; *vitrearios*, Männer, die sich auf die Kunst des Glasmachens verstanden, kannte man auch im Frühmittelalter[818].

Doch bis in die Neuzeit konnte man nur relativ kleine Scheiben herstellen. Nach Form und Größe erinnern ›Butzen‹ an dieses Stadium des Glasgewerbes. Etwa seit der Jahrtausendwende machte man aus der Not eine Tugend; mit Hilfe von Bleiruten, die untereinander verlötet wurden, fügte man Scheiben und Zwickel zu großen Fenstern zusammen.

Was hier in einem Satz gesagt ist, stellt sich bei näherer Betrachtung als ein höchst differenzierter Prozeß heraus[819]. Die wichtigsten Arbeitsgänge sind Herstellung von Glas, Zeichnung eines Vorentwurfs (Karton), Zuschneiden der Gläser, Bemalung mit Schwarz- und Silberlot, Brand, mosaikartige Zusammensetzung, Verbleiung und Einsetzen. Eisen sorgen dafür, daß die Fenster der Windlast gewachsen sind. Es mußten also zusammenwirken Glasbläser, -maler und -schneider, Schmiede und Klempner, Ofenbauer und Bleigießer. Man brauchte besondere Öfen (zum Schmelzen des Glases, zum Aufbrennen der Farben), hitze- und lichtbeständige Farben, und eigenes Werkzeug: Glasmacherpfeife, Scheren, Zangen, Messer, Glasschneider (einschließlich Diamanten), Lötkolben, Lötzinn, Pinsel, Spachtel usw.

Beimengungen bewirkten, daß Glas lange Zeit getönt war. Es drangen also nicht helle Sonnenstrahlen in die Kirche ein, sondern gedämpftes, weiches Licht. An dieses hatte man sich offensichtlich so sehr gewöhnt, daß man es auch dann noch vorzog, als man farbloses Glas herstellen konnte. Man hat wohl nur kurze Zeit – im 17. und 18. Jahrhundert – (fast) ungefiltertes Sonnenlicht bevorzugt; durch Gestaltung der Fensteröffnungen sowie die Anordnung von Pfeilern und Säulen sorgte man auch dann oft dafür, daß es indirekt in die Kirche fiel.

Die Kunst der Glasfärberei und -malerei erreichte in der Gotik ihren Höhepunkt. Schöne Glasmalereien finden sich in Augsburg, Bourges, Canterbury, Chartres, Freiburg, Köln, Marburg, Straßburg und Wien. Eigentlich handelt es sich eher um Mosaiken, zusammengesetzt aus vielen, unterschiedlich gefärbten kleinen Scheiben, auf die man höchstens mit Schwarzlot Konturen gezeichnet hat. Es entstanden daraus Fenster von beträchtlicher Größe; in der Chorhalle des Aachener Marienmünster erreichen sie eine Höhe von 27 Metern – und eine Gesamtfläche von mehr als 1000 Quadratmetern[820]. Erst seit der frühen Neuzeit bemalte man auch große Scheiben mit schmelzbaren Farben.

Oft sind die Fenster so gegliedert, daß keins dem anderen gleicht. Dazu bediente man sich einfacher geometrischer Formen: Kreis und Kreissegment, Raute und Quadrat, liegendes und stehendes Rechteck, Vierpaß. Im Dienst der Darstellung nützten Künstler virtuos Positionierung (Verhältnis von Mittel- zu Randfeld), Größenordnung (Verhältnis von großen und kleinen Feldern), Gestaltbeziehungen (Verhältnis von vollkommenen und unvollkommenen, von überlagernden und überlagerten Formen), Zahlenverhältnisse (Verhältnis von dem einen zu den vielen Feldern, die das eine ›aufwiegen‹)[821].

Trotz ultravioletter Strahlung haben mittelalterliche Glasmalereien ihre kräftigen Farben bewahrt; auffällig sind vor allem Rot und Blau. Mit chemischen und physikalischen Verfahren kann man solche Scheiben analysieren und nachahmen. Aber werden sich heute hergestellte Scheiben in den kommenden Jahrhunderten als ebenso farb- und lichtecht erweisen wie die strahlend leuchtenden Farbgläser des 13. und 14. Jahrhunderts? Es sei ein Vergleich mit der Kochkunst erlaubt: Stellt man einem Meisterkoch und einem Amateur dieselben Zutaten zur Verfügung, so wird jener die Gäste mit seiner Bratensauce überzeugen, dieser vielleicht ein höfliches Kompliment ernten.

Farbige Glasfenster wurden oft erst nach Abschluß der Arbeiten am Rohbau fertig. Dann stellte sich die Frage, ob man das Gerüst stehenlassen sollte (und das konnte sehr lange dauern), oder ob man die Fenster nicht eher von einem kleineren Hilfsgerüst aus einsetzen sollte, das von Fenster zu Fenster auf- und abgebaut wurde. Daß es sich hier nicht um Nebensächlichkeiten handelt, zeigt sich am romanischen Dom von Speyer; einschließlich der Turmöffnungen hat er etwa 450 Fenster[822].

Mosaiken

Im Mittelmeerraum gab es von der Antike bis in die Neuzeit eine nahezu ungebrochene Kontinuität der Kunst, mit Mosaiken einen Raum auszuschmücken[823]. Solange die römische Reichskultur lebendig war, wußte man auch in fernen Provinzen die kleinen Kuben zu setzen. Wegen ihrer goldstrahlenden Mosaiken führte die Märtyrerkirche St. Gereon in Köln den Beinamen *ad sanctos aureos*, »zu den goldenen Heiligen«. Mosaizisten aus Italien oder dem Byzantinischen Reich dürften im 8./9. Jahrhundert auch nördlich der Alpen gearbeitet haben; Reste von Mosaiken in Germigny/Loire vermitteln eine Vorstellung davon, wie auch andernorts Kirchen ausgesehen haben könnten[824]; aus dem 12./13. Jahrhundert sei das Plattenmosaik mit einer Darstellung des Kosmos aus der Pfarrkirche St. Pankratius in Oberpleis hervorgehoben[825].

Man achtete darauf, daß die Oberfläche der einzeln in den Kalkmörtel gesetzten Kuben nicht gleichförmig in die Bildebene zu liegen kam, sondern unterschiedlich geneigt; so entsteht eine eigentümliche Wirkung: Wechselt man nur etwas den Blickpunkt oder ändert sich die Beleuchtung, reflektieren immer wieder andere Steinchen das Licht, und das Bild fängt an zu leben.

Wenn die musivische Kunst nördlich der Alpen später weniger gepflegt wurde, dann wohl auch der Kosten wegen. Aus der Ferne mußte man die Fachleute und einen Großteil des Materials kommen lassen; mit welchen Mengen zu rechnen war, mag der Dom von Monreale/Sizilien zeigen. Bei einer Länge von 102 Metern hat er 6.300 Quadratmeter Mosaiken[826]. Geht man davon aus, daß die Tesseren – (lat. *tessera*, Würfel) aus Stein, Marmor, farbigem Glasfluß und Perlmutt – durchschnittlich ein Quadratzentimeter decken (oft dürfte es weniger sein), dann braucht man pro Quadratmeter 10.000 solcher Bildteile, für 6.300 Quadratmeter also 63 Millionen Steine unterschiedlicher Form, Größe und Farbe! Eine weitere Einzelheit: Die Mosaiken in Santa Maria Maggiore in Rom weisen etwa 18.000 unterschiedliche Farbtöne auf[827].

Einfacher, schneller, kostengünstiger, dabei korrekturfähig war die Freskomalerei (ital. *al fresco*, auf frischen Putz). Dazu schreibt ein mittelalterlicher Praktiker: Wenn man Menschen oder andere Gegenstände auf einer trockenen Wand entwerfe, müsse man diese zunächst mit Wasser besprengen, bis sie ganz feucht sei. In diesem Zustand, so heißt es weiter, gelingen alle Farbschichten, die man brauche; »alle Farben müssen mit Kalk vermischt werden und auf der Mauer selbst trocknen, damit sie sich mit ihr verbinden«[828]. Farbig ausgemalt bzw. bemalt wurden Wände, Gewölbe und sogar Kapitelle[829].

NEUNTER TEIL

Die Kirche als sakraler Raum

I. DIE ZEREMONIE DER WEIHE

Tausende von Kirchen sind im Laufe der Zeit ihrer Bestimmung übergeben worden; lateinische Quellen sprechen wie bei der Weihe von Bischof oder Jungfrauen von *consecratio,* Zuordnung zum heiligen Bereich (lat.: *cum sacro*), oder von *dedicatio,* »Zusprechung« wie *benedictio* abgeleitet von lateinisch *dicere,* sagen, sprechen.

Noch im Mittelalter dürften viele Kirchen ohne jedes Gepränge eingeweiht worden sein; mit der erstmaligen Feier der Liturgie galten die unreinen Geister als vertrieben und der Altar als geweiht, in Dienst gestellt, endgültig dem profanen Bereich entzogen. War das Gebäude mit geweihtem Wasser besprengt, sollte alles Böse abgewaschen sein. Zu Beginn des Sonntagsgottesdienstes werden noch heute mancherorts die Gemeinde und das Innere der Kirche auf diese Weise gesegnet in Erinnerung an Taufe und Kirchweihe; in katholischen Kirchen steht den Gläubigen am Eingang das Weihwasserbecken bereit.

Manche Kirche wurde nach und nach, dem Fortgang der Arbeiten entsprechend in Dienst genommen[830]. War ein Teil des Baues fertiggestellt, oft war das zunächst der Chor, errichtete man eine leichte Trennwand zwischen der Baustelle mit ihrem Lärm und Staub, und dem Raum, in dem die Gemeinde sich schon zum Gottesdienst versammelte. Dann schritt man zur Weihe dieses Teiles. Die Schlußweihe, mit der das gesamte Bauwerk seiner Bestimmung übergeben wurde, läßt sich als Höhepunkt einer Abfolge heiliger Handlungen verstehen, die mit der Segnung des Bauplatzes begonnen hatten.

Normalerweise weihte der zuständige Bischof Kirchen und Altäre in seinem Sprengel. Noch besser natürlich, der Papst war zur Stelle und konnte diesen Dienst tun. So hat Leo IX. auf Reisen durch Italien, Frankreich und Deutschland in den Jahren 1049–1053 die Kirchenreform mittels Regionalsynoden gefördert; unterwegs hat er zahlreiche Kirchen geweiht, u.a. im Jahre 1049 die von Ottmarsheim im Elsaß, seiner Heimat[831].

Kirchweihe als politisches Ereignis

Die Weihe der Kathedralen des Mittelalters war meist von langer Hand angekündigt und vorbereitet; heute würde man von einem Staatsakt sprechen. Oft fanden sich die Spitzen des Reiches ein, d. h. geistliche und weltliche Machthaber, allen voran der König[832]. Zwei Quellen aus dem 10. Jahrhundert geben Einblick in den Ablauf eines solchen Festes. Zweimal berichtet Thietmar, dessen Chronik schon mehrfach für dieses Buch herangezogen worden ist, von den weltlichen Aspekten einer Kirchweihe; die gottesdienstliche Feier soll nach dem ebenfalls bereits vorgestellten Pontifikale geschildert werden.

Mittelalterliche Dokumente erwähnen Kirchweihen oft nur beiläufig; Thietmar ist geradezu gesprächig. Viele Elemente der Weihe aber übergeht er. Manches von dem, was uns heute interessieren würde, gehörte zum Alltag des Bischofs und blieb daher von Thietmar, der ja selber Bischof war, ausgespart: Welche Rolle spielten die weltlichen Großen? Wie wurde das Volk einbezogen? Welche Lieder wurden gesungen? Wie wurden die Zusammengeströmten bewirtet und untergebracht? Thietmar hätte darauf antworten können, hatte er doch als Bischof an der Feier mitgewirkt. Aber fehlen nicht auch in heutigen Memoiren solche Äußerlichkeiten? Man erfährt meist nur, wie bedeutende Persönlichkeiten ein Ereignis gestaltet haben.

Am 16. Oktober 992 weihte Hildeward von Halberstadt seine Kathedrale. Thietmar hält fest, daß er diesem Bischof eng verbunden war, hatte der ihn doch getauft und gefirmt. Nach Thietmars Bericht waren anwesend König Otto III. und dessen Großmutter, die Kaiserin Adelheid, ferner die Äbtissin Mathilde von Quedlinburg, eine Tante Ottos III., zeitweise Reichsverweserin, die Erzbischöfe Willigis, Giseler und Liawizo mit 16 Amtsbrüdern. Die Weihe wurde am Fest des hl. Gallus gefeiert, in dessen Kloster der Hauptkonsekrator erzogen worden war; deshalb hatte er von langer Hand danach gestrebt, daß sein Wunsch sich an diesem Tag erfülle; die Domweihe fiel in das 24. Jahr seines Pontifikates. Hildeward sah sich in allem getreulich von seinem Kaplan Hildo unterstützt, der – wie Thietmar berichtet – seine Anordnungen mit großer Klugheit getroffen habe. Alle Großen Sachsens seien seinerzeit zusammengekommen, und man habe sie liebevoll bewirtet (*cari-*

tative suscipiuntur). Nach der Versicherung glaubwürdiger Männer habe man weder vorher noch später jemals Ähnliches gesehen, solche Vollkommenheit beim Lob Gottes und Harmonie in weltlichen Geschäften[833].

Hildeward war vergönnt, was wenige erlebt haben. Er hat, wie Thietmar erzählt, das Haus des Herrn von Grund auf gebaut und bis zur Salbung fertiggestellt (*templum Domini … a fundamento … ad unguem*). Indirekt werden wir so darauf hingewiesen, daß um die Jahrtausendwende den meisten Menschen eine nur kurze Lebensspanne vergönnt war; nur wenige erlebten nach jahrzehntelangem Wirken einen solchen krönenden Abschluß wie Hildeward. Im Jahre 965 war der Halberstädter Dom eingestürzt; drei Jahre später hatte Hildeward das Bistum übernommen und den Neubau zu seiner Sache gemacht. Dank eines fast dreißigjährigen Pontifikates (Hildeward starb 996) hat er die Weihe erlebt.

In dem Maße, wie der Bau seiner Vollendung entgegenging, konnte der Bauherr den Termin der Weihe planen und mit den Gästen abstimmen, auf deren Anwesenheit er Wert legte. Wie andere Christen, wußte Hildeward sich einem der Heiligen besonders verbunden. Es lag nahe, an dessen Fest die Weihe vorzunehmen; man wird bedacht haben, daß Mitte Oktober noch mit trockenem, warmem Wetter zu rechnen ist, was die Beköstigung und Unterbringung der von Nah und Fern Gekommenen erleichtert. Hildeward hatte in seinem Kaplan offensichtlich einen fähigen Mitarbeiter, der ihm Alltagsgeschäfte abnahm; die Aufsicht über die Bauarbeiten und die Regelung delikater protokollarischer Fragen könnten zu den Aufgaben Hildos gehört haben.

Als vornehmste Gäste erwähnt Thietmar zuerst drei Mitglieder der Königsfamilie. Seit Otto III. (998–1002) wurden mehr und mehr Kirchen in Gegenwart des Königs geweiht, so daß dieses Fest den Charakter eines herrscherlichen Gottesdienstes annahm. Als nächste folgen auf der Liste der Gäste – vielleicht in bewußter Symmetrie – drei Erzbischöfe. Hohe kirchliche Würdenträger erscheinen hier also, gewiß kein Zufall, an zweiter Stelle; vom Investiturstreit ist man noch weit entfernt. Die Feier klang ohne Mißton aus; der Friede war befestigt. Gelegentlich nutzte der Herrscher ein solches Fest, um Begnadigungen auszusprechen.

Bei seiner zweiten Schilderung deutet Thietmar an, daß es klugen Rates bedurfte, um aufgebrochene Animositäten zu entschärfen[834]. Am 6. Mai 1012, dem Geburtstag Heinrichs II., versammelten sich der König und viele Große zur Weihe des Domes in Bamberg. Konsekratoren »dieser Braut Christi« (*sponsa haec Christi*) waren der Patriarch Johannes von Aquileja und mehr als dreißig weitere Bischöfe; »unter ihnen war auch ich Sünder«, schreibt Thietmar. Er habe die Kirche in allem so geschmückt gefunden, »wie es dem höchsten König gebührt«. Man nutzte die Anwesenheit der vielen Würdenträger aus Reich und Kirche, um eine Synode anzuschließen. Dabei fiel manches harte Wort; zum Glück konnten Streitfälle gütlich beigelegt werden.

Zu diesem Bericht einige Ergänzungen: Es spricht für das Selbstbewußtsein Heinrichs II., daß er die von ihm gegründete, ausgestattete und gebaute Kirche an seinem 40. Geburtstag weihen ließ. Außergewöhnlich ist schon, daß man seinen Geburtstag überhaupt kannte, noch bemerkenswerter, daß er für den Weihetag keines der großen Kirchen- oder Heiligenfeste gewählt hat. Freilich, die Kirchweihe galt ja als *dies natalis ecclesiae*, als »Geburtstag der Kirche«, dessen Wiederkehr Gemeinden vielerorts fröhlich feierten. Warum sollte man den Geburtstag des von Gott gekrönten Herrschers nicht zusammen mit dem Tag der Geburt der Kirche, die dieser gestiftet hatte, festlich begehen?

Hauptkonsekrator der Bamberger Bischofskirche war der Patriarch von Aquileja. Bamberg war als Bistum exemt, das heißt aus den umliegenden Kirchenprovinzen herausgelöst und unmittelbar dem Papst unterstellt. Hätte man den Erzbischof von Mainz oder Magdeburg um den Weihedienst gebeten, wäre ein Präzedenzfall gegeben gewesen, den man vermeiden wollte. Der Patriarch des fernen Aquileja genoß zwar gewisse Ehrenrechte, doch werden er und seine Nachfolger kaum auf den Gedanken gekommen sein, aus dieser einen Weihe weitere Rechte an der Bamberger Kirche abzuleiten.

Zusätzliche Konsekratoren brauchte man, weil mehrere Altäre geweiht werden mußten. Wäre nur ein Bischof tätig geworden, hätte die Feier sich unzumutbar in die Länge gezogen; der *ordo* aus dem 10. Jahrhundert schreibt immerhin 150 Handlungen und Gebete vor. Auch bei der Zuweisung der Altäre gab es protokollarische Fallstricke. Die konsekrierenden Bischöfe erfuhren, wie sie eingeschätzt wurden[835]. Feine Abstufungen blieben dem Kenner nicht verborgen: Wo stand der Altar in der Kirche und dessen Schutzpatron im Himmel? Der Hierarchie in Kirche und Welt entsprach nach allgemeiner Überzeugung die unter Engeln und Heiligen. So schrieb man dem *Erz*engel Michael und dem *Erz*märtyrer Stephanus größeren Einfluß bei Gott zu als ›einfachen‹ Engeln oder Blutzeugen. Die während der Feier zu Ehren des Herrschers gesungenen *laudes* riefen solche Unterschiede in Erinnerung.

Im Anschluß an das Pontifikale aus dem 10. Jahrhundert soll im folgenden die Abfolge der kirchlichen Feier im einzelnen geschildert werden. Zu diesem *ordo* gehören, wie es bei Ritualien nicht ungewöhnlich ist, jahrhundertealte, zum Teil nicht mehr ganz verstandene Traditionen; noch in der Neuzeit vollzog man die gleichen Riten nur wenig modifiziert[836].

Am Vortag der Kirchweihe werden die Reliquien, deren Schutz Kirche und Altar bzw. Altäre anvertraut werden sollen, in feierlicher Prozession in die Nähe der neuen Kirche übertragen. Steht keine Kapelle zur Verfügung, birgt man die kostbaren Gebeine in einem Zelt, das unter Gebeten die Nacht über bewacht wird[837]. Am folgenden Morgen betritt zunächst ein Diakon allein den Neubau und zündet hier ringsum zwölf Lichter an. Der *ordo* kommentiert viele der Riten; für diese Handlung verweist er auf ein Jesuswort, das er auf die zwölf Apostel bezieht; Jesus habe diese als »Licht der Welt« bezeichnet (Mt 5, 14). Begleitet von zwei oder drei Geistlichen, betritt dann der Bischof das Gebäude mit dem Segenswunsch, den er im Laufe der Feier mehrfach wiederholt: »Friede diesem Hause«. In den anschließenden Gebeten wird immer wieder deutlich, daß nicht der Bischof es ist, der reinigt, segnet, weiht, sondern daß er Gott um seinen Segen bittet für die Gemeinde, den Bau als Ganzes und dessen Teile.

Es folgt eine Handlung, die nach Auskunft des Pontifikale bereits im 10. Jahrhundert von einigen als *puerilis ludus* und *vile*, als »kindisches Spiel« und »wertlos« abgetan wurde. Der Bischof zeichnet mit seinem Stab zweimal das Alphabet diagonal in Asche, die auf den Fußboden der Kirche gestreut ist. Er fängt dabei im Winkel links vom Eingang mit dem griechischen Alphabet an, dann folgt, vom Winkel rechts des Eingangs aus, das lateinische Alphabet. Die Bahnen schneiden sich zwischen den Buchstaben M und N. Als Ganzes ergibt sich der griechische Buchstabe X, Anfangsbuchstabe von *christos*. Der Kommentator des *ordo* versucht, den Ritus zu erklären; von großen und geistreichen Männern in der Nachfolge der Apostel eingeführt, verweise der Brauch auf die schriftlichen Grundlagen der heiligen Lehre. Man spürt, daß diese Deutung den unbekannten Autor nicht befriedigt[838].

Der Bischof weiht dann Wasser sowie Salz und Asche; Asche galt als Zeichen der Vergänglichkeit und der Buße, Salz als Zeichen der Haltbarkeit. Salz und Asche werden dem Wasser zugesetzt. Mit diesem Wasser besprengt der Bischof zuerst siebenmal den Altar und fleht damit die sieben Gaben des Heiligen Geistes (nach Jes 11, 2 f.) auf Altar und Haus herab, dann das Innere der Kirchenwände sowie in Kreuzesform die Bodenfläche. Mit dieser Segnung – so die Deutung – gebe der Bischof zu verstehen, daß er für die ganze Kirche zu sorgen habe, für beide Geschlechter, jedes Alter und jede Würde.

Im Laufe der weiteren Weihehandlungen kommt dem Altar besondere Bedeutung zu[839]: Wiederholt inzensiert der Bischof den Altar mit Rauch von duftendem Harz. Bevor er die ganze *mensa* (Altartafel) mit eigens zu diesem Zweck geweihtem Öl (Chrisam) salbt, zeichnet er damit ein großes Kreuz in die Mitte und vier weitere Kreuze an die Ecken (*cornua*, ›Hörner‹). Hiermit, so die vorgeschlagene Deutung, werde an Jerusalem, die Mitte der Welt erinnert (Ez 5, 5). Dort sei das Fundament der Kirche gelegt worden, von da aus habe Jesus die Jünger in die vier Himmelsrichtungen entsandt.

Mit Chrisam zeichnet der Bischof nun an zwölf Stellen der Kirchenwand ein Kreuz. Dann verläßt er wieder die Kirche und zieht mit den anwesenden Klerikern zu dem Zelt, in dem die Reliquien geborgen sind. In einer Litanei rufen die Beter Gott um Erbarmen und Christus als Retter der Welt um Erhörung und Hilfe an. Dann werden die Gottesmutter, Erzengel und Engel, Apostel und Evangelisten, Märtyrer und Bekenner, heilige Jungfrauen und Witwen, schließlich alle Heiligen gebeten, Fürbitte zu leisten. Vierundfünfzig Personen werden angerufen, unter ihnen drei Erzengel, als erste Heilige Maria, dann aber unter den vielen Männern nur noch zwölf heilige Frauen. Zu der Zeit, da man den *ordo* zusammenstellte, betrug der Anteil der Frauen unter denen, die zur Ehre der Altäre erhoben waren, nur etwa ein Sechstel[840].

Der zweite Teil der Litanei nennt konkrete Bitten; Gott möge sein Volk von Teufel, Zorn, Ungerechtigkeit und anderen Übeln befreien und ihm gnädig Güter verleihen; deren Liste ist länger und noch konkreter: Frieden, Gesundheit, günstige Witterung, gute Ernte, Zeit zur Buße, Vergebung der Sünden. Bei einer dieser Bitten wendet der Bischof sich der neuen Kirche zu: »Daß du dieses Haus, das zu Ehren deines Namens gebaut ist, dir unserem Gott als königliche Halle heiligen mögest. – Wir bitten dich, erhöre uns«.

Der Bischof nimmt nun die Reliquien auf und läßt sie in feierlicher Prozession um die Kirche tragen, das Vortragekreuz voran; es folgen Kleriker mit Lichtern und Weihrauch, dann Mönche und Monialen, Würdenträger, Männer, zum Schluß Frauen und Kinder. Jetzt besprengt der Bischof die Kirchenwände auch von außen mit Weihwasser. Vor dem Kirchenportal kommt es zu einem knappen Wortwechsel, wie in Psalm 24. Der Bischof pocht mit seinem Stab auf die Schwelle und fordert: »Hebt euch ihr Tore, und der König des Ruhmes wird einziehen!« Aus dem Innern fragt eine Stimme: »Wer ist jener König des Ruhmes?« Darauf der Bischof: »Der starke Herr, der im Kampf mächtige Herr!« Der Bischof umschreitet noch zweimal die Kirche, segnend und betend; die Prozession wird jedesmal mit dem Dialog vor dem Portal abgeschlossen. Beim dritten Mal geht es gebieterisch zu: »Hebt die Pforten! – Wer ist jener? – Der Herr der Mächte selbst ist es. Öffne!« Sogleich öffnet sich die Tür.

Warum besprengt der Bischof siebenmal den Altar mit Weihwasser, aber nur dreimal die Kirche von außen? Solche Fragen müssen gestellt worden sein, denn Jacobus de Voragine – Erzbischof von Genua, der sicher manche Kirche geweiht hat – geht in seiner berühmten Legendensammlung darauf ein. Er weiß keine schlüssige Antwort, bietet nur mehrere unverbindliche Deutungen an, die er durch »oder« aneinanderreiht[841]; seine Leser mögen selber die Auswahl treffen.

Der nächste Ritus scheint im *ordo* nicht eindeutig festgelegt zu sein. Es mag vorgekommen sein, daß der Bischof mit wenigen Begleitern die Kirche betreten hat und die Tür dann wieder verschlossen wurde; wahrscheinlicher ist, daß das Portal nun weit geöffnet wurde und die Gläubigen, die sich lange in Geduld geübt hatten, Einlaß fanden. Zumal bei ungünstiger Witterung war es nicht gut, das Volk draußen länger warten zu lassen. Vor allem aber: Die eigentliche Kirche ist ja das gläubige Volk. Davon geht auch Hugo von St. Victor († 1141) aus; die vielen Steine werden eine Kirche. Hugo deutet auch andere Einzelheiten dieses Ritus: das dreimalige Pochen als Zeichen, daß Christus über Himmel, Erde und Unterwelt herrscht; das dreimalige Besprengen mit Weihwasser als Erinnerung an das dreimalige Untertauchen in der Taufe usf[842].

Eine feierliche Prozession geleitet nun den Bischof zum Altar, auf dem er die Reliquien absetzt. Bis diese im Altar geborgen sind, halten Diener ein Tuch ausgespannt zwischen Altar und Gemeinde. Sollen die Gläubigen nicht sehen, was jetzt geschieht? Unter Gebeten legt der Bischof die Reliquien in die vorgesehene Vertiefung, deckt sie mit einer Steinplatte ab und verschließt die Fugen mit Mörtel, den er eigens aus Steinmehl, Kalk und Weihwasser zubereitet hat. Der Altar wird einmal mehr mit Chrisam an den vorgesehenen Stellen gesalbt und mit bereitliegenden Tüchern bedeckt.

Krönender Abschluß ist die Messe, gefeiert auf dem neu geweihten Altar. Von der Gewißheit, daß Gott von seinem Hause Besitz ergriffen hat, daß er den Menschen nahe ist, nicht anders als Schutzpatron, Engel und Heilige, künden Gebete und Lieder, vielleicht auch schon mit Gold und Perlen kostbar bestickte Tuche, Teppiche oder Bilder an den Wänden, bunte Scheiben in den Fenstern.

Der Hymnus, der 1140 die Weihe von Saint Denis abschloß und überhöhte, mag eine Vorstellung davon vermitteln, wie eine solche Feier erlebt wurde: *Benedicta gloria domini de loco suo,* »Gepriesen sei die Herrlichkeit des Herrn an seinem Ort, gepriesen, lobenswert und über alles verherrlicht ist dein Name, Herr Jesus Christus ... Du fügst durch diese sakramentale Salbung mit dem heiligsten Chrisam und durch den Empfang der heiligsten Eucharistie Materielles und Immaterielles, Körperliches und Geistiges, Menschliches und Göttliches zusammen ... Durch sichtbare Segenszeichen erneuerst du unsichtbar die gegenwärtige Kirche und verwandelst sie auf wunderbare Weise in das himmlische Königreich, damit, wenn du dereinst das Reich Gott dem Vater übergeben hast, wir und die Geschöpfe der Engel, Himmel und Erde mit Macht und Barmherzigkeit zu einem einzigen Gemeinwesen vereinigt werden, der du lebest und herrschest, Gott, von Ewigkeit zu Ewigkeit. Amen«[843].

Pflichten der Gläubigen und des Bauherrn

Im Laufe der Einweihungszeremonien wendet der Bischof sich an die Gläubigen, um ihnen zu verkünden, wessen Schutz die neue Kirche anvertraut ist. Der *ordo* empfiehlt dem Bischof, das Volk auch zu ermahnen; es schulde der Kirche nicht nur den Zehnt, sondern auch freiwillige Gaben. Ein Gebet betont, welcher Segen auf solchen Spenden liegt; der Bischof bittet Gott, Kleines mit Großem zu vergelten (*magna pro parvis recompensa*)[844].

Handelt es sich nicht um eine Kathedrale, redet der Bischof dem Bauherrn ins Gewissen, daß er der Kirche, die im Ritus ja »Braut Christi« genannt wurde, die Mitgift schulde; er habe ihren Priester zu ehren und für ihn zu sorgen[845]. Der Angesprochene bekräftigt, daß er in allem so handeln wolle. Als Gegengabe hält der *ordo* ein eigenes Meßformular für den Stifter bereit, in dem diesem ein langes, glückliches Leben erfleht wird.

Gebete des *ordo* erinnern den Bischof an seine Pflichten: Er soll zum Nutzen der ihm anvertrauten Herde arbeiten, das Volk lehren, zurechtweisen, hegen, trösten und ihm helfen, sich gegen die Nachstellungen des Feindes zu rüsten; was seine Kräfte übersteige, solle er in Demut dem Herrn anheimgeben.

Ein bedenkenswertes Wort wird heute bei der Weihe evangelischer Kirchen gesprochen; bei der Schlüsselübergabe dankt der Pfarrer »allen, die Kunst und Fleiß an dieses Werk gewendet, und allen, die es mit ihren Kirchensteuern und mit ihren Gaben gefördert haben«[846].

Die Kirchweihe führte den Bischof, Kleriker und Laien zusammen; an diesem Fest beteiligten sich Männer und Frauen, Junge und Alte. Daß es sich der Erinnerung einprägte und in vielen erzählenden Quellen erwähnt wird, verwundert nicht. Gelegentlich halten Inschriften das Datum fest. So ließ Suger in goldenen Lettern über den Portalen von Saint-Denis eingravieren: »Das Jahr 1140 war das Jahr des Wortes, als diese [Basilika] geweiht wurde«[847]. Am Jahrestag der Kirchweihe wird eine besondere Messe gefeiert; ist der Tag der Weihe nicht mehr bekannt, begeht man das Erinnerungsfest im Herbst. Dann ist die Ernte eingebracht, die Tage sind noch recht lang und mild – ideale Voraussetzungen zur Feier von Kirchweihe, Kirmes, Kilwi, Kilbi und wie die regionalen Bezeichnungen lauten mögen.

Eine Kirche konnte auch entweiht werden: durch schwere Vergehen wie Mord, Selbstmord, durch Begräbnis von Häretikern oder Nichtchristen, durch die Feier anderer Kulte sowie durch Profanierung (Verwendung zu nichtkirchlichen Zwecken). Das Gotteshaus wurde dann erneut geweiht. Heute geht man davon aus, daß die Weihe gültig bleibt, so daß die verletzte *(violata)* Kirche nur entsühnt werden muß[848].

Kaiser Friedrich II. hatte 1228 den Christen wieder freien Zugang nach Jerusalem verschafft. Ein Chronist schreibt, der Patriarch habe mit weiteren Bischöfen den Felsendom, die Heilig-Grab-Kirche und andere ehrwürdige Kirchen der Stadt gereinigt. »Indem sie Pflaster und Wände mit Weihwasser besprengten und unter Hymnen und Gesängen Prozessionen abhielten, gewannen sie alle durch den Unflat der Ungläubigen entweihten Orte dem Herrn zurück«. Ähnlich war Saladin nach der Eroberung Jerusalems 1187 vorgegangen; er hatte Spuren des Christentums im Felsendom und in der al-Aqsa-Moschee getilgt, nur daß er sie mit Rosenwasser besprengen ließ[848a].

II. DREI UND SIEBEN, OST UND WEST – SYMBOLIK

Nur schwer läßt sich ermessen, welche symbolhafte Bedeutung Menschen früherer Zeiten Architekturelementen, Farben, Worten, Gesten zugewiesen haben. Zeugnisse aus Bibel und heidnischer Antike boten einen gewaltigen Fundus, auf den Gebildete gern zurückgriffen. Jeder an einem Kirchenbau Beteiligte wird aufgemerkt haben, wenn eine Lesung aus dem Epheserbrief vorgetragen wurde, in der es heißt: »der Schlußstein ist Jesus Christus selbst«

(Eph 2, 20). Nicht von ungefähr bildet mancher Schlußstein in der Höhe des Gewölbes Christus ab. In Predigten und Abhandlungen sind kreuzförmiger Grundriß, Fenster und Tür oft und oft symbolisch gedeutet worden.

Zahlen

Wieweit Bauherren und bildende Künstler bestimmten Zahlen Bedeutungen beigemessen haben, ist selten zu entscheiden. Die 1 *konnte* für den einen Gott stehen, die 2 für die beiden Naturen in Christus (Gott und Mensch), die 3 für die Dreifaltigkeit. Schon Kaiser Konstantin hat bei seinen großen Kirchenbauten die Zwölf auf die Apostel bezogen; zwölf Säulen sollten daran erinnern, daß die Apostel als mächtige Fürsprecher im Himmel weilen; inmitten des Säulenrundes der Apostelkirche von Konstantinopel sollte der Leib des Kaisers nach seinem Tode »eine geziemende Ruhestätte« finden[848b]. Auf achteckigem Grundriß hat man viele Baptisterien errichtet, aber auch das Marienmünster in Aachen, vielleicht aus folgendem Grund: Das Achteck bildet den Übergang vom Viereck zum Kreis; die Vier symbolisiert die Erde (vier Himmelsrichtungen); der Kreis ist die vollkommenste geometrische Figur. So gesehen, nimmt das Achteck das Diesseits in sich auf und weist auf das Jenseits hin.

Man muß auch mit versteckten Zahlensymbolen rechnen, in Additionen (etwa 1 + 2 + 3 = 6; 3 + 4 = 7) oder Multiplikationen (2 x 4 = 8; 3 x 4 = 12; 6 x 12 = 72; 12 x 12 = 144). Der findige Interpret wird fast immer eine Antwort darauf entdecken, ob eine Zahl – etwa der Edelsteine an einem Reliquiar – symbolisch zu deuten ist.

Himmelsrichtungen

Bauherren gaben Kirchen nicht selten eine bedeutungsgeladene Ausrichtung.

- Im Osten hatte Gott das Paradies angelegt (Gen 2, 8). Das Wort vom »aufstrahlenden Licht« (Lk 1, 78) wurde auf Christus bezogen, der am Ostermorgen, mit der im Osten aufgehenden Sonne, von den Toten auferstanden war.
- Im Süden hat die Sonne die größte Kraft und das hellste Licht; so verstand man den Süden als Richtung, aus dem die Gnade Gottes erstrahlt.

- Im Westen geht die Sonne unter, hier bezwingt die Finsternis das Licht. Der Westen wurde deshalb als Richtung von Unheil und Weltenende, als Ort der Dämonen verstanden. Damit erklärt es sich, daß viele Kirchen im Westen eine eigene Michaelskapelle haben: Michael, der einem apokryphen Bericht zufolge in einem gigantischen Ringen den obersten, rebellischen Engel Luzifer (= Lichtträger) gestürzt hatte, sollte den Christen in ihrem Kampf gegen das Böse und die Bösen beistehen.
- Aus dem Norden waren zur Zeit des Alten Testamentes Feinde mit ihrem Schrecken gekommen (Jer 1, 14; 6, 1).

Wer die Wahl hatte, richtete die Kirche nach Osten aus, dem aufgehenden Licht entgegen. Das hatte Folgen für die Seiten rechts und links innerhalb des Gotteshauses. Häufig wurde den Frauen die linke Seite zugewiesen, d. h. die nördliche. Gerechtfertigt wurde das wohl auch damit, daß die Frau der Versuchung erlegen und durch sie die Sünde in die Welt gekommen sei (Gen 3, 12). Das ist jedoch nicht die einzig mögliche Deutung, eher sogar die weniger gehaltvolle, bestimmt sie doch Rechts und Links danach, wie die um Gnade bittenden Sünderinnen und Sünder nebeneinander stehen. Im Mittelpunkt der Kirche aber steht Christus; als der Weltherrscher ist er im Zentrum des Chores dargestellt, als Gekreuzigter blickt er vom Altar zur Gemeinde, oft also nach Westen. Nach seinem Wort werden sich die zur Seligkeit Berufenen auf seiner rechten Seite sammeln[849]; auf das Kirchenschiff bezogen, heißt das: auf der ›Frauenseite‹! Nicht von ungefähr las der Priester auf dieser – vom Gekreuzigten aus gesehen rechten – Seite lange Zeit das Evangelium, auf der anderen die Lesung. Wie ambivalent Deutungen oft sind, sei im Folgenden weiter ausgeführt.

Grenzen symbolischer Deutung

Im Anschluß an die Offenbarung spricht man vom Kirchengebäude oft als dem »Zelt Gottes unter den Menschen« (Offb 21, 3) – auch wenn es aus Stein gebaut ist. Das Wort vom »Glanz eines kostbaren Edelsteins«, in dem Johannes das neue Jerusalem herabsteigen sah (Offb 21, 11), bezog man auf farbenprächtige Mosaiken und strahlende Fenster[850]; ja, man nahm es so ›wörtlich‹, daß man in Saint-Denis, und gewiß nicht nur dort, Grundsteine, die unter dem Bau verschwanden, mit edlen Steinen zu schmücken pflegte (Offb 21, 18–20).

Andere Angaben dieser biblischen Beschreibung des himmlischen Jerusalem beachtete man nicht. Wo baute man eine Kirche in Gestalt des Kubus (Länge, Breite und Höhe gleich), mit jeweils drei Toren an den vier Seiten und einer 144 Ellen langen Mauer? Beim Bau des Aachener Münsters könnte man diese Maße angestrebt haben: Breite, Länge und Höhe sollen ungefähr gleich sein und der innere Umfang des Oktogons 144 Fuß zu 0,333 Meter messen[851]. Aber wo bleiben die quadratische Grundfläche und die kubische Form? Andererseits: Wer gelernt hatte, in Bezügen und Deutungen zu denken, für den kam es nicht auf buchstaben- oder wortgetreue Gleichungen an, sondern auf Entsprechungen; und der konnte auch den Barbarossaleuchter (um 1165/70) in Aachen als Bild der himmlischen Stadt aus der Geheimen Offenbarung verstehen[852].

Vorstellungen aus der Geheimen Offenbarung könnten auch die Planung des Vorhallen-Turmes in Saint-Benoît geleitet haben. Der massige Turm, der früher auf allen Seiten frei vor der Kirche stand, hat einen quadratischen Grundriß, und die wuchtigen Pfeiler sind so angeordnet, daß sie je drei Tore in die vier Himmelsrichtungen bilden.

Manches *kann* symbolisch gemeint gewesen sein; ob es so beabsichtigt war und verstanden worden ist, muß häufig offen bleiben. Wenn drei lanzettförmige und ein kreisförmiges Fenster einander zugeordnet sind, wie in Silvacane/Provence, *kann* das, etwa in einer Predigt, als Hinweis auf die drei göttlichen Personen in dem einen Gott gedeutet worden sein. In anderen Fällen ist zu fragen, ob man es mit virtuoser Spielerei oder bislang nicht entschlüsselter Symbolik zu tun hat. Im Kreuzgang von Monreale/Sizilien, in einem Kreuzgang in Chiaravalle und im Kapitelsaal des Zisterzienserklosters in Osek/Böhmen sieht man knotenförmig verschlungene Säulen[853]. Sollten sie eine besondere Bedeutung haben?

ZEHNTER TEIL

Wirkung und Fortleben

I. DIE KATHEDRALE IM URTEIL DER JAHRHUNDERTE

»Bilde, Künstler, rede nicht!
Nur ein Hauch sei dein Gedicht!«

Auch andere Künstler haben beherzigt, was Goethe vom Dichter forderte. Architekten, Bildhauer, Dachdecker, Glasmaler, Glockengießer, Mosaizisten, Orgelbauer, Zimmerleute haben geschaffen, was in das Gesamtkunstwerk Kathedrale eingegangen ist. Selten haben sie sich zu dem geäußert, was ihnen durch den Kopf ging, als sie Stein, Glas, Holz, Metall bearbeiteten[854].

Aus langen Jahrhunderten sind ganz unterschiedliche Beurteilungen kirchlicher Großbauten überliefert. Zeitweise überwog die Bewunderung, dann eher die Kritik – diese zumal als Folge oder Ausdruck kirchlicher Reformbewegungen.

Bewunderung des Fremden

Hat der Beter die Schwelle zu einem Gotteshaus überschritten, mag ihn ein Schauer überkommen. Licht, Farben, Bilder und die Wirkung des Raumes wecken Erwartungen, die der Duft des Weihrauchs und der Klang der Musik noch steigern können. Solche Wirkungen waren und sind beabsichtigt; wer will, kann sie auch heute beobachten, etwa in Wallfahrtskirchen und bei der Feier der nächtlichen Osterliturgie.

Im Jahre 1988 hat man der ›Taufe Rußlands‹ gedacht. Tausend Jahre früher hatte der Kiewer Fürst Wladimir der Große sich taufen lassen. Nach dem Zeugnis der Nestor-Chronik[855], die vieles im Rückblick verklärt, war ein vierfaches Werben vorausgegangen, hatten im Jahre 987 doch Boten aus unterschiedlichen Ländern die Bewohner der Rus für ihren Glauben gewinnen wollen: Bulgaren für den Islam, Juden für das Gesetz des Mose, Deutsche für das lateinische, Griechen für das orthodoxe Christentum. Da Wladimir und seine Bojaren sich nicht zu entscheiden wußten, schickten sie eine zehnköpfige Gesandtschaft aus, die sich über die vier Glaubensrichtungen kundig machen sollte.

Der Besuch in Konstantinopel hat die Delegation tief beeindruckt. Auf Bitten des Kaisers ließ der Patriarch die Kirche so vorbereiten und die Geistlichkeit so einstimmen, daß die Russen »die Herrlichkeit unseres Gottes sehen« konnten. Man erklärte den Gästen die für sie fremde Art, Gott zu dienen – mit Weihrauch, Gesang und Chor. Vom Kaiser reich beschenkt und hoch geehrt, kehrte die Gesandtschaft heim. Vor Wladimir, Bojaren und Ältesten erstatteten sie Bericht. Bei den Bulgaren hätten sie die Freudigkeit vermißt, bei den Deutschen die Schönheit im Gottesdienst; von den Juden ist nicht weiter die Rede. »Und so kamen wir zu den Griechen, und sie führten uns dahin, wo sie ihrem Gott dienen. Und wir wissen nicht: Sind wir im Himmel gewesen oder auf der Erde; denn auf Erden gibt es einen solchen Anblick nicht oder eine solche Schönheit; und wir vermögen es nicht zu beschreiben. Nur das wissen wir, daß Gott dort bei den Menschen weilt. Und ihr Gottesdienst ist besser als (der) aller anderen Länder. Wir aber können jene Schönheit nicht vergessen; denn jeder Mensch, wenn er von Süßem gekostet hat, nimmt danach Bitteres nicht an«.

Trotz dieser und anderer Argumente zugunsten des orthodoxen Christentums blieb Wladimir einstweilen unentschieden. Nach weiteren Verwicklungen – die Erzählung weist dabei erstaunliche Parallelen zum Bericht Gregors von Tours über die Taufe Chlodwigs auf – ließ Wladimir sich taufen, und viele seiner Leute folgten ihm. Der Fürst befahl, in seinem Reich die Götzen zu stürzen, sie zu zerhacken, zu verbrennen oder in den Dnjepr zu werfen[856]. An den Stellen, an denen die Götzen gestanden hatten, ließ er Kirchen bauen.

Aus jahrhundertelanger Erfahrung wußte man in Byzanz, daß man gefährliche Barbaren mit der Pracht einer tief im Orient verwurzelten Kultur beeindrucken konnte. Wer einmal einen Gottesdienst in der Cappella Palatina (Palermo) erlebt hat, mit kostbaren Gewändern, Weihrauch und Musik, kann es nachempfinden, daß die Religionssucher aus der fernen Rus sich vor tausend Jahren in der Hagia Sophia wie im Himmel fühlten und sich außerstande sahen, ihre Eindrücke in Worte zu fassen.

Doch nicht alle Besucher ließen sich von diesem ›achten Weltwunder‹ in Bann schlagen. Bischof Liudprand von Cremona hat einen Bericht über seine Gesandtschaft an den Kaiserhof von Konstantinopel (968) abgefaßt;

im Auftrag Kaiser Ottos I. sollte er um eine Prinzessin als Braut für den Thronfolger Otto II. werben. Aus diesem Eheprojekt ist nichts geworden, die Prinzessin wurde mit Wladimir verheiratet; hier verschränken sich also Ereignisse und deren Niederschlag in den Quellen. Liudprands Bericht trieft von Häme und Spott, offenbar Kompensation eines tiefsitzenden Minderwertigkeitsgefühls. Ausführlich beschreibt er einen Kirchgang vom Kaiserpalast zur Sophienkirche. So gut wie nichts findet Gnade vor seinen Augen, weder der Kaiser noch Kleidung und Schmuck höchster byzantinischer Würdenträger, noch die Waffen spalierstehender Krieger, noch die *laudes*. Liudprand erwähnt gerade noch, daß die Prozession in die Hagia Sophia einzog – ohne auch nur ein Wort auf die Großartigkeit des Bauwerkes und die Pracht seiner Ausschmückung zu verschwenden[857].

Stolz auf das Eigene

Felix Fabri – weitgereister Dominikanermönch und Humanist († 1502) hat auch eine Beschreibung seiner Heimatstadt Ulm hinterlassen, deren Münster er preist[858]. Ulm – nicht Bischofsstadt, sondern aus einer königlichen Pfalz erwachsene bedeutende Reichsstadt – erfreute sich einer günstigen Lage: Überregionale Straßen (u. a. Brügge/Gent/Antwerpen – Speyer – Venedig) kreuzten die von hier aus schiffbare Donau. Handel und Gewerbe (vor allem die Weberei der begehrten Barchenttuche) ließen Ulm zur blühenden Metropole werden.

Für Ulm galt jahrhundertelang, was in die sprichwörtliche Wendung eingegangen ist: die Kirche im Dorf lassen. Im Jahr 1376 hatte Ulm die Erlaubnis erhalten, die außerhalb der Mauern gelegene, dem Kloster Reichenau unterstehende Pfarrkirche abzureißen und innerhalb der Mauern wiederaufzubauen. Da setzt Fabri mit seiner Lobeshymne 1488 ein: In 111 Jahren sei eine Kirche emporgewachsen, die allen Völkern und Zeiten Staunen abnötige (*templum … in stupendum et admirandum cunctis gentibus et seculis*). Mehr noch als der gewaltige Bau sei die Hochherzigkeit der Gründer zu bewundern; »denn sie haben es gewagt, in einer so kleinen Stadt ohne um Unterstützung von außen nachzusuchen, ohne Beihilfe und Betteln ein solches Gebäude zu errichten, dessen gewaltig hoher Glockenturm sich heute zu Ehren der göttlichen Majestät erhebt«. Wer das strahlend helle Kirchenschiff betrete, meine nicht in einer Wohnstätte der Irdischen, sondern der Himmlischen zu weilen (*tabernaculum … non tam mortalium, quam coele-*

stium id dominicilium). Ihr Schmuck gewinne durch kunstreiche Skulpturen, die aus der alten Pfarrkirche geborgen und mit Könnerschaft in die neue Kirche (*modernae ecclesiae*) eingepaßt worden seien.

Fabri zählt neun Vorzüge auf, die das Ulmer Münster gegenüber allen Pfarrkirchen der ganzen Christenheit auszeichne (*omnibus ecclesiis ... in toto christianismo*). Zunächst sei die Ulmer Kirche größer als jede andere Pfarrkirche, größer auch und prächtiger als viele Bischofs- und Klosterkirchen. Dann sei sie schöner: nicht nur wegen ihres Wandschmucks, Bodenbelags, der Steinskulpturen, Malereien oder Täfelungen (diese zählten also durchaus bei der Beurteilung einer Kirche), vielmehr überrage sie andere Kirchen durch den Glanz ihres Lichtes (*in splendore luminis*). Fabri beteuert, viele Kirchen gesehen zu haben, doch keine sei bis in die letzten Winkel so hell wie diese. Man finde weder finstere Ecken noch dunkle Kapellen wie in anderen großen Kirchen. Ferner gebe es in der Ulmer Kirche 51 Altäre, mehr als in anderen Pfarrkirchen; alle Altäre seien mit bis zu fünf Pfründen (Gehälter für Priester) ausgestattet, und zwar nicht durch Fremde oder Adlige, sondern durch die Einwohner der Stadt. Entsprechend groß sei die Zahl der Geistlichen – weit mehr als in anderen Pfarrkirchen.

Fünftens erhalte die Kirche selbst mehr Opfergaben von der Bevölkerung als vergleichbare Kirchen. Täglich werfen, so schreibt Fabri, die Ulmer ihre Geldspenden in besondere Opferstöcke; Silber und Wachs legen sie an den Altären nieder. Angesichts seiner fünf Hilfspriester und einer zahlreichen Dienerschaft sei der Pfarrer durchaus mit einem wohlhabenden Bischof zu vergleichen. Sechstens erfreue sich diese Kirche einer weit größeren Besucherzahl als alle anderen der Christenheit: In der Osterzeit empfangen, so versichert Fabri, hier mehr als 15.000 Gläubige die Kommunion[859]; häufig seien auch Beichten und Taufen; letztere würden eigens schriftlich festgehalten. Auch von den Friedhöfen redet Fabri in Superlativen. Schließlich sei das Münster auch insofern unvergleichlich, als die Ulmer ihm ganz außergewöhnliche Liebe und Zuneigung entgegenbringen. Rat und Volk der Stadt hängen an ihm wie an ihrer Mutter; Lebende und Sterbende ehren es mit Lichtern, der Stiftung von Jahrtagen und anderen Zuwendungen. Denn mit der Verlegung der alten Kirche habe man alle deren Einkünfte eingezogen und den Erlös dem Neubau zugewendet; auch die in die alte Kirche gestifteten Jahrtage seien zugunsten der neuen Kirche aufgehoben worden (*dimissa fuerunt in ecclesiae novae favorem*).

Im Lobpreis Fabris begegnen Einzelheiten, die in die Neuzeit weisen und auch schon die Reformation vorbereiten. So das Interesse an Quantitäten und Buchführung; Fabri nennt neun Vorzüge, er erwähnt die Registrierung von Taufen, die Zählung der Osterkommunikanten. Noch bedeutsamer ist das Selbstbewußtsein des städtischen Bürgertums, das sich im Glanze eines Werkes sonnt, das Bischofs- und Klosterkirchen nicht nur ebenbürtig, sondern überlegen ist. Bemerkenswert ist ferner die pietätvolle Übertragung kostbaren Figurenschmucks aus der Vorgängerkirche – was nicht ausschließt, daß man auf diese Weise Ausgaben sparen und die Fertigstellung des Neubaus beschleunigen wollte. So half auch das propagierte, als neu wirkende Ideal der hellen Kirche zu sparen; schließlich waren farbige Fenster ausgesprochen kostspielig. Der aufmerksame Beobachter aber wußte dem lichtdurchfluteten Raum nur positive Seiten abzugewinnen.

Nicht verschwiegen sei eine gewisse Unbekümmertheit gegenüber dem Willen früherer Generationen. Nicht wenige hatten der alten Pfarrkirche Stiftungen gemacht in der Erwartung, daß dort an einem bestimmten Altar an ihrem Todestag eine Messe gefeiert oder eine Kerze angezündet werde für das Heil ihrer Seele, bis ans Ende der Zeiten. Diese Vermögen hatten die Verantwortlichen in Ulm eingezogen zugunsten des Neubaus ihrer Kirche in der Stadt. So und oft viel rabiater sollten Reformatoren und Aufklärer kirchliches Vermögen dem vorbestimmten Zweck entfremden und *in ecclesiae novae favorem* umwidmen, wie Fabri schreibt, ohne sich der Tragweite seiner Worte bewußt zu sein. Eine nicht unwichtige Einzelheit läßt unser Chronist unerwähnt, weil sie ihn vielleicht gar nicht interessierte: die Bevölkerung Ulms hätte nicht ausgereicht, die Kirche zu füllen.

Kritik an prunkvollen Bauten

Selten haben Um- und Neubauten einhellige Zustimmung gefunden; bemängelt, wenn nicht angeprangert wurden die Kosten und Neuerungssucht (*cupido novi*). Beide Vorwürfe ließen sich aushebeln, der erste mit dem Totschlagargument: ›Die Kirche soll Gottes und der hier verehrten Heiligen würdig sein; meinst du das nicht auch?!‹ Würde ist ein dehnbarer Begriff, nicht anders als Baufälligkeit. Wer bauen wollte, war um eine Begründung nicht verlegen; er nutzte einen weiten Ermessensspielraum zugunsten eines größeren Neubaus auch dann, wenn die betreffende Kirche allen Gottesdienstbesuchern Platz bot. Gegen den Einwand der Neuerungssucht ließ sich ebenfalls manches ins Feld führen. Für Gesamtbau und Einzelheiten konnte man eigentlich immer auf Vorbilder andernorts verweisen: Man habe nicht

Neues schaffen, sondern Bewährtes dem jeweiligen Ort und der hier gefeierten Liturgie anpassen wollen …

Unverblümt prangern Zisterzienser, Bettelmönche und Angehörige weiterer Reformbewegungen an, was ihnen an Kirchen ihrer Zeit mißfällt: Größe und Pracht der Ausstattung. Noch häufiger ist Tadel indirekt erwähnt; so, wenn Biographen das Wirken ›ihres‹ Prälaten rechtfertigen, ihren Helden in Schutz nehmen, auch dessen Bautätigkeit verteidigen und Kritiker als Verleumder abstempeln[860].

Dabei boten Bauherren vielfältige Angriffsflächen. Ließ eine Kirche sich nicht als Ausdruck von Ehrgeiz und Stolz verstehen? Der Christ lebt doch in Erwartung der Endzeit! Jesus hatte seine Jünger ermahnt: »Seid also wachsam! Denn ihr wißt weder den Tag noch die Stunde« (Mt 25, 13). Bei Betrachtung des in die Höhe wachsenden Neubaus von Notre-Dame äußerte Petrus, Domkantor an der Kathedrale zu Paris, um das Jahr 1190 Unbehagen; es wird nicht nur ihn beschlichen haben: Angesichts des kurzen Menschenlebens und des nahen Weltendes sei nicht einzusehen, daß Kirchen mit einem Aufwand gebaut würden, als sollten sie niemals untergehen. In Reims, wo man ebenfalls fleißig baute, habe dazu ein Geistlicher gemeint: »Würden diese Baumeister daran glauben, daß die Welt ein Ende nehmen wird, dann würde man nicht eine so gewaltige Steinmasse bis in den Himmel errichten und die Fundamente nicht so tief in den Abgrund treiben. Darin gleichen sie den Riesen, die den Turm von Babel bauten und sich gegen den Herrn auflehnten; deshalb müssen sie befürchten, daß auch sie ebenso ›zerstreut werden über die Oberfläche der Erde‹ (Gen 11, 9)«. Der Gewährsmann aus Reims sei noch einen Schritt weitergegangen, habe er doch zu verstehen gegeben, daß die Erbauer der riesigen Kathedralen sich »im Chaos des Höllenfeuers treffen« werden. Petrus Cantor ist überzeugt, daß die Menschen sich selbst beim Bau von Gotteshäusern gegen Gott versündigen können, denn die vorhandenen Mittel reichten nicht aus für die Errichtung gewaltiger Kirchen *und* für die Unterstützung der Armen[861].

Himmlische Eingebung

Gegen solche Kritik ließen sich jedoch immer noch himmlische Mächte aufrufen. Wiederholt ist in Lebensbeschreibungen davon die Rede: Christus habe den Bau einer Kirche angeordnet, dieser oder jene Heilige habe in einem Traumgesicht dem Bischof, Abt, Mönch die Vergrößerung einer Kirche befohlen. Eusebius zeigt sich überzeugt, daß Kaiser Konstantin I. »nicht ohne Eingebung Gottes« auf den Gedanken gekommen sei, in Jerusalem die Heilig-Grab-Kirche bauen zu lassen; vielmehr sei er »vom Heiland selber im Geiste dazu angetrieben worden«[862]. Jahrhunderte später sollen sich Heilige, deren Reliquien in St. Gereon zu Köln ruhten, finster dreinschauend bei Anno II. beschwert haben: Die Krypta sei so klein, daß sie nicht mehr angemessen verehrt würden! Wie vor Gericht gezogen, habe der Erzbischof sich angeklagt gefühlt. Da er sein nachlässiges Verhalten nicht habe erklären können, sei er verurteilt worden! Immer noch im Traum, sei die Prügelstrafe an ihm vollstreckt worden, wie er nach dem Erwachen gespürt habe[863]. Ein weiteres Beispiel: Der Bau von Cluny III bedurfte wegen seiner Größe und Pracht besonderer Rechtfertigung. Wieder half eine Vision: Ein Mönch – Gunzo – lag gelähmt auf der Krankenstation der Abtei. Im Traum besuchte ihn der hl. Petrus, Schutzpatron des Klosters, und trug ihm folgende Botschaft an Abt Hugo auf: Ohne auf die Kosten zu schauen, solle der Abt ihm, Petrus, eine geräumigere Kirche bauen; denn die gegenwärtige (Cluny II) sei seiner nicht würdig. Petrus gab dem siechen Mönch sogar Einzelanweisungen und versprach ihm Genesung, wenn er seinen Auftrag ausführe. Hugo kam dem Befehl nach, den der Mönch ihm übermittelt hatte, und dieser gewann seine Gesundheit zurück[864].

Immerhin lesen wir auch von Widerständen gegen solche himmlischen Befehle. Recht harmlos war es noch, wenn Menschen eine derartige Vision nicht nur nicht glaubten, sondern sich über sie lustig machten; ernster schon, wenn man überzeugt war, daß bösartige, nicht genauer bestimmte Menschen den Bau lange Zeit zu hintertreiben gewußt hätten.

O Eitelkeit über Eitelkeit

Einmal platzte Bernhard von Clairvaux der Kragen angesichts von Monstern und Fabelwesen, wie man sie in romanischen Kirchen noch heute sieht, nicht zuletzt an Kapitellen. Wie paßt die Armut, die der Mönch gelobt hat, und die Verpflichtung zur Sorge für die Armen dazu, daß man viel Geld aufwendet, um Häßliches darzustellen?! »O Eitelkeit über Eitelkeit … An den Wänden zeigt die Kirche ihren Glanz, an den Armen ihre Knickrigkeit. Ihre Steine bekleidet sie mit Gold, ihre Kinder läßt sie nackt. … Mit einem Wort: Was haben diese Dinge mit den Armen zu schaffen, den Mönchen, den Männern des Geistes? … Wozu dienen in den Klöstern, vor den Augen der lesenden

Stein des Anstoßes für Bernhard von Clairvaux: allzu üppige Dämonendarstellungen. Menschenverschlingender Teufel an einem Kapitell der Abteikirche von Chauvigny (um 1120).

Brüder, jene lächerlichen Mißgeburten, eine auf lächerliche Art entstellte Schönheit und schöne Scheußlichkeit? Was bezwecken dort die unflätigen Affen, die wilden Löwen? Was die widernatürlichen Zentauren, die halbmenschlichen Wesen, die gefleckten Tiger? Was sollen die kämpfenden Krieger, die Jäger mit ihrem Horn? Hier kann man unter einem Kopf viele Leiber sehen, dort wieder auf einem Körper viele Köpfe. Auf der einen Seite bemerkt man an einem Vierfüßler den Schwanz einer Schlange, auf der anderen an einem Fisch den Kopf eines Vierfüßlers. Dort gibt es ein Tier zu sehen, vorne ein Pferd, die hintere Hälfte eine Ziege, hier wieder ein Hornvieh, das hinten als Pferd erscheint. Mit einem Wort, es zeigt sich überall eine so große und so seltsame Vielfalt verschiedener Gestalten, daß einen mehr Lust ankommt, in den Marmorbildern statt in den Codices zu lesen, daß man eher den ganzen Tag damit verbringen möchte, diese Dinge eins nach dem anderen zu bewundern, statt über das Gesetz Gottes zu meditieren. Bei Gott, wenn man sich schon nicht dieser Albernheiten schämt, warum tut es einem nicht wenigstens um die Kosten leid?«[865] Bernhards harsche Kritik war nicht revolutionär, auch blieb er im Rahmen der zu seiner Zeit üblichen Disputation. Auftraggeber und Künstler sahen sich eingeladen, innezuhalten und über das Was und Wie bildlicher Darstellungen nachzudenken. Wie oben berichtet, blieben seine Worte für den Kirchenbau der Zisterzienser und später der Bettelorden nicht ohne Wirkung.

Kritik an Bildern durchzieht – hier latent, dort rabiat – das Mittelalter. So soll Elisabeth von Thüringen einmal Mönche besucht haben, die von Almosen lebten. Reich vergoldete Statuen in der Kapelle hätten die Landgräfin zu der frostigen Bemerkung herausgefordert: »Ihr hättet besser daran getan, das Geld auf eure Kleider und eure Nahrung zu verwenden; denn das Bild Gottes, das diese Statuen darstellen, solltet ihr im Herzen tragen«[866].

Bilderstürmer und Puristen

Die Christen waren auf Räume angewiesen, in denen sie ihren Gottesdienst feiern konnten. Deshalb richtete sich etwaige Kritik nicht gegen das Gebäude als solches, sondern gegen dessen Größe, Pracht und Ausstattung. Vor allem die Bilderfrage löste im Laufe der Kirchengeschichte leidenschaftliche Auseinandersetzungen aus.

Darf man überhaupt Menschen abbilden? Auch Engel und Heilige? Kann man den unendlichen Gott in einem begrenzten Bild darstellen? Waren die

Dargestellten hier gegenwärtig? Mußten die Bilder gar verehrt oder, wenn Jesus abgebildet war, angebetet werden? Oder waren sie nur dazu gedacht, den Betrachter zu Gott hinzuführen? Man hatte eine Weisung, die ebenso klar wie eindeutig zu sein schien: »Du sollst dir kein Gottesbild machen und keine Darstellung von irgend etwas am Himmel droben, auf der Erde unten, im Wasser unter der Erde«[867]. Wie weit war dieses Wort für Christen verbindlich? Auf wen oder was bezog es sich? Wer solche Fragen stellte, leistete der Skepsis Bildern gegenüber Vorschub.

Andererseits: Warum sollte die Frohbotschaft nur über die Ohren und nicht auch über die Augen den Menschen nahegebracht werden? Von Jesus selber war doch überliefert, daß er bei Fest und Trauer die Sinne angesprochen hatte. Theologische Erwägungen und Zeitumstände entschieden darüber, ob es zur Förderung der Bilder, zu milder Zurückdrängung unopportuner Darstellungen, zu einem Verbot theologisch anstößiger Bilder oder zu einem radikalen Bildersturm kam.

War man zu der Einsicht gekommen, Bilder in der Kirche seien erlaubt, nutzte man deren Vorzüge. Solange nur wenige Menschen lesen konnten, war es sinnvoll, Gegenstände aus der Heilsgeschichte in Bilder umzusetzen; immerhin hatten die Propheten und vor allem Jesus selber in Bildern geredet. Im Zusammenhang mit Bildern und Bilderzyklen spricht man gern von der Armenbibel (*Biblia pauperum*). Papst Gregor I., der Große (590–604), hat einen vielschichtigen Sachverhalt in eine knappe Formel gegossen: Man müsse unterscheiden zwischen der Anbetung eines Bildes und dem Erlernen von dem, was über die bildliche Darstellung verehrt werden solle. Was die Schrift dem Lesekundigen gewähre, das biete ungebildeten Betrachtern das Bild; »in diesem sehen sogar die Unwissenden, was sie zu befolgen haben, in ihm lesen die, welche Buchstaben nicht zu entziffern vermögen«. Da die Bilder also nicht der Anbetung dienen, sondern nur der Unterweisung (*ad instruendas solummodo mentes*), solle man sie nicht zerschlagen[868]. Diesen Gedanken greift Jahrhunderte später Jakobus von Voragine auf: Das Bild will zur Begegnung mit dem Dargestellten hinführen; das Bild des Gekreuzigten und andere Bilder in der Kirche sind dazu gemacht, »daß sie bewegen zu Gedächtnis, zu Andacht und Belehrung; sie sind gleichsam die Bücher der Laien«[869].

Bilder von Menschen, die auf der Erde gelebt hatten, waren weniger verfänglich: Jesus und Maria, die Apostel, Märtyrer und Bekenner. Doch wie sah es mit der ersten göttlichen Person aus? Im Schöpfungsbericht ist gesagt: Gott schuf »den Menschen als sein Abbild; als Abbild Gottes schuf er ihn«

(Gen 1, 27). Obwohl man vom Menschen auf das Aussehen Gottes schließen konnte, zögerten Künstler noch im 14. Jahrhundert, von (Gott-)Vater mehr als eine Hand zu zeigen, die aus einem Kranz oder einem Wolkenband herausreicht[870]. In Bildern aus dem 16. Jahrhundert – etwa auf dem Hauptaltar des Freiburger sowie des Breisacher Münsters – ist Gottvater als betagter Mann zu sehen; der gewaltige Bart betont den Altersunterschied zum Sohn[871]. Mit dieser Art der Darstellung nahm man in Kauf, daß der Betrachter den Eindruck gewinnen mochte, Gottvater werde das Schicksal anderer alter Personen teilen.

Vorsätzlich zerstört wurden Bilder im 8. Jahrhundert im Byzantinischen Reich, im 16. Jahrhundert in der lateinischen Christenheit, im ausgehenden 18. Jahrhundert in Frankreich, im 20. Jahrhundert in Ländern unter kommunistischer Herrschaft; die Vorstellungen, die dazu führten, waren jeweils ganz andere.

Im Jahre 730 erließ der byzantinische Kaiser Leo III. ein Bilderverbot; es sollten keine neuen Bilder angefertigt und vorhandene zerstört werden (griechisch *Ikonoklasmus*, Bilderzerstörung). Wie Kirchen und ehemalige Gotteshäuser des Byzantinischen Reiches zeigen, wurde das Verbot weitgehend befolgt. Oft begnügte man sich allerdings damit, Mosaiken mit Mörtel zu übertünchen, Bilder zu übermalen, Skulpturen zu vergraben; manches davon konnte zur Freude späterer Generationen wieder freigelegt werden, anderes harrt noch der Entdeckung oder der Restaurierung.

Hinter dem Befehl zur Zerstörung von Bildern Christi, Mariens und anderer Heiliger stand der Wunsch kirchlicher und weltlicher Machthaber in Byzanz, den rasch vordringenden, bilderfeindlichen Muslimen keine unnötige Angriffsfläche zu bieten. Orientalische Christen mußten den Vorwurf fürchten, sie leisteten mit der Verehrung von Bildern der Abgötterei Vorschub.

Dieser erste große Bildersturm bildet eine Etappe auf dem langen Weg der Entfremdung zwischen griechischer und lateinischer Christenheit. Länder außerhalb des byzantinischen Machtbereichs und der Papst in Rom ignorierten die Befehle Kaiser Leos III. Nach heftigen politischen und theologischen Auseinandersetzungen setzte sich schließlich die Partei derer durch, die eine Verehrung der Bilder erlauben wollten. Weitgehend beigelegt wurde der Bilderstreit im Jahre 787 auf dem Konzil von Nikaia[872].

Seit dem 15. Jahrhundert wurde die Kritik an Bildern laut und öffentlichkeitswirksam von Männern wie Hus und Wyclif vorgetragen; seit 1520 führte die Reformation zu einer Radikalisierung und Polarisierung. Der Wittenberger Theologe Andreas Bodenstein von Karlstadt veröffentlichte 1522 seine Druckschrift *Von Abtuhung der Bylder*[873]; sie sollte der frühneuzeitlichen Bildersturmbewegung zur geistigen Begründung werden. Zwinglianer und Calvinisten (Reformierte) sahen in Bildern ›Abgötterei‹, die bekämpft werden müsse. So schreibt Calvin: Gottes Majestät wird in ungeziemender und schändlicher Einbildung in den Schmutz gezogen, »wenn er, der Leiblose, in körperlichem Stoff, der Unsichtbare, in sichtbarem Bildwerk, der Geist in seelenlosem Dinge, der Unermeßliche und Unendliche, in einem Stück geringem Holz oder Stein oder Gold dargestellt wird«[874]. Wo radikale Meinungsführer das Geschehen bestimmten, kam es in Deutschland, den Niederlanden und der Schweiz stunden-, ja tageweise zu Orgien der Zerstörungswut; Altäre, Bilder, Skulpturen und Orgeln wurden zerschlagen. Seit jener Zeit sind Wände, Pfeiler, Portale vieler Kirchen kahl. Bevor man bei einem leeren Sockel an Bilderstürmer denkt, ist allerdings zu fragen, ob hier jemals eine Skulptur gestanden hat; möglicherweise ist die an dieser Stelle vorgesehene Figur nie angefertigt worden.

Wiederholt ging man jedoch behutsam vor. So versicherte sich der Rat der Reichsstadt Kempten 1533 des Einverständnisses der Bürger, bevor er Bilder entfernen ließ; bei 500 Zustimmungen zählte man immerhin 175 Gegenstimmen[875]. Oft erlaubte man den Nachkommen der Stifter, Werke in Sicherheit zu bringen, die ihre Vorfahren einst für die Kirche hatten anfertigen lassen. – Manches Kunstwerk blieb unversehrt; so wurde der von Hans Holbein d. J. gemalte Oberriedaltar vor Basler Bilderstürmern 1529 nach Freiburg geflüchtet; 1566 konnte der Genter Altar mit dem ›Lamm Gottes‹ rechtzeitig demontiert und verborgen werden[876].

In England verlief die von Heinrich VIII. angestoßene ›Reformation von oben‹ weniger chaotisch; im Zusammenhang mit der Aufhebung der Klöster kam es allerdings auch hier zur Plünderung der Altäre. Für weitere Schäden sorgten Eiferer zur Zeit Eduards VI. und vor allem die Puritaner und Cromwell im 17. Jahrhundert[877].

In Frankreich zerstörten oder verstümmelten religiös motivierte Bilderstürmer während der Religionskriege im 16. Jahrhundert viele Figuren in und an Kirchen. In diesem Buch wird die Bedeutung der Erinnerung betont. Es gab auch die Austilgung der Erinnerung – oder eher: Versuche dazu. Nach Ausbruch der Revolution (1789) richtete sich der Haß der Revolutionäre vielerorts gegen Bilder von Königen, auch solchen des Alten Testaments, in denen französische Monarchen Vorbilder gesehen hatten. Dem Wüten sollen allein in Straßburg seinerzeit etwa 300 Portalskulpturen zum

Opfer gefallen sein[878]. Mit ihrer Zerstörungsmanie haben die Revolutionäre dem Königtum Ehre erwiesen; ein letztes Mal haben sie anerkannt, daß die gehaßte Monarchie Macht über die Menschen ausübte. Wären sie überzeugt gewesen, daß endgültig eine neue Zeit angebrochen sei, hätten sie auf die Zerschlagung von Skulpturen und die Schändung der Königsgräber in Saint-Denis ebenso verzichten können, wie sie von der Zerstörung der meisten Kirchen Abstand genommen haben.

In der katholischen Welt verlief der Prozeß der Zerstörung von Bildern im allgemeinen eher schleichend. Reformen, die das Konzil von Trient (1545–1563) auf den Weg gebracht hatte, führten zu einer kritischen Überprüfung des Bildbestandes. So heißt es in einer Instruktion zur Kirchenvisitation in der Diözese Konstanz vom ausgehenden 16. Jahrhundert: *2. Item sollen die bildnussen, ob dieselben der catholischen kirchen gemäß, auch nit zuo weltlich und zuo üppig formiert und gemalet seyen, besichtiget werden*[879]. Die erneuerte Liturgie begünstigte barocke ›Modernisierungen‹; ›gut gemeinte‹ Maßnahmen liefen auf herbe Verluste an mittelalterlicher Ausstattung hinaus. So wurden im 18. Jahrhundert Mosaiken und Fresken, Tafelbilder und Skulpturen entfernt oder verstümmelt, farbige Fenster zerschlagen[880], weil man lichtdurchflutete Kirchen bevorzugte. Die Gläubigen wollten den Priester sehen und an seinen Gesten erkennen, wie weit er mit der Messe war; da viele mit einem Gebetbuch in die Kirche kamen, sollte diese so hell sein, daß man die Texte von Gebeten und Liedern lesen konnte.

Im 19. Jahrhundert bahnte sich ein neues Ideal von Kunst oder Schönheit den Weg. Kirchen wurden dann wieder ›entbarockisiert‹ – unter Inkaufnahme neuerlicher Verluste. Altäre und andere Ausstattungsstücke aus Mittelalter und Neuzeit, die nicht mehr dem Zeitgeschmack entsprachen, deren Wert man erst ein, zwei Generationen später wieder zu schätzen lernte, wurden verschleudert, zerschlagen oder verbrannt – häufig mit Billigung, wenn nicht auf Betreiben kirchlicher und staatlicher Stellen. Die ›Purifikation‹ (wörtlich: Reinmachung, Reinigung) richtete sich vor allem gegen den als ›Zopf‹ verschrienen Barock.

In einer Auflistung von Gegenständen, die aus der St. Georgskirche in Dinkelsbühl entfernt, zum Verkauf bestimmt oder schon verkauft waren, heißt es zum Hochaltar: »Die Gemälde ohne Kunstwerth, der Altar selbst vom Wurme zerfressen und die hieran befindlichen Ornamente und Sculpturen von geringem Werthe«. Die Beurteilung weiterer Gemälde und Skulpturen endet nach wenigen Worten mit einem summarischen »ganz alt und baufällig … ohne Wert«, »gantz werth- und geschmacklos«, »ohne künstlerischen Werth«. Waren traditionsreiche und liebgewonnene Ausstattungsstücke betroffen, erhob die Pfarrgemeinde gelegentlich Widerspruch; doch konnte sie sich offensichtlich nur selten durchsetzen. Mancher Käufer soll seine Erwerbung schon bald für den zwanzig- bis sechsunddreißigfachen Betrag versilbert haben[881].

Wie gefährdet Bilder noch im 20. Jahrhundert in katholischen Kirchen waren, zeigt Speyer: Den größten Freskenzyklus aus dem 19. Jahrhundert, den es in Deutschland gab, hat man im Zuge der Restaurierung des Domes (1957–1972) zerstört; die Bischofskirche sollte wieder ›in romanischer Reinheit‹ erstrahlen[882]. Das Zweite Vatikanische Konzil äußerte sich ausgesprochen zurückhaltend: Bilder sollen »in mäßiger Zahl und rechter Ordnung aufgestellt werden, damit sie nicht die Verwunderung der Gläubigen erregen oder einer weniger gesunden Frömmigkeit Vorschub leisten«[883]. Auch die von diesem Konzil angestoßene Liturgiereform hat dazu geführt, daß Kirchen ›entrümpelt‹ wurden; zumal in weniger beachteten Kirchen auf dem Lande hat man viel von dem, was als nicht mehr zeitgemäß galt, mutwillig zerstört, statt es umsichtig für künftige Generationen zu bewahren. Was als schwerwiegender Verlust einzuschätzen ist, werden Spätere ermessen, wenn sie den Ist-Bestand mit Inventaren, Abbildungen und Beschreibungen aus früheren Zeiten vergleichen.

II. KATHEDRALE IM RAUHEN WIND: REFORMATION, KATHOLISCHE ERNEUERUNG, SÄKULARISATION

Einbruch

Im 16. Jahrhundert kam es in der lateinischen Christenheit zu einer viele Bereiche erfassenden Reformbewegung; die Neubewertung von Glaubensinhalten führte zur Ausbildung von Konfessionen. Je nach ihren religiösen Überzeugungen veränderten die jeweiligen ›Sieger‹ die Ausstattung der Kirchen; sofern diese weiterhin für den Gottesdienst gebraucht wurden, blieb die Bausubstanz im allgemeinen unangetastet. Die Arbeit an vielen noch unvollendeten Kathedralen wurde allenfalls schleppend weitergeführt oder kam mit einem Schlag zum Erliegen.

In Gebieten, die sich für die Reformation entschieden hatten, wurden viele stolze Bischofs- und Klosterkirchen zu Pfarrkirchen degradiert – oft erst nach jahrzehntelangen Auseinandersetzungen mit ›Altgläubigen‹[884]. Als Folge von Reformation und Dreißigjährigem Krieg verloren in Deutschland ihren Bischofsthron u. a. die Kathedralen in Bremen, Halberstadt, Minden und Verden. Das ehemalige Zisterzienserkloster Maulbronn blieb vor dem Verfall bewahrt, weil das Herzogtum Württemberg es in ein Predigerseminar umwandelte. Ähnlich verfuhr man in den Niederlanden und in England. Nach Aufhebung der Klöster (1536–1539) ließ Heinrich VIII. einzelne Abteikirchen – etwa die in Bristol, Gloucester und Peterborough – in anglikanische Kathedralen umwandeln; viele andere verfielen.

Setzten Calvinisten oder Zwinglianer sich durch, wurde das Innere der Gotteshäuser radikal umgestaltet. In manchen reformierten Kirchen wurde der Altar zweitrangig; wichtiger wurde die Kanzel, der Ort der Verkündigung des Gotteswortes. Sitzgelegenheiten wurden wegen langer Predigten unentbehrlich; die Bänke stellte man so, daß die Gemeinde den Prediger sehen konnte. In der ehemaligen Prämonstratenserkirche Koorkerk in Middelburg (Walcheren/Niederlande) trat die Kanzel sogar an die Stelle des Altares; seitlich steht ein Tisch für die Gottesdienste, in denen das Abendmahl ausgeteilt werden soll. Nicht von ungefähr meiden gewisse reformierte Kreise das Wort ›Altar‹, weil es an vorchristliche Kulte erinnern könnte.

Lutheraner sind bei der Einführung von Neuerungen behutsamer vorgegangen. Man entfernte Seiten- oder Nebenaltäre, die nicht mehr gefragt waren; die figürliche Ausstattung wurde meist nur verringert. Wegen der Bedeutung der Predigt baute man oft eine neue Kanzel ein. Die Leere an Wänden und Pfeilern lutherischer Kirchen ist jedoch nicht immer Folge der Reformen des 16. Jahrhunderts. Bezeichnend ist eine Zeitungsnotiz aus dem Jahr 1984: Zum 850. Gründungsjubiläum der St. Marien-Kirche in Altmügeln/Sachsen suche die Gemeinde »stilgerechte Ausstattungsstücke (einen gotischen Altar, Sakramentshäuschen, Taufstein, Heiligenfiguren) für ihr Gotteshaus«; große Teile der wertvollen spätgotischen Innenausstattung, also aus der Zeit vor der Reformation, hätten im 19. Jahrhundert »einer gründlichen, als lutherisch verstandenen Modernisierung weichen müssen«[885]. – In Norddeutschland und Nordeuropa muß man zuweilen genau hinschauen, bevor man weiß, ob man in einer evangelischen oder katholischen Kirche ist; beide können ganz ähnlich ausgestattet sein.

Katholisches Bauen

In ›altgläubig‹ gebliebenen oder rekatholisierten Landstrichen kam es nach einer tiefen Krise zu einem Aufschwung, der sich auch in Kirchenbauten spiegelt. In dem Maße, wie die vom Trienter Konzil (1545–1563) beschlossenen Reformen an Haupt (Papsttum, Bistümer) und Gliedern (Pfarreien, Klöster) durchgeführt wurden, gewann die katholische Kirche neue Zuversicht; triumphalistischen Ausdruck fand sie in dem 1626 geweihten Petersdom in Rom, der vielen Neu- und Umbauten als Vorbild dienen sollte. Ebenso große Wirkung in der katholischen Welt entfaltete die Mutterkirche des Jesuitenordens *Il Gesù* in Rom, deren Bauweise etwa Vorbild der Michaelskirche in München wurde.

Katholische Kirchen wurden von nun an immer öfter so verändert, daß kein Zweifel daran aufkommen konnte, wo man sich befand: ›Ewiges Licht‹ als Hinweis darauf, daß im Tabernakel geweihte Hostien Verehrung verlangten; Bilder und Skulpturen von Heiligen, von Wundern aus Bibel und Kirchengeschichte in sprichwörtlich ›barocker Fülle‹. Der Altar wurde hervorgehoben; als Mittler zwischen Gott und Gemeinde stand der Priester noch mehr als zuvor an erhöhter Stelle. Hatte er nicht, dank der Wandlungsworte, Macht sogar über Gott?

Spannungsreiches Miteinander

In manchen Orten lebten Gemeinden von zwei oder gar drei Konfessionen nebeneinander. Während einer unterschiedlich langen Zeit des Übergangs und der Provisorien nutzten ›Alt-‹ und ›Neugläubige‹ die ›alte‹ Kirche. Noch heute dient der Dom zu Wetzlar Katholiken und Lutheranern gemeinsam – ohne Trennwand. Provisorien können langlebig sein; das heißt jedoch nicht, daß jedes sogenannte Simultaneum in die Zeit der Reformation zurückreicht.

Oft führten Reibungen dazu, daß die Kirche horizontal oder vertikal geteilt wurde. Die Krypta oder der Chor mochte der Minderheit zugewiesen werden, Haupt- und Seitenschiffe der Mehrheit. Nicht selten kam es zu einem radikalen Schnitt: Angehörige der einen Konfession wurden verdrängt; sie bauten sich daraufhin – unterstützt vielleicht von der Obrigkeit, der sie Steuern zahlten – eine eigene Kirche. Kam die andere Konfession im Laufe der Zeit wieder zum Zuge, wurden Veränderungen rückgängig ge-

Jesuitenkirche St. Michael in München (1583), ein Zentrum der Gegenreformation.

macht, oft radikal; man wollte nicht an die verhaßten ›Häretiker‹, ›Kalvinischen‹, ›Lutheraner‹ oder ›Papisten‹ erinnert werden. Als prominentes Beispiel sei Straßburg genannt. Nach der Kapitulation der Stadt (1681) übergab Ludwig XIV. das seit Generationen evangelische Münster dem Bischof und der katholischen Kirche. Unter ganz anderen Bedingungen kam es zu ähnlichen Umwidmungen: Nach 1945 wurden in Gebieten, die polnischer Verwaltung unterstellt waren, evangelische Kirchen in katholische umgewandelt.

Ähnliches wiederholte sich, wie schon hier gesagt sei, im katholischen Raum. Durch die kirchliche Neuordnung zu Anfang des 19. Jahrhunderts büßten auch die Münster von Konstanz und Worms ihre *cathedra* ein und wurden einfache Pfarrkirchen[886]; in Frankreich hatte dieses Schicksal weit mehr Kathedralen ereilt, als Folge des Konkordates von 1801.

Profanierung und Säkularisierung

Im Laufe der Jahrhunderte kam es immer wieder vor, daß Kirchen absichtlich profaniert (lat.; wörtlich: entheiligt, entweiht), ›weltlichen‹ Zwecken nutzbar gemacht wurden, vor allem in Kriegszeiten. So stellten die Normannen 881, bei einem ihrer Einfälle tief ins Frankenreich, im Aachener Münster ihre Pferde unter[887]. Ähnlich verfuhr die Soldateska Kaiser Karls V.; beim *Sacco di Roma* (1527) diente sogar der Petersdom als Stall[888].

In Frankreich wurden im Gefolge der Revolution (seit 1789) Güter aus kirchlichem Besitz verstaatlicht; viele Kirchengebäude wurden zweckentfremdet, als Kaserne oder Gefängnis, Lazarett oder Spital genutzt. Der Kölner Dom – die Stadt gehörte seit 1793 faktisch zu Frankreich – diente von 1796–1801 als Gefangenenlager und Magazin; 1801 konnte man dort erstmals wieder eine Messe feiern, 1803 wurde der Dom als Pfarrkirche dem neugeschaffenen Bistum Aachen unterstellt[889].

Viele Kirchen wurden säkularisiert (wörtlich: verweltlicht), d. h. endgültig anderen Zwecken zugeführt; man wandelte sie in eine Fabrikhalle um, in eine Bibliothek oder in ein anderes öffentliches Gebäude[890]. So beherbergt in Nürnberg die 1380 gestiftete Kartause seit 1866 das Germanische Nationalmuseum[891].

Verfall und Zerstörung

Beispiele für die Zerstörung von Kathedralen und Kirchen ließen sich schon aus früher Zeit viele nennen; Ursachen seien stichwortartig genannt: Not; Verfolgung; Bevölkerungsrückgang, häufig verbunden mit einem großräumigen Wechsel der Religion – wie in Ländern östlich und südlich des Mittelmeeres nach dem Sieg des Islam im 7. Jahrhundert. Schon erwähnt wurde das Unheil, das sich aus Kommende und Ämterkumulation ergeben konnte; wer ein Kloster oder Bistum als Einnahmequelle nutzte, hat oft auch die dazugehörige Kirche zugrunde gerichtet. Nüchtern hält eine Verordnung aus der Zeit Karls des Großen fest: *De ecclesiis emendandis*, »Über die Ausbesserung von Kirchen. Sind an einem Ort mehr (Kirchen) als erforderlich, sollen die nicht benötigten zerstört und die anderen erhalten werden«, *ut destruantur quae necessaria non sunt, et alia conserventur*[892].

Auch Kathedralen wurden zerstört, und zwar nicht nur von Heiden. Sieger raubten Kirchen aus; begehrt waren Blei, Bronze und andere Metalle. Sogar wertvolles liturgisches Gerät wurde eingeschmolzen, liturgische Gewänder versetzt; selbst einfache Altartücher ließ man mitgehen, war der Aufwand für die Herstellung jeder Art von Textilien doch hoch. Oft genug wurde die Kirche danach eingeäschert; so ließen sich auch Spuren verwischen.

Was die Brutalität des Vorgehens angeht, unterschieden sich innere Feinde nicht von äußeren, Christen nicht von Muslimen oder Heiden. Vom 16. bis ins 20. Jahrhundert wurden weit mehr Kirchen als in früheren Zeiten mutwillig zerstört. Soziale und nationale Revolutionen weckten Haß, und sie setzten sich mit Terror durch. Während der radikalen Phase der Französischen Revolution war die Vernichtung kirchlichen Lebens staatlich proklamiertes Ziel; was an den Glauben erinnern könnte, sollte ausgelöscht werden. Reliquienschreine wurden also eingeschmolzen, andere Kostbarkeiten verschleudert, farbige Fenster zerschlagen; die Abteikirche von Cluny wurde 1790 auf Abbruch verkauft und bis 1813 als Steinbruch genutzt. In anderen Ländern – Bayern zum Beispiel – verfuhr der Staat vielleicht etwas weniger radikal und nicht so sehr auf Zerstörung erpicht[893].

III. ROMANTISCH, NATIONAL, MONUMENTAL – KATHEDRALEN IM 19. JAHRHUNDERT

Das neue Bild vom alten Dom

Die Dome in Köln, Regensburg und Ulm, deren Bau vor Jahrhunderten ins Stocken geraten war, sind im 19. Jahrhundert fertiggestellt worden; in Prag zogen sich die Arbeiten bis ins 20. Jahrhundert hin, der Veitsdom wurde ›erst‹ 1929 vollendet. Einmal mehr hatte eine Sprachen und Nationen übergreifende Bewegung Europa ergriffen. Wie hatte es zu einem solchen Aufbruch kommen können?

Ansätze hierzu sind bereits in der zweiten Hälfte des 18. Jahrhunderts zu beobachten. Noch feierte man die Aufklärung, die der Kirche, ihren Riten und Lehren mit wohlwollendem Desinteresse, wenn nicht mit militanter Gegnerschaft begegnete, da setzte eine Gegenbewegung ein; Menschen mit Gespür für neue Tendenzen entdeckten bereits das Mittelalter und dessen Kunst. Bezeichnend sind Überlegungen, mit denen sich Johann Wolfgang von Goethe im April 1770 erstmals dem Straßburger Münster genähert haben will (dessen Bauhütte wurde übrigens 1771 aufgelöst)[894]. Unter ›Gotisch‹ habe er »alle synonymische Mißverständnisse« gehäuft, »die mir von Unbestimmtem, Ungeordnetem, Unnatürlichem, Zusammengestoppeltem, Aufgeflicktem, Überladenem jemals durch den Kopf gezogen waren«; gegraut habe es ihn »vorm Anblick eines mißgeformten, krausborstigen Ungeheuers«.

Als er sich dann in das Werk versenkte, »offenbarte sich mir, in leisen Ahnungen, der Genius des großen Werkmeisters« Erwin von Steinbach. Er spürt, »wie das festgegründete, ungeheure Gebäude sich leicht in die Luft hebt, wie durchbrochen alles und doch für die Ewigkeit!« Goethe hadert mit dem »deutschen Kunstgelehrten«, der unfähig sei, der Genialität eines solchen Werkes gerecht zu werden. Er feiert das Werk als »deutsche Baukunst, unsre Baukunst, da der Italiener sich keiner eignen rühmen darf, viel weniger der Franzos«. Hymnisch preist er den Werkmeister als »Gesalbten Gottes«, und ruft: »Hier steht sein Werk, tretet hin und erkennt das tiefste Gefühl von Wahrheit und Schönheit der Verhältnisse, wirkend aus starker, rauher, deutscher Seele«.

Die Rückbesinnung auf das Mittelalter und die großen Werke der eigenen Nation wurde gefördert von der Enttäuschung über den Verlauf der Französischen Revolution, die nur wenige Jahre nach der Erklärung der Menschenrechte in eine Schreckensherrschaft umgeschlagen war. Zu Beginn des 19. Jahrhunderts erwärmten sich deutsche Dichter für die geistig noch fremde, räumlich nahe, vielfach idealisierte ›altdeutsche‹ Welt, die man entdecken, schätzen und verehren lernte. Der von Johann Wolfgang von Goethe, Chateaubriand, Friedrich Schlegel und anderen angestoßene Wandel in der kollektiven Einstellung – auch dem Christentum gegenüber – befreite ›das Gotische‹ vom Ruch des ›Barbarischen‹; schon bald wurde gotische Architektur als etwas Urdeutsches, als spezifisch deutsche Art des Bauens gedeutet[895]. Es galt nun als vertretbar, bald schon als wünschenswert, Mittel bereitzustellen, um alte Bauwerke zu erhalten; um begonnene zu vollenden, gab es noch andere Gründe.

Die Macht entdeckt die Kathedrale

In einer Zeit der Umbrüche verlangte es Aufsteiger nach Legitimation. So wollte Napoleon 1805 seine Krönung zum König von Italien in einem angemessenen Raum feiern; er ließ deshalb mit großem Aufwand die Westfassade des Mailänder Domes fertigstellen[896]. Deutsche Fürsten, die am Verhandlungstisch oder auf dem Schlachtfeld Gebiete und die Verfügungsgewalt über Kirchen gewonnen hatten, förderten später Dombauten, ausgesprochene Prestigeobjekte. Damit konnten sie mehrere Ziele erreichen: Sie setzten weithin sichtbare Zeichen des Friedenswillens, bewiesen wirtschaftliche Leistungskraft und suchten die neuen Landeskinder für eine ungeliebte Herrschaft zu gewinnen. So ließ Württemberg das Ulmer Münster fertigstellen (ein Trostpflaster, hatte Ulm doch den Rang der freien Reichsstadt eingebüßt); aus ähnlichen Gründen förderte Bayern die Arbeiten an den Domen von Regensburg und Speyer. Auch Preußen blieb nicht untätig; zusammen mit anderen deutschen Fürstenhäusern und großen Teilen des Volkes setzte es sich für die Fertigstellung des Kölner Domes ein. Auf diese Weise sollten die Rheinländer, soweit sie katholisch waren, damit versöhnt werden, daß eine protestantische Dynastie über sie herrschte. Die Förderung der Dombauten in Frankfurt/M. und Schleswig sollte die Bewohner vergessen lassen, daß sie seit 1866 Preußen untertan waren[897].

Den Torso des Kölner Doms deutete der Publizist Joseph von Görres 1814 als Spiegel deutschen Schicksals und deutscher Zukunft. »In seiner trümmerhaften Unvollendung, in seiner Verlassenheit« biete er ein Bild von Deutschland; doch solle er »ein Symbol des neuen Reiches [werden], das wir bauen wollen«. Eine Generation später verband Friedrich Wilhelm IV., protestantischer König von Preußen, Erinnerungen an die Fremdherrschaft mit der Rückbesinnung auf das, was man als spezifisch deutsche Werte ausgab, zu einer Mischung mit ausgesprochen antifranzösischen Konturen. Als der König im Jahre 1842 den Grundstein für den Weiterbau am Kölner Dom legte, nahm er Superlative für Deutschland in Anspruch: Mit den Türmen »sollen sich die schönsten Thore der ganzen Welt erheben. Deutschland baut sie, so mögen sie für Deutschland durch Gottes Gnade Thore einer neuen, großen, guten Zeit werden. Alles Arge, Unrechte, Unwahre und darum Undeutsche bleibe fern von ihnen«.

Der preußische König blickt zurück auf die Befreiungskriege 1813/14, als Köln noch zum Kaiserreich Frankreich gehörte. Der Geist, der diese Tore baue, sei derselbe, »der vor neunundzwanzig Jahren unsere Ketten brach, die Schmach des Vaterlandes, die Entfremdung dieses Ufers wandte ... der Geist deutscher Einigkeit und Kraft. Ihm mögen die Kölner Dompforten Thore des herrlichsten Triumphes werden. Er baue! er vollende!« Das große Werk solle späteren Geschlechtern künden von einem glücklichen Preußen und einem »durch die Einigkeit seiner Fürsten und Völker großen, mächtigen, ja den Frieden der Welt unblutig erzwingenden Deutschland«. Darüber hinaus solle das Werk künden von dem »Brudersinne verschiedener Bekenntnisse, die inne geworden, daß sie eins sind in dem einigen göttlichen Haupte!« Der Dom von Köln solle über diese Stadt ragen, über Deutschland, über Zeiten, »reich an Menschenfrieden, reich an Gottesfrieden, bis an das Ende der Tage!«

Der Übergang nationaler, wenn nicht nationalistisch-chauvinistischer Bekundungen in die Sehnsucht nach einem starken, den Frieden garantierenden Deutschland begegnet uns auch in anderen Verlautbarungen der Zeit. Der Ruf nach Eintracht unter den Christen ist seit der Kirchenspaltung im 16. Jahrhundert nicht verstummt. Bei den Worten vom »Brudersinn verschiedener Bekenntnisse« horchte man in Köln allerdings auf. Wollte der preußische Staat eine Gegenleistung für seine finanzielle Hilfe bei der Fertigstellung des Domes verlangen? Die Umwandlung in eine Simultankirche

Karl Friedrich Schinkel, Entwurf zu einem Dom als Denkmal der Befreiungskriege. Dieser (nicht ausgeführte) Entwurf von 1814/15 markiert den Beginn eines Jahrhundertdiskurses: die Interpretation des gotischen Doms als nationales Monument.

nach dem Muster des Altenberger Doms, fast vor den Toren Kölns, erschien nur wenigen als verlockend[898].

Der Kölner Dom wurde als katholische Bischofskirche weitergebaut. Daß er ein Kind auch des 19. Jahrhunderts ist, zeigte sich wieder bei den Feierlichkeiten zu seiner Fertigstellung 1880: Das Fest verlief praktisch ohne Beteiligung der Katholiken; denn Staat und katholische Kirche stritten im ›Kulturkampf‹ um die Grenzen ihrer Machtsphären, und Erzbischof P. Melchers lebte im Exil[899]. Bezeichnend war auch der Tag des Festes. Man hätte sich für den 15. August entscheiden können (Fest Mariae Himmelfahrt, wie bei der Grundsteinlegung 1248) oder für den 29. Juni (Fest Peter und Paul). Statt dessen feierte man am 15. Oktober, dem Geburtstag des 1861 verstorbenen Königs Friedrich Wilhelm IV., der 38 Jahre früher das Zeichen zum Weiterbau gegeben hatte. Typisch 19. Jahrhundert? Typisch preußisch? Wir erinnern uns, daß der Bamberger Dom im Jahre 1012 am Geburtstag des Stifters, König Heinrichs II., geweiht wurde.

Ein günstiges Umfeld: Vereine und ›Monumenta‹

In Köln, Regensburg, Ulm und andernorts wuchsen die Dome auch deshalb in die Höhe, weil das Umfeld das Weiterbauen begünstigte. Das große Engagement der städtischen Oberschicht fügte sich gut in die politische Landschaft ein. Aus der Sicht von Monarchen, die sich Freiheit nur als Freiheit von Fremdherrschaft vorstellen konnten, hatte es unbestreitbare Vorzüge, wenn einflußreiche, wohlhabende Kreise des Bürgertums sich für die Vergangenheit interessierten: Ihr Tatendrang wurde von politischem Engagement, vom Verlangen nach Demokratie und individuellen Freiheitsrechten ab- und auf unverfängliche Ziele hingelenkt.

Von der Obrigkeit gefördert, entstanden seit den 1840er Jahren Vereine mit dem Ziel, das historische Erbe zu pflegen und es vor Verfall zu bewahren, vielleicht gar einen bestimmten Dom fertigzustellen. Offensichtlich ging man in Süddeutschland voran mit dem ›Verein für Kunst und Alterthum in Ulm und Oberschwaben‹ (1841); es folgten der Zentrale Dombauverein in Köln (1842, mit fast 5000 Gründungsmitgliedern), der Karlsverein in Aachen (1847) sowie Vereine mit ähnlichen Zielen in Speyer (1853), Mainz, Mönchen-Gladbach, München, Worms (1857), Regensburg (1859), Freiburg (1890). Auch wenn sich vor allem Bankiers, Fabrikanten, Kaufleute engagierten[900], kann man von frühen Bürgerinitiativen sprechen, zumal die Grenzen der Konfessionen überschritten wurden.

Zum günstigen Umfeld gehörte auch ein ehrgeiziges, ebenfalls vom Staat gefördertes Projekt, das im Laufe des Jahrhunderts Gestalt annahm: 1819 wurden die *Monumenta Germaniae Historica* gegründet. In anspruchsvollen Ausgaben machten die MGH, wie sie kurz genannt werden, einem großen Kreis Gebildeter mittelalterliche Schriftquellen zugänglich, darunter auch Bischofsviten und Bistumschroniken. Damit legten die Herausgeber Grundlagen für die wissenschaftliche Erforschung und für ein tieferes Verständnis der Kathedrale als Teil unserer Geschichte.

Pläne, Gutdünken und Willkür: die Stunde der Restauratoren

Dome gelten als Inbegriff mittelalterlicher Architektur; doch oft läßt sich kaum noch ausmachen, was an ihnen mittelalterlich ist. Die Massen an Stein – zumal die nicht sichtbaren – stammen oft aus ferner Zeit. Doch wie sieht es mit den oberirdischen Teilen aus, mit Fassade und Türmen?

Eine Frage mußte entschieden werden, bevor noch die Baustelle freigeräumt war: Wie sollte man bauen? Wollte man dem ursprünglichen Plan folgen, mußte man nach Quellen forschen – oft mit Erfolg. In Regensburg hatte man zwei mittelalterliche Entwürfe zur Wahl; der eine sah einen mächtigen Einzelturm vor, der andere eine Zweiturmanlage; für diese entschied man sich. Auch in Köln konnte man nach dem Originalriß des 14. Jahrhunderts die Türme bauen. Für die Spitze des Ulmer Münsterturms hatten mittelalterliche Risse eine Marienstatue vorgesehen[901]. Aber im 16. Jahrhundert hatte die Stadt sich für die Lehre der Reformatoren entschieden, die Marien- und Heiligenverehrung ablehnten. Man begnügte sich mit einer Kreuzblume.

Fanden sich keine Pläne, mußte man Fehlendes erschließen – mit Kennerschaft, Einfühlungsvermögen und allen Risiken, die ein solches Vorgehen barg. Als Weichen für Arbeiten an altehrwürdigen Kathedralen gestellt wurden, gab es noch keine wissenschaftliche Ausbildung für Architekten und Restauratoren. Trotzdem mußten in Deutschland, England, Frankreich Arbeiten ausgeführt werden, wenn man Denkmale dem drohenden endgültigen Ruin entreißen wollte.

Frage und Antwort von Bert Brecht verdeutlichen ein Dilemma, das vielen Restauratoren nicht bewußt war: »Was ist das Gegenteil von gut? – Gut gemeint.« ›Gut gemeint‹ waren viele Restaurierungen im 19. und noch im 20. Jahrhundert, die auf die Veränderung, wenn nicht Verfälschung oder gar Zerstörung der Bausubstanz hinausliefen. Aus späterer Sicht wirkt sich erschwerend aus, daß die Eingriffe oft nicht dokumentiert wurden. Wenn im Folgenden der Blick auf Frankreich gelenkt wird, dann nicht deshalb, weil aus Deutschland Vergleichbares nicht zu berichten wäre, sondern weil die Gleichzeitigkeit des Ungleichzeitigen in Frankreich wohl besonders gut zu beobachten ist.

Einer der einflußreichsten Architekten und Restauratoren im 19. Jahrhundert war Eugène Emmanuel Viollet-le-Duc (1814–1879). Zu seinen bleibenden Verdiensten gehört, daß er als Autodidakt – darin Heinrich Schliemann vergleichbar – die Basilika von Vézelay vor dem Ruin bewahrt hat (seit 1840); hohe Anerkennung gebührt ihm auch deshalb, weil er als Ergebnis jahrzehntelanger Arbeiten an Kirchen, Burgen (Pierrefonds) und Städten (Carcassonne) eine Art Summe mittelalterlicher Architektur vorgelegt hat[902]. Unter dem Stichwort *Restauration* propagiert Viollet-le-Duc das Ideal stilreiner Rekonstruktion: *Restaurer un édifice, ce n'est pas l'entretenir, le réparer ou le refaire, c'est le rétablir dans un état complet qui peut n'avoir ja-*

mais existé à un moment donné, »Ein Gebäude restaurieren heißt nicht, es zu unterhalten, auszubessern oder wiederherzustellen, sondern ihm eine vollkommene Gestalt zu geben, die es vielleicht zu keiner Zeit gehabt hat«. Ohne Bedenken veränderten, ›verbesserten‹ Viollet und seine zahlreichen, ebenfalls einflußreichen Nacheiferer Vorgefundenes.

Fotos, welche die Hauptfassade der Kathedralen St. Pierre in Angoulême sowie St. Front in Périgueux jeweils vor und nach der Restaurierung zeigen, würde der Nicht-Fachmann kaum auf dasselbe Bauwerk beziehen. Ein Kenner schreibt dazu, »der durch eine ›Restaurierung‹ des 19. Jahrhunderts arg mißhandelte Bau [sei] deshalb besonders lehrreich, weil er zur Vorsicht und Umsicht bei der Beurteilung mittelalterlicher Bauwerke mahnt. Jedem Studium der stehenden Bauten muß das Studium des Mißgeschicks vorangehen, dem sie im vergangenen Jahrhundert ausgesetzt waren«[903].

Noch bevor Viollet-le-Duc Erfahrungen bei der Restaurierung von Vézelay sammelte, hatte die Regierung Maßnahmen zum Schutz von Denkmälern ergriffen. Nach Vorüberlegungen, die bis ins Jahr 1810 zurückreichen, als man noch Cluny demolierte, schuf Innenminister François Guizot, Historiker und Liebhaber des Mittelalters, 1830 den *Service des Monuments Historiques*, das Amt für Historische Denkmäler. Wenige Jahre später ernannte Guizot den Schriftsteller und Archäologen Prosper Mérimée zum *Inspecteur Général des Monuments Historiques* (1834–1860). Mit der Autorität eines staatlichen Amtes sollte der Generalinspektor für die Erhaltung und Erforschung alter historischer Bauwerke sorgen. Ergänzend wurde 1837 die *Commission des Monuments Historiques* ins Leben gerufen und mit hervorragenden Wissenschaftlern besetzt. Die Kommission sollte historisch und kunsthistorisch bedeutende Gebäude und Gegenstände unter Schutz stellen; dazu standen Gelder des Staates und der Départements zur Verfügung (aus heutiger Sicht karge Beträge). Als Ergebnis erster Erhebungen wurde 1840 eine Liste veröffentlicht, die 954 ins Mittelalter zurückreichende Gebäude umfaßte; Kathedralen waren noch nicht aufgenommen, da sie einstweilen dem Kultusministerium unterstanden.

An Einrichtung und Arbeiten der *Commission des Monuments Historiques* konnte man im Ausland anknüpfen, als man auch hier ein Gespür für die Schutzbedürftigkeit historischer Denkmäler entwickelt hatte. Mitte des 19. Jahrhunderts konnte man nicht ahnen, daß der Denkmalschutz sich anderthalb Jahrhunderte später zu einem bedeutenden Wirtschaftszweig entwickeln würde.

Der Berliner Dom, 1894–1905 errichtetes Monumentalbauwerk. Die Aufnahme (vor 1986) zeigt den Zustand vor der Restaurierung der letzten Jahre.

Baukonjunktur

Die Wiederaufnahme der Arbeiten an großen Kirchen förderte im 19. Jahrhundert die Wirtschaft – wie Jahrhunderte früher die ersten Bauphasen. Gefragt waren Steinmetze, Maurer und Zimmerleute, Dachdecker, Klempner und Glaser, Gerüstbauer und Werkzeugmacher, ferner Handlanger und Transportarbeiter; auf Großbaustellen wie in Köln waren das Hunderte[904].

Zu den Nutznießern gehörten auch jetzt Gastwirte, Sattler, Schneider, Frauen, die für Arbeiter kochten, Familien, die einen ›Schlafburschen‹ aufnahmen, und viele andere. Trotzdem: Sollte man die knappen Ressourcen nicht besser dazu nutzen, Wohnungen, Schulen, Krankenhäuser zu bauen? Die Frage wurde gestellt; sie war genauso berechtigt wie die fast wortgleiche Kritik im Mittelalter.

Viele Umstände haben dazu beigetragen, daß aus Bauruinen Dome wurden: Mittelalterbegeisterung, Engagement einflußreicher Kreise, gesicherte Finanzierung. Unerwähnt blieb bislang, daß Baumaterialien wie Stein, Holz und Eisen sowie Steinkohle (als Energieträger) relativ preiswert zur Verfügung standen, weil die Transportfrage gelöst war: Dampfmaschinen trieben Eisenbahnen und Schiffe an, vereinzelt wohl auch schon Maschinen auf der Baustelle. Heilsamer noch war die lange Friedenszeit; sie reichte im Grunde von 1815 bis zum Ausbruch des Ersten Weltkrieges 1914.

Bei diesem Bauboom ist auch an Austauschbeziehungen zwischen Sakral- und Profanbauten zu denken. Das gilt schon für das späte Mittelalter: Der Architekt, der die Ostfassade des Rathauses von Tangermünde entworfen hat (in Ziegelmauerwerk, mit drei Spitzgiebeln, um 1430), könnte sich die Westfassade der Klosterkirche von Chorin zum Vorbild genommen haben[905]. Ihrer Form nach sind Statussymbole des 19. Jahrhunderts – Fassaden von Bahnhöfen, kuppelüberwölbte Säle wissenschaftlicher Bibliotheken und des Reichstages in Berlin – Kirchenbauten früherer Jahrhunderte verpflichtet.

IV. BLICKE AUF DAS 20. JAHRHUNDERT

Widersprüche prägen das letzte Jahrhundert; sie spiegeln sich auch in Kirchenbauten. Auf der einen Seite stehen unsägliche Zerstörungen, auf der anderen beispiellose Wiederaufbau-, Erhaltungs- und Sanierungsleistungen. Zuständige haben aus Fehlern in der Vergangenheit gelernt – blieben deshalb aber nicht vor neuen Fehlern bewahrt.

Weltkriege

Die Kriegführenden haben in den Weltkriegen viele Kirchen absichtlich vernichtet; die Zerstörung sehr vieler anderer haben sie mindestens billigend in

Kauf genommen, wenn sie mit Flächenbombardements Städte in Schutt und Asche legten. Zu den Schäden an Gebäuden kamen herbe Verluste an einzigartigen Fenstern und anderen Ausstattungsstücken[905a].

Da man um die wachsende Zerstörungskraft von Bomben und Artilleriegranaten wußte, hat man zu Beginn des Zweiten Weltkrieges vorbeugende Maßnahmen ergriffen, wie am Beispiel des Kölner Doms gezeigt sei. Obwohl nur wenige Männer und Kraftfahrzeuge für zivile Aufgaben freigestellt wurden, konnte man bewegliche Kunstwerke aus dem Dom in Sicherheit bringen. Dazu mußten die Fenster aus ihren Fassungen genommen werden, eine heikle Aufgabe bei etwa 1.500 Quadratmetern dünner Scheiben und brüchiger Verbleiung. Mehr als 10.000 Sandsäcke sollten Skulpturen schützen, die man nicht fortschaffen konnte; im Laufe der Jahre trocknete der Sand, die Säcke schrumpften, gerieten ins Rutschen und mußten umgepackt werden.

Getroffen wurde der Dom von 14 Sprengbomben, bei nur einem Angriff von mehr als 100 Brandbomben, ferner von 19 Artilleriegranaten in den letzten Kriegstagen. Er trotzte noch einer weiteren Gefahr: Nach Abschluß der Kampfhandlungen sprengten Pioniere der Besatzungsmacht mit Wasserbomben die Fahrtrinne des Rheins frei; dabei gerieten die Spitzen der Fialen in Schwingungen, die bis zu 30 Zentimeter erreicht haben sollen[906]. Trotz böser ›Schrammen‹ war der Dom, wie man das auch vom deutschen Volk sagte, noch mal davongekommen.

Ideologien

Kirchen und deren Ausstattung wurden auch während politisch-sozialer Umwälzungen systematisch zerstört: nach der Oktoberrevolution in Rußland (1917), zur Zeit der Republik in Spanien[907], dann wieder in Ländern, in denen Stalinisten die Macht errangen (seit 1944/45). Ein makabres Fanal setzten die Machthaber der seinerzeitigen DDR im Jahre 1968: Sie ließen in Leipzig die Universitätskirche, die den Bombenkrieg unversehrt überstanden hatte, sprengen. Leipzig bildete ein – allerdings herausragendes – Glied in der Kette vandalischer Zerstörungen, die darauf abzielten, Spuren einer als überholt geltenden Epoche zu beseitigen. Wenn in der DDR nicht noch weit mehr Kirchen verfielen, dann hat das einfache Gründe: Viele Gemeinden setzten sich mit größter Opferbereitschaft für den Erhalt ihrer Kirche ein; die Spendenbereitschaft der westdeutschen Diözesen und Landeskirchen zugunsten von Gotteshäusern in Mittel- und Ostdeutschland war groß;

die Vereinigung der bis 1990 getrennten Teile Deutschlands erleichterte dringend gebotene Sanierungsmaßnahmen, die viele Kirchen vor dem Ruin bewahrt haben.

›Sachzwänge‹

Andererseits bot noch lange nach dem Zweiten Weltkrieg auch der freie Teil Deutschlands ein widersprüchliches Bild: Da wurden Kirchen aufgebaut; dort machte man Kirchen, deren Wiederherstellung möglich und sinnvoll gewesen wäre, dem Erdboden gleich. Um Argumente war man nicht verlegen; Akte der Barbarei wurden mit ›Sachzwängen‹ entschuldigt, die landauf, landab herhalten müssen, wenn geschichts- und phantasielose Planer ›reinen Tisch‹ machen. Erleichterte Verkehrsführung, Ausweitung von Wohnflächen, Anlage von Parkplätzen, ›Durchlüftung‹ einzelner Stadtviertel, unzumutbar hoher Erhaltungsaufwand ... Die Öffentlichkeit war erst unzureichend sensibilisiert für das, was das Land an historischem Erbe, damit an eigener Identität verlor.

Aus Frankreich ist dem Autor ein – in die Form der Karikatur gekleideter – Leserbrief in Erinnerung (Le Monde, Mitte der 1960er Jahre): Man blickt auf die Fassade von Notre-Dame in Paris, durch deren drei Portale Schnellstraßen führen. Bevor Personen- und Lastkraftwagen durch das rechte Portal in die Kathedrale brausen, sehen die Fahrer sich auf einer großen Tafel um Rücksichtnahme gebeten: *Prière de ne pas klaxonner pendant les offices*, »Bitte, während der Gottesdienste nicht zu hupen«! Die seinerzeitige Befürchtung ist nicht wahr geworden; daß sie geäußert und veröffentlicht wurde, zeigt, wie berechtigt derartige Warnungen waren.

Restaurierung, Rekonstruktion oder Neubau?

Im Rückblick ist man erstaunt, wie schnell nach 1945 schwer geschädigte Bauten gesichert und Hunderte von Kirchen aufgebaut waren. Drei frühe Freigaben für den Gottesdienst seien stellvertretend für viele andere genannt: 1948 der Ostteil des Kölner Doms, 1956 der ganze Dom; 1951 die Lübecker Marienkirche[908]. In Köln, Lübeck und andernorts gestaltete man die Wiedereinweihung der traditionsreichen Gotteshäuser festlich aus; Würdenträger aus Kirche, Staat und Gesellschaft ließen es sich nicht nehmen, an solchen Feiern teilzunehmen. Vor allem beteiligte sich das Volk; es feierte sich und seine eigene Zukunft in dem neuen Werk, zu dem es mit Steuern und Spenden beigetragen hatte – oft genug auch mit harter Knochenarbeit.

Bei (fast) total zerstörten Bauwerken verzichtet man im allgemeinen auf eine Rekonstruktion (lat. *reconstruere*, wiedererbauen) zugunsten eines Neubaus mit Materialien und nach Plänen sowie künstlerischen Vorstellungen der Zeit. Ausnahmen läßt man gelten, wenn die Originalpläne vorliegen – oder wenn dem einzelnen Denkmal besondere Bedeutung für Geschichte und Erscheinungsbild der Stadt zugemessen wird. Wie man in Venedig den 1902 eingestürzten Campanile des Markusdomes[909] originalgetreu wiederaufgebaut hatte, rekonstruierte man nach 1945 romanische Kirchen in Köln, St. Michael in Hildesheim und den Würzburger Dom. Noch nicht abgeschlossen ist die Rekonstruktion der Frauenkirche in Dresden.

Während vor Jahrzehnten rekonstruierte Bauwerke längst wieder Patina angesetzt haben und aussehen ›wie aus dem Mittelalter‹, tragen andere Bauten noch die Spuren der wenige Generationen zurückliegenden Verwüstung. Beim Aufbau der Gedächtniskirche in Berlin hat man den beschädigten Turm erhalten; er ist heute, ähnlich wie das Brandenburger Tor, ein Wahrzeichen der Stadt. An Stelle der zerstörten Kirche hat man 1962 einen völlig neuen Kirchenraum geschaffen[910]; im Schmuck vielfarbiger Fenster steht er mit seinem achteckigen Grundriß in besten Traditionen kirchlichen Bauens.

Bei Kirchen, die nur wenig von ihrer Substanz eingebüßt hatten, konnte man sich damit begnügen, schadhafte Teile zu restaurieren (lat. *restaurare*, wiederherstellen). Doch häufig standen die Verantwortlichen vor einem ähnlichen Dilemma wie im 19. Jahrhundert: Welchen Zustand sollten sie wiederherstellen? Den der Kirche unmittelbar vor der Zerstörung, Spiegel von tausend Jahren Architekturgeschichte? Wo fangen die Änderungen an, die sich kaum rückgängig machen lassen? Wo die Grenzüberschreitungen, die erst nach Abschluß der Arbeiten feststellbar sind? Bei fast jeder älteren Kirche geht der sinnvolle Ermessensspielraum in einen ungemütlichen Zwang zur Entscheidung über: Soll der ›häßliche Anbau‹ aus dem 18. Jahrhundert wirklich dem ›edlen romanischen Baukörper‹ (oder was man dafür hält) wieder angefügt werden? Wer sich für eine bestimmte Höhe des Fußbodens entscheidet, muß vielleicht jüngere Fußbodenschichten zerstören. Möglicherweise war das Dach zu unterschiedlichen Zeiten mit Blei, Schiefer und Ziegeln gedeckt, aus Kostengründen zuletzt mit Schiefer; sollte man es jetzt nicht mit langlebigem Kupfer decken?

Wir schätzen den Anblick von Naturstein in unterschiedlich getönten

Farben. Ursprünglich waren die Wände vieler Kirchen verputzt, außen als Schutz gegen die Witterung, innen zur Aufnahme von Mosaiken oder Malereien. Den Außenbau zu verputzen, war geboten; denn es ist leichter und weniger kostspielig, schadhaften Putz zu erneuern als ganze Quader zu ersetzen. Im 19. und 20. Jahrhundert hat man sich vielerorts über diese Erfahrung hinweggesetzt, weil Steinsichtigkeit mit Ursprünglichkeit gleichgesetzt wurde. Am Limburger Dom schlug man 1872 den Putz ab; schwere Schäden am Natursteinmauerwerk waren die Folge. Im Zuge einer umfangreichen Restaurierung wurde der Dom wieder verputzt. In den Jahren 1952–1957 hat man die Oktogonkirche in Ottmarsheim/Elsaß restauriert; seitdem ist der schöne Naturstein zu sehen – und schutzlos der Witterung ausgesetzt[911].

Wer aufgerufen ist, einen Bau zu restaurieren, muß täglich Entscheidungen treffen. Bei Fragen nach der größtmöglichen Haltbarkeit, nach dem rechten Weg, nach dem Echten, dem Originalen kann es nicht ohne Streit zugehen. Es ist schon viel gewonnen, wenn nicht allzu viele Fehler der Vergangenheit erneut gemacht werden.

Auswirkungen von Liturgiereformen

Eine Kirche ist nicht nur dann erneuerungsbedürftig, wenn der Putz blättert; Arbeiten im Innenbereich werden nötig, wenn Formen des Gottesdienstes sich ändern. Reformen der Liturgie, wie sie das Trienter und das Zweite Vatikanische Konzil (16. bzw. 20. Jh.) angestoßen haben, führten zur Rückbesinnung auf das, was eine Gemeinde ausmacht. Gemeinde und Altar gehören zusammen. Deshalb wurde der Altar nah zur Gemeinde, vielleicht sogar in deren Mitte gerückt. An die Stelle der vielen Einzelmessen in früherer Zeit sollte der Gemeindegottesdienst treten; hier sollte dann noch für ein besonderes Anliegen gebetet, die Einzelerinnerungen dagegen mit wenigen Worten zusammengefaßt werden: »Gedenke Herr, Deiner Dienerin N. N. und all derer, deren Glauben nur du kennst und die ruhen in Frieden«.

Aber was sollte dann mit dem sperrigen Lettner geschehen, was mit Seiten- und Nebenaltären? Wohin mit der nicht mehr genutzten Kommunionbank, dem verstaubten Beichtstuhl? Im günstigsten Fall bleiben sie innerhalb der Kirche – der Lettner vollständig (im Breisacher Münster) oder geteilt (im Querhaus des Freiburger Münsters). Vielerorts wird immerhin das Holz der Beichtstühle gepflegt; wer weiß, ob sie nicht schon morgen wieder gefragt sind.

Permanentes Restaurieren

Cromwell shot at it,
Hitler bombed it,
Time destroyed it;
Please help us to restore it.

Der Autor stutzte, als er vor Jahren in Canterbury diese Worte auf einer Tafel vor dem Eingang zur Kathedrale las. Unbekümmert hatte man Cromwell, Hitler und die Zeit auf einen Nenner gebracht: an der Zerstörung der ehrwürdigen Kirche beteiligt zu sein.

Was für die Kirche als Gemeinschaft der Gläubigen gilt – kaum reformiert, schon wieder reformbedürftig –, trifft auch auf eine Kathedrale wie die in Canterbury zu: Ständig muß an ihr gearbeitet werden, selbst dann, wenn sie in ein Museum umgewandelt worden wäre. Ist ein Turm gerade für die nächsten Jahrzehnte (?) gesichert, verlangt die Fassade vielleicht schon wieder nach Restaurierung. Der Volksmund in Köln soll gar sagen, mit der Vollendung des Doms sei das Ende der Welt gekommen.

Wer ein Denkmal schützen will, sieht sich in der Lage des Sisyphus, man könnte es auch offener ausdrücken: auf verlorenem Posten. Es ist nicht mög-

Die Kathedrale von Coventry. Sie wurde 1940 durch deutsche Luftangriffe zerstört. 1962 wurde die neue Kathedrale geweiht. Die Ruinen der alten Kathedrale blieben als Mahnmal erhalten.

lich, gefährdete Objekte dauerhaft zu sichern. Schäden durch Abgase von draußen, durch Kerzen, Fackeln und Weihrauch im Innern lassen sich eindämmen; doch was soll man tun angesichts der Ausdünstungen von Menschenmassen, die sich durch den Kölner Dom, die Sixtinische Kapelle schieben? Es sind genau die Menschen, die als Steuerzahler die Erhaltungsarbeiten (mit-)finanzieren.

Vor Beginn der Arbeiten steht heute im allgemeinen die genaue Untersuchung. Ein Architekt prüft Dach, Gewölbe und Mauerwerk; ein Kunsthistoriker nimmt Wandmalereien und Ausstattungsstücke in Augenschein, und der Restaurator gewinnt einen Eindruck von Schäden an Fenstern und Malereien; gegebenenfalls bittet man zusätzlich Architekturhistoriker, Naturwissenschaftler, Statiker und/oder auswärtige Gutachter um ihren Rat, vor allem Handwerker, welche die beschlossenen Maßnahmen umsetzen sollen. Bei wertvollen Objekten wird ein Expertengremium eingesetzt, ein Kongreß befragt. Anregungen und Bedenken werden bei den folgenden Arbeitsschritten häufig beherzigt.

Der vorgefundene Zustand wird in Schrift, Bild und Zeichnung festgehalten. Spätere sollen um Art und Größe der Eingriffe wissen. Die Dokumentation kann in Form eines Gutachtens erstellt werden; es hilft den Beteiligten (etwa Stiftungsrat, übergeordnete Behörde, Denkmalamt), Entscheidungen zu treffen: Restaurierungs- und/oder Sanierungsmaßnahmen; Reihung nach Dringlichkeit (geboten, sinnvoll); Aufstellung eines Finanzierungsplans.

Das Arbeitspensum, das bei der Restaurierung einer großen Kirche zu bewältigen ist, läßt sich nur durch den Einsatz hochqualifizierter Kräfte und Firmen bewältigen. Bei der technischen Abwicklung geht man unterschiedlich vor, vereinfacht ausgedrückt: Bei Modell A führt eine große Zahl von Fachleuten während einer begrenzten Zeit die notwendigen Arbeiten durch, so daß nach menschlichem Ermessen in den nächsten x Jahrzehnten keine größeren Arbeiten mehr erforderlich sind; bei Modell B arbeitet eine kleinere Zahl kontinuierlich; Modell C läuft auf eine Mischform von A und B hinaus; wir werden ihr noch begegnen. Nicht nur, vor allem aber im deutschen Sprachraum hat man sich für die Variante B entschieden.

Bewährt: die Bauhütte

Seit dem 19. Jahrhundert hat man an vielen Kathedralen die Bauhütte zu neuem Leben erweckt. Als ständige Einrichtung verfügt sie über eine eigene

Werkstatt; zu ihr gehören – je nach Art der anfallenden Arbeiten – auf Dauer beschäftigte Steinmetzen, Bildhauer, Maurer und die jeweiligen Lehrlinge; dazu kommen ständig oder vorübergehend Dachdecker, Elektriker, Gerüstbauer, Glasmaler, Glasrestauratoren, Maler, Schlosser, Schreiner, Zimmerleute. Die dauernd Beschäftigten (in Basel und Freiburg etwa 15, in Köln etwa 60) bilden einen Organismus, dessen Zusammenhalt mancherorts durch gemeinsame Mahlzeiten und Fortbildungsveranstaltungen zusätzlich gefördert wird. Eine Einzelheit zeigt, woran auch zu denken ist: Aufwendige Vorarbeiten sind geboten, wenn über längere Zeit in großer Höhe gearbeitet werden muß; damit die hochqualifizierten, entsprechend entlohnten Fachkräfte nicht kostbare Zeit verlieren, richtete man am Nordturm des Kölner Doms in 100 Metern Höhe eine Dachwerkstatt ein, mit Aufzug und Toilette[912].

Als Arbeitsbetrieb wirtschaftlich und nach modernen Leitlinien geführt, bewältigt die Bauhütte unter eigener Führung und unter Berücksichtigung der gegebenen finanziellen Möglichkeiten folgende Aufgaben: Planung mittel- und langfristig notwendiger Maßnahmen; Wahl angemessener Gesteinsarten; Versetzen fertiger Steine am Bau; Auf- und Abbau von Gerüsten. Verwitterte Steinteile werden, wenn erforderlich, in neuem Material nachgeschlagen, das man für witterungsbeständig(er) hält. Tradition und Moderne gehen unmittelbar ineinander über: Soweit es sinnvoll ist, arbeitet der Steinmetz mit Werkzeug und nach Techniken, die seit Generationen überliefert sind; wiederholt wurde in Bauhütten verschollenes handwerkliches Können wiederentdeckt. Die Pflege traditioneller Arbeitsweisen schließt den Einsatz bewährter Erleichterungen ein: Blöcke werden mit der Steinsäge zugeschnitten, Figuren in groben Umrissen mit dem Motormeißel herausgearbeitet. Motorwinden helfen beim Transport in die Höhe. Bei der Anfertigung von Plänen und Schablonen bedient man sich des computerunterstützten Zeichnens (*Computer Aided Design*, CAD).

Die Bauhütte zeichnet sich durch Bodenständigkeit und Flexibilität aus. Im ständigen Kontakt mit dem Bau und untereinander lernen die Mitarbeiter ›ihren‹ Dom kennen, oft auch lieben, wie es eine mobile, einmal hier, einmal dort wirkende Truppe kaum vermöchte. Werkmeister und Handwerker führen langfristig geplante Arbeiten kontinuierlich durch, können aber auch auf unvorhersehbare Schäden reagieren – etwa nach dem Orkan ›Lothar‹ (Weihnachten 1999). In Zusammenarbeit mit wissenschaftlichen Einrichtungen erproben Bauhütten neue Methoden, was einem freien Handwerker im allgemeinen nicht möglich ist. Die Vorzüge der Bauhütte werden so hoch veranschlagt, daß man – wie wir noch sehen werden – gelegentlich sogar für die Zeit umfangreicher Restaurierungsarbeiten eine Bauhütte gegründet hat.

Ende der 1980er Jahre gab es in Deutschland 16 selbständig planende und arbeitende Bauhütten, weitere neun im europäischen Ausland[913]. Die Leistungsfähigkeit der Hütten wurde durch Bildung der Interessengemeinschaft ›Dombaumeister – Europäische Vereinigung der Dombaumeister, Münsterbaumeister und Hüttenmeister‹ – gesteigert. Nach dem Stand von September 2000 wußten sich die 67 Mitglieder – Ehrenmitglieder und Ruheständler eingeschlossen – für Kirchen in fünfzig Orten verantwortlich; die Liste reicht von Aachen bis Zwickau[914].

Es ist damit zu rechnen, daß der Kreis der Mitglieder sich in Zukunft stärker in den außerdeutschen Sprachraum ausweitet; immerhin kamen die Dombaumeister, Münsterbaumeister und Hüttenmeister bei ihren seit 1975 jährlichen Begegnungen auch schon in Reims, Mailand und Danzig zusammen. Die Tagungen bieten unschätzbare Vorteile: Anhand des Domes, in dessen Schatten man zusammengekommen ist, werden konkrete Probleme erörtert, erfolgversprechende Lösungsansätze und Möglichkeiten, die Zusammenarbeit zwischen Praktikern und Wissenschaftlern zu intensivieren. Man tauscht Erfahrungen aus – etwa mit dem Imprägnieren von Stein. Im Zusammenhang mit dem ›Dauerbrenner‹ Taubenplage sei eine Zeitungsmeldung erwähnt, die nachdenklich stimmt: Heute laufen täglich (!) etwa 160 Liter Urin in die Fundamente des Kölner Domes[915].

Erforschung

»Zum Kathedralbau des 12. Jahrhunderts ist bis heute kein zeitgenössischer Hinweis bekannt geworden«[916]. Die Aussage, die sich auf Langres in Ostfrankreich bezieht, ist nicht verallgemeinerungsfähig, doch bezeichnend; so hieß es zu Mecheln in Belgien noch 1978: Chor und »Bauwerk insgesamt schlecht erforscht«[917]. Andere Kathedralen sind gut erforscht; man denke an die ›Summen‹, die in den letzten Jahrzehnten zu Regensburg, Reims und Speyer vorgelegt wurden. Der Grad der Erforschung hängt mit den Quellen und den Interessen von Forschern (damit auch ganzer Institute) zusammen, vielleicht auch mit der Lage zur nächsten Universität, die über historische, kunsthistorische, liturgische und technische Fachrichtungen verfügt.

Nicht nur für Kirchen fehlen schriftliche Zeugnisse, sondern auch für Befestigungen, Brücken und Straßen, die für die Menschen ebenfalls wichtig waren, deren Bau und Fertigstellung die Chronisten aber nicht für überlieferungswürdig gehalten haben[918]. Manchmal ist das Jahr oder gar das Datum der Kirchweihe bekannt, öfter wohl das einer Katastrophe. So lautet eine Notiz zum Jahr 965: Am 31. März stürzte die Kirche zu Halberstadt ein[919]. Sollten frühere schriftliche Quellen fehlen, kann man aus einer solchen Bemerkung immerhin schließen, daß der Bau schon lange stand, bevor er erstmals in einer Chronik Erwähnung fand.

Eingangs wurde auf ein Wort Abaelards verwiesen, nach dem wir forschend der Wahrheit näherkommen. Daß hinter dieser Überlegung eine Einstellung stand, die nicht auf den einen Denker des 12. Jahrhunderts beschränkt blieb, zeigt Felix Fabri, dem wir in seinem Preis des Ulmer Münsters ebenfalls schon begegnet sind. In den Jahren 1480 und 1482/83 ist er nach Jerusalem gepilgert, wo ihn die Heilig-Grab-Kirche besonders interessierte[920]. Nach aufmerksamer Lektüre der Evangelien und späterer Schriftzeugnisse wandte Fabri sich der Kirche zu; da sie überall mit Marmor verkleidet war, kam er zu keinem klaren Ergebnis. Mit der *ambiguitas* (Zweideutigkeit, Zweifel) nicht zufrieden, schritt er zu einer Untersuchung des Baues (*huius rei experientiam*): Eine brennende Kerze in der Hand, begab er sich auf die Suche nach einer Stelle, die vielleicht nicht mit Marmor verkleidet wäre. Fabri wurde fündig, sah er doch im Innern eine nackte Felswand, »nicht aus Quadern zusammengefügt, sondern einheitlich, woran deutlich die Spuren der Eisenwerkzeuge erschienen. Im oberen Teil scheint aber ein Bruch gewesen zu sein, der mit Stein und Mörtel wieder geflickt worden war. Woraus mir klar wurde, daß das Herrengrab einst zerstört worden war, aber niemals gänzlich niedergerissen, und nun wiederhergestellt ist, und so wie es heute steht, so steht es seit mehr als zweihundert Jahren«.

Diese von Kunsthistorikern bislang übersehenen Ausführungen werden folgendermaßen gewürdigt: »Wichtig ist Fabers Methode: Es handelt sich um den frühesten Beleg einer auf Schriftquellen und Autopsie beruhenden Untersuchung zur Geschichte eines Bauwerks«. Felix Faber »nahm methodisch die moderne Bauforschung vorweg, indem er Quellenstudium und Bauuntersuchung miteinander verband«.

Studien zu einzelnen Kathedralen und Synthesen zur mittelalterlichen Sakralarchitektur zeigen, daß noch heute grundlegende Erkenntnisse gewonnen werden, weil jemand sich schlicht die Mühe gemacht hat, aufmerksam, mit bestimmten Fragen und Zweifeln den Bau in Augenschein zu nehmen. Hilfreicher als Fernglas und/oder Hubbühne ist dabei ein Gerüst, von dem aus man wieder und wieder, bei unterschiedlicher Beleuchtung, vielleicht von einem anderen Fachmann begleitet, Einzelheiten betrachten kann.

Sofern sich das einrichten läßt, betreibt man möglichst noch vor, sonst während größerer Restaurierungsarbeiten (am Bau, an den Fenstern, am Dachstuhl) intensives Quellenstudium. Geprüft werden die erreichbaren schriftlichen Zeugnisse: Akten (vor allem zu Verwaltung und Finanzen), Briefe, erzählende Quellen, Inschriften, Urkunden, nicht zuletzt Altes und Neues Testament. Möglicherweise erfahren wir nur aus dem Zettel, den ein Handwerker für eine Reparatur eingereicht hat, daß es in der Kirche zu der fraglichen Zeit eine Orgel gegeben hat. Welche (Analogie-)Schlüsse man aus diesem Hinweis ziehen kann, muß sorgsam abgewogen werden.

Durch den Buchdruck und die Edition von Schriftgut (seit dem 15. Jh.) wurden viele Quellen erhalten, deren Originale zerstört oder verschollen sind. Bildquellen sind wertvoll, doch bergen sie ihre je eigenen Tücken: Maler und Bildhauer haben oft den Stifter dargestellt, wie er Christus, der Gottesmutter, einem Heiligen seine Kirche darbietet – etwa Bischof Ecclesius in San Vitale (Ravenna; zweites Viertel des 6. Jh.s)[921]. Erkennbar ist ein Zentralbau. Sollte San Vitale abgebildet werden? Bei ähnlichen Darstellungen ist zu fragen, ob vielleicht der Typus der Bischofs-, Kloster-, Pfarrkirche gemeint war, ob es sich hier vielleicht um einen Gemeinplatz handelt. Obwohl Modelle dem Stifter in Bild oder Skulptur erst *nach* Fertigstellung des Gebäudes in die Hand gelegt worden sind, begrüßt der Forscher solche Abbildungen schon deshalb, weil sie gezieltes Forschen erlauben. Sind auf dem Modell etwa Dachziegel zu erkennen, ist zu fragen, seit wann man in dieser Gegend eine solche Art der Deckung kannte und ob Dachziegel sich für diesen Bau durch Quellen oder archäologische Zeugnisse nachweisen lassen.

Bilder stellen einen gewaltigen, weitgehend noch ungehobenen Schatz dar, auch für die Erforschung des materiellen Lebens sowie der Sprache der Gesten und Gebärden. Ein Teilbereich wird seit 1949 unter dem Patronat der UNESCO systematisch erforscht im Rahmen des *Corpus Vitrearum Medii Aevi* (CVMA): Die Fenster werden nach Regionen und Kirchen inventarisiert, nach Herkunft, Entstehungszeit usw. untersucht, beschrieben und reproduziert: Originalbestand, Ergänzung, Restaurierung, Stifter, Begleitumstände der Entstehung oder Veränderung, (kunst-)geschichtlicher Wert usw. Ergebnisse werden in eindrucksvollen Text-Bild-Bänden veröffentlicht. – Sofern nicht längst geschehen, werden die Fenster im Zusammenhang mit den Arbeiten am CVMA gereinigt und gesichert durch Drahtgitter, Außenschutzverglasung und sorgfältige Belüftung[922].

Fenster werden mit geistes- *und* mit naturwissenschaftlichen Methoden erforscht; denn es sind ja nicht nur Bildinhalte und Bildprogramme, Komposition und Farbgebung zu untersuchen, sondern auch die Zusammensetzung von Glas und Farben, die Herkunft des Bleis, das man für die Stege verwendet hat, die Form der Stege, um nur diese Merkmale zu erwähnen.

Das Beispiel verweist auf die vielen Wege, die man heute geht, um große Kirchen und deren Bauteile genau(er) kennenzulernen; die Ergebnisse gewinnen an Überzeugungskraft, wenn die Vertreter einzelner Wissenschaften zusammenarbeiten. Zu den Geisteswissenschaften (Geschichtswissenschaft, Kunstgeschichte, Liturgiewissenschaft u. a.) kommen Disziplinen im Grenzbereich zwischen Geistes- und Naturwissenschaften, vor allem die Archäologie. Bei der Beseitigung von Kriegsschäden, beim Abbruch unstabiler Bauteile, beim Bau etwa erforderlicher neuer Fundamente (und Heizungen) gewannen Archäologen Einblick in Bautechnik und -material früherer Jahrhunderte. Mit naturwissenschaftlichen Methoden werden Farbe und Tünche, Mörtel und Putz, Steine und Legierungen untersucht.

Das Alter von Hölzern und Holzkohleresten, die im Bau gefunden werden, läßt sich mit der Methode der Dendrochronologie bestimmen; in dieser Unterabteilung der Botanik werden die unterschiedlichen Jahrringe des Holzes untersucht. Da Holz im allgemeinen in frischem Zustand verarbeitet wurde, gewinnt man möglicherweise einen Hinweis auf die Zeit, zu der ein Baum gefällt und sein Holz zu Dachsparren verarbeitet wurde – sofern nicht Zweit- oder Drittverwendung vorliegt. Dendrochronologische Untersuchungen haben wiederholt frühere Datierungen in Frage gestellt, die aufgrund von Stileigentümlichkeiten oder Analogieschlüssen erfolgt waren.

Dazu kommt die Veranschaulichung mit Hilfe elektronischer Medien. Dank der sogenannten Computersimulation kommt man zu immer exakteren Visualisierungen, etwa der Abteikirche von Cluny (Cluny III). Bekannte Einzelheiten – aus dem noch erhaltenen sogenannten Glockenturm, des Grundrisses, Abbildungen und Beschreibungen aus den Jahrhunderten vor der Zerstörung, aus erhaltenen Klosterkirchen, die nach dem Vorbild Clunys gebaut worden waren – werden in Computer mit hoher Kapazität eingegeben. Die frappierenden Ergebnisse gelten bis zur Erstellung (noch) überzeugenderer Veranschaulichungen; sie helfen Historikern, Kunsthistorikern, Archäologen weiter – und führen zu neuen Fragen[923].

Die Kathedrale retten

Vor oder gleichzeitig mit Restaurierungen werden Untersuchungen durchgeführt, die oft nicht nur für den einen Bau Bedeutung haben[924]. So hat man mit Sorge beobachtet, daß Sandstein, der früher 250–350 Jahre hielt, heute nach 80–150 Jahren ausgewechselt werden muß, wenn nicht früher. Man weiß, daß Bauten und Statuen aus unterschiedlichen Gründen verwittern. So werden chemische Prozesse durch Taubenkot und sauren Regen in Gang gesetzt; physikalische durch die Schallwellen von Düsenjägern und Hubschraubern, Preßlufthämmern und Rock-Konzerten; biologische durch Mikroorganismen, die auf Steinen und Dachziegeln gedeihen (übrigens auch in Malereien, wenn Kaseinfarben verwendet wurden). Da die entstehenden Schäden volkswirtschaftlich bedeutende Größenordnungen erreichen, ist es sinnvoll, die entsprechenden Untersuchungen auch mit Steuermitteln zu fördern.

Die für einen Bau Verantwortlichen möchten von den Naturwissenschaftlern Hilfe erfahren: Welche Steine sind den gegebenen Belastungen (Abgase, Hitze, Kälte, Nässe) besser gewachsen? Kann man Steinfiguren so behandeln, daß die Zerstörungsprozesse spürbar verlangsamt werden? Welche Reinigungsmethoden schaden dem Stein am wenigsten? Ist der Laser-Strahl so unschädlich, wie man häufig versichert? Wie lassen sich die Glasmalereien der Farbfenster wirkungsvoll gegen die verunreinigte Außenluft und gegen die Ausdünstungen der Touristen schützen? Welche Dachziegel sind langfristig frostfest? Die letzte Frage zeigt, daß die aufgeworfenen Fragen nicht nur für Kathedralen Bedeutung haben. Wissenschaftler führen dann in Zusammenarbeit mit Praktikern Versuche durch, über deren Ergebnisse auch auf den Zusammenkünften der Dombaumeister referiert wird.

Finanzprobleme

Ob kontinuierlich oder in schubweisen Kampagnen restauriert: Der Unterhalt großer Kirchen kostet viel Geld. Gehört das Bauwerk der öffentlichen Hand (Staat, Land, Bürgergemeinde), trägt diese im allgemeinen den Löwenanteil der Kosten. Doch übersteigen die erforderlichen Summen oft die Möglichkeiten eines einzelnen Geldgebers, weshalb Mischfinanzierung zur Regel geworden ist[925]. Solches Zusammenwirken kann schon deshalb nicht konfliktfrei sein, weil prominente Bauten einen Großteil der zur Verfügung stehenden Mittel verschlingen; für weniger bekannte Werke bleiben entsprechend bescheidene Summen übrig. Schwierig wird die Finanzierung auch dann, wenn nicht eindeutig geklärt ist, wer die Baulast zu tragen hat: Diözese, Stadt, Bundesland.

Ein Beispiel mag die Bedeutung der Dombauvereine verdeutlichen. Im Jahr 2000 brachte in Köln der Zentral-Dombau-Verein (etwa 10.000 Mitglieder) 9,5 Millionen DM auf, entsprechend 60 Prozent der Mittel, welche die Bauhütte für ihre laufenden Arbeiten braucht; die Stadt Köln beteiligte sich gerade einmal mit 2,07 Prozent (0,324 Mio DM)! [926] Erhebliches Gewicht haben nach wie vor die Zuwendungen Einzelner (auch in Form testamentarischer Verfügungen) sowie Stiftungen[927]. Die ›Deutsche Stiftung Denkmalschutz‹ hat zahlreiche Bauwerke in letzter Minute vor dem Verfall gerettet, vor allem in den neuen Bundesländern.

Beträge können zweckgebunden sein, etwa zur Restaurierung bestimmter Bauteile. So rechnet man in Freiburg für einen neuen Wasserspeier etwa 30.000 DM, für die Kopie einer Apostelfigur am Turm etwa 60.000 DM[928]. Die Deutsche Forschungsgemeinschaft hat wiederholt Grundlagenforschung an und zu Kirchen gefördert. Firmen und überstaatliche Einrichtungen haben die Förderung von Restaurierungsarbeiten an Kathedralen als Teil ihrer Öffentlichkeitsarbeit entdeckt[929]. Noch hilfreicher als Geldspenden sind oft Personal und technisches Wissen von Unternehmen, die eine kniffflige Aufgabe als Herausforderung verstehen, neue Verfahren und Produkte zu entwickeln. Das Landesdenkmalamt tritt gutachterlich und fördernd in Erscheinung, in erster Linie für historisch bedeutsame Bauten und Kunstwerke, die in die Landesdenkmalliste eingetragen und der besonderen Fürsorge von Staat, Gemeinden und Körperschaften des öffentlichen Rechts anvertraut sind.

Oft wird der Kostenvoranschlag überschritten. Und zwar nicht (nur) deshalb, weil – wie bei einem Neubau – zusätzliche Forderungen erhoben werden; auch nicht (nur) der schleichenden Geldentwertung, steigender Löhne und Materialkosten wegen. Die Verantwortlichen haben Grund, Kettenreaktionen zu fürchten: Bei Untersuchung lockerer Steine stellen sich Schäden im Gebälk heraus; langfristig kostengünstiger als die Auswechslung einzelner Sparren ist die Erneuerung des ganzen Dachstuhls. Oder: Risse im Gewölbe zwingen zu einer grundlegenden Sanierung. Ein Beispiel: Die Kosten der Restaurierung des Limburger Doms – zunächst auf 14 Millionen DM veranschlagt – beliefen sich schließlich auf mehr als das Doppelte[930]. Für Restaurierungen werden Millionenbeträge aufgebracht; Schätzungen, mögen eine

Vorstellung vermitteln. Die Sanierung des Radleuchters im Aachener Münster wurde mit 0,8 Mio DM veranschlagt, das Aufrichten des ›schiefen Turms‹ zu Pisa mit 55 Mio DM, der Wiederaufbau der Frauenkirche in Dresden (noch nicht abgeschlossen) mit 250 Millionen DM[931].

Vergleichsgrößen sollen die Summen plastisch werden lassen. Für die Fußballweltmeisterschaft 2006 werden die Stadien in zehn deutschen Austragungsorten modernisiert oder neugebaut. Bei einer Kapazität von 587.592 Zuschauerplätzen rechnet man mit 1,3757 Milliarden Euro; das wären 2.341 Euro pro Platz[932].

Ein Bericht über zwei gelungene Vorhaben mag den Abschnitt über die Finanzen ergänzen und Erörterungen dieses Kapitels zusammenfassen: Die Sanierung des Campanile in Pisa und die Restaurierung der St. Georgskirche in Dinkelsbühl.

Pisas Schiefer Turm

Ein spektakuläres Sanierungsunternehmen wurde in den 1990er Jahren in Pisa durchgeführt; von einer breiten Öffentlichkeit aufmerksam beobachtet, sei es als Beispiel genauer betrachtet. Der 57 Meter hohe Domturm, der ›schiefe Turm von Pisa‹, neigte sich im 20. Jahrhundert rascher als in früheren Zeiten. Da man bei einer Schieflage von zuletzt fast fünf Metern ein Kippen oder den Einsturz befürchten mußte, wurde der Turm im Januar 1990 für Besucher gesperrt. Akribisch forschte man in den folgenden Jahren mit modernsten wissenschaftlichen Methoden nach den Ursachen und lud internationale Experten ein, sich gutachterlich zu äußern und zusammen mit italienischen Fachleuten Möglichkeiten der Sanierung und Stabilisierung zu erörtern. Es zeigte sich, daß der grundwasserdurchtränkte Schwemmlandboden der Last des Turmes von etwa 15.000 Tonnen nicht gewachsen war. Den Erbauern kann man kaum einen Vorwurf daraus machen, daß sie die Tücken des Bodens nicht erkannt hatten.

Die Verantwortlichen entschieden sich für ein mehrstufiges Vorgehen[933]. Zunächst stabilisierte man das Gefüge des in Schalenbauweise errichteten Turmes. An besonders gefährdeten Stellen der Südseite sicherte man die Wände mit Zugankern; zusätzlich injizierte man Zementbrei und verfestigte dadurch das bröckelige Innenmaterial der Mauern. Dann legte man zwei Gürtel aus hochfesten Drahtseilen um den Turm, verband diese Bandagen auf der Nord-, der Neigerichtung abgewandten Seite mit Seilen, an deren anderem Ende schwere Gewichte hingen; auf diese Weise wollte man den Turm für die Zeit der weiteren Arbeiten sichern.

Nach kontroverser Erörterung von Chancen und Risiken entschied man sich für die Methode der ›kontrollierten Bodenentnahme‹. Dahinter stand folgende Überlegung: Wenn man auf der Nordseite vorsichtig Boden unter dem Fundament entnimmt, wird der Turm an der Stelle fehlenden Untergrundes etwas absinken und sich dabei aufrichten. In einem zweiten Schritt legte man um den Fuß des Turmes ein vorgespanntes, rund 3,5 Meter ausladendes Ringfundament, das man auf der Nordseite mit einem 560 Tonnen schweren Gewicht belastete.

Nun holte man mit Hilfe besonderer Bohrer in kleinen Mengen sandigen und lehmigen Schlamm aus dem Raum unterhalb des nördlichen Teiles des Fundamentes. Kaum merklich richtete das stolze Bauwerk sich ein wenig auf. Man fuhr mit der Bodenentnahme fort und setzte dazu insgesamt 41 Bohrlöcher. Das Ergebnis übertraf die Erwartungen. Die Abweichung vom Lot, die anfangs (1990) 4,47 Meter betragen hatte, war um etwa 39 Zentimeter verringert worden und könnte damit so groß sein wie vor 300 Jahren. Seit dem 15. 12. 2001 ist Besuchern in kleinen Gruppen der Aufstieg wieder erlaubt.

St. Georg in Dinkelsbühl

Eine der schönsten spätgotischen Kirchen Deutschlands wurde in den Jahren 1970 bis 1998 saniert. Der Erfahrungsbericht, den der leitende Architekt veröffentlichte, sei hier vorgestellt, da er beispielhaft zeigt, welche Herausforderungen bei der Sanierung auch weit größerer Kirchen zu bestehen sind[934]. In Dinkelsbühl war das Ziel nach gut einer Generation erreicht; an großen Kathedralen arbeitet man, ohne daß ein Ende absehbar wäre.

»Gegen Ende der 1960er Jahre hatten die Bauschäden an St. Georg beängstigende Ausmaße angenommen«, heißt es eingangs. Die Verantwortlichen in Pfarrei und Diözese gewannen den Eindruck, daß weiteres Zuwarten die Instandsetzungskosten in die Höhe treiben würde. Im November 1970 wurde der Autor des Berichtes als leitender Architekt gewonnen; einen Monat später legte er eine erste Schadensdokumentation vor, ergänzt um etwa 250 Bestandsfotos und zahlreiche Zeichnungen. Als Ursachen der Schäden wurden ermittelt: Mängel in der Gründung (in 22 Metern Höhe wies der Westturm eine Neigung von 14 Zentimetern auf), Witterungseinflüsse und

Alter (Steinzerfall, Frost- und Bewuchsschäden, Rostsprengungen, undichte Dächer und Fenster, verfaulte Balken usf.). Die Kosten der statischen Sicherung und der Außeninstandsetzung wurden auf etwa 10,8 Millionen DM veranschlagt, davon allein 9,5 Millionen DM für Steinmetzarbeiten (auf der Basis der Preise von 1971).

Sobald für eine gewisse Anschubfinanzierung gesorgt war, traf man Vorentscheidungen zur technischen Abwicklung des Vorhabens. Nach Beobachtungen an den Bauhütten Regensburg, Passau und Freiburg kam der Architekt zur Überzeugung, »daß die Einrichtung einer eigenen Bauhütte billiger und künstlerisch sinnvoller« sei. Die Vorteile: Einheitliche Leitung; problemlose Koordinierung von Aufmaß, Werkzeichnung, Steinbearbeitung und Versetzarbeit; Kontinuität einer gleichbleibenden, für die jeweilige Aufgabe geschulten Gruppe, die sich nach einiger Zeit mit ›ihrem‹ Bau geradezu identifizierte. Das hatte allerdings zur Folge, daß für mehrere Jahre ein Festbetrag garantiert werden mußte, damit man überhaupt Arbeitskräfte für eine Bauhütte gewinnen könnte. Diözesanbauamt und andere Geldgeber ließen sich überzeugen.

Voruntersuchungen zeigten, daß die Vorfahren durchweg ›sehr gute Arbeit‹ geleistet hatten; beim Bau der Fundamente konnten sie nicht wissen, daß der Untergrund in größerer Tiefe eine puddingartige Konsistenz aufweist. In einer ersten Phase (bis April 1973) führte man deshalb dringend gebotene Arbeiten aus, die wegen fehlender Technik früher nicht möglich gewesen wären: Das Turmfundament wurde saniert (Kosten etwa 530.000 DM – der Preis eines Einfamilienhauses), ein Ringanker aus Stahlbeton und ein zusätzlicher Anker aus Edelstahl innenseitig um Schiff und Chor eingebaut.

Bei Schäden in der Fläche entschied man sich für die vollständige Auswechslung des Steines, da »jedes einigermaßen Erfolg versprechende Härtungsverfahren« teurer gekommen wäre. Dagegen ließ man mürbe Säulen und Kapitelle mit chemischen Mitteln härten. Das Ob und Wie dieser Art der Konservierung entzweit bis heute die Fachleute. Es verwundert nicht, daß es im Rückblick heißt, die angewandten Techniken hätten »dem damaligen Stand der Technik« entsprochen.

Berechnungen führten zu dem Ergebnis, daß es angesichts der auf Jahre veranschlagten Arbeiten sinnvoll sei, bestimmte Geräte anzuschaffen statt sie zu mieten: Zunächst ein Gerüst, das sich zum Teil so abschotten ließ, daß man im Winter »nahezu durchgehend« weiterarbeiten konnte; der Arbeitserleichterung dienten ferner ein Gabelstapler, ein Aufzug; ein Elektroseilzug, ein Kompressor und eine Anlage, um in der Werkstatt anfallenden Steinstaub abzusaugen. Für die weitere Ausrüstung orientierte man sich an Listen anderer Bauhütten. Das Werkstattgebäude, die ›Bauhütte‹, wurde in Fertigbauweise errichtet; sie enthielt Aufenthaltsraum, Umkleideraum (einschließlich Dusche und WC), Werkzeuglager, Büro und einen großen Reißboden; die über zwei Geschosse durchgehende Werkstatt bot Arbeitsplätze für sechs Steinmetzen. Im Laufe der Zeit kam eine Schmiede hinzu, damit Werkzeug ständig geschärft werden konnte.

Der Architekt konnte einen ihm bekannten Steinmetzen für das Projekt begeistern, der allerdings nur an drei Tagen pro Woche abkömmlich war – man sieht sich an das Mittelalter erinnert. Doch gelang es dem ersten Steinmetz, einen weiteren zu gewinnen. Dessen Zusage war »einer der ganz großen Glücksfälle für die Arbeit an St. Georg, seine Arbeit für St. Georg die Erfüllung eines Berufslebens«. Beide Steinmetzen hatten beim Wiederaufbau der großen, im Zweiten Weltkrieg zerstörten Kirchen Nürnbergs ihre entscheidende Lernphase durchgemacht; sie waren handwerklich und als Kenner der spätgotischen Formensprache ausgewiesen. Insgesamt gehörten mehr oder weniger lange Zeit 32 Personen der Bauhütte an, von deren Leiter über Steinmetzmeister, Maurer, Lehrlinge bis zu Raumpflegerinnen; dazu kamen vier Praktikanten. Zwei der Steinmetzen blieben 26 Jahre lang Mitglied der Bauhütte, bis diese am 31.12.1998 aufgelöst wurde. Acht junge Leute bereiteten sich in dieser Zeit auf die Gesellenprüfung vor. Dabei machten sie sich mit Techniken vertraut, »die sie in den ›normalen‹ Ausbildungsbetrieben heute nicht mehr lernen können, wie der Kunst des Aufreißens alter Konstruktionen mit ihren komplizierten geometrischen Verschneidungen, die beträchtliche Anforderungen an das räumliche Vorstellungsvermögen stellen«. Im Jahre 1999 waren fünf der acht ehemaligen Lehrlinge schon wieder Steinmetzmeister.

Sorgfältige Untersuchungen erforderte die Erneuerung von Steinen, Fenstern, Dach. Ein »witterungsbeständiger, in Körnung, Farbe und Wasseraufnahmeverhalten unseren Altsteinen nahe kommender Sandstein« war schließlich in einem zwischen Bamberg und Coburg gelegene Steinbruch gefunden. Aber würde der Heilgersdorfer Sandstein für die veranschlagten 800 bis 1.000 Kubikmeter Rohmaterial ausreichen? Im Laufe der Zeit mußte man jedenfalls noch zwei weitere Lieferanten gewinnen. – Unerwartete Schwierigkeiten ergaben sich beim Verfugen der Steine. Der vom Landesdenkmalamt empfohlene Mörtel sei nach wenigen Jahren schon wieder aufgefroren gewesen. Die Überlegung des Architekten stimmt nachdenklich: Man sei heute nicht in der Lage, einen Mörtel herzustellen, der die Qualität mittelalterlichen Fugenmörtels »auch nur annähernd« erreiche; offensichtlich sei »früheres Wissen um Mörtelzusätze und -behandlung einfach verlorengegangen«. Nach mehreren Versuchen habe man sich für einen Traßkalkmörtel mit geringem Zusatz an Traßzement entschieden; der habe sich bewährt.

Bei Sanierung der Fenster und der zugehörigen Windeisen (fast 85 Prozent der alten Eisen ließen sich wiederverwenden) entschloß man sich, noch brauchbare alte Scheiben vorsichtig auszubauen; bei kleineren Sanierungsarbeiten an alten Kirchen sollen sie später gute Dienste geleistet haben. Für St. Georg schaffte man neue, leicht getönte Preß-Butzenscheiben an, das Stück zu 1,18 DM. Mundgeblasene Butzen kosteten seinerzeit 3,90 DM; bei einem geschätzten Bedarf von 90.000 Scheiben ergab sich eine Ersparnis von 244.800 DM.

Von den Biberschwänzen auf dem Dach hätte man 20–25 Prozent wiederverwenden können. Man war sich darüber klar, daß handgestrichene, nach Farbe und Form unterschiedliche Ziegel den Reiz alter Dächer ausmachen; trotzdem entschied man sich für den Kauf von etwa 150.000 neuen Biberschwänzen; Proben hatte man sorgfältig auf Bruchlast, Frostbeständigkeit, Wasserundurchlässigkeit, Ausblühverhalten geprüft. Brauchbare alte Biber erhielten das Fränkische Freilandmuseum in Bad Windsheim und der städtische Bauhof Dinkelsbühl zur Ausbesserung alter Dachflächen.

Ende 1998 arbeiteten in der Bauhütte noch vier Mann; es war für eine geeignete Weiterbeschäftigung derer gesorgt, die nicht aus dem Berufsleben ausschieden. Wehmut habe über den letzten Arbeitstagen gelegen; doch Freude und Stolz hätten überwogen, da man bei der Rettung von St. Georg habe mitwirken können. Dankbar blickt der Architekt auch deshalb zurück, weil es in all den Jahren zu keinem nennenswerten Unfall gekommen war. Künftig wolle man im Abstand von etwa zehn Jahren von einer fahrbaren Hubbühne aus »alle exponierten Bauteile auf schadhafte Mörtelfugen hin« untersuchen und Schäden gleich ausbessern. Der Architekt ist zuversichtlich: »Bei der sehr guten Witterungsbeständigkeit unserer Neusteine dürfte der bauliche Bestand von St. Georg auf diese Weise für die nächsten Jahrhunderte gesichert sein«.

Ergänzend zu ihren eigenen Leistungen hat die Bauhütte Dienste zahlreicher Firmen in Anspruch genommen. Die folgende Aufzählung zeigt, wieviele Fachleute bei der Sanierung einer Kirche zusammenwirken: Architekt, Bodenleger, Dachdecker, Elektriker, Glaser, Installateur, Kunstschmied, Maler und Kirchenmaler, Maurer, Restaurator, Schlosser, Schreiner, Spengler, Steinmetz, Zimmermann; dazu kommen Spezialisten für Abdichtungsarbeiten,

Baugrunduntersuchung, Blitzschutzanlage, Deformations- und Bewegungsfeinvermessung, Läuteanlage, Photogrammetrische Bestandsaufnahme[935], Spezialbausanierung, Spezialtiefbau, Stahl- und Stahlbetonbau, Steinrestaurierung, Steinuntersuchung, Stuckrestaurierung und Treppenbau.

Abschließend sei der Blick auf die Finanzierung gelenkt. Bis 1998 wurden 23.447.390,32 DM ausgegeben. Die jährlichen Ausgaben stiegen von fast 150.000 DM (1971) unter leichten Schwankungen auf 1,32 Millionen DM (1993); 1998 beliefen sie sich noch auf 0,86 Millionen DM. Von den Gesamtkosten der Restaurierung übernahm die Diözese Augsburg 31,47 %, der Freistaat Bayern 30,26 %, die Bundesrepublik Deutschland 15,79 %, die Stadt Dinkelsbühl 13,71 %, die Bayerische Landesstiftung 5,20 %, der Landkreis Ansbach 2,34 %, der Bezirk Mittelfranken 1,24 %.

Ausblick

Kathedralen, Klosterkirchen und andere Gotteshäuser erfreuen sich bei Einheimischen und Fremden, Betern und Touristen großer Beliebtheit – nicht nur am ›Tag des offenen Denkmals‹. Nach einer Radiomeldung Ende 2001 zählt man in der Kathedrale Notre-Dame zu Paris jährlich etwa 10 Millionen Besucher, im Sommer bis zu 50.000 pro Tag. Zum Vergleich: Das Louvre-Museum in Paris verzeichnet wochentags bis zu 15.000, am Wochenende bis zu 18.000 Personen pro Tag[936], etwa 5,5 Millionen Besucher im Jahr.

Welchen Rang Großkirchen im öffentlichen Bewußtsein einnehmen, zeigt auch eine Initiative der UNESCO. 1946 gegründet, hat diese Unterorganisation der Vereinten Nationen 1972 die ›Internationale Konvention zum Schutz des Natur- und Kulturerbes der Welt‹ verabschiedet. Sie hat deshalb Denkmäler außergewöhnlicher Bedeutung, die »als Bestandteil des Welterbes der ganzen Menschheit erhalten werden müssen«, in eine Liste eingetragen. In diese Liste wurden Werke der Architektur, der Großplastik und Monumentalmalerei aufgenommen; ›Ensembles‹ von Gebäuden, die wegen ihrer Architektur, ihrer Geschlossenheit oder ihrer Stellung in der Landschaft von außergewöhnlichem Wert sind; archäologische Grabungsgebiete oder gemeinsame Werke von Natur und Mensch. Im Jahre 2000 umfaßte die Liste mehr als 630 Denkmäler in 118 Staaten. Das Verzeichnis wies in den deutschsprachigen Ländern viele Großkirchen aus; oft prägen sie das ›Ensemble‹. Seit 1978 wurden in Deutschland 22 Orte in das Verzeichnis des Weltkulturerbes aufgenommen, davon zehn ihrer Großkirchen wegen.

Weltkulturerbe: Orte in Deutschland, Österreich und der Schweiz[937]

Ort	Seit	Großkirchen	
		Einzeln	Im/als Teil eines Ensembles
Aachen	1978	Münster und -schatz	
Bamberg	1993		Altstadt
Bern	1993		Altstadt
Graz	1999		Historisches Zentrum
Hildesheim	1985	Dom und St. Michael	
Köln	1996	Dom	
Lübeck	1987		Altstadt
Maulbronn	1993		Kloster
Mittelrhein	2001		Kulturlandschaft
Müstair	1983		Kloster
Quedlinburg	1994		Stiftskirche, Schloß, Altstadt
Salzburg	1996		Historisches Zentrum
Speyer	1982	Dom	
St. Gallen	1983		Kloster
Stralsund und Wismar	2002		Historische Zentren
Trier	1986		Römische Baudenkmäler, Dom, Liebfrauen
Die Wies	1983	Wallfahrtskirche	

In Frankreich waren im November 1999 verzeichnet: vier Kathedralen (Amiens, Chartres, Bourges, Reims), drei Abteien bzw. Abteikirchen (Fontenay, Mont-Saint-Michel, Vézelay), die Kirche von Saint-Savin-sur-Gartempe, zwei von Kirchen beherrschte Ensembles (Paris und Straßburg).

Auf Grund der begehrten Auszeichnung sehen sich Stadt und Staat im allgemeinen verpflichtet, für die Erhaltung des kostbaren Schatzes zu sorgen (ein beklagenswertes Gegenbeispiel: die im Jahre 2001 in Afghanistan mutwillig zerstörten Buddha-Statuen). Tausende großer und kleiner, nicht minder erhaltenswerter Kirchen können nicht in die Liste des Weltkulturerbes aufgenommen werden.

Im Eingangskapitel war von Einstellungen zu Bau und aufwendiger Ausstattung von Kirchen die Rede; andere Widersprüche seien am Ende der

Reise durch Zeiten und Länder ins Bewußtsein gehoben. Auf der einen Seite läßt sich ein großes Maß an Anhänglichkeit und Verehrung der Menschen für ›ihre‹ Kirche beobachten, ganz gleich, ob es sich um eine unscheinbare Dorfkirche oder eine weltberühmte Kathedrale handelt. Als symptomatisch darf man das hohe Spendenaufkommen werten und die große Zahl der Mitglieder in Vereinen, die die Erhaltung solcher Kirchen fördern.

Andererseits ist Mißachtung von Gotteshäusern unübersehbar: Sportkletterer ›münsterln‹, besteigen gotische Dome; Touristen spucken Kaugummireste auf den Boden der Kirche oder deponieren in ihr Abfall; Vandalen beschmieren Steinwände mit Sprüh-, Bronzeportale mit Lackfarben, schlagen Profile herunter, brechen Teile von Konsolen der Figuren ab. Eine Pressemeldung verwies auf einen Mißstand, der sicher nicht nur in Nordspanien die Verantwortlichen nachdenklich gemacht hat: Das Domkapitel der Kathedrale von San Isidoro in León »läßt die Weihwasserbecken des Doms trockenlegen, weil Rauschgiftsüchtige darin oft ihre Nadeln waschen«. Süchtige nutzten die Kirche als »ruhigen Ort«, um sich Heroin zu spritzen[938]. Schwerer als Ungezogenheiten dürften sich auf die Dauer strukturelle Verschiebungen auswirken.

Unterhaltsträger von Kirchen beobachten mit Sorge die Zahl der Kirchenaustritte, die rückläufige Zahl von Taufen, schütter besuchte Gottesdienste. In dem Maße, wie der Prozeß der Entchristlichung fortschreitet, verlieren die Gemeinden Mitglieder mit der Folge, daß die unentbehrlichen Eigenmittel für den Unterhalt der Kirchen fehlen. Handelt es sich um Bauten von künstlerischem Wert oder nationalem Interesse, übernimmt vielleicht das Landesdenkmalamt die Renovierung. Doch auch dann stellt sich die Frage: Was tun mit dem sanierten Bau? Man kann einen repräsentativen Raum für Vorträge, Konzerte, Empfänge nutzen, als Bibliothek, Museum oder Altersheim, als Freizeitzentrum oder Mehrzweckhalle.

In das Gewölbe der Rostocker Nicolaikirche hat man Dachwohnungen eingebaut. Ausnahme oder Meilenstein künftiger Entwicklung? Vielleicht bleibt schon morgen mancher Gemeinde nichts anderes übrig, als das zu groß gewordene Gehäuse zu verpachten oder zu verkaufen und sich in bescheidene Räumlichkeiten zurückzuziehen, wie auf ein Altenteil. Wie man in früheren Jahrhunderten Kultstätten anderer Religionen in Kirchen umgewandelt hat, könnten nicht mehr gebrauchte Gotteshäuser islamischen Gemeinden als Moscheen zur Verfügung gestellt werden.

Wellenförmig verlief die Geschichte der Kirche, wie auch dieses Buch gezeigt hat: Zeiten der Begeisterung und des Desinteresses folgten einander.

Freiburg im Breisgau. Das Münster von Südosten (Historische Fotografie). Deutlich wird die Einbeziehung der romanischen Baugruppe in den hochgotischen Neubau – die Kathedrale als eindrucksvolles Zeugnis der Kräfte des Wechsels und *der Dauer in der europäischen Kultur.*

Wer hätte in den letzten Jahrzehnten des 18. oder des 19. Jahrhunderts damit gerechnet, daß man bald Werte der Religion wiederentdecken und Kirchen zuende bauen würde, daß das Christentum eine Zukunft hätte? Menschenverachtende Ideologen träumten im 20. Jahrhundert von einem tausendjährigen Reich, in dem für das Christentum kein Platz mehr wäre. Nach zwölf Jahren endete dieses Reich in einer beispiellosen Katastrophe. Wie andere ehrwürdige Kirchen wurde auch der Dom zu Hildesheim zerstört; mit ihm verbrannte 1945 der ›tausendjährige‹ Rosenstock an der Apsis des Domes. Doch aus der Wurzel wuchsen neue Triebe hervor; in trostloser Zeit deuteten Überlebende sie als verheißungsvolles Zeichen. Bis in unsere Tage beobachtet man aufmerksam den Rosenstock, zumal zur Zeit seiner Blüte.

In der Festschrift ›100 Jahre Freiburger Münsterbauverein, 1890–1990‹, erzählt der seinerzeitige Münsterpfarrer zu Beginn seines Beitrages ›Das Freiburger Münster als Gotteshaus‹: Als 1976 das Münster wegen Gewölbeschäden teilweise gesperrt wurde, habe er auf den fehlenden Platz für die Gottesdienstbesucher hingewiesen. Ein auswärtiger Professor habe da »gar kein Problem« gesehen. »Für die paar Leute, die am Sonntag den Gottesdienst besuchen«, reiche der Chor doch aus; so kannte er es aus Kirchen Norddeutschlands. »Als ich ihm dann antwortete, daß wir am Sonntag rund zweieinhalb bis dreitausend Besucher im Münster zu den sechs Gottesdiensten hätten, da war dieser Professor doch etwas erstaunt«. Der Dompfarrer stellte fest, das Münster werde »oft nur gesehen als Kunstwerk, als Zeugnis des Glaubens und der Opferbereitschaft vergangener Jahrhunderte«. »Unser Münster« aber, so faßte er seine Beobachtungen zusammen, wird »im Jahr von annähernd 300.000 Gläubigen in Gottesdiensten besucht«[939].

Was dieser Pfarrer von der Pfarr- und Bischofskirche in Freiburg sagte, dürfte für viele andere Kirchen gelten. Sie waren und sind Kunstwerk, Zeugnis des Glaubens und der Opferbereitschaft vergangener Zeiten und sogar noch unserer Tage. Auch künftiger Jahrhunderte?

Anhang

ABKÜRZUNGEN UND SIGLEN

(vor allem in Anmerkungen verwendet)

Biblische Bücher werden nach der Einheitsübersetzung abgekürzt (Gen = 1. Buch Mose, usf.).

A.	Auflage
Abb.	Abbildung
AKG	Archiv für Kulturgeschichte
Anm.	Anmerkung
AQ	Ausgewählte Quellen zur deutschen Geschichte des Mittelalters
AT	Altes Testament
Ausw.	Auswahl, ausgewählt von
Bd., Bdd.	Band, Bände
Bearb.	Bearbeiter, bearbeitet von
BKV	Bibliothek der Kirchenväter, Kempten & München
DA	Deutsches Archiv für Erforschung des Mittelalters
DM	Deutsche Mark
Ed.	Editor, edited by, édité par, publié sous la direction de (u. ä.)
EI^2	The Encyclopaedia of Islam, New Edition.
Einl.	Einleitung, eingeleitet von
Erg.	Ergänzung(en)
Erkl.	Erklärung(en)
Erl.	Erläuterung(en), erläutert von
FDA	Freiburger Diözesan-Archiv
FMbll	Freiburger Münsterblätter
FMSt	Frühmittelalterliche Studien
FS	Festschrift
GHWA	Großer Historischer Weltatlas
GiQ/2	Geschichte in Quellen, Bd. 2: Mittelalter
Hb.	Handbuch
Hb. Hist. Stätten	Handbuch der Historischen Stätten Deutschlands
Hrg.	Herausgeber, herausgegeben von
HRG	Handwörterbuch zur deutschen Rechtsgeschichte
HuC	Heilige der ungeteilten Christenheit
Jh.	Jahrhundert, -e, -s
Kap.	Kapitel
Kat.	(Ausstellungs)Katalog

Komm.	Kommentar, kommentiert von
Kt., Ktt.	Karte(n)
L-D, L-E, L-F	Lateinisch-Deutsch (bzw. Englisch, Französisch)
LM	Le Monde
LThK², LThK³	Lexikon für Theologie und Kirche, 2. bzw. 3. A.
MGH	Monumenta Germaniae Historica
Mio	Million
MMS	Münstersche Mittelalter-Schriften
ND	Nach-, Neudruck
NT	Neues Testament
PL	Patrologia Latina, Migne
PRG	Le Pontifical Romano-Germanique
RAC	Reallexikon für Antike und Christentum
RDK	Reallexikon zur deutschen Kunstgeschichte, Neubearbeitung
SRG	Scriptores rerum germanicarum in usum scholarum
SS	Scriptores
T.	Tafel
Tab.	Tabelle(n)
Üb.	Übersetzer, übersetzt von u. ä.
VL	Verfasserlexikon
VuF	Vorträge und Forschungen
WGAW	Westermanns Großer Atlas zur Weltgeschichte
Z.	Zeichnung
ZGO	Zeitschrift für die Geschichte des Oberrheins

1 Codex Calixtinus. Buch IV, Kap. 9; Üb. des Autors. Vgl. Der Jakobsweg, S. 139 f.
2 In: Savonarola, S. 195; ebd. S. 196 Kelche zerbrechen.
3 Vgl. 2 Kor 6, 16: »Wir sind doch der Tempel des lebendigen Gottes«; Eph 2, 21: Durch Christus »werdet auch ihr im Geist zu einer Wohnung Gottes erbaut«.
4 Wollasch: Cluny, S. 116 f.: Abt Odilo (994–1049) ließ in einer Zeit großer Hungersnot 1031/32 kirchliche Gefäße und Kirchenschmuck einschmelzen, um Arme versorgen zu können. – Zusammenfassend Mollat: Die Armen, S. 53 f.
5 Vgl. Der Bischof Arkulf und der Abt Adomnanus (um 680), in: Donner, S. 315–421, hier S. 338–343, Pläne auf S. 339; weitere Pläne S. 359 (Zionsbasilika), 364 (Himmelfahrtskirche auf dem Ölberg), 392 (Kirche über dem Jakobsbrunnen bei Sichem). – Vgl. auch Binding: Baubetrieb, S. 175–177 (Pläne); Ornamenta Ecclesiae, Bd. 3, S. 78 f. (Pläne).
6 Ruotger: Leben Brunos, Kap. 33 (AQ 22, S. 228).
7 Thangmar: Leben Bernwards, Kap. 1. 5. 6 (AQ 22, S. 276–283).
8 Vgl. WGAW, S. 67/I Romanische Baukunst im 11. und 12. Jh., 67/II Verbreitung der Kathedrale, 90/II Die Renaissance in Westeuropa im 16. und 17. Jh., 108/I. II Baukunst der Barock-Zeit.
9 Vgl. WGAW, S. 87/I Cluny und die Klosterreformen im 10. und 11. Jh., 87/II Die Ausbreitung des Zisterzienser-Ordens im 12. Jh., 89/III Rheinische Zisterzienserklöster und ihre Tochterklöster im Osten.
10 Vgl. GHWA Bd. 2, S. 26–28 sowie 31 f.
11 Testamentum Domni Bernonis Abbatis (926), PL 133, Sp. 853–858, hier Sp. 857. An dieses Ideal erinnert Rudolf Glaber in seinem Leben des Abtes Wilhelm von St. Bénigne, Kap. 5, S. 266.
12 Gerhard: Leben Ulrichs, Kap. 5 (AQ 22, S. 78/79).
13 Norbert: Leben Bennos II., Kap. 8 (AQ 22, S. 386).
14 Vgl. W. Haas: Kirchenbau im Herzogtum Bayern zwischen 1180 und 1255, in Wittelsbach, Kat. Bd. I/1, S. 409–425, hier S. 415 und 418.
15 Metternich: Limburg, S. 1.
16 Zu *monasterium* im Sinne von Einsiedelei, Mönchsgemeinschaft vgl. Vita Martini, Kap. 2,4; 6,4; 7,1; 9,1; 10,3, 10,9 u. ö., S. 254, 266, 270, 274.
17 Zu *monasterium, das munster* als Bezeichnungen des Speyrer Domes (1102 bzw. 15. Jh.) vgl. Doll: Schriftquellen, Nr. 67 und 103.
18 Fr. W. Deichmann: Basilika, in RAC 1 (1950) 1225–1259, mit Grundrissen (u. a. Lateran und St. Peter in Rom) sowie Rekonstruktionszeichnungen. Nach Deichmann ist in christlicher Zeit das Wort ›Basilika‹ nicht mehr auf einen bestimmten Gebäudetypus beschränkt (Sp. 1249). – Als *basilicae maiores* gelten die Patriarchalbasiliken Roms; anderen Kirchen kann, unabhängig von ihrer Form, der Papst den Titel einer *basilica (minor)* verleihen; mit der Auszeichnung sind Ehrenrechte für hier wirkende Kleriker verbunden.
19 Bildatlas, Abb. 431–435 *cathedrae*, 432 die des Maximianus; dieselbe, mit Detailaufnahmen, in Von Matt / Bovini: Ravenna, Abb. 129–139. – Durliat: Romanische Kunst, T. 68 Bari.
20 Sauer: Symbolik, S. 135; H. Appuhn: Kathedra, in LexMA 5 (1991) 1074.
21 Vgl. J. Fleckenstein: Hofkapelle, I, in: LexMA 5 (1991) 70–72; G. Binding: Kapelle, I Baugeschichte, ebd. Sp. 931; H. Leuchtmann: Kapelle, II Musik, ebd. Sp. 931 f. – Zu Kapellen und Privatoratorien des 14. Jh.s vgl. Die Parler, Bd. 3, S. 189–193.

22 Zur Geschichte des Bistums Venedig vgl. A. Strnad: Venedig, in: LThK[2] 10 (1965) 660 f.; zur Stadt vgl. G. Ortalli: Venedig. A. Stadtgeschichte, in: LexMA 8 (1997) 1459–1466

23 Friedrich Kluge: Etymologisches Wörterbuch der deutschen Sprache. 22. A. Bearb. Elmar Seebold. Berlin, New York 1989, S. 371.

24 W. H. Gross: Tempel, in: Der Kleine Pauly 5 (1975) 581–583; Ders.: Templum, ebd. Sp. 584.

25 Brandenburg: Roms frühchristliche Basiliken, S. 95, 98. – Thietmar: Chronik I 4, für den Würzburger Dom (AQ 9, S. 6).

26 Als *casa Dei* bzw. *domus sancta Dei beatique Mauricii* wird 1030 die Kathedrale Saint-Maurice in Angers bezeichnet, als *ecclesia* bzw *aedes* die von Amiens; Mortet I, Nr. XXII/1, S. 83 f. bzw. CXVIII/1, S. 322 f. mit Anm. 3. – In der Liturgie der Kirchweihe begegnen nebeneinander die Bezeichnungen *aula* (Halle), *aula regia* und *basilica* (Königshalle), *domus* (Haus), *ecclesia* (Kirche), *habitaculum* (kleine Wohnung), *templum*; PRG, Bd. 1, Nr. XL, S. 124–173.

27 Thomas Nipperdey: Arbeitswelt und Bürgergeist (Deutsche Geschichte 1866–1918, Bd. 1). München 1990, S. 728. – Der im Bau befindliche Lehrter Bahnhof in Berlin wurde als »gläserne Kathedrale der mobilen Welt« bezeichnet (FAZ 10. 7. 2001, Nr. 157, S. T 1).

28 Albert Speer: Erinnerungen, 1969; ND (Ullstein Buch Nr. 3026) 1975, S. 71 f. mit der Huldigung des britischen Botschafters Henderson: »Gleichzeitig feierlich und schön, als ob man sich in einer Kathedrale aus Eis befände«. – Vgl. Wolfgang Benz: Geschichte des Dritten Reiches. München 2000, S. 66 f. mit Abb.

29 Römer am Rhein, S. 88.

30 Vgl. das reich illustrierte Themenheft ›Der Tempel von Jerusalem‹, in: Welt und Umwelt der Bibel. Archäologie – Kunst – Geschichte, Nr. 13, 4. Jahrgang, 3. Quartal 1999, mit Beiträgen von Jérôme Murphy-O'Connor, Jean-Claude Margueron, Claude Traunecker, Wolfgang Zwickel, Christoph Dohmen, David Banon u. a.

31 Vgl. Georg Scheuermann: Gemeinde im Umbruch. Eine sozialgeschichtliche Studie zum Matthäusevangelium. Würzburg 1996, S. 129–133.

32 François Chamoux: Griechische Kulturgeschichte. München, Zürich 1966, S. 369 und 545, Abb. 116 Luftaufnahme des Theaters von Epidauros.

33 Martin Hengel: Proseuche und Synagoge. Jüdische Gemeinde, Gotteshaus und Gottesdienst in der Diaspora und in Palästina, 1971, ND in: Judaica et Hellenistica. Kleine Schriften I. Tübingen 1996, S. 171–195, hier S. 171.

34 Dies und das Folgende nach J. Pedersen: Masdjid [Moschee], in EI[2] 6 (1991) 644–677; R. Hillenbrand: Masdjid (Architektur) ebd. S. 677–688.

35 Vgl. O. Perler: Arkandisziplin, in RAC 1 (1950) 667–676.

36 In Richtung Jerusalem wendete sich anfangs auch der Muslim; seit 624 verneigt er sich beim Gebet in Richtung Mekka, wo das zentrale Heiligtum seines Glaubens steht.

37 Sauer: Symbolik, S. 294. Vgl. F. Zoepfl: Ostung, in LThK[2] 7 (1962) 1294 mit weiteren Beispielen und Erörterung möglicher Gründe (Liturgie, Gelände). – Gewestet ist auch der Bamberger Dom.

38 Willibald Bösen: Galiläa als Lebensraum und Wirkungsfeld Jesu. Eine zeitgeschichtliche und theologische Untersuchung. Freiburg (u. a.) 1985, S. 213 meint, zur Zeit Jesu könne ein Synagogengottesdienst vielleicht folgendermaßen aufgebaut gewesen sein: Segensspruch; Achtzehngebet; Benediktion; Sabbat- und Festgebet; Benediktion; Aaronitischer Priestersegen; Benediktion; Lesungen

(aus Tora, dem Pentateuch, den Propheten, prophetischen und historischen Büchern), Predigt.

39 Vgl. die Frauengalerie (*gynaecaeum*) in den römischen Kirchen San Lorenzo fuori le Mura und S. Agnese (Ende 6. bzw. 1. H. 7. Jh.), in: Bildatlas, Abb. 605, 607.

40 Vgl. ›Tempel‹, in: Die Bibel und ihre Welt. Eine Enzyklopädie. Hrg. Gaalyahu Cornfeld und G. Johannes Botterweck. 1964, deutsch 1969, ND München (dtv 3092–3097) 1972, S. 1356–1367 mit Abb. 803: Inschrift aus der Römerzeit, in der Nichtjuden das Betreten des inneren Bezirks des Tempels verboten wird.

41 Eduard Lohse: Umwelt des Neuen Testaments. Göttingen 1971, S. 27 f.

42 Capitulatio de partibus Saxoniae, Kap. 3, in MGH Fontes iuris Germanici antiqui, Leges Saxonum et Thuringorum, S. 38; Üb. in GiQ/2, Nr. 94, S. 90.

43 Vgl. Strafgesetzbuch, Erl. Eduard Dreher, Herbert Tröndle. 47. A. München 1995, S. 860 bzw. 1199, mit Erl. S. 860 f. bzw. S. 1205 f.

44 Eine Synode in Rom verlangte im Jahre 1059 besonderen Schutz im Umkreis von 60 Schritt um eine Bischofskirche (*maior ecclesia*), von 30 Schritt um andere Kirchen (*minores ecclesie*); Mortet I, Nr. LI, S. 176 f.; ebd. Nr. XLIV, S. 153. Vgl. Gottesfrieden für die Kölner Kirchenprovinz (1083), Kap. 16, in Kroeschell Bd. 1, S. 191 bzw. 193 f. – Angenendt: Frühmittelalter, S. 200 f. – L. Wenger: Asylrecht. B. Christlich, in RAC 1 (1950) 840–844. – H. Zapp: Asyl, I. Kirchliches Recht, in LexMA 1 (1980) 1156 f. – O. Henßler: Asylrecht, in HRG 1 (1971) 243–246; nach Henßler lag dem Kirchenasyl auch die Idee der *misericordia* zugrunde.

45 Brunos Sachsenkrieg, Kap. 47 (AQ 12, S. 256 f.).

46 Meek: Synagoge, S. 87.

47 Brockhaus' Konversations=Lexikon, 14. A., 16 (1895) 598.

48 Widukind: Sachsengeschichte II 75 (AQ 8, S. 183).

49 Thietmar: Chronik VI 37 (AQ 9, S. 282 f.). Vgl. Adam von Bremen: Bischofsgeschichte II 48 (AQ 11, S. 284): Erzbischof Unwan von Bremen (1013–1029) ließ mit dem Holz von Hainen, »die unsere Marschbewohner mit törichter Verehrung aufsuchten«, Kirchen der Diözese erneuern, eine Kirche neu- und eine brandgeschädigte wiederaufbauen.

50 Thietmar: Chronik III 17 (AQ 9, S. 104 f).

51 Nach Gallia Romanica, S. 320, war der Mont-Saint-Michel früher eine keltische Toteninsel (ebd. S. 319: die Kathedrale von Chartres und Saint-Benoît/Loire über ehemaligen Druidenheiligtümern erbaut). – Heiligenberg nach Baden-Württemberg (Hb. Hist. Stätten, 6) S. 309.

52 Gallia Romanica, Abb. 74.

53 Willibald: Leben des Bonifatius, Kap. 6 (AQ 4 b, S. 494); vgl. Angenendt: Frühmittelalter, S. 271.

54 Weitere Beispiele: Auf dem Tempelberg in Jerusalem folgten einander der Tempel Salomos, der Tempel des Herodes, nach der Eroberung durch die Römer (70 n. Chr.) unter Hadrian der Jupitertempel (gebaut nach 135), nach der Eroberung durch Muslime schließlich der Felsendom. – Nördlich von Chalcedon tagte 451 das vierte Ökumenische Konzil in der Basilika der hl. Euphemia, bis zum Jahre 326 ein Artemistempel (Donner, S. 136, Anm. 175 f.). – S. Clemente in Rom wurde über einem Mithrasheiligtum errichtet, in dessen umfangreiche Anlagen man heute hinabsteigen kann.

55 Beda: HE I 30 (S. 106/108). Vgl. K. Schäferdiek (u. a.): Christentum der Bekehrungszeit, in Reallexikon der germanischen Altertumskunde 4 (1981) 501–599. – F. W. Deichmann: Christianisierung, II (der Monumente), in: RAC 2 (1954) 1228–1241. – E. Josi, in Von Matt: Frühchristliches Rom, S. V f. – LCI 2, 572: Ent-

sühnung heidnischer Gebäude durch Anbringung des Kreuzes, nach Codex Theodosianus XVI 10, 25 aus dem Jahr 435.

56 Beda: HE II 4 (S. 148). – Vgl. Belting: Bild und Kult, S. 77.

57 Vgl. Grimal: Römische Kulturgeschichte, Abb. 141 und S. 385.

58 Vgl. F. W. Deichmann: cella, in RAC 2 (1959) 942–944; Ders.: cella trochoria [in Kleeblattform] ebd. 944–954 (mit Plänen).

59 Z. Rapanić: Split, in LexMA 7 (1995) 2127 f. – Plan in WGAW, S. 43/VIII a. b.

60 Donner, S. 25 f.

61 Vgl. Römer am Rhein, S. 38 f., 91/93 (auch zu einem Kunstgriff, der es erlaubte, den Eindruck eines weiten Raumes zu steigern), 94 Plan.

62 E. Zahn, in Kölner Römer-Illustrierte, Heft 2, S. 170 f. mit Zeichnung (um 1800) und Foto. Plan der Porta Nigra in Grimal: Römische Kulturgeschichte, S. 599.

63 Jonas erstes Buch vom Leben Columbans, I 10 (AQ 4 a, S. 429/431). – Zur Gründung von Deutz 1002 durch Erzbischof Heribert vgl. Heribert Müller: Deutz, II. Kloster und Stadt, in LexMA 3 (1986) 919 f.

64 Zur *adoption to Islam of older sanctuaries* vgl. R. Hillenbrand: Masdjid, in EI^2 6 (1991) 649–651.

65 Plan der Hagia Sophia in WGAW, S. 45/V. Die Hagia Sophia, nach deren Vorbild viele Moscheen im Osmanischen Reich gebaut wurden, diente bis 1934 (?) als Moschee; seitdem wird sie – das Innere dem Zustand in vorislamischer Zeit angenähert – als Museum genutzt.

66 Peter Wirth, in GHWA Bd. 2, Erl.en, S. 81, auch zu ›Maria Weggeleiterin‹.

67 Vgl. Ohler: Krieg und Frieden, S. 279 mit Anm. 55; K. Kreiser: Konstantinopel, II. Osmanisches Reich, in LexMA 5 (1991) 1392 f.

68 Sure 4, 171 f., nach Der Koran. Üb. Rudi Paret. 4. A. Stuttgart (u. a.) 1985, S. 77.

69 N. Elisseeff: Dimashk, in EI^2 2 (1965) 277–291, mit Stadtplan. – Im Jahre 2000 (?) hat Papst Johannes Paul II. in dieser Moschee gebetet, vor der Erinnerungsstätte an Johannes den Täufer.

70 Kunst der Gotik … Toman, S. 276 f.

71 Mortet II, Nr. XLV/5, S. 113; ebd. Nr. LXX/2, S. 149. Vgl. Bernhard Blumenkranz, in: Kirche und Synagoge, Bd. 1, S. 128 f.

72 Meek: Synagoge, S. 101, 103–106, mit Abb.en und Plan.

73 Von Simson: Mittelalter II, S. 211. – Bayern (Hb. Hist. Stätten, 7) S. 534. – Ähnliches gilt für die Marienkapelle in Würzburg, nach Die Parler, Bd. 3, S. 74. – In Regensburg wurde die von Meistern der dortigen Dombauhütte im letzten Drittel des 13. Jh. errichtete Synagoge nach einem Pogrom 1519 abgerissen und das Ghetto zerstört; dann baute man hier die Wallfahrtskirche ›Zur schönen Maria‹, seit 1542 die erste evangelische Stadtkirche; Bayern (Hb. Hist. Stätten, 7) S. 609.

74 Zitat nach Günther Bräutigam, in: Die Parler, Bd. 1, S. 360.

75 ut vetustate iudaici erroris expulsa, huic loco sanctus spiritus per novitatem aecclesie conferat veritatem, PRG, Bd. 1, Nr. XLV, S. 178.

76 Wichtige Etappen: 14. Juli 1789 Sturm auf die Bastille, August 1789 Religionsfreiheit, November 1789 Einziehung der Kirchengüter (auf Vorschlag von Talleyrand, Bischof von Autun), Februar 1790 Aufhebung der Mönchsgelübde, März 1790 Verkauf der Kirchengüter, Dezember 1790 endgültige Schließung der Klöster und Verabschiedung der neuen Zivilkonstitution des Klerus; Bruno Benoit: Les grandes dates de la Révolution Française. Paris 1988, S. 14–28.

76a Speich / Schläpfer, S. 318, mit Abb.

77 Vgl. James A. van Dyke / Christian Fuhrmeister: Zeitlose Kunstwerke und moderne(s) Gestalten im Braunschweiger Dom, in: Deutsche Kunst 1933–1945 in

Braunschweig. Kunst im Nationalsozialismus. Kat. Hrg. Städtisches Museum Braunschweig und Hochschule für Bildende Künste Braunschweig. Hildesheim (u. a.) 2000, S. 48–65, Nr. 37, S. 62 Foto Der ausgeschmückte ›Staatsdom‹, 23. 11. 1940.

78 Heute ist der französische Staat Eigentümer von 87 Kathedralen, damit für deren Unterhaltung und Restaurierung zuständig (LM 20. 9. 1994).

79 Bei der Weihe der Kirche kann der Bischof heute mit seinem Stab ein Kreuz auf die Schwelle zeichnen und dazu sprechen: »Wer immer diese Schwelle überschreitet, erfahre hier Heil und Segen, Hilfe und Trost«; Pontifikale IV, S. 37.

80 Ein Kollegium von Priestern, das folgende Aufgaben hat: Dienst (Gebet und Meßfeier) im Chor der Kathedrale; Beratung des Bischofs bei der Verwaltung des Bistums; Leitung des Bistums bei Abwesenheit oder nach dem Tod des Bischofs.

81 Schöller: Die rechtliche Organisation, S. 107 f. – Pläne in Herzog: Ottonische Stadt, S. 133, Abb. 26 (Trier) und S. 203, Abb. 37 (Speyer). Ähnlicher Rechte erfreuten sich andere Kirchen.

82 1 Kor 11, 23–26. Die Evangelien sind jünger; vgl. Mt 26, 26–28; Mk 14, 22–25; Lk 22, 19 f. Der im folgenden gebrachte sogenannte Einsetzungsbericht nach Der große Wochentagsschott, Teil 1, S. 1337. – Ebd. S. 1327 und 1341 das *Memento* für anwesende und abwesende Gläubige bzw. für Verstorbene.

83 Meßtexte für den Stifter der Kirche in PRG, Bd. 2, Nr. CLXVII, S. 321 f.

84 Vgl. PRG, Bd. 2, Nr. CXLIX, CL und CLI, S. 281–309.

85 Wiener Kirchenzeitung 22. 4. 1990, S. 12 f., nach Bernd Mathias Kremer: Kirche und Kunst. Gedanken zur Deutung des Dialoges zwischen Kirche, Baukunst und Bildender Kunst, in: Erzbistum Freiburg. Informationen, Heft 3/1990, S. 18.

86 Beide unterscheiden sich nicht so sehr durch ihre Form (Säule oft mit kreisförmigem, Pfeiler mit vier- oder mehreckigem Querschnitt), als dadurch, daß der Pfeiler durchgehend denselben Querschnitt hat. Charakteristisch für die Säule ist die sog. Entasis, eine leichte An- und Abschwellung ihres Schaftes.

87 Petrus Damiani, Sermo LXIX, I. In dedicatione ecclesiae, in PL 144, Sp. 897–902.

88 Vgl. K. Prümm, R. Schnackenburg, J. Finkenzeller, K. Rahner und E. Kinder: Sakrament, in LThK[2] 9 (1964) 218–232. – Herbert Vorgrimler: Sakrament, III Theologie- und dogmengeschichtlich, in LThK[3] 8 (1999) 1440–1442, hier 1442.

89 Zum Ritus im 10. Jahrhundert vgl. PRG, Bd. 2, Nr. CXXXIX und CXLIII, S. 246–256, 258–270.

90 Gregor von Tours: Geschichten II 31 (AQ 2, S. 118 f.).

91 Zur Taufe durch Remigius vgl. Angenendt: Frühmittelalter, S. 170 f.

92 Zur Vorbereitung, die sich über eine längere Zeit erstrecken konnte, und zum Ritus der Taufe vgl. PRG, Bd. 2, Nr. XCIX, 85–158. 337–341. 370–388 sowie Nr. CVII mit den Fragen (Taufskrutinien) Widersagst du …? (*Abrenuntias*), Glaubst du …? (*Credis*), dreimaligem Untertauchen der Kinder (S. 375) und anschließender Firmung (S. 387); S. 24–40, 93 f., 104–110, 155–164. Zu diesen Fragen vgl. B. Kranemann: Scrutinium, in LexMA 7 (1995) 1657.

93 Eine Skulptur des Geschehens aus der Zeit nach 1211 sieht man am Heiligenportal der Kathedrale zu Reims, Abb. in Krönungen, S. 410; eine Miniatur (um 1250) in Le Goff: Kultur, Abb. 72, S. 247. – Vgl. die Miniatur ›Der hl. Rupert tauft Heiden‹ (um 1160), in: Die Bajuwaren Abb. 189, S. 284: In einem Bottich erwartet eine unbekleidete Frau die Taufe. Weitere Beispiele für die – wohl eher seltene – Darstellung der Taufe von Frauen: Der hl. Methodius tauft die hl. Ludmilla (Malerei 1361–1363), in: Die Parler, Bd. 2, S. 724; Taufe der hl. Odilia, in

LCI 8, 78. – Eine weitere Miniatur zur Erwachsenentaufe in LThK^2 9 (1964) nach Sp. 1319.

94 Martin: Spätantike, S. 18. Gegen diese Lehre wurde dann der Satz formuliert, der in das *Credo* eingegangen ist: »Gezeugt, nicht geschaffen, eines Wesens mit dem Vater«.

95 Le Goff: Ludwig, S. 87 f. – Zum Ritual von Sündenbekenntnis und Sühne vgl. PRG, Bd. 2, Nr. CXXXVI, S. 234–245.

96 Schadek: Bürgerschaft, S. 118. Vgl. Kunze: Himmel, S. 101.

97 Das Folgende nach Le Goff: Ludwig, S. 112–114. – Zum Ritus der Einsegnung vgl. PRG, Bd. 2, Nr. CCLIII, S. 414–417.

98 Vgl. G. Binding: Brauttür, in LexMA 2 (1983) 592. – Zu den ältesten Bauteilen des Berner Münsters gehört die ›Hebammentür‹, durch welche die Hebamme das Kind gleich nach der Geburt zur Taufe trug; Machs na, S. 26.

99 Diese Geste (drei Finger, der mittlere als Ringfinger) ist ungewöhnlich; vgl. Pontificale Romanum … 1934, S. 594–598 Trauung, und hier S. 596: Der Bräutigam steckt der Braut den Ring an den Ringfinger der linken Hand, der Bischof segnet dann mit drei Kreuzzeichen die Hände und spricht dabei *In nomine Pa + tris, et Fi + lii, et Spiritus + Sancti. Amen.*

100 Lesung 1 Kor 6, 15–20; Evangelium Mk 10, 1–9; die Stichworte Liebe, Frieden und Fruchtbarkeit prägen die Präfation.

101 Du Cange: Glossarium, Bd. 6, S. 408 verweist auf die Leges Wisigothorum und Langobardorum aus dem 6. und 7. Jh.

102 PRG. Dieses Buch enthält auch Gebete, die der ›einfache‹ Priester spricht. Auf die weitere Entwicklung kann nicht eingegangen werden. Es sei indessen die bis in unsere Tage fortdauernde Kontinuität betont.

103 PRG, Bd. 1, Nr. XXVIII, S. 70–72 (Nr. XXIX, S. 72–74 Ordinatio monachi), Nr. XXIV, S. 54–59 Ad faciendam diaconam. – Nr. XVI 22, S. 29 die Fragen zu Würdigkeit und Gerechtigkeit. – Zum Weihesakrament in der katholischen Kirche heute vgl. Die Weihe des Bischofs … Pontifikale I; ergänzend Zeremoniale für die Bischöfe, S. 145–165 Das Weihesakrament; S. 307–317 Besondere Tage im Leben eines Bischofs, u. a. S. 314 Worte bei der Übergabe des Palliums.

104 Vgl. Agende … Bd. IV, S. 17–34, S. 22 Ordinationsfragen (»Bist du bereit, …? – Ich bin bereit«), S. 23–25 Gebet und Handauflegung. Ebd. S. 35–46 Einsegnung zum kirchlichen Dienst; S. 45 die Bitte an Gott: »Stehe ihm/ihr bei in Anfechtung, Zweifel und Müdigkeit. Hilf ihm/ihr den Menschen, die ihm/ihr anvertraut sind, mit Liebe zu begegnen«. Bei der Einführung eines Pfarrers fragt der Superintendent die Kirchenältesten der Gemeinde: »Seid ihr bereit, N. N. als euren Pfarrer/eure Pfarrerin anzunehmen, und versprecht ihr, mit ihm/ihr zusammen dem Aufbau der Gemeinde zu dienen, so antwortet: Ja, mit Gottes Hilfe. – Ja, mit Gottes Hilfe« (S. 54). Eine solche Frage ist in der katholischen Kirche noch nicht üblich.

105 Apg 6, 6; 13, 3; vgl. 1 Tim 4, 14; 2 Tim 1, 6. – Die gemeinsamen Wurzeln führen dazu, daß evangelische Ordination und katholische Weihe auch in Fragen an den Erwählten und dessen Antworten wörtlich übereinstimmen, gewiß weit mehr als nur eine Formalie.

106 Dies nach PRG, Bd. 1, Nr. LXII-LXVIII, S. 199–243. ›Maximalforderungen‹ Nr. LXIII, 28 S. 215 f. – Fürsprecher für Verwachsene Nr. XVII, S. 37.

107 Vgl. Die Weihe des Bischofs, S. 32: »Bist du bereit, um des Herrn willen den Armen und den Heimatlosen und allen Notleidenden gütig zu begegnen und zu ihnen barmherzig zu sein? – Ich bin bereit«.

108 A. Heit: Kuno, in LexMA 5 (1991) 1572. – Hauck: Kirchengeschichte, Bd. 3, S. 728.

109 Gesta episcoporum Cameracensium III 2, MGH SS 7, S. 466: *haud fortasse quidem indisciplinatis moribus Karlensium inregulariter ordinaretur.* Vgl. Tellenbach: Die westliche Kirche, S. 114; Siegfried Hirsch, Hermann Pabst: Jahrbücher des Deutschen Reiches unter Heinrich II., Bd. 2, 1864, ND Berlin 1975, S. 322 f.

110 Vgl. N. Gussone: Krönung, in LCI 2, 661–671. – Für die letzten Jahrhunderte bis zur Liturgiereform der 1970er Jahre vgl. Pontificale Romanum ... 1934, S. 57–78, 114–128 Priesterweihe, 129–200 Bischofsweihe.

111 Zumal seit dem Investiturstreit galt das bei der Königssalbung verwendete Öl allerdings als weniger kostbar denn das bei der Weihe des Bischofs gebrauchte.

112 Widukind: Sachsengeschichte II 1 (AQ 8, S. 87/89). Vgl. Hagen Keller: Die Einsetzung Ottos I. zum König (Aachen, 7. August 936) nach dem Bericht Widukinds von Corvey, in: Krönungen, S. 265–273.

113 Im Anschluß an Die Liturgie der Herrscherweihe: a) Gebete zur Königskrönung (9./10. Jh.), b) Der Römische Ordo der Kaiserkrönung (vor 960) (AQ 32, Nr. 11, S. 34–47). – Ergänzt um: Mainzer Ordo, Hrg. P. E. Schramm, in Zeitschrift für Rechtsgeschichte 55, Kanonistische Abteilung 24, 1935, S. 309–321, hier nach GiQ/2, Nr. 146, S. 147–149; Ordo für die Kaiserkrönung Heinrichs VII., 1312 (AQ 33, Nr. 77, S. 244–251); PRG, Bd. I Nr. LXXII-LXXVIII, S. 246–269 (Nr. LXXVIII Benedictio reginae). Vgl. Bernhard Opfermann: Die liturgischen Herrscherakklamationen im Sacrum Imperium des Mittelalters. Weimar 1953 (mit Abb.en und Notenbeispielen).

114 Vgl. Schaller: Wiener Reichskrone, Abb.en S. 75 f.

115 Zusammenfassend Jürgen Petersohn: Die Reichsinsignien im Krönungsbrauch und Herrscherzeremoniell des Mittelalters, sowie Hermann Fillitz: Die Reichskleinodien, in: Krönungen, S. 151–160 bzw. 141–149, jeweils mit Abb.

116 So fügte man in der zweiten Hälfte des 12. Jh. ein Gebet ein, das den Herrscher davor bewahren sollte, auf Gewaltanwendung zu vertrauen: »Gürte dein Schwert an der Seite, du Mächtiger, und sei eingedenk: Die Heiligen haben nicht mit dem Schwert, sondern durch den Glauben Reiche bezwungen« (AQ 33, S. 249–251 mit Anm. 20). – Zur Segnung und Krönung von König und Königin in der Neuzeit vgl. Pontificale Romanum ... 1934, S. 987–1015.

117 Plan und Modell (Rekonstruktion) in Aachener Dom, S. 12.

118 Vgl. Reichsannalen zum Jahre 812, 813; Einhard: Leben Karls, Kap. 31 (AQ 5, S. 100, 102 bzw. 202).

119 E. Meuthen: Aachen, in LexMA 1 (1980) 1–3, hier Sp. 1. Vgl. Silvinus Müller: Die Königskrönungen in Aachen (936–1531). Ein Überblick, in: Krönungen, S. 49–58, S. 55: 1792 letzte deutsche Königskrönung.

120 Reichsannalen zum Jahre 801 (AQ 5, S. 74). Die kaum noch überschaubare Literatur faßt zusammen Angenendt: Frühmittelalter, S. 353 f.

121 M. Bur: Reims, in LexMA 7 (1995) 657–663. – Ludwig VI. wurde 1108 in Orléans, Heinrich IV. 1594 in Chartres gekrönt, nach Schramm: König von Frankreich, Bd. I, S. 117, 119, 120 Anm. 2. – Le Goff: Ludwig, S. 468, 730, 734 u. ö. Man weiß nicht, welcher *ordo* bei der Krönung Ludwigs IX. und anderer Könige verwendet wurde.

122 R. B. Dobson: Westminster, in LexMA 9 (1998) 34–37, hier Sp. 34. Vgl. Schramm: Geschichte des englischen Königtums, S. 39, sowie, für die frühere Zeit, Krüger: Königsgrabkirchen.

123 Memoiren der Herzogin von Abrantès, zitiert nach der Üb. von F. M. Kircheisen, in: Europäische Geschichte. Quellen und Materialien. Hrg. Hagen Schulze, Ina Ulrike Paul. München 1994, Nr. 57, S. 179f. – Vgl. Jean Tulard: Sacre, in Dictionnaire Napoléon, sous la direction de Jean Tulard. Paris 1987, S. 1495; ebd. nach S. 864 die Reproduktion des Gemäldes, mit dem Jacques-Louis David 1806/07 die offiziöse Darstellung lieferte.

124 Van Eickels / Brüsch, S. 166.

125 Felix Schroeder im Vorwort zur Partitur von Mozart: Missa C-Dur K 317 ›Krönungsmesse‹ (Edition Eulenburg, Nr. 971). London, Mainz (u.a.) o. J., S. III. Vgl. H. Braun: Musik, Musikinstrumente, in LCI 4, 597–611.

126 L. Hödl: Gebet, A. Christentum, in LexMA 4 (1989) 1155–1157.

127 Zweifel konnte noch manch anderes Wort nähren: Paulus hatte festgestellt, das himmlische Jerusalem sei »unsere Mutter« (Gal 4, 26), die Gemeinde sei das »Haus Gottes« (Tit 1, 7), »wir haben hier keine Stadt, die bleibt, sondern wir suchen die künftige« (Hebr 13, 14).

128 Der große Wochentags-Schott, Teil I, S. 1381.

129 Zum Gebet um Frieden kommen täglich (?) zur Mittagszeit Menschen in der Krypta des Basler Münsters zusammen.

130 Diese Bitte seit biblischer Zeit; zur frühchristlichen Gemeinde vgl. 1 Tim 2, 1; Tit 3, 1; 1 Petr 2,17. Für die Zeit des Übergangs von der Verfolgung zur Duldung vgl. Lactantius: Von den Todesarten, Kap. 34 (BKV 36, S. 44).

131 Vgl. PRG, Bd. 2, Nr. CXXVIII bis CXXX, CXXXV, S. 227–229, 232f. – Pontificale Romanum ... 1934, S. 698–700 (Gebete über die Kreuzfahrer, die zur Verteidigung des christlichen Glaubens bzw. zur Wiedergewinnung des Heiligen Landes ausziehen), 701–704 (Segnung der Waffen, des Schwertes, der Kriegsflagge), S. 1016–1020 (Segnung des Ritters).

132 François Villon: Sämtliche Dichtungen. Französisch, mit deutscher Üb. von Walther Küchler. Heidelberg 1956, S. 88.

132a So zeigt der Tympanon des Berner Münsterportals einen Teufel, der genüßlich einen Mönch kastriert – als ›spiegelnde‹ Strafe für die Verletzung des Keuschheitsgelübdes; Machs na, S. 37, Abb. 58.

133 Wimpfeling: Lob, Verse 31 f., S. 83; Kommentar S. 38.

134 Vgl. PRG, Bd. 2, Nr. CCXLVI bis CCLII, S. 380–414.

135 Ein Bericht in Vita prima, 6. Buch, 4. Kap., 15 S. 259f. – Otto von Freising: Taten Friedrichs. I 38. 41 (AQ 17, S. 206, 208). Vgl. Mayer: Geschichte der Kreuzzüge, S. 99, 101.

136 Das Leben des hl. Bernhard von Clairvaux, S. 167 (nach Gaufrid von Auxerre, III 7): So hörten ihm »auch germanische Völker mit wundersamer Ergriffenheit« zu und, »obwohl sie als Menschen fremder Zunge ihn nicht verstehen konnten«, schienen sie dennoch aus seiner Predigt »mehr Erbauung geschöpft zu haben« als aus der Übersetzung, die darauf ein Dolmetscher bot. »Daß die Leute an die Brust klopften und Tränen vergossen, ist der sichere Beweis dafür, daß sie mehr die innere Kraft seiner Worte verstanden als die Worte selbst«.

137 Savonarola, S. 20; S. 85–108 Erste Predigt über Haggai, 1. 11. 1494. Zur seinerzeitigen Bußpredigt vgl. Burckhardt: Kultur, S. 491–493.

138 Vgl. M. Bierbaum: Galen, Clemens Augustinus, in: $LThK^2$ 4 (1960) 490f.

139 Vgl. Björn Christlieb: Heilssuche, Andacht und Politik: Formen stadtbürgerlicher Frömmigkeit, in: Spätmittelalter am Oberrhein, Teil 2, Bd. 2, S. 453–463.

140 Vgl. Christine Barraud Wiener, Peter Jezler, Heidi Leuppi: In der Festprozession durch die Stadt. Stadttopographie und Herrschaftsansprüche im Liber Ordina-

rius des Zürcher Großmünsters, in: Stadtluft, S. 463–467, mit Abb.en, Faksimilia und Stadtplänen.

141 Mt 21, 9 nach Ps 118, 26. – Vgl. Peter Willmes: Der Herrscher-›Adventus‹ im Kloster des Frühmittelalters (MMS, 22). München 1976. – Rainer Roy und Friedrich Kobler: Festaufzug, Festeinzug, in RDK 8 (1987) Sp. 1417–1520, mit Abb.en. – Zum feierlichen Empfang von Kaiser und Kaiserin sowie anderer Mächtiger beiderlei Geschlechts vgl. Pontificale Romanum … 1934, S. 1020–1027.

142 Reichsannalen zum Jahr 800 (AQ 5, S. 72 f.).

143 Beschreibung eines solchen Einzuges mit Papst Eugen III. in Trier, in Balderich: Leben Alberos, Kap. 23 (AQ 22, S. 594/596).

144 Thietmar: Chronik II 28 (AQ 9, S. 64–67).

145 Norbert: Leben Bennos, Kap. 19, ferner Leben Norberts, Fassung A, Kap. 18 (AQ 22, S. 414 bzw. 520). – Barfüßig trug König Ludwig IX. den Behälter mit der kostbaren Dornenkrone; Le Goff: Ludwig, S. 124. – Vgl. Klaus Schreiner: Nudis pedibus? Barfüßigkeit als religiöses und politisches Ritual, in: Formen und Funktionen öffentlicher Kommunikation im Mittelalter. Hrg. Gerd Althoff (VuF, 51), Stuttgart 2001, S. 53–124, S. 63 zu Norbert von Xanten.

146 Pläne in Herzog: Ottonische Stadt, S. 187, Abb. 34 (Augsburg); S. 201, Abb. 36 und T. 21 (Speyer, mit Luftbild); S. 153, Abb. 28 (Würzburg); Plan von Speyer auch in Der Dom zu Speyer Bd. 1, S. 112. Zahlreiche Pläne ferner in Braunfels: Stadtbaukunst. Vgl. Haverkamp: ›Heilige Städte‹, S. 139.

147 Fritsche (Friedrich) Closener's Chronik, 1362, in: Die Chroniken der oberrheinischen Städte: Straßburg, Bd. 1, S. 104–120. Vgl. Peter Segl: Geißler, in Theologische Realenzyklopädie 12 (1984) 162–169.

148 Vgl. Edgar Lehmann: Die Anordnung der Altäre in der karolingischen Klosterkirche zu Centula, in: Karolingische Kunst, S. 374–383, hier S. 376–379 (mit Plänen). Plan zum Verlauf dieser Prozession in: Welt und Umwelt der Bibel. Sonderheft 2000, S. 30.

149 Vgl. Emil Joseph Lengeling: Die Bittprozessionen des Domkapitels und der Pfarreien der Stadt Münster vor dem Fest Christi Himmelfahrt, in: Monasterium. FS Münster 1966, S. 151–220.

150 LM 25. 7. 1989, Nr. 13837, S. 2; den Hinweis auf dieses Ereignis verdankt der Autor Le Goff: Ludwig, S. 807, Anm. 29 zu S. 126. – Am 14./15. 6. 1940 besetzte die Wehrmacht kampflos Paris, am 25. 6. 1940 trat der Waffenstillstand mit Frankreich in Kraft.

151 Das Leben des hl. Bernhard von Clairvaux, S. 215 (nach Gaufrid von Auxerre, IV 5, 31).

152 Vgl. Das Leben des hl. Bernhard von Clairvaux, S. 133–135, Zitat S. 135: Bericht von der Heilung einer von einem Dämon heimgesuchten Frau (nach Arnald von Bonneval II 6, 35). – Zum Ritus, mit dem wohl nicht nur im 10. Jh. Dämonen ausgetrieben wurden, vgl. PRG, Bd. 2, Nr. CXIV-CXXIII, S. 190–224. – Vgl. Le Goff: Kultur, Abb. 79, S. 315: Ein Bischof heilt eine Besessene (S. Zeno/Verona, Ende 11. Jh.).

153 Mt 15, 22–28 und viele andere Stellen; vgl. R. Schnackenburg: Dämon, II. In der Schrift, in $LThK^2$ 3 (1959) 141 f. sowie A. Rodewyk: Exorzismus ebd. Sp. 1314 f.

154 Anschaulich berichtet von Dämonenaustreibungen auch das Leben Norberts, Fassung A, Kap. 10 sowie 14 f. (AQ 22, S. 478–482, 500–508, 512–514).

155 Zu deren Ordinierung in der Neuzeit vgl. Pontificale Romanum … 1934, S. 25–27.

156 Einhard: Leben Karls, Kap. 26 (AQ 5, S. 197/199).

156a Vgl. Borgolte: Petrusnachfolge, S. 343–360 Die Grabplätze der Päpste und Gegenpäpste im Überblick (Tab., von Petrus bis zu Johannes Paul I.), Abb. 5, S. 99 Papstgräber in römischen Kirchen, Abb. 6, S. 181 Papstgräber außerhalb Roms, Abb. 7 und 8 Falt-Ktt. nach S. 430: Papstgräber in Alt-St. Peter, Papstgräber und Papstmonumente in Neu-St. Peter.

157 Gerhard: Leben Ulrichs, Kap. 13 f. (AQ 22, S. 110–114).

158 Thietmar: Chronik IV 15 (AQ 9, S. 130). Otto III., Sohn Theophanus und beim Begräbnis seiner Mutter anwesend, machte dem Konvent St. Gereon reiche Stiftungen für das Seelenheil der Verstorbenen.

159 Thangmar: Leben Bernwards, Kap. 46 ff. (AQ 22, S. 346 ff.). Zu Anno vgl. Gierlich, Grabstätten, S. 282–287.

160 Vgl. F.-J. Heyen: Die Grabkirchen der Bischöfe von Trier, in: FS für Hermann Heimpel. Bd. III, Göttingen 1972, S. 594–606.

161 Beda: HE II, 3, S. 142/144; S. 143 Anm. 3 zur Bedeutung von *porticus.*

162 Eusebius von Caesarea: Leben Konstantins, IV 60 (BKV 9, S. 181). Zur Lage dieser und anderer Kirchen (vor allem der Hagia Sophia) vgl. Atlas zur Kirchengeschichte, Kt. 41 B: Das byzantinische Konstantinopel.

163 Le Goff: Ludwig, S. 23, 115, 244–250 (St. Denis als Königsnekropole), 734.

164 Haussherr: Dombauten, S. 26.

165 Nach Th. Riis: Roskilde, in LexMA 7 (1995) 1037–1039, sowie einem im Dom zu Roskilde ausliegenden Faltblatt (mit Lokalisierung der Gräber).

166 O. Engels: Las Huelgas, in LexMA 5 (1991) 1719 f. – Im Pantheon (S. Maria Rotonda) zu Rom wurden Raffael (1483–1520), der Architekt Baldassare Peruzzi und andere Berühmtheiten beigesetzt, ferner Vittorio Emmanuele II. und Umberto I., die ersten Könige des geeinten Italien.

167 Für das Mittelalter nach LexMA und anderen Nachschlagewerken. Zu Speyer vgl. Kubach: Vorkrypta, Grablege, Königschor. Baugeschichte, in: Der Dom zu Speyer, Bd. 1, S. 839–922, S. 851 f. Tab. der dort beigesetzten Könige, ferner Familienmitglieder des Kaiserhauses sowie Bischöfe. – Eine Erg. um neuzeitliche Herrscher würde Brüche in der deutschen Geschichte weiter verdeutlichen.

168 Vgl. Norbert Ohler: Das Freiburger Münster. Ein Literaturbericht, in: Zeitschrift des Breisgau-Geschichtsvereins 113 (1994) S. 15–44, hier S. 26, Nr. 26: Vertrag Universität – Stadt Freiburg von 1505: Im Münster dürfen Universitätsangehörige bestattet werden, *denen so ye zuo zyt ein Rector und Regennten der Universitet die begrebniss vergunt erwelt haben.*

169 Kunze: Himmel, S. 109.

170 J. Crompton: Wyclif, in LThK² 10 (1965) 1278–1281, hier Sp. 1278 f. – Das Konzil hatte 1415 Jan Hus als Ketzer verbrennen lassen.

171 Wibert von Ravenna, 1106; nach Die Chronik Ekkehards von Aura, zum Jahr 1106 (AQ 15, S. 274). – Arnold von Bonneval 6. Kap., 39, S. 139 in Vita prima Bernhards von Clairvaux. – G. Schwaiger: Formosus, in LThK² 4 (1960) 214 f.

172 Martin: Spätantike, S. 19, 129. – Stadler: Päpste, S. 230 f.

173 H. Bacht: Räubersynode, in LThK² 8 (1963) 1009 f.

174 Thangmar: Leben Bernwards, Kap. 28 (AQ 22, S. 324. 326).

175 Absetzung, Befreiung und Wiedereinsetzung nach Jahrbücher von St. Bertin zu den Jahren 833–835 (AQ 6, S. 20–29); Schuldbekenntnis MGH Capitularia II, Nr. 197, S. 51; GiQ/2, Nr. 111, a-c, S. 114–116. Die Regesten des Kaiserreiches unter den Karolingern 751–918. Bearb. Johann Friedrich Böhmer und Engelbert Mühlbacher. Innsbruck ²1908, Nr. 926 a.b, 926 p, S. 369, 374. Vgl. Egon

Boshof: Ludwig der Fromme. Darmstadt 1996, S. 200–202, 206. – Ein anderer Verzicht: Thankmar, Sohn Ottos I., hatte sich gegen seinen Vater empört; in die Enge getrieben, entsagte er seinem Herrschaftsanspruch dadurch, daß er Waffen und eine goldene Kette auf den Altar einer Kirche legte; neben dem Altar wurde er von hinten mit einer Lanze getötet (28. Juli 938); Widukind: Sachsengeschichte II 11 (AQ 8, S. 98 f.).

176 Reichsannalen zum Jahr 800 (AQ 5, S. 75). Vgl. Thegan: Leben Kaiser Ludwigs, Kap. 30 (AQ 5, S. 234): Papst Paschasius, mehrerer Morde angeklagt, leistete im Lateranpalast vor den Gesandten Kaiser Ludwigs des Frommen und dem Volk Roms einen Reinigungseid.

177 Adalberts Fortsetzung der Chronik Reginos zum Jahr 964 sowie Liudprand: Buch von König Otto, Kap 22 (AQ 8, S. 223 bzw. 523). – Zur Absetzung des vorgeladenen, aber nicht erschienenen Papstes Johannes XII. (955–964) durch eine Synode im Petersdom (4. 12. 963) vgl. Liudprand: Buch von König Otto, Kap. 4–16 (AQ 8, S. 501–517). Liudprand – Bischof von Cremona, Klatschmaul und Liebhaber der Schwarz-Weiß-Malerei – bringt zum kirchlichen Leben und zum Treiben in Kirchen Roms des 10. Jh. Einzelheiten, die gewiß nicht alle erfunden oder überzeichnet sind.

178 Zur Degradierung kirchlicher Amtsträger in der Neuzeit vgl. Pontificale Romanum … 1934, S. 804–814.

179 In den Quellen oft auch genannt Erlöserkirche oder Konstantiniana (von Kaiser Konstantin gegründet bzw. geschenkt).

180 GiQ/2, Nr. 277, S. 300 (nach Gregors Register, ed. Caspar, III, Nr. 10 a, S. 268 ff.). – L-D in Brunos Sachsenkrieg, Kap. 70 (AQ 12, S. 288 f.). – Vgl. Tellenbach: Die westliche Kirche, S. 184–201. – H. Vorgrimler: Anathema, in: $LThK^2$ 1 (1957) 494 f. und A. Gommenginger: Kirchenbann, ebd. 6 (1961) 197–199.

181 Norbert: Leben Bischof Bennos II., Kap. 18 (AQ 22, S. 413). Das Dekret der Synode zu Brixen in: AQ 12, S. 476/478, Anhang C, mit den Unterschriften der Bischöfe; Benno fehlt.

182 Das Folgende nach Romoaldi Annales zum Jahr 1177, MGH SS 19, S. 452–458; S. 458 bekräftigt Romoald seinen Bericht mit folgenden Worten (in Anlehnung an Joh 19, 35): *qui vidit et interfuit, scripsit hec; et sciatis, quia verum est testimonium eius,* »der es gesehen hat und dabei gewesen ist, hat das geschrieben; und ihr sollt wissen, daß sein Zeugnis wahr ist«. – Üb. nach Bühler, in GiQ/2, Nr. 375 m, S. 437–439.

183 Matthäus Parisiensis (englischer Geschichtsschreiber; † um 1259) zum Jahr 1245, in: Van Eickels / Brüsch, S. 408. GiQ/2, Nr. 478, S. 560. Vgl. Ohler: Krieg und Frieden, S. 115 f.

184 Vgl. PRG, Bd. 1, Nr. LXXXV-XC, S. 308–317.

185 PRG, Bd. 1, Nr. XCI, S. 317–321.

186 Balderich: Taten Alberos, Kap. 4 (AQ 22, S. 562 f.).

187 Dies und das Folgende nach Hans-Georg Beck: Die Ostkirche vom Anfang des 10. Jahrhunderts bis Kerullarios, in: Hb. der Kirchengeschichte, Bd. III/1, S. 473–476, Zitat S. 474.

188 Vgl. Victor Conzemius: Paul VI., in $LThK^3$ Bd. 7 (1998) 1524–1526; Axel Bayer: Morgenländisches Schisma, ebd. 470–474. Stadler: Päpste, S. 252 f.

189 Vgl. Die Goldene Bulle von 1356, a) Das Nürnberger Gesetzbuch, Kap. 2 Die Wahl des Römischen Königs (AQ 33, Nr. 94, S. 314–377, hier S. 332–337, Zitat S. 335). – Die Realität sah freilich anders aus: Im Vorfeld der Wahl feilschten Kandidat und Kurfürsten erbittert um finanzielle Vorteile, die ›Handsalben‹.

190 Abb. in Kaiser Heinrichs Romfahrt, S. 59; S. 58 Hinweis auf den *ordo* der Papstwahl mit der Altarsetzung, der *sessio super altarem.*

191 Krüger: Grabeskirche, S. 184–187, mit Abb. und Quelle aus dem Jahr 1689; nachweisbar ist diese Art, Ritter zu erheben, seit dem 14. Jh.

192 Max Weber: Wirtschaft und Gesellschaft. Grundriß der verstehenden Soziologie. Hrg. Johannes Winckelmann. Köln, Berlin 1964, S. 956.

193 Ausführlich dazu Ackermann: Mittelalterliche … Gerichtsorte. S. 530 ff.; Nachweise zu Rat und Zünften in Anm. 5; S. 540 f. zur Deutung als Rechtsstreit. – Die Bevorzugung städtischer Klöster könnte sich damit erklären, daß man hier auch Räume für Besprechungen im kleinen Kreis fand, ferner Aborte.

194 Von Simson: Mittelalter II, S. 21; Kölner Römer-Illustrierte, Heft 2, S. 278.

195 Th. F. Glick: Bewässerung, in LexMA 2 (1983) 22–24.

196 Angenendt: Frühmittelalter, S. 292 f. – Von Simson: Mittelalter II, S. 20.

197 Van Eickels / Brüsch, S. 110.

198 Ackermann: Mittelalterliche … Gerichtsorte, S. 530 mit Anm. 2.

199 Abb.en von datierten, in den Stein des Westturmes des Freiburger Münsters geschnittenen Umrißzeichnungen, in Stadtluft, S. 105.

200 Ackermann: Mittelalterliche … Gerichtsorte, S. 30 mit Anm. 7.

201 Johansen: Kaufmannskirche, S. 500.

202 Missale Romanum, S. [87] –[89]. Das Gebet gegen die Verfolger der Kirche dem Autor vorliegend in einem achtseitigen undatierten Faltblatt zum Missale: Tabula Orationum (Verzeichnis von Gebeten).

203 Das Elsass von 1870–1932. Bd. IV: Karten, Graphiken, Tabellen, Dokumente, Sach- und Namenregister. Hrg. J. Rossé (u. a.). Colmar 1938, Nr. 45 F, S. 430.

204 Ludus de Antichristo / Das Spiel vom Antichrist. L-D. Üb. Rolf Engelsing. Stuttgart: Reclam, 1968. Vgl. Hansjürgen Linke / Ulrich Mehler: Osterfeiern, in: VL 7 (1989) 92–108; Max Wehrli: Osterspiel von Muri, ebd. 119–124; zu Weihnachtsspielen siehe die Verweise in VL 10 (1999) 794. – Zum Folgenden F. Karlinger: Auto sacramental, in LThK^2 1 (1957) 1136 f. Vgl. Johannes Tripps: Der Kirchenraum als Handlungsort für Bildwerke. ›Handelnde‹ Altarfiguren und hyperwandelbare Schnitzretabel, in Kunst und Liturgie, S. 235–247 (mit Abb.en und Quellen).

205 Huizinga: Herbst, S. 59, 223.

206 Winckelmann: Zur Kulturgeschichte, S. 254 ff.

207 Wimpfeling: Lob, S. 76–99, Zitate Verse 277–280, S. 97, sowie 119. 123 f., S. 87. Zu kritischen Untertönen vgl. den Komm. S. 49.

208 Von Simson: Mittelalter II, S. 19

209 Vgl. Ohler: Krieg und Frieden, S. 84 f., 216 u. ö.

210 Vgl. Haarländer, S. 214 Anm. 87 sowie S. 220–223 und die dort genannten Arbeiten von Lewald (Burg, Kloster, Stift, 1976) und Streich (Burg und Kirche, I und II, 1984). – Umwandlungen: Limburg/Haardt 1025, Großkomburg 1078, Melk 1089, St. Paul im Lavanttal 1091, Lorch/Württemberg 1102, Kastl/Oberpfalz 1103, nach Wittelsbach, Kat. Bd. I/1, S. 424 Anm. 40.

211 Leben Bennos, Kap. 15 (AQ 22, S. 400–403).

212 Vgl. Leben Norberts, Fassung A, Kap. 15 (AQ 22, S. 508/510). Als weiteres Beispiel für Klöster, die in einer früheren Burg gegründet wurden, sei Leubus in Schlesien genannt; vgl. die Stiftungsurkunde von 1175, in: GiQ/2, Nr. 564, S. 630 f.

213 Pläne von Domburgen: Hildesheim (in: Bernward, Bd. 1, S. 293, 295, Bd. 2, S. 460), Trier, Speyer, Paderborn (in Goetz: Leben, S. 206, 211, 221), Trier (um

1000, mit Kirchen, in Angenendt: Frühmittelalter, S. 123). – Zur Domburg von Hamburg, die Erzbischof Bezelin (1035–1043) geplant hatte, vgl. Adam von Bremen: Bischofsgeschichte II 70 mit Zusatz 54 (AQ 11, S. 314). – Zur militärischen Bedeutung vgl. Ohler: Krieg und Frieden, S. 85.

214 Etwa das Laterankonzil von 1123; vgl. Mortet I, Nr. CXLI, S. 364; vgl. Mortet II, Nr. CI, S. 210 Synode von Avignon 1209, canon 9.

215 Otto von Freising: Chronik VII 31 (AQ 16, S. 552/554).

216 Foto der Festungskathedrale von Agde in Barral: Romanische Kunst, Bd. 2, S. 48 Abb. 30; Plan von Maguelonne in Vergnolle, S. 315 Abb. 426. – Kloster, Wallfahrtsheiligtum und Festung bildeten das – ebenfalls am Meer gelegene – Ensemble auf dem Mont-Saint-Michel.

217 Lampert: Annalen zum Jahr 1074 (AQ 13, S. 241/243). Vgl. Toni Diederich: Der Stadtherr, in Monumenta Annonis, S. 30 f., mit schematischen Darstellungen des Fluchtweges.

218 Le Goff: Ludwig, S. 87 f.

219 Von Simson: Mittelalter II, S. 68, 95 sowie Abb. 31. – Juden und Muslime werden Synagogen bzw. Moscheen in unruhigen Zeiten oder gefährdeten Gegenden auch als Wehrbauten genutzt haben.

220 Zu einer angeblichen Verschwörung im Dom zu Regensburg vgl. Notker: Taten Karls, II 12 (AQ 7, S. 401/403).

221 Thietmar: Chronik IV 32 (AQ 9, S. 149). Zu einem gescheiterten Attentat auf Kaiser Heinrich IV. in einer römischen Kirche vgl. Das Leben Kaiser Heinrichs IV., Kap. 7 (AQ 12, S. 432/434).

222 Vgl. Burckhardt: Kultur, S. 68 f.

223 Das Folgende, soweit es Konstantinopel 1204 betrifft, nach Die Kreuzfahrer erobern Konstantinopel, S. 149 ff.; Gunther von Pairis: Historia Constantinopolitana, nach Borst: Lebensformen, S. 617 ff. mit Problematisierung des Raubes von Reliquien; Mayer: Geschichte der Kreuzzüge, S. 170 ff., besonders S. 178 f. – Zu Béziers 1209 vgl. Ohler: Krieg und Frieden, S. 218 f.

224 Vgl. Der Schatz von San Marco, mit Abb. (u. a. Die Pferde von San Marco, S. 18), einem Quellenteil (in deutscher Üb., S. 63–71) sowie dem Versuch, Venedigs Verantwortung herunterzuspielen (vor allem S. 37/40 Anm. 7).

225 Nithard: Geschichten IV 5 (AQ 5, S. 456).

226 AQ 32, Nr. 36, S. 140–147, Zitat S. 144/145). Vgl. Ohler: Krieg und Frieden, S. 298.

227 Vgl. Jean-Luc Susini: Reims als historischer Ort, in: Franzosen und Deutsche, S. 238–262; im September 1914 habe die erste Beschießung der Kathedrale französischen Artilleriebeobachtern gegolten (S. 244).

228 Diese Offenheit betont die ›Konstitution über die heilige Liturgie‹, 7. Kap.: Die sakrale Kunst; liturgisches Gerät und Gewand, Ziffer 123, in Rahner / Vorgrimler, S. 87–90, hier S. 87 f.

229 Martin Hengel und Anna Maria Schwemer: Paulus zwischen Damaskus und Antiochien. Die unbekannten Jahre des Apostels. Tübingen 1998, S. 312.

230 Vgl. Angenendt: Frühmittelalter, S. 81. – A.P. Frutaz: Titelkirchen, römische, in LThK² 10 (1965) 209 f. mit Namen, Literatur und Deutungsvorschlägen für die Bezeichnung. – R. Puza: Titelkirchen, röm., in LexMA 8 (1997) 814 f. mit weiteren Deutungen und den Namen der Patriarchalkirchen im 12. Jh. und den jeweils sieben dazugehörigen Titelkirchen. Zur Lage vgl. Atlas zur Kirchengeschichte, Kt. 16, sowie GHWA Bd. 2, Kt. 48 d: Rom im Mittelalter (beide Atlanten mit Erl.en), ferner Bildatlas, S. 25 mit Ktt. 27 und 29.

231 Römer am Rhein, S. 118 f. mit Plan.

232 J. H. Emminghaus: Engelsburg, in LThK² Bd. 3 (1959) 880.

233 Vgl. dazu Lactantius: Von den Todesarten, Kap. 21 (BKV 36, S. 29): Die Verfolger ließen die Asche der Märtyrer in die Flüsse oder ins Meer werfen – eine gegen den Glauben der Christen an die Auferstehung gerichtete Maßnahme.

234 Seit Ende des 4. Jh. wurden Festmahle und Trinkgelage bei den Gräbern verboten, zunächst in Mailand, später auch in Afrika; Brandenburg: Roms frühchristliche Basiliken, S. 143.

235 Vgl. Klaus Stähler: Grabbau, in RAC 12 (1983) 398–422. – Stanzl: Längsbau, S. 29–42, bes. S. 32; T. 1–37 Pläne, u. a. geometrische Entwurfsschemata. – Brandenburg: Roms früchristliche Basiliken, S. 61–169, hier S. 121–154 Alt-St. Peter (mit Plänen, Zeichnungen und Fotos), S. 176 f. Stadtplan Roms mit Kirchenbauten des 4. Jh. (ausgewiesen auch vor den Toren liegende Großbauten und neun *tituli*). – WGAW, S. 33/I Rom zur Kaiserzeit, 45/II Roms Umgebung in der Antike, 45/I Das christliche Rom des Mittelalters (um 1550). – Atlas zur Kirchengeschichte, Kt. 40 Rom bis um 1000.

236 Vgl. Binding / Untermann, S. 49–74, mit Abb.en.

237 Vgl. Vergnolle, S. 160, Abb. 206 f. Grundrisse zu Saint-Martin in Tours und Saint-Sernin in Toulouse, beide fünfschiffig (wie auch Cluny III, bei zwei Querschiffen). – Abb.en und Grundrisse von Sainte-Foy/Conques, Saint-Sernin/Toulouse und Notre-Dame du Port/Clermont-Ferrand, in Durliat: Romanische Kunst, Dokumentation Nr. 654–661, S. 481–483. – In einem ›Publikandum für die bevorstehende Heiligthumsfahrt zu Aachen im Jahre 1846‹ – Spiegel jahrhundertealter Bräuche und Sorgen – heißt es unter Ziffer 12: »Die zur Verehrung der Heiligthümer einziehenden Pilger müssen sich ohne Stillstand, auf dem ihnen angewiesenen Wege, unaufhaltsam fortbewegen, damit die Prozessionen nicht unterbrochen werden und kein Zeitverlust entstehe«. Faksimile und Transkription in Dieter P. J. Wynands: Geschichte der Wallfahrten im Bistum Aachen. Aachen 1986, S. 450 und 452.

238 WGAW, S. 103/II (Escorial) und 120/III (Versailles).

239 Einen rechteckigen Grundriß hatten viele heidnische Tempel, ferner der Tempel Salomos und der zweite Jerusalemer Tempel; das Rechteck begegnet auch als Grundform zahlreicher Synagogen, Kirchen und Moscheen. Insgesamt vgl. Stanzl: Längsbau und Zentralbau.

240 Hugo Brandenburg: S. Stefano Rotondo. Der letzte Großbau der Antike in Rom. Die Typologie des Baues. Die Ausstattung der Kirche. Die kunstgeschichtliche Stellung des Kirchenbaues und seiner Ausstattung, in: Santo Stefano Rotondo in Roma, S. 35–65, hier S. 37 mit Anm. 12.

241 Vgl. Götz: Zentralbau, sowie Schlink: Saint-Bénigne. – Pläne von Zentralbauten in: Christe (u. a.): Handbuch, S. 305, 320. – Das gleichseitige Dreieck prägt die Dreifaltigkeitskirche Kappel bei Waldsassen (Grundriß und Foto in LThK² 6 [1961] T. Kirchenbau IX, Abb. 63 f., vor Sp. 193). Fünfeckig ist die Kirche in Zdar/Mähren; Abb.en (Grundriß und Blick in die Kuppel) in: Die Zisterzienser, S. 388 f.

242 Vgl. R. Krautheimer: Sancta Maria rotunda, in: Arte del Primo Millenio, S. 21–27. – Schlink: Saint-Bénigne, S. 137 f.

243 Haarländer, S. 210–212 und Anm. 66, nach Krautheimer: Einführung zu einer Ikonographie der mittelalterlichen Architektur, 1942, deutsch 1988, S. 142–197. – Grundriß der Heilig-Grab-Kirche, in Durliat: Romanische Kunst, S. 584, Nr. 943. – Pläne, Fotos, Abb.en in Ornamenta Ecclesiae, Bd. 3, S. 78 f. – Rekon-

struktionszeichnungen in Krüger: Grabeskirche, S. 188–197 Nachbildungen von Kirche und Grab. – Zusammenfassend A. Heimann-Schwarzweber: Grab, Heiliges, in LCI 2, 182–192 (auch zu architektonischen Nachahmungen). Zu Fulda vgl. Ellger: Die Michaelskirche, S. 25 mit Anm. 33.

244 Leben Konrads, Kap. 6; MGH SS 4, S. 432. Vgl. Günther Kolb, in Glanz der Kathedrale, S. 51.

245 Leben Meinwerks, Kap. 216, MGH SRG 59, S. 128. – Fachleute wurden auch sonst zu Bauten entsandt, die als Vorbilder dienen sollten; vgl. Warnke: Bau, S. 161 Anm. 16.

246 Gallia Romanica, Abb. 166.

247 Vgl. Von Matt / Bovini: Ravenna, S. 109–159 sowie 103–108.

248 Vgl. Günter Bandmann: Die Vorbilder der Aachener Pfalzkapelle, in: Karolingische Kunst, S. 424–462, mit Plänen.

249 Krüger: Grabeskirche, mit Plänen und Rekonstruktionsvorschlägen. – Aachener Dom, S. 24 f. Grundriß von Erd- und von Obergeschoß des Marienmünsters, S. 32 Grundrisse der Sergios- und Bacchoskirche, von San Vitale und des Aachener Münsters, S. 43 Grundriß und Foto von Castel del Monte (Apulien; um 1240). – Der Grundriß des Felsendoms bildet ein regelmäßiges Achteck mit einer Seitenlänge von 20,5 Metern; die Kuppel hat einen Durchmesser von 20,44 m und eine Höhe von 30 m; nach O. Grabar: Kubbat al-Sakhra, in EI[2] 5 (1986) 298 f., hier 298.

250 Leben Gebhards, Kap. 13, MGH SS 10, S. 587: *secundumque formam basilicae principis apostolorum Romae constructam formatum est, propter quod et eundem locum Petri Domum appellavit.*

251 Dorner / Kaiser: Weingarten, S. 10.

252 An dem Bau, der 17 Meter höher als das Vorbild in Rom sei, sollen vier Jahre lang 1.500 Arbeiter geschafft haben. Innen sei Marmor aus Spanien, Portugal und Italien zu sehen; das Buntglas für die 24 Fenster, 7.400 m^2, habe man in Bordeaux fertigen lassen; auf die Kosten angesprochen, habe der Bauherr den Kopf geschüttelt: »Der Wert dieser Kirche sei unermeßlich – wie der Frieden der Welt, dem sie diene« (FAZ 28. 3. 2002, Nr. 74, S. R 4).

253 Römer am Rhein, S. 42, 114–116 (mit Plan). – Länge und Breite 23,54 bzw. 18,66 m, nach: Kölner Römer-Illustrierte, Heft 2, S. 196 (dort Plan von St. Ursula und St. Severin). Plan und Foto in Ornamenta Ecclesiae, Bd. 2, S. 94, 123.

254 Abb.en in Durliat: Romanische Kunst, S. 582 f. (Cefalù); zu Zillis ebd. T. 120 und 121 (Ausschnitt) sowie Dokumentation Nr. 428 Gesamtansicht.

255 Man denke an die Hagia Sophia in Konstantinopel und an den Markusdom in Venedig; von beiden beeinflußt sind Kuppelkirchen in Südwestfrankreich: Angoulême, Cahors, Périgueux, Souillac. Vgl. Durliat: Romanische Kunst, S. 484–487, sowie Vergnolle, S. 218–226, jeweils mit Abb.en und Plänen.

256 Vgl. Conrad: Kirchenbau, S. 225–236 mit Abb.en und S. 249, Abb. 150.

257 Entfällt.

258 Gimpel, S. 42, 48.

259 Vasari († 1574), zitiert in Jantzen: Gotik, S. 220, vgl. ebd. S. 42 sowie S. 221 (negative Bewertung der Gotik durch Johann Georg Sulzer; † 1779). Zur Beurteilung der Gotik vgl. insbesondere The Gothic … Frankl, 237–414 Reaktionen gegen die Gotik: 237–252 Frühhumanismus, 252 ff. Frührenaissance, 261 ff. Hochrenaissance, 315 ff. Deutschland im 16. Jh.

260 Baedeker Sizilien. 5. A. Ostfildern 1998, S. 316; im Jahr 409 v. C. zerstörten die Karthager Selinunt und die dortigen Tempel.

261 Vgl. Conrad: Kirchenbau, S. 246, Schnittzeichnungen folgender Kuppelbauten: Pantheon/Rom, Frauenkirche/Dresden, Dom/Florenz, Peterdom/Rom.

262 François Daumas: Ägyptische Kultur im Zeitalter der Pharaonen. München, Zürich 1969, S. 551 mit Skizze.

263 Arnold Wolf, in: Die Parler, Bd. 1, S. 148 mit weiteren vergleichenden Angaben zu fein gegliederten Fassaden von Kathedralen: Köln, West- und Südseite, 4.700 m^2; Straßburg 3.940, Paris 2.490, Amiens 2.240 m^2; Schwäbisch Gmünd, Heiligkreuzkirche 487 m^2; ebd. S. 149 Abb. des Südturm-Torsos des Kölner Domes aus dem Jahr 1842. – 400.000 m^2 nach FAZ 15. 5. 2000.

264 Völkerwanderungszeit nach: Die Bajuwaren, S. 287. Die folgenden Angaben nach Erlande-Brandenburg, in: Bâtisseurs, S. 53; Ders.: Gotische Kunst, S. 574.

265 Grimal: Römische Kulturgeschichte, S. 341, 338 bzw. 416. – In der Literatur genannte Zahlen weichen z. T. erheblich voneinander ab. Nach Römer am Rhein, S. 102, faßte das Kolosseum ›nur‹ etwa 50.000 Personen (Längsachse und Querachse 188 bzw. 156 m, Höhe fast 50 m); weitere Schätzungen ebd. S. 101 f.: In den Amphitheatern von Trier und Xanten fanden etwa 20.000 bzw. 8.000–10.000 Personen Platz. – Petersdom nach: Köhler: Das christliche Rom, S. 29, sowie Chaunu: Barock, S. 796. – Pastor: Geschichte der Päpste, Bd. 3, S. 764, bringt folgende Einzelheiten: Der Plan Bramantes hatte vorgesehen 24.200 m^2; Michelangelo realisierte14.500 m^2.

266 Speer: Erinnerungen (wie Anm. 28), S. 88.

267 Christian Schädlich, in: Zur Geschichte des Konstruierens, S. 147. Die Fläche unter der Kuppel würde also etwa 1.430 m^2 entsprechen.

268 Telefonische Auskunft des Dompfarramts Freiburg vom 29. 11. 1999. Schriftliche Mitteilung von Frau Heike Mittmann M. A., Freiburger Münsterbauverein e. V., vom 14. 5. 2002. Frau Mittmann sei auch an dieser Stelle für weitere freundliche Auskünfte gedankt.

269 Pläne in WGAW, S. 79/III. VII und VI; ebd. Aachen, Freiburg, Magdeburg. Vgl. insgesamt Bischofs- und Kathedralstädte des Mittelalters und der frühen Neuzeit. Hrg. Franz Petri (Städteforschung, A 1). Köln, Wien 1976.

270 Zur Taufe im Frühmittelalter vgl. Angenendt: Frühmittelalter, S. 246, 329 f. – Baptisterium kann auch nur das Taufbecken bezeichnen. Vgl. F. W. Deichmann: Baptisterium, in RAC 1 (1950) 1157–1167. – Zur Verbreitung von Basiliken mit Taufkirche vgl. die Kt. in Bildatlas, S. 16 f.

271 Erwähnt seien das Baptisterium der Orthodoxen und das der Arianer in Ravenna, beide aus dem 5. Jh.; vgl. Von Matt / Bovini: Ravenna, S. 11–23 mit Abb. 1–6, sowie S. 44–53 mit Abb. 15–21. Beide Baptisterien zeigen im Kuppelmosaik die Taufe Jesu, hier Abb. 2 und 17: Im Mittelpunkt Jesus, über ihm die Taube (des Hl. Geistes), rechts und links Johannes der Täufer und – personifiziert als ältere männliche Gestalt – der Fluß(gott?) Jordan.

272 Römer am Rhein, S. 117 Köln; S. 119 Trier; Boppard S. 42, 113 f. (Plan), T. 8 (Foto). Rekonstruktionszeichnung der Trierer Doppelbasilika, in Kölner Römer-Illustrierte, H. 2, S. 196. – Bildatlas, Abb. 404 (Timgad), 411 (Grado).

273 Feierlicher Ritus der Kinder- und der Erwachsenentaufe in Pontificale Romanum ... 1934, S. 529–563.

274 Abb.en der Taufbecken in Freckenhorst (1129) und Lüttich (Rainer von Huy, zwischen 1107 und 1118) in Durliat: Romanische Kunst T. 66 f.; ebd. Dokumentation Nr. 330–335 Abb.en von Taufbecken (u. a. Aakirkeby und Fornaux). – Weitere Abb.en von Taufbecken (u. a. Hildesheim um 1120) in LThK[2] 9 (1964) nach Sp. 1319.

275 Grundrisse und weitere Abb.en von Baptisterien in Durliat: Romanische Kunst, S. 574 (Parma), 577 (Pisa), 579 (Florenz).

276 Gerhard: Leben Ulrichs, Kap. 20 (AQ 22, S. 124/126). Das Baptisterium wurde 1809 abgebrochen, die Fundamente – in Kreuzform – 1928/29 freigelegt; ebd. S. 126, Anm. 13.

277 Die (Zweit)Residenzen von Bischöfen, die aus ihrer Stadt verdrängt worden waren – man denke an Pruntrut (Basel), Bonn (Köln), Bruchsal (Speyer), Zabern (Straßburg) – unterscheiden sich nicht von Schlössern, wie weltliche Machthaber sie gebaut haben.

278 Vgl. Felix Kreusch: Kirche, Atrium und Portikus der Aachener Pfalz, in: Karolingische Kunst, S. 463–533, mit Abb.en, u. a. Fig. 1: Pfalzbezirk Aachen, Bestand 1964. – Abgedruckt in GiQ/2, S. 67. – Plan in Aachener Dom, S. 12.

279 Vgl. R. B. Dobson: Kathedralkloster, -priorat, in LexMA 5 (1991) 1075 f.; Angenendt: Frühmittelalter, S. 229 f., 277 f.; S. 278 Abb.: Modell von Dom und Kloster Eichstätt.

280 Flächen nach: Kaiser Karl IV. Führer durch die Ausstellung. Hrg. Bayerisches Nationalmuseum München, Redaktion Johanna von Herzogenberg. München 1978, S. 170 (zwei Figuren).

281 J. Sadan, J. Fraenkel sowie R. Hillenbrand: Manar, Manara, in EI[2] 6 (1991) 358–360, 361–368. Die ursprüngliche Bedeutung von Minarett ist ›Lichthaus‹ im Sinne von Leuchtturm.

282 A. Schuchert: Camposanto Teutonico, in LThK[2] 2 (1958) 912.

283 Der erste bekannte Fall einer Sammlung von Gebeinen in einem dafür vorgesehenen Gebäude entstammt dem Jahr 1076; nach Ellger: Michaelskirche Fulda, S. 106, Anm. 153 mit Hinweis auf Stefan Zilkens: Karner-Kapellen in Deutschland. Köln 1983.

284 Man denke an die Cosmographia Sebastian Münsters (1628) und die Topographia Matthäus Merians (Mitte des 17. Jh.).

285 Vgl. GHWA Bd. 2, S. 1 (Die christliche Welt um 600), 9a (Die Ausbreitung der fränkischen Reichskultur bis 768; Bistümer massiert im Raum Arles-Nizza, Valence-Toulon) und 25 (Die kirchliche Einteilung der christlichen Welt um 1050). – R. Kaiser: Bischofsstadt, in LexMA 2 (1983) 239–245.

286 Vgl. R. Klein, R. Hellmann: Civitas, in LexMA 2 (1983) 2112–2115; 2112 eine Schätzung zu *civitates* um das Jahr 450: durchschnittlich etwa 3.000–5.000 Einwohner.

287 Canon 9; Joannes Dominicus Mansi: Sacrorum conciliorum nova et amplissima collectio, Bd. 6, ND Graz 1960, Sp. 1204.

288 Brief Nr. 28 (AQ 4 b, S. 98/99).

289 Brief Nr. 50 (AQ 4 b, S. 140/142). Von den drei Gründungen besteht Würzburg als Bistum in ungebrochener Kontinuität bis auf den heutigen Tag; Buraburg und Erfurt wurden als Bistümer schon bald aufgehoben und mit dem Bistum Mainz vereinigt. Als Bistum wurde Erfurt 1994 wiederbegründet.

290 Brief Nr. 51 (AQ 4 b, S. 150/151).

291 W. H. Vroom, in Les Bâtisseurs, S. 81.

292 Wegen Normannengefahr wurde 845 der Sitz des Erzbischofs von Hamburg nach Bremen verlegt. S. a. W. Seegrün in LexMA 4 (1989) Sp. 1885.

293 Vgl. WGAW, S. 88 f. Kirchliche Einteilung Europas im 15. Jh.

294 Vgl. GHWA Bd. 2, S. 82 f., Pläne: f (Straßburg), h (Toledo), i (Florenz); WGAW, S. 109/IV und 120/I (Paris und Straßburg), 78/II und 109/I (Köln und London). Zahlreiche Ortspläne und Abb.en in Herzog: Die ottonische Stadt, sowie in

Meckseper: Kleine Kunstgeschichte, u.a. zu Köln S. 23 Z. 9 und S. 98 Z. 39, zu Minden S. 54 Z. 21.

295 Atlas zur Kirchengeschichte, Kt. 41 A Köln im MA. – Römer am Rhein, S. 42 f.; Bonn S. 112/114; Xanten S. 120; Köln S. 81. – Zu Xanten vgl. auch WGAW, S. 32/V; ebd. S. 78/II Köln: Römerzeitlicher Kern und Stadterweiterungen bis 1180. – Zu Rom vgl. Bildatlas, S. 25, Kt. 28, sowie Atlas zur Kirchengeschichte, Ktt. 16 und 40.

296 G. Arnaldi, F. Marazzi: Rom, in LexMA 7 (1995) 971. Zu Trier vgl. WGAW, S. 40/V.

297 Vgl. Herzog, Die ottonische Stadt, S. 241–251; S. 241 Abb. 47 Hildesheim, von Nord nach Süd: St. Michael, St. Bartholomäus, St. Godehard, St. Mauritius; S. 246, Abb. 49 Köln; S. 249/250 Straßburg. – Ulrich Krings: Kirchenbauten der Romanik in Köln, in Ornamenta Ecclesiae, Bd. 2, S. 88–135 (Abb., Pläne).

298 Leben Meinwerks, Kap. 218, MGH SRG 59, S. 131.

299 Der verstorbene Erzbischof Anno II. nahm in einer mehrtägigen Prozession (4.-11. 12. 1075) Abschied von seiner Bischofsstadt und deren Kirchen; vgl. Monumenta Annonis, S. 25 (Plan von Köln) und S. 41 (Beschreibung der Ehrbezeigung, in einer freien Üb. des 18. Jh.).

300 Vgl. Herzog: Die ottonische Stadt, S. 237–240 Die Kaufmannssiedlung; R. van Uytven: Vicus, in LexMA 8 (1997) 1630–1632.

301 Pläne von Stadt, Markt und St. Marien, in WGAW, S. 82/II, ferner in Meckseper: Kleine Kunstgeschichte, S. 62 f. Z. 25 f., S. 182 Z. 62. Die Vergangenheitsform ist geboten, weil auch Lübecker Kirchen während des Zweiten Weltkrieges unschätzbare Verluste erlitten haben.

302 Vgl. Krönungen, S. 364; Encyclopédie de l'Alsace 2 (1983) S. 1200 f.

303 Vgl. GHWA Bd. 2, S. 9 a Die Ausbreitung der fränkischen Reichskultur bis 768 (auffällig viele Klöster nördlich bzw. nordöstlich einer Linie von Rouen nach Genf). – Albrecht Mann: Großbauten vorkarlischer Zeit und aus der Epoche von Karl dem Großen bis zu Lothar I., in Karolingische Kunst, S. 320–322, mit zwei Ktt., zwischen S. 320 und 321.

304 Aus Holz war um 1115/1120 auch die erste Anlage von Clairvaux gebaut worden; vgl. Binding / Untermann, S. 173 mit Abb.

305 Von Simson: Mittelalter II, S. 19, 101 f. und T. 41.

306 Nach Konrad Maier, in: Kunst und Kultur im Weserraum, Bd. 1, S. 280. In Köln blieb der Kran auf der Baustelle – als Zeichen, daß die Arbeiten nur unterbrochen seien?

307 Rudolf Glaber: Historiarum libri, III 13, S. 116/118.

308 Henning: Handbuch Bd. 1, S. 210.

309 Angedeutet sei die soziale Mobilität; zur Zeit des Investiturstreites (2. Hälfte des 11. Jh.) sind zahlreiche Bischöfe aus der Schicht der (ursprünglich unfreien) Ministerialien in ihr hohes Amt aufgestiegen.

310 Zu dem im Mittelalter rasch wachsenden Florenz und dem Bau von S. Maria del Fiore dort vgl. Von Simson: Mittelalter II, S. 329, mit Plan.

311 Handbuch der baden-württembergischen Geschichte, 1. Bd., 2. Teil, Stuttgart 2000, S. 470. Zu Zahl und Größe europäischer Städte im Mittelalter vgl. Moore: Die erste europäische Revolution, S. 61 f.

312 Hauck: Kirchengeschichte, Bd. III, S. 336.

313 Zum Bau gewaltiger Festungen seit dem letzten Viertel des 12. Jh. vgl. Von Simson: Mittelalter II, Abb. 142a – 145; ferner Erlande-Brandenburg: Gotische Kunst, S. 588–601 (Abb.en, Pläne).

314 Conrad: Kirchenbau, S. 40.
315 Zur Ausstrahlung des nordfranzösischen Typs der Kathedrale vgl. WGAW, S. 67/II.
316 PL 178, Sp. 1349.
317 Vgl. H. Leuchtmann: Notation, musikalische Notenschrift, in LexMA 6 (1993) 1281 f.; Moore: Die erste europäische Revolution, S. 189.
318 Moore: Die erste europäische Revolution, S. 192.
319 Jantzen: Kunst der Gotik, S. 10 zum Entstehungsgebiet der gotischen Kathedrale; zu ihren Formen ebd. S. 13 ff., mit Abb.en.
320 Weilandt: Geistliche, S. 152, nach Gregor der Große: Regula Pastoralis II 7, in PL 77, Sp. 38–42.
321 Willibald: Leben des Bonifatius, Kap. 8 (AQ 4 b, S. 510); vgl. ebd. Kap. 8, S. 512: *ecclesias … ingenti studio fabricavit*, »mit gewaltigem Eifer hat er Kirchen errichtet«.
322 Haarländer, S. 214–224.
323 Ruotger: Leben Brunos, Kap. 33 (AQ 22, S. 226–229); vgl. Giese: Zur Bautätigkeit, S. 390.
324 Vgl. etwa Leben Meinwerks, Kap. 159 (MGH SRG 59, S. 83): Was er heruntergekommen oder alt (*dirutum vel veteranum*) vorfand, ließ er eilends abreißen, erneuern und verbessern (*distraere, renovare, meliorare festinavit*).
325 Leben Bernwards, Kap. 8 (AQ 22, S. 286 f.).
326 1 Kor 9, 24; vgl. Phil 1, 30 und 3, 14; 1 Tim 6, 12; 2 Tim 2, 5.
327 Eusebius: Leben Konstantins, III 25–40 (BKV 9, S. 112–120, Zitate S. 112, 115–117, 120).
328 Leben Bernwards, Kap. 7 (AQ 22, S. 282–287). – Ein Vorgänger Bernwards, Marquard, sechster Bischof von Hildesheim, war 880 im Kampf gegen Normannen gefallen; Pius Bonifacius Gams: Series episcoporum Ecclesiae catholicae. 1873, ND Graz 1957, S. 281.
329 Leben Bernwards, Kap. 6 und 7 (AQ 22, S. 282 f., 284–287).
330 Vgl. Conrad: Kirchenbau, S. 66 f., 141.
331 U. Bergmann, in Ornamenta Ecclesiae Bd. 1, S. 118 mit Nachweisen.
332 Vgl. Monumenta Annonis, S. 35 Kt. zu den Reisen Annos II. von Köln († 1075); der Erzbischof ist allein je sechsmal in Goslar und Worms, dreimal in Rom nachweisbar. Häufige Abwesenheiten haben Anno nicht gehindert, Kirchen bauen oder renovieren zu lassen; vgl. Albert Verbeek: Erzbischof Anno als Bauherr, ebd. S. 127, sowie Günther Binding: Die Kirchenbauten der Annozeit, ebd. S. 128–131 (mit Plänen). Folgerichtig wurde Anno um 1183 mit fünf Kirchen dargestellt, die Modelle von zweien hält er in den Händen, ebd. T. 5.
333 Leben Meinwerks, Kap. 12, MGH SRG 59, S. 19 f.: *cementarium et carpentarium.* – Vgl. Giese: Zur Bautätigkeit, S. 405–408.
334 Brandenburg: Roms frühchristliche Basiliken, S. 7–17 (mit Rekonstruktionszeichnungen).
335 Rimbert: Leben Ansgars, Kap. 14 (AQ 11, S. 50); vgl. Kap. 28, ebd. S. 92.
336 Brief Nr. 25 (AQ 4 b, S. 88/89).
337 Eusebius: Kirchengeschichte, Zitat VIII 1, 5, S. 361; größer wiederaufgebaut ebd. X 4, 37 f., S. 422. Zur Wiederherstellung zerstörter oder verfallener und zum Neubau größerer, prächtiger Kirchen vgl. auch Eusebius von Caesarea: Leben Konstantins, II 46 (BKV 9, S. 76 f.).
338 Grimal / Rose: Kirchen Roms, S. 106, Abb. S. 107. Dies und das Folgende nach Brandenburg: Roms frühchristliche Basiliken, S. 22–37, Zitat S. 37.

339 N. Bulst: Cluny, A., in LexMA 2 (1983) 2173.

340 Vgl. Die Zisterzienser, S. 95 Diagramm zur Entwicklung vom Jahre 1100 (1 Kloster) bis zum Jahr 1300 (697 bestehende Klöster); maximal wurden in einem Jahrzehnt (1140–1150) 168 Klöster gegründet, durchschnittlich also 16,8 pro Jahr.

341 Gerhard: Leben Ulrichs, Kap. 1 (AQ 22, S. 58). Vgl. Weilandt: Geistliche, S. 26f.

342 Vgl. Mortet I, Nr. VII, S. 36 bzw. 39 *in melius, in meliorem statum*; Nr. VIII, S. 40 *ex vetustate in potiorem statum* (1. Hälfte 11. Jh.).

343 Der Dom zu Speyer hatte in seiner Krypta ursprünglich acht, heute noch sieben Altäre; nach Wimpfeling: Lob, S. 36.

344 Gerhard: Leben Ulrichs, Kap. 13 (AQ 22, S. 110).

345 Ruotger: Leben Brunos, Kap. 31 und 33 (AQ 22, S. 224. 226).

346 Thangmar: Leben Bernwards, Kap. 8 (AQ 22, S. 286).

347 Das gilt noch für die Reformatoren im 16. Jahrhundert und – in einem anderen Bereich – für Politiker unserer Tage.

348 Ruotger: Leben Brunos, Kap. 27 (AQ 22, S. 220). Ebd. Kap. 28 zur Gründung des Klosters. – Zu Einsturzgefahr vgl. auch Abt Suger: De consecratione (16), S. 172f.

349 Zu Restaurierungsbedürftigkeit, Grundsteinlegung, Bau und Planänderungen vgl. Architekturführer Rom, S. 127–129, 146–150, 194f., 199, 233f. (mit Plänen und Fotos), sowie Pastor: Geschichte der Päpste, Bd. 3, S. 766, 771f., 768, 762; von Gott oder dem hl. Petrus ist in der Grundstein-Inschrift offensichtlich nicht die Rede.

350 Vgl. Warnke: Bau, S. 63ff.

351 *loci ipsius reparandi … cupido cepit inmodica*, MGH SS 4, S. 238, Kap. 47; nach Weilandt: Geistliche, S. 136.

352 André de Fleury: Vie de Gauzlin, S. 80. Der wuchtige Westturm, den man heute sieht, stammt aus späterer Zeit; zu diesem vgl. Durliat: Romanische Kunst, S. 501, 501f. Plan und Abb.en.

353 Adam von Bremen: Bischofsgeschichte III, 9 (AQ 11, S. 336); vgl. Weilandt: Geistliche, S. 265.

354 Rudolf Glaber: Vita Willelmi, Kap. 8, S. 272–276; die Daten zur Bauzeit nach S. 274, Anm. 1; vgl. ebd. S. 300–302 Appendix: St William's new abbey-church of Saint-Bénigne at Dijon. – Isometrischer Schnitt von St. Bénigne, Grundrisse und Foto der Krypta sowie Abb.en aus dem 18. Jh. in Durliat: Romanische Kunst, S. 526f.

355 Thangmar: Leben Bernwards, Kap. 46f. und 49 (AQ 22, S. 346 bzw. 348). Ausstattungsurkunde ebd. Kap. 51, S. 350–355.

356 Leben Meinwerks, Kap. 12; MGH SRG 59, S. 19. Vgl. Weilandt: Geistliche, S. 132. Einen Plan von Paderborn bringt: Nordrhein-Westfalen (Hb. Hist. Stätten, 3) S. 603.

357 Ruotger: Leben Brunos, Kap. 14 (AQ 22, S. 196–199).

358 AQ 32, Nr. 25, S. 106.

359 Vgl. Thomas H. T. Wieners: Selbstrepräsentation auf dem Weg zum Seelenheil. Kirchliche Stiftungen am Beispiel des Freiburger Münsters. In: Spätmittelalter am Oberrhein, Teil 2, Bd. 2, 2001, S. 465–472.

360 Grodecki u. a.: Vitrail, S. 234f. und 276. – U. Bergmann, in Ornamenta Ecclesiae, Bd. 1, S. 123; ebd. S. 122 und Anm. 46 zur Tradition des Stifterbildes in der kirchlichen Kunst; so sieht man in San Vitale/Ravenna Bischof Ecclesius (526–547) mit einem Modell der Kirche.

361 Vgl. Schadek: Bürgerschaft, S. 97.
362 Gallia Romanica, S. 321. – B. Degler-Spengler: Königsfelden, in LexMA 5 (1991) 1327. – Zu einem Kloster, in dem für den Erschlagenen *und* für den Mörder gebetet wurde, vgl. Beda: HE III, 14 S. 256. – In Konstantinopel wurde die Michaelskirche gebaut als Sühne für die Ermordung des Kaisers Michael III. im Jahre 867; nach Liudprand: Buch der Vergeltung, Kap. 10 (AQ 8, S. 256f.).
363 Vgl. Arnold Angenendt: Heilige und Reliquien. München [2]1997.
364 Thietmar: Chronik II 10 (AQ 9, S. 45).
365 P. Feige: Batalha, in LexMA 1 (1980) Sp. 1548f. Vgl. Erlande-Brandenburg: Gotische Kunst, S. 577.
366 Ohler: Krieg und Frieden, S. 291.
367 Brandenburg: Roms frühchristliche Basiliken, S. 22. – Heilig-Grab-Kirche nach Krüger: Grabeskirche, S. 48f.
368 Abt Suger: De consecratione (10–14), S. 170–173. – Auch der Bau der sog. Chorhalle des Aachener Münsters wurde mit dem Gedränge begründet, das Pilger verursachten, wenn sie die ausgestellten Reliquien sehen wollten; vgl. Leo Hugot, in Die Parler, Bd. 1, S. 121.
369 Weilandt: Geistliche, S. 132.
370 Leben Erzbischof Konrads, Kap. 19; MGH SS 11, S. 74. Vgl. Vetters: Die mittelalterlichen Dome in Salzburg, in FMSt 5 (1971) 431.
371 Xantener Jahrbücher zum Jahr 872 (AQ 6, S. 367/369).
372 Metternich: Dom Limburg, S. 220 Anm. 158.
373 Mortet I, Nr. CXVII, S. 319.
374 Doll: Schriftquellen, Nr. 203f., S. 59.
375 Thietmar: Chronik VII 58 (AQ 9, S. 418). – Quellennah und romantisch verklärt, schildert Umberto Eco in ›Der Name der Rose‹ eine derartige Kettenreaktion.
376 The Gothic … Frankl, S. 25–32.
377 Von Simson: Mittelalter II, S. 86.
378 Die Kunst der Gotik … Toman, S. 66f.
379 Du Colombier: Chantiers, S. 94f. – Quellen (in Originalsprache) in Frankl: The Gothic, Appendices Nr. 4 und 5, S. 844–846, zu Chartres (1316) bzw. Mailand (1391–1400).
380 *occulto Dei iudicio*, in Die Chronik Ekkehards von Aura, zum Jahr 1121 zum Dom in Münster/W. (AQ 15, S. 346f.); hier auch *basilica maior* für Bischofskirche. – *peccatis nostris exigentibus* zum Brand der Kathedrale von Amiens 1218 (?), in Mortet II, Nr. CXXIII, S. 260.
381 Guillaume le Breton, nach Von Simson: Die gotische Kathedrale, S. 230.
382 MGH Urkunde Ottos III., Nr. 389, S. 818–820 (undatiert; 1001?). Üb. nach GiQ/2, Nr. 198, S. 205f. – Vgl. Tellenbach: Die westliche Kirche, S. 68f. sowie Ders.: Zur Geschichte der Päpste im 10. und früheren 11. Jh., in Bernward, Bd. 1, S. 73–80; beide Beiträge mit Einzelheiten, auch zur Vertreibung und Ermordung von Päpsten.
383 G. Michels: Kommende, in LexMA 5 (1991) 1278f.
384 Vgl. E. W. Zeeden: Albrecht von Brandenburg, in LThK[2] 1 (1957) 291f.
385 P. Lin: Des années difficiles, in: Renaissance de Fleury. La revue des moines de Saint-Benoît, Nr. 170, 43 (1994) S. 29.
386 Bayern (Hb. Hist. Stätten, 7) S. 61. – Le Goff: Ludwig, S. 125.
387 Aachener Dom, S. 37.

388 Vergnolle, S. 207. – Binding / Untermann, S. 110–113, Plan S. 112.
389 Eine Säule mit dem Durchmesser von 79,78 cm hat einen Querschnitt von 0,5 m^2; zwei Säulen mit einem Durchmesser von jeweils 54,1 cm haben zusammen denselben Querschnitt von 0,5 m^2.
390 Gimpel: Industrielle Revolution, S. 125, S. 211 T. 61.
391 Leben Bernwards, Kap. 51 (AQ 22, S. 354).
392 Zitiert nach Bildatlas, S. 83 mit Abb. 213.
393 Gabriele Annas / Gerhard Lubich, in: Abt Suger: De consecratione, S. 35–38.
394 Dorner / Kaiser: Weingarten, S. 9 f.
395 Honorius Augustodunensis, nach U. Bergmann: Prior omnibus autor – an höchster Stelle aber steht der Stifter, in: Ornamenta Ecclesiae, Bd. 1, S. 117–148 mit Abb.en, das Zitat S. 15.
396 Vgl. Feine: Kirchliche Rechtsgeschichte, S. 132; Haarländer: Vitae, S. 200–224 (Der Bischof als Bauherr); Weilandt: Geistliche, S. 91–97 (10. und 11. Jh.); Binding: Baubetrieb, S. 31–43; H. Zapp: Fabrica ecclesiae, in LexMA 4 (1989) 214.
397 Abt Suger: De consecratione (55), S. 187 mit Anm. 18.
398 Vgl. Gerhard: Leben Ulrichs, Kap. 28 (AQ 22, S. 162). – Kroeschell: Deutsche Rechtsgeschichte Bd. 1, S. 95.
399 AQ 32, Nr. 6, S. 23. Vgl. die Urkunde Ottos II. von 982, in welcher der Kaiser dem Bischof von Straßburg die Grafenrechte in der Stadt verleiht; Urkunde Ottos III. von 989, in welcher der König dem Bischof von Halberstadt Markt, Münze, Zoll und Bann verleiht; GiQ/2, Nr. 638, S. 713 bzw. Nr. 637, S. 712.
400 Thietmar: Chronik III 1 (AQ 9, S. 87).
401 Vgl. R. Schieffer: Reichskirche, in LexMA 7 (1995) 626–628.
402 MGH Diplomata VI, Heinrich IV, Nr. 391.
403 Vgl. Doll: Schriftquellen, S. 11–69, hier S. 28–31. Was intensives Forschen zutage fördern kann, zeigt Renate Kroos: Quellensuche für einen Dom: Beispiel Regensburg, in Kunst und Liturgie, S. 47–53.
404 Haussherr: Dombauten, S. 25; Jaromír Homolka, in: Die Parler, Bd. 2, S. 608.
405 Conrad: Kirchenbau, S. 44.
406 Woodman: Architectural History, S. 221 (Tab.), S. 222 (Rubin), S. 225 f. zum Vandalismus Heinrichs VIII. – Vgl. Dobson: The Monks of Canterbury, in: A History of Canterbury Cathedral, S. 150; da auch folgende Erg.: Wenige Wochen nach der ›Ausräumung‹ von Canterbury, am 16. November 1538, wurde der Name Thomas Beckets aus dem Kalender nationaler Heiligenfeste getilgt.
407 So etwa Papst Urban II. zugunsten der Kathedrale von Tarragona, 1089; nach Carl Erdmann: Die Entstehung des Kreuzzugsgedankens. 1935, ND Darmstadt 1965, S. 292 f.
408 Schöller: Die rechtliche Organisation, S. 337; Mortet II, Nr. CXXXI/2, S. 281 Anm. 1 und 2.
409 Du Colombier: Chantiers, S. 16.
410 Präsenzstatut vom 14. 8. 1400, in FMbll 1 (1905) S. 81.
411 Doll: Schriftquellen, Nr. 140 a, S. 46; vgl. Schöller: Die rechtliche Organisation, S. 274.
412 Zitiert nach U. Bergmann, in: Ornamenta Ecclesiae Bd. 1, S. 121; Abb.en von ›Seelenwaagen‹ ebd. S. 207 und S. 241, ferner in W. Kemp: Seelenreise, Seelengericht, in LCI 4, 142–145 (Abb. 2: Bourges), Erlande-Brandenburg: Gotische Kunst, Farb-T. 41 f. (Bourges) sowie in Keller: Zwischen regionaler Begrenzung, nach S. 144: Das vom Mönch Swicher geschriebene Buch wiegt schwer in der Waage (Miniatur, etwa 1160/65).

413 Von Simson: Die gotische Kathedrale, S. 241 f. Zu einer Reliquientournee in Frankreich und England zugunsten des Wiederaufbaus der Kathedrale von Laon vgl. Mortet I, Nr. CXVII, S. 319 f. – Bei einer Tournee mit obskuren Reliquien mußte in der Predigt herausgestrichen werden, was der betreffende Heilige alles an Wundern gewirkt habe; Patrick J. Geary: Furta sacra. Thefts of Relics in the Central Middle Ages. Princeton, N. J., [2]1990, S. 63–65. – Vgl. Conrad: Kirchenbau, S. 58, Abb. 27; Gimpel: Bâtisseurs, Abb. S. 65 (15. Jh.).

414 Nach U. Bergmann, in: Ornamenta Ecclesiae Bd. 1, S. 120; die Autorin charakterisiert solche Unternehmen treffend als *fundraising tour.*

415 Weilandt: Geistliche, S. 268.

416 W. H. Vroom, in: Les Bâtisseurs, S. 86.

417 Vgl. L. Hödl: Ablaß, in LexMA 1 (1980) 43–46. – Zu Marburg: Hessisches Urkundenbuch. 1. Abteilung, 1. Bd. Hrg. Arthur Wyss. 1879, ND 1965, Nr. 53, S. 50 f.; ebd. weitere Ablaßverheißungen von Päpsten und Bischöfen zugunsten der Elisabethkirche oder einzelner Altäre; zu München vgl. Georg Schwaiger: Der Ablaß im Mittelalter, in: Wallfahrt kennt keine Grenzen, S. 341–345, S. 344: In wenigen Jahren kamen 15.232 rheinische Gulden zusammen; zu jener Zeit verdiente ein Professor der Universität Ingolstadt im Jahr zwischen 40 und 130 rheinische Gulden.

418 Vgl. Pastor: Geschichte der Päpste Bd. 4/1, S. 225, 228–246. Zum Ablaß als Finanzierungsinstrument von Kirchen in früheren Zeiten vgl. Weilandt: Geistliche, S. 94.

419 Karl August Meissinger, zitiert von Erwin Iserloh, in: Hb. der Kirchengeschichte, Bd. 4, S. 47; ebd. S. 44–53 Der Ablaßstreit.

420 Barrie Dobson: The Monks of Canterbury in the Later Middle Ages, 1220–1540, in: A History of Canterbury Cathedral, S. 69–153, hier S. 149 f.

421 Innerhalb des Erzbistums Salzburg und von diesem gegründet Gurk (1072), Seckau (1218), Chiemsee (1218), Lavant (1225); vgl. WGAW, S. 89/II Die Bistümer Mitteleuropas; Wittelsbach Kat. Bd. I/1, S. 412.

422 MGH Constitutiones II, Nr. 73, S. 86 ff., danach in AQ 32, Nr. 95, S. 376/378. Vgl. H. O. Lüthi: Spolienrecht, in LThK[2] 9 (1964) 978 sowie R. Puza: Spolienrecht, in LexMA 7 (1995) 2131 f.

423 Vgl. Mortet I, Nr. XXIV, S. 89, Mitte 11. Jh.

424 Leben Adalberos, Kap. 21; MGH SS 4, S. 666.

425 Zum Kapitelsgut (11. Jh., Deutsches Reich) unter eigenständiger Verwaltung von Propst und Kanonikern vgl. Schieffer: Entstehung von Domkapiteln, S. 261–287, bes. 285; Ansätze zur Trennung lassen sich schon im 6. Jh. nachweisen, ebd. S. 107 f. Vgl. auch Schöller: Die rechtliche Organisation, S. 65 f. – In Klöstern kam es, aus ähnlichen Gründen wie an Bischofskirchen, zur Scheidung von Abts- und Konventsgut, *mensa abbatis* und *mensa fratrum.*

426 Supplex Libellus monachorum Fuldensium Carolo imperatori porrectus, Art. 12, Hrg. Joseph Semmler (Corpus Consuetudinum Monasticarum, 1) Siegburg 1963, S 324.

427 Zu Verboten vgl. Feine: Kirchliche Rechtsgeschichte, S. 132. Zur Finanzierung von Kirchenbauten mit Hilfe des Kirchenschatzes vgl. Weilandt: Geistliche, S. 182. – Der Bischof von Worms erwarb 1044 für 20 Pfund reinen Goldes und 200 Mark Silber aus dem Schatz dieser Kirche, *de thesauro eiusdem ecclesie*, Liegenschaften von König Heinrich III. (AQ 32, Nr. 27, S. 112). – Zu Einzelheiten von Kirchen- und Reliquienschätzen vgl. U. Bergmann, in: Ornamenta Ecclesiae, Bd. 1, S. 127–148; Bd. 2 die Beiträge von Manfred Groten, Ingrid Bodsch

und Angela Kulenkampff, S. 149–194, S. 150f. das Schatzverzeichnis von St. Georg, Köln, sowie S. 193f. Tab.en I und II: Silberbestände und Verluste der romanischen Stiftskirchen Kölns durch Säkularisierung 1793–1802; Metallbesitz der Kölner romanischen Stiftskirchen nach französischen Inventaren, Juli 1798.

428 Balderich: Leben Alberos, Kap. 28 (AQ 22, S. 610). Vgl. Adam von Bremen: Bischofsgeschichte III 46 (AQ 11, S. 387) zur Zweckentfremdung liturgischen Gerätes durch Erzbischof Adalbert.

429 Thietmar: Chronik VI 30f. (AQ 9, S. 275/277). – AQ 32, Nr. 20 a, S. 74–78; ebd. Nr. 20 b, S. 78–80 Ausstattungsprivileg. – Zur Lage der Güter vgl. Bayerischer Geschichtsatlas, Kt. 16 c; selbst in Gengenbach und Stein (am Ober- bzw. Hochrhein) und in Villach (Kärnten) war die Neugründung begütert.

430 Ein Beispiel unter vielen: Kloster Weingarten (bei Ravensburg, nördlich des Bodensees) verfügte um 1800 über etwa 1.200 Höfe, rund 11.000 Untertanen und 171.000 Gulden Einnahmen; Dorner / Kaiser: Weingarten, S. 4.

431 Einhard: Leben Karls, Kap. 33 (AQ 5, S. 206–211). – Thietmar: Chronik III 25 (AQ 9, S. 113).

432 MGH Constitutiones 2, Nr. 274; wieder in AQ 32, Nr. 132, S. 532–541, Zitat S. 539. Danach Van Eickels / Brüsch S. 434f.

433 AQ 37, Nr. 29, S. 150–155. – Vgl. Erich Maschke: Die Unterschichten der mittelalterlichen Städte Deutschlands (1967), in Die Stadt des Mittelalters. Hrg. Carl Haase. Bd. 3: Wirtschaft und Gesellschaft. Darmstadt 1973, S. 345–454, besonders S. 392–394. – Dirlmeier: Untersuchungen, S. 224–237 Das Wertverhältnis von Lohn- und Verpflegungsleistungen (mit Tab.en).

434 Vgl. Schadek: Bürgerschaft, S. 110f.

435 Reichsannalen zum Jahr 772 und 796 (AQ 5, S. 27 bzw. 65/67). Vgl. Einhard: Leben Karls, Kap. 13 und 27 (AQ 5, S. 183 bzw. 198); Notker: Taten Karls, II 1 (AQ 7, S. 379).

436 Salimbene de Adam (Parma), in Van Eickels / Brüsch, S. 246.

437 Jacob Twinger von Königshofen, in Die Chroniken … Straßburg, Bd. 2, S. 764; ebenfalls in AQ 37, Nr. 47, S. 195–197.

438 Notker: Taten Karls, II 11 (AQ 7, S. 398/399).

439 Rudolf Glaber: Historiarum libri II 9, S. 66.

440 Faksimile u. a. in Conrad: Kirchenbau Abb. 29, S. 59.

441 Aachener Dom, S. 16.

442 Dies und das Folgende nach Binding / Untermann, S. 171–274 (185–192 Bauvorschriften und Baubetrieb der Zisterzienser), sowie Vergnolle, S. 299–307; beide Werke mit zahlreichen Abb.en.

443 Plan von Fontenay u. a. in Binding / Untermann, S. 193.

444 Vgl. Villard de Honnecourt, S. 65, 355f., T. 28 b, Abb. 62 und 64. – Le Goff: Kultur, S. 206: Plan von Fontenay. – Von Simson: Die gotische Kathedrale, S. 75. – Das Quadrat begegnet als Grundform in St. Michael/Hildesheim und in Hersfeld; rechteckige Chorabschlüsse finden sich u. a. in folgenden Kathedralen: Laon (Frankreich), Ely, Exeter, Lincoln, Salisbury, York (England).

445 Wolfgang Bickel: Die Kunst der Zisterzienser, in: Die Cistercienser. Geschichte – Geist – Kunst. Köln 1974, S. 214.

446 Vgl. Kimpel, in: Bâtisseurs, S. 98–100.

447 Conrad: Kirchenbau, S. 171f., 171 Abb.en, nach Kimpel; ebd. S. 169, ebenfalls nach Kimpel, Abb.en zur Horizontal- sowie zur Skelettbauweise, mit der sich Zeit und Kosten sparen lassen.

448 Vasari: Michelangelo, in Lebensläufe, S. 534 f.; zu den bitteren Auseinandersetzungen mit Anhängern Sangallos vgl. Bredekamp, S. 63–80. Ein Portrait Michelangelos aus der Zeit um 1550 in Conrad: Kirchenbau, S. 72, Abb. 50; ebd. S. 271, Abb. 178: Michelangelo präsentiert Papst Paul IV. ein Modell der Peterskirche. Seit wann es in bestimmtem Maßstab gearbeitete Modelle gibt, an denen Handwerker sich ausrichten konnten, ist wohl noch nicht geklärt; in Italien dürften sie mindestens seit Mitte des 14. Jahrhunderts bekannt gewesen sein; vgl. Von Simson: Mittelalter II S. 329 (Florenz) sowie S. 331 (Modell für San Petronio in Bologna im Maßstab 1 : 12, seit 1390). Vgl. auch Du Colombier: Chantiers, S. 95 f., sowie Franz Bischoff: Les maquettes d'architecture, in: Les Bâtisseurs, S. 287–295 mit Katalogteil D 15 – D 16, S. 430 f.

449 *Unbertus me fecit* an einem Kapitell in Saint-Benoît-sur-Loire; Vergnolle, S. 131, Farbabb. 160. – Vgl. Anton Legner sowie Peter Cornelius Claussen, in Ornamenta Ecclesiae, Bd. 1, S. 224–228 bzw. S. 263–276; ebd. Bd. 2, S. 369–373 Kölner Künstler romanischer Zeit nach den Schriftquellen.

450 Gallia Romanica, Abb. 133, Erl. S. 309 f.

451 Villard de Honnecourt, S. 12, Anm. 14.

452 Durliat: Romanische Kunst, S. 596–600; seit Erscheinen dieses Buches dürften weitere Nachweise gelungen sein.

453 Vgl. Die Parler, Bd. 2, S. 614 Plan des Chores des Veitsdomes mit der Lage von Grabmälern (unter ihnen Heilige und Werkmeister) sowie der Büsten geistlicher und weltlicher Würdenträger und Werkmeister. Ebd. S. 655–661 Jaromír Homolka (Erl.en, mit Abb.en). – Conrad: Kirchenbau, S. 36, 57, 68 f. und 103 mit den Abb.en 23–26, 41–45 und 59.

454 Kunze: Himmel, S. 108. Vgl. Erlande-Brandenburg: Gotische Kunst, Abb.en 644–647 Selbstbildnisse von A. Kraft (Nürnberg), T. Riemenschneider (Creglingen), J. Syrlin der Ältere (Ulm) und A. Pilgram (Wien).

455 Villard de Honnecourt, S. 69 und T. 29 a. Vgl. Vasari: Lebensläufe, u. a. Giotto (S. 55), Lorenzo Ghiberti (S. 173), Michelangelo (S. 555): Dessen Genie hatten schon die Zeitgenossen erkannt; »die Päpste Julius II., Leo X., Clemens III., Paul III., Julius III., Paul IV. und Pius IV. wünschten ihn stets bei sich zu sehen«.

456 Mortet I, Nr. XXVIII, S. 106 mit Anm. 1 (Mitte 11. Jh.). – Vgl. Du Colombier: Chantiers, S. 63; Erlande-Brandenburg: Gotische Kunst, S. 21; Gimpel: Bâtisseurs, S. 133.

457 Vasari: Michelangelo, in Lebensläufe, S. 492 f. und S. 662 f., Anm. 575. Michelangelo könnte angeregt worden sein von Lorenzo Ghiberti, der 1414 eine Bronzefigur Johannes des Täufers gegossen hatte, eine der ersten Großplastiken der Frührenaissance. In die Bordüre des Mantels, den Johannes trägt, hatte Ghiberti seinen Namen eingraviert; Vasari: Lorenzo Ghiberti, in Lebensläufe, S. 161 mit Anm. 160.

458 Bible moralisée (Mitte 13. Jh.; Champagne); vgl. Von Simson: Mittelalter II, Farb-T. III; Aachener Dom, S. 21. – Eine ähnliche Darstellung aus dem 14. Jh., in Gimpel: Bâtisseurs, S. 32.

459 Vgl. Segers: Studien, S. 165–251 Quellenanhang.

460 Brockhaus' Konversations=Lexikon 8 (1893) S. 127.

461 Von Simson: Die gotische Kathedrale, S. 220 und T. 26 (Chartres). – Vgl. Von Simson: Mittelalter II S. 43 f. Halbierung eines Quadrates. – Zur Anlage eines Kreuzgangs vgl. Villard de Honnecourt, S. 107 zu T. 339: Verhältnis der großen zur kleinen Fläche = 2 : 1. – Wangart: Münster zu Freiburg, S. 24 sowie Plan 10 und 11.

462 Vgl. die Illustrationen zu Vitruvius: Ten Books, S. 168, 282. – Zur zeichnerischen Lösung für Wurzel aus 2 vgl. Villard de Honnecourt, S. 54.

463 Villard de Honnecourt, S. 108f., 119–121, T. 39 l, 40 k, Abb. 88–90; vgl. Abb. 94–97 zur Entfernungsmessung.

464 Zitiert nach Anton Legner, in: Ornamenta Ecclesiae, Bd. 1, S. 225.

465 Norbert: Leben Bennos, II 21 (AQ 22, S. 420). Zu der bis ins 19. Jh. exponierten Lage des Domes vgl. GHWA Bd. 2, S. 2 b: Regulierung des Oberrheins bei Speyer. Zur Bedeutung Speyers nicht nur für die Salier vgl. Caspar Ehlers: Unendliche Gegenwart. Speyer zwischen Konrad II. und Stefan George, in Stiftungen, S. 11–37.

466 Das Folgende nach Vasari: Michelangelo, in Lebensläufe, S. 533f. und Anm. 631.

467 Vgl. Vasari: Lorenzo Ghiberti, in Lebensläufe, S. 152ff. zur Ausschreibung der Arbeiten für die Bronzetüren am Baptisterium in Florenz.

468 Dies und das Folgende nach Beiträgen in: Die Parler, Bd. 3, vor allem Barbara Schock-Werner: Die Parler, S. 7–11; S. 11 Stammbaum zu den Parlern. – Otto Kletzl: Parler, in Thieme / Becker: Allgemeines Lexikon der bildenden Künstler ... 26 (1932) 243. – Stellvertretend für viele weitere Künstlerdynastien seien genannt die Angehörigen der oberbayerischen Architektenfamilie Dientzenhofer, die in der Zeit des Barock u. a. in Fulda, Prag und in Schlesien gewirkt haben, ferner die Silbermann, die u. a. in Sachsen und im Elsaß Orgeln gebaut haben.

469 Günther Bräutigam, in: Die Parler, Bd. 1, S. 360.

470 Vgl. das Foto in Die Parler, Bd. 3, S. 47; ebd. S. 44 Chor der Kirche in Kolin. – Berufung Peter Parlers durch Karl IV. nach Dobroslav Líbal, in: Die Parler, Bd. 2, S. 619f.

471 B. Schock-Werner: Die Stellung der Bauleute, in Die Parler, Bd. 3, S. 62.

472 Manfred Wuntram, in Die Parler, Bd. 1, S. 19.

473 Druck des Vertrages in FMbll 5 (1909) S. 38f. – Faksimile des Vertrages in Conrad: Kirchenbau, S. 70, Abb. 48, sowie in: Die Parler, Bd. 3, S. 11. – Vgl. B. Schock-Werner: Die Stellung der Bauleute, ebd. S. 62f.

474 Der Bischof von Avignon, 1216: *opera pietatis et misericordiae ... templa et monasteria Dei ornare et fabricationibus prebere auxilium, consilium ac juvamen*; nach Mortet II, Nr. CVII, S. 222.

475 Als Beispiel sei genannt der Werkvertrag des Bildhauers Adam Kraft mit Hans Imhoff betreffs Errichtung des Sakramentshauses für St. Lorenz in Nürnberg, abgedruckt u. a. in: Huth: Künstler, Anhang X, S. 120–122. – Ein weiterer Vertrag mit Adam Kraft, in AQ 37, Nr. 121, S. 374f.: Dreiteiliges Steinrelief am Ostchor von St. Sebald in Nürnberg.

476 B. Schock-Werner, in Die Parler, Bd. 3, S. 62.

477 Vgl. etwa Adam von Bremen: Bischofsgeschichte III 10 (AQ 11, S. 338).

478 Zu den wohl aufgebauschten Vorwürfen – »Unwerklichkeit« und »Ungestalt« – vgl. Thomas Flum: Neues zur Baugeschichte des Freiburger Münsterchors, sowie Josef Diel: Hans Niesenberger, Baumeister am Freiburger Münsterchor, in: Münsterblatt. Jahresschrift des Freiburger Münsterbauvereins e. V., Nr. 8 (2001) S. 10–14 bzw. 15–23.

479 Hrg. in FMbll 1 (1905) S. 86.

480 Schütte: 28 Jahre Restaurierung, S. 112, 119, 129f. u. ö.

481 Beda: HE II 14, S. 186 (erst Holz, dann Stein); III 4, S. 222 (*candida casa*); V 21, S. 532 (Bitte um Architekten).

482 Adam von Bremen: Bischofsgeschichte I 18 (AQ 11, S. 190). Ähnliches wird von

anderen Bischöfen der Zeit berichtet; die bei ihrem Amtsantritt vorgefundenen schmucklosen Holzkirchen hätten sie durch größere, bessere Kirchen ersetzen lassen; vgl. Haarländer, S. 207 und Anm. 46.

483 Thietmar: Chronik II 32 bzw. II 42 (AQ 9, S. 69 bzw. 81). Vgl. Weilandt: Geistliche und Kunst, S. 111 f.

484 Vgl. Grimal: Römische Kulturgeschichte, Abb. 132 und S. 372; Ursula Nilgen: Die Bilder über dem Altar. Triumph- und Apsisbogenprogramme in Rom und Mittelitalien und ihr Bezug zur Liturgie, in Kunst und Liturgie, S. 75– 89.

485 Villard de Honnecourt; Zitat S. 162, T. 60 (bezogen auf Ansichten von Kapellen der Kathedrale in Reims). Carl F. Barnes: Le ›Problème‹ Villard de Honnecourt, in Les Bâtisseurs, S. 209–223; Roland Recht: Les ›traités pratiques‹ d'architecture gothique, ebd. S. 279–285. – Von Simson: Mittelalter II, S. 25 f., 43 f. – G. Binding: Bauhüttenbuch, in LexMA 1 (1980) 1630.

486 G. Binding, in Die Parler, Bd. 1, S. 178. – B. Schock-Werner, in Die Parler, Bd. 3, S. 57; vgl. ebd. S. 60 die Abb.en: Grundriß und Aufriß, süddeutsch, Ende des 15. Jh. – Wolfgang Schöller: Le dessin d'architecture à l'époque gothique, in Les Bâtisseurs, S. 227–236, mit Abb.en, u. a. Abb. 4 und 5: Ritzungen in den Fußboden bzw. an die Wand. – Der Dom zu Regensburg, S. 224–230 (Risse).

487 Conrad: Kirchenbau, S. 75. Vgl. Die Parler, Bd. 1, S. 146–148 (Köln), 326 f. (Ulm), Bd. 2, S. 624 f. (Prag). – Architekturzeichnungen von Peter Parler oder aus dessen Werkstatt, in: Krönungen, S. 536 (Schnitt durch Chorumgang, Grundriß eines Turmes), S. 537 (Prag, Veitsdom, unteres Turmgeschoß und erstes Seitenschiffjoch).

488 Vgl. Kunst der Gotik ... Toman, S. 202 Abb.

489 Binding: Baubetrieb, S. 189. Vgl. Peter Springer: Modell und Muster, Vorlage und Kopie, Serien, in: Ornamenta Ecclesiae, Bd. 1, S. 301–314 sowie Katalogteil S. 315–347.

490 Je nach Größe und Zweck des Modells mischte man unterschiedliche Materialien: Ton, Scherwolle, Teig und Leim trocknen praktisch ohne Rißbildung; vgl. Vasari: Jacopo della Quercia, in Lebensläufe, S. 120.

491 So Michelangelo für die Sakristei von San Lorenzo in Florenz; Vasari: Lebensläufe, S. 541. Michelangelo hat zahlreiche Modelle in Holz und Ton gearbeitet. – Eine Ritzzeichnung aus Clermont-Ferrand (13. Jh.) in Conrad: Kirchenbau, S. 109, Abb. 67.

492 Dies und das Folgende nach Vasari: Michelangelo, in Lebensläufe, S. 535 mit Anm. 633; Großsultan S. 504 mit Anm. 593; Disput mit Kardinal S. 539 f.; Modelle S. 546 f.

493 Vasari: Lebensläufe, Bramante, S. 367, Michelangelo S. 547; vgl. ebd. S. 509 zur Ausmalung der Sixtinischen Kapelle: »Er gedachte, mit diesem Werk alle zu übertreffen, die vor ihm am gleichen Ort gearbeitet hatten, und zugleich den neueren Künstlern zu zeigen, wie man zeichnen und malen müsse. So trieben ihn die Umstände, zum eigenen Ruhm und zum Heil der Kunst, immer höher zu streben«.

494 Abb.en in Die Parler, Bd. 1, S. 133–135.

495 Beim Bau des Pantheon in Rom verwendete man mit zunehmender Höhe immer leichtere Zuschlagstoffe, so daß sich das Rohgewicht von 1.900 auf nur noch 1.350 kg/m^2 verringerte; Christian Preiser: Gut gewölbt ist halb gekuppelt. Himmelszelte von Menschenhand. Das Pantheon in Rom und der Florentiner Dom, in FAZ 30. 9. 1997, S. T 6. – Vgl. Conrad: Kirchenbau, S. 121, S. 252 mit Abb. 153 f. (Ravenna). – Im 19. Jh. beobachtete Viollet-le-Duc ein Bündel

raffinierter Methoden, mit denen man im Mittelalter für ein leichtes und trotzdem stabiles Gewölbe der Sainte-Madeleine in Vézelay gesorgt hatte; vgl. Vignerolle: L'Art Roman, S. 214.

496 Gerhard Lehr, zitiert nach Saß: Der kühnste Turm, S. 44; Erg. S. 45, auch zur Zahl der Turmbesucher. Lehr zitierte mit »der schönste Turm der Christenheit« Jacob Burckhardt. – Vgl. Benno Kremp: Standsicherheit des Freiburger Münsters, in: 100 Jahre Freiburger Münsterbauverein, S. 195–213 (mit Abb.en und Messungsdiagrammen).

497 Fischer Weltalmanach 2001, T. XII vor Sp. 385; ebd. Rouen 151, Paris und Troyes 148, Feldberg/Schwarzwald 212, Wendelstein 259 km/h. Vgl. die Überlegungen in Von Simson: Die gotische Kathedrale, S. 308–310.

498 Abb.en in Aachener Dom, S. 44 und 95 f.; ferner in Conrad: Kirchenbau, S. 221 (Mittelzell), S. 238–240 (Einzelheiten der Ringanker in Aachen), S. 258 (Stralsund), S. 296 (Amiens; heute ausgebaut); Vergnolle, Abb. 101 und 196, S. 92 bzw. 154 (Tournus und Mont-Saint-Michel); Durliat: Romanische Kunst, Farb-Abb. Nr. 30 (Verona, San Zeno).

499 Erlande-Brandenburg: Gotische Kunst, S. 544 f. (Abb.en, Plan).

500 Felix Kreusch: Kirche, Atrium und Portikus der Aachener Pfalz, in: Karolingische Kunst, S. 463–533 (mit Plänen), hier S. 470. – Drei Ringanker aus Vierkantstahl, nach Aachener Dom, S. 33; S. 45 Planskizze: Anker in Oktogon und Chorhalle, im 20. Jh. zu einem System verbunden (insgesamt etwa 15 t Stahl).

501 Saß: Der kühnste Turm, S. 46. Möglicherweise lassen sich durch Ausgießen mit Blei und sorgfältiges Vermörteln der Rinnen auch Schäden begrenzen, die durch die Ausdehnung des Eisens entstehen; im Laufe des Jahres schwankt die Temperatur in Freiburg immerhin um gut 50 °C, im Laufe eines Tages nicht selten um 20 °C und mehr.

502 G. Binding: Vitruv, in LexMA 8 (1997) 1778.

503 Zusammenfassend für die Antike H. Chantraine, in Der Kleine Pauly: Feldmesser, 2 (1975) 528–530; Groma, ebd. 878; Limitation, 3 (1975) 666 f.; für das Mittelalter Th. Szabó, G. Binding: Vermessung, Vermessungstechnik, in LexMA 8 (1997) 1553–1555.

504 Dies und das Folgende nach Leo Hugot: Die Pfalz Karls des Großen in Aachen. Ergebnisse einer topographisch-archäologischen Untersuchung des Ortes und der Pfalz, in: Karolingische Kunst, S. 534–572, hier S. 551; der Beitrag mit Abb.en und Einzelheiten zu Maßen und Vermessung. – Der Dom zu Speyer Bd. 1, S. 470. – Binding: Baubetrieb, S. 339–354. – Meckseper: Kleine Kunstgeschichte, S. 76–80. – Conrad: Kirchenbau, S. 130–132, S. 147 Abb. 95 zum Vermessen mit Seilen (Gunzo von Cluny); vgl. Du Colombier: Chantiers, Fig. 53, S. 86; Gimpel: Bâtisseurs, S. 144 Abb.

505 H. Karge, in: Les bâtisseurs, S. 150.

506 Buch IV, 9. Kap.; vgl. Der Jakobsweg, S. 136; Anm. 260–263 zu den Dimensionen. – Maßangaben zu Cluny (vor 1049) in Mortet I, Nr. XXXVIII/1, S. 133–139.

507 Abb.en nach Offb 11, 1–2 aus der Marienkapelle von Burg Karlstein, Böhmen (um 1357–1361): Johannes mißt den Tempel im Himmel, in Die Parler, Bd. 3, S. 197; ebd. S. 203 Abb.: Der Engel reicht Johannes den Meßstab (Apokalypse von Angers, Paris, um 1370–1380; Angers, Musée des Tapisseries).

508 Vgl. die Illustrationen zu Vitruvius: Ten Books, S. 170 und 278.

509 Vgl. Willy Weyres: Der Karolingische Dom zu Köln, in: Karolingische Kunst, S. 384–423, hier S. 412 f. Welche Möglichkeiten das Dreieck dem Kenner bot,

zeigt Alain Sené: Un instrument de précision au service des artistes du Moyen Age: l'équerre, in Cahiers de Civilisation Médiévale 13 (1970) 349–358.

510 Vgl. die Illustrationen zu Vitruvius: Ten Books, S. 170.

511 Vgl. Fitchen: Construction. – Lon R. Shelby: The Geometrical Knowledge of Medieval Master Masons, in: Speculum 47 (1972) S. 395–421 (quellennah, 11 Abb.en). – Ingo Pagel, Jochen Schröder: Kategorien Sugerscher Bauerfassung, in: Abt Suger: De consecratione, S. 95–126, insbesondere S. 113 f. und die dort genannte Literatur. In seinem Bericht schreibt Suger (De consecratione 52, S. 184 f.), man habe »scharfsinnig … mit geometrischen und arithmetischen Hilfsmitteln« gearbeitet (*sagaciter … geometricis et aritmeticis instrumentis*).

512 PRG, Bd. 1, Nr. XXXVI, S. 122. – So noch heute; vgl. Die Weihe der Kirche und des Altares, in Pontifikale IV, S. 11.

513 Das Leben des hl. Feodossij von Kiew, von dem Mönch Nestor, in: Mönchsväter des Ostens, S. 126. Vgl. Haarländer, S. 207 mit Anm. 46.

514 Abb.en in Ritterburg, S. 40 oben rechts: einfaches Strohdach, ebd. Mitte: nach drei Seiten offene Balkenkonstruktion mit solidem Dach; vgl. Binding: Baubetrieb, S. 121–129.

515 Vgl. G. Binding: Bauhütte, in LexMA 1 (1980) 1629 f.; Ders.: Baubetrieb, S. 110–120. – B. Schock-Werner: Bauhütte und Zunft, in: Die Parler, Bd. 3, S. 64 f. mit Literatur, auch zum Verhältnis Bauhütte – städtische Handwerker.

516 Dies und das Folgende nach B. Schock-Werner: Bauhütten und Baubetrieb der Spätgotik, in: Die Parler, Bd. 3, S. 55–58.

517 Haeusser, in Les Bâtisseurs, S. 485 f., 490.

518 Vgl. Hart: Die künstlerische Ausstattung, Abb. 55–60; Schadek: Bürgerschaft, S. 114 f., mit Abb. – Vgl. Rosemarie Merkel: Münsterpfleger in Freiburg, 1311–1600, in: 100 Jahre Freiburger Münsterbauverein, S. 125–154, S. 128 Wortlaut des Eides, S. 134–138 Aufgaben.

519 Brandenburg: Roms früchristliche Basiliken, S. 151.

520 Abb. in Ornamenta Ecclesiae, Bd. 3, S. 186. – In diesem Zusammenhang sei auf die Chorhalle verwiesen: An den 14 Pfeilern sieht man die zwölf Apostel, die Muttergottes und – an der Stelle, an der man Christus erwartet – Karl den Großen, mit dem Modell der Kirche. Trotz und lange nach dem Investiturstreit könnte die Sakralisierung des Reiches beabsichtigt gewesen sein (Aachener Dom, S. 44). Möglicherweise sollte Karl auch in die Tradition seines Vorgängers Konstantin gestellt werden.

521 Conrad: Kirchenbau, S. 147, Abb. 96 (Kiepen). – Bei einem Arbeitstag von acht Stunden können vier Mann pro Stunde etwa 0,5 m^3 Erdreich bewältigen; nach J. Röder, in Kölner Römer-Illustrierte, Heft 2, S. 283.

522 Lk 6, 47–49; vgl. 1 Kor 3, 10–14: »Der Gnade Gottes entsprechend, die mir geschenkt wurde, habe ich wie ein guter Baumeister den Grund gelegt; ein anderer baut darauf weiter. Jeder soll darauf achten, wie er weiterbaut. Denn einen anderen Grund kann niemand legen als den, der gelegt ist: Jesus Christus. Ob aber jemand auf dem Grund mit Gold, Silber, kostbaren Steinen, mit Holz, Heu oder Stroh weiterbaut: das Werk jedes Arbeiters wird offenbar werden. … Hält das, was er aufgebaut hat, stand, so empfängt er Lohn«.

523 Dies und das Folgende nach Der Dom zu Speyer, Bd. 1, S. 472, 473, 476.

524 Conrad: Kirchenbau, S. 188, Abb. 120. – Abb. eines Eichenpfahls mit geborstenem Kopf und gestauchter Spitze sowie Schema eines Pfahlrostes, in Ritterburg, S. 37. – Weitere Abb.en von Substruktionen, aus Konstanz, in Stadtluft, S. 63 und 271: Spickpfahlrost sowie parallel liegende Eichenstämme.

525 Felsendom nach O. Grabar: Kubbat al-Sakhra, in EI[2] 5 (1986) S. 298. – Alt-St. Peter in Rom nach Brandenburg: Roms frühchristliche Basiliken, S. 129 mit schematischer Zeichnung. – Laon und Assisi nach Erlande-Brandenburg: Gotische Kunst, S. 513, 550. – Iburg nach Leben Bennos II. von Osnabrück, Kap. 19 (AQ 22, S. 416). – Limburg nach Metternich, S. 73: bis zu 10 Meter unter dem Kirchenfußboden.

526 Pantheon aus vorchristlicher Zeit; Mauern unten, auf dem Fundament, 6 m dick; nach Architekturführer Rom, S. 49 sowie FAZ 2. 10. 2000. – Aachen nach Aachener Dom, S. 33. – Freiburg nach Saß: Der kühnste Turm, S. 43. – Köln nach Die Parler, Bd. 1, S. 148. Vgl. Conrad: Kirchenbau, S. 132 f., 308 f., Abb.en 96, 99, 117, 118.

527 Hans Eschenbacher und Hubertus Schütte: Zur Baugeschichte von St. Georg, in: 500 Jahre St. Georg in Dinkelsbühl, S. 9–23, hier S. 15.

528 Eusebius: Leben Kaiser Konstantins, III 25–28 (BKV 9, S. 112–115, Zitat III/27, S. 114); zitiert in Krüger: Grabeskirche, S. 42 f.

529 Thietmar: Chronik VII 13 (AQ 9, S. 366). Vgl. Benz: Ecclesia. – Der *ordo* zur Grundsteinlegung (16. Jh. bis etwa 1970) in Pontificale Romanum … 1934, S. 297–316. – Heute in: Pontifikale IV, S. 13–23, S. 22 eine bezeichnende Fürbitte: »Für alle, die durch ihre Arbeit und durch ihre Spenden am Bau dieser Kirche beteiligt sind: Der Herr segne sie und lasse das Werk gelingen, das wir mit ihrer Hilfe begonnen haben«. Ergänzend Zeremoniale für die Bischöfe, S. 224–229. – Zur Grundsteinlegung für eine evangelische Kirche vgl. Agende … Bd. IV, S. 106–113, 160–166; S. 108 die Bitte zu Gott: »schütze alle, die daran arbeiten, und laß uns den Bau vollenden dir zur Ehre und zum Segen für deine Gemeinde«; S. 165 »Bewahre alle, die hier arbeiten, vor Unfällen und laß uns diesen Bau in Frieden vollenden«.

530 Leben Norberts, Fassung A, Kap. 12 (AQ 22, S. 494).

531 Abt Suger: De consecratione (53 f.), S. 184–187. Vgl. Andreas Speer: Zur Bedeutung der liturgischen Dimension in Sugers Schrift De consecratione, ebd. S. 71–79. Vgl. Pontificale Romanum … 1934, S. 413 Antiphon im Laufe der Kirchweihe: *Lapides preciosi omnes muri tui, et turres Jerusalem gemmis aedificabuntur,* »Edelsteine sind all deine Mauern, und die Türme Jerusalems werden aus Perlen gebaut werden« (nach Jes 54, 11; Offb 21, 18). – Eine feierliche Grundsteinlegung in der römischen Kaiserzeit hält Tacitus fest (Historien IV, 53): Der Platz wird mit Quellwasser besprengt, Münzen und ungemünztes Edelmetall werden in das Fundament geworfen.

532 Abb. und Erl.en in Die Parler, Bd. 1, S. 296. Die Jahreszahl würden wir eher mit Großbuchstaben geschrieben erwarten: MCCCCLIIII, M für Mille (1000), C für Centum usf.

533 Oft ediert, u. a. in Mortet I, Nr. LXVI, S. 206–228; Frankl: Gothic, Appendix 3, S. 842–844. Englische Üb. u. a. in Woodman: Architectural History, S. 91–98. Die deutsche Üb. nach Borst: Lebensformen, S. 219–225.

534 Woodman: Architectural History, S. 88. Im Folgenden stützt der Autor sich ohne Einzelnachweise auch auf dieses Werk.

535 Vasari: Michelangelo, in Lebensläufe, S. 517.

536 Vgl. Legenda aurea zum Fest der Kirchweihe, S. 997: Der Teufel hat eine Kirche zerstört, als der Bischof sie weihen wollte. Allerdings gehörte die Kirche dem Teufel, weil die Mittel zu ihrem Bau aus Wucher und Raub stammten.

537 Vgl. Woodman: Canterbury, S. 98–130; hier S. 125: *the architecture of William the Englishman is perhaps more truly French than that of his predecessor.*

538 Bekannteste Beispiele in Borgund, Hitterdal und Urnes; Barral: Romanische Kunst, Bd. 2, S. 469. Ergänzend Walter Sage: Frühmittelalterlicher Holzbau, in Karolingische Kunst, S. 573–590, mit Abb.en; G. Binding: Stabkirchen, in LexMA 7 (1995) 2163.
539 Brandenburg: S. Stefano Rotondo, S. 54 und die in Anm. 94 genannte Literatur.
540 Erlande-Brandenburg: Gotische Kunst, S. 61 f. u. ö.
541 Zu Unterschieden der Druckfestigkeit, einer wichtigen Eigenschaft von beim Kirchenbau verwendeten Steinen, vgl. Müller: Gesteinskunde, S. 186, in 1000 N/cm^2: Basalt 21–33, Granit 11–23, Kalkstein 7–20, Marmor 9–18, Sandstein 8–13, Tuff 7–13.
542 Abt Suger: De consecratione (20–22), S. 174–177. – Von Pontoise dürfte man die Steine auf dem bequemen, wenn auch längeren Weg über Oise und Seine nach St. Denis geschafft haben.
543 Einhard: Leben Karls, Kap. 26 (AQ 5, S. 197/199). Dazu und zum Folgenden vgl. C. Jäggi: Spolien, in LexMA 7 (1995) Sp. 2129–2131, sowie Antike Spolien in der Architektur, mit zahlreichen, vorzüglich reproduzierten Abb.en; S. 181 Farbabb. des Magdeburger Doms, Chorinneres, mit antiken Säulen; S. 183 Kt. zu Mitteleuropa: Römische Spolien in vorromanischer Architektur.
544 Thietmar: Chronik II 17 (AQ 9, S. 55). Auch Bernward von Hildesheim ließ in Säulen von St. Michael Reliquien einfügen; Bernward, Bd. 2, VIII-16. – Vgl. Ornamenta Ecclesiae, Bd. 2, S. 84, D 64 Romanisches Reliquienkapitell aus Winterscheid, mit Abb.
545 Vgl. Ornamenta Ecclesiae, Bd. 1, S. 158, B 9 sowie S. 136 Abb.
546 Krüger: Grabeskirche, S. 98 mit Abb. 101.
547 Brandenburg: S. Stefano Rotondo, S. 38.
548 Vgl. Sven Schütte: Der Aachener Thron, in Krönungen, S. 213–222 (mit Abb.).
549 Vgl. Widukind: Sachsengeschichte II 1 (AQ 8, S. 86/88). – Aachener Dom, S. 88 f.
550 Vgl. Der Schatz von San Marco, S. 20, 23, 66 u. ö. zu römischen und byzantinischen Spolien, S. 22 die Einschränkung.
551 Notker: Taten Karls, II 11 (AQ 7, S. 398/399). – Zum Bau des Aachener Münsters dienten auch Steine der Mauer von Verdun; Aachener Dom, S. 34.
552 Römer am Rhein, S. 72.
553 Römer am Rhein, S. 108–111, mit Kt. zur Eifelwasserleitung.
554 Römer am Rhein, S. 101.
555 Vasari: Michelangelo, in Lebensläufe, S. 549 f. mit Anm. 649. Baubeginn 1561, nach dem Tod Michelangelos 1565 zu einem vorläufigen Abschluß gebracht, ergänzt und vollendet 1759 von Vanvitelli.
556 Eine Kuppel der um 298 n. C. errichteten Diokletiansthermen überwölbt die Zisterzienserkirche San Bernardo alle Terme.
557 Haarländer: Vitae episcoporum, S. 203, Anm. 20.
558 Leben Burchards, Kap. 9; MGH SS 4, S. 836 f.
559 Vgl. Les Bâtisseurs, Kat. B 31, S. 374–376, S. 375 mit 16 Einzelfotos.
560 Vgl. Klapisch-Zuber, passim.
561 Nordrhein-Westfalen (Hb. Hist. Stätten, 3), S. 172. – Luftbild von Drachenfels und Rhein in: Kölner Römer-Illustrierte, Heft 2, S. 138. – Skizze zur Verwendung von Trachyt am Petersportal des Kölner Doms, in: Die Parler, Bd. 1, S. 164.
562 S. Ristow: Ziegelbau, in LexMA 9 (1998), Sp. 599 f., dort Sp. 600. – Zur Backsteingotik in der Lombardei vgl. Die Zisterzienser, S. 265 Abb.en von Morimondo, 12. und 13. Jh.

563 Conrad: Kirchenbau, S. 184f., Abb. 115f.
564 So in Lüneburg; nach Sander-Berke, S. 33. Dort auch zahlreiche Einzelangaben, etwa S. 44f.: In Lüneburg brannte man 1409/10/11 weit über 300.000 Ziegel jährlich; für ein Haus rechnete man etwa 25.000 Ziegel, für 10 m^2 Mauerwerk 1.000; mit 1.000 Dachziegeln wurden etwa 7 m^2 Dachfläche gedeckt.
565 Lehm und Ton sind Verwitterungsprodukte. Lehm, gelblich oder rötlich gefärbt, enthält neben Tonanteilen sandiges Material. Lehm ist weniger plastisch als Ton. Je reiner Ton ist, desto mehr eignet er sich zur Herstellung von (Boden)Fliesen, Keramik und – in seiner reinsten Ausprägung – Porzellan.
566 G. Binding: Backsteinbau, in LexMA 1 (1980) Sp. 1329. – Conrad: Kirchenbau, S. 154f., 178f. mit Abb. 106–108.
567 Vgl. Stadtluft, S. 274–277 mit Abb.en. – Normierte Ziegel etwa an der Westfassade der Klosterkirche von Chorin (1273–1334) und am Dom von Roskilde/Dänemark; vgl. Von Simson: Mittelalter II, Abb. 205 und 317 a sowie S. 216–225. G. Fouquet: Ziegelei, Ziegler, in LexMA 9 (1998), Sp. 602f.
568 Böker, S. 11.
569 Bender: Lexikon, S. 70, 204.
570 Beim ›Läufer‹ ist die Längs-, beim ›Binder‹ die Stirnseite des Ziegels zu sehen.
571 entfällt
572 Vgl. Durliat: Romanische Kunst, Farb-T. 19. Ähnlich wechseln Sandstein und Ziegel am Ulmer Münster.
573 J. Goll: Ziegel, in LexMA 9 (1998) 599. Wechsel unterschiedlicher Farbziegel etwa im Ratzeburger Dom; vgl. Böker, S. 53.
574 Maurice Howard: Brick Building, in: Les chantiers de la Renaissance, S. 107f.
575 Zu Baumaterialien vgl. die instruktive Tab. in: Stadtluft, S. 270. – Zu Blei für Notre-Dame in Paris: Bouttier: Cathédrales, Heft 1, S. 40.
576 Gimpel: Medieval Machine, S. 61 (12 Meilen).
577 Abb.en zu unterschiedlichen Transportarten in Conrad: Kirchenbau, S. 133–136, Abb. 77–81; Stadtluft, S. 268 Abb.
578 Von Matt / Bovini: Ravenna, S. 103–108, mit Abb.
579 Andreas Rossmann: Sisyphus. Kölner Dombaumeister Arnold Wolff wird sechzig; FAZ 25. 7. 1992, Nr. 171, S. 25.
580 Dies und Bauholz für Wien, nach Binding: Baubetrieb, S. 363, 367.
581 Mortet I, Nr. VII, S. 33.
582 Aachen nach Aachener Dom, S. 34 und 64; Ulm nach B. Schock-Werner, in Die Parler, Bd. 3, S. 58.
583 Vasari: Michelangelo, in Lebensläufe, S. 517; nach Anm. 607, S. 666, arbeitete man an der Straße von Februar 1518 bis September 1519. Vgl. Klapisch-Zuber, S. 114.
584 Vgl. Vitruvius: Ten Books, S. 299. – Holzschnitt-Illustration zu Vitruv aus dem Jahr 1548, in Conrad: Kirchenbau, S. 140, Abb. 86.
585 Die zwei ›Memnonssäulen‹ in der Nähe von Theben/Ägypten, jeweils 15 Meter hoch, ursprünglich etwa 720 Tonnen schwer, dürften 700 km stromauf(!)wärts auf dem Nil verschifft worden sein, anschließend ein Stück auf einem eigens angelegten künstlichen See und die letzten etwa 800 Meter auf gewaltigen, von gut 3.600 Männern gezogenen Schlitten; Harald Steinert in FAZ 2. 1. 1974, nach Science.
586 Mortet I, Nr. XXVIII, S. 105. Möglicherweise waren hier fünf Gespanne mit vier und ein Gespann mit sechs Ochsen gemeint. Abb. eines vierjochigen Ochsenkarrens, in Die Parler, Bd. 3, S. 61. – Farbabb. unterschiedlicher Arten des Holz-

transportes – auch auf von einem Mann gezogenen Schlitten – in Stadtluft, S. 346.

587 Villard de Honnecourt, S. 49–55 (Legende S. 52), T. 19, Abb. 75 f.; Conrad: Kirchenbau, S. 104 f., Abb. 60 f.

588 Von einem abenteuerlichen Steintransport berichtet Rodulf in den Taten der Äbte von St. Trond: Säulen für St. Trond im heutigen Belgien wurden Mitte des 11. Jh. von Worms nach Köln auf dem Rhein transportiert, von da zu Land, mit Hilfe Tausender Begeisterter; Rodulfi Gesta Abbatum Trudonensium, Kap. 11; MGH SS 10, S. 235; Mortet I, Nr. XLVII/1, S. 158; deutsche Üb. in Weilandt: Geistliche, S. 109. – Last von 1,5 t nach Du Colombier: Chantiers, S. 18 f.; ebd. S. 21 f. zur Beteiligung von Gläubigen am Transport.

589 Weilandt: Geistliche, S. 256 f.

590 Krönungen, S. 229 (Abb.) und 234. Das Verhältnis von Länge zu Durchmesser (etwa 7 : 1) habe Proportionen entsprochen, die in der Antike als ›schön‹ galten; Krüger: Grabeskirche, S. 55 mit Abb.en. – In St. Martin/Landshut (15. Jh.) beträgt das Verhältnis von Dicke zu Höhe der Pfeiler 1 : 22; Conrad: Kirchenbau, S. 21, Abb. 7.

591 Kalkbrocken, nach Jakobsweg (›Pilgerführer‹ 4, 3, 3), S. 89; Blei und Eisen nach der Predigt *Veneranda dies*, ebd. S. 62.

592 Abt Suger: De consecratione (23), S. 176 f.

593 Mortet II, Nr. XXII/2, S. 65 f.; in Anm. 1 mehrere ähnlich lautende Zeugnisse. – Eigenwillige Üb. in Jantzen: Kunst der Gotik, S. 8. – Warnke: Bau, S. 41 warnt davor, den »Kult der Karren« zu überschätzen.

594 Abt Haimo von Saint-Pierre-sur-Dive, in Mortet II, Nr. XXII/1, S. 64 f. – Üb. in Jantzen: Kunst der Gotik, S. 8.

595 Mortet II, Nr. CXVI, S. 243; ebd. S. 245: Ludwig trägt Steine *en la hote sus ses espaules*, »in der Kiepe auf seinen Schultern«, ein Beweis seiner großen Demut; vgl. Le Goff: Ludwig, S. 103.– Als Buße dafür, daß er die Bischofskirche von Verdun eingeäschert hatte, bezahlte Gottfried, Herzog von Niederlothringen, nicht nur den Wiederaufbau, sondern diente den Maurern öfters als Handlanger; Lampert: Annalen zum Jahr 1046 (AQ 13, S. 46 f.).

595a La chanson des quatre fils Aymon. Ed. Ferdinand Castets (Publications de la Société pour l'étude des langues romanes, 24). Montpellier 1909, Verse 18.006–18.489, S. 881–905. Vgl. A. Vitale Brovarone: Renaut de Montauban, in LexMA 7 (1995) 726; Gimpel: Bâtisseurs, S. 70 f.

596 Dies und das Folgende nach Klemm: Technik, S. 62 f. und T. 3 (zwischen S. 32 und 33) mit sieben Holzschnitten zu den mechanischen Künsten, aus Rodericus Zamorensis: Spiegel des menschlichen Lebens. Augsburg, um 1475. – Ebd., S. 109 f. und 118 f., Leon Battista Alberti (De re aedificatoria, 1451/52) zum Gewölbebau und zum Heben von Lasten.

597 Otto von Freising: Taten Friedrichs, II 14 (AQ 17, S. 308/309); nach Anm. 98 ebd. boten sich Kaufleuten im Langobardenreich schon seit dem 7. Jh. Chancen sozialen Aufstiegs.

598 Zitiert nach der Üb. von F. Rädle, in Ornamenta Ecclesiae, Bd. 1, S. 262.

599 2.000 n/cm^2, nach Brachmann: Gotische Architektur Metz, S. 71 mit Anm 107. Zu Einzelheiten der Bildhauertechnik vgl. Der Dom zu Regensburg, S. 237–247.

600 Der Dom zu Regensburg, S. 144 (Abb.), 199–203 (Strichzeichnungen zu Arbeiten und Werkzeug des Steinmetzen). – Ritterburg, S. 44–46 (S. 45 Abb. Krönel/Gröndel); Die Parler, Bd. 3, S. 58; Machs na, S. 184 mit Fotos von Steinen, die mit unterschiedlichen Werkzeugen bearbeitet wurden.

601 Henning: Hb. Bd. 1, S. 244. – Abb. in Die Parler, Bd. 3, S. 61, aus dem Zyklus von Illustrationen zum Bau des Klosters Schönau, nach 1550.

602 Werner Müller: Technik der Wölbung, in: Die Parler, Bd. 3, S. 48 f. mit Zeichnungen.

603 Vgl. Götz Fehr: Die Wölbekunst der Parler, in: Die Parler, Bd. 3, S. 45–48, S. 45 Abb.; Conrad: Kirchenbau, S. 264, Abb. 169 f.; Von Simson: Die gotische Kathedrale, Abb. S. 285.

604 Du Colombier: Chantiers, S. 133.

605 Dom zu Regensburg, S. 156 f..

606 Nach einer Broschüre ›Freiburg für Schüler‹, S. 17.

607 Vgl. Binding: Baubetrieb, S. 270–273.

608 Vgl. Vogeley: Dachkonstruktion, Abb. 76 mit neun Zimmermannszeichen, u. a. Buchstabe A, Schlüssel und Pfeil.

609 Vergnolle, S. 75. – Schichthöhe, ›Juden‹ sowie Mörteldicke von 1,5 cm bis 1 mm, nach Der Dom zu Speyer, Bd. 1, S. 486, 478 f.

610 Vgl. Vergnolle, S. 75, Abb. 77 Westfassade von Saint-Pierre in Savennières.

611 Vgl. Vergnolle, S. 329, Abb. 452.

612 Zu Zange und Wolf vgl. Die Parler, Bd. 3, S. 60; Ritterburg, S. 52 mit Abb.en; Der Dom zu Speyer, Bd. 1, S. 560–562 (mit Einzelheiten: Wolf in romanischer, Zange erst in gotischer Zeit; Belastbarkeit von Tretrad, Seil, Flaschenzug usf.); Der Dom zu Regensburg, S. 204 (Abb.en); Machs na, S. 190 f. (Abb.en). – Zu Nach- und Vorteilen vgl. Conrad: Kirchenbau, S. 197, ferner S. 194, Abb. 128.

613 Jürg Goll, in: Stadtluft, S. 277. Wechsel des Mörtels kann auf eine Bauunterbrechung hinweisen; Willy Weyres, in Karolingische Kunst, S. 406. – Bei Sanierungen in den 1970er Jahren hat man einen offensichtlich ungeeigneten Mörtel verwendet, der das Mauerwerk auseinanderdrückt; ein witterungsresistenter Mörtel soll nun erprobt werden; die Gesamtkosten des Projektes werden auf 820.000 Euro veranschlagt; FAZ 21. 1. 2002.

614 Schütte: 28 Jahre Restaurierung, S. 126.

615 Georg Küffner, in FAZ 10. 3. 1998, S. T 10, Nr. 58.

616 Zum Folgenden Binding: Baubetrieb, S. 370–426; Ders. in Ornamenta Ecclesiae, Bd. 1, S. 179 f.; Conrad: Kirchenbau, S. 118–124.

617 Bibel von Saint-Savin, Abb. 37, Farb-T. vor S. 79.

618 Vgl. Jonas erstes Buch vom Leben Columbans, I 30 (AQ IV a, S. 492/494).

619 Abb. in Ritterburg, S. 40 Mitte.

620 Die Schubkarre soll schon 1164 in Frankreich und 1212 in London bezeugt sein; Binding, in Ornamenta Ecclesiae, Bd. 1, S. 180. – Nach Gimpel: Bâtisseurs, S. 167, sowie Le Goff: Ludwig, S. 103, Anm. 144, ist die Schubkarre erst seit dem 13. Jh. nachgewiesen. – Abb.en aus mittelalterlicher Zeit in Conrad: Kirchenbau, S. 141, Abb. 88; Ritterburg, S. 40; Gimpel: Bâtisseurs, S. 167.

621 Conrad: Kirchenbau, S. 143, Abb. 91, aus San Marco in Venedig.

622 Vasari: Michelangelo, in Lebensläufe, S. 535; vgl. Conrad: Kirchenbau, S. 124.

623 Conrad: Kirchenbau, S. 217, Abb. 138 (1022/23); vgl. Gimpel: Bâtisseurs, S. 54 Abb. (13. Jh.).

624 Abb. in Ritterburg, S. 53: Stangen- und Auslegergerüst.

625 Farb-Abb. in Durliat: Romanische Kunst, Nr. 14.

626 Legenda aurea, S. 829: Von allen Heiligen.

627 Abt Suger: De consecratione (32–42), S. 178–181.

628 Vgl. Le Goff: Kultur, Abb. 26, S. 95: Rodende Zisterzienser (um 1115). Zu Dachkonstruktionen vgl. Villard de Honnecourt, S. 81–83, 359 f., T. 34 a-c.

629 Walter Haas, in: Zur Geschichte des Konstruierens, S. 227 f.

630 Abb. in Ritterburg, S. 41 unten. – Eine auch für den Kirchenbau bedeutsame Verbesserung aus dem 20. Jh. sei erwähnt: Aus Leimholz lassen sich beliebig lange, praktisch verwindungsfreie Ständer und Balken herstellen.

631 Abb. in Ritterburg, S. 41 unten, S. 42 links. Vgl. auch Conrad: Kirchenbau, S. 204–225, sowie Manfred Schuller, in: Der Dom zu Regensburg, S. 208–223 (jeweils mit zahlreichen Abb.en).

632 Dies und das Folgende nach B. Schock-Werner, in Die Parler, Bd. 3, S. 58.

633 Nach: Bosch Kraftfahrtechnisches Taschenbuch. 15. A. Stuttgart 1961, S. 171–174, und ähnlichen Werken.

634 Erika Pomsel, in FAZ 27. 12. 1997, im Anschluß an Kat. und Ausstellung.

635 Vgl. die Illustrationen zu Vitruvius: Ten Books, S. 293–295, 298, 301, 303 (Hebelgesetze, Flaschenzug, Kran, Tretrad, Wassermühle, Zahnradgetriebe). Zu mittelalterlichen Maschinen vgl. Europäische Technik, mit zahlreichen Beiträgen, auch zu Glasherstellung, Uhren. – Abb.en von Treträdern: Mit zwei Windeknechten (aus Rudolf von Ems, Weltchronik, 1383) in Ritterburg, S. 51; Stralsund, in Conrad: Kirchenbau, S. 142, Abb. 90.; Schwäbisch-Gmünd, in Die Parler, Bd. 3, S. 59.

636 Abb.en in 100 Jahre Freiburger Münsterbauverein, S. 92 f.

637 Conrad: Kirchenbau, S. 60, 218, Abb. 31 bzw. 139 (Köln); ebd. S. 144, Abb. 92 Zeichnung eines Krans, um 1470.

638 M. Matheus: Kran, in LexMA 5 (1991) 1470 f. – Zu Straßburg B. Schock-Werner, in Die Parler, Bd. 3, S. 58.

639 Adolf Hofstetter, in Ritterburg, S. 53. – J. Röder, in: Kölner Römer-Illustrierte, Heft 2, S. 207; Röder bringt zahlreiche Abb.en, auch antiker Darstellungen und moderner Nachbauten. – Hebekraft: 2–3 t (Matheus; wie Anm. 638), bis zu 6.000 kg (Römer am Rhein, S. 112). – Abb. eines Modells und Rechnung (von Adolf Hofstetter) zur Hebefähigkeit der Maschine in: Ritterburg, S. 53.

640 Römer am Rhein, S. 148.

641 Dieses möglicherweise erstmals dargestellt in der Weltchronik des Rudolf von Ems, um 1385; nach C. Vandekerchove, in Les Bâtisseurs, S. 79 sowie Katalogteil A 4, S. 336.

642 Vgl. Conrad: Kirchenbau, S. 188, Abb. 121.

643 Römer am Rhein, S. 112.

644 Das Leben des hl. Bernhard von Clairvaux, S. 130 f. (nach Arnald von Bonneval, II 5, 30 f.). – Plan der Klosteranlage von Clairvaux in Gimpel: Medieval Machine, S. 4; ebd. S. 5 f. das Lob des Wassers und der Maschinen.

645 Descriptio positionis seu situationis monasterii Clarae-Vallensis, PL 185, 570 B-571 B; die Üb. weitgehend nach Die Zisterzienser, S. 48.

646 Ein Mann an der wasserbetriebenen Walkmühle ersetzte bis zu 40 Arbeiter; Gimpel: Industrielle Revolution, S. 20. – Mit dem mechanischen Blasebalg ließ sich eine wesentlich höhere Temperatur zum Schmieden und Schmelzen von Metallen erzielen als mit dem von Knechten bedienten.

647 Villard de Honnecourt, S. 133 f., 370, T. 44 a, Abb. 187 f. Vgl. Gimpel: Industrielle Revolution, S. 130. Siehe Abb. S. 215.

648 Traditionen pflegt man auch in einem anderen Bereich, wie die charakteristische Arbeitskleidung der Zimmerleute zeigt.

649 Vom Anfang des 12. bis zum Anfang des 16. Jh. zwischen 30° und 70°; Binding: Dachwerk, S. 11. – Dem Dach des Speyrer Doms gab man 1778 eine Neigung von 50°, 1965 begnügte man sich mit 40°; Der Dom zu Speyer, Bd. 1, S. 176. –

V-förmige Dächer auf St. Marien in Güstrow, vgl. Conrad: Kirchenbau, S. 222, Abb. 146.

650 J. Goll: Ziegel, in LexMA 9 (1998) 599. Abb.en von flachen Dachziegeln, in Stadtluft, S. 276. – Ritterburg, Abb. S. 42 Mitte: Auf einer Leiter stehende Arbeiter decken mit Ziegeln ein Dach (nach Mendel'sche Zwölfbrüderstiftung).

651 Grabkirche nach Eusebius: Leben Konstantins, III 36 (BKV 9, S. 118). – Aachen: *tegula plumbea*; Reichsannalen zum Jahr 829 (AQ 5, S. 155); Anonymus: Leben Ludwigs, Kap. 43 (AQ 5, S. 332). – Kupfer in Bamberg: Leben Ottos, Kap. 27 (MGH SS 12, S. 888).

652 Entfällt

653 Vgl. Binding: Baubetrieb, S. 140. – Rouen nach Lardin: Le niveau, Tab. V, S. 172; durchschnittlich 246,8 Arbeitstage/Jahr; ebd. Tab. VI, S. 172.

654 Das Folgende nach B. Schock-Werner: Bauhütten und Baubetrieb in der Spätgotik, in: Die Parler, Bd. 3, S. 55–58; S. 55 f. zu Freiburg; S. 56 zu Versicherung in Straßburg.

655 Kurmann, nach Kimpel / Suckale, in: Les Bâtisseurs, S. 187 f. – Zu weiteren Vergünstigungen vgl. Du Colombier: Chantiers, S. 96 ff. sowie Binding: Baubetrieb, S. 73 f.

656 AQ 37, Nr. 63, S. 226.

657 Mortet I, Nr. CXXXVIII, S. 362; Mortet II, Nr. LXXIII und CII, S. 155 f. bzw. 211.

658 Lardin: Le niveau Tab. VII, S. 173; zum Folgenden ebd. S. 161 f., 166, 168 f.

659 Lardin: Le niveau, S. 141–173, Zitate S. 154. Weitere, nicht einzeln nachgewiesene Angaben sind diesem Beitrag entnommen.

660 B. Schock-Werner: Die Stellung der Bauleute, in Die Parler, Bd. 3, S. 63.

661 Das Folgende nach Knut Schulz: Handwerksgesellen, in: Spätmittelalter am Oberrhein, S. 309–318, Tab. S. 317.

662 Heinrich Lützeler: Sinn und Formen religiöser Kunst, in Saeculum 3 (1952) S. 277–318, dort 283.

663 Notker: Taten Karls, II 17 (AQ 7, S. 415/417).

664 Warnke: Bau, S. 23.

665 Der Felsendom soll im Jahr 72 muslimischer Zeitrechnung fertiggestellt gewesen sein, was auf eine Bauzeit von weniger als einem Jahr hinauslaufen würde; O. Grabar: Kubbat al-Sakhra, in EI^2 5 (1986) S. 298. – Damaskus nach N. Elisseeff, in EI^2 2 (1965) 281.

666 Donner: Pilgerfahrt, S. 412, Anm. 193. – Als achtes Weltwunder galt auch das Straßburger Münster.

667 Bamberg und Merseburg, nach Weilandt: Geistliche und Kunst, S. 159 und 162. – Gimpel: Bâtisseurs, S. 36 meint, keine (!) französische Kathedrale sei jemals fertiggestellt worden.

668 Tab. in Die Zisterzienser, S. 37.

669 Woodman: Canterbury Cathedral, S. 267 (Tab.).

670 Durliat: Romanische Kunst, S. 582 mit Grundriß und Abb. des Innern.

671 Jantzen: Kunst der Gotik, S. 11, 63, 105.

672 Schöller: Die rechtliche Organisation, S. 220.

673 Lampert: Annalen zum Jahr 1074 (AQ 13, S. 233/235).

674 So auch in St. Denis; Abt Suger: De consecratione (58), S. 188 f.

675 Adam von Bremen: Bischofsgeschichte II 82 (AQ 11, S. 324). Vgl. U. Bergmann, in: Ornamenta Ecclesiae, Bd. 1, S. 118.

676 Adam von Bremen: Bischofsgeschichte III 3 f. (AQ 11, S. 330/332).

677 Thietmar: Chronik (AQ 9, S. 81 Anm. 190).

678 Durliat: Romanische Kunst, S. 513.
679 Große Legende der hl. Hedwig, 6. Kap.; in: Das Leben der hl. Hedwig, S. 93 f.
680 Das Leben des Bischofs Meinwerk, Kap. 155, S. 82 mit Anm 2.
681 Adam von Bremen: Bischofsgeschichte II, 69 (AQ 11, S. 312).
682 Burkard von Schwäbisch-Hall: Chronik (1268–1278), nach Mortet II, Nr. CXLII, S. 296.
683 Von Simson: Mittelalter II S. 45. – Vertrag des Estienne de Bonnueill, *tailleur de pierre*, mit Arbeitern, die er zum Bau des Domes in Uppsala mitnehmen will, in Mortet II, Nr. CL, S. 305 f.
684 Mortet I, Nr. CIII, S. 292.
685 Mortet II, Nr. VIII/2, S. 34.
686 Mortet I, Nr. LIII, S. 179; vgl. auch Mortet II, Nr. LVII, S. 129–131.
687 Norbert: Leben Bennos II., Kap. 23 (AQ 22, S. 425/427).
688 Leben Norberts, Fassung A, Kap. 12 (AQ 22, S. 494).
689 Balderich: Leben Alberos, Kap. 23 (AQ 22, S. 598).
690 Vgl. Einhard: Leben Karls, Kap. 26 (AQ 5, S. 196–199), sowie Felix Kreusch: Kirche, Atrium und Portikus der Aachener Pfalz, und Leo Hugot: Die Pfalz Karls des Großen in Aachen, in Karolingische Kunst, S. 463–533 bzw. 534–572 (mit zahlreichen Plänen).
691 Notker: Taten Karls, I 28 (AQ 7, S. 364/365); ebd. I 31 (S. 369/371) zu *operarios* weiter unten.
692 Auch Suger ließ aus allen Teilen des Reiches hochqualifizierte Spezialisten (*peritissimos*) nach Saint-Denis rufen; Mortet II, Nr. XXXI, S. 87. – Vgl. Warnke: Bau, S. 173 f. mit Anm. 139 und 141.
693 Balderich: Leben Alberos, Kap. 23 (AQ 22, S. 597).
694 Einzelangaben zur Finanzierung von Kirchen, zu Preisen und Löhnen, haben sich dagegen in großer Zahl erhalten und wurden auch schon herausgegeben, etwa für Xanten. Es sei auf die Werke von Ernst Moritz Elsas verwiesen.
695 Ludwig IX. hat (1239 bzw. 1241) für die Dornenkrone und weitere Passionsreliquien einen hohen Preis bezahlt, die Summen sind indessen nicht bekannt; Le Goff: Ludwig, S. 122.
696 Le Goff: Ludwig, S. 174: 1.537.540 Tourneser Pfund, »nach zeitgenössischen Angaben … eine sehr grobe Schätzung«; ebd. S. 152, 166 zum Lösegeld von 200.000 Pfund. Zur Veranschaulichung (ebd. S. 115 f.): Die Festlichkeiten in Sens (Eheschließung, Krönung der Königin) einschließlich Decken, Holztribünen, Transportkosten u. ä. 2.526 Pfund; von dieser Summe entfielen, jeweils in Pfund, auf die goldene Krone 58, Brot 98, Wein 307, gekochte Speisen 667, Wachs 50 Pfund.
696a Ritterburg, S. 54, mit zahlreichen Einzelangaben; der Bau eines Wohnturmes erforderte ja ähnliche Aufwendungen wie der Bau einer Kirche.
697 Generalkapitel von 1152, Kap. 87; nach Mortet II, Nr. VIII/1, S. 32.
698 Vgl. Mortet II, Nr. CXXXI/3, S. 282 (1269).
699 Decretum Gratiani, II 12, 2, 70 (PL 187, Sp. 925).
700 Vgl. das Bild von Joseph Vernet (1714–1789): Bauarbeiten an der Straße des Königs, in Chaunu: Europäische Kultur, Abb. 126, nach S. 366: Zu sehen sind Schubkarren, ein zweirädriger Pferdekarren, Werkzeuge zur Steinbearbeitung, das Absprengen eines Felsens mit Keil und Hammer, Baukran, Tretmühle, Lehrgerüst usf.; all das war entwickelt oder verbessert worden für den Bau von Kathedralen; seitdem war hinzugekommen die Nutzung des Schießpulvers zum Sprengen von Felsen.

701 Meckseper: Kleine Kunstgeschichte, T. 84 f.
702 Schedelsche Weltchronik von 1493, folio CXXXIX verso und CXL recto.
703 Vgl. Römer am Rhein, S. 40, 105 f. (Beschreibung, ohne Abb.). – Grimal: Römische Kulturgeschichte, Abb. 144 und S. 385: Mausoleum der Julier in Saint-Remy-de-Provence: Auf quadratischem Sockel und Mittelteil ein kreisförmiges Säulenobergeschoß mit kegelförmigem Dach.
704 Ackermann: Mittelalterliche Kirchen als Gerichtsorte, S. 531 mit weiteren Nachweisen.
705 Vgl. Durliat: Romanische Kunst, Nr. 23–26 Farb-Abb.en der Glockentürme von Torcello, Pomposa, Tahull und Trani (11.-13. Jh.).
706 Vgl. Durliat: Romanische Kunst, Farb-Abb. Nr. 27 (Campanile, Dom und Baptisterium).
707 Bugge: Stabkirchen, S. 35.
708 Des wächters eid uf dem münster, 1510; in: FMbll 14 (1918) S. 24. Vgl. Schadek: Bürgerschaft, S. 116 f. mit weiteren Einzelheiten.
709 V. H. Elbern: Hahn, in LThK[2] 4 (1960) 1321 f. mit weiteren Bedeutungen in Kirche und Volkstum.
710 Brockhaus' Konversations=Lexikon 1 (1892) 650.
711 Vgl. Binding / Untermann, S. 329–390, Zitat S. 332/334.
712 Quellen: Nachschlagewerke und Zeitungsmeldungen; die Höhe der Pyramide bei Giseh wird auch mit 137 Metern angegeben; ähnliche Abweichungen sind bei anderen Bauwerken zu erwarten. Die Tab. sei um Proportionen von Großbauten ergänzt, die in der zweiten Hälfte des 20. Jahrhunderts errichtet worden sind (in Metern; Basis : Höhe): Zürich-Hochhaus, Frankfurt/M. 22,0 : 67; Messeturm, Frankfurt/M. 40,7 : 256; World Trade Center, New York (am 11. 9. 2001 durch Terroranschläge zerstört) 65,0 : 417; Sears Tower, Chicago 67,5 : 441; Jin Mao Building, Shanghai 54,0 : 385; Petronas Towers, Singapur 46,0 : 410 Meter; nach FAZ 2. 10. 2001. Absolut und im Verhältnis zur Basis wird die Höhe immer weiter gesteigert, im letzten Beispiel bis fast auf das Neunfache.
713 Entfällt.
714 Farbfoto in Bernard Vogler (Text), Hermann Lersch (Fotos): Das Elsass. Rennes: Editions Ouest-France, 2000. S. 14.
715 Gottfried Rey, in Der Kölner Dom, S. 310. – Brockhaus' Konversations=Lexikon 14 (1895) 414. – Léon Strauss: Jacques Laurent Peirotes, in Nouveau Dictionnaire de Biographie Alsacienne (Lieferung 29, 1997) S. 2959.
716 Frankfurter Zeitung, 20. bzw. 21. 6. 1940, jeweils Aufmacher, S. 1. – F. Hartung: Das Straßburger Münster, S. 421; ebd. S. 419: Am 25. 11. 1918 wurde im Münster ein *Te Deum* in Anwesenheit der französischen Generalität und 1.000 weiterer Offiziere gefeiert; S. 420: Im Juli 1940 verboten die nationalsozialistischen Machthaber katholische Gottesdienste im Münster.
717 Zur Kirche insgesamt wie zu einzelnen Teilen vgl. Reinle: Ausstattung, sowie Ornamenta Ecclesiae, Bd. 1–3.
718 Braun: Der christliche Altar. Bd. 1. – J. P. Kirsch, Th. Klauser: Altar III (christlich), in RAC 1 (1950) 334–354 (mit Abb.en). – Th. Klauser: Altar, IV. Kirche (Liturgiegeschichte, Kunstgeschichte, Liturgisches Recht), in LThK[2] 1 (1957) 370–375, mit 10 Abb.en. – J. H. Emminghaus: Altar, in LexMA 1 (1980) 451–464. – Heute soll in katholischen Kirchen der Reliquienbehälter »weder auf den Altar gestellt noch in die Altarmensa eingelassen, sondern unterhalb der Mensa« an geeigneter Stelle eingefügt werden; Pontifikale IV, S. 26, 5 c.
719 Abb. S. 120; vgl. G. Binding: Altaranordnung, in LexMA 1(1980) 464 f.

720 Rudolf Glaber: Historiarum libri V 8, S. 226 bzw. V 13, S. 236.
721 Abb.en in Durliat: Romanische Kunst, T. 102: Thronender Christus, von den Aposteln umgeben (Seo de Urgel, Ende 11. Jh.); T. 103 Thronende Maria mit Kind, umgeben von Szenen aus Martyrien (Durro, um 1100).
722 Schramm: Der König von Frankreich, S. 55 mit Anm. 1–3.
723 Reinle: Ausstattung, S. 114. – Zum Kronleuchter, der in der Vierung des Speyrer Domes hing, vgl. Wimpfeling: Lob, S. 37. – Zu Aachen vgl. Herta Lepie / Lothar Schmitt: Der Barbarossaleuchter im Dom zu Aachen. Aachen 1998. – Salierkatalog, S. 459f. – Vgl. G. Jászai: Jerusalem, Himmlisches, in LCI 2, 394–399.
724 Vgl. ›Pilgerführer‹ 3, 8 mit der Beschreibung des nicht erhaltenen Aegidiusschreines, in Der Jakobsweg, S. 110–112.
725 Wolfgang Stürner: Friedrich II. Teil I. Darmstadt 1992, S. 173.
726 Abb.en von Lettnern: Melrose Abbey in: Die Zisterzienser, S. 55; Breisach, Friedberg, Gelnhausen, Naumburg, Paris und Sitten in: LThK^2 6 (1961) vor Sp. 993; Chartres: Rekonstruktionszeichnung in Jantzen: Kunst der Gotik, S. 62f. mit Fig. 30.
727 A.M. Schneider: Ambon, in RAC 1 (1950) 364. – Aachen: Ambo der Kanzel, die Heinrich II. vor 1014 gestiftet hat, in Aachener Dom, S. 100.
728 Vgl. Anne Rosche: Predigt im Alltag – Alltag in der Predigt: Die Rolle der Prädikanten am Beispiel des Geiler von Kaysersberg, in: Spätmittelalter am Oberrhein. Teil 2, Bd. 2, S. 437–443.
729 Schadek: Bürgerschaft, S. 117.
730 Hart: Die künstlerische Ausstattung, S. 127. Es sei dahingestellt, ob es sich seinerzeit um Bänke zum Sitzen *und* Knien handelte, wie sie im deutschen Sprachraum in katholischen Kirchen üblich sind.
731 Cluny nach Mortet I, Nr. XXXVIII/2, S. 139; Speyer nach Wimpfeling: Lob, S. 36. Vgl. Irmgard Timmermann: Seide, Purpur und Gold – Untersuchungen zu den Gewebefragmenten aus dem Schrein der Heiligen Drei Könige im Dom zu Köln, in: Die Heiligen Drei Könige, S. 115–125, mit Abb.en.
731a Le Goff: Kultur, S. 474.
732 Sog. *opus sectile*; vgl. Barral: Romanische Kunst, Bd. 2, S. 410f. mit Abb. 490–493. – Reste von Fußbodenmosaiken aus dem 12. und 13. Jh. in Köln abgebildet in: Ornamenta Ecclesiae, Bd. 2, S. 234 (St. Gereon), 257 (St. Severin), 270 (St. Kunibert). Prächtige Cosmatenarbeiten (nach der häufigen Inschrift Cosmas) mit feinen, farben- und musterreichen Einlegearbeiten aus Marmor (Inkrustration) schmücken viele römische Kirchen, etwa die Lateranbasilika und S. Maria Maggiore; vgl. Architekturführer Rom, S. 71 f. und öfter.
733 Bildatlas, Abb. 139–144, Zitat S. 65.
734 Zu Labyrinthen vgl. Villard de Honnecourt, S. 38–40, T. 14 g und Abb. 39–42. Auch Villard bittet den Leser seiner Aufzeichnungen um Gebetsgedenken; ebd. S. 11 und T. 2 b. – Labyrinthe erreichen einen Durchmesser von bis zu 14 Metern; H. Birkhan: Labyrinth, in LCI 3, 2–4.
735 Einhard: Leben Karls, Kap. 31 (AQ 5, S. 202/3).
736 Vgl. Abb. in Krönungen, S. 305; ebd. S. 338 die Inschrift L-D.
737 Peter Cornelius Claussen: Künstlerinschriften, in Ornamenta Ecclesiae, Bd. 1, S. 263–276, hier S. 265; ebd. S. 277–283 Darstellungen und Bezeichnungen von Künstlern auf Münzen des Mittelalters; ebd. S. 478 eine der Mainzer ähnliche Inschrift auf einem Weihrauchfaß aus der Zeit um 1100. – Nachzeichnung der Mainzer Inschrift in Krönungen, S. 100.
738 Vgl. Krüger: Grabeskirche, S. 180–184 mit Abb.en.

739 Reichsannalen zum Jahr 757 (AQ 5, S. 17).
740 Notker: Taten Karls, II 7 (AQ 7, S. 387). Zum Versprechen eines gewissen Georgius, Priester aus dem Osten, eine Orgel nach Art der Griechen zu bauen, vgl. Anonymus: Leben Ludwigs, Kap. 40 (AQ 5, S. 324).
741 Ruotger: Leben Brunos, Kap. 13 (AQ 22, S. 196).
742 Wimpfeling: Lob, S. 37.
743 Zu den im Spätmittelalter gespielten Musikinstrumenten vgl. Die Parler, Bd. 3, S. 133–136 mit Abb.en.
744 Werner Helmberger: Die St. Georgskirche im Bild, in 500 Jahre St. Georg in Dinkelsbühl, S. 24–55, hier S. 48.
744a Agende für evangelisch-lutherische Kirchen, S. 150 Gebet bei der Weihe einer neuen Orgel.
745 In süddeutschen Höhenburgen nachweisbar seit der Wende vom 10. zum 11. Jh., nach Marianne Dumitrache, in: Stadtluft, S. 280–287, hier S. 280.
746 Villard de Honnecourt, S. 45–48 sowie 351, T. 17 d, Abb. 86 f. und 195.
747 Vgl. Das Leben des seligen Heinrich Seuse, 18. Kap., S. 96.
748 Ghisalberti, in Les bâtisseurs, S. 115. Im Zusammenhang mit dem Einbau einer Heizungsanlage wurde vielerorts der Fußboden der Kirche aufgebrochen; willkommener Nebeneffekt: Archäologen gewannen Aufschlüsse zur Baugeschichte.
749 Rom, S. Sabina, nach 430; Köln, St. Maria im Kapitol, um 1065; Verona: S. Zeno, Ende 11. Jh.; Nowgorod: Sophienkathedrale, 1150–1160; Bildatlas, Abb. 210 und 212 (Rom) sowie Durliat: Romanische Kunst, Dokumentation: Nr. 336 Köln, Nr. 341–343 Verona, Nr. 337, 344–346 Nowgorod.
750 Vorbild dürften die Türen von S. Sabina in Rom gewesen sein (ursprünglich 28 aus Zypressenholz geschnitzte Bildfelder, erhalten sind 18) mit Motiven aus AT und NT; vgl. Grimal / Rose: Kirchen Roms, S. 70, Abb. S. 71; ferner Bernward, Bd. 2, V-16, mit Abb.en.
751 Besonders schöne Alabasterscheiben sieht man heute in Rom (St. Paul vor den Mauern); die Wirkung des durch sie einfallenden Lichts läßt sich auch in Germigny (östlich von Orléans) beobachten.
752 Weilandt: Geistliche, S. 110.
753 Notker: Taten Karls, I 29 (AQ 7, S. 365/367). – Immerhin hat man in der ›Silberglocke‹ des Berner Münsters Spuren des Edelmetalls nachgewiesen; Machs na, S. 92.
754 Aus genietetem Kupferblech geformt ist die St.-Gallus-Glocke in St. Gallen, die älteste, aus dem 7. Jh. stammende Glocke der Schweiz (Speich / Schläpfer, S. 281). – Vgl. K. Kramer, A. Reinle: Glocke, A. Okzident, in LexMA 4 (1989) 1497–1500. – Mari Trumpf-Lyritzaki: Glocke, in RAC 11 (1981) 164–196, 191: Möglicherweise schon seit dem 7. Jh. als Kirchengeläut. – Ungeklärt ist die Herkunft der Wörter ›Glocke‹ und lat. *campana*, Glocke, sowie *nola*, Glöckchen.
755 Vgl. Wolfgang Braunfels: Karls des Großen Bronzewerkstatt, in: Karolingische Kunst, S. 168–202, S. 170–192 Gitter, S. 192 Türen, jeweils mit Abb.en, S. 193 chemische Analyse verschiedener Bronzewerke. – Aachener Dom, S. 86 f., 91. – Zu Bronzetüren und –säule in Hildesheim vgl. Hans Drescher: Zur Technik bernwardinischer Silber- und Bronzegüsse, in: Bernward, Bd. 1, S. 337–351.
756 Saß: Der kühnste Turm, S. 45, nach einem Gutachten von Prof. Dr. ing. Gotthard Franz, TH Karlsruhe, aus dem Jahre 1963.
757 Brunos Sachsenkrieg, Kap. 33 (AQ 12, S. 236). Eine Glocke wird um 1025 wegen der Reinheit ihres Klanges *clarellus* genannt; Mortet I, Nr. 18, Anm. 8.

758 Zitiert nach Joachim Maier: Schulkampf in Baden 1933–1945. Mainz 1983, S. 189. – Im Ersten Weltkrieg mußte das Freiburger Münster zwei, im Zweiten Weltkrieg sieben Glocken abgeben; Karl Becker: Das Geläute des Freiburger Münsters. Freiburg [2]1976, S. 2.

759 Nach Hans-Martin Barthold: Elegie auf einen alten Handwerksberuf, FAZ 23. 12. 2000; dort weitere Einzelheiten zu Glockengießereien heute. In einem Leserbrief (FAZ 30. 3. 1991) nennt Dr. jur. Hans Christhard Mahrenholz folgende Verluste von Kirchenglocken im Zweiten Weltkrieg: Im Bereich der heutigen Bundesrepublik Deutschland 42.583 (18.553 aus evangelischen, 24.030 aus katholischen Kirchen), in europäischen Ländern etwa 80.000.

760 Brockhaus' Konversations=Lexikon 10 (1894) 502.

761 Norbert Ohler: Sterben und Tod im Mittelalter. München 1990, S. 85; ebd. eine ähnliche Glockeninschrift aus Straßburg.

762 Sedanstag: Gesetz vom 14. 3. 1880, Ausführungsverordnung vom 4. 7. 1881; Nationalsozialismus: Gesetz vom 15. 9. 1935, Verordnung vom 4. 10. / 26. 11. 1935; nach Rey, in Kölner Dom, S. 323.

763 Jan Kershaw: Hitler, 1936–1945. Stuttgart 2000, S. 127, 130, 405. – Ilko-Sascha Kowalczuk / Stefan Wolle: Roter Stern über Deutschland. Sowjetische Truppen in der DDR. Berlin 2001, S. 201.

764 Karl Becker: Das Geläute des Freiburger Münsters. Freiburg [2]1976, S. 5–17.

765 PRG, Bd. 1, Nr. LI, S. 185–190. – Pontificale Romanum … 1934, S. 682–698. – In katholischen Kirchen heute: Pontifikale IV, S. 277–280 Glockenweihe.

766 Agende … Bd. IV, Weihe der Glocken S. 133 f., 153–158; dort S. 155 und 134.

767 Vgl. Das Vermächtnis der Abtei. 900 Jahre St. Peter auf dem Schwarzwald. Hrg. Hans-Otto Mühleisen. Karlsruhe 1993. Kat., S. 330–340.

768 Vgl. Gimpel: Industrielle Revolution, S. 147–168.

769 Nach Mt 24, 42; die Inschrift am Dom St. Peter in Trier; Farb-Abb. in Durliat, Romanische Kunst, Nr. 36. – Abb.en zu frühen Uhren auch in Die Parler, Bd. 3, S. 67–69, 94.

770 Vgl. Abb. S. 107; Bildatlas, S. 46 f., Abb. 71 f.; B. Wellmann, in Welt und Umwelt der Bibel, Sonderheft 2000, S. 15. – Gregor von Tours: Geschichten X 31 (AQ 3, S. 400): In Tours habe man aus dem Haus (*ex domo*) eines gewissen Senators die erste christliche *basilica* gebaut.

771 Honorius Augustodunensis: De gemma animae, nach Mortet II, Nr. II, S. 15.

772 Vgl. Bildatlas, Abb. 468–471: Kuppeln, von Sternen übersät und vom Kreuz beherrscht, in Ravenna, Casanarello/Süditalien und Neapel.

773 Vgl. die monumentale Zusammenstellung von Garnier: Thesaurus. Abb.en in Bildatlas; dort S. 43, Abb. 56 ein Grabstein mit Anker, Fisch und der Inschrift ICHTHYS ZONTON, »Fisch der Lebendigen«.

774 Vgl. Bildatlas, Abb. 215 aus S. Maria Maggiore (Rom, 430–440): Noch im ›Rahmen‹ des Nimbus, aber über dem Kopf des Jesusknaben ein Kreuz; Abb. 234 und 236 aus Ravenna, S. Apollinare Nuovo (1. Drittel des 6. Jh.): Christus mit Kreuznimbus; diese Art der Darstellung sollte sich in der Ikonographie durchsetzen. – Auch Gott(vater) ist oft mit Kreuznimbus zu sehen, etwa in Bildern zur Schöpfungsgeschichte; vgl. Mosaici di San Marco, S. 22 (Farb-Abb.). Zusammenfassend W. Weidle: Nimbus, in LCI 3, 323–332; ebd. 3, 378 Abb. 2 aus San Marco mit Gott und Adam, sowie 3, 513 Abb.: ein Kreuznimbus legt sich um die Hand Gottes (um 1200).

775 Ravenna, San Vitale (530–547): Kaiser Justinian, 527–565, und Kaiserin Theodora; vgl. Bildatlas, Abb. 240; Von Matt / Bovini: Ravenna, Abb. 89 und 91. –

Konstantinopel: ›Zoëmosaik‹ in der Hagia Sophia mit Kaiser Konstantin IX. (1042–1055) und Kaiserin Zoë (1028–1057); vgl. Rice: Beginn, T. 30 und S. 140. – Straßburg: ›Karl der Große‹, in Grodecki u. a.: Vitrail, Farb-T. 148. – Zusammenfassend, unter Einbeziehung der Mandorla, J. H. Emminghaus: Nimbus, in LThK² 7 (1962) Sp. 1004 f.

776 Vgl. Hart: Die Skulpturen des Freiburger Münsters, Abb. 115 (Sturz des Luzifer) und 77 (Kreuzigung des Petrus). – Die Quellen: Die Apokryphen ... des Alten Testaments, Bd. 2, S. 513 f. (Luzifer); Neutestamentliche Apokryphen, Bd. 2, Petrusakten 37 (8), S. 287.

777 J. Fleckenstein: Karl der Große, in LThK² 5 (1960) 1356.

778 Vgl. Legenda Aurea, S. 300–306 (Georg), 498–503 (Christophorus), 917–927 Katharina, 26–34 (Nikolaus). Was Anschaulichkeit und Vielseitigkeit angeht, gehören diese Legenden zu den Glanzlichtern der Sammlung.

779 Häufig vierzehn (heilige Zahl, 2 x 7); je nach Zeit und Ort auch mehr und/oder in anderer Gruppierung: Achatius, Aegidius, Barbara, Blasius, Christophorus, Cyriacus, Dionysius, Erasmus, Eustachius, Georg, Katharina, Margareta, Pantaleon, Vitus; ggf. zusätzlich oder anstelle dieser oder jenes: Antonius, Magnus, Leonhard, Oswald, Rochus, Wolfgang; nach G. Schreiber: Nothelfer, in LThK² 7 (1962) 1050 f.

780 Der Jakobsweg, ›Pilgerführer‹ 3, 9; S. 143–148.

781 Auch was die Reihenfolge angeht, nach Apg 1, 13 – ergänzt um Matthias und Paulus. Andere Listen enthalten teilweise abweichende Namen. Im Osten werden 70 Apostel verehrt (LCI 7, Sp. 40). Vgl. J. Myslivec: Apostel, in LCI 1, Sp. 150–173. – LCI 8, S. 14*-21* Register der Attribute.

782 Eine Einschränkung: Im Rahmen einer ›Kirchenführung für Heiden‹ (FAZ 28. 3. 2002), die sich vor allem an Besucher wendet, die in der ehemaligen DDR zur Schule gegangen sind, werden auch Kreuz und Kruzifix erläutert.

783 E. Dinkler / v. Schubert: Kreuz, in LCI 2, 575; ebd. 2, 569 Abb. unterschiedlicher Kreuzformen.

784 Vgl. Bildatlas, Abb. 475–478.

785 Vgl. W. Braunfels / M. Nitz: Leben Jesu, in LCI 3, 39–85, mit zahlreichen Abb.en.

785a Vgl. A. Erler: Mantelkinder, in HRG 3 (1984) 255–258; J. Seibert: Schutzmantelschaft, in LCI 4, 128–133.

786 Vgl. E. Lucchesi-Palli: Kreuzweg, in LThK² 6 (1961) 628 f.

787 Der Merkvers nach Namen- und Sachverzeichnis zu: Abaelard. Die Leidensgeschichte und der Briefwechsel mit Heloisa. Üb. und Hrg. Eberhard Brost. Heidelberg ²1954, S. 545. – Vgl. R. Peppermüller: Schriftsinne, in LexMA 7 (1995) 1568–1570, sowie Iso Baumer: Wallfahrt als Metapher, in Wallfahrt kennt keine Grenzen. Themen, S. 55–64, S. 58 tabellarischer Überblick am Beispiel Dantes.

788 Vgl. die Abb. in LCI 2 (1970) zu Sp. 415/416: Sarkophag aus dem Ende des 3. Jh., Rom.

789 Der Physiologus, S. 3 f. Vom Löwen, S. 6 f. Vom Pelikan. – Zu diesem vgl. Villard de Honnecourt, S. 5 f. mit T. 1 a.

790 Otto von Freising: Chronik, hier Vorwort zu Buch IV (AQ 16, S. 290); vgl. ebd. Buch VIII, Kap. 20 (S. 624, 628) u. ö. sowie Einleitung S. LVI-LXII. – J. C. Joosen, J. H. Waszink: Allegorese, B. Christlich, in RAC 1 (1950) 287–293.

791 So auf dem Schrein des hl. Gislenus; Ornamenta Ecclesiae, Bd. 1, Nr. A 21, S. 73 f. und Abb.en S. 78.

792 Vgl. Vergnolle, S. 337, Abb. 464.

793 Le Goff: Kultur, Abb. 67 (Ende 13. Jh.), S. 243; – Vgl. Jacob Twinger von Königshofen, in Die Chroniken … Straßburg, Bd. I, S. 310 f.: *Alexander kam in den Luft, Alexander kam an des meres grunt.*

794 Vergnolle, S. 266, Abb. 360. Das Zitat aus Zink: Moulin mystique, in: Durliat: Romanische Kunst, S. 113 f.

795 Vergnolle, S. 266, Abb. Nr. 358.

796 Abb.en in Stadtluft, S. 104.

797 Weitere Darstellungen zum Bergbau bringt ein dreiteiliges Fenster im Hochschiff; vgl. Schadek: Bürgerschaft, S. 101, Abb. S. 102.

798 Auch solche Fenster finden sich im Freiburger Münster; unübersehbar ist das in der Chorachse, der Inschrift zufolge gestiftet von Kaiser Maximilian 1512: Im Zentrum sieht man das monumentale Reichswappen mit dem doppelköpfigen Adler, ringsum die Wappen der Kronlande Österreich, Burgund, Flandern und Tirol.

799 Lee Salk, in Scientific American, nach FAZ 13. 6. 1973.

800 Zu weiteren Themen – etwa Maria mit Haustieren (Katze, Meerkatze), mit Früchten; spielende Kinder (Jesus und Johannes) usf. – sei auf das LCI verwiesen.

801 Abb. in Durliat, Romanische Kunst, T. 54.

802 Thomas von Aquin: Summa theologiae, Pars prima, quaestio 39, art. 8; hier nach Huizinga: Herbst, S. 392.

803 Etwa im Tympanon der Kathedrale zu Bourges; vgl. Le Goff: Kultur, Abb. 75, S. 314.

804 Bumke: Höfische Kultur, S. 451 f.

805 Vasari: Michelangelo, in Lebensläufe, S. 530 f.

806 »Die Darstellung [der *luxuria* in Amiens] wirkt nicht diffamierend, nicht tabuisierend, sondern stimulierend«; Daniela Hammer-Tugendhat: Aspekte der subversiven Funktion von Kunst, in: Weiblichkeit in geschichtlicher Perspektive, S. 150–173, Zitat S. 152 zu Abb. 1.

807 Rudolf Glaber: Historiarum librí, V 2, S. 218; Üb. nach Durliat, Romanische Kunst, S. 114 f.

808 Vgl. Villard de Honnecourt, S. 101 f., T. 35–37 und insbesondere 38 e. Bewußt häßlich dargestellte Personen aus einem Gemälde (Kreuztragung) in Erlande-Brandenburg: Gotische Kunst, Abb. 456.

809 B. Brenk: Weltgericht, in LCI 4 (1972) 516–523.

810 Als Aristoteles gedeutet von Le Goff: Kultur, Abb. 152, S. 581.

811 Vgl. Otto von Freising: Chronik II 34 (Cicero) und II 40 (Seneca; *non tam philosophus quam pene Christianus dicendus*) (AQ 16, S. 116/168 bzw. 178; vgl. ebd. III 15, S. 242. Vgl. ferner den Briefwechsel zwischen Seneca und Paulus, in: Neutestamentliche Apokryphen, Bd. 2, S. 44–50.

812 Das Wort überliefert Johannes von Salisbury: Metalogicus III 4: *Dicebat Bernardus Cornotensis nos esse quasi nanos, gigantium humeris insidentes, ut possimus plura eis et remotiora uidere, non utique proprii uisus acumine aut eminentia corporis, sed quia in altum subuehimur* (wörtlich: wir werden hinaufgefahren) *et extollimur magnitudine gigantea.* Zitiert nach Gössmann, S. 71. – Zum Motiv Apostel auf den Schultern von Propheten vgl. LCI 3, 463 Abb. 9.

813 Vgl. Hart: Skulpturen, Abb. 108–110.

814 Gimpel: The Medieval Machine, S. 218.

815 Vgl. Hart: Die künstlerische Ausstattung, Abb. 9, 18, 21.

816 Vgl. die Deutung der Tympana von Saint-Gilles-du-Gard von Vergnolle, S. 325 mit Abb. 445 und S. 332.
817 Zu weiterer Information sei auf Ornamenta Ecclesiae, Bd. 1–3, verwiesen; Bd. 1, S. 357–362, Eckhard Freise: Zur Person des Theophilus und seiner monastischen Umwelt; ebd. S. 363–375, Theophilus: *Schedula diversarum artium.* Textauszüge, Üb. und Komm. von Birgit Bänsch und Susanne Linscheid-Burdich (zu Glasmalerei, liturgischen Geräten, Glocken usf.).
818 Vgl. Notker: Taten Karls, I 29 sowie II 22 (AQ 7, S. 364/5 bzw. 426/7).
819 Das Folgende nach Grodecki u. a.: Vitrail (S. 11–34 zu Funktionen, Platz in der Architektur, Technik); hilfreiche Hinführung Irene van Hazebrouck: Glasmalerei I. Material und Technik, Hrg. Augustinermuseum Freiburg, 1983.
820 Aachener Dom, S. 38. – Zum Vergleich: Die Sainte-Chapelle in Paris und die Kathedrale von Chartres kommen auf 618 bzw. 2.600 m^2 Farbglasfläche; Erlande-Brandenburg: Gotische Kunst, S. 60, 83, 534.
821 Kemp: Sermo corporeus, S. 58; vgl. S. 88 ff.: Typologische Zyklen in Fenstern.
822 Der Dom zu Speyer, Bd. 1, S. 527.
823 Für die frühe Kirchengeschichte vgl. Bildatlas; hervorgehoben sei Abb. 217 ›Mose schlägt die Wasser des Roten Meeres‹ in S. Maria Maggiore (432–440).
824 Vgl. Peter Bloch: Das Apsismosaik von Germigny-des-Prés, Karl der Große und der Alte Bund, in Karolingische Kunst, S. 234–261; Le Goff: Kultur, Abb. 45, S. 196.
825 Ruth Schmitz-Ehmke: Das Kosmosbild von Oberpleis, in: Monumenta Annonis, S. 120 f., mit Abb.en; weitere Abb.en S. 122 f.
826 Durliat: Romanische Kunst, S. 583.
827 Das schreibt E. Josi, in Von Matt: Frühchristliches Rom, S. VI.
828 Theophylus Presbyter: Schedula diversarum artium; zitiert nach Durliat: Romanische Kunst, S. 184.
829 Vgl. Vergnolle, S. 177 mit Abb. 232 f. aus Saint-Savin-sur-Gartempe; ebd. S. 177 mit Abb. 234 Saint-Hilaire, Poitiers.
830 Benz: Überlegungen, S. 116 f., 121.
831 Keller: Zwischen regionaler Begrenzung, S. 108 (Kt.). Vgl. Durliat: Romanische Kunst, S. 506, sowie Le Goff: Kultur, Abb. 25, S. 94 f.: Papst Urban weiht 1095 die Kirche von Cluny.
832 Zur Weihe von Saint-Denis 1140 sollen sich – in dieser Reihenfolge von Suger genannt – König Ludwig VII. und seine Gemahlin, die Mutter des Königs, die Fürsten des Reiches, weitere Große, Ritter und Fußvolk eingefunden haben, insgesamt eine unzählbare Schar. Dann führt Suger einzeln und mit Titel fünf Erzbischöfe auf (von Reims, Rouen, Sens, Bordeaux und Canterbury), ferner 14 Bischöfe; Abt Suger: De consecratione (81), S. 196 f. Vgl. Von Simson: Die gotische Kathedrale, S. 195–202.
833 Thietmar: Chronik IV 18 (AQ 9, S. 134). Vgl. Domweihen des 10.-13. Jahrhunderts, zusammengestellt von Hartmut Scholz (Anhang zu Haussherr: Dombauten, S. 42 f.), S. 42 eine Auflistung der illustren Gäste 992 in Halberstadt; S. 43 Liste der bei der Weihe des Bamberger Doms 1012 Anwesenden, von der gleich gesprochen wird. Zu den Weihen von Halberstadt und Bamberg vgl. ferner K. J. Benz: Untersuchungen, S. 6 f., 50 f., 142–144 u. ö., S. 142 Pläne des Bamberger Domes mit Altären und deren Patrozinien.
834 Thietmar: Chronik VI 60 (AQ 9, S. 308); vgl. Benz: Untersuchungen, S. 122–144.
835 Vgl. hierzu auch Abt Suger: De consecratione (97 f.), S. 202–205. – In neuen ka-

tholischen Kirchen soll man heute nur einen, feststehenden Altar errichten, einen zweiten allenfalls in einer Kapelle, die möglichst vom Kirchenraum getrennt ist und in der sich der Tabernakel für die Aufbewahrung der Eucharistie befindet; nach: Pontifikale IV, S. 129; CIC, can. 1235, § 2 (Codex des kanonischen Rechts. Hrg. im Auftrag der Deutschen und der Berliner Bischofskonferenz ... Kevelaer 1983).

836 Für das Frühmittelalter vgl. Angenendt: Frühmittelalter, S. 342 f. – Der Weiheritus für das 16.-20. Jh. findet sich im Pontificale Romanum ... 1934, S. 317–431, 853–932; Altarweihe S. 440–479. – Heute gilt Pontifikale IV, S. 25–71 (Weihe der Kirche) und 127–160 (Weihe des Altares), jeweils mit ausführlicher Einführung (S. 25–32 bzw. 127–134), ferner Pastoralliturgische Hinweise (S. 193–216). – Ergänzend: Zeremoniale für die Bischöfe, S. 230–258.

837 Dies und das Folgende nach PRG, Bd. 1, Nr. XXXIII-XLIII, S. 82–177. Diese Texte schreiben nicht in jedem Einzelfall vor, was zu tun sei; Ermessensspielraum wurde je nach Zeit und Raum genutzt; Gebete und Gesten können anders gereiht gewesen sein.

838 So noch im Pontificale Romanum ... 1934; S. 350 Abb. zum doppelten Alphabet.

839 Zum heutigen Ritus vgl. Pontifikale IV: Die Weihe der Kirche und des Altares, S. 127–160; S. 169–191: Die Weihe der Öle, S. 171–173: Einführung: Die Bedeutung der Ölweihen und der Salbungen.

840 Das Pontificale Romanum ... 1934, S. 328 f. ruft Maria, die drei Erzengel (Michael, Gabriel, Raphael) und dann weitere 41 männliche und sieben weibliche Heilige an (Maria Magdalena, Agatha, Lucia, Agnes, Caecilia, Catharina, Anastasia). Die heute bei der Kirchweihe gesungene Litanei umfaßt Maria und Michael sowie 25 weitere, namentlich genannte Heilige, unter diesen sechs Frauen (Maria Magdalena, Perpetua, Felicitas, Agnes, Katharina, Theresia von Jesus); nach: Pontifikale IV, S. 51. In der Litanei wird Gott heute auch gebeten, ebd. S. 52: »Gib allen Völkern der Erde Frieden und Freiheit; Erweise allen, die in Bedrängnis sind, dein Erbarmen«.

841 Legenda aurea, S. 993 f.

842 Hugo von St. Victor: Speculum de Mysteriis Ecclesiae, in: PL 177, Sp. 339.

843 Abt Suger: De consecratione (100), S. 204 f.

844 PRG, Bd. 1, Nr. XLVIII, S. 180. – Zum Folgenden: Gebet und Messen für Stifter ebd. Nr. XLIII und XLVI, S. 177 bzw. 179. – Messe am Jahrtag der Weihe ebd. Nr. XLIX, S. 181 f.

845 Vgl. hierzu noch das Pontificale Romanum ... 1934, S. 389 f.

846 Agende ... Bd. IV, S. 114–139, 167–225 Weihe einer Kirche. Ebd. auch Gebete zur Einweihung verschiedener Orte der Diakonie (Gemeindehaus, Kindertagesstätte, Altenheim, Krankenhaus, Schule, sogar Arbeitsstätte und Sporteinrichtung).

847 Abt Suger: De consecratione (47 f.), S. 183.

848 In der Magdeburger Schöppenchronik heißt es zum Jahr 1129: Dem Bischof Norbert *wart gesecht, der dome were bevlecket mit unkuscheit*; in Die Chroniken der niedersächsischen Städte, 1 (= Die Chroniken der deutschen Städte, 7). Leipzig 1869, S. 112. – Zur Entsühnung vgl. PRG, Bd. 1, Nr. L, S. 182–185: *Reconciliatio violatae ecclesiae*; ferner R. Naz: Violation, in: Dictionnaire de Droit Canonique 7 (1965) 1508–1510.

848a Roger von Wendover, nach: Van Eickels /Brüsch, S. 176; S. Schein: Jerusalem, in LexMA 5 (1991) 353.

848b Vgl. Meyer: Zahlenallegorese, Meyer / Suntrup: Lexikon, sowie Reudenbach. – Eusebius: Leben Konstantins, III 38 und IV 60 (BKV 9, S. 119 bzw. 181); vgl. Stanzl: Längsbau, S. 47 f. u. ö.

849 Mt 25, 32–46; dargestellt etwa im Tympanon von Sainte-Foy/Conques; vgl. Vergnolle, S. 250, Abb. 336.

850 Vgl. Christel Meier: Edelsteinallegorese, in Die Parler, Bd. 3, S. 185–188.

851 Aachener Dom, S. 20.

852 Abb.en in Aachener Dom, S. 77–79, sowie in Krönungen, S. 394.

853 Abb.en in Die Zisterzienser, S. 53 (Silvacane), S. 166 (Chiaravalle della Colomba), S. 285 (Stützen eines Lesepultes in Osek).

854 Wer sein (literarisches) Werk interpretierte, wie Dante seine ›Göttliche Komödie‹, hob nach Meinung moderner Philologen nur einen Bruchteil dessen, was es birgt.

855 Nestorchronik, S. 103 ff., 131 ff., 144 ff.

856 Vgl. Pfister: Heiligenbild, in Handwörterbuch des deutschen Aberglaubens 3 (1931, ND 1987) 1676.

857 Liudprands Gesandtschaft an den Kaiser Nikephoros Phokas in Konstantinopel, Kap. 10 f. (AQ 8, S. 532–535).

858 AQ 37, Nr. 119, S. 368–373. Zum Autor vgl. Kurt Hannemann, in VL 2 (1980) 682–689. – Abb.en in Die Parler, Bd. 1, S. 325 (Westturm, unterer Teil) und 326 f. (Risse zum Westturm).

859 Seinerzeit könnte Ulm etwa 16.000 Einwohner gezählt haben; vgl. S. Lorenz: Ulm, in LexMA 8 (1997) 1190–1193.

860 Weilandt: Geistliche, S. 253–294, mit Quellenzitaten.

861 Borst: Lebensformen, S. 224, nach Petrus Cantor: Verbum abbreviatum 86, in PL 205, 255–258.

862 Eusebius: Leben Konstantins, III 25 (BKV 9, S. 112); vgl. Krüger: Grabeskirche, S. 42.

863 Leben Annos, Kap. 17 (MGH SS 11, S. 491). – Vgl. Verbeek: Erzbischof Anno als Bauherr, in Monumenta Annonis, S. 127. – Weilandt: Geistliche, S. 36 f.

864 Vergnolle, S. 41 f. mit Abb. 27: Der Mönch Gunzo auf seinem Lager; die Heiligen Petrus, Paulus und Odilo (?) hantieren mit kräftigen Seilen, wie man sie zum Vermessen braucht; Petrus redet auf Gunzo ein. Auch in Conrad: Kirchenbau, S. 147, Abb. 95. – Plan von Cluny III (Kirche und Klosterbezirk) in Le Goff: Kultur, S. 207.

865 Bernhard von Clairvaux, Apologie an den Abt Wilhelm, XII 28 f., in Mortet I, Nr. CXLIII, S. 366–370. – Üb. nach: Die Zisterzienser, S. 40. Vgl. Von Simson: Die gotische Kathedrale, S. 67–69.

866 Caesarius von Heisterbach: Leben der hl. Elisabeth, Kap. 29; in Die Wundergeschichten des Caesarius von Heisterbach. Hrg. Alfons Hilka, 3. Bd.: Die Schriften über die hl. Elisabeth von Thüringen, bearb. von Albert Huyskens, Bonn 1937, S. 377.

867 Ex 20, 4.; vgl. ebd. 20, 23; 34, 17; Dtn 4, 16 f.; 5, 8; Lev 19, 4. Nach 1 Kön 6, 23–35 ließ Salomo für die Wohnung Gottes immerhin Kerubim, Palmen und Blütenranken einschnitzen.

868 Gregor der Große: Briefe, 11. Buch, Nr. 13: *Aliud est enim picturam adorare, aliud per picturae historiam quid sit adorandum addiscere. Nam quod legentibus scriptura, hoc idiotis praestat pictura cernentibus, quia in ipsa etiam ignorantes vident quid sequi debeant, in ipsa legunt qui litteras nesciunt* (PL 77, Sp. 1128). Vgl. Bumke: Höfische Kultur, S. 607–610 *litteratus – illitteratus.*

869 Legenda aurea, S. 985 (Kirchweihe).

870 Vgl. Bildatlas, Abb. 471 Neapel (Ende des 4. oder Anfang des 5. Jh.). – Ornamenta Ecclesiae, Bd. 1, S. 82, A 25: Anselm von Canterbury im Dialog mit Boso, Federzeichnung, Anfang 12. Jh. Vgl. Redaktion: Hand Gottes, in LCI 2 (1970, ND 1990) 211–214.

871 Hauptaltar des Freiburger Münsters von Hans Baldung, gen. Grien, 1512–1516, in Hart: Künstlerische Ausstattung, Abb. 1–3, 5.

872 K. Baus: Bilderstreit, I, in $LThK^2$ 2 (1958) 461–463. Zur Problematik vgl. Belting: Bild und Kult.

873 Vollständiger Titel *Von Abtuhung der Bylder und das keyn Betdler unter den Christen seyn sollen* (Kleine Texte für theologische und philologische Vorlesungen und Übungen). ND Bonn 1911. Es war nicht ungewöhnlich, daß in Kampfschriften mehrere Themen erörtert wurden. – Vgl. Stirm: Bilderfrage.

874 Johannes Calvin: Unterricht in der christlichen Religion. Institutio Christianae Religionis, I 11, 2. Üb. und Bearb. Otto Weber. Neukirchen 1955, S. 40. – Die Entfernung der Orgeln aus der Kirche begründete Huldreich Zwingli folgendermaßen: »Die Orgel ist des Teufels Dudelsack, womit er den Ernst der Betrachtungen in Schlummer wiegt«; nach: Machs na, S. 47.

875 Nach Eike Wolgast: Reformationszeit und Gegenreformation (1500–1648), in Handbuch der baden-württembergischen Geschichte. 1. Bd., 2. Teil. Stuttgart 2000, S. 211.

876 Vgl. Hart: Die künstlerische Ausstattung, S. 13, Abb. 61–70. – Gent nach FAZ 29. 6. 2001. Ähnliches wiederholte sich zur Zeit der Französischen Revolution: Eine zeitweilig vergrabene Maria lactans, die sog. Notre-Dame de Terhaegen (Gent, um 1410), wurde 1802 wieder geborgen; Die Parler Bd. 1, S. 87.

877 Von Simson: Mittelalter II, S. 146.

878 Jean-Richard Haeusser: L'oeuvre Notre-Dame aujourd'hui. Une tradition vivante, in Les Bâtisseurs, S. 485–492, dort 487. – Umfassender (auch zur Schändung der Königsgräber in St. Denis) Jean-Michel Leniaud: Der zweite Tod der französischen Könige oder: die damnatio memoriae, in: Krönungen, S. 690–698. – Mit bestürzenden Einzelheiten Réau: Monuments détruits, Bd. 1, S. 63–106 zum Vandalismus der Hugenotten, 183–370 zum Vandalismus der Revolutionäre, S. 331 ff. zum Schicksal Straßburger Kunstwerke in dieser Zeit.

879 Gmelin: Aus Visitationsprotokollen der Diözese Konstanz von 1571–1586. Ein Beitrag zur Geschichte des Klerus, in ZGO 25 (1873) S. 146, Ziffer 2.

880 Vgl. Réau: Monuments détruits, S. 109–141 Le vandalisme embellisseur des chanoines, S. 127–130 zur Zerstörung mittelalterlicher Kirchenfenster, auch in Paris, Notre-Dame. – Vgl. Gimpel: Bâtisseurs, S. 28, 30.

881 Ludwig Schnurrer: Die Restaurierung der St. Georgskirche in Dinkelsbühl 1845–1870/1898, in: 500 Jahre St. Georg in Dinkelsbühl, S. 72–109, Zitate S. 84, Wiederverkauf S. 87, Widerspruch S. 104, Dokumentenanhang S. 105–109.

882 Ausmalung durch Johann Schraudolph und Joseph Schwarzmann, 1846–1853, auf Anordnung und Kosten König Ludwigs von Bayern; nach Borger-Keweloh, S. 16–18. Aus jener Zeit stammt auch der Westbau, von Architekt Heinrich Hübsch 1854–1859 ausgeführt; Der Dom zu Speyer Bd. 1, S. 117, 124.

883 Konstitution über die heilige Liturgie, 7. Kap., Ziffer 125, in: Rahner / Vorgrimler: Kleines Konzilskompendium, S. 88.

884 Vgl. Wolfgang Prange: Katholisches Domkapitel in evangelischer Stadt? Lübeck 1530–1538, in Zeitschrift des Vereins für Lübeckische Geschichte und Altertumskunde 81 (2001) S. 123–160, mit Ausblicken bis 1804.

885 FAZ 16. 8. 1984, nach dpa.
886 Vgl. Wolfgang Reinhard: Probleme deutscher Geschichte, 1495–1806; Reichsreform und Reformation, 1495–1555. Stuttgart 2001, S. 362 f. Tab.
887 Fuldaer Annalen zum Jahr 881 (AQ 7, S. 115).
888 Pastor: Geschichte der Päpste, Bd. 4/2, S. 279.
889 Der Kölner Dom, S. 259, 311. – Das Konkordat von 1801 brachte auch die Aufhebung der Diözese Speyer; der Dom diente (bis 1817/21) als Pfarrkirche des Bistums Mainz; nach Gottfried Rey, in: Der Kölner Dom, S. 307.
890 Borger-Keweloh, S. 12; S. 134: In Bremen nutzte man die Krypta des ehemaligen Doms als Weinlager.
891 Pläne, auch zur Kirche, in Binding / Untermann, S. 394 f.
892 Capitulare missorum (803), nach Kroeschell, Bd. 1, S. 81.
893 Vgl. Wittelsbach, Kat. III/1, S. 81, 89, 126 ff. sowie III/2, S. 130 ff. (Klöster).
894 Johann Wolfgang von Goethe: Von deutscher Baukunst, 1772, zitiert nach Jantzen: Gotik des Abendlandes, S. 223–228 (ebd. Quellenzeugnisse von François René Chateaubrind († 1848), Friedrich Schlegel († 1829), Karl Friedrich Schinkel († 1841), Eugène Emmanuel Viollet-le-Duc († 1879) und Auguste Rodin († 1917). – Vgl. Reinhard Liess: Goethe vor dem Straßburger Münster. Zum Wissenschaftsbild der Kunst. Weinheim 1985, S. 9–18 Die Schriften Goethes über die Straßburger Münsterfassade und Meister Erwin. – The Gothic … Frankl, S. 415–488 zur Wiederentdeckung der Gotik, S. 417 ff. zu Goethe 1770, ebd. zur Straßburger Bauhütte. – Frédéric Hartweg: Das Straßburger Münster, in: Deutsche Erinnerungsorte, Bd. III, S. 408–421, zu Goethe S. 412.
895 Borger-Keweloh, S. 9, 37–42; die Zitate S. 37 (Görres) und 37 f. (Friedrich Wilhelm IV.).
896 Conrad: Kirchenbau, S. 45, mit der Jahreszahl 1809.
897 Vgl. Borger-Keweloh, S. 37.
898 Borger-Keweloh, S. 40, 59.
899 Borger-Keweloh, S. 78; Thomas Nipperdey: Der Kölner Dom als Nationaldenkmal, in Historische Zeitschrift 233 (1981) 595–613.
900 Borger-Keweloh, S. 27–33, 43–47.
901 Isolde Schmidt: Zur Planungsgeschichte der Dom-Vollendung, in: Der Dom zu Regensburg, S. 97–106 (mit Abb.en). – Conrad: Kirchenbau, S. 100, Abb. 54 (Köln). – Borger-Keweloh, S. 62 (Ulm).
902 Dictionnaire raisonné de l'architecture française du XIe au XVIe siècle. Bd. 1–10. Paris 1867–1873. Dies und das Folgende nach Jean Hubert: Archéologie Médiévale, in: L'Histoire et ses Méthodes, S. 275–328, S. 287 Zitat. – Fotos von Pierrefonds, vor und nach der Restaurierung, in Gimpel: Bâtisseurs, S. 5.
903 Durliat: Romanische Kunst, S. 484–487 mit jeweils zwei Fotos (vor und nach der Restaurierung), Grundriß und Schnitt-Zeichnungen der Kathedrale von Angoulême bzw. Périgueux. Auch in England begeisterten sich einflußreiche Kreise im 19. Jh. für das Mittelalter. Im Verlauf einer ›gotischen Wiedergeburt‹ (*Gothic Revival*) baute man das Parlamentsgebäude, Schloß Windsor und Rathäuser ›in gotischem Stil‹; auch arbeitete man an unvollendeten Kirchen weiter. Ergebnisse werden im Gründungsaufruf der *Society for the Protection of Ancient Buildings* aus dem Jahre 1877 gebrandmarkt: In den letzten fünfzig Jahren habe man viel Wissen und Aufmerksamkeit alten Bauwerken gewidmet mit dem Ergebnis, daß mehr für deren Zerstörung getan worden sei als Revolution, Gewalt und Mißachtung es in allen vorhergehenden Jahrhunderten vermocht hätten; nach Morris: Cathedrals, S. 49.

904 Borger-Keweloh, S. 48–54; vgl. B. Schock-Werner, in Les Bâtisseurs, S. 137.
905 Vgl. Böker: Backsteinarchitektur, S. 265 und S. 107; Meckseper: Kleine Kunstgeschichte, T. 75 Rathaus von Tangermünde.
905a Zu im Zweiten Weltkrieg angerichteten Verwüstungen vgl. Beseler / Gutschow; S. XI Daten von Terrorangriffen auf deutsche Städte, von Lübeck (28. 3. 1942) bis Freudenstadt (16. 4. 1945).
906 Wilhelm Weyres: Kriegsschäden und Wiederherstellungsarbeiten am Kölner Dom, in: Der Kölner Dom, S. 341–354; S. 352: Beginn der Instandsetzungsarbeiten schon am 23. 4. 1945, also gut zwei Wochen vor der bedingungslosen Kapitulation der Wehrmacht (8. 5. 1945). – Fotos von Schutzmaßnahmen, in: 100 Jahre Freiburger Münsterbauverein, S. 44. Dank einer großzügigen Ziegelspende der Stadt Basel konnte das Münster noch 1945 wieder gedeckt und vor Witterungsschäden leidlich geschützt werden; ebd. S. 48.
907 Santa María del Mar in Barcelona wurde 1936 von Republikanern verwüstet, andere Kirchen Kataloniens zerstört; nach Gary Schwartz: Rachefeldzug gegen die Kunst. Eine Katastrophe, von der niemand spricht: Vergewaltigte Architektur in Katalonien 1936, in FAZ 1. 8. 2001.
908 W. Weyres: Köln, Dom, in $LThK^2$ 6 (1961) 385. – Gerhard Meyer, in Lübeckische Geschichte, S. 752; ebd. S. 724 Luftbild ›Die brennende Stadt am 29. März 1942‹. Methoden des Aufbaus nach 1945 werden diskutiert in Beseler / Gutschow, S. IX-LXVII.
909 Foto des einstürzenden Campanile in Conrad: Kirchenbau, S. 286, Abb. 186.
910 Berlin und Brandenburg. Hrg. Gerd Heinrich (Hb. Hist. Stätten, 10). Stuttgart 1973, S. 45.
911 Limburg nach: Gottfried Kiesow, in: Monumente 7 (1997) Nr. 11/12, S. 51. – Ottmarsheim nach Durliat: Romanische Kunst, S. 507.
912 B. Schock-Werner: Die Turmsanierung am Kölner Dom. Werkstattbericht, in: Tagung der europäischen Dombaumeister, S. 78. Vgl. Hans Habermas / Helmut Stuhlfelder: Die Staatliche Dombauhütte Regensburg, in: Der Dom zu Regensburg, S. 142–149 (mit Abb.en).
913 In Basel, Bern, Burgos, Dinkelsbühl, Köln, Danzig, Erfurt, Freiburg, Groningen, Konstanz, Lübeck, Mailand, Mainz, Nürnberg, Passau, Regensburg, Schleswig, Schwäbisch-Gmünd, Soest, Ulm, Utrecht, Wesel, Wien, Xanten, Zwolle; nach Haeusser, in Les Bâtisseurs, S. 487.
914 Aachen, Amersfoort, Basel, Bamberg, Berlin, Bern, Brandenburg, Braunschweig, Bremen, Dinkelsbühl, Dresden, Erfurt, Essen, Esslingen, Freiburg, Fritzlar, Görlitz, Greifswald, Groningen, Halberstadt, Köln, Konstanz, Linz, Lübeck, Magdeburg, Mailand, Mainz, Meissen, Merseburg, Naumburg, Nürnberg, Osnabrück, Passau, Prag, Regensburg, Reichenau, Schleswig, Schwäbisch Gmünd, Soest, Speyer, Stralsund, Straßburg, Trondheim, Ulm, Wien, Worms, Wurzen, Xanten, Zeitz, Zwickau; nach Tagung der europäischen Dombaumeister, S. 127–130; vgl. FAZ 19. 9. 2000.
915 FAZ 11. 2. 2002.
916 Schlink: Zwischen Cluny und Clairvaux, S. 15.
917 Peter Kurmann, in: Die Parler, Bd. 1, S. 75.
918 So gibt es zum Castel del Monte nur ein zeitgenössisches, in seiner Deutung umstrittenes Schriftzeugnis; Van Eickels / Brüsch, S. 237.
919 Thietmar: Chronik II 35 (AQ 9, S. 72).
920 Dies und das Folgende nach Arnulf: Mittelalterliche Beschreibungen, S. 30–33, Zitate S. 32 (Faber) und 33 (Arnulf).

921 Abb. 73 und 83 (Ausschnitt) in Von Matt / Bovini: Ravenna. – Auf einem Kapitell im Kreuzgang von Monreale/Sizilien (1175–1189) ist König Wilhelm II. dargestellt, wie er die Kirche von Monreale der Gottesmutter darbietet; Maria streckt ihre rechte Hand dem Stifter und dessen Modell entgegen, das der Engel mit seinem rechten Flügel stützt. – Schöne Abb. von Abt Desiderius, um 1070/80 in Sant'Angelo in Formis bei Capua, in Durliat: Romanische Kunst, T. 84. – Zu Stifter und Mäzen vgl. U. Bergmann: Prior omnibus autor – an höchster Stelle aber steht der Stifter, in: Ornamenta Ecclesiae Bd. 1, S. 117–148 mit Abb.en.

922 Eine Einführung in das große CVMA-Unternehmen gibt Rüdiger Becksmann: Deutsche Glasmalerei des Mittelalters. Eine exemplarische Auswahl. O. O., 1988. Vgl. Ders.: Die Sicherung und Restaurierung der Freiburger Münsterfenster in den Jahren 1970–1982, in: 100 Jahre Freiburger Münsterbauverein, S. 155–192, mit Abb.en (auch in Farbe, vor und nach der Restaurierung).

923 Vgl. Anja Behringer: Auferstanden aus Ruinen. Cluny, das glühende Herz des Abendlandes, in FAZ Magazin 1. 3. 1991. – Willi Jäger, Werner Müller, Norbert Quien: Gotische Ziergewölbe aus dem Computer, in: Forschung. Das Magazin der DFG 1/2000, S. 4–7 (Forschungsbericht). Bislang konnte der Autor nicht einsehen den Bildband von Horst Cramer und Manfred Koob, erschienen in der Heidelberger Edition Braus (Hinweis in FAZ 25. 4. 1995).

924 Vgl. Manfred Schuller: Bauforschung, in: Der Dom zu Regensburg, S. 168–223 (exemplarische Einführung in Aufgaben und Methoden; so auch in anderen Beiträgen dieses Bandes).

925 Das gilt auch für Frankreich; so wurden die Kosten von Restaurierungsarbeiten an Notre-Dame-la-Grande, Poitiers, in den 1990er Jahre auf 11 Mio Francs geschätzt; davon übernahmen der Staat 40 %, die Stadt Poitiers und der Generalrat des Département Vienne jeweils 22,5 %, der Regionalrat Poitou-Charente 15 %; nach einem Faltblatt, Hrg. Stadt Poitiers, o. J.

926 FAZ 3. 5. 2000, 15. 5. 2000. Von den Ausgaben entfallen fast die Hälfte auf Personalkosten (FAZ 11. 1. 1997). – In Freiburg i. B. entfallen auf den Münsterbauverein (mit 5.145 Mitgliedern; Stand Mai 2002) ›nur‹ ein Sechstel der Kosten, die sich im Jahr 2000 auf etwa 2,5 Mio DM beliefen; nach diesem Anteil richten sich die Zuwendungen der übrigen Geldgeber: Stadt Freiburg ebenfalls 1/6, Erzbistum Freiburg und Land Baden-Württemberg je 1/3. An Sondermaßnahmen beteiligt sich seit 1988 ferner das Bundesinnenministerium mit 1/6; die übrigen 5/6 finanzieren die genannten Förderer.

927 Vgl. Stiftungen und Stiftungswirklichkeiten.

928 Günther Gillessen, in FAZ 19. 9. 2000.

929 Beispiele: Der Regionalfonds der Europäischen Gemeinschaft förderte Restaurierungsarbeiten am Dom von Cefalù/Sizilien. – Gaz de France engagierte sich zugunsten der Kathedrale von Chartres (LM 20. 9. 1994). – Der Chemiekonzern ENI förderte seit 1997 mit umgerechnet 10 Mio DM Reinigung und Konservierung der Front des Petersdomes (FAZ 23. 9. 1999). – Die Sanierung der Krypta des Markusdomes in Venedig ermöglichte der französische Chemiekonzern Rhône-Poulenc durch Bereitstellung von Fachleuten, Material und finanziellen Mitteln (FAZ 4. 1. 1994).

930 FAZ 12. 11. 1977, 7. 9. 1991. Seit dem 1. 1. 2002 gilt der Euro: 1 Euro = 1,95583 DM (also fast 2 DM).

931 FAZ 27. 12. 1997 (Radleuchter), 17. 5. 2001 (Pisa), 9. 11. 2001 (Dresden).

932 Nach FAZ 12. und 16. 4. 2002.

933 Das Folgende nach Beiträgen von Georg Küffner in der FAZ vom 10. 3. 1998, S. T 10, Nr. 58 und vom 5. 12. 2000, Nr. 283, S. T 1; beide Beiträge mit Abb.en. Die kontrollierte Bodenentnahme hatte John Burland (London; Mitglied der internationalen Gutachterkommission) vorgeschlagen. – Vgl. Conrad: Kirchenbau, S. 275 Schnitt durch Turm und Baugrund in Pisa.

934 Schütte: 28 Jahre Restaurierung, S. 110–171, mit zahlreichen Fotos zur Dokumentation von Schäden und Sanierungsschritten.

935 Diese Methode fördert Erkenntnisse zu Bau und Schäden, wie sie sonst kaum gewonnen werden können. Vgl. Konrad Ringle und Steffen Landes: Der Einsatz der Photogrammetrie bei der Bauaufnahme der Kirche Santo Stefano Rotondo in Rom, in: Santo Stefano Rotondo, S. 85–96 (mit Abb.en).

936 FAZ 27. 3. 2001. – Weitere Besucherzahlen: Kölner Dom pro Tag 20.000 (maximal 30.000; FAZ 15. 5. und 8. 12. 2000); das wären 7,3 Millionen im Jahr. – Pro Jahr: Aachener Münster 1 Mio, Berliner Dom 0,4 Mio, Birnau 0,5 Mio (FAZ 10. 3. 2001, 9. 10. 2000). – Canterbury, Kathedrale, Anfang der 1990er Jahre 2,5 Mio/Jahr, im Mai 1994 224.000 (Keith Robbins: The Twentieth Century, 1898–1994, in: A History of Canterbury Cathedral, S. 340). – Chartres, Kathedrale 1,5 Mio/Jahr (LM 20. 9. 1994). – Zum Vergleich Buddenbrook-Haus, Lübeck, etwa 40.000 Besucher/Jahr, Nationalpark Berchtesgaden 800.000 (FAZ 20. und 18. 10. 2001). Vom lebhaften Interesse am Mittelalter zeugen nicht nur Ausstellungen; zu einem großen Mittelalterfest fanden sich am 10./11. 9. 1994 in Chartres 100.000 Menschen ein (LM 20. 9. 1994).

937 Nach : Fischer Weltalmanach 2001, Sp. 1021 und Farb-Kt. XI nach Sp. 384, sowie Faltblatt UNESCO Welterbe in Deutschland, Hrg. Deutsche UNESCO-Kommission. – In Deutschland ferner Berlin (Schlösser, Parks, Museumsinsel), Brühl (Schlösser), Dessau und Weimar (Bauhaus), Eisenach (Wartburg), Eisleben und Wittenberg (Luthergedenkstätten), Goslar (Altstadt und Bergwerk), Messel (Fossilienlagerstätte), Potsdam (Schloß und Park), Völklingen (Eisenhütte), Würzburg (Residenz); in Österreich Kulturlandschaft Hallstatt-Dachstein Salzkammergut, Semmeringbahn, Wien (Schloß und Park).

938 FAZ 22. 4. 1991, nach AFP.

939 Gerhard Heck: Das Freiburger Münster als Gotteshaus, in: 100 Jahre Freiburger Münsterbauverein, S. 23.

AUSWAHLBIBLIOGRAPHIE

QUELLEN

Abt Suger von Saint-Denis: De consecratione. Kommentierte Studienausgabe. L-D. Hrg. Günther Binding und Andreas Speer. Köln 1995.

Agende für evangelisch-lutherische Kirchen und Gemeinden. Bd. IV. Hrg. Kirchenleitung der Vereinigten Evangelisch-Lutherischen Kirche Deutschlands. Neue bearbeitete Ausgabe 1987. Hannover 1987.

André de Fleury: Vie de Gauzlin, Abbé de Fleury. L-F. Ed. Robert-Henri Bautier / Gillette Labory. Paris 1969.

Die Apokryphen und Pseudepigraphen des Alten Testaments. Üb. und Hrg. Emil Kautzsch. Bd. 1–2 1900, ND Darmstadt 1975.

Ausgewählte Quellen zur Geschichte des deutschen Mittelalters (AQ). Freiherr vom Stein-Gedächtnisausgabe. Hrg. Rudolf Buchner. L-D. Darmstadt. Bd.

2. 3. Gregor von Tours: Zehn Bücher. Üb. W. Giesebrecht und Rudolf Buchner. 1955 bzw. 1956 u. ö.

4 a. Quellen zur Geschichte des 7. und 8. Jahrhunderts. Hrg. Herwig Wolfram. Üb. Herbert Haupt. 1982.

4 b. Briefe des Bonifatius. Willibalds Leben des Bonifatius nebst einigen zeitgenössischen Dokumenten. Neu bearb. Reinhold Rau. 1968.

5. Quellen zur karolingischen Reichsgeschichte. Neu bearb. Reinhold Rau. 1. Teil. 1955 u. ö.

6. Dass. 2. Teil. 1958 u. ö.

7. Dass. 3. Teil. 1960 u. ö.

8. Quellen zur Geschichte der sächsischen Kaiserzeit. Neu bearb. Arnold Bauer und Reinhold Rau. 1971.

9. Thietmar von Merseburg: Chronik. Neu üb. und erl. Werner Trillmich. 1957 u. ö.

11. Quellen des 9. und 11. Jahrhunderts zur Geschichte der Hamburgischen Kirche und des Reiches. Neu üb. Werner Trillmich und Rudolf Buchner. 1968.

12. Quellen zur Geschichte Kaiser Heinrichs IV. Üb. Franz-Josef Schmale, Irene Schmale-Ott. 1968.

13. Lampert von Hersfeld: Annalen. Üb. Adolf Schmidt. Erl. Dietrich Fritz. 1962.

15. Frutolfs und Ekkehards Chroniken und die anonyme Kaiserchronik. Üb. Franz-Josef Schmale und Irene Schmale-Ott. 1972.

16. Otto Bischof von Freising: Chronik oder Die Geschichte der zwei Staaten. Üb. Adolf Schmidt, Hrg. Walther Lammers. 1960.

17. Bischof Otto von Freising und Rahewin: Die Taten Friedrichs oder richtiger Cronica. Üb. Adolf Schmidt, Hrg. Franz-Josef Schmale. 1965.

22. Lebensbeschreibungen einiger Bischöfe des 10.-12. Jahrhunderts. Üb. Hatto Kallfelz. 1973.

32. Quellen zur deutschen Verfassungs-, Wirtschafts- und Sozialgeschichte bis 1250. Auswahl und Üb. Lorenz Weinrich. 1977.

33. Quellen zur Verfassungsgeschichte des Römisch-Deutschen Reiches im Spätmittelalter (1250–1500). Ausw. und Üb. Lorenz Weinrich. 1983.

37. Quellen zur Wirtschafts- und Sozialgeschichte mittel- und oberdeutscher Städte im Spätmittelalter. Ausw. und Üb. Gisela Möncke. 1982.

Beda: HE. – Bede's Ecclesiastical History of the English People. Ed. Bertram Colgrave and R. A. B. Mynors. L-E. Oxford 1969.
Die Bibel. Einheitsübersetzung der Heiligen Schrift. Hrg. im Auftrag der Bischöfe Deutschlands … Stuttgart.
Das Alte Testament. 1974 u. ö.
Das Neue Testament. 1972 u. ö.
Carnet de Villard de Honnecourt … Hrg. Alain Erlande-Brandenburg, Régine Pernoud, Jean Gimpel, Roland Bechmann. Paris: Stock 1986.
Die Chroniken der oberrheinischen Städte: Straßburg, Bd. 1 und Bd. 2 (Die Chroniken der deutschen Städte vom 14. bis ins 16. Jh., 8. 9). 1870 bzw. 1871, ND Göttingen 1961.
Doll, Anton: Schriftquellen, in: Der Dom zu Speyer, S. 11–69.
Donner, Herbert: Pilgerfahrt ins Heilige Land. Die ältesten Berichte christlicher Palästinapilger (4.-7. Jh.). Stuttgart 1979.
Eusebius von Caesarea: Leben Konstantins. Üb. Johannes Maria Pfättisch (BKV, 9). 1913.
Eusebius von Caesarea: Kirchengeschichte. Hrg. und Einl. Heinrich Kraft, Üb. Philipp Häuser. Darmstadt 1967.
Geschichte in Quellen. Bd. 2 Mittelalter (GiQ/2). Bearb. Wolfgang Lautemann. München 1970.
Der große Wochentagsschott. Originaltexte der deutschsprachigen Altarausgabe des Meßbuchs und des Lektionars. Mit Einf.en hrg. von den Benediktinern der Erzabtei Beuron. Teile 1–3 Freiburg, Basel, Wien 1975.
Der Jakobsweg. Mit einem mittelalterlichen Pilgerführer unterwegs nach Santiago de Compostela. Ausw., Einl., Üb. und Komm. Klaus Herbers. Tübingen 1986 u. ö.
Kaiser Heinrichs Romfahrt. Die Bilderchronik von Kaiser Heinrich VII. und Kurfürst Balduin von Luxemburg 1308–1313. L-D. Einl., Erl. und Hrg. Franz-Josef Heyen (dtv, 1358). München 1978.
Die Kreuzfahrer erobern Konstantinopel (Auszüge aus dem Geschichtswerk des Niketas Choniates). Üb., Einl. und Erkl. Franz Grabler (Byzantinische Geschichtsschreiber, 9). Graz (u. a.) 1958.
Lactantius: Von den Todesarten der Verfolger. Üb. Aloys Hartl (BKV, 36). 1919.
Das Leben des Bischofs Meinwerk von Paderborn. Hrg. Franz Tenckhoff (MG SRG, 59). Hannover 1921.
Das Leben des heiligen Bernhard von Clairvaux (Vita prima). Hrg., Einl. und Üb. Paul Sinz (HuC). Düsseldorf 1962.
Das Leben der heiligen Hedwig. Üb. Konrad und Franz Metzger, Einl. Walter Nigg (HuC). Düsseldorf 1967.
Das Leben des seligen Heinrich Seuse. Üb. Georg Hofmann, Einl. Walter Nigg (HuC). Düsseldorf 1966.
Die Legenda Aurea des Jacobus de Voragine. Üb. Richard Benz. Heidelberg 1955 u.ö.
Missale Romanum. Editio XIX. Regensburg o. J. (Vorwort 1936).
Mönchsväter des Ostens im frühen Mittelalter. Hrg. und Einl. Walter Nigg (HuC). Düsseldorf 1964.
Mortet I. – Recueil de textes relatifs à l'histoire de l'architecture et à la condition des architectes en France au moyen âge. XIe-XIIe siècles. Ed. Victor Mortet. Paris 1911.
Mortet II. – Recueil de textes [wie vorhergehender Titel]. XIIe-XIIIe siècles. Ed. Victor Mortet, Paul Deschamps. Paris 1929.
Neutestamentliche Apokryphen in deutscher Übersetzung. Hrg. Wilhelm Schneemelcher. Tübingen.

1. Bd. Evangelien, 6. A. 1990;
2. Bd. Apostolisches, Apokalypsen und Verwandtes. 5. A. 1989.

Die Nestorchronik. Die altrussische Chronik, zugeschrieben dem Mönch … Nestor … Üb. Ludof Müller. München 2001.

Der Physiologus. Üb. und Erl. Otto Seel. Zürich, Stuttgart 1960.

Le Pontifical Romano-Germanique du Dixième Siècle (PRG). Ed. Cyrille Vogel, Reinhard Elze. Bd. 1–3. Rom 1963–1972.

Pontificale Romanum … a Benedicto XIV. et Leone XIII. … recognitum et castigatum. Mecheln 1934.

Pontifikale für die katholischen Bistümer des deutschen Sprachgebietes. Hrg. von den Liturgischen Instituten Salzburg, Trier, Zürich. Freiburg (u. a.) 1994. Bd.
I. Die Weihe des Bischofs, der Priester und der Diakone;
IV. Die Weihe der Kirche und des Altares. Die Weihe der Öle.

Rahner, Karl / Vorgrimler, Herbert: Kleines Konzilskompendium. (Herder Bücherei, 270–273). Freiburg i. B. [3]1967.

Rudolf Glaber. – Rodvlfi Glabri Historiarum libri quinque. Ed. John France. L-E. Oxford 1989.

Rudolf Glaber. – Rodvlfi Glabri Vita Domni Willelmi Abbatis. Ed. Neithard Bulst, translated by John France and Paul Reynolds. L-E. Oxford 1989.

Savonarola. Ketzer oder Heiliger? Einl., Ausw. und Üb. Gundolf Gieraths O. P. Freiburg, Basel, Wien 1961.

Schlosser, Julius von: Quellenbuch zur Kunstgeschichte des abendländischen Mittelalters. Wien 1896, ND Hildesheim 1986.

Vita Martini. – Sulpice Sévère: Vie de Saint Martin. Ed. Jacques Fontaine. L-F. Paris 1967.

Van Eickels, Klaus / Brüsch, Tania: Kaiser Friedrich II. Leben und Persönlichkeit in Quellen des Mittelalters. Düsseldorf, Zürich 2000.

Vasari, Giorgio: Lebensläufe der berühmtesten Maler, Bildhauer und Architekten. Üb. Trude Fein. Zürich 5. A. 1993.

Villard de Honnecourt. Kritische Gesamtausgabe des Bauhüttenbuches ms. fr 19093 der Pariser Nationalbibliothek, von Hans R. Hahnloser. Graz [2]1972.

Vitruvius: Ten Books on Architecture. Ed. Ingrid D. Rowland, Thomas Noble Howe, Michael J. Dewar. L-E. Cambridge 1999.

Wimpfeling, Jakob: Lob des Speyerer Doms / Laudes ecclesiae Spirensis. L-D. Hrg., Üb. und Komm. Reinhard Düchting und Antje Kohnle. Wiesbaden 1999.

Zeremoniale für die Bischöfe in den katholischen Bistümern des deutschen Sprachgebietes. Hrg. im Auftrag der Bischofskonferenzen Deutschlands … Solothurn (u. a.) 1998.

Der Aachener Dom. Text von Walter Maas, Fotos von Herbert Woopen und Michael Chauvistré. Köln 1984.
Ackermann, Markus R.: Mittelalterliche Kirchen als Gerichtsorte, in Zeitschrift der Savigny-Gesellschaft für Rechtsgeschichte, Germanistische Abteilung 110 (1993) 530–545.
Angenendt, Arnold: Das Frühmittelalter. Die abendländische Christenheit von 400–900. Stuttgart u. a. 1990.
Angenendt, Arnold: Heilige und Reliquien. Die Geschichte ihres Kultes vom frühen Christentum bis zur Gegenwart. München 1994, ²1997.
Antike Spolien in der Architektur des Mittelalters und der Renaissance. Hrg. Joachim Poeschke. München 1996.
Architekturführer Rom. Eine Architekturgeschichte in 400 Einzeldarstellungen. Hrg. Stefan Grundmann. Stuttgart, London 1997.
Arnulf, Arwed: Mittelalterliche Beschreibungen der Grabeskirche in Jerusalem, in: Colloquia Academica (Akademie der Wissenschaften und der Literatur, Mainz: G, Geisteswissenschaften; 1997). Stuttgart 1998, S. 7–41.
Arte del Primo Millenio (= Akten des 2. Internationalen Kongresses für Frühmittelalterforschung), Turin 1950.
Atlas zur Kirchengeschichte. Die christlichen Kirchen in Geschichte und Gegenwart. Aktualisierte Neuausgabe. Bearb. und Hrg. Jochen Martin. Freiburg (u. a.) 1987.
Baden-Württemberg (Hb. Histor. Stätten, 6). Hrg. Max Miller und Gerhard Taddey. Stuttgart ²1980.
Die Bajuwaren. Von Severin bis Tassilo 488–788. Hrg. Hermann Dannheimer und Heinz Dopsch. Kat. München, Salzburg 1988.
Les bâtisseurs des cathédrales gothiques. Ed. Roland Recht. Straßburg 1989.
Bayerischer Geschichtsatlas. Hrg. Max Spindler, Redaktion Gertrud Diepolder. München 1969.
Bayern (Hb. Hist. Stätten, 7). Hrg. Karl Bosl. Stuttgart ³1961.
Belting, Hans: Bild und Kult. Eine Geschichte des Bildes vor dem Zeitalter der Kunst. München 1990.
Bender, Willi F.: Lexikon der Ziegel [...] in Wort und Bild. Wiesbaden, Berlin ²1995.
Benz, Karl Josef: Ecclesiae pura simplicitas. Zu Geschichte und Deutung der Grundsteinlegung im hohen Mittelalter, in Archiv für mittelrheinische Kirchengeschichte 23 (1980) 9–25.
Benz, Karl Josef: Überlegungen zur Konstanzer Münsterweihe von 1089, in FDA 109 (1989) 99–126.
Benz, Karl Josef: Untersuchungen zur politischen Bedeutung der Kirchweihe unter Teilnahme der deutschen Herrscher im hohen Mittelalter. Kallmünz/Opf. 1975.
Bernward von Hildesheim und das Zeitalter der Ottonen. Hrg. Michael Brandt, Arne Eggebrecht. Kat. Bd. 1–2. Hildesheim, Mainz 1993.
Die Bernwardstür. Fotos Hermann Wehmeyer, Nachwort Wulf Schadendorf. München 1956.
Beseler, Hartwig / Gutschow, Niels: Kriegsschicksale deutscher Architektur. Verluste, Schäden, Wiederaufbau. Eine Dokumentation für das Gebiet der Bundesrepublik Deutschland. Bd. 1–2. Neumünster 1988.
Die Bibel von Saint-Savin. Texte der Kirchenväter. Einl. R. Oursel. Würzburg 1973.
Bildatlas. – F. van der Meer, Christine Mohrmann, Heinrich Kraft: Bildatlas der frühchristlichen Welt. Gütersloh 1959.

Binding, Günther: Baubetrieb im Mittelalter. In Zusammenarbeit mit Gabriele Annas, Bettina Jost und Anne Schunicht. Darmstadt 1993.
Binding, Günther: Das Dachwerk auf Kirchen im deutschen Sprachraum vom Mittelalter bis zum 18. Jahrhundert. München 1991.
Binding, Günther / Untermann, Matthias: Kleine Kunstgeschichte der mittelalterlichen Ordensbaukunst in Deutschland. Darmstadt [3]2001.
Böker, Hans Josef: Die mittelalterliche Backsteinarchitektur Norddeutschlands. Darmstadt 1988.
Borger-Keweloh, Nicola : Die mittelalterlichen Dome im 19. Jahrhundert. München 1986.
Borgolte, Michael: Petrusnachfolge und Kaiserimitation. Die Grablegen der Päpste, ihre Genese und Traditionsbildung. Göttingen 1989. [2]1995 Veröff. MPIG 95.
Borst, Arno: Lebensformen im Mittelalter. Frankfurt/M. (u. a.) 1973.
Bouttier, Michel: Cathédrales. Hefte 1–5. Le Mans (?) 1988, 1990, 1991, 1995, 1997.
Brachmann, Christoph: Gotische Architektur in Metz unter Bischof Jacques de Lorraine (1239–1260). Berlin 1998.
Brandenburg, Hugo: Roms früchristliche Basiliken des 4. Jahrhunderts (Heyne Stilkunde). München 1979.
Braun S. J., Joseph: Der christliche Altar in seiner geschichtlichen Entwicklung. Bd. 1–2. München 1924.
Braunfels, Wolfgang: Abendländische Stadtbaukunst. Herrschaftsform und Baugestalt. Köln 1976.
Bredekamp, Horst: Sankt Peter in Rom und das Prinzip der produktiven Zerstörung. Bau und Abbau von Bramante bis Bernini. Berlin 2000.
Bugge, Gunnar / Mezzanotte, Bernardino: Stabkirchen. Mittelalterliche Baukunst in Norwegen. Regensburg 1994.
Bumke, Joachim: Höfische Kultur. Literatur und Gesellschaft im hohen Mittelalter (dtv 4442). München 6. A. 1992.
Burckhardt, Jacob: Die Kultur der Renaissance in Italien. Ein Versuch. Hrg. Werner Kaegi. Bern o. J.
Les chantiers de la Renaissance. Actes des colloques tenus à Tours en 1983–1984. Ed. Jean Guillaume. Paris 1991.
Chaunu, Pierre: Europäische Kultur im Zeitalter des Barock. München, Zürich 1968.
Christe, Yves / Losowska, Hanna / Recht, Roland / Velmans, Tania: Handbuch der Formen- und Stilkunde. Mittelalter. Stuttgart (u. a.) 1982.
Conrad, Dietrich: Kirchenbau im Mittelalter. Bauplanung und Bauausführung. Leipzig 1990.
Deutsche Erinnerungsorte. Hrg. Etienne François, Hagen Schulze. Bd. III. München 2001.
Dirlmeier, Ulf: Untersuchungen zu Einkommensverhältnissen und Lebenshaltungskosten in oberdeutschen Städten des Spätmittelalters (Mitte 14. bis Anfang des 16. Jh.). Heidelberg 1978.
Dom und Domschatz zu Halberstadt. – Johanna Flemming, Edgar Lehmann, Ernst Schubert, Klaus G. Beyer: Dom und Domschatz zu Halberstadt. Berlin 1973.
Der Dom zu Regensburg. Ausgrabung, Restaurierung, Forschung. Kat. Hrg. Diözesanmuseum Regensburg. München, Zürich [3]1990.
Der Dom zu Speyer. Bearb. Hans Erich Kubach und Walter Haas. Textband (1.) (Die Kunstdenkmäler von Rheinland-Pfalz, 5). München 1972.
Dorner OSB, Nikolaus / Kaiser, Jürgen: Weingarten (Schnell-Kunstführer, 528). 33. A. Regensburg 2000.

Du Cange, Charles du Fresne: Glossarium mediae et infimae latinitatis. Editio nova a Leopold Favre. 1883–1887, ND Graz 1954.
Du Colombier, Pierre: Les chantiers des cathédrales. Ouvriers – Architectes – Sculpteurs. Paris ²1973.
Durliat, Marcel: Romanische Kunst. Freiburg (u. a.) 1983.
Ellger, Otfried: Die Michaelskirche zu Fulda als Zeugnis der Totensorge. Fulda 1989.
The Encyclopaedia of Islam. New Edition (EI²). Bislang erschienen Bd. 1–10, 1960–2000.
Erlande-Brandenburg, Alain: Gotische Kunst. Freiburg (u. a.) 1984.
Europäische Technik im Mittelalter. 800 bis 1400. Traditionen und Innovationen. Ein Hb. Hrg. Uta Lindgren. Berlin 1996.
Feine, Hans Erich: Kirchliche Rechtsgeschichte. Die katholische Kirche. Köln, Graz 4. A. 1964.
Der Fischer Weltalmanach 2001. Hrg. Mario von Baratta. Frankfurt/M. 2000.
Fitchen, John: The Construction of Gothic Cathedrals. A Study of Medieval Vault Erection. Oxford 1961.
Frankl, Paul: The Gothic. Literary Sources and Interpretations through Eight Centuries. Princeton, N. J. 1960.
Franzosen und Deutsche. Orte der gemeinsamen Geschichte. Hrg. Horst Möller und Jacques Morizet. München 1996.
500 Jahre St. Georg in Dinkelsbühl. FS. Hrg. Peter Rummel, Alois Möslang. Augsburg 1999.
Gallia Romanica. Die hohe Kunst der romanischen Epoche in Frankreich, von Joseph Gantner, Marcel Pobé, Jean Roubier. Wien, München ³1966.
Garnier, François: Thesaurus iconographique. Système descriptif des représentations. Paris 1984.
Gedächtnis, das Gemeinschaft stiftet. Hrg. Karl Schmid. München, Zürich 1985.
Gierlich Ernst: Die Grabstätten der rheinischen Bischöfe vor 1200. Mainz 1990.
Giese, Wolfgang: Zur Bautätigkeit von Bischöfen und Äbten des 10. bis 12. Jahrhunderts, in DA 38 (1982) 388–438.
Gimpel, Jean: Les bâtisseurs de cathédrales. Paris 1958.
Gimpel, Jean: Die industrielle Revolution des Mittelalters. Zürich, München 1980.
Gimpel, Jean: The Medieval Machine. The Industrial Revolution of the Middle Ages. Aldershot ²1988.
Glanz der Kathedrale. 900 Jahre Konstanzer Münster. Hrg. Städtische Museen Konstanz. Konstanz 1989.
Gössmann, Elisabeth: Antiqui und Moderni im Mittelalter. Eine geschichtliche Standortbestimmung. München (u. a.) 1974.
Götz, Wolfgang: Zentralbau und Zentralbautendenz in der gotischen Architektur. Berlin 1968.
Grimal, Pierre: Römische Kulturgeschichte. München, Zürich 1961.
Grimal, Pierre (Text) / Rose, Caroline (Fotografie): Die Kirchen Roms. Glanzvolle Symbole der Ewigkeit. Stuttgart, Zürich 1997.
Grodecki, Louis / Brisac, Catherine / Lautier, Claudine: Le Vitrail Roman. Freiburg i. Ue. ²1983.
Großer Historischer Weltatlas (GHWA). 2. Teil Mittelalter. Hrg. Bayerischer Schulbuchverlag. Redaktion Josef Engel. München ²1979.
Großer Historischer Weltatlas (GHWA). 2. Teil Mittelalter. Erläuterungen. Hrg. Ernst Walter Zeeden. München 1983.
Haarländer, Stephanie: Vitae Episcoporum. Stuttgart 2000.

Handbuch der Kirchengeschichte. Hrg. Hubert Jedin (Bd. 7: und Konrad Repgen). Bd. 1–7. Freiburg (u.a.) 1962–1979.
Handwörterbuch zur deutschen Rechtsgeschichte (HRG). Bd. 1–5, Berlin 1971–1998.
Hart, Wolf: Die künstlerische Ausstattung des Freiburger Münsters. Freiburg 1981.
Hart, Wolf: Die Skulpturen des Freiburger Münsters. Freiburg ²1981.
Hauck, Albert: Kirchengeschichte Deutschlands. Bd. 1–5 1887–1920, 8. Auflage Berlin, Leipzig 1954.
Haussherr, Reiner: Dombauten und Reichsepiskopat im Zeitalter der Staufer. Stuttgart 1991.
Haverkamp, Alfred: ›Heilige Städte‹ im hohen Mittelalter, in: Mentalitäten im Mittelalter. Methodische und inhaltliche Probleme. Hrg. Frantisek Graus (VuF, 35). Sigmaringen 1987, S. 119–156.
Die Heiligen Drei Könige. Darstellung und Verehrung. Kat. Köln 1982.
Henning, Friedrich-Wilhelm: Deutsche Wirtschafts- und Sozialgeschichte im Mittelalter und in der frühen Neuzeit. Paderborn 1991.
Herzog, Erich: Die ottonische Stadt. Die Anfänge der mittelalterlichen Stadtbaukunst in Deutschland. Berlin 1964.
L'Histoire et ses Méthodes. Ed. Charles Samaran. Paris, 1961.
A History of Canterbury Cathedral. Ed. Patrick Collinson, Nigel Ramsay, and Margaret Sparks. Oxford 1995.
Huizinga, Johan: Herbst des Mittelalters. 8. A. Hrg. Kurt Köster. Stuttgart 1961.
100 Jahre Freiburger Münsterbauverein, 1890–1990. Hrg. Hugo Ott. Freiburg 1990.
Huth, Hans: Künstler und Werkstatt der Spätgotik. Darmstadt ²1967.
Italia Romanica. Die hohe Kunst der romanischen Epoche in Italien. Von Heinrich Decker. Wien 1958.
Jantzen, Hans: Die Gotik des Abendlandes. Idee und Wandel. Köln 1962.
Jantzen, Hans: Kunst der Gotik. Klassische Kathedralen Frankreichs: Chartres, Reims, Amiens. Reinbek bei Hamburg, 1957 u. ö.
Johansen, Paul: Die Kaufmannskirche im Ostseegebiet, in: Studien zu den Anfängen des europäischen Städtewesens. Hrg. Konstanzer Arbeitskreis … (VuF, 4). Darmstadt 1970, S. 499–525.
Karolingische Kunst. Hrg. Wolfgang Braunfels und Hermann Schnitzler (Karl der Große. …, Bd. III). Düsseldorf ³1966.
Keller, Hagen: Zwischen regionaler Begrenzung und universalem Horizont. Deutschland im Imperium der Salier und Staufer, 1024–1250 (Propyläen Geschichte Deutschlands, 2). Berlin 1986.
Kemp, Wolfgang: Sermo corporeus. Die Erzählung der mittelalterlichen Glasfenster. München 1987.
Die Kirche in ihrer Geschichte. Ein Hb. Begründet von Kurt Dietrich Schmidt und Ernst Wolf. Hrg. Bernd Moeller. Lieferung 1–, Göttingen 1961– .
Kirche und Synagoge. Hb. zur Geschichte von Christen und Juden. Darstellung mit Quellen. Hrg. Karl Heinrich Rengstorf und Siegfried von Kortzfleisch. Bd. 1–2. Stuttgart 1968/70.
Klapisch-Zuber, Christiane: Les maîtres du marbre. Carrare, 1300–1600. Paris 1969.
Der Kleine Pauly. Lexikon der Antike. Bd. 1–5, München 1975, ND München (dtv) 1979.
Klemm, Friedrich: Technik. Eine Geschichte ihrer Probleme. Freiburg, München 1954.
Köhler, Thomas: Das christliche Rom. Ein Führer zu Kirchen und Katakomben der ewigen Stadt. Freiburg (u.a.) 2000.

Der Kölner Dom. FS zur Siebenhundertjahrfeier 1248–1948. Hrg. Zentral-Dombau-Verein. Köln 1948.
Kölner Römer-Illustrierte. Hrg. Historische Museen der Stadt Köln. Gesamtleitung Hugo Borger. Köln. Heft 1–2, 1974/75.
Krönungen. Könige in Aachen – Geschichte und Mythos. Hrg. Mario Kramp. Kat. Bd. 1–2, Mainz 2000.
Kroeschell, Karl: Deutsche Rechtsgeschichte. Bd. 1: Bis 1250 (WV Studium, 8). 11. A. Opladen 1999.
Krüger, Jürgen: Die Grabeskirche zu Jerusalem, Regensburg 2000.
Krüger, Karl Heinrich: Königsgrabkirchen der Franken, Angelsachsen und Langobarden bis zur Mitte des 8. Jahrhunderts (MMS, 4). München 1971.
Die Kunst der Gotik. Architektur, Skulptur, Malerei. Hrg. Rolf Toman, Photographien von Achim Bednorz. Köln 1998.
Kunst und Kultur im Weserraum 800–1600. Kat. Bd. 1–2. Münster/W. 1966.
Kunst und Liturgie im Mittelalter. Hrg. Nicolas Bock (u. a.). München 2000.
Kunze, Konrad: Himmel in Stein. Das Freiburger Münster. Vom Sinn mittelalterlicher Kirchenbauten. Freiburg (u. a.) 1980 u. ö.
Lardin, Philippe: Le niveau de vie des ouvriers du bâtiment en Normandie Orientale dans la seconde moitié du XVe siècle, in: Les niveaux de vie au Moyen Age. Ed. Jean-Pierre Sosson (u. a.) Louvain-la-Neuve 1999.
Le Goff, Jacques: Kultur des europäischen Mittelalters. München, Zürich 1970.
Le Goff, Jacques: Ludwig der Heilige. Stuttgart 2000.
Lexikon der christlichen Ikonographie (LCI). Hrg. Engelbert Kirschbaum S. J. und Wolfgang Braunfels. Freiburg (u. a.) Bd. 1–8 1968–1976, ND Bd. 1–8 1990.
Lexikon des Mittelalters (LexMA). Bd. 1–9 und Registerband. München, Zürich 1980–1999.
Lexikon für Theologie und Kirche. 2. A. ($LThK^2$) Bd. 1–10 und Register-Bd., Freiburg (u. a.) 1957–1967.
Lexikon für Theologie und Kirche. 3. A. ($LThK^3$) Bd. 1–10. Freiburg (u. a.) 1993–2001.
Lübeckische Geschichte. Hrg. Antjekatrin Graßmann. Lübeck 1988.
Macaulay, David: Sie bauten eine Kathedrale. Zürich, München 1974.
Machs na. Materialien zum Berner Münster. Von Christoph Schläppi, Bernard Schlup, Urs Martin Zahnd, François de Capitani, Martin Stähli. Bd. 1–2. Bern 1993.
Martin, Jochen: Spätantike und Völkerwanderung (Oldenbourg Grundriß der Geschichte, 4). München 1987.
Mayer, Hans Eberhard: Geschichte der Kreuzzüge. 5. A. Stuttgart (u. a.) 1980.
Meckseper, Cord: Kleine Kunstgeschichte der deutschen Stadt im Mittelalter. Darmstadt 1982.
Meek, Harold A.: Die Synagoge. München 1996.
Memoria. Der geschichtliche Zeugniswert des liturgischen Gedenkens im Mittelalter. Hrg. Karl Schmid, Joachim Wollasch (MMS, 48). München 1984.
Metternich, Wolfgang: Der Dom zu Limburg an der Lahn. Darmstadt 1994.
Meyer, Heinz: Die Zahlenallegorese im Mittelalter. Methode und Gebrauch (MMS, 25). München 1975.
Meyer, Heinz / Suntrup, Rudolf: Lexikon der mittelalterlichen Zahlenbedeutungen (MMS, 56). München 1987.
Mollat, Michel: Die Armen im Mittelalter. München 1984.
Monasterium. FS zum siebenhundertjährigen Weihegedächtnis des Paulus-Domes zu Münster. Hrg. Alois Schröer. Münster/W. 1966.

Monumenta Annonis. Köln und Siegburg. Weltbild und Kunst im hohen Mittelalter. Kat. Köln 1975.
Moore, Robert I.: Die erste europäische Revolution. Gesellschaft und Kultur im Hochmittelalter. München 2001.
Morris, Richard: Cathedrals and Abbeys of England and Wales. The Building Church, 600–1540. London (u. a.) 1979.
Mosaici di San Marco [Venedig]. Testo di Sergio Bettini. Mailand 1968.
Müller, Friedrich: Gesteinskunde. Lehrbuch und Nachschlagewerk über Gesteine für Hochbau, Innenarchitektur, Kunst und Restauration. Ulm ^{3}1991.
Nordrhein-Westfalen. Hrg. Franz Petri (u.a.) (Hb. Hist. Stätten, 3). Stuttgart ^{2}1970.
Ohler, Norbert: Krieg und Frieden im Mittelalter. München 1997.
Ornamenta Ecclesiae. Kunst und Künstler der Romanik. Hrg. Anton Legner. Kat. Bd. 1–3. Köln 1985.
Die Parler und der schöne Stil 1350–1400. Europäische Kunst unter den Luxemburgern. Hrg. Anton Legner. Köln. Bd. 1–3, 1978, Bd. 4–5 1980.
Pastor, Ludwig: Geschichte der Päpste seit dem Ausgang des Mittelalters. Bd. 3 Freiburg i. B. 1899, Bd. 4 ebd. 1906/07.
Reallexikon für Antike und Christentum (RAC). Sachwörterbuch zur Auseinandersetzung des Christentums mit der antiken Welt. Bd. 1ff., Stuttgart 1950 ff.
Reallexikon zur Deutschen Kunstgeschichte (RDK). Bd. 1 ff., Stuttgart (später: München) 1937 ff.
Réau, Louis: Les monuments détruits de l'art français. Bd. 1. Paris 1959.
Reinle, Adolf: Die Ausstattung deutscher Kirchen im Mittelalter. Eine Einführung. Darmstadt 1988.
Reudenbach, Bruno: Säule und Apostel. Überlegungen zum Verhältnis von Architektur und architekturexegetischer Literatur im Mittelalter, in FMSt 14 (1980) 310–351.
Rice, B. Talbot: Beginn und Entwicklung christlicher Kunst. Köln 1961.
Ritterburg und Fürstenschloß. Kat. Bd. 1 Geschichte. Hrg. Herbert W. Wurster und Richard Loibl … Passau 1998.
Römer am Rhein. Kat. des Römisch-Germanischen Museums Köln. Köln 1967.
Salierkatalog. – Das Reich der Salier 1024–1125. Kat. Sigmaringen 1992.
Sander-Berke, Antje: Baustoffversorgung spätmittelalterlicher Städte Norddeutschlands (Städteforschung, A 37). Köln (u. a.) 1997.
Santo Stefano Rotondo in Roma. Archäologie, Bauforschung, Geschichte. Hrg. Hugo Brandenburg und Józef Pál, Wiesbaden 2000.
Saß, Manfred: Der kühnste Turm der Christenheit. Eine statisch-konstruktive Glanzleistung des Mittelalters, in: Tagung der europäischen Dombaumeister, S. 42–47.
Sauer, Joseph: Symbolik des Kirchengebäudes und seiner Ausstattung in der Auffassung des Mittelalters. Freiburg i. B. ^{2}1924, ND Münster/W. 1964.
Schadek, Hans: Bürgerschaft und Kirche. Das Freiburger Münster im Leben der mittelalterlichen Stadt, in: 100 Jahre Freiburger Münsterbauverein, S. 95–124.
Schaller, Hans Martin: Die Wiener Reichskrone – entstanden unter König Konrad III., in Die Reichskleinodien. Herrschaftszeichen des Heiligen Römischen Reiches. Göppingen 1997, S. 58–105.
Der Schatz von San Marco in Venedig. Hrg. Hansgerd Hellenkemper. Kat. Mailand 1984.
Schieffer, Rudolf: Die Entstehung von Domkapiteln in Deutschland. Bonn 1976.
Schlink, Wilhelm: Saint-Bénigne in Dijon. Untersuchungen zur Abteikirche Abt Wilhelms von Volpiano (932–1031). Berlin 1978.

Schlink, Wilhelm: Zwischen Cluny und Clairvaux. Die Kathedrale von Langres und die burgundische Architektur des 12. Jahrhunderts. Berlin 1970.
Schöller, Wolfgang: Die rechtliche Organisation des Kirchenbaues im Mittelalter, vornehmlich des Kathedralbaues. Baulast – Bauherrenschaft – Baufinanzierung. Köln, Wien 1989.
Schramm, Percy Ernst: Geschichte des englischen Königtums im Lichte der Krönung. 1937, ND Darmstadt 1970.
Schramm, Percy Ernst: Der König von Frankreich. Das Wesen der Monarchie vom 9. zum 16. Jh. Bd. 1–2 1939, ND (mit Erg.) Darmstadt 1960.
Schubert, Ernst: Der Naumburger Dom. Fotos Janos Stekovics. Halle/Saale 1996.
Schütte, Hubertus: 28 Jahre Restaurierung St. Georg – Baubericht, in: 500 Jahre St. Georg, S. 110–171.
Segers, Volker: Studien zur Geschichte der Deutschen Steinmetzenbruderschaft. Mit besonderer Berücksichtigung der für das Straßburger Gebiet geltenden Ordnungen und Bestätigungsurkunden (15.-17. Jh.). Berlin 1980.
Spätmittelalter am Oberrhein. Alltag, Handwerk und Handel 1350–1525. Teil 2, Bd. 2 Aufsatzband. Hrg. Sönke Lorenz und Thomas Zotz. Stuttgart 2001.
Speich, Klaus / Schläpfer, Hans R.: Kirchen und Klöster in der Schweiz. Zürich 1978.
Stadler, Hubert: Päpste und Konzilien. Kirchengeschichte und Weltgeschichte. Personen, Ereignisse. Düsseldorf 1983.
Stadtluft, Hirsebrei und Bettelmönch. Die Stadt um 1300. Kat. Redaktion Marianne und Niklaus Flüeler. Stuttgart 1992.
Stanzl, Günther: Längsbau und Zentralbau als Grundthemen der frühchristlichen Architektur. Wien 1979.
Stiftungen und Stiftungswirklichkeiten. Vom Mittelalter bis zur Gegenwart. Hrg. Michael Borgolte, Redaktion Wolfgang Eric Wagner. Berlin 2000.
Stirm, Margarete: Die Bilderfrage in der Reformation. Gütersloh 1977.
Tagung der europäischen Dombaumeister, Freiburg 2000. Tagungsdokumentation. Hrg. Freiburger Münsterbauverein o. J. (2001).
Technik. Hrg. Erich Lüder (u. a.) Leipzig 1965.
Tellenbach, Gerd: Die westliche Kirche vom 10. bis zum frühen 12. Jh. Göttingen 1988.
Verfasserlexikon (VL). Die deutsche Literatur des Mittelalters. Bd. 1–10. Berlin, New York 1978–1999.
Vergnolle, Eliane: L'Art Roman en France. Architecture – Sculpture – Peinture. Paris: Flammarion, 1994.
Vetters, Hermann: Die mittelalterlichen Dome in Salzburg. Eine Zusammenfassung der bisher erarbeiteten Ergebnisse, in FMSt 5 (1971) 413–435.
Vogeley, Jürgen: Die gotische Dachkonstruktion über dem Langhaus des Freiburger Münsters. Karlsruhe 1986.
Von Matt, Leonard (Fotos) / Bovini, Giuseppe (Text): Ravenna. Köln 1971.
Von Matt, Leonard: Frühchristliches Rom. Text Enrico Josi. Würzburg 1961.
Von Simson, Otto: Die gotische Kathedrale. Beiträge zu ihrer Entstehung und Bedeutung. Darmstadt 1968.
Von Simson, Otto: Das Mittelalter, II. Das hohe Mittelalter (Propyläen Kunstgeschichte, 6). Berlin 1972.
Wallfahrt kennt keine Grenzen. Themen zu einer Ausstellung. Hrg. Lenz Kriss-Rettenbeck und Gerda Möhler. München, Zürich 1984.
Wangart, Adolf: Das Münster zu Freiburg im Breisgau im Rechten Maß. Freiburg i. B. 1972.

Warnke, Martin: Bau und Überbau. Soziologie der mittelalterlichen Architektur nach den Schriftquellen. Frankfurt/M. 1976.

Weiblichkeit in geschichtlicher Perspektive. Fallstudien und Reflexionen zu Grundproblemen der historischen Frauenforschung. Hrg. Ursula A. J. Becher und Jörn Rüsen. Frankfurt 1988.

Weilandt, Gerhard: Geistliche und Kunst. Ein Beitrag zur Kultur der ottonisch-salischen Reichskirche und zur Veränderung künstlerischer Traditionen im späten 11. Jh. Köln (u. a.) 1992.

Welt und Umwelt der Bibel. Archäologie – Kunst – Geschichte. Sonderheft: Entwicklung des Kirchenbaus. Auf dem Weg zur Kathedrale. Stuttgart 2000.

Westermanns großer Atlas zur Weltgeschichte (WGAW). Hrg. Hans-Erich Stier (u.a.). Braunschweig 1969.

Winckelmann, Otto: Zur Kulturgeschichte des Straßburger Münsters im 15. Jahrhundert, in: ZGO, Neue Folge 22 (1907) 247–290.

Wittelsbach und Bayern. Hrg. Hubert Glaser. Kat. Bd. 1–3. München 1980.

Wollasch, Joachim: Cluny – »Licht der Welt«. Aufstieg und Niedergang der klösterlichen Gemeinschaft. Zürich, Düsseldorf 1996.

Woodman, Francis: The Architectural History of Canterbury Cathedral. London (u. a.) 1981.

Zink, Michel: Moulin mystique. A propos d'un chapiteau de Vézelay: Figures allégoriques dans la prédication et dans l'iconographie romanes, in: Annales E. S. C. 31 (1976) 481–488.

Die Zisterzienser. Geschichte und Architektur. Fotos von Henri Gaud, Text von Jean-François Leroux-Dhuys, Köln 1998.

Zur Geschichte des Konstruierens. Hrg. Rainer Graefe. Stuttgart 1989.

Editorischer Vermerk